江川年鉴

JIANGCHUAN YEARBOOK

2020

中 共 玉 溪 市 江 川 区 委
玉 溪 市 江 川 区 人 民 政 府 主办
中共玉溪市江川区委党史研究和地方志编纂办公室 编

图书在版编目（CIP）数据

江川年鉴.2020 / 中共玉溪市江川区委党史研究和地方志编纂办公室编.-- 昆明：云南人民出版社，2020.10

ISBN 978-7-222-19753-4

Ⅰ.①江… Ⅱ.①中… Ⅲ.①区（城市）—玉溪—2020—年鉴②江川区 Ⅳ.① Z527.44

中国版本图书馆 CIP 数据核字（2020）第 195697 号

出 品 人：赵石定
责任编辑：张力山
责任校对：陈　晖
责任印制：李寒东

江川年鉴　2020

中共玉溪市江川区委党史研究和地方志编纂办公室　编

出　版　云南出版集团　云南人民出版社
发　行　云南人民出版社
社　址　昆明市环城西路 609 号
邮　编　650034
网　址　www.ynpph.com.cn
E-mail　ynrms@sina.com
开　本　889mm × 1194mm　1/16
印　张　22
字　数　745 千
版　次　2020 年 10 月第 1 版第 1 次印刷
印　刷　昆明鹰达印刷有限公司
书　号　ISBN 978-7-222-19753-4
定　价　180.00 元

如需购买图书、反馈意见，请与我社联系
总编室：0871-64109126　发行部：0871-64108507　审校部：0871-64164626　印制科：0871-64191534

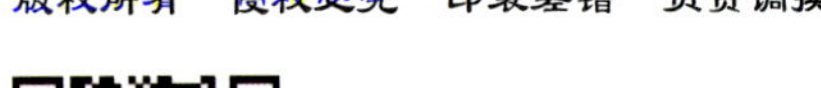

云南人民出版社微信公众号

《江川年鉴》编辑部

地　　址　云南省玉溪市江川区大街街道星云路政务办公区
（云南李家山青铜器博物馆旁）

邮　　编　652600

电　　话　（0877）8018536

E － mail　jcszb@163.com

撰稿人员名录

郎华兰	丁　莉	刀思思	李晓玥	李　锐	景　迪	刘丽萍
杨冬丽	沈　娴	刘清清	郑　赛	申　雪	李　敏	王为卿
储　荻	徐凡清	王建仙	刘米雪	岳定勇	耿　航	矣树芬
赵　鑫	李拥军	殷忠伟	张小明	杭书亦	李　倩	张文丽
夏雁丽	汪小龙	金家红	张梦石	杨舒晴	李文斌	徐顺生
龚永达	王　坤	赵　敏	郭世民	宁　筠	罗艳芝	顾宝富
张江艳	余立言	张树良	杨　晰	李　端	张粉棠	廖江平
杨伍孝	刘清清	李双秀	李雪莹	赵维新	杨　娇	吴亚华
李　琼	龚秋月	杨峥文	段红梅	刘　波	陈松涛	卢　强
张雨莎	韩海萍	师洋哲	刘光启	纳毅超	王牙明	杨有平
刘锦曼	闻海燕	杨　柳	徐舒虹	靳嘉玲	李泳黎	潘美帆
李晓静	陈花艳	普于航	周　思	郑文娇	金　琳	周芸莹
金妍含	杨留柱	赵婉乔	吕志璇	史春丽	柴富强	吴　勇
张本林	黄　毅	杨　静	申梦莹	赵　江	李　伟	李亚捷
杨　薇	周艳萍	杨　虎	王茜彤	叶红梅	谢仲瑞	陈　琪
储　晶	普　芮	侯彦昆				

编辑说明

一、《江川年鉴》是具有政府公报性质的地方综合性年鉴。由中共玉溪市江川区委、玉溪市江川区人民政府主办，中共玉溪市江川区委党史研究和地方志编纂办公室承编。《江川年鉴》全面、系统、准确、翔实地记载江川区社会主义物质文明、政治文明和精神文明建设的历史进程，记述上一年度内的新发展、新成就、新情况和新问题。它具有资料、信息、史料等诸多功能，旨在为海内外有关机关、团体、学校、研究部门、企事业单位和社会各界人士研究及促进江川建设提供现实服务。

二、《江川年鉴》采用条目体，分类编辑法。2020年版全书设部类21个，即特载、大事记、概况、政治、军事、法制、经济管理、建设·环保、工商企业、农·林·水利、交通·邮电、财政·税务、金融·保险、教育·体育、文化·旅游·融媒体、卫生健康、科学研究、社会、先进、统计资料、附录，信息量大，图文并茂，可读性强。

三、本年鉴所用稿件均由主办单位、区属各单位和中央、省、市驻江单位专人撰写，单位领导审核签章，编辑人员反复核对。本年鉴内容真实，体例规范，具有较高的使用价值。

四、本年鉴所用统计数据由各供稿单位主管业务部门提供并审核，但由于统计时间、口径不同等原因，反映国民经济和社会发展情况的个别数据在不同稿件中不尽一致，使用时请以玉溪市江川区统计局提供的《统计年鉴》为准。

五、本年鉴的编辑出版得到江川有关部门和驻江的省、市各有关单位的热情支持和积极协助，得到省、市以及各县区地方志部门的指导帮助，在此表示诚挚谢意。殷切希望各界人士提出改进意见，使《江川年鉴》常办常新，更好地为建设生态文明美丽新江川服务。

区委书记徐贤作工作报告

全会一角

2020年1月3日，中国共产党玉溪市江川区第二届委员会第六次全体会议召开

（区融媒体中心　供稿）

区人大常委会主任龚桂存作工作报告

区委副书记、代理区长常成作政府工作报告

2020年1月5日，玉溪市江川区第二届人民代表大会第四次会议召开

区政协主席罗跃岗作工作报告

投票选举

2020年1月5日，中国人民政治协商会议玉溪市江川区第二届委员会第四次会议召开

（杨　勇　摄）

2019年9月16日，玉溪市江川区“不忘初心、牢记使命”主题教育工作会议召开

2019年9月28日，中共玉溪市江川区委常委班子主题教育第一次集中学习读书班分组研讨

2019年9月30日，中共玉溪市江川区委常委班子主题教育第一次集中学习读书班学员到江川区烈士陵园开展烈士纪念日活动

2019年9月30日，中共玉溪市江川区委常委班子主题教育第一次集中学习读书班结业典礼

2019年10月1日，中共玉溪市江川区委常委班子主题教育第一次集中学习读书班学员收看庆祝中华人民共和国成立70周年大会、阅兵式和群众游行

2019年10月30日，中共玉溪市江川区委常委班子举办主题教育第二次集中学习班

2019年11月7日，玉溪市江川区“不忘初心、牢记使命”主题教育推进会

2019年11月12日，省委第四指导组组长刘绍怀（左二）到江川区调研主题教育开展情况

2019年11月12日，区委常委班子对照党章党规找差距专题会议召开

2019年11月26日，区委主题教育指导组工作交流会召开

2019年11月29日，玉溪市江川区举行“五网”融合联推共建“推进移风易俗　建设文明乡风”启动仪式

2019年12月6日，中共玉溪市江川区委常委班子“不忘初心、牢记使命”专题民主生活会暨汲取秦光荣案深刻教训专题民主生活会召开

（区委组织部　供稿）

2019年7月10日，区委书记徐贤带队到怡景园小区调研城市基层党建工作

2019年7月16日，玉溪市江川区召开城市基层党建联盟和文明城市创建工作联席会

2019年11月22日，玉溪市江川区召开2019年党建引领小区治理“红色物业”暨文明城市创建工作推进会

玉溪市江川区城市基层党建联盟强化绿色发展启动仪式

玉溪市江川区四套班子观摩党建引领小区治理“红色物业”及文明城市创建工作

玉溪市江川区九溪彝族女子合唱团用彝语合唱《我爱你中国》庆国庆

观看升旗仪式

出版纪念文集

2019年9月30日，玉溪市江川区庆祝中华人民共和国成立70周年“礼赞新中国 奋进新时代”合唱比赛在体育馆举行

2019年10月1日，玉溪市江川区举行庆祝新中国成立70周年仪式

（区融媒体中心　供稿）

2019年2月26日，玉溪市江川区创建全国民族团结进步示范区动员大会召开

2019年4月3日，安化彝族乡创建全市民族团结进步示范乡动员大会召开

江川民族团结进步宣传小景点

民族团结进社区活动

民族团结进学校活动

“民族团结进步杯”老年人运动会暨文艺演出

（区委统战部　供稿）

国防教育进校园活动

军地联合为立功受奖军人送喜报

为出征新兵佩戴光荣花

军人立功喜报

征兵宣传下乡

民兵基地化轮训、常态化备勤训练

（区人武部　供稿）

2019年7月18日，中共玉溪市江川区委农村工作会议暨人居环境整治夏季攻势动员会议召开

2019年12月14日，玉溪市江川区召开2017年度城市市政基础设施建设PPP项目洽谈会

江城棚改房源点认房仪式

秀美家园

清理整治违法建设行动

城乡人居环境整治行动

（区融媒体中心　供稿）

2019年6月6日，2019年全国“放鱼日”云南分会场星云湖大头鲤增殖放流活动在大街街道石岩哨村委会大凹渡河训练场开展（陈 佳 摄）

2019年9月19日，《云南省星云湖保护条例（修订草案）》立法调研座谈会召开

2019年10月21日，《星云湖保护条例》宣传季启动

星云湖污染底泥疏挖及处置工程全年共疏挖污染底泥5000余立方米

星云湖一级保护区“四退三还”工作

（区融媒体中心 供稿）

2019年7月25日，玉溪市江川区举办以“心安自然 情化七月”为主题的江川·安化2019年彝族火把狂欢节

火把节牛体彩绘活动

2019年8月4日，玉溪市江川区举办以七星缘·三世情为主题的2019中国·江川第三届七夕文化旅游节

七夕登高祈福人群盛况

2019年12月25日，玉溪市江川区举办2019年第十五届开渔节千人炊锅宴

2019年12月25日，玉溪市江川区“群星闪烁 晶亮如云”音乐会在渔文化广场举行

2019年12月25日，玉溪市江川区举行开湖捕鱼仪式

千舟待发

捕鱼

鱼市

千舟竞发　万人捕鱼

（区融媒体中心　供稿）

玉溪市江川区建成第二家省级科普教育基地

为孤残老人送上冬日温暖

玉溪市江川区第三个“个人调解工作室”挂牌成立

预防未成年人犯罪家庭教育

安化乡扶贫项目

江通高速公路于9月30日通车

主题为“青春心向党　建功新时代”2019年第三届环星云湖五四公益徒步活动在江川区举行

2019年12月29日，举行2019云南·江川国际体育旅游嘉年华暨江川北山公园国际定向越野赛

开展特色服务品牌活动——“团团的小课桌”

消防换装

组织参观“110”指挥平台

2019年11月25日，玉溪市江川区人大常委会组织人大代表对代表建议办理情况进行视察

（区融媒体中心　供稿）

大型义诊活动

新搬迁的住院楼

（区中医医院　供稿）

法制宣传活动

2019年9月29日，玉溪市江川区表彰民族团结进步示范家庭

2019年10月11日，“烟头不落地　江川更美丽”创建文明城市主题活动启动

2019年12月17日，玉溪市江川区开展2019年文明城市复审

（区融媒体中心　供稿）

目　录

特　载

大事记

概　况

政 治

军　事

法　制

经济管理

建设・环保

工商企业

农·林·水利

交通·邮电

财政·税务

金融 · 保险

教育 · 体育

文化·旅游·融媒体

卫生健康

科学研究

社 会

先　进

统计资料

附　录

特　载

高质量全面建成小康社会 为实现人民对美好生活的向往不懈奋斗

——在区委二届六次全会第一次全体会议上的报告

区委书记　徐　贤

（2020年1月3日）

同志们：

受区委常委会委托，我向全会报告工作。

一、接续砥砺奋进，全面建成小康社会基础更加坚实

2019年是全面建成小康社会的关键一年。一年来，区委常委会始终坚持以习近平新时代中国特色社会主义思想为指引，在党中央和省委、市委的坚强领导下，总揽全局、协调各方，团结带领全区各族人民，围绕“六个走在全省前列”，突出“建美一座城、治好一湖水、打造一个高地”工作重点，守初心、担使命，深入开展找问题、补短板、抓落实、奔小康行动，奋力谱写了江川高质量跨越式发展的新篇章。小康社会监测显示，我区综合实现程度预计达94.6%，全面建成小康社会的基础进一步夯实。

经济实力稳中有进。坚定不移贯彻新发展理念，发展质量和效益不断提升，预计生产总值增长11%，固定资产投资增长5%。突出提质导向，以创新引领发展，“一县一业”示范县、“全省最具影响力烟区”创建稳步推进，乡村振兴战略深入实施。加大工业强区力度，龙泉园区扩能增效，基础设施建设进一步改善，粤辉电子、华电达、云南嘉科等项目顺利推进，4家企业入库国家科技型企业，磷化工产业巩固提升，食品加工业提质升级，江城纸制品产业园3家企业建成投产，云莱滇中智慧农业项目主体完工，现代物流产业初具雏形，亚洲花卉科创谷招优引强，全区“一园多片”产业格局基本成型。第四次全国经济普查圆满完成。

深化改革亮点纷呈。机构改革任务总体完成，党的领导全面加强。“放管服”改革纵深推进，“首问工作责任制”、“五亮五公开”、减税降费等举措优化营商环境。享受惠农政策公示、“双比双

通报”改革实践全市推广，教育人事制度改革、医疗卫生体制改革、户籍制度改革稳步推进，义务教育校长职级制、教师“县管校聘”改革列为全省试点启动实施。农村集体产权制度改革走在全市前列，股权担保贷款模式创新先行。省级可持续发展实验区有序建设。九溪获评全省首批科普小镇，“科创贷”创新实践。

城乡建设统筹发展。突出规划引领，坚持建管并重，全域规划管控得到加强。启动“美丽县城”建设，开展西片区规划编制，棚户区改造签约兑款和旧房拆除有序推进，云福山居、古滇国三期、星云首府等项目加快建设，瀛景国际康养社区项目破土动工，雨污管网、天然气管网、城市路网逐步织密，功能空间进一步拓展。巩固国家卫生城市创建成果，全国文明城市创建工作深入开展。城市管理在“六城”同创、改造老旧小区、推行“红色物业”中得到提升，乡村面貌在整治人居环境、推广节地上楼、奋力推进灾后重建、建设“七小工程”、实施“点亮江川”工程中持续改善。“万名干部讲法规、万名干部除临违”成效明显，“拆危房、除闲房、腾空间、建新村、换新貌、奔小康”行动持续深化，拆除临违建筑30万平方米，新建改造群众住房1850多户，城乡居民住房困难逐步缓解。

生态环境持续向好。《云南省星云湖保护条例》修订完成，“十三五”规划项目及山水林田湖草生态保护修复试点工程系统推进，完成投资19.6亿元。中央、省市环保督察反馈意见整改坚决有力，河（湖）长制、山林长制责任进一步落实，农业面源污染负荷削减、禁养区畜禽规模养殖退出、环湖面山绿化、矿山生态修复取得阶段成果，“高原湖泊卫士”“雷霆行动”深入开展。“厕所革命”高位推动，“蓝天、碧水、青山、净土”工程全面推进，九溪海绵城市千亩湿地加快建设，滇中引水工程稳步实施，大街、江城创建国家级生态文明乡镇，白石岩、河咀、三街、矣文上榜“国家森林乡村”。

人民福祉日益增进。始终坚持民生为先，一般公共预算支出80%以上用于民生保障，城乡居民人均可支配收入分别增长8%、9%，各项社会事业全面进步。义务教育优质均衡发展，“控辍保学”力度加大，区一幼晋升省一级一等示范幼儿园，中考、高考成绩实现跨越提升。区中医院综合楼投入使用，区人民医院晋级国家标准化县级医院。居家养老体系建设积极推进，社会保障提标扩面。全国U21青年男子篮球锦标赛、云南省铁人三项公开赛、国际定向越野赛等重大赛事成功举办，江川文庙和甘棠箐遗址入选全国重点文物保护单位。民族团结进步示范区创建全力推进，中华民族共同体意识更加铸牢。建国70周年系列庆祝活动成功举办。移风易俗、建设文明乡风专项行动全面启动，“扫黄打非”、禁毒防艾、防邪反邪工作持续加强，社会治安稳定向好。

党的建设全面加强。以高度政治自觉扎实开展“不忘初心、牢记使命”主题教育，制定个人党性修养要则、重读入党申请书、开展“换位体验”调研，广大党员干部思想上受洗礼、灵魂上受触动，在干事创业中践行初心和使命。强化政治引领、推进“五网”融合、组建“九大党建联盟”，城市基层党建创新提质，党建引领乡村振兴活力增强，软弱涣散党组织整顿提升经验在全省交流。意识形态“十二项制度”创新出台，规范化党支部、党群服务中心、新时代文明实践中心等红色阵地延伸拓展。把政治标准放在第一位，在选人用人上体现讲担当、重实绩的鲜明导向，干部队伍选育管用进一步加强。健全完善绩效补贴制度，提高村（社区）干部待遇。全覆盖开展村（社区）巡察，监督执纪“四种形态”综合运用，推动失责必问、问责必严成为常态。支持人大依法履职，政府依法行政，政协参政议政，统战、群团、双拥、老干等工作取得新成效。

这一年来，全区上下经历了很多大事，破解了不少难事，做成了多项实事。

我们坚决打赢了精准脱贫攻坚战。坚持把脱贫攻坚作为重大政治任务，集中力量、精准施策，着力解决“两不愁三保障”突出问题，落实“20条标准”巩固提升脱贫成果。四年来累计投入资金13.43亿元，实施项目510个，改善贫困群众住房1595户，安化省级贫困乡退出、16个贫困村出列、7188名贫困人口全面清零，农村绝对贫困问题得到历史性解决。

我们努力构建了星云湖生态屏障。始终把保

护治理星云湖作为重大政治担当，举全区之力实施“四退三还”，上千名干部历尽艰辛、排除万难，完成星云湖一级保护区农田退出，366宗房屋签约兑补并启动拆除，安置点建设全面开工。环湖截污干渠全线贯通，12条入湖河道、76个村落污水收集整治完成，湿地湖滨带提质改造加速实施，藻水分离站、原位控藻及水质提升工程建成运行，近10年来首次控制住了蓝藻水华大规模爆发。

我们共同铺筑了内联外通快车道。江通高速10月1日正式通车，结束了我区仅有一条高等级公路向外联通的历史。玉江大道完成改造，澄川高速通车在即，玉溪民用机场前期工作稳步推进，为我区加快构建更加完备的现代化立体交通体系，融入滇中城市群，推动现代物流、旅游等产业发展提供了强劲基础支撑。

我们纵深推进了扫黑除恶专项斗争。紧盯人民群众深恶痛绝的黑恶势力，严态势、出重拳，坚决打掉了9个黑恶势力集团，成功起诉宣判“4·27”专案，严惩涉黑涉恶腐败和“保护伞”问题，长效常治各项措施得到加强，人民群众安全感和满意度进一步提升。

我们全力确保了财政总体平稳运行。面对经济下行压力，在财政收支矛盾十分突出的严峻形势下，采取积极有力应对措施，有效防控政府债务风险，实现足额保工资、保运转、保民生、保重点项目支出。

我们持续加大了项目资金争取力度。抢抓发展新机遇，成功争取长江经济带农业面源污染治理、湖泊保护、“厕所革命”、保障性安居工程等中央、省市财政专项资金12亿元，创下历史新高。加大招商力度，世博华侨城、蓝城、朗基尚善项目成功签约，绿聚隆、东雅花卉、恒丰万里等企业落地建设，外资引进实现零突破。

我们坚决践行了从严治党新使命。坚决肃清白恩培、仇和等特别是秦光荣流毒影响，深刻吸取林长煌案教训，推动“以案促改”。落实基层减负年要求，坚决整治形式主义、官僚主义，严厉查处违反中央八项规定精神及发生在群众身边、侵害群众利益的行为，处置问题线索400余起，政治生态更加清朗。

艰难困苦，玉汝于成。一年来的生动实践，让我们深知，发展才是硬道理，进步最有说服力，全区各级干部群众在发展进步中干事创业的精气神明显提升，这已成为我们决胜高质量全面建成小康社会最为深厚的根基、最为制胜的法宝。在此，我代表区委常委会，向所有关心、支持和参与江川改革发展的同志们、朋友们，表示衷心感谢，并致以崇高敬意！

二、深入学习贯彻党的十九届四中全会精神，开启县域治理体系和治理能力现代化新征程

党的十九届四中全会系统总结了我国国家制度和国家治理体系多方面的显著优势，明确了坚持和完善中国特色社会主义制度、推进国家治理体系和治理能力现代化的指导思想、总体要求、总体目标和重点任务，为把我国制度优势更好转化为国家治理效能指明了前进方向。全区各级党组织和广大党员干部，要把深入学习宣传贯彻党的十九届四中全会精神，坚持和完善中国特色社会主义制度、推进国家治理体系和治理能力现代化，作为当前和今后一个时期的重要政治任务。

（一）全面贯彻落实坚持和巩固中国特色社会主义制度的要求。成就彰显优势，更坚定自信。党的领导制度统领的中国特色社会主义根本制度、基本制度、重要制度，是党领导人民进行革命、建设、改革最宝贵的经验，为我们全面建成小康社会提供了根本遵循。深入学习贯彻党的十九届四中全会精神，要始终坚持党的领导，坚定维护以习近平同志为核心的党中央权威和集中统一领导，自觉贯彻党总揽全局、协调各方的根本要求，把党的领导落实到县域治理的各领域各方面各环节。要始终坚持旗帜鲜明、立场坚定、严格遵照，把学习贯彻与想问题、做决策、抓落实紧密结合起来，自觉对标对表，确保各项工作始终沿着党中央指引的正确政治方向前进，增强“四个意识”、坚定“四个自信”、做到“两个维护”，强化政治自觉、思想自觉和行动自觉。

（二）全面贯彻落实完善和发展推进国家治理体系和治理能力现代化的要求。实践创新和理论创新永无止境。制度更加成熟更加定型是一个动态过程，治理能力现代化也是一个动态过程，不可能

一蹴而就，也不可能一劳永逸。深入学习贯彻党的十九届四中全会精神，我们必须讲规制、守章法，遵循党中央统一部署和国家法律制度规定，把全会确定的目标任务落到实处。我们必须推进全面深化改革，落实党中央明确的国家治理急需的制度、满足人民对美好生活新期待必备的制度，列出任务清单，压实主体责任，强化系统集成，坚持目标导向、问题导向、改革导向、效能导向，着力固根基、扬优势、补短板、强弱项，与时俱进实践发展，努力为“中国之治”的基层实践做出贡献。

（三）全面贯彻落实严格遵守和执行制度的要求。制度的生命力在于执行。加强制度执行、强化制度刚性作用、维护制度权威，是完善县域治理体系和治理能力现代化必须尽快补齐的突出短板。深入学习贯彻党的十九届四中全会精神，要把制度执行摆在突出位置，贯穿城乡治理、部门治理、行业治理的全过程各方面，坚持制度面前人人平等、制度执行没有例外、制度落实不留空白，真正让铁规发力、让禁令生威。要把提高县域治理能力作为新时代干部队伍建设的重大任务，推动广大干部严格按照制度履职尽责、行使权力、开展工作，提高推动高质量发展的能力和水平。全区各级党组织和广大党员干部要切实强化制度意识，带头维护制度权威，做制度执行的表率，带动全社会自觉尊崇制度、严格执行制度、坚决维护制度，确保制度落实在县域治理中更加有力有效。

三、牢记初心使命，决胜高质量全面建成小康社会

2020年是全面建成小康社会和“十三五”规划收官之年，我们要实现第一个百年奋斗目标，为“十四五”发展和实现第二个百年奋斗目标打好基础。做好这一年的工作，意义十分重大。我们要坚持以习近平新时代中国特色社会主义思想为指导，全面贯彻党的十九大和十九届二中、三中、四中全会精神，坚持稳中求进工作总基调，坚持新发展理念，统筹推进“五位一体”总体布局，协调推进“四个全面”战略布局，全面加强党对各项工作的领导，坚持“三区一中心”发展定位，深入实施“5366”发展思路，围绕“建美一座城、治好一湖水、打造一个高地”的工作重点，推动经济社会各项事业和全面从严治党迈上新台阶，高质量全面建成小康社会。综合研判形势和发展实际，今年全区经济社会发展的主要预期目标是：地区生产总值增长10%，固定资产投资增长10%，居民收入增长与经济增长基本同步。

高质量全面建成小康社会，必须保持冷静头脑，准确把握面临的新形势新任务新要求。我们要正视存在的不足。全区经济总量小，发展不平衡不充分，经济下行压力大，实体经济经营困难，财政收支矛盾突出，债务风险加剧；优质教育、医疗、社会保障、公共文化服务与人民群众对美好生活的新期待还有差距；生态环境脆弱，星云湖及部分入湖河道水体功能不达标，城乡建设规划管控、农村环境整治任务艰巨，出行难、停车难等问题仍然突出，特别是主城区提质扩容项目因政策调整进展滞缓，影响了人民群众生活；从严治党和惩治腐败形势仍然严峻，林长煌案和发生在群众身边侵害群众利益的行为，反映出我们对干部的教育监管存在盲区；干部队伍中本领不强、担当不足，形式主义、官僚主义未根治。这些问题，我们要突出目标导向、靶向发力，在发展中切实加以解决。我们要抓住面临的机遇。我国经济稳中向好、长期向好的基本趋势没有变，国家和省市实施“一带一路”、长江经济带、滇中城市群、“三湖”生态城市群建设等多重机遇在我区交汇叠加，支持高原湖泊保护治理、实施乡村振兴战略、预算内投资和新增专项债券等利好政策持续出台，为我们推进改革发展、深化对外开放提供了广阔空间和有力支撑。我们要努力在融入国家、省市发展战略中主动作为，在协同发展中补齐短板，在区域互动中扬我所长。我们要担当时代的使命。高质量全面小康，以领域、人口、区域全覆盖为基础，以统筹推进“五位一体”总体布局、打好三大攻坚战为重点任务。满足人民对美好生活的向往，我们必须系统谋划、突出重点、整体提升，弘扬“跨越发展、争创一流；比学赶超、奋勇争先”精神，全力做好发展改革各项工作，坚持量质并举抓统筹，实现分项指标争先、总量指标进位、综合指数提升，确保小康成果得到人民充分认可、经得起历史检验。

高质量全面建成小康社会，要着力抓好五个方

面重点工作。

（一）建设现代产业体系，推动经济发展高质量。全面提高党领导经济工作的能力和水平，科学谋划好“十四五”规划，着力解决发展不平衡不充分的问题，坚决打赢三大攻坚战。坚持走“两型三化”产业发展新路，持续深化供给侧结构性改革，推动农村土地适度规模经营，促进农业提质增效。加快实施创新驱动发展战略，创建国家创新型城市，鼓励企业加强科技创新和技术革新，不断成长为科技型中小企业、高新技术企业。加快数字经济发展，高度重视区块链技术运用，推动区块链与三次产业深度融合发展。大力发展园区经济，加快新材料、新能源、装备制造等产业集群，支持现代物流服务业、花卉产业、铜工艺制品业做大做强。全面推进以龙泉百亿园区为龙头，江城纸制品园、九溪花卉科创园、雄关农产品物流园、江磷精细磷化工园、前卫铜工艺园五个十亿园区为支撑的产业布局。统筹加快同城发展，完成主城区提质扩容，盘活城区低效用地，全面启动西片区开发，抓好民用机场前期工作。积极推进军地之间资源优化整合、高效利用。加大精准招商力度，强化要素保障，加快瀛景国际康养社区、星云首府、古滇国三期建设，实现世博华侨城、蓝城、朗基尚善等项目片区开工建设。坚持以“最多跑一次”改革为牵引，深化财税体制和金融体制改革，打好减税降费、精准服务组合拳，全面建立政务服务“好差评”制度，着力打造最优营商环境。

（二）发展公共民生事业，推动人民生活高质量。坚持以人民为中心的发展思想，尽力而为、量力而行，努力为群众办实事、解难事，让发展成果更好惠及人民群众。持续强化社会保障，更加注重对社会弱势群体的帮扶和救助，巩固脱贫攻坚成果，扩大扩宽就业、增收渠道，推动城乡居民收入稳定增长，确保小康路上不少一人、不落一户。深化义务教育校长职级制和教师“县管校聘”改革，依法“控辍保学”，争取江川一中升格为市管中学。推进医疗城乡发展一体化，支持区人民医院与市级医院建成紧密型医联体，提升医疗服务水平。全面放开养老服务市场，提升养老服务质量。坚持推动以人为核心的新型城镇化，加大城市困难群众住房保障工作，积极发展租赁住房。扎实推进乡村振兴，持续推广农村节地上楼居住模式，完成灾后重建。深化农村集体产权制度改革。组织做好第七次全国人口普查。加大户籍制度改革力度，支持农村人口向城镇转移，启动大街街道析置分设，增设城市社区，提升城市管理治理水平。加快城乡水务、环卫发展一体化，建立健全用水收费机制和生活垃圾处理收费制度。建立更加完善便捷的公共交通网络，争取实施翠大线改造，完成大铁线、雄关绕乡路、浪广路北延工程等城乡道路建设。

（三）繁荣社会先进文化，推动文化建设高质量。认真践行“举旗帜、聚民心、育新人、兴文化、展形象”使命任务，加强主流文化舆论引导，建好阵地、管好阵地、用好阵地，牢牢掌握意识形态工作的领导权和话语权。大力弘扬社会主义核心价值观，深入推进移风易俗，全面整治婚丧陋习、孝道式微、烧纸祭车、客事繁多等不良风气，倡导婚事新办、丧事简办、厚养薄葬，引导全社会崇德向善、见贤思齐，提升城乡群众思想道德和精神文明建设水平。持续巩固国家卫生城市创建成果，全力争创全国文明城市。完善公共文化服务体系，加快“三馆一站”文化阵地建设，实施文化惠民工程，广泛开展全民健身活动。发展以古滇、青铜、渔耕、白药文化为核心的全域旅游，加快国家湿地公园、星云湖南岸乡村振兴示范、古滇铜街、江城古镇等项目建设，鼓励发展特色民宿、精品酒店、文化旅游街区等新业态，推动文化和旅游深度融合发展。

（四）深化法治江川建设，推动民主法治高质量。坚持党的领导、人民当家作主和依法治区有机统一，不断扩大人民有序政治参与，坚持和完善基层群众自治，深化党务、政务、村务公开，保障人民知情权、参与权、表达权、监督权。推动人大制度和人大工作与时俱进完善发展，加强和改进新时代人民政协工作。倍加珍惜和巩固民族团结、宗教和顺的大好局面，创建全国民族团结进步示范区。坚持依法行政，推进法治政府建设，健全完善公共法律服务体系，加快高素质法治队伍建设，发展公职律师。支持人民法院、检察院独立行使审判权、检察权，让人民群众在每一个司法案件中都能感受到公平正义。深入推进扫黑除恶专项斗争，持续深挖整治，建立长效常治工作机制，让人民群众获得感、幸福感、安全感更加充实、更有保障、更可持续。不断完善矛盾纠纷排查调处机制，扎实做好重点领域、重点群体、重点问题、重点人员信访矛盾化解。加强反恐维稳、禁毒防艾和反邪教工作，依法打击各类违法犯罪，有力维护公共安全。深化平安江川建设，以对人民极端负责的精神抓好国家安全、应急管理、安全生产、食品药品安全监管工作，确保百姓安康、社会安宁。

（五）建设美丽宜居江川，推动资源环境高质量。深入践行习近平生态文明思想和绿色发展理念，贯彻执行《云南省星云湖保护条例》，全面启动国土空间规划编制，严守三条控制线，用最严格制度最严密法治保护生态环境，创建省级生态文明示范区。突出精准治污、科学治污、依法治污，加速推进星云湖保护治理工程，全面压实河（湖）长制、山林长制责任，推进“森林江川”建设，坚决打赢星云湖水质脱劣攻坚战，建美玉溪城市花园。争取实施董炳河综合治理。加快产业结构调整，全力推进“一县一业”建设，打响“绿色食品牌”，扩大沿湖绿色烟叶、绿色水稻种植规模，有效削减面源污染负荷。全面提升城乡人居环境，持续推进“5·20”整治日行动、“万名干部讲法规、万名干部除临违”，抓好城乡雨污分流、农村户厕改造、畜禽养殖整治、“七小工程”建设，规范和改进农村宅基地管理，建立健全长效管控机制。推进能源消费革命，倡导简约适度、绿色低碳的生活方式，培养垃圾分类好习惯，持续降低GDP能耗。全面加快“美丽县城”建设，统筹有序推进城市更新，提速棚户区、老旧小区改造，推动智慧停车场建设，完善公厕、绿地、公园、广场等公共配套，让城市生活更美好。

四、坚持全面从严治党，为高质量全面建成小康社会保驾护航

党的领导是高质量全面建成小康社会的根本保证。实现既定目标，必须全面贯彻新时代党的建设总要求，毫不动摇坚持和完善党的领导，毫不动摇推进党的建设新的伟大工程，把党建设得更加坚强有力，确保党始终成为主心骨和坚强领导核心，凝聚起奋发进取的强大力量。

（一）坚持总揽全局，强化党对一切工作的领导。健全党的全面领导制度，认真履行区委把方向、谋大局、定政策、促改革的政治责任，建立健全把“不忘初心、牢记使命”作为加强党的建设永恒课题和全体党员干部终身课题的制度机制，提高党的执政能力和领导水平。巩固和拓展机构改革成果，扎实做好机构改革“后半篇文章”，加强全区各级党政领导班子建设，强化党的组织在同级组织中的领导地位，定期研判分析形势、协调解决高质量全面建成小康社会中各领域的突出问题，团结带领全区党员干部群众，在围绕中心服务大局上出实招、见成效，确保各项工作始终沿着正确方向前进。

（二）突出政治标准，打造高素质专业化干部队伍。打铁必须自身硬，党员干部是高质量全面建成小康社会的建设者、引领者、实践者。要加强思想政治建设，认真落实新时代好干部标准引导广大干部特别是年轻干部经受严格的思想淬炼、政治历练、实践锻炼，在斗争中经风雨、见世面、壮筋骨，发扬斗争精神，增强斗争本领。坚持严管厚爱相结合，突出激励与约束并重，健全完善干部考核评价体系，落实容错纠错机制，宽容干部在改革创新中的失误错误，让敢担当、善作为的干部有舞台、受褒奖，为敢于担当、踏实做事、不谋私利的干部撑腰鼓劲。深入实施人才强区战略，继续抓好“星云英才”行动计划，营造尊才、爱才、重才的浓厚氛围。

（三）立足固本强基，加强党的基层组织建设。党的基层组织是确保党的路线方针政策和决策部署贯彻落实的基础，高质量全面建成小康社会最坚实的力量支撑在基层。要树立大抓支部的鲜明导向，坚持以提升组织力为重点，突出政治功能，眼睛向下、重心下沉，发展壮大村集体经济，持续整顿软弱涣散基层党组织，提升党支部规范化水平，把每个党支部都建成党的坚强堡垒。要选优配强党组织书记，旗帜鲜明用好“十不得”负面清单，坚决防止不符合条件的人员进入基层党组织。全面加强和改进城市基层党建，深化“五网融合”“九大党建联盟”“高原湖泊卫士”等党建品牌创建，推进“红色物业”“智慧党建”，激发组织新活力。

（四）从严正风肃纪，巩固作风建设和反腐败

成果。旗帜鲜明讲政治，在“八个坚决肃清”上下功夫，坚决肃清秦光荣等流毒影响，深刻吸取林长煌案教训，深入推进以案促改制度化常态化，扶正祛邪、固本培元，推进风清气正的政治生态建设。紧盯民生资金、“三资”管理、征地补偿等重点领域和关键环节，保持铁腕反腐高压态势，始终做到有案必查、有腐必惩。充分发挥巡察“利剑”作用，实现巡察全覆盖，自觉接受巡视监督。深化减负提质，落实“工作提升年”要求，坚决整治形式主义、官僚主义，严惩不作为、慢作为、乱作为，着力提高问责工作的政治性、精准性、实效性，促进干部作风持续转变。从严落实中央八项规定精神，规范招商引资、政务活动，构建亲清新型政商关系。

同志们，伟大梦想，奋斗以成。让我们更加紧密团结在以习近平同志为核心的党中央周围，在省委、市委的坚强领导下，勠力同心、锐意进取，以实干笃定前行，以奋斗成就梦想，在跨越中开创未来，坚决夺取高质量全面建成小康社会新胜利！

名词解释

首问工作责任制：首问责任人办理或有效帮助、指引服务对象完成待办事项的责任制度，主要包括“首问首办、首问领办、首问转办”三项内容。

五亮五公开：亮明公开“部门基本信息、干部职工信息、工作进展动态、办事服务流程、监督投诉电话”五项内容。

科创贷：以政府风险补偿基金增信机制为基础，向纳入政府风险补偿基金支持范围的科技型中小企业发放各类本外币信用。

“六城”同创：创建联合国人居环境奖暨国家节水型城市、全国文明城市、国家环保模范城市、国家海绵城市、国家智慧城市、国家创新型试点城市。

红色物业：以党建为引领，扩大物业服务领域党的组织覆盖和工作覆盖，充分发挥基层党组织的政治功能和服务功能以及党员先锋模范作用，加强党对物业服务领域的指导监管和保障支撑，构建街道社区党组织领导下的居委会、业委会、物业服务企业等多方协同、一体服务的工作体系。

七小工程：小花园、小绿地、小菜园、小广场、小果园、小湿地、小景观。

九大党建联盟：“全面从严治党”党建联盟、“县域经济跨越发展”党建联盟、“乡村振兴”党建联盟、“全面深化改革”党建联盟、“民生保障”党建联盟、“平安江川建设”党建联盟、“文明城市创建”党建联盟、“城市基层党建”联盟、“高原湖泊卫士”党建联盟。

意识形态“十二项制度”：“四种责任”清单制度、分析研判制度、报告制度、“四种责任”派销单制度、阵地管理制度、分类处置制度、工作督查制度、审核把关制度、述职述评制度、联系指导制度、风险排查制度、责任追究制度。

两型三化：指推动产业结构向开放型、创新型和高端化、信息化、绿色化转型发展。

医联体：同一个区域内不同级别、类别的医疗机构，通过纵向或横向医疗资源整合形成的医疗联合组织。

三馆一站：图书馆、文化馆、博物馆和乡镇（街道）文化站。

“十不得”负面清单：即被判处管制以上刑罚、涉黑涉恶、村霸、正被纪检司法机关立案查处、所受纪律处分有关任职限制、以非法手段煽动或者组织群众上访、长期不公开村（居）务或者侵占集体土地和资金、直接或者间接拉票贿选和干扰破坏选举被有关部门查证、长期外出不能正常履职或者丧失行为能力、党纪法律法规等规定其他情形均不得作为村组干部候选人的10张清单。

政府工作报告

——在玉溪市江川区第二届人民代表大会第四次会议上

代理区长　常　成

（2020年1月5日）

各位代表：

我代表区人民政府，向大会报告工作，请予审议，并请各位政协委员和其他列席同志提出意见。

一、奋战2019，全力保持经济社会健康发展

过去一年，区人民政府坚持以习近平新时代中国特色社会主义思想为指引，在市委、市政府和区委的坚强领导下，在区人大、区政协的监督支持下，团结依靠全区人民，坚持稳中求进工作总基调，围绕“六个走在全省前列”，突出“建美一座城、治好一湖水、打造一个高地”工作重点，统筹推进稳增长、促改革、调结构、惠民生、防风险、保稳定各项工作，全区经济社会发展平稳有序。预计全区地方生产总值增长11%，完成规模以上固定资产投资73.84亿元，增长5%；一般公共预算收入5.37亿元，减31.5%；城镇居民人均可支配收入39583元，增长8%；农村居民人均可支配收入14475元，增长9%。

一年来，重点抓了七个方面的工作。

（一）攻坚克难，锐意进取，县域经济稳步发展。坚持发展第一要务，走“两型三化”产业发展新路，强化产业支撑，壮大县域经济，优化经济结构，三次产业结构调整为16.8：38.6：44.6，产业投资占固定资产投资达27.9%，地方财政收入中税收占比达77.2%，高质量发展态势加速形成。

工业经济稳中有进。龙泉园区发展迅速，累计投入基础设施建设资金41.8亿元，开发整理土地1800亩，江源路、江滇路等10条园区道路建成通车，新建标准化厂房27万平方米，园区自来水厂、污水处理厂基本完工，华电达、粤辉电子等项目顺利落地，预计实现企业主营业务收入18.2亿元，增长5.2%。一园多片区初具雏形，江城纸制品产业园累计投入基础设施建设资金3.1亿元，引进企业7户，和润纸业、亲亲南兴建成投产，雄关农产品物流产业园完成投资5.5亿元，云莱滇中智慧农业等项目进展顺利。全区实施工业项目33个，非电工业固定资产投资达17亿元，新增规模以上企业3户。联塑科技、江磷集团等企业支撑作用进一步凸显。预计完成规模以上工业增加值17.7亿元、增长17%。

农业特色逐渐彰显。巩固江川烟叶质量“108”分高地，继续实施“2260”高端特色烟叶项目，积极参评“云南首届最具影响力烟区”，实现烟农交售收入3.07亿元。打造“一县一业”江川花卉品牌，发挥九溪亚洲花卉科创谷、雄关花卉产业示范园、前卫阿豆花卉产业园、江城禾韵园艺产业园的带动作用，种植花卉1.36万亩，实现产值4.57亿元，玫瑰、百合、大花蕙兰等品种畅销海内外。推动绿色食品牌工作不断深入，“宏斌”小米辣获评2019年云南省“十大名菜”，宏斌食品、丫眯食品获评2019年云南省绿色食品“二十佳创新企业”，认证“三品一标”绿色食品企业5家11个产品，新认定农业产业化省级重点龙头企业1户。预计完成农业增加值18.7亿元、增长6.2%。

第三产业繁荣兴旺。全域旅游发展成效初显，蓝城天空之城、古滇铜街、朗基尚善、瀛景国际

康养社区项目成功签约，李家山古墓群保护、星云湖南岸乡村振兴示范区等项目稳步推进，甘棠箐遗址、江川文庙入选第八批全国重点文物保护单位，开渔节、火把节、梨花节、七夕节等特色旅游品牌逐步形成，预计全年接待游客613万人次，增长10%，实现旅游收入54.1亿元，增长17%。商贸流通繁荣活跃，大街市场完成改造投入使用，电子商务发展迅速，全区预计完成电商销售额5500万元。预计实现进出口总额4500万美元，社会消费品零售总额31亿元，增长12%。预计完成第三产业增加值49.7亿元，增长9.4%。

（二）深化改革，扩大开放，发展活力不断增强。坚持向改革要动力，向开放要活力，重点领域和关键环节改革取得突破。

各类改革全面推进。顺利完成政府部门机构改革、企事业单位公务用车制度改革等工作。继续深化医药卫生体制改革，实施紧密型医共体建设，家庭医生重点人群签约率达100%。完善教育系统人事制度改革。持续推进“放管服”改革，严格落实优化营商环境“123456”改革任务，大幅压缩投资项目、不动产登记、企业开办等行政审批时限。深化法律援助制度改革，完善律师执业保障机制，加快公共法律服务平台建设。稳步推进农村集体产权制度改革，创新实施股权担保农民融资新模式，农村集体资金线上审批试点取得实效。

营商环境不断优化。实施营商环境提升十大行动，推进简政放权，累计取消区级行政许可事项43项，梳理权力清单、责任清单60929项。启动新政务大厅建设，推进“一网、一门、一次”改革。破解要素保障瓶颈，完成项目供地990.96亩；落实减税降费和创业担保贷款政策，减免税收8257万元、降费5298万元；发放创业担保贷款1.43亿元、财政贴息1516万元；兑现企业扶持资金5321万元，为企业置换贷款6500万元，银行业金融机构为企业新增贷款15.09亿元，增长29%，存贷比达92.54%。

开放创新持续深化。新认定联塑科技、云星生物等4户高新技术企业，新培育龙恩制药、天合立光电、天锋彩印等17户国家级、省级科技型中小企业，新入选云南省“万人计划”首席技师1人、认定云南省科技特派员8人，九溪获评全省首批科普小镇。创新实践“科创贷”，为秋庆种业、同力橡胶2家企业发放贷款760万元。年内投入R&D经费7158.8万元，增长7.18%，争取科技项目补助资金1138万元，完成科技项目58项，新申请发明专利21件。引进外资54.75万美元，签约市外国内项目72个，到位资金98.03亿元，增长8.62%。

（三）统筹协调，补齐短板，城乡融合步伐加快。以实施乡村振兴战略、“创文”“创卫”为契机，统筹城乡发展，提升功能品质，全区城镇化率达45%。

基础设施不断完善。突出规划引领，完成第三次全国国土调查和5个乡镇土地利用总体规划调整，启动生态保护红线评估调整和西片区概念性规划编制。聚焦路网建设，江通高速建成通车，澄川高速通车在即，玉江大道、嵩玉线、大铁线完成改造，投资1215万元建成大环路、翠小路等8条农村公路。强化“两污”治理，启动实施城乡环卫一体化PPP项目，建成海浒片区5.7千米污水管网，完成星云路、翠大线五岔路口至三皇寺加油站段、龙旺湖城段9.3千米雨污分流管网建设，污水处理厂降磷提标试验成功。

城市发展提质提速。市政基础设施建设PPP项目重新启动，浪广路北延线复工建设。宝凤路延长线建设有序推进。投资175.8万元，完成文祥街、文林街、宝凤路部分人行道改造。建成燃气管网16.8千米，实现德馨苑、龙旺湖城2个小区供气。加快“美丽县城”建设，争取中央资金1262万元，启动20个老旧小区改造。大街河、大庄河城市景观河道改造工程竣工。大街、江城棚户区改造签约4824户、兑付资金18.96亿元，书香苑、城市花园、万湖花园等房源点建设顺利推进。古滇国三期、云福山居、紫明苑等9个房地产项目快速推进，实现商品房销售面积21.3万平方米，成交金额13.87亿元。

乡村振兴初具成效。投资2605万元实施3座小（一）型、7座小（二）型病险水库除险加固，投资258万元实施兰田、大庄等5个村农村饮水安全工程。124个“百千工程”竣工验收，“点亮江川”实现村村亮。灾后重建工作全面推进，发放贴息贷款2453万元，拆除危房52万平方米，恢复重建竣工654户。创新开展“5·20”美丽家园环境集中整治日行动和“万名干部讲法规、万名干部除临违”专项行动，拆除临违建筑30万平方米，新增绿地7.2万平方米。全力推进农村“厕所革命”，完成户厕改造12385户，镇区生活污水处理设施覆盖率、公厕覆盖率均达100%。农村人居环境整治村庄清洁行动考核全市第一，承办全市城乡人居环境整治夏季攻势行动现场推进会。全面启动推进移风易俗、建设文明乡风专项行动，建成江城徐家头、九溪六十亩等5个省级文明村镇。

（四）加大投入，综合施策，生态文明建设取得实效。以星云湖保护治理为重点，全面实施生态治理工程，切实打好污染防治攻坚战。

治湖护湖力度空前。突出精准施策，完成《云南省星云湖保护条例》修订和《云南省星云湖保护治理规划》《星云湖流域保护与开发利用总体规划》编制。紧盯星云湖水质脱劣目标，加快工程治理，星云湖湿地湖滨带提质改造工程顺利推进，环湖截污治污工程基本完工，北岸藻水分离站、原位控藻工程投入运行，出水水质达Ⅳ类，星云湖保护治理“十三五”规划及山水林田湖草生态保护修复试点工程19个项目全面开工，完工8项，完成投资19.6亿元。压实河（湖）长责任，开展区级河（湖）长履职述职，12条主要入湖河道综合治理工程基本完工，大龙潭河获评2019年市级“美丽河湖”。星云湖水质总体稳定向好，12月湖心断面水质达Ⅴ类，氨氮指标比上年下降50%，近10年来首次控制住了蓝藻水华大规模爆发。

生态修复扎实有效。强化生态空间管控，完成星云湖一级保护区1576亩农田退出并启动生态修复，签订退房协议366宗，兑付资金1.17亿元，拆除农户及企事业单位房屋41宗4.9万平方米，搬迁安置点建设全面推进。滇中引水工程稳步实施。九溪海绵城市千亩湿地加快建设。加强农业面源污染整治，推广测土配方施肥技术12.3万亩，完成绿色防控19.37万亩次，压减蔬菜种植6100亩。实施高效节水、水肥一体化2000亩，流域化肥、农药施用量较上年分别减少787.2吨、6.54吨。开展禁养区畜禽规模养殖退出，拆除关闭规模养殖户5户，实现166.58平方千米禁养区无规模养殖户。全面压实山林长制责任，推进森林星云湖建设，完成植树69.43万株，治理水土流失6.1平方千米，大街、江城创建国家级生态文明乡镇，白石岩、河咀、三街、矣文上榜“国家森林乡村”。

绿色发展稳步推进。全面整改各级环保督察反馈问题，启动星云湖保护治理雷霆行动，完成第二次全国污染源普查，开展生态环境风险评估，加强大气污染防治，关闭改造“散乱污”企业23家，推进非煤矿山转型升级，关闭14座、整合重组4座、改造升级5座、修复治理9座。节能减排扎实推进，节能产品市场占有率连续两年居全市第一，万元生产总值能耗下降2%。完成省级生态文明区创建申报。

（五）问计于民，保障民生，人民生活持续改善。践行以人民为中心发展思想，全力保障和改善民生。全年财政用于民生支出17.2亿元，占一般公共预算支出的83%。

脱贫攻坚巩固提升。深入推进农村危房改造，4类重点对象中19户建档立卡贫困户危房改造完工入住；着力完善产业扶贫，投入产业扶贫资金2863.96万元，74个新型农业经营主体带动建档立卡贫困户1960户6909人；不断强化智力扶贫，发放“雨露计划”补助78.9万元，受益学生522人；有序开展金融扶贫，发放小额扶贫信贷3745.67万元，支持782户建档立卡贫困户发展产业；统筹推动就业扶贫，组织“春风行动招聘会”及就业培训，帮助建档立卡贫困户1901人外出务工；持续深化健康扶贫，贫困人口100%参加城乡居民医疗保险，住院自付比例降至9.87%；精准实施兜底扶贫，发放建档立卡贫困户低保金282.38万元，惠及1178人，为52户贫困户提供临时救助。累计脱贫2065户7188人，实现贫困人口全部清零目标。

教体事业全面发展。推动学前教育提质扩容，区一幼成功创建省一级一等示范性幼儿园，投资5768万元启动区二幼建设，学前教育二期、三期项目建设进展顺利。加大“控辍保学”力度，义务教育向优质均衡发展，投资654.22万元完成“全面改薄”项目。中高考成绩在各县区位居前列。圆满承办全国U21青年男子篮球锦标赛、云南·江川北山公园国际定向越野赛、云南省铁人三项公开赛等重大赛事。

各项事业全面进步。积极扩大就业支持创业，扶持创业457人，城镇新增就业2808人，城镇登记失业率控制在3.12%以内。扩大社会保障覆盖面，发放城乡居民社会养老保险金4682万元、低保金

976万元。城镇职工医疗保险报销金额3655.09万元，城乡居民医疗保险报销金额1.52亿元。基本社会保险参保率指数达97.65%。提高住房保障水平，解决各类进城务工人员保障性住房46套，政府投资公租房分配率达100%，新建改造群众住房1850余户。不断改善就医条件，区人民医院晋级国家标准化县级医院，区中医医院综合楼建成投入使用，妇幼保健院辅助业务用房主体完工。第四次全国经济普查顺利完成。获评省残疾人教育工作先进县区。国防动员、退役军人事务、双拥工作得到加强，统计、气象、人防、供销、民宗、工商联、工青妇、老体协、红十字会、防震减灾、关心下一代、爱国卫生运动等事业健康发展。

（六）防范风险，保障安全，社会大局和谐稳定。树立底线思维，增强忧患意识，切实防范化解各类风险隐患，营造安全稳定社会环境。

积极化解金融风险。强化政府债务动态管理，统筹推进债务清理，严控增量、化解存量，杜绝违规举债，通过债券置换、预算安排、资产处置、向上争取等方式，化解债务6300万元，清理拖欠民营企业中小企业账款3760万元，债务风险安全可控。做好金融监管，推进小额贷款公司分类评级，取消1家不达标担保公司。严打非法集资，开展32家投资类公司清理整治，完成整改9家。

加大安全生产监管。建立“三个一”应急救援体系，构建协同联动机制，推进政府专职消防队伍建设，提升突发事件应急处置能力。持续实施安全工程三年行动计划，压实各级安全生产责任，针对道路交通、烟花爆竹等重点领域重点行业，对145户重点监管对象开展隐患排查治理。强化安全生产宣传教育，督促企业落实主体责任、强化内部管理，不断提高监管实效。年内未发生重特大安全生产事故，安全生产形势总体稳定。

提升社会治理能力。深入推进“七五”普法、禁毒防艾等工作，深化平安江川创建，九溪司法所获评“全国先进司法所”，三街社区通过全国民主法治示范村复核。扎实推进全国民族团结进步示范区创建，矣文村等9个单位被命名为市级民族团结进步示范单位。纵深推进扫黑除恶专项斗争，打掉黑恶势力犯罪团伙9个，办理案件106起。扎实开展“防风险、保安全、迎大庆”等专项行动，全区社会大局保持和谐稳定。

（七）转变作风，依法行政，自身建设得到加强。以建设人民满意政府为目标，切实加强能力建设，不断转变作风、提高效能。

依法行政深入推进，自觉接受区人大及其常委会的法律监督、工作监督和区政协的民主监督，积极处理各类审议意见和协商意见，全年办理人大代表建议115件、政协委员提案101件。严格执行“三重一大”集体决策和重大行政决策责任追究制度，废止行政规范性文件8件，组织重大决策听证9项、重大风险评估6项，公开政府信息8192条。强化审计监督与政府督查，完成审计项目22个，查出问题金额4.34亿元，通报重点工作36期。认真开展“不忘初心、牢记使命”主题教育，深入推进“两学一做”学习教育常态化制度化。严守政治纪律和政治规矩，坚决肃清秦光荣流毒影响，严肃查处违法违规行为，给予党纪政务处分86人，政府系统党风廉政建设进一步加强。落实“基层减负年”各项措施，加大精文简会、规范督查考核力度，坚持深入一线调查研究、深入一线攻坚克难、深入一线督促落实，确保重大决策、重点工作、重要事项压茬推进，政府系统担当作为氛围进一步形成。

各位代表，过去一年，我们在诸多压力交织叠加、多重困难挑战并存的形势下，保持定力强担当、创新思路解难题，着眼长远谋发展、立足当前抓落实，取得了来之不易的成绩，这是市委、市政府和区委正确领导的结果，是区人大、区政协大力监督、鼎力支持的结果，是全区人民共同努力、携手奋斗的结果。在此，我代表区人民政府，向积极投身江川经济社会发展的广大干部群众、驻江部队和武警官兵，向省市驻江单位，向各位人大代表、政协委员，向各人民团体、工商联和社会各界人士，向所有关心支持江川发展的同志们、朋友们致以崇高的敬意和衷心的感谢！

在肯定成绩的同时，我们也清醒认识到，江川经济社会发展还面临许多困难和挑战：一是经济总量不大、结构不优，新经济、新业态培育不够，项目储备不足，规划、土地、资金等要素制约没有完全破解，招商引资精准度不够，经济下行压力加大，财政收支矛盾突出，实体经济发展还面临诸多困难。二是城乡发展不平衡现象依然存在，城市功能布局不合理，农村基础设施短板较多，出行难、停车难问题突出，主城区提质扩容项目因政策调整进展缓慢，城乡规划管控、乡村振兴任重道远。三是生态环境脆弱，星云湖及部分入湖河道水体功能不达标，农村环境卫生整治、农业面源污染治理和面山植被恢复任务艰巨。四是教育、卫生、养老、文化等社会事业发展还需提升，优质公共服务供给与人民群众的期盼还有差距，安全生产、社会稳定等方面仍然面临较大压力。五是政府职能转变还不到位，少数干部担当不够、作风不实、能力不足、落实不力，形式主义、官僚主义还不同程度存在。对此，我们将高度重视，采取有效措施，切实加以解决。

二、收官“十三五”，决胜全面建成小康社会

2020年是全面建成小康社会和“十三五”规划收官之年。做好今年政府工作，必须坚定决胜全面小康目标不动摇，围绕人民向往，全力抓重点、补短板、强弱项，确保如期建成“五位一体”全面进步的小康、城乡共同发展的小康、惠及全区人民的小康。根据新形势和新任务，今年政府工作的总体思路是：坚持以习近平新时代中国特色社会主义思想为指导，全面贯彻党的十九大和十九届二中、三中、四中全会精神，坚持稳中求进工作总基调，坚持新发展理念，统筹推进“五位一体”总体布局，协调推进“四个全面”战略布局，坚持“三区一中心”战略定位，深入实施“5366”发展思路，围绕“建美一座城、治好一湖水、打造一个高地”的工作重点，推动经济社会各项事业迈上新台阶，决战决胜高质量全面建成小康社会，确保“十三五”规划圆满收官。

经济社会发展的主要预期目标建议为：地方生产总值增长10%，规模以上固定资产投资增长10%，一般公共预算收入增长28%，社会消费品零售总额增长11.5%，城镇居民人均可支配收入增长8%，农村居民人均可支配收入增长9%，城镇登记失业率控制在4%以内，万元生产总值能耗与省市同步下降。

今年要着力抓好五个方面工作。

（一）打好攻坚战役，跨越发展关口

抓好巩固提升，推进精准脱贫。聚焦产业扶贫，推进项目建设，强化农业龙头企业、产业协会等引领带动作用，鼓励贫困村继续发展烤烟、蔬菜等传统产业，引导贫困群众利用资源优势发展特色经果林，实现每个贫困村有1～2项稳定增收产业、贫困户有1个以上增收项目。聚焦行业扶贫，持续开展“雨露计划”、家庭医生签约服务、劳动技能培训、小额扶贫信贷等工作，保证贫困户持续享受政策。聚焦社会扶贫，持续构建“政府主导、群众主体、社会参与”的大扶贫格局。聚焦稳定脱贫，加强动态管理，重点关注85户273人边缘户和63户195人不稳定户，提高脱贫质量，确保退出的2065户7188人稳定脱贫。

突出脱劣目标，抓实污染防治。全力提速星云湖保护治理“十三五”规划及山水林田湖草生态保护修复试点工程，年底所有项目基本完工；重点抓好河道水质脱劣、工程治藻、循环补水、沿河村落综合治理、城镇管网改造及中水回用工程，实施2020年星云湖水质脱劣应急计划，确保实现星云湖水质脱劣目标；加大《云南省星云湖保护条例》宣传贯彻力度，推进星云湖保护治理雷霆行动，加强流域空间管控，扎实推进星云湖一级保护区“四退三还”，完成一级保护区内退房和搬迁安置工作；实行任务派单制度，开展目标考核，提高河（湖）长履职实效，推动河湖常管长治。强化大气污染防治，落实蓝天保卫行动方案，全面推行“绿色施工”。深入推进土壤污染防治和修复，做好农产品产地土壤环境质量监测，加快实施长江经济带农业面源污染治理项目。加快推进生态文明建设，持续整改各级环保督察反馈问题。落实山林长制责任，加快建设森林星云湖，完成流域森林抚育5000亩、退耕还林3200亩、异地造林500亩，治理水土流失7平方千米。

规范债务管控，防范重大风险。有效遏制债务增量，积极化解存量，杜绝违法违规融资担保和变相举债，严格管控新增项目融资行为。完成国有企业改革，规范政府投资项目管理，按政策规定推进PPP和政府购买服务项目，用好用活地方政府债券。树立“过紧日子”思想，压缩一般性支出，确保“三公”经费支出零增长，打击和处置非法集资，加强金融风险防范宣传，确保地方金融稳定。

（二）促进产业转型升级，夯实发展基础

做强第二产业。发挥工业主引擎作用，力争第二产业增加值增长15%。以园区为载体，推动装备制造、电子信息、新能源新材料等新兴产业集聚发展，加快磷化工、纸制品等传统产业提档升级，新增规模以上企业2户，完成规模以上工业增加值增长17%以上。强化龙泉园区支撑，完成孵化大楼、数码产业园和信卓誉负极材料标准化厂房建设，推动联塑二期开工建设，确保华电达、粤辉电子竣工投产，新入驻企业3户以上，实现园区产值 28亿元。加快打造一园多片区，进一步完善江城纸制品产业园基础设施建设，新收储土地240亩，确保力天贝贝、天长地久等项目竣工投产，实现产值3亿元。启动滇中特色农副产品储运中心、农产品废弃物资源化利用、雄关加油站等项目建设，确保雄关农产品物流产业园滇中智慧农业项目竣工投产，实现产值10亿元。支持25户资质建筑企业发展壮大，实现建筑业增加值增长25%以上。

做优特色农业。加快农业绿色发展，力争农业增加值增长5.5%。全力推进 “一县一业”示范县创建，以亚洲花卉科创谷为引领，依托省农科院花卉所、禾韵园艺、东雅花卉，大力研发推广高端花卉品种，提升品牌知名度，实现产值6亿元。继续实施“2260”高端特色烟叶项目，稳定烤烟种植面积和烟农收入，确保入选“云南最具影响力烟区”并位居前列。扩大星云湖周边生态烟叶和绿色水稻种植面积，稳步发展粮食、蔬菜、经果产业，持续抓好重大动物疫病防控。培育农业新型经营主体，新增市级以上农业龙头企业2户、农民专业合作社2个、家庭农场示范场5个以上。加大“绿色食品牌”创建力度，新认定“三品一标”产品8个以上，不断增强高原特色农业市场竞争力。

做大第三产业。推动服务业融合发展，力争第三产业增加值增长7.6%。挖掘江川古滇文化、青铜文化、渔耕文化、白药文化潜力，加快全域旅游发展，推进星云湖国家湿地公园、环星云湖生态旅游区、星云湖南岸乡村振兴示范区、古滇铜街建设，实现世博华侨城、蓝城天空之城开工，打造大街陆家咀、前卫新河咀、九溪罗合白等特色旅游村，加快星云湖沿湖健康步道建设，实现旅游收入增长10%以上。加大物流资源整合力度，引导物流企业、专业市场和社会性仓储物流设施向物流园区集中，加快村级电商服务站点建设，逐步构建现代物流服务体系。加快完善网络基础设施，完成118个5G站点建设，实现建成区5G网络全覆盖。扩大对外贸易，鼓励支持江磷集团、云南宏斌、恒丰花卉等企业提高进出口比重，实现进出口总额5000万美元。

（三）推进城乡一体化，提升宜居水平

着力抓规划强基础。充分发挥规划引领作用，全面启动国土空间规划编制，提速主城区控制性详细规划编制，科学编制“十四五”规划。加快玉溪民用机场、红塔区至江川区高速公路项目前期工作；推进农村公路建设，投资360万元实施农村公路“窄改宽”及生命防护工程，修建农村公路60千米。加快实施水务一体化合作项目，加大供水管网改造力度，提高城乡供水保障能力。

加快城市提质扩容。加快实施市政基础设施建设PPP项目，全面贯通宝凤路延长线绞龙沟至大庄路段、浪广路北延线、龙泉大道南段道路，实现城市全民健身运动场馆建设项目复工。加大土地开发利用力度，完成大街棚改范围内200亩、西片区500亩、低效利用地100亩以上土地挂牌出让。推进星云首府、古滇国城三期等房地产项目建设，完成大庄园丁小区、水泥厂生活区等20个老旧小区改造。加大“红色物业”建设力度，推进小区物业管理规范化。发挥数字城管指挥中心作用，开展市容市貌专项整治，巩固提升国家卫生城市创建成果，持续改善城乡人居环境。启动主城区雨污水主管网建设工程，建设雨污分流管网3千米。铺设燃气管道3.12千米，建设城区公厕9座，力争人均公园绿地面积达10平方米，建成区绿化覆盖率达39.5%。

持续推进乡村振兴。积极争取全域土地综合整治项目，完成雄关乡2个土地整治项目。投入水利资金1.3亿元，完成石河、大龙潭、黄谷田3座小（一）型病险水库，马家庄、力摆子等7座灾后薄弱环节小（二）型水库和一批病险小坝塘的除险加固，巩固提升农村饮水安全人口6万人。持续开展农村人居环境综合整治，完成农村生活污水治理专项规划编制，完善村落生活污水处理设施，规范运行城乡环卫一体化PPP项目，妥善处置建子山垃圾填埋场渗滤液，有效治理非正规垃圾堆放点，完成前卫镇临时垃圾堆放点封场及生态修复。全力推进“厕所革命”，改建完成行政村无害化卫生公厕12座，确保年底农村无害化卫生户厕覆盖率达90%。巩固提升“国家森林乡村”建设成效，打造生态宜居乡村。

（四）深化改革创新，释放发展活力

推进“放管服”改革。认真宣传贯彻《优化营商环境条例》，持续开展营商环境提升十大行动，做好营商环境测评工作，落实“红黑榜”通报制度。2月底前完成政务大厅搬迁入驻，实现政务服务“一网、一门、一次”改革目标。完善政务服务平台功能，实现政务服务事项网上可办率达90%。推广“一部手机办事通”，使更多政务服务事项“掌上办”“指尖办”。继续推进“双随机一公开”，加强事中事后监管。

抓好农村和社会事业改革。完善农村土地承包经营权确权登记颁证和农村集体产权制度改革后续工作，稳步推进农村宅基地制度改革和“三权分置”改革，逐步建立区乡两级农村土地流转交易服务平台。做好义务教育学校校长职级制改革和义务教育教师“县管校聘”改革省级试点工作，争取江川一中升格为市级中学。深化紧密型医共体建设，逐步组建区域医疗中心，支持区人民医院与市人民医院建成紧密型医联体，增加DRGs付费病种，进一步减轻患者医疗负担。

强化科技人才支撑。积极组织申报院士（专家）工作站、省级企业技术中心、工程技术中心、“万人计划”产业技术领军人才；落实《玉溪市中长期人才发展规划》，培养发展农村乡土人才，建立鼓励各类人才服务基层制度。加大装备制造、磷化工、食品加工等领域技术创新力度，推动科技成果引进转化应用，实施市级以上科技计划或创新发展项目35个以上。

（五）增进民生福祉，共享发展成果

提高社会保障水平。落实稳就业政策，突出抓好高校毕业生、城镇就业困难人员、农村转移劳动力等重点人群就业创业，新增城镇就业岗位2600个，实现再就业700人，培训农村劳动力1.5万人，转移农村劳动力2000人。推进全民参保登记计划，健全完善城乡低保、农村特困人员动态管理机制。扎实开展社会救助，加强农村留守儿童、孤残儿童的救助保障，组织开展对高龄、空巢、病残等困难老年人的志愿服务，推进居家养老服务中心建设。开展根治拖欠农民工工资专项执法检查，保障农民工合法权益。

提升综合治理能力。启动大街街道析置分设，增设城市社区。全面提升城市管理治理水平。全面推进依法治区，完成“七五”普法各项目标任务，加强社会信用体系建设。压实信访重点矛盾领导包案化解责任，深化城乡网格化服务管理。巩固平安江川创建成果，健全社会治安立体防控体系，打赢第四轮禁毒防艾人民战争，保持防范和处理邪教工作的高压态势。纵深推进扫黑除恶专项斗争。全力争创全国民族团结进步示范区。发挥文明单位引领作用，助推全国文明城市创建。严格落实安全生产责任制，加强重点行业领域隐患排查整治，做好消防救援和防灾减灾救灾工作，强化食品药品监管，保障人民群众生命财产安全。

统筹发展社会事业。持续改善办学条件，实施学前教育三期4所村级幼儿园新建、改建工程，确保区二幼、大庄幼儿园、九溪镇中心幼儿园等学前教育二期项目投入使用。大力实施文化惠民工程，提升公共文化服务水平。完成32块足球场地建设任务，办好江川区第四届全民健身运动会，争取国内外体育赛事在江川举办。加强疾病监测，努力实现“三个90%”艾滋病防治目标。启动第七次全国人口普查。

支持残联、科协、工青妇、工商联、红十字会等人民团体工作，提高国防动员和双拥共建水平，加强广播电视、气象、人防、关心下一代、爱国卫生运动等工作。

各位代表，让人民群众过上美好生活，是我们一切工作的出发点和落脚点，今年我们将全力抓好十件惠民实事：一是江川区第二幼儿园项目建成投入使用；完成20个老旧小区改造。二是完成118个5G站点，实现建成区5G网络全覆盖。三是建设7100亩高标准农田，其中高效节水2600亩。四是实施“美丽公路”创建80千米。五是深入推进“厕所革命”，改建完成行政村无害化卫生公厕12座，确保年底农村无害化卫生户厕覆盖率达90%。六是实施6个扶持村级集体经济发展省级试点项目、13个“一事一议”财政奖补普惠制项目、3个“美丽乡村”和彩票公益金项目。七是继续实施“关爱妇女儿童健康行动”计划，为4000名育龄妇女作免费宫颈癌筛查，实施HIB流感疫苗、23价肺炎疫苗规定年龄群体性预防接种健康惠民工程。八是完成江城招益村滑坡泥石流地质灾害治理工程，实施雄关白石岩小组、爬地小组2个大型地质灾害点滑坡、不稳定斜坡治理项目，完成5个以上小型地质灾害治理项目。九是治理水土流失面积7平方千米，巩固提升农村饮水安全人口6万人；推进大龙潭等3座小（一）型病险水库除险加固；完成马家庄、力摆子等7座灾后薄弱环节小（二）型水库除险加固。十是新增城镇就业岗位2600个，实现再就业700人，培训农村劳动力1.5万人，转移农村劳动力2000人；新增农村残疾人转移就业130人，为1200名残疾人提供康复服务，为100名残疾人提供适配辅助器具，为10户贫困残疾人家庭实施无障碍改造。

三、加强自身建设，全面提升治理能力和水平

民之所望、政之所向，区政府将始终坚持以人民为中心，不忘初心、牢记使命，强化责任担当，增强履职能力，提升服务水平，努力打造人民满意政府。

（一）牢记宗旨，忠诚履职。坚持对党绝对忠诚的政治品质，增强“四个意识”、坚定“四个自信”、做到“两个维护”。坚持把中央大政方针和省、市、区委决策部署落实到行动、体现在工作、彰显于业绩。始终恪守为民之责，善谋富民之策，多办利民之事，以政府的决心换取人民的舒心，以干部的真情换取群众的真心。

（二）坚守法治，依法履职。树牢法治理念，严格遵守宪法和法律，自觉运用法治思维和法治方式推进工作。规范行政行为，健全科学民主依法决策机制和社会稳定风险评估机制，深化行政执法体制改革，严格规范公正文明执法，建立公平开放透明市场规则和法治化营商环境。强化监督制约，自觉接受区人大及其常委会的法律监督和工作监督，执行区人大及其常委会的决议决定，认真研究处理各项审议意见，主动接受区政协的民主监督，认真办理人大代表建议和政协提案，虚心听取和采纳工商联、无党派人士和各人民团体的意见建议。深化政务公开，加大政策事项、民生改善、行政执法等方面公开力度。

（三）主动作为，担当履职。任务越艰巨，担当越可贵。面对矛盾困难，我们将知难而进、迎难而上、破难而行。坚持认真较真，以认真的态度奋发干事，以较真的态度动真碰硬。强化政府工作问效问责，严防责任口头化、书面化。坚持严管厚爱、激励约束并重，保护好干部的积极性、主动性。坚持务实扎实，大力践行“一线工作法”，倡导说干就干、干就干好的工作作风，着力解决表态多、调门高、行动少、落实差等问题。积极应对重大挑战、抵御重大风险、解决重大矛盾，争做“主攻手”、不当“二传手”。坚持创新创优，坚决破除思维定式和路径依赖，注重用创新的思维寻求突破、用改革的办法破解难题，促进政府工作创新求变、变中求进。

（四）清正廉洁，干净履职。把全面从严治党贯穿于政府建设始终，认真落实党风廉政建设主体责任和“一岗双责”，强化廉政风险防控，打造廉洁政府。加强审计监督，加大公共资金、国有资产、国有资源监管力度，规范公共资源交易，把制度的笼子扎得更紧、更密、更牢。自觉遵守中央八项规定精神，驰而不息整治“四风”，力戒形式主义、官僚主义及其隐形变异，大力倡俭治奢、防微杜渐，切实树立清新政风。

各位代表！征程万里风正劲，重任千钧再扬鞭。让我们更加紧密地团结在以习近平同志为核心的党中央周围，在区委的坚强领导下，不忘初心、牢记使命，以担当作为的勇气、勤勉务实的作风，锐意进取，埋头苦干，为谱写新时代江川高质量跨越式发展新篇章、决胜全面建成小康社会而努力奋斗！

相关名词解释

“5366”发展思路：牢固树立“创新、协调、绿色、开放、共享”五大发展理念，坚持稳中求进工作总基调，打好民营经济、县域经济、园区经济“三大战役”，实施“从严治党、深化改革、五网建设、同城发展、生态保护、民生事业”六大工程，做强先进装备制造、高原特色农

业、现代物流、旅游文化及健康养老、航空产业、磷化工六大产业，打造城乡建设管理、经济转型发展两个升级版。

两型三化：指推动产业结构向开放型、创新型和高端化、信息化、绿色化转型发展。

一县一业：2019年4月，省政府印发《关于创建“一县一业”示范县加快打造世界一流“绿色食品牌”的指导意见》（云政发〔2019〕14号），明确聚焦茶叶、花卉、水果、蔬菜、坚果、咖啡、中药材、肉牛8个优势产业，在全省择优创建20个“一县一业”示范县，创建期3年，省财政每县每年补助3000万元。

“云南首届最具影响力烟区”评选：由省烟草学会和绿色生态烟叶发展研究会主办，2019年全省烤烟种植规模10万担以上的60个县（市、区）参评，对前15名授予“云南首届最具影响力烟区”称号。

“2260”高端特色烟叶项目：自2016年起，在全省选择20个县（市、区），种植20万亩烤烟，每年生产60万担高端特色优质烟叶。

三品一标：无公害农产品、绿色食品、有机农产品和农产品地理标志的统称。

紧密型医共体：通过下沉优质医疗资源，实现“小病不出村，常见病不出乡（镇、社区），大病不出县，疑难危重病再转诊”的就医新模式。

紧密型医联体：不同级别、类别的医疗机构之间，通过纵向或横向医疗资源整合形成的医疗机构联合组织，最大的特点是人、财、物统一调配，经济利益一体化。

优化营商环境“123456”改革任务：“1”即推进“一网、一门、一次”改革，政务服务实现“只进一扇门”；“2”即推进交易数据整合，一般性不动产交易登记2个工作日办结；“3”即推进商事制度改革，实现开办企业3天可营业；“45”即推进审批流程再造，投资审批实现45个工作日办结；“6”即建立齐抓共管机制，企业开办环境、投资审批环境、产权登记环境、招商引资环境、公平竞争环境、政务服务环境6项营商环境全面优化提升。

万人计划：国家高层次人才特殊支持计划，自2012年开始，用10年时间，遴选1万名左右自然科学、工程技术和哲学社会科学领域的杰出人才、领军人才和青年拔尖人才，给予特殊支持。

科创贷：以政府风险补偿基金增信机制为基础，向纳入政府风险补偿基金支持范围的科技型中小企业发放各类本外币信用。

R&D（Research And Development）经费：研究与试验发展经费。

DRGs（Diagnosis Related Groups）付费：根据病人的年龄、性别、住院天数、临床诊断、病症、手术、疾病严重程度，合并症与并发症及转归等因素，把病人分入500～600个诊断相关组，确定患者医疗费用支付。

美丽县城：2019年云南省全面启动“美丽县城”建设工作，按照“干净、宜居、特色”的要求，通过3年努力，在全省打造形成一批特色鲜明、功能完善、生态优美、宜居宜业的“美丽县城”。

“美丽公路”创建：省政府2019年提出打造中国最美丽省份靓丽风景线的目标，通过大规模、高标准增绿，建设公路沿线高品质绿化带、景观带。

“散乱污”企业：不符合产业政策，不符合当地产业布局规划，未办理工信、发改、土地、规划、环保、工商、质监、安监、电力等相关审批手续，不能稳定达标排放的企业。

四退三还：在星云湖一级保护区（星云湖1723.35米水位线外延100米以内的区域）开展“退人、退房、退田、退塘，还湖、还水、还湿地”等工作。

绿色施工：工程建设中，在保证质量、安全的前提下，通过科学管理和技术进步，实现四节一环保（节能、节地、节水、节材和环境保护）。

“三个90%”艾滋病防治目标：即艾滋病发现率、治疗率、治疗成功率均达90%以上。

“三个一”应急救援体系：建立一套应急指挥体系；搭建一个应急指挥信息平台；组建一支专职应急救援队伍。

大事记

编辑　陈金才

玉溪市江川区2019年大事记

1月

1日　区委书记徐贤，区委副书记、区长王志华一行看望慰问节日坚守岗位的普查员，并详细了解江川区第四次全国经济普查工作进展和各项经济指标采集情况。

2日　江川区委召开《在中国共产党玉溪市江川区二届区委第五次全体会议上的报告（征求意见稿）》征求意见座谈会，征求实职副处级以上离退休老同志的意见建议。

2日　江川区委召开座谈会，就《在中国共产党玉溪市江川区二届区委第五次全体会议上的报告（征求意见稿）》征求区属相关部门主要负责人的意见和建议。

7日　江川区召开2019年第一季度“扫黄打非”联席会议。

9日　全国、全省、全市安全生产电视电话会召开，江川区组织收听收看会议。

10日　江川区召开中国共产党玉溪市江川区第二届委员会第五次全体会议。

11日　江川区召开2019年重大动物疫病防控、畜产品质量安全暨畜禽养殖废弃物资源化利用工作会。

13日　区委理论学习中心组举行2019年第一次集中学习。

15日　市红十字会常务副会长欧光荣一行前往江城镇3户人体器官捐献者家中走访慰问。

17日　江川区召开烟花爆竹联合执法工作会。

17日　江川区安委会2019年第一次全体会议召开。

18日　省扫黑除恶专项斗争第九督导组督导玉溪市工作反馈会召开，江川区设分会场。

21日　区委常委班子召开2018年度民主生活会。

22日　市纪委五届四次全会第一次全体会议召开，江川区设分会场组织收听收看。

22日　区委书记徐贤率队到紫明苑项目点、区交警大队、江川客运站、江川区粮食收储有限公司、烟花爆竹销售门市、翠大线“白改黑”施工点、绿竹集团长寿火炮厂实地查看和调研安全生产工作。

23日　江川区召开民营企业座谈会。

23日　市委副书记、市长张德华一行对江川区百岁老人和困难群众进行走访慰问。

24日　江川区召开河（湖）长制领导小组全体会议。

24日　市人民政府副市长、市公安局党委书记、局长马加能到江川分局调研指导公安工作。

24日　国家卫生健康委调研组符显辉一行5人

到区人民医院调研火灾防控和实验室安全工作。

28日　区人大常委会党组班子召开2018年度民主生活会。

29日　江川区委政法工作会暨扫黑除恶专项斗争推进会召开。

30日　全市农村人居环境整治村庄清洁行动动员视频会召开，江川区组织收听收看会议。

30日　区委书记徐贤率队实地调研卓一食品改扩建项目推进情况。

30日　江川区召开烟草产业高质量发展工作会。

30日　江川区召开2019年度民兵组织整顿工作任务部署会。

31日　江川区纪委二届四次全会召开。

2月

2日　区委书记徐贤率队调研扫黑除恶专项斗争工作。

2日　江川区举行为烈属军属和退役军人家庭悬挂光荣牌工作启动仪式。

2日　江川区组织开展2018年度挂职干部、驻村工作队员、选调生及大学生村官座谈会。

11日　区委书记徐贤，区委副书记、区长王志华率领区四套班子领导到大街街道、前卫镇实地调研烤烟生产和森林防火工作。

13日　区委书记徐贤率队调研“8·13”“8·14”地震灾后恢复重建工作，现场办公解决急、难问题。

14日　江川区召开扫黑除恶专项斗争新闻发布会，对全区扫黑除恶专项斗争工作开展情况进行主题发布。

15日　全市领导干部警示教育大会暨市委书记专题党课召开，江川区组织收听收看。

16日　市委副书记、市长、星云湖市级河长张德华到星云湖巡湖督办保护治理项目，现场发布星云湖保护治理重点工作河长令。

17日　区委书记徐贤，区委副书记、区长王志华一行调研星云湖一级保护区生态修复及生态屏障构建工作，并召开现场推进会。

18日　江川区召开扫黑除恶专项斗争领导小组会议。

18日　江川区召开2019年全区公安工作会议。

19日　市林草局副局长吴洪明率工作人员深入江川区重点乡镇，对近期森林防灭火工作进行督查指导。

22日　江川区召开深化机构改革工作推进会暨干部集体廉政谈话会，宣布干部任命决定，对新履职的干部进行任前谈话。

25日　江川区召开2019年一季度“开门红”经济运行调度会议。

25日　省政协副主席徐彬率队到江川区，开展“加强幼教师资培养”专题调研。

25日至26日　区委国家安全委员会办公室、区科学技术局、区医疗保障局等多个区级机构涉改部门举行挂牌仪式。

26日　玉溪市举行2019年一季度建设项目集中开工仪式，江川区共有9个项目同步集中开工，区委书记徐贤宣布江川区项目集中开工。

26日　江川区召开创建全国民族团结进步示范区动员会。

27日　江川区召开“散乱污”企业综合整治工作动员会。

28日　中国人民政治协商会议玉溪市江川区第二届委员会第三次会议在玉溪人民警察训练基地隆重开幕。

28日　江川区第二届人民代表大会第三次会议在玉溪人民警察训练基地隆重开幕。

28日　中共玉溪市江川区委召开出席区人大二届三次会议和区政协二届三次会议的中共党员代表、委员会议。

28日　江川区举办扫黑除恶专项斗争人大代表政协委员专题培训会。

28日　江川区召开2019年重点项目任务分解征求意见座谈会。

3月

2日　江川区召开扫黑除恶专项斗争工作约谈会。

4日　省财政厅调研组到江川区调研非税收入执收及管理工作，并召开座谈会。

5日　玉溪市扫黑除恶专项斗争第二督导组督导江川区工作动员汇报会召开。

5日　省司法厅纪检组一行在市司法局相关负责人陪同下，到江川区就扫黑除恶专项斗争工作开展专项督查。

5日　江川区召开“双创”工作总结表扬暨创建全国文明城市提名城市动员会。

6日　江川区召开棚户区改造工作领导小组会议。

6日　市委副书记、市委统战部部长保明顺率队到江川区开展玉溪市全面建成小康社会城乡统筹专题调研。

7日　区委理论学习中心组举行2019年第二次集中学习。

8日　江川区第二届人民政府召开第三次全体会议暨廉政工作会议。

8日　区政府举行主要领导集体廉政谈话。

8日　市人民政府副市长、市公安局党委书记、局长马加能带队深入江川区对全面建成小康社会民主法治建设进行专题调研。

11日　市妇联党组书记、主席王红带队到江川区调研妇女儿童之家、村（社区）家长学校及美丽家园建设工作。

11日　江川区召开大街街道棚户区改造项目建设第三批集中签约工作动员暨培训会。

11日　江川区召开《玉溪市江川区农村集体资产折股量化、股权设置与管理工作实施方案（征求意见稿）》征求意见会。

12日　江川区召开退役军人事务工作会议。

12日　江川区召开2019年统计工作会议。

12日　江川区召开绿色发展和生态文明建设考核工作专题会议。

13日　省人大环资委调研组到江川区调研星云湖保护条例修订等工作。

13日　江川区召开2019年信访工作会。

15日　江川区召开2019年“扫黄打非”工作会议。

15日　江川区环境污染防治领导小组第一次专题会议暨全区生态环境保护工作会议召开。

17日　玉溪市2019年项目推进培训会参训学员分两批到江川区部分重大项目建设点现场观摩学习。

19日　省农业农村厅调研组到江川区调研玉溪“三湖”径流区农业面源污染治理工作。

19日　市人大常委会主任李洪云一行到江川区调研扫黑除恶专项斗争工作开展情况，并召开座谈会。

20日　江川区二届区委召开第八轮巡察工作动员部署会。

20日　江川区召开《云南省星云湖保护条例》修订工作推进会。

20日　江川区召开第四次全国经济普查工作推进会。

20日　江川区召开星云湖一级保护区生态修复及生态屏障构建项目建设领导小组会议。

21日　区人大、区政府、区政协联合召开江川区2019年人大代表建议和政协委员提案交办会议。

22日　江川区干部教育委员会召开2019年第一次联席会议议。

23日　江川区召开了“四经普”工作推进会暨2019年一季度经济调度会。

23日　区委副书记、区长王志华率队调研清明节期间森林草原防灭火工作。

24日　区委书记徐贤深入脱贫攻坚挂钩联系点江城镇大龙潭村，听取基层干部群众对抓脱贫攻坚工作的意见建议。

26日　区委理论学习中心组举行2019年第三次集中学习。

26日　江川区召开《云南省星云湖保护条例》修订论证会。

26日　区委理论学习中心组举行2019年第四次集中学习。

26日　2019年中央一号文件宣讲视频会议召开，江川区设分会场组织收听收看会议。

26日　省市场监管局副局长郭继先一行到江川区乾景商业中心和老街兴综合农贸市场开展实地调研。

27日　玉溪市河（湖）长制办公室在澄江举行全面推行河（湖）长制新闻发布会，江川区组织相关部门参加。

28日　江川区委常委班子召开脱贫攻坚专项巡视整改专题民主生活会。

28日　区委书记徐贤一行实地调研江川区城市基层党建暨“高原湖泊卫士”行动开展、大街街道大街和下营社区党群服务中心建管用等情况。

29日　区委书记徐贤，区委副书记、区长王志华率队赴驻江川某部队开展“军事日”活动，现场观摩部队近年来部队建设成果和队伍战斗力。

29日　江川区召开打击涉烟违法犯罪工作专项整治行动领导小组会议。

4月

1日　江川区召开市扫黑除恶专项斗争第二督导组督导工作反馈会。

1日　中央扫黑除恶第20督导组督导云南省工作动员会召开，江川区设分会场。

2日　市人大常委会调研组到江川区龙泉工业园区对园区建设及招商引资工作开展“回头看”调研。

2日　江川区农村集体产权制度改革工作领导小组召开第二次会议。

3日　区委书记徐贤到大街小学，对2019年全区实职正科级领导干部集中闭卷测试情况进行巡考。

4日　江川区召开“散乱污”企业综合整治工作推进会。

4日　区委书记徐贤到大街街道履行山林长责任，到责任林区巡山并查看森林草原防灭火工作。

5日　区委副书记、区长王志华率队督查清明节期间森林草原防灭火工作。

8日　江川区扫黑除恶专项斗争领导小组会议召开。

11日　玉溪市扫黑除恶专项斗争领导小组召开2019年第4次视频会议，江川区设分会场收听收看会议。

12日　江川区召开2019年安全生产工作会暨安委会第二次全体会议。

13日　江川区召开星云湖市级1号河长令重点项目和星云湖保护治理项目现场推进会。

15日　江川区召开区委国家安全委员会第一次会议。

16日　江川区召开2019年烤烟标准化移栽现场工作会。

19日　江川区首个股份经济合作联社和股份经济合作社股权证颁证仪式在江城镇江城社区举行。

19日　江川区召开2019年宣传思想工作会。

20日　玉溪市政府召开全市森林草原防灭火工作紧急电视电话会议，江川区设分会场。

19日　江川区委全面深化改革委员会第一次会议召开。

19日　2019年精神文明建设指导委员会全体（扩大）会议召开。

21日　“七彩云南全民健身运动会”2019玉溪市第七届“皇派门窗杯”篮球大联赛在江川区开赛。

23日　云南省烟草专卖局局长、省烟草公司总经理李光林到江川调研烤烟生产工作。

23日　区委书记徐贤一行先后到前卫镇周官村、赵官村烤烟移栽片区、大街街道大庄社区烤烟移栽片区实地查看烤烟移栽情况。

23日　国务院、省政府分别以电视电话会议形式召开第二次廉政工作会议，部署政府系统反腐倡廉工作，江川分会场收听收看。

24日　江川区召开2018年市对区综考结果工作分析会。

26日　玉溪市扫黑除恶专项斗争主题宣讲团到江川区开展扫黑除恶专项斗争主题宣讲教育活动。区委常委、区委宣传部部长何眉主持宣讲活动。

26日　江川区召开实施乡村振兴战略暨农村人居环境整治工作现场推进会。

28日　江川区举行2019年脱贫攻坚能力提升专题培训班。

29日　江川区举办2019年扫黑除恶专题培训班。

29日　江川区召开2019年一季度经济运行分析会。

29日　江川区召开星云湖一级保护区生态修复及生态屏障构建项目建设领导小组第三次会议。

30日　江川区召开云南得胜企业集团项目洽谈会。

5月

5日　江川区召开乡村振兴战略规划征求意见会。

6日　区委理论学习中心组举行 2019年第五次

集中学习。

7日 江川区召开星云湖保护治理现场调研会。

7日 区委副书记、区长王志华率队调研全区烤烟生产工作。

7日 江川区召开创建民族团结进步示范区工作领导小组（扩大）会议。

7日 区委书记徐贤率队到江城镇侯家沟村委会张家头村民小组，调研“高原湖泊卫士”行动暨“5·20”美丽家园人居环境整治日工作推进情况。

9日 区委书记徐贤率队到龙泉工业园区就园区经济、企业建设及生产经营等相关工作进行调研。

10日 江川区召开新时代文明实践中心（所、站）建设工作推进会议。

10日 云南省政府食安办召开加强食用野生菌中毒防控工作电视电话会，江川区设分会场收听看会议。

10日 江川区召开2019年创建文明城市工作培训会。

12日 江川区创建全国民族团结进步示范区老年人文艺演出在中心城区怡心园广场举行。

13日 江川区召开2019年第二季度“扫黄打非”工作联席会。

13日 省政府召开全省烤烟生产抗旱工作电视电话会议，江川区设分会场组织收听收看。

14日 区委书记徐贤率队到安化乡调研抗旱保苗工作。

14日 江川区召开江城古镇棚户区改造工作指挥部会议。

14日 江川区委书记徐贤率队到安化彝族乡调研民族团结进步示范区创建工作。

15日 省政协调研组对江川区优化营商环境，促进民营企业健康发展，构建亲清型政商关系工作进行调研。

15日 江川区召开新时期产业工人队伍建设改革工作推进会。

16日 区委书记徐贤到区科技局调研区科技局职能职责、国家创新型城市建设和可持续发展实验区推进情况及科技活动周筹备情况。

17日 全省防汛抗旱工作电视电话会议召开，江川区设分会场。

17日 江川区召开2019年征兵工作任务部署暨大学生征兵工作会议。

17日 2019年全国、全省医改工作电视电话会议相继召开，江川区设分会场。

17日 2019年全市征兵工作任务部署暨大学生征兵工作电视电话会议召开，江川区设分会场。

17日 江川区举行2019年一季度办公室系统培训会。

18日 江川区举行2019年二季度建设项目集中开工仪式。

19日 玉溪市2019年科技活动周在江川怡心园广场正式启动。

20日 玉溪市召开防汛抗旱工作电视电话会议，江川区设分会场组织收听收看。

21日 区委书记、大街河区级河长徐贤履行河长职责，率队到大街河沿河社区、村组开展“四清”行动。

21日 江川区召开2019年统战（民宗）工作会议。

20日至22日 四川省雅安市汉源县相关领导到江川区考察学习开渔节活动工作经验，共同促进两县区渔业文化节庆长足发展。

23日 江川区召开生态文明建设领导小组会议暨河（湖）长制领导小组会议。

23日 江川区召开2019年扶贫开发领导小组第三次会议。

23日 区委书记徐贤带队调研星云湖保护治理、产业结构调整及非煤矿山恢复治理工作，督促各项在建工程加快推进。

24日 江川区举行退役军人服务中心挂牌仪式。

24日 江川区召开2019年组织工作暨“五网融合”工作动员大会。

24日 江川区设分会场参加中央扫黑除恶第20督导组督导云南省情况反馈会。

25日 省生态环境厅副厅长王天喜到江川区检查指导抗旱工作，区委副书记、区长王志华陪同。

26日 江川区设分会场参加全省“美丽县城”建设工作业务培训视频会。

27日 江川区召开2019年1～5月经济运行调度会。

27日 江川区召开2019年高考准备工作调研座

谈会。

28日 上海市金山区廊下镇考察团一行到江川区实地考察交流，并与江川区缔结成为友好城市。

28日 市委副书记、市长张德华到江川区履行星云湖河（湖）长职责，对星云湖保护治理等工作进行实地调研督导。

29日 江川区召开省、市驻江单位座谈会。

30日 江川区召开2019年离退休干部工作会。

30日 江川区召开区委常委领导班子省委第六巡视组机动巡视玉溪市高原湖泊保护治理反馈意见整改专题民主生活会。

30日 江川区召开2019年区委区直机关工委党建工作会。

31日 强降雨导致江川区抚仙路北段星云铭城片区污水溢流，路面产生积水，区委书记徐贤第一时间赶往现场实地查看并作要求。

6月

3日 云南省人民代表大会环境与资源保护委员会及玉溪市有关专家到江川调研并集中修改《云南省星云湖保护条例（修订草案）》。

4日 区委理论学习中心组举行2019年第七次集中学习。

5日 玉溪市营商环境提升年工作推进电视电话会召开，江川区设分会场。

5日 江川区召开2019年防汛抗旱工作会。

5日 江川区召开《星云湖一级保护区生态修复及生态屏障构建工程房屋搬迁补偿安置方案（征求意见稿）》听证会，广泛听取和征求星云湖一级保护区“四退三还”群众代表的意见、建议。

12日 中科院专家组到江川区考察星云湖保护治理工作。

12日 江川区召开营商环境提升年工作座谈会。

14日 江川区与宝誉环保公司举行农产品废弃物资源化利用处理应用示范项目签约仪式。

14日 省人大常委会常务副主任、省级河（湖）长制副总督察和段琪率队到我市督察星云湖河（湖）长制落实情况。

16日 区委书记徐贤带队到2019年南亚东南亚国家商品展暨投资贸易洽谈会江川各展区看望云南宏斌绿色食品集团等参展企业。

17日 江川区举行保卫星云湖雷霆行动暨星云湖一级保护区“四退三还”攻坚启动仪式。

17日 江川区召开星云湖一级保护区生态修复及生态屏障构建项目建设领导小组第四次会议。

17日 省第一评估组对江川区第一幼儿园创建省一级一等幼儿园进行评估。

18日 中共玉溪市江川区委全面依法治区委员会第一次会议召开。

18日 江川区委退役军人事务工作领导小组第一次会议暨“双拥”工作领导小组会议召开。

19日 中共玉溪市江川区二届区委第九轮巡查工作动员部署会召开。

19日 江川区与云南明通投资有限公司签订玉溪市江川区古滇铜街项目投资协议。

20日 江川区召开学习贯彻全国公安工作会议精神暨庆祝中华人民共和国成立70周年安保工作会。

20日 江川区召开区委巡察机构和区纪委监委派驻派（出）机构工作座谈会。

21日 江川区组织收听收看全市农民工工作领导小组会议暨农民工工资支付工作电视电话会。区政府副区长杨军苹代表江川区人民政府就治欠保支工作开展情况进行了交流发言。

21日 江川区人民政府与云南省建设投资控股集团有限公司正式签订投资建设合作框架协议。

24日 江川区召开2019年上半年经济运行分析会。

25日 全国、全省“放管服”改革优化营商环境电视电话会召开，江川区设分会场。

26日 江川区举行龙泉园区政府性投资补偿协议签约仪式。

26日 江川区召开2019年征兵领导小组会议暨征兵工作推进会。

27日 江川区委全面深化改革委员会第二次会议召开。

27日 江川区委召开2019年“七一”座谈会暨城市基层党建工作推进会。

27日 江川区委全面深化改革委员会第三次会议召开。

28日 云南省副省长和良辉率队到江川区调研养老服务工作。

28日 江川区开展“不忘初心、牢记使命”廉政警示教育活动。

30日 台湾海峡两岸创新科技暨生物医药产业交流协会到江川区做投资考察。

7月

2日 江川区召开乡镇（街道）党（工）委书记2018年以来履行全面从严治党主体责任情况专题汇报会。

2日 市人大常委会副主任郭开堂率调研组到江川区调研生活垃圾处理工作。

2日 江川区召开“散乱污”企业整治工作推进会。

2日 区委书记徐贤先后到前卫镇、江城镇走访贫困户。

2日 区委书记徐贤，区委副书记、区长王志华一行到雄关乡调研了解大箐水库管理及蓄水情况，实地查看雄关乡行政中心的拟选址点以及环乡路建设情况及“8·13”“8·14”地震灾后重建新区安置点房屋新建情况。

4日 江川区召开“美丽县城”建设工作推进领导小组第一次会议。

4日 江川区组织收听收看玉溪市城乡人居环境整治夏季攻势启动会议。

10日 区委书记徐贤到网格社区对全区五网融合和网格管理工作开展情况进行调研。

11日 全国政协常委、提案委员会主任李智勇率调研组到江川，实地调研江川区社区家庭教育项目“妈妈夜校”工作开展情况。

12日 江川区召开云南首届“最具影响力烟区”评选工作推进会。

12日 江川区举行2019年二季度办公室系统培训。

13日 区委书记徐贤率队前往九溪镇、大街街道就魏官山、平壤大地箐、新碑、马家崖子等地的桉树种植以及采伐、替换树种等情况进行实地调研。

15日 市人大常委会副主任马良昌一行到江川区履行市级河长责任，先后到大街河、大庄河部分河段开展巡河工作，并对河道综合治理工程建设推进情况、监测变化情况进行实地调研。

15日 区委书记徐贤，区委副书记、区长王志华一行看望江川区参加聂耳音乐合唱周的合唱团成员。

15日 江川区召开打造“绿色食品牌”专题会议暨工作领导小组第三次会议。

15日 市人大常委会副主任叶本功率市人大常委会调研组一行到江川区，就2019年上半年主要经济指标完成情况进行实地调研。

16日 江川区召开城市基层党建联盟和文明城市创建工作联席会。

16日 团市委书记普睿一行到江川九溪镇六十亩村调研督导基层团建工作情况。

17日 江川区召开农村集体产权制度改革工作推进会。

17日 江川区召开区委审计委员会第一次会议。

17日 区委书记徐贤到区武装部就江川区今年夏季征兵工作进行专题调研督导。

18日 江川区召开扫黑除恶专项斗争领导小组会议。

18日 江川区召开委农村工作会议暨人居环境整治夏季攻势动员会议。

18日 江川区召开区委农村工作会议暨人居环境整治夏季攻势动员会议。

19日 内蒙古自治区副主席包钢在考察我省高原湖泊保护治理情况期间，到江川区江城镇西河村委会湾河村、星云湖南岸大寨河、星云湖南岸湿地湖滨带提升改造工程建成示范区，就星云湖保护治理和河（湖）长制工作进行实地考察。

19日 市人大常委会副主任、市总工会主席马良昌一行到江川区调研职工服务中心建设工作。

21日 区委书记徐贤率队调研江川区参加云南首届“最具影响力烟区”评选准备工作以及城乡人居环境整治夏季攻势工作进展情况。

22日 江川区红旗渠党务干部党性锤炼和业务能力提升班在河南省林州市红旗渠干部学院开班。

23日 云南首届最具影响力烟区评选专家组到江川现场观摩评价。

24日 区委书记徐贤对江磷集团矿石矿渣露天

堆放问题整改情况进行调研。

24日　江川区组织收听收看2019年度全省全市征兵工作电视电话会议。

24日　区委书记徐贤，区委常委、区委办主任赵琦一行到前卫镇、大街街道调研江川区扫黑除恶专项斗争和禁毒工作开展情况。

25日　区委书记徐贤到星云湖一级保护区生态修复及生态屏障构建项目各安置点进行调研。

26日　区委书记徐贤对江川区征兵体检工作进行调研，亲切看望应征青年和征兵体检工作人员。

26日　区委书记徐贤到区扶贫办召开调研座谈会，专题听取脱贫攻坚“夏季攻势”暨“回头看”工作开展情况。

29日　江川区召开2019年区安委会第三次全体（扩大）会议暨自然灾害应急管理委员会第一次会议。

30日　“‘十四五’玉溪实现高质量发展的思路与路径研究”课题研究组到江川区就重点产业、重大基础设施建设情况进行调研。

30日　区委理论学习中心组举行2019年第八次集中学习。

31日　江川区召开创建全国民族团结进步示范区领导小组第二次（扩大）会议。

31日　区委副书记、区长王志华到江城镇走访贫困户。

8月

1日　江川区召开退役军人工作领导小组第二次工作会、区“双拥”领导小组第一次工作会暨八一建军节座谈会。

2日　江川区组织收听收看全市2019年上半年工作视频会议。

3日　江川区召开星云湖一级保护区生态修复及生态屏障构建项目建设领导小组第五次扩大会议。

3日　江川区召开河（湖）长制工作领导小组会。

3日　江川区召开城乡人居环境整治夏季攻势行动领导小组第一次会议。

5日　江川区举行区委、区政府综合办公区搬迁后第一次升国旗仪式。

6日　江川区召开重点项目推进会。

11日　“云投体育杯”2019年玉溪·江川云南省铁人三项公开赛在江川开赛。

12日　区委副书记、区长王志华，区委常委、常务副区长李卫东一行先后到大街街道三街村委会、海浒社区和螺丝铺村委会，实地查看农村住房拆旧建新、“两违”建筑拆除以及农村人居环境整治等工作的开展及推进情况，随后召开座谈会。

13日　市委副书记、市长张德华到江川区江城镇、安化乡就脱贫攻坚、“空心村”改造、星云湖南岸乡村振兴示范区项目推进情况、山林长制及森林星云湖等工作进行调研。

14日　玉溪市军分区动员处处长、市征兵办副主任李开勇到江川区调研征兵体检工作。

14日　江川区召开2019年第三季度“扫黄打非”工作联席会。

15日　市委常委、军分区司令员安顺到江川区江城镇、前卫镇、安化乡武装部调研基层武装部规范化建设工作。

12日至16日　玉溪市扫黑除恶专项斗争专项督导第二督导组对江川区3个乡镇（街道）及3个村（社区）、10家区级成员单位开展为期五天的扫黑除恶专项斗争专项督导，并于16日下午召开督导反馈会。

16日　省自然资源厅党组成员、副厅长赵乔贵一行到江川调研抚仙湖山水林田湖生态保护修复工程试点项目推进情况。

19日　江川区召开中共玉溪市江川区第二届委员会第111次常委（扩大）会议。

21日　区委书记徐贤率队到昆明市晋宁区实地考察国家生态旅游示范区——七彩云南·古滇名城、古滇艺海大码头、滇池活力养老小镇、七彩云南·欢乐世界等项目，与晋宁区党政领导及相关职能部门交流探讨城市规划建设管理思路，学习七彩云南·古滇名城项目的好经验好做法。

22日　江川区举行创建“森林星云湖”“文明城市”暨九大党建联盟万名志愿者主题活动。

23日　区委书记徐贤到大街街道药王阁实地查看并听取药王阁党群服务中心规划建设和功能分区情况汇报，详细了解大街街道城市党建工作进展情况。

23日　江川区召开2019年烟叶收购工作会。

26日　区委书记徐贤到雄关乡就“城乡人居环境整治夏季攻势行动”、地质灾害点易地搬迁、烤烟收购等工作进行调研。

25日至26日　徐贤先后到安化乡、雄关乡开展残疾预防工作实地调研和走访慰问活动，并对雄关乡烤烟收购秩序、收购进度、烟叶品质和产量等进行实地调研。

27日　江川区召开招商引资工作委员会2019年第一次会议。

28日　江川区召开区政府领导班子及其组成部门负责人集体谈话会。

28日　江川区组织收听收看玉溪市创建民族团结进步示范市工作推进会。

30日　市人大常委会调研组对江川区2018年以来政府打击经济犯罪和扫黑除恶工作、法院商事审判工作、检察院刑罚执行和监管活动监督工作进行专题调研，并召开调研座谈会。

9月

2日　玉溪市庆祝新中国成立70周年首场新闻发布会在市博物馆举行，红塔区、江川区主要领导介绍了新中国成立70年来的发展成果，并就有关问题答记者问。

2日　由玉溪市政府新闻办召开的“庆祝中华人民共和国成立70周年”系列新闻发布会第一场——江川专场新闻发布会在玉溪博物馆举行，区委书记徐贤率江川区相关领导作新闻发布。

2日　在江川专场新闻发布会上，出席发布会的江川区区领导徐贤、李卫东、赵琦分别回答了中央、省、市媒体记者关于星云湖保护治理、精准脱贫、新型城镇化建设的相关问题。

3日　江川区召开2019年定兵会议。

3日　江川区召开城乡居民基本养老保险和基本医疗保险征收工作部署会议。

4日　江川区举行百人以上企业及货车司机等群体集中入会仪式。

5日　中共玉溪市江川区委召开全面深化改革委员会第四次会议暨全区深化党政机构改革总结会。

5日　江川区人民政府与玉禾田环境发展集团股份有限公司正式签订玉溪市江川区城乡一体化（PPP）项目投资协议。

5日　江川区召开农村工作领导小组会议。

6日　江川区召开民生领域暨扶贫领域腐败和作风问题专项整治工作汇报会。

11日　江川区召开新中国成立70周年大庆安保信访维稳工作会。

12日　玉溪市“不忘初心、牢记使命”主题教育工作会议召开，江川设分会场。

12日　江川区组织收听收看全省“不忘初心、牢记使命”主题教育活动第一批总结暨第二批部署视频会。

15日　江川区召开星云湖一级保护区生态修复及生态屏障构建项目建设领导小组第六次会议暨星云湖保护治理雷霆行动工作推进会。

16日　江川区召开“不忘初心、牢记使命”主题教育区委常委班子工作部署会。

16日　江川区召开“不忘初心、牢记使命”主题教育工作会议。

18日　江川区召开扶贫开发领导小组第四次会议。

19日　云南省人大常委会副主任李培率调研组到江川区开展《云南省星云湖保护条例（修订草案）》立法调研。

19日　省安委会副主任、省应急管理厅厅长王以志带队到江川区，对江川区“防风险、保安全、迎大庆”相关单位重点工作推动落实情况进行调研。

19日　为做好《云南省星云湖保护条例（修订草案）》二审工作，省人大常委会调研组到江川区开展立法调研，了解现行《条例》的实施情况及存在问题，听取相关修改意见和建议。

20日　参加以“科技支撑创新发展、绿色引领健康生活”为主题的第九届云南省科协学术年会的部分院士、专家和科技工作者到江川九溪镇，就科普小镇建设工作进行参观考察。

23日　江川区召开安全委员会第四次会议。

23日　江川区开展“防风险、保安全、迎大庆”工作督导检查，为迎接新中国成立70周年大庆营造安全稳定的社会环境。

24日　区委理论学习中心组举行2019年第九次集中学习。

25日　江川区召开领导干部大会，宣布市委关于江川区主要领导同志调整变动的决定。

27日　江川区党群服务中心开展第二期活动暨联合支部主题党日活动。区委书记徐贤以普通党员的身份参加。

28日　江川区委常委班子“不忘初心、牢记使命”主题教育第一次集中学习读书班正式开班。

28日下午　江川区委常委班子“不忘初心、牢记使命”主题教育第一次集中学习读书班进行第一次分组研讨。

29日　江川区“不忘初心、牢记使命”庆祝中华人民共和国成立70周年“德耀江川”颁奖晚会在江川体育馆隆重举行。

29日　市委副书记、市长张德华率队到江川，看望慰问中华人民共和国成立前参加革命工作的高龄、困难老年人，并到企业检查节前安全生产工作。

29日　江川区召开“德耀江川”座谈会。

29日　江川区委常委班子开展“不忘初心、牢记使命”主题教育第一次集中学习读书班专题辅导，并由区委书记徐贤领头进行第二次分组研讨。

30日　中共玉溪市江川区委常委班子“不忘初心、牢记使命”主题教育第一次集中学习读书班结业。

30日　江川区举行公祭活动，随后召开烈属座谈会。

10月

1日　江川区委常委班子“不忘初心、牢记使命”主题教育第一次集中学习读书班成员收听收看庆祝中华人民共和国成立70周年活动。

1日　江川区举行升国旗仪式，庆祝新中国成立70周年。

9日　江川区召开2019年敬老节经济形势通报会。

9日　区委书记徐贤率队到江城镇江孤路开发项目规划点、党群服务中心、黄营村下寺街党支部就江城镇重点项目建设、党建工作进行调研。

10日　市人大调研组到江川，就江川区优化营商环境工作开展情况进行调研。

11日　江川区举行水务一体化洽谈会暨框架协议签约仪式。

11日　市委副书记、市长张德华到江川区开展“不忘初心、牢记使命”主题教育调研。

12日　江川区委召开“不忘初心、牢记使命”主题教育领导小组第二次会议。

12日　江川区举行 2019年三季度办公室系统培训。

13日　区委书记徐贤率队到星云湖南岸“乡村振兴”示范区建设项目点就项目进展情况及项目规划工作进行调研。

15日　江川区组织收听收看云南省州（市）、县（市、区）级河长视频培训会。

15日　江川区组织收听收看全省脱贫攻坚表彰大会暨脱贫攻坚先进事迹报告会。

17日　区委理论学习中心组举行2019年第十次集中学习。

17日　江川区召开冲刺四季度打赢稳增长攻坚战专题分析会。

17日　区委书记徐贤率队到大庄社区和大街社区党群服务中心、大街街道党群服务中心和煤矿小区，调研江川区城市基层党建推进工作，并召开城市基层党建暨党建引领“红色物业”座谈会。

17日　江川区召开交通工作专题会议。

18日　云南省农业农村厅督导组到江川对江川区星云湖河（湖）长制工作进行督导。

18日　江川区召开扫黑除恶专项斗争领导小组会议。

20日　江川区召开区委农村工作领导小组（扩大）会议。

21日　在“不忘初心、牢记使命”主题教育中，区委书记徐贤，区委副书记、区政府副区长、代理区长常成率队现场调研星云湖13条主要入湖河道、星云湖原位控藻及水质提升项目、星云湖北岸藻水分离站、星云湖一级保护区生态修复及生态屏障构建项目。

21日　区人民政府党组理论学习中心组举行“不忘初心、牢记使命”主题教育第二次集中学习。

21日　江川区举行《云南省星云湖保护条例》宣传季启动仪式。

22日 江川区召开二届区委第123次常委（扩大）会议。

22日 江川区召开星云湖一级保护区生态修复及生态屏障构建项目建设领导小组第七次会议。

23日 区委书记徐贤到龙泉工业园区，对非公企业党组织建设、作用发挥以及“不忘初心、牢记使命”主题教育开展情况进行调研指导。

23日 区委书记徐贤到前卫镇业家山村委会、大街街道白龙潭村民小组调研督查江川区“8·13”“8·14”地震灾后恢复重建工作。

23日 区委副书记、区政府副区长、代理区长常成率队到江城镇、龙泉工业园区调研企业生产经营情况。

24日 区委副书记、区政府副区长、代理区长常成率队到星云湖南岸“乡村振兴”示范区，对项目建设情况进行调研。

24日 区委书记徐贤到九溪镇开展“不忘初心、牢记使命”主题教育调研，就如何建设和谐美丽新九溪广泛听取党员干部群众的意见和建议。

25日 江川区举行蝴蝶兰新品种繁育及兰花现代化种苗组培工厂建设项目开工仪式。

29日 区委理论学习中心组举行2019年第十一次集中学习。

29日 江川区召开2019年度党建暨党风廉政建设责任制检查考核工作动员会。

30日 区委书记徐贤深入江城镇调研农村“厕所革命”工作进展情况。

30日 江川区委常委班子召开“不忘初心、牢记使命”主题教育第二次集中学习暨调研成果交流会。

30日 江川区委常委班子举行“不忘初心、牢记使命”主题教育第二次集中学习。

31日 省妇联副主席农布央宗到江川，就乡村振兴巾帼共建美丽家园、妈妈夜校、儿童之家工作进行调研。

11月

1日 区委书记徐贤以《继续发扬斗争精神 做“五个过硬”的党员干部》为题在区委常委班子“不忘初心、牢记使命”主题教育第二次集中学习上讲授专题党课。

1日 区委常委班子“不忘初心、牢记使命”主题教育第二次集中学习暨调研成果交流会举行结业式。

7日 江川区召开扶贫开发领导小组第五次会议暨2019年度扶贫对象动态管理和贫困退出工作审定会。

7日 云南省委召开“以案促改”警示教育大会，江川设分会场。

7日 全国和省市人大代表到江川区九溪镇，视察“亚洲花卉科创谷”花卉科研生产销售及花卉品牌打造情况。

8日 江川区召开创建“中国最佳楹联文化城市”和“中华诗词之乡”工作会。

8日 区委副书记、区政府副区长、代理区长、东西大河区级河长常成履行河长职责，率队调研东西大河综合治理情况。

9日 江川区召开2019年老旧小区改造工作推进会。

9日 区委副书记、区政府副区长、代理区长常成到江城镇江城社区，以《坚守初心 担当使命 为江城人民群众当贴心人、作勤务员》为题，为广大党员干部上“不忘初心、牢记使命”主题教育专题党课。

9日 江川区召开江城古镇棚户区改造工作指挥部会议。

10日 江川区委常委班子“不忘初心、牢记使命”主题教育第二次集中学习进行第二次分组研讨。

12日 区委书记徐贤主持召开区委常委班子对照党章党规找差距专题会议。

12日 江川区人民政府党组班子召开对照党章党规找差距专题会议。

12日 省委主题教育第四指导组到江川区调研督导“不忘初心、牢记使命”主题教育开展情况及星云湖保护治理工作情况。

13日 江川区组织收听收看云南省学习贯彻党的十九届四中全会精神中央宣讲团报告会。

14日 市委副书记、市长、星云湖市级河长张德华率队沿星云湖实地调研工程项目推进情况，并召开星云湖水体达标2019年应急脱劣第五次月度会商会。

15日 玉溪市“一县一业”工作推进会在江川召开。

15日 全市城乡人居环境整治夏季攻势行动工作会在江川召开。

15日 全市经济运行分析工作会议在江川召开。

16日 江川区召开河（湖）长制领导小组会议暨星云湖保护治理雷霆行动工作推进会。

17日 江川区召开扶贫开发领导小组会议。

18日 江川区召开区委审计委员会第二次会议。

19日 江川区召开区委网络安全和信息化委员会第一次会议。

19日 江川区召开“厕所革命”工作推进会。

19日 江川区召开国家创新型城市建设工作领导小组会议。

22日 市委常委、市委秘书长王志新率市第十检查考核组到江川区开展党风廉政建设责任制检查考核。

22日 江川区召开2019年党建引领小区治理“红色物业”暨文明城市创建工作推进会。

22日 市委常委、市委秘书长王志新一行到江川区调研星云湖保护治理工作。

26日 江川区召开学习宣传贯彻党的十九届四中全会精神宣讲动员会。

26日 江川区召开2020年度党报党刊发行工作会议。

27日 江川区召开2019年1～11月经济运行分析工作会议。

27日 江川区召开“不忘初心、牢记使命”主题教育专项整治工作推进会。

27日 江川区召开2019年区安委会第五次全体会议暨自然灾害应急管理委员会第二次会议、消防安全委员会第四次会议。

28日 全省脱贫攻坚整改工作推进会召开，江川区在收听收看视频会议后，召开会议，就贯彻落实全省脱贫攻坚整改工作推进会议精神进行安排部署。

28日 市委书记罗应光到江川区宣讲党的十九届四中全会精神，检查主题教育开展情况，调研基层党建、乡村振兴等工作。

29日 江川区召开2019年度市管领导班子和领导干部年度考核测评会。

29日 江川区“五网”融合联推共建“推进移风易俗 建设文明乡风”活动正式启动。

29日 区委理论学习中心组举行2019年第十二次集中学习。

30日 区委书记徐贤，区委副书记、区委党校校长矣向林分别到安化乡、前卫镇和大街街道早街、三街社区，九溪镇马家庄村、阳山庄村、丫眯绿色休闲食品有限公司等地就“厕所革命”、畜禽养殖污染整治和农村人居环境整治等工作开展调研。

12月

1日 江川区召开老干部座谈会。

3日 江川区召开脱贫攻坚巩固提升“冬季攻势”暨推进乡村振兴统筹城乡发展工作专题会。

3日 江川区召开主题教育领导小组第三次会议。

3日 江川区召开“不忘初心、牢记使命”主题教育评估工作听取意见座谈会。

3日 江川区召开二届区委第十一轮巡察工作动员部署会。

5日 江川区召开省级生态文明区创建暨各级环保督察反馈问题整改工作推进会。

5日 江川区召开区委全面深化改革委员会第五次会议。

6日 区委常委班子“不忘初心、牢记使命”专题民主生活会暨吸取秦光荣案深刻教训专题民主生活会召开，市委副书记、市长张德华到会指导。

8日 区政府党组领导班子“不忘初心、牢记使命”专题民主生活会暨吸取秦光荣案深刻教训专题民主生活会召开。

9日 玉溪市公安局江川分局召开党委班子“不忘初心、牢记使命”专题民主生活会暨吸取秦光荣案深刻教训专题民主生活会，区委书记徐贤到会指导。

11日 区发改局“不忘初心、牢记使命”主题教育班子民主生活会暨吸取秦光荣案深刻教训专题民主生活会召开，区委副书记、区政府副区长、代

理区长常成到会指导。

12日　江川区召开经济运行冲刺暨 2019 年务虚会议。

14日　江川区召开2017年度城市市政基础设施建设PPP项目洽谈会。

14日　农业农村部委托国中京测有限公司评估组到江川区，对农村集体产权制度改革试点工作开展第三方评估。

15日　国家自然资源部和云南省自然资源厅调研组到江川区，对星云湖原位控藻及水质提升项目试运行情况进行调研。

17日　市人大常委会主任、市级河（湖）长制副总督察李洪云率队到江川区，对河（湖）长制工作进行现场督察。

17日　江川区开展2019年文明城市复审及全国文明城市提名城市现场调研，并召开工作推进会上。

18日　区委副书记、区政府副区长、代理区长常成对星云湖湿地湖滨带提质改造工程进行调研，随后召开工程推进会。

19日　玉溪市“以案促改”警示教育电视电话会议召开，江川区组织收听收看。

19日　江川区召开经济运行调度会。

19日　江川区召开项目洽谈会，与四川朗基尚善集团就投资项目进行洽谈对接。

19日　江川区召开经济运行调度会。

20日　江川区召开座谈会，分别就《区委二届六次全会报告（征求意见稿）》和《区政府工作报告（征求意见稿）》，征求区处级领导干部、离退休老干部、各乡镇（街道）和区属有关部门主要负责人、党外人士的意见建议。

20日　玉溪市考核组到江川，对江川区脱贫攻坚巩固提升成效进行考核。

24日　区委书记徐贤，区委副书记、区政府副区长、代理区长常成等领导一行实地督查中国·云南·江川第十五届开渔节（高原湖泊水产品交易会）相关活动筹备工作。

24日　区委书记徐贤，区委副书记、区政府副区长、代理区长常成率队到玉溪市规划馆实地审核馆内布展图文及视频内容。

26日　副市长贺彬率队到江川区实地调研各河道综合治理工程及水质脱劣工作推进情况，并召开星云湖水体达标2019年脱劣应急第六次月度会商会。

27日　江川区召开扶贫开发领导小组暨脱贫攻坚考核反馈问题整改推进会。

27日　江川区召开2019年第四季度经济运行分析会。

27日　区委书记徐贤，区委副书记、区政府副区长、代理区长常成率队调研星云湖一级保护区生态修复及生态屏障构建项目推进情况。

27日　江川区召开发展贡献先进集体和改革创新先进集体评议审定会。

28日　中共玉溪市江川区第二届委员会第133次常委（扩大）会议召开。

28日　区委书记徐贤一行实地检查2019云南·江川国际体育旅游嘉年华暨江川北山公园国际定向越野赛各项筹备工作。

28日　江川区召开脱贫攻坚工作调度会。

29日　2019云南·江川国际体育旅游嘉年华暨江川北山公园国际定向越野赛隆重举行。

29日　区委副书记、区政府副区长、代理区长常成率队调研“8·13”“8·14”地震灾后恢复重建工作。

31日　江川区召开2019年财税金融工作座谈会。

（郎华兰）

概　况

编辑　陈金才

江川区

【自然概貌】江川区地处云南省中部，位于东经102° 35～102° 55′ 和北纬24° 12′ ～24° 32′ 之间。东接华宁县，南连通海县，西与红塔区交界，北同晋宁区、澄江市毗邻。区政府驻地距云南省人民政府驻地106.05千米、距玉溪市人民政府驻地25.4千米。江川区境由湖泊、盆地、中低山组成。区境东西最大横距31.9千米，南北最大纵距33.7千米，区域面积850平方千米。在总面积中，山区、半山区占71.67%，平坝占15.96%，湖泊占12.37%。整个地势为四周高、中部低，西部九溪略向玉溪倾斜。境内最高峰谷堆山海拔2648米，最低点九溪河口村海拔1690米。境内主要河流有16条，河道总长184.8千米，属珠江流域西江水系，最大洪水流量315立方米/秒，多数为季节性河流。县境中部有高原断陷湖泊星云湖，辖有抚仙湖三分之一水面。星云湖总面积34.33平方千米，最大水深10.95米，平均水深7米，蓄水量2.1亿立方米，正常水位海拔1722米，属富营养型湖泊，十分适合鱼类生长，被誉为“天然养鱼塘”。

2019年平均气温为18.0℃，比历年同期偏高2.1℃，比2018年同期偏高1.3℃，属特高年份，创历史新高。年极端最高气温出现在5月19日为33.8℃，突破历史极端最高纪录；年极端最低气温出现在12月7日为-1.6℃。日照时数为2334.9小时，比历年同期偏多145.5小时（7%），为近5年同期最多。全年江川国家气象观测站年降水量为600.4毫米，较历年偏少248.4毫米（-29%），仅多于1969年及2011年，列历史第3少年。

【行政区划】　江川区辖大街街道，江城、前卫、九溪、路居4个镇，雄关乡、安化彝族乡2个乡，其中2016年经抚仙湖径流区统一托管，路居镇行政区划仍在江川区，但行政权、财政权、人事权暂时划入澄江市。2019年，全区现辖1个街道、3个镇、1个乡、1个少数民族乡，64个村委会（社区）（18个社区、46个行政村）；287个自然村；401个村（居）民小组（其中，有居民小组148个、村民小组253个）。

【人口、民族】　2019年末常住人口28.84万人，其中城镇人口13.06万人、乡村人口15.78万人。年末全区城镇化水平达45.27%，比上年提高1.1个百分点。自然增长率为5.89‰，比上年降0.23个千分点。公安年末户籍人口为286300人，同比增0.5%，其中城镇人口118505人、乡村人口167795人。本年出生人口3759人，死亡人口1736人，自然增长率为6.45‰，比上年降0.67个千分点。在总人口中，汉族人口263832人，占总人口的92.2%；少数民族人口22468人，占总人口的7.8%。

【综合经济指标】　2019年，全区完成地区生产总值（GDP）1339362万元，比上年增10.3%。分产业看，第一产业增加值216189万元，增5.8%；第二产业增加值429749万元，增13.2%；第三产业增加值693424万元，增

9.7%。第一产业增加值占地区生产总值比重为16.1%，第二产业增加值比重为32.1%，第三产业增加值比重为51.8%。一、二、三产业分别拉动GDP增0.9、4.6、4.8个百分点，对经济增长的贡献率分别为8.8%、44.6%、46.6%。全区人均地区生产总值46457元，比上年增10.2%。非公经济增加值807019万元，增10.5%，占全区地区生产总值比重为60.3%，拉动全区经济增6.6个百分点，对全区经济增长贡献率达63.5%。

【农业】 2019年，全区实现农林牧渔业增加值221461万元，比上年增5.8%。其中：农业（种植业）增加值166895万元，增5.4%；林业增加值4236万元，增3.5%；牧业增加值35142万元，增9.0%；渔业增加值9916万元，增3.7%；农林牧渔服务业增加值5272万元，增2.8%。

2019年全区常用耕地面积127947亩；农作物总播种面积451238亩，比2018年增加20536亩，增4.8%。其中：全年粮食播种面积94545亩，增加1475亩，增1.6%；油料播种面积40229亩，增加3691亩，增10.1%；烤烟栽种面积90434亩，增加1227亩，增1.4%；蔬菜栽种面积207435亩，增加9812亩，增5.0%；花卉面积14227亩，增加2774亩，增24.2%。

2019年全区粮食总产量4522万千克，增0.9%。全区收购烟叶1037.5万千克（不含路居镇），收购单价29.53元/千克，收购金额30639.68万元。全区收购烟叶1171.7万千克（含路居镇），收购单价29.29元/千克，收购金额34323.01万元。蔬菜产量47411.02万千克，增4.1%。油料产量907.79万千克，增16.5%；园林水果产量1120.61万千克，降0.9%。

全年完成营造林面积500亩，人工造林500亩，特色经济林4000亩。全区森林覆盖率45.65%，自然湿地保护率99.71%。

2019年全区肉蛋奶总产量28228.7吨，比上年增1.0%。其中：肉类总产量18599.5吨，降4.1%；禽蛋产量9629.2吨，增12.8%。年内肥猪出栏14.8万头，降0.2%；年末生猪存栏11.1万头，降2.3%。其中：能繁殖母猪1.4万头，降1.1%。

水产品产量4376吨，比2018年增加21吨，增0.5%。其中：星云湖2567吨，增加202吨，增8.5%；抚仙湖576吨，增加18吨，增3.2%。

【工业和建筑业】 2019年，全区完成全部工业增加值259917万元，比上年增14.9%，拉动GDP增3.4个百分点，对经济增长的贡献率为33.4%。规模以上工业增加值增18.5%。2019年全区规模以上工业企业47户，主营业务收入596781万元，利税总额64447万元。在规模以上工业中，分经济类型看，国有控股企业增加值增44.0%；股份制企业增加值增18.6%；私营企业增加值增15.4%。分门类看，采矿业增加值增43.9%；制造业增加值增15.4%。分行业看，非金属采矿业增加值增43.9%；农副食品加工业增加值增12.7%；造纸和纸制品业增加值增3.5%；化学原料和化学制品制造业增加值增11.6%；橡胶和塑料制品业增加值增17.5%；非金属矿物制品业增加值增60.1%；装备制造业增加值增16.4%。

2019年园区实现工业增加值同比增25.4%，高于全区规模以上工业增加值增速6.9个百分点，拉动全区规模以上工业增加值增5.1个百分点，对全区规模以上工业增长贡献率达27.6%。

2019年全区建筑业增加值实现169921万元，同比增9.8%。全区具有资质的建筑施工企业27户，资质建筑企业期末人数7353人，其中工程技术人员1487人。2019年资质以上建筑企业房屋施工面积39.8万平方米，同比降13.0%；房屋竣工面积24.7万平方米，同比增14.6%。全区商品房销售面积22.4万平方米，同比增31.7%。

【服务业】 2019年，全区第三产业增加值（服务业）693424万元，同比增9.7%。其中：批发和零售业增加值187485万元，同比增10.6%；交通运输、仓储和邮政业增加值42537万元，同比增9.4%；住宿和餐饮业增加值51287万元，同比增12.4%；金融业增加值55851万元，同比增7.7%；房地产业增加值88155万元，同比增10.2%；营利性服务业增加值72195万元，同比增11.3%；非营利性服务业增加值190553万元，同比增8.0%。

【固定资产投资】 2019年，全区500万元及以上固定资产投资（不含农户）增6.7%，其中500万元及以上项目投资同比降11.7%。从三次产业看，第一产业增53.7%；第二产业降16.7%；第三产业增16.3%。从所有制关系看，国有单位降17.6%；其他单位增43.8%。按国民经济行业划分：农林牧渔业增53.7%，工业（不含电力）降17.5%，房地产业增105.5%，交通运输、仓储和邮政业降31.4%，水利、环境和公共设施管理业增19%，教育增221.1%，公共管理、社会保障和社会组织增78.3%。

【交通运输和邮电业】 2019年，全区交通运输、仓储及邮政业增加值42537万元，同比增9.4%。年末全区公路总里程达937.894千米，其中高速公路51.47千米、一级公路15.07千米、二级公路54.156千米、三级公路197.697千米、四级公路594.216千米、等外公路23.995千米。年末全区拥有公共交通车辆284辆，载货汽车8336辆，载客汽车508辆。全区公路运输客运量完成178万人，同比降2.2%，旅客运输周转量10225万人千米，同比增8.3%。完成货运量1836万吨，同比增11.5%；完成公路运输货物周转量354060万吨千米，增14.5%。

2019年全区邮政业务总量1901万元。电信业务总量145321万元，比上年同期增65.61%。移动电话用户260770户。固定电话用户6272户，其中住宅电话4120户。互联网用户282354户。

【国内贸易】 2019年，全区社会消费品零售总额完成310531万元，增12.1%。按销售单位所在地统计，城镇市场实现消费品零售额265703万元，增10.4%；乡村市场实现消费品零售额44828万元，增23.3%。按消费形态分，餐饮收入58373万元，增19.2%；商品零售252158万元，增10.6%。

全年销售营业额合计567757万元，增15.5%。其中：批发业销售额95678万元，增23.3%；零售业销售额310249万元，增12.6%；住宿业营业额29796万元，增17.0%；餐饮业营业额132034万元，增16.9%。

【对外经济和旅游】 2019年，全年进出口总额4562万美元，比上年同期增21.5%。其中：出口总额4499万美元，比上年同期增23.3%；进口总额63万美元，比上年同期降40%。

2019年江川区招商引资项目共实施72个，其中续建项目51个、新建项目21个。年内实际引进市外国内资金980328万元，比2018年增加77773万元，增8.6%，其中省外资金874529万元，增加65523万元，增8.1%；引进外资400万港元，合计54.57万美元，完成外资年度目标任务200万美元的27.3%。

2019年全区共接待游客613.55万人次，比上年同期增加55.99万人次,增10.0%。旅游总收入达571533.4万元，增加109040.2万元，增23.6%。年底全区拥有星级饭店2家；国际国内旅行社4家；国家级A级以上景区3个。

【财政和金融】 2019年，全区一般公共预算收入53681万元，同比降31.5%，其中税收收入完成41433万元，降2.6%。全区一般公共预算支出207226万元，同比增0.9%，其中一般公共服务支出22073万元，降13.4%。

2019年全区金融业增加值实现55851万元，同比增7.7%。年末金融机构各项存款余额1396974万元，同比增3.6%，其中住户存款余额1018213万元，同比增12.3%。各项贷款余额1212281万元，同比增18.8%。存贷比为86.8%，比2018年提高11.4个百分点。

【居民收入和社会保障】 2019年，城镇居民人均可支配收入39766元，比上年增8.5%。农村居民人均可支配收入14688元，比上年增10.6%，城乡居民人均收入比值为2.71。

2019年全区参加基本养老保险人数173338人。其中：城镇职工参加基本养老保险11364人；城镇离退休人员参加基本养老保险5963人；参加城乡居民养老保险150530人；机关事业单位参加养老保险5481人。已参加失业保险8745人；参加工伤保险19048人；参加生育保险11717人。（此部分数据不含路居镇）

2019年全区享受居民低保户数2425户，其中城镇641户、农村1784户。享受居民低保人数4319人，其中城镇898人、农村3421人。共发放低保资金1199.9万元。全区共有养老机构6个，其中敬老院6个。养老服务床位共689张。

2019年全区城镇新增就业2808人，城镇失业人员再就业809人，公益岗位就业485人，年末全区城镇登记失业率3.10%。

【教育、科技、文化、体育和卫生】 2019年，全区现有学校129所。其中：乡镇中心完小12所，村完小43所，教学点2个，乡镇中学12所，普通高中2所，职中1所，进修学校1所，公办幼儿园39所（区级幼儿园2所），民办幼儿园17所（其中普惠性民

办幼儿园13所）。有教学班1081个。其中：幼儿学前班250个，小学502个，初中200个，普通高中91个，职业高中38个。在校生36799人。其中：在园（班）幼儿数7623人，小学15267人，初中8197人，普通高中4528人，职业高中1184人。学年三年儿童毛入园率89.45%，九年义务教育巩固率96.23%，高中阶段毛入学率92.13%。现有教职工2262人，专任教师合格率高中达100%、初中达100%、小学达99.81%。

2019年全年共向国家、省、市推荐申报科技项目58个，其中国家级科技项目0个、省级科技项目9个、市级科技项目49个。共争取各类科技项目补助经费1138万元。全年专利申请量147件，同比增22.5%；专利授权量88件，同比增57.1%。全年商标申请量199件，同比降87.7%；商标注册量555件，同比降58.1%，商标有效注册量2695件，增4.4%。

2019年全区共有文化馆1个，公共图书馆1个，分馆2个，博物馆1个，乡镇综合文化站8个，共有文艺队256个，文化馆辅导文艺团体85个，组织文艺调演汇演32次；组织文艺活动248次；现有文化室75个，全年共举办展览23期，举办各种培训班176期。

2019年江川区广播电视发挥区级媒体主阵地作用，紧紧围绕区委、区政府中心工作，讲好江川区故事，传播正能量，通过新闻、专栏、专题等形式宣传报道。全年区电视台共播出电视新闻1030条，被玉溪电视台采用211条；播出自办节目38期；播出电视剧730集；播出宣传标语、各类通告、公益广告169条；播出文明出游宣传片4次。放映农村公益性数字电影636场次，累计观众11.86万人次，放映覆盖率达100%。印象影城放映电影3823场次，累计观众5.83万人次。做好全区3915户“户户通”用户后期维护服务工作，共为“户户通”用户排除各类故障260个，确保工程长期通、优质通。

2019年全区共有体育馆1座，篮球场224块，乒乓球场65块，小运动场29块，全民健身路径316条，田径场、足球场、室内乒乓球馆等共716块体育场地，体育场地面积32.86万平方米，人均体育场地面积1.14平方米。全区共成立体育协会组织10个，累计举办活动17余场，参加活动人数达0.8万人次，营造出全民健身活动的积极氛围。全区乡镇（街道）均挂牌成立“全民健身指导站”，晨晚训练点55个。拥有社会体育指导员686人，其中国家级6人、一级12人、二级102人、三级566人。2019年举办区级体育比赛活动9次，组织基层体育比赛活动7次，全区体育人口达34%。举办全民健身活动17次，人数0.8万人次；竞训体育有省传统游泳项目1个点，在训运动员32人；市训练项目（足球）3个点，在训运动员90人；区训练项目（篮球、乒乓球、田径）7个点，在训运动员186人。

2019年全区共有卫生机构171个（含门诊、村医务室）、其中：区级医院2个、其他医院2个、卫生院7个、妇幼保健院1个、疾病预防控制中心1个、卫生监督机构1个；卫生机构拥有床位数854张；卫生技术人员1472人，其中执业医师和执业助理医师554人、注册护士673人、其他127人。

2019年传染病发病率为97.26/10万，孕产妇建卡率为100%，孕产妇系统管理率100%，住院分娩率100%。全区已婚育龄妇女人数达45141人，已领取独生子女证人数达5406人，比上年减少250人。本期三术节育率78.54%，综合节育率83.68%。

【城市建设、资源、环境和应急管理】 2019年，全区建成区面积5.8平方千米，建成区人口5.89万人。供水管道107.8千米，年供水总量680.4万立方米，城区处理生活污水465.9万立方米。拥有城区城市路灯3724盏，环卫机械总数25台（包括15辆机械车，8辆电瓶车，1台压缩机，1台环保除尘雾炮机），全年清运生活垃圾43372.8吨，绿化覆盖面积218.3公顷，园林绿地面积193.7公顷，绿化覆盖率39.7%，人均公共绿地面积9.9平方米/人。城市生活垃圾无害化处理率达100%。城市生活污水处理率达96.5%。路灯设施完好率99%，亮灯率达95%以上。

2019年全区水资源总量13183万立方米，人均水资源457立方米，全年用水总量6280.2万立方米，比上年同期降0.1%。其中：生活用水1183.3万立方米，比上年同期增0.1%；工业用水1277.2万立方米，比上年同期增0.3%。人均用水量220立方米，比上年同期降0.1%。自来水普及率100%，其中农村自来水普及率100%。全年有效灌溉面积99992亩。

2019年全区能源消费总量86.1万吨标准煤，比上年同期增4.7%，单位GDP能耗0.6865吨标准煤/万元，同比降5.07%，其中规模以上工业单位增加值能耗1.4843吨标准煤/万元，降10.41%。

全社会用电量8亿千瓦时，同比降2.1%。分产业看，第一产业用电量0.22亿千瓦时，同比上升24.8%；第二产业用电量5.98亿千瓦时，同比降4.5%；第三产业用电量0.72亿千瓦时，同比上升11.3%；城乡居民生活用电量1.07亿千瓦时，同比降0.4%。

2019年全区安全生产考核控制指标类别事故共发生6起，死亡6人、受伤2人、直接经济损失561.19万元。其中：工矿商贸企业生产安全事故6起，死亡人数6人，直接经济损失561.19万元；火灾事故44起，死亡0人；道路交通事故0起，死亡0人。

2019年全区共发生道路交通事故3219起，增47.5%；死亡22人，2018年相比减少9人，降40.9%；直接经济损失76.1万元，减少191.2万元，降71.5%。火灾事故44起，减少2起，降4.3%；死亡人数0人；直接经济损失42.2万元，增加33.4万元，增379.5%。

大街街道

【行政区划·人口】　大街街道办事处位于江川区境南部，是江川城区所在地，东与路居镇、雄关乡相邻，南与通海县纳古镇、四街镇接壤，西南与九溪镇毗连，西北接前卫镇，北濒临星云湖。境内最高海拔老尖山2277米，最低海拔星云湖湖面1722米，街道办事处位于景宁路1号，海拔1730米。

大街街道办事处辖上营、下营、大街、三街、早街、上头营、大庄、河咀、朱家庄、伏家营、海浒、大营、浪广13个社区居民委员会和小白坡、土官田2个村民委员会，124个村（居）民小组（116个社区居民小组、8个村民小组），68个自然村。总面积97.074平方千米。

2019年年内GDP完成617794万元，同比增加65699万元，可比价增11.9%。其中：第一产业完成28599万元，同比增加1670万元，可比价增加6.2%；第二产业完成254983万元，同比增加33066万元，可比价增加14.9%；第三产业完成334212万元，同比增加29829万元，可比价增加9.8%。

2019年末，实有耕地18600亩，属高稳产基本农田。其中：田12893亩、地5705亩，农业人口人均占有耕地1.67亩。

2019年末，全街道辖区内总户数32161户，总人口90598人。其中：男45523人，占总人口的50.25%；女45075人，占总人口的49.75%。大街街道15个村（社区居）委会总户数31719户，总人口83304人。其中：男41803人，占总人口的50.18%；女41501人，占总人口的49.82%；农业人口11143人，占总人口13.38%，非农业人口72161人，占总人口的86.62%；农村从业人员39297人，从事第一产业18530人，占农村从业人员的47.15%。人口自然增长率5.8‰。辖区内人口密度为933人/平方千米。

【大街街道办事处领导干部名录】

党工委书记　李德坤

办事处主任　李江辉（2019.2离任）

　　　　　　周宏斌（2019.2任）

人大工委主任　付　纲

副书记　宋　磊（2019.1离任）

　　　　晏　春（2019.1任）

　　　　董双见（2017.11任）（挂职）

　　　　董双见（2019.11离任）（挂职）

　　　　郭艳波（2018.8任）（挂职）

　　　　李万雄（2018.3任）（挂职）

　　　　李万雄（2019.3离任）（挂职）

　　　　雷吉林（2018.3任）（挂职）

　　　　雷吉林（2019.3离任）（挂职）

纪工委书记　花德财

副主任　王彬生

　　　　王丕娅（2019.11离任）

　　　　张俊松（2019.11任）

　　　　邓　珂

　　　　毕美琼（2018.10任）（挂职）

　　　　毕美琼（2019.10离任）（挂职）

　　　　习元波

武装部长　杨　钰

组织委员　王　媛

宣传委员　汪润芬（2019.2离任）

　　　　　谭　媛（2019.2任）

【经济】　2019年年内GDP完成617794万元，同比增65699万元，可比价增11.9%。其中：第一产业完成28599万元，同比增加1670万元，可比价增6.2%；第二产业完成254983万元，同比增加33066万元，可比价增14.9%；第三产业完成334212万元，同比增29829万元，可比价增9.8%。

农、林、牧、渔、服务业总产值48207万元，比上年增加

20.1%。二、三产业从业人数20767人，占农村从业人数的52.85%，比上年增加1.41%。

【农业】 2019年种植业播种面积5.5839万亩，实现产值2.27亿元。大小春粮食作物播种面积1.59万亩，产量769.95万千克，总产值7092万元，分别比2018年播种面积增加34亩，产量增加9.95万千克，产值减少774万元。2019年完成蔬菜、花卉、油料等经济作物播种面积5.142万亩，预计产值38695.77万元，分别比2018年的6.127万亩减0.985万亩，减少16.1%，产值比2018年的43120.62万元减4424.85万元，减少10.3%。其中：油料0.50万亩，预计产值616.4万元；蔬菜4.566万亩，预计产值37574.87万元；花卉0.76万亩，预计产值524.5万元。2019年街道现有花卉种植户50户，面积486.5亩。其中：大花蕙兰6户，面积126亩；康乃馨34户，面积271.5亩；玫瑰6户，面积40亩；向日葵3户，面积9亩；石斛1户，面积40亩。农业产业结构调整更趋优化，特色农产品种植面积逐年扩大，蔬菜播种面积4.566万亩，鲜食糯玉米、山地魔芋、葡萄、无籽石榴、三七、石斛等经果中药材种植面积突破0.22万亩，果蔬、中药材等特色农产品成为农村经济发展的主导产业，是农民增收的主要经济来源。

完成烤烟种植8940亩，收购烟叶122.5万千克，上等烟比例70.87%，均价29.32元/千克，总产值3694万元，比2018年4452万元减758万元，减17.03%。

年末，生猪存栏18352头，比上年增5.3%；肥猪出栏39919头，比上年增7.85%。大牲畜存栏216头，比上年减少4.85%。水产品产量22万千克，比上年减少4.35%。家禽存栏23.4万只，家禽出栏61.04万只，禽蛋产量达138.67万千克。

完成植树造林178160株，街道森林覆盖率达47.91%，树木绿化率达49.66%。完成各项水利工程建设及岁修142件。完成清理土方及杂草1180立方米，完成工程总投资1210万元。

年内，星云湖径流区农业面源污染治理向稳产业结构调整、乡村振兴示范区建设、人工湿地、入湖河道治理等工程项目的推进，流转星云湖沿岸土地3163亩。其中：荷藕种植936亩、乡村振兴171亩、人工湿地及入湖河道治理2056亩；水肥一体化节水节肥种植模式实施面积8827亩（蔬菜8210亩、花卉418亩、三七199亩）；实施蔬菜作物商品有机肥培肥地力示范样板600亩640户。有效减轻农业面源污染负荷。

【企业】 落实领导干部挂包联系企业机制，促进企业生产经营趋稳回升。年末，以磷化工、纸制品、建筑建材、农产品加工等为主导的大街街道21家规上工业企业增加值完成95212.53万元，增长20.5%。

【村镇建设·环境保护】 年内，大街街道实施百千项目25个，22个项目已开工建设，其中6个项目已基本完工。全年四类重点对象危房改造104宗，和竣工率均为100%。同时推进“8·13”“8·14”震后恢复重建和连片改造安置点建设。结合“5·20”行动开展人居环境集中整治，全街道18个村（社区）共清理农村生活垃圾5862.4吨，清理村内沟渠327.6千米、水塘44个、小广告5658条，发放宣传资料5000余份，张贴宣传标语230余条，发动群众12000余人次，营造人人参与、人人尽力、人人享有的良好氛围。

推进街道人居环境整治夏季攻势，并结合“5·20”行动开展集中人居环境整治，对入湖河道、沟渠、排污沟、村庄脏乱差等进行清理整治，开展清洁家园、田园、水源的“三清”活动。

推进生态环保工程建设和生态文明建设。与所辖18个村（社区）签订生态环境保护暨星云湖水环境保护治理目标责任书，明确村、社区工作职责和责任。开展“6·5”世界环境日系列宣传活动。“三清”活动，出动人员3100人、车辆138辆，打扫公厕257个，清运垃圾539吨；悬挂横幅9条，张贴小标语920条，开展广播、黑板报、电子屏、资料宣传等活动；发放宣传资料1770份。

完成环湖截污沟垃圾杂物进行清理共240.6万千克。星云湖东南岸截污沟开挖7.23千米，已近完工。确保星云湖南岸景观打造工程顺利实施。推进洗菜池建设工作。排查整治媒体反映星云湖周边环境，对湖滨公园内停用的两座公厕实施拆除；对大凹小组1座公厕2个畜圈进行拆除，安置移动公厕10个，共投入经费7.25万元。对大凹村湖滨带内垃圾进行清理和做好保洁，并对该区域饲养家禽的农舍进行清理拆除。

【社会事业】 科技 全街道有农村专业技术协会7个（养猪、种烟协会各3个，韭菜协会1个），会员256人。年内全街道共出科技黑板报24期，简讯12期，展板宣传8期（每次35块左右）。围绕街道产业结构，开办蔬菜、烤烟、水稻、韭菜种植技术等科技培训班，全年街道科协自办“农函大”实用技术培训班4期，培训人数556人；配合举办科技培训28期，培训人数8654人；农业技术员到田间技术指导127期次，指导人数9742人次。街道于2月在伏家营中学完成科普中国e站建设。全年下载安装科普中国，注册榜329人，月活榜304人，传播榜36500人。全年共上报信息24篇。以“科技创新·强国富民”为主题，以街道科技宣传周为载体，扩展有干部职工和志愿者20余人参加的科技下乡活动。发放环保袋100支，卫计用品200份，禁毒防艾宣传扇200面，宣传资料2600份（双创1200份、农业科普1000本、禁毒防艾200份、青少年法制和反家庭暴力200份），服务群众1000余人。

教育 年末，街道辖区内有小学13所，教职工310人，在校学生6205人，毕业率90.02%、升学率均为90.81%；中学4所，教职工258人，在校学生2749人，毕业率100%。小学教师文化程度，大专以上306人，中专及高中2人，共计308人，初中教师文化程度大专以上249人。

文化·体育 全街道有社区影剧院1个（观众席900个）露天戏台1个，街道文化站1个（藏书7100册），农家书屋18个。春节组织河咀龙队、大街龙队、大庄女子龙队、上营威风锣鼓队、上头营民族腰鼓队及彩车一辆参加区委宣传部牵头组织的大型传统民俗文艺巡演活动；选拔21支文艺队参加江川区文化馆举办的春节群众文艺演出，演出节目共42个，参与演出演员600多人，观众达2000多人。组织举办“大街街道扫黑除恶专场文艺演出”2场，参加汇演33个节目，以歌舞、小品、快板等方式宣传扫黑除恶专项斗争，调动人民群众积极性和主动性，为平安江川、和谐江川建设创造良好社会氛围。不断提高农家书屋的使用效能和服务质量，与图书馆、新华书店联合为上头营、小白坡等6个社区农家书屋补充图书734册。积极组织干部参加江川区第三届七彩云南全民健身运动会，篮球争霸赛、拔河比赛均获得好名次。举办体育场地调查培训班，对辖区体育活动场地和情况进行普查，核实体育场地管理运营单位、活动开展情况、发展状况等基本信息，完善体育场地名录库和信息管理系统，加快构建体育场地规范化调查制度、现代化调查体系和常态化应用机制，为各级政府部门制定发展政策、加强宏观调控、深入实施全民健身国家战略、助力新旧动能转换重大工程提供有力数据支撑。

卫生 年末，全街道有中心卫生院1所，医务人员45人。其中：技术人员39人，副高6人，中级职称7人；本科学历24人，大专18人，中专及以下学历3人；执业医师15人，执业助理医师4人，全科医生9人；设有住院部，开放病床50张。村、社区卫生所17所，医务人员61人，病床70张。年末全街道总人口90598人，出生婴儿1080人，死亡562人，计划生育率94.35%。全年共对448对目标人群进行免费婚检。积极开展“5·29”纪念、“双创”、禁毒防艾、“扫黄打非”、反家庭暴力、公民健康生活等宣传，开展免费理发、量血压、测血糖等活动，计生协以计生科普及流动人口相关政策、法律法规进行宣传，发放计生优质服务、避孕节育、生殖健康、流动人口“均等化”等宣传手册，为育龄群众免费发放避孕药具。开展计生家庭意外保险，年内共收取保险费61.35万元。

民政 年内共为418户833人发放农村低保金198.18万元，258户375人发放城镇低保金160.76万元。对87户进行临时救助，发放救助金9.1万元。全年共计发放救济粮食5100千克，大衣50件、毛毯30个、睡袋20个、棉被80床。推进殡葬管理改革，确保三个百分之百的完成，全年共办墓穴证322个，为498人（含2018年死亡2019年领火化补助的）发放火化补助205.5万元。对943名优抚对象发放优待抚恤金、慰问金863.83万元。其中：三属抚恤金5人11.73万元，在职伤残金62人146.65万元，在乡伤残金18人42.61万元，复退军人补助金25人48.38万元，带病回乡退伍11户9.18万元，两参人员546人412.55万元，出国民工补助47人8.82万元，农村籍退役士兵60岁补助220人57.53万元，双重身份补差6人7.58万元，烈士子女补助3人1.66万元，重点优抚对象27人1.28万元，春节慰问优抚对象895人17.90万元，“八一”慰问892人17.84万元，发放义务兵优待金81人81.41万元。全年共办理结婚登记782对、离婚登记321对、登记合格率达100%。补领结婚证312对，补领离婚证67人。

劳动保障　全年共办理失业证135人；灵活就业退失业金证明369人；存折销户94人。鼓励和推动劳动者积极创业，提供贷免扶补和个人创业担保贷款政策。组织培训271人，其中大营蔬菜培训42人、上营电子商务培训34人、大营育幼员培训39人、下营农家菜培训47人、上头营计算机培训49人。实现农村劳动力转移1449人（建档立卡5人，省外转移601人）。全年新型农村和城镇居民社会养老保险新参保706人，共参保人数54136人。办理死亡退保180人，发放安葬补助费每人1236元，合计22.25万元；办理征地退保167人。开展城镇居民基本医疗保险办理，每人缴费220元，全年共收缴66675人（不包括银行代扣），完成建档立卡人员收费及信息录入1219人，90天内新生儿审批297人。

为切实贯彻《中华人民共和国劳动合同法》，规范用人单位用工管理行为，切实履行劳动保障监察职责，促进劳动保障法律的贯彻执行。对辖区175户用人单位合同、工资发放、社会保险等进行审验；对辖区25家用人单位进行农民工工资发放情况专项检查3次；对辖区15家纸制品、5家非煤矿山、3家红砖厂进行日常巡查4次。对来信来访的2起拖欠农民工工资进行追缴，金额155万元。

老龄工作　年末街道辖区内共组建17个老年人协会，班子成员165人。大街街道辖区内有退离休干部208人、职工297人，超高龄参保1157人，高龄补贴都能按时发放。无退休金80岁以上老人有1716人，其中80岁以上有1547人，90岁以上有169人，保健补助共发放93.84万元。有退休金的80岁以上老人621人，其中90岁以上有87人，保健补助共发放34.79万元。配合市、区慰问100岁以上高龄老人2户，慰问金每人5000元，特困老人2户，慰问金每人1000元。街道老龄办对2个百岁老人进行慰问，对13个村、社区贫困老人18户进行了慰问，慰问金每人200元。

春节选拔20支文艺队到老戏台公演，演出节目200多个，观众近万人；组建老年门球队7支49人，地掷球队3支12人，泰迪球队4支100人，初七、初八、初九进行比赛。

【精神文明建设】　把社会主义核心价值观作为灵魂工程，贯穿各个领域，用中国特色社会主义理论体系武装党组织，制定下发《大街街道学习贯彻党的十九届四中全会精神宣讲工作方案》，在辖区内集中宣讲、专题研讨和座谈共15次，受众2000余人。全年举办党工委理论中心组学习3次、读书班2次、调研成果交流会1次、对照党章党规找差距专题会1次、专题民主生活会2次，开展习近平新时代中国特色社会主义思想宣讲109场、“微党课”40余堂。开展万名党员进党校4期，覆盖党员2350人次，基层党组织书记轮训做到全覆盖。大街街道建成区范围内18个村（社区）均建立了社区家长学校，村（社区）创建率达100%。全年共表彰平安家庭18户。共开展志愿者活动16次，共发动志愿者890人次，发放宣传资料6500余份，宣传环保袋500余个。

【法制建设】　按照《大街街道2019年普法工作要点》，以“法律十进”主题活动为载体，突出抓好领导干部、公务员、农民和社区居民、青少年、企业经营管理人员、流动人口的学法用法工作。全年共开展大型法治宣传活动6次，展出图片6期300幅，印发材料4期26000份，接受咨询96人次；开展法治宣讲5期，听众1200人；广播宣传90次，听众109940人；普法骨干培训4期，参训人员126人，播放法治影视专题片6场8部，黑板宣传18块90期，悬挂张贴普法标语大标67幅、小标860幅。配合区法律援助中心办理法律援助案件3件。调处各类纠纷229件，其中司法所调处10件，村（居）调委会调处219件，调处成功218件，调处成功率达到95%以上。社区服刑人员人数在册80人，解矫49人，入矫47人，组织社区服刑人员开展警示教育大会12次。定期召开社区矫正领导小组会议，每月到大街派出所排查社区服刑人员有无重新违法犯罪情况，发现问题及时向区司法局社区矫正股和所长汇报，社区矫正工作制度落实到位，矫正对象按时电话汇报、书面思想汇报；定期组织社区服刑人员进行集中学习、公益劳动、谈话教育；严格执行社区服刑人员管理考核奖惩办法。建立刑释解教人员台账和个人档案，对本地的刑释解教人员做到底子清，情况明，帮教措施有力，帮教率达100%。共接收安置帮教刑满释放人员34人，保证刑释解教人员信息管理系统正常运行。共受理群众来信来访

118件，办理回复118件。

【国土管理】 2019年大街街道坚持依法管地、集约用地、构建经济社会和谐发展方针，积极配合人居环境整治工作，严肃查处土地违法行为，土地巡查47次122人次，共查处违法占地99宗1.39万平方米，已拆除6宗520平方米，其中海浒社区13宗、大营社区65宗现已开展处置工作。在违法占地清理、处理中，大街国土中心所共100余人参与。对矿产资源（各偷采点）进行安全生产检查7次22人次、车辆7台次。督促检查辖区内8个石场、1个砂场、1个地下温泉、3个砖场的安全生产。对非法开采进行查处。

年内完成各项征地项目182.83亩。严格执行“一户一宅”农村宅基地报批制度，报批三街社区五组农村宅基地48宗4800平方米。

【财经管理】 农经中心认真执行大街农村财务管理制度及各种财经法规，对村组财务收支及时结对账，及时账务处理，及时公布，减少因财务引发的热难点问题。年内，中心对村组财务收支共结对账856次/组，账务处理856次/组。全街道村组民主理财小组共对村组集体收支情况进行856次/组民主监督理财。中心对村组财务收支共公开932次/组，其中张榜公开856次/组，会议公开76次/组。开启意见箱508次/组，收集群众意见12条，经梳理无财务管理意见。

加强代管资金的管理。积极配合村组做好各项资金划拨和存取。年内，中心为村组代管资金35968.21万元。配合财政部门做好农村财政转移支付工作，及时拨付村办公经费、发放村组干部财政补助。共拨付村办公经费36.8万元，发放村组干部财政补助582.78万元。配合相关部门做好村组征地青苗损失兑付及征地费划拨10898.61万元。探索集体资产投资形式，发展壮大集体经济。把闲置的土地，荒山荒地以租赁、入股的形式进行投资，全年土地入股投资产生股息1411.73万元。配合扫黑除恶专项斗争中农村集体“三资”管理领域依法整治，接收上级交办并核查线索67条。对大街街道所辖村组的经济合同进行清查梳理915份，合同金额61133.39万元，其中规范合同843份，合同金额43517.91万元，不规范合同72份，合同金额17615.48万元。加强对旧村改造项目资金4365.78万元的管理，确保旧村改造的顺利进行。

按照《大街街道建设工程管理办法》，年内招投标工程项目142个，验收竣工工程建设项目145个。

【李卫东一行到大街街道开展清明节森林防火检查】 4月6日，区委常委、常务副区长李卫东率队到大街街道，对清明节期间森林防火工作开展情况进行检查。先后到大营、石岩哨、螺蛳铺、兰田、朱家庄卡点，慰问值守工作人员，就森林防火工作进行再安排、再部署。

李卫东强调，清明节期间是森林火灾的高发期、危险期，要认真按照上级关于森林防火工作的重要指示精神，克服麻痹思想，狠抓责任落实，做好宣传教育、预警监测、火源管控、隐患排查和应急处置等工作，确保森林防火工作万无一失。

【邓志刚到大街街道调研新时代文明实践所（站）建设工作】 7月31日下午，玉溪市委宣传部副部长、市文明办主任邓志刚到大街街道调研新时代文明实践所（站）建设工作。调研从下营社区实践站正在开展的“暑期爱心小课桌”和“陪伴孩子快乐成长”心理知识讲座活动开始。查看大街街道实践所和下营社区实践站的阵地建设和日常活动开展情况，听取大街街道宣传委员对新时代文明实践所（站）、社区志愿服务站、文明讲堂、儿童之家、家长学校、未成年人心理健康辅导室建设情况的汇报。

邓志刚对文明所（站）建设给予肯定，询问存在的困难和问题。并要求实践所（站）建设要和文明城市创建结合起来，规范阵地建设，积极探索实践，打通宣传群众、教育群众、关心群众、服务群众的“最后一千米”。

【徐贤到大街街道调研各项重点工作】 8月23日，江川区委书记徐贤先后对主城区药王阁和大街街道旱街、朱家庄、伏家营、大营村城市基层党建及“四类对象”危房改造、脱贫攻坚、城乡人居环境整治夏季攻势等工作进行调研。对重点对象一户一策深入分析，出思路、想办法、促攻坚。区委常委、区委办主任赵琦，大街街道办事处、区扶贫办、区住建局等单位同志参加调研。

【王红到大街街道下营社区调研】 10月14日，玉溪市妇联主席王红在江川区组织部部长靳联明陪同下到大街街道下营社区调研妇女儿童相关工作。大街街道妇联对妇女儿童相关工作开展情况作了详细汇报。王红从妇女儿童活动阵地和工作台账等方面调研后，对下营社区妇女儿童工作给予充分肯定。

【徐贤到大街街道调研城市基层党建工作】　10月17日，区委书记徐贤到大街街道调研街道和大街社区党群服务中心建设情况。

徐书记在听取大街社区围绕"一核四翼多元"打造的党建引领基层治理汇报后，参观便民服务大厅、志愿者服务站、党建书屋、国学社、村史馆、党员组织生活馆、儿童之家、居家养老服务中心等，并与党群服务中心工作人员进行交流、翻看相关台账，充分了解社区服务群众事项开展情况。徐书记说："社区作为服务群众'最后一千米'，社区的党群服务中心要建管用并重，把各项为民服务事宜纳入社区管理，全方位为社区居民提供优质服务；社区党群服务中心要紧扣以人民为中心的发展理念，更好地发挥阵地作用，实现好十分钟党群服务圈。"

徐书记听取大街街道"红色引领、党委领导、联盟磋商、网格管理、共驻共建"的城市基层党建工作思路，参观街道党群服务中心的各块功能区。徐书记要求，大街街道党群服务中心要以发挥作用为根本，结合"不忘初心、牢记使命"主题教育，积极探索开展各类实效性活动，要提炼特色品牌，划转街道部分职能进入党群服务中心，为街道居民群众提供高质量的服务。

区领导李志刚、蒋文、何眉、赵琦、靳联明、李德坤、参加调研。

【徐贤带队对大街街道年度党建暨党风廉政建设责任制工作进行考核】　11月2日，区委书记徐贤带队对大街街道2019年党建暨党风廉政建设责任制进行考核。

徐贤在考核动员会上强调，要提高政治站位，切实增强落实党建暨党风廉政建设责任制工作的责任感和使命感，正确对待、积极主动配合好检查考核工作。要坚持高标准、高质量、严要求，对照考核方案从严从实开展检查考核，传导压力，压实责任，督促落实全面从严治党主体责任、监督责任。要以检查考核为契机，把做好检查考核作为落实各项工作、层层传导全面从严治党责任的重要抓手，知敬畏、守底线，严守党的政治纪律和政治规矩。要认真对待、严肃整改，切实做好党风廉政建设责任制检查考核成果的转化和延伸运用，坚决维护群众利益，营造风清气正的政治生态，干事创业的良好环境，推动全面从严治党工作取得新成效。

区人大常委会副主任、大街街道党工委书记李德坤汇报大街街道2019年党建暨党风廉政建设工作情况，并针对存在问题对2020年工作作出安排部署。李德坤及街道党工委副书记、办事处主任周宏斌进行个人述职述廉。街道全体班子成员提交述职述廉报告。最后，对大街街道领导班子、中层干部进行现场民主测评。

（丁　莉）

江城镇

【行政区划·人口】　江城镇地处江川北部，位于东经102°48′、北纬24°25′之间。东临全国第二大深水湖抚仙湖，南临星云湖、距县城18千米，西与玉溪市红塔区、昆明市晋宁区六街乡、晋城镇接壤，北距省会昆明市80千米，国道213线（晋思段）和澄川二级公路穿境而过。全境地势西北高、东南低，海拔最高2648米、最低1720米，东西最大横距19千米，南北最大纵距15千米。境内主要河流有东西大河、学河、周德营河、大龙潭河、玉带河，有西河一库、西河二库、茶尔山水库、大龙潭水库、大平地水库、螺蛳坝6座水库，坝塘65座。镇政府所在地振兴街13号，驻地海拔1733米。

镇域面积222.67平方千米，辖江城、隔河2个社区居民委员会和左卫、大地、孤山、黄营、陈家湾、白家营、云岩、温泉、侯家沟、龙街、西河、海门、三百亩、明星、牛摩、尹旗、翠峰、桐关、祁家营19个村民委员会，9个居民小组，123个村民小组，119个自然村。年末，耕地总面积36946亩，其中田25622亩，地11324亩（其中水浇地2757亩）。

年末，全镇辖区内人口总户数26866户，总人口73520人，其中男37082人、女36438人；乡村人口58021人，城镇人口15499人。少数民族1873人，彝族1063人，占少数民族人口56.8%；哈尼族327人，占少数民族人口17.5%；傣族、拉祜族、苗族等29个少数民族（含托管区）占少数民族人口25.7%。农村劳动力59184人，其中从事第二、三产业15041人，占总劳动力的25.41%。人口密度331人/平方千米。

【领导干部名录】

党委书记 郭 峰

党委副书记 赵子良

李春伟

葛茂盛（2019.11挂职期满）

纪委书记 拔 选（2019.7任）

郝 彬（2019.7免）

组织委员 侯江艳（2019.7任）

田 超（2019.7免）

宣传委员 马吉云

党委委员 熊銮钧（2019.11任）

欧 佳（2019.7免）

副镇长 朱 俊

李平良

李 毅

欧 佳（2019.7任）

拔 选（2019.7免）

杨 涛（2019.10挂职期满）

【经济】 全年完成地方生产总值26.08亿元，增9.6%。其中：一产5.7亿元，增6.6%；二产6.08亿元，增12%；三产14.28亿元，增9.6%。500万以上固定资产投资13.89亿元，同比增6.4%。2019年地方财政收入6229.23万元，减11.95%；财政支出6656.75万元，增22.19%，存在财政拨款结转和结余。年末，信用社、农行各项存款余额19.65亿元，增9.2%；人均存款余额2.46万元，增8.7%。

【农业】 全年农作物播种面积11.46万亩，复种指数310.1%。粮食播种面积3.05万亩，减2.24%，总产1433.2万千克，减13.31%。其中：水稻种植1.11万亩，单产633千克/亩；玉米种植7762亩，单产544千克/亩；小麦种植3745亩，单产207千克/亩；豆类种植4560亩，单产204千克/亩；农民人均产粮242千克。油料播种8930亩，增12.84%，总产188.23万千克，增14.17%。烤烟种植1.05万亩，总产145.81万千克；交售烟叶127万千克，上等烟比例达69.57%，均价28.96元。蔬菜种植5.62万亩，总产99.18万千克，增23.75%，产值达19821万元，增35.7%。花卉种植7443亩，花卉产值25588万元，增21.8%。农林牧渔业总产值88992万元。其中：农业59837万元，占67.2%；林业657万元，占0.7%；牧业23983万元，占26.94%；渔业3151万元，占3.54%；农林牧渔服务业1364万元，占1.53%。开展动物疫病防控工作，重抓非洲猪瘟疫情防控，共签订《生猪养殖安全责任书》1525份，张贴标语864条，悬挂布标5条，发放非洲猪瘟防控告知书5223张（册）、防控知识问答4883张、防控知识挂图240张、防控明白纸4883张，屠宰检疫生猪16320头，镇农业农村综合服务中心兽医组被云南省动物卫生监督所评为动物检疫先进单位。年末，生猪存栏2.83万头，减2.31%；肥猪出栏4.29万头，增3.72%；大牲畜存栏668头，减18.23%，其中牛存栏626头，出栏460头；羊存栏3225只，出栏3956只；家禽存栏40.48万只，出栏68.33万只。全年肉产量487.55万千克，禽蛋总产356.54万千克；实现畜牧业产值23983万元，增26.50%。投资426.1万元完成江川区茶尔山水库灌区农业高效节水灌溉、陈家湾尼祖油菜产业基础设施建设、小井沟水毁修复工程、桐关清泉营农业开发、桐关清水沟下组水源点保护及抗旱工程等项目。

【工业】 年末，个体工商户3210户，企业260户，农民专业合作社29户。招商引资完成11亿元，规上企业实现总产值5.95亿元，增22.18%；工业增加值完成2.78亿元，增38.9%。新纳规1户，退规1户，现有规上企业3户。江城纸制品产业园一期入园8户企业，和润纸业等3户企业投入生产；二期规划用地面积238.5亩（原翠峰花炮厂范围）完成报批工作。

【旅游业】 北山寺旅游风景区游客服务中心、北山—梁王山健康步道建成并投入使用。完成徐家头“美丽乡村+李家山古滇青铜文化”试点项目李家山游道新建、入村广场新建、古滇文化广场新建。成功举办第三届“梨花节”，接待游客2.3万人，实现经济效益1288万元。江川文庙入选第八批全国重点文物保护单位。

【生态保护】 推进星云湖一级保护区生态修复及生态屏障构建项目，完成退田374.14亩，已签约70户，兑付退房补偿款68户3117.2658万元，余2户由星云湖管理局直接兑付。召开环保宣传教育专题会议208次，广播宣传1300余次，制作永久性标语16条，板报67期，悬挂张贴大小标语820条，发放各种宣传图册12350份，环保购物袋100只，接待群众咨询35余人次，发出环境简报2期。深入推进河（湖）长制工作，以“钉钉河长通”为平台，区、镇、村三级河长共巡河2132次，组级河长巡河1156次。开展清河行动，累计出动3985人次，挖机34台次，车辆65辆次，船7只，清理淤泥杂草及各类红白色垃圾2552.6吨，排查“四乱”现象45处，整治销号12处。开展“5·20”美丽家园集中整治活动，29962余人次参加，清扫沟渠475.8千米，清运生产生活垃圾9324余吨。共聘用环卫保洁员267名，垃圾清运人员57名，环境监督员16名负责村庄日常环境卫生保洁、监护。完成辖区内140家“散乱污”企业排查、归类工作，调查处理环境污染事故24起，前置预审辖区内新增企业2件。开展护林防火工作，完成年度义务植树折算合计16.4万株，保障全年森林火灾零发生。

【村镇建设】 深化人居环境综合整治，拆除整改完成两违建筑87宗3939.01平方米。江城古镇棚户区改造项目完成签约838户，完成协议分户1527户，兑付资金1462户5.26亿元，交验房屋661宗。鑫园小区、钟秀铭苑、滇御俊园房源点开盘销售，建成南门二小区、西门一小区房屋151幢，万湖花园开工建设。全年房地产业完成投资2.16亿元，销售商品房2.07万平方米。投资1300.8万元完成江城社区村级“四位一体”项目建设。澄川路龙街安置点安置房屋76宗，海门安置点安置房屋43宗。“四退三还”海门安置点、西河安置点完成“三通一平”建设，安置房屋63宗、10宗。完成陈家湾、长里冲、蔡家庄、云岩寺4个地质灾害搬迁点建设。完成大中型水库移民后期扶持“十三五”规划修编，投资589万完成龙街文化站改造提升、祁家营农田灌溉、北山停车场、北山游客服务中心、上茅草湾文化活动中心建设5个移民项目。完成松园路（云岩段）、磷大路、黄营至云岩寺公路、浑水塘至重楼基地道路等农村道路建设。投入资金132万元完成陈茅路、松园路、浑水塘路、关大路等道路生命防护工程5.13余千米，获评“四好农村路”市级示范乡镇。

【社会事业】 **科技** 推进农业科技培训和宣传及农作物病虫害指导工作，科技培训12期7392人次，发放各类科技宣传资料2.42万份。农村能源建设，投资52.9万元安装太阳能热水器230台，投资9万元节能改灶300户。星云湖径流区化肥施用强度跟踪调查，完成化肥施用强度调查点47个、肥力监测点5个跟踪服务指导工作。实施水稻绿色高产高效创建项目，完成4组同田对比试验；马铃薯化肥“减量增效”田间试验在《云南农业》2019年第8期上发表。

教育 年末全镇有中学3所，教学班45个，教职工180人，在校学生1863人；中心小学3所、村完小9所，教职工201人，教学班93个，在校学生2776人。幼儿园6所，在校学生1415（含部分学前班人数），教职工73人。学前教育适龄儿童入园入班率达100%，小学入学率100%，小学辍学率为0。表彰优秀教师26名，先进工作者6名，翠峰小学被命名为“云南省勤工俭学生产实践示范基地”并荣获“省级文明学校”称号。

文化 全镇设文化站1个，农家书屋15个，文艺队38支，文艺队员1200余人，全年组织送戏下村文艺演出20场，组织各类群众文化活动9次。开展庆祝新中国成立70周年爱国主义教育活动，举办道德讲堂2期。送图书下村500余册。实施云岩桃溪及龙街外桃园文化活动场所建设、龙街文化站改造提升等项目。江城镇荣获江川区庆祝中华人民共和国成立70周年合唱比赛一等奖。

卫生 年末有中心卫生院1个，病床总数100张，全院职工80人；村级卫生所16个，医务人员59人。全年就诊27.22万人次（卫生院门诊104361人次，住院1068人次；卫生室门诊166760人次），累计报销25.26万人次（卫生院门诊84791人次，住院1036人次；卫生室门诊166760人次）；减免医疗费用638.71万元（卫生院308.28万元，卫生室330.43万元）。年内出生619人，出生率10.05‰。已婚育龄妇女10755人，综合落实节育措施人群10023人，节育率93.19%。建档立卡贫困户家庭医生签约率达100%。举办防艾培训班12余期，受训1521人次。完成计划生育综合保险13725份4.9万元。

民政 发放优抚、救济、“五保”及残疾人慰问金22.39万元，救济粮3.42万千克，发放631名优抚对象生活补助550.95万元，移民直接补助资金1561人94万元。发放农村低保587户，1095人，282.93万元，发放城镇低保150户217人105.94万元。依法办理婚姻登记582对1164人；离婚登记179对358人；补发婚姻登记114对

228人，补发离婚登记证24人。全年死亡474人，火化、安葬率均达100%，发放遗体火化补助374人155.1万元。

老龄工作　全镇60岁以上老年人8898人，占全镇总人口12.1%，其中80岁以上高龄老人1647人、90岁以上156人、100岁以上2人、“五保”老人48人。全年共发放80周岁以上无退休金老年人保健补助金95.64万元，“幸福和谐晚年”老年人意外伤害保险参保7211人36.65万元。温泉、龙街、桐关三个居家养老服务中心投入运营，翠峰村委会小石关老年活动室建成并投入使用。

社会保障　全年城乡居民养老保险新参保460人，办理被征地农民养老保险562人；全年足额发放基础养老金9686人次1370.77万元；发放丧葬补助金及退保金47.5万元。办理就业失业登记证432人，对申领失业保险的78人进行认证；组织职业技能培训300人，完成转移就业人数1308人（省外1227人，县内31人，县外50人），开展建档立卡贫困户技能培训23人次。

残疾人工作　年末有残疾人1812人。491人享受城乡低保。按月发放一级护理补贴186人15.624万元、二级护理补贴284人13.632万元和困难残疾人生活补贴491人29.46万元、残疾人机动车燃油补贴46人1.27万元。1691人享受城乡居民医疗保险补助20.137万元，55人享受“阳光家园”托养服务。开展残疾人农村实用技术培训125人（建档立卡贫困户45人）。

行政效能　严控“三公”经费支出，全年支出预算20万元，支出决算11.25万元，完成预算56.2%，下降8.6%。其中：公务用车购置及运行费支出决算减少7874.58元，下降9.2%；公务接待费支出决算减少2671元，下降7.1%。接受人大监督和社会监督，办理人大代表建议20件，政协委员提案19件，满意率达100%。深化政务公开，通过政府信息公开、政务服务平台等方式发放各类公告、政务信息400余条。规范公共资源交易行为，完成招标100个项目，中标合计为4820.22万元。落实党风廉政建设主体以及“一岗双责”，实行派单制，分派责任清单30次；聚焦廉政教育工程，开展专题学习违纪违法案件2608人次，发放案例选编共489本；开展个别廉政谈话140余人次，集体廉政谈话4次220余人次，任前廉政谈话39人次。投资50万元建成镇级党群服务中心，推进“一网、一门、一次”改革，设置16个便民服务窗口，建有职工驿站、志愿者服务站、职工书屋等功能室。推进网上政务服务平台建设，入驻事项79项，“最多跑一次”率达90%以上。

【国土资源管理】　配合完成第三次全国国土调查和土地利用总体规划调整前期工作。完成江城棚户区改造项目集体安置用地报件和星云湖“四退三还”海门、西河民房搬迁安置地用地选址、勘测、规划、土地流转及澄川高速公路项目建设所涉及扩征地地上附着物调查工作。清理违法违规占地35宗11471平方米。投资1462.81万元完成阿黑山、大平地红砖厂、黄营龙母山采矿地、云岩温泉矿山4个山水林田草生态修复试点工程。加强矿产资源的保护，有效制止5起盗采矿产资源行为。深入落实地质灾害防治工作，组织130余人开展山洪地质灾害演练，制作并发放地质灾害明白卡48份，避险明白卡353份，完成重要地质灾害监测点建设12处。

【法制建设】　全面推进依法治镇、“七五”普法规划和一村一顾问制度，加强村（社区）委会公共法律服务中心建设，开展“六进”全民普法活动。组织119名干部职工参与“国家机关工作人员在线学法”和“学习强国”学习，开展普法骨干培训3期150人次和法治宣讲2次300余人次。深入推进扫黑除恶专项斗争，组织专题培训36期，签订承诺书2.255万份，入户宣传2万人次，发放宣传资料14.15万份，张贴通告760份，制作安装标牌橱窗39块，悬挂横幅85条、张贴标语4000余条，板报宣传64期，广播215期，播放滚动标语2.1万余次。办理涉黑涉恶及非涉黑涉恶问题线索22件；排查突出治安问题3起；排查重大复杂矛盾纠纷9件；排查重点人员42人；立刑事案件137起；受理治安案件（行政）444起，查处309起；调解纠纷244起；接待来信访81件134人次；排查公共安全隐患39起。全年共组织检查重点行业场所50余次，排查整治公共安全隐患39起。深入贯彻“红线”意识和“党政同责”安全生产责任制，工业生产、非煤矿山、食品药品等领域专项整治成效显著，人民群众生命财产安全得到有效保障。

【脱贫攻坚工作】　切实做好精准脱贫和巩固提升工作。为激发

建档立卡贫困户发展致富内生动力，开展“自强、诚信、感恩”主题实践活动；开展巩固提升摸底调查（长期外出务工440人）；为13人安排村内公益岗位；举办劳动力现场招聘会6次，发放培训宣传材料580余份，转移就业617人；发放贫困户单次临时救助补贴5户1.1万元；发放扶贫小额贷款206户961万元，160人次中、高职贫困学生享受“雨露计划”补助24万元。投资160.6万元，实施翠峰村浑水塘人畜饮水、云岩村桃溪及江边村小组基础设施建设、尹旗村李家营基础设施建设、陈家湾下麦冲村内道路硬化4个扶贫项目，修建200立方水池1个，改造饮水管网5.97千米，硬化村内道路9006.76平方米、场地67.36平方米，修建挡墙113.47立方米，砖砌排水沟36.92平方米，新建16蹲坑公厕1个。开展“万企帮万村”精准扶贫行动，鸿湖塑料、鹏新、三道菜等企业共捐资10万元，年内贫困人口脱贫退出5户13人，累计脱贫481户1704人。

【农村产权制度改革】 农村产权制度改革进入总结验收阶段，完成全镇16个村（社区）110个村民小组集体产权制度改革工作，共清查资产29802.56万元，村（居）民小组集体经济组织成员身份认定为19195户58323人，成立了16个股份经济合作联合社，110个股份经济合作社，量化经营性资产4398.96万元，量化资源性资产136201.58亩，清理合同635份。承办全市农村集体产权制度改革现场推进会。

【统战民宗】 镇内有江川区佛教协会（北山寺）和左卫基督教2个宗教活动场所。属全省宗教工作重点乡镇之一。落实“一网两单”制度，排查辖区内涉及民族、宗教问题的突发事件，实行“零报告”制度，全年无因民族宗教引发的突发事件。推进民族团结进步示范创建工作，与各村（社区）、宗教活动场所、统战（民宗）签订工作目标责任书共18份。结合“八进”开展统战（民宗）宣传活动，建设完成固定“党建+民族团结”宣传阵地、宣传长廊、集市宣传标语、展板。全年召开党政班子联席会议4期，专题会2期，职工大会和每周一例会共3期，理论学习中心组会议3期，共2600人次参加学习民族团结进步示范学习教育。开展宣传学习教育5次，发放宣传扇子35面、宣传购物袋100个、宣传册150份、宣传单500余份。北山寺开展感恩行动4次，共捐赠2.99万元。帮助贫困村建设。北山寺获“玉溪市民族团结进步示范宗教活动场所”称号。

【召开中国共产党江城镇第四届代表大会第三次会议】 1月25日，江城镇召开中国共产党江城镇第四届代表大会第三次会议，100名党代表出席会议。会议审议通过《中国共产党江城镇第四届代表大会第三次会议关于党委工作报告的决议》和《中国共产党江城镇第四届代表大会第三次会议关于纪委工作报告的决议》。

【召开江城镇第四届人民代表大会第三次会议】 1月25～26日，江城镇召开第四届人民代表大会第三次会议，81名人大代表出席会议。会议审议通过《政府工作报告》《人大主席团工作报告》和各项决议。

【庆祝建党98周年大会】 7月2日，举行庆祝中国共产党成立98周年大会。187人参会，共同回顾党的光辉历程，表扬23个基层党组织、53名优秀共产党员、6名优秀党务工作者。

（刁思思）

前卫镇

【行政区划·人口】 前卫镇位于玉溪市江川区境腹地，东临星云湖，西与九溪镇、安化乡接壤，南与大街街道为邻，北与江城镇相连。全镇辖杨家咀、业家山、渔村、庄子、石河、后卫、周官、赵官、小街、白池古10个村民委员会和前卫社区居民委员会，51个自然村，70个村民小组。镇域总面积89.47平方千米，东西最大横距14.25千米，南北最大纵距12.75千米。最高海拔2139.4米，最低1724米，镇政府驻地海拔1730米。境内主要河流有前卫大河、周官河、小街河、渔村河等，有石河、小井坝等水库26座，坝塘61座，风光秀丽、具有民间传奇色彩的台山书院、七星塔、回头山坐落于星云湖西岸。主产水稻、烤烟、小麦、油料，盛产蔬菜、渔业，素有“鱼米之乡”“蔬菜之乡”的美誉，是云南白药创始人曲焕章、书法名人杨嘉善的故乡。

2019年末，全镇耕地面积22132亩，其中田14258亩、地7874亩，农业人口人均耕地面积0.48亩。全镇人口19301户50310

人。其中：男25229人、女25081人；少数民族2789人，占总人口的5.54%。农村从业人员30547人，其中从事二、三产业9656人，占从业人员的31.6%。人口自然增长率为4.35‰，人口密度566人/平方千米。

【领导干部名录】

党委书记　张　曦

副书记　陈乔华（2019.02离任）

　　　　施永芬（2019.02任）

纪委书记　向俊臣

人大主席　张新荣（2019.02离任）

　　　　刘　勇（2019.02任）

镇　长　龚　钲

副镇长　周宝在（2019.05离任）

　　　　施家敏（2019.07离任）

　　　　史　圆（2019.11离任）

　　　　郭锦洋

　　　　金武恒（2019.05任）

　　　　李　伶（2019.11任）

　　　　郭秋吟（2019.11任）

【经济】　全年完成地方生产总值16.75亿元，增长10.0%。其中：第一产业增加值完成4.19亿元，增长6.6%；第二产业增加值完成5.34亿元，增长13.8%；第三产业增加值完成7.22亿元，增长8.8%；规模以上工业增加值3.51亿元，增长10.37%。完成规模以上固定资产投资6.79亿元，完成招商引资3.39亿元。前卫镇被区委、区政府评为2019年发展贡献先进集体。

农业　全年农作物播种面积70236亩，复种指数300%。粮食播种面积14931亩，总产778.38万千克，与上年相比面积增加3.4%，产量增加4.5%。完成种植烤烟15540亩，其中“2260”高端特色烟叶种植1万亩，交售烟叶223万千克，实现产值6690.16万元，均价30元/千克，位居全区第一。带动建档立卡户62户244人种植烤烟182.5亩，交售烟叶5.79万千克，实现烟叶交售收入167.76万元。

年末，生猪存栏数25314头，比上年减少2.75%，能繁母猪存栏2323头；大牲畜存栏230头，比上年增长0.88%，其中牛存栏224头，出栏155头；羊存栏1045只，出栏850只；家禽存栏23.1万只，出栏22万只。全年肉产量259.85万千克，蛋奶总产167.5万千克，完成计划的100%。

工业　共有规上企业15户，全年引进市外国内资金33916万元。围绕建设“工业重镇”目标，创新引领，优化营商环境，落实党政班子成员挂钩联系企业制度。支持特固电气生产线技改扩建项目、华电达项目建设，新天力、天合力、同力橡胶等企业支撑作用凸显，卓一食品、万丰彩印、东硕机械、七彩象生产线项目建设顺利完工，支持推进工业大麻精深加工、青铜文化产业园项目落地。

第三产业　打造青铜文化产业特色品牌，推进古滇铜街项目落地建设，传承发扬铜器工业手艺，2名铜艺从业者杨四代、杨攀林入选2019年“万人计划”首席技师。完成渔村三元宫、庄子慈云、杨家咀回头山等古建筑修缮，完成曲焕章白药文化纪念馆展厅初步设计。稳步推进星云·天空之城国际人文旅居颐养小镇项目和七星塔休闲康体景点开发建设项目落地。成功举办第三届七夕文化旅游节，接待游客7万人次，带动特色餐饮业不断发展，餐饮品牌的知名度和影响力不断提高。

【社会事业】　科技　开展草地贪夜蛾连片统防统治2次；完成360个农产品样品质量安全检测；采用无人机绿色防治水稻病虫害约800亩，全年防治病虫害3203亩。完成蔬菜、花卉种植、生物防治、绿色防控技术等培训4期约1.5万人次；建立“益农信息社”7个；推广应用测土配方施肥技术，发放水稻施肥、玉米施肥建议卡各5000份，水稻病虫害综合防治明白卡5000份。

教育　全镇共有初中2所，中心小学2所，村完小8所，幼儿园8所（公办幼儿园6所，民办幼儿园2所）。在校学生4888人，教职工367人，小学入学率100%，初中入学率103%。表彰2019年优秀中小学教师44人、先进教育工作者16人、尊师重教先进集体3个。前卫中心幼儿园建成投入使用后全镇提前一年实现幼儿园公办，启动后卫中学学生宿舍楼、杨家咀小学综合楼项目建设。

文化　全镇有综合文化站1个，群众文艺队42支，村级文化活动室11个。全年组织文艺活动53次，参加文艺调演汇演2次，举办展览1期，组织各种培训班32班。规范建设“扫黄打非”基础站点，对1个工作站，11个联络点重新挂牌。挂牌成立新时代文明实践所（站）12个。开展文明讲堂、“我们的节日”亲子诵读、扫黑除恶宣传、城乡人居环境综合整治、“情满水乡礼赞新中国”、文化惠民演出等志愿服务50余次，共计800余名志愿者参

加。周官村刘吉凤当选第五届玉溪好人候选人。

卫生　全镇有中心卫生院1所，全院职工31人。其中：卫生技术人员30人，其他专业技术人员1人；初级17人，中级6人，副高8人；全科医生9人。全年开展健康知识讲座66次。年内已婚育龄妇女8063人，领取独生子女证602人。年内出生人口512人，出生率10.21%；死亡294人，死亡率5.86%，人口自然增长率为4.35‰。

社会事务　全年发放临时救济补助31.6万元，救济粮18625千克。发放农村低保243户499人共113.18万元，城镇低保138户176人共72.17万元。办理婚姻登记305对，610人；离婚登记141对，282人；补发婚姻登记143对，286人；补发离婚登记15次。发放2019年优抚对象城乡居民医疗保险补助418.87万元。完成黄地山公墓第二期建设，共有墓穴1943个。完成玉天山公墓二期建设，建成后共有墓穴1205个。火化遗体310具，并100%入葬公墓，发放遗体火化补助126.4万元。

社会保障　年内参加新型农村合作医疗参保人数44577人，参保率98%，城镇居民养老保险参保人数31310人，参保率95%，完成建档立卡户100%参保及缴费工作。办理慢性病证187人，住院新型农村合作医疗医药费报销人次6910人，报销医药费2655.03万元；门诊新型农村合作医疗医药费报销人次267988人，报销医药费704.92万元。新增劳动力转移1970人，其中省外就业转移1550人，建档立卡户转移30人。全年共计发放残疾人两项补贴7513人次38.783万元。

生态建设　星云湖入湖河道综合治理，前卫、周官、后卫、小街、渔村湿地完成主体工程建设。落实河（湖）长制和“清四乱”全面落实，全年开展入湖河道流域整治4次，出动20000余人次，机械160余台，运输车辆1500余辆次，累计清理河道、沟渠内的淤泥及杂草8500余吨。环湖截污大沟全线贯通，22个环湖截污治污村落治理项目及15座一体化污水处理设施竣工。落实山林长制，义务植树11万株，兑付生态补偿费53.2672万元。稳步推进畜禽散养治理。完成第二次全国污染源普查，关停散乱污企业1户。推进农村“厕所革命”，完成2529户户厕及7座镇区公厕改造。

城乡建设　按照“做美乡村”发展思路，完成第三次全国国土调查，受理村庄规划许可证申请116件，发放许可证20本。清理临违建筑及危旧闲房84宗3539.5平方米。投入资金1000余万元，启动实施北前线集镇段路面修复和新石河水库移民项目；完成下高桥人居环境综合整治示范村、业家山“四位一体”、阿豆村蔬菜交易市场、庄子小冲饮水安全巩固提升和三石河移民等项目；对64户“四类重点对象”房屋进行新建和修缮加固；顺利推进前卫社区、业家山、邢家营、白池古、上高桥旧村改造工程及“8·13”“8·14”灾后重建项目。扎实推进人居环境整治“夏季攻势”行动，常态开展“5·20”整治日行动。

社会治理　开展“四五”依法治镇和“七五”普法工作。社会管理应急体系不断完善，排查矛盾纠纷161件，化解196件。切实做好扫黑除恶专项斗争和新中国成立70周年安保维稳工作。开展禁毒防艾、反邪教工作，打击各类违法犯罪活动。安全生产形势持续稳定，无重特大安全事故发生。

行政效能　坚持依法行政，执行“三重一大”集体决策制度。完成党政机构改革工作，落实“放管服”政策，打造“一站式惠民”政务服务平台，开设5个便民服务窗口，全年受理对外办理事项共计10080件。执行中央八项规定，落实考核奖惩制度，坚决整治履职不到位、作风不实问题，通报批评7人，廉政谈话23人，2名村组干部离岗教育。强化权力约束，规范农村集体资金使用审批监管。全年办理人大代表建议27件，公开政府信息320条。

【脱贫攻坚】　年内对全镇19354户50123人进行建档立卡贫困人口动态调整数据核实和信息采集。全镇227户781人建档立卡户脱贫，贫困发生率降为0%。投入专项扶贫资金165万元，完成业家山村委会云峰村机耕路建设扶贫项目；发放小额扶贫贷款61户277.95万元；建立种植合作社，扶持197户建档立卡贫困户发展产业；落实“万企帮万村”，组织企业为村社添置数台太阳能路灯和净水器。

【召开镇第四届人民代表大会第四次会议】　3月6日，前卫镇第四届人民代表大会第四次会议在完成各项议程后胜利闭幕。龚钲同志当选为镇长，刘勇同志当选为人大主席。

【全省放心农资下乡进村宣传周启动仪式】 4月10日，2019年全省放心农资下乡进村宣传周活动以“放心农资促提质增效 质量兴农惠万村千乡”为主题在前卫镇正式开启，开展宣传资料现场发放、群众咨询、农产品质量快速检测、企业农资展示等活动。

【坦桑尼亚代表团到前卫镇开展烤烟技术交流】 6月12日，坦桑尼亚代表团一行5人到前卫镇开展烤烟技术交流，在赵官、王官实地察看“2260”高端特色烟叶种植及复式烟草烘烤机房运行情况，就烤烟生产、烘烤技术进行深入交流。

【庆祝建党98周年大会】 7月1日，前卫镇召开庆祝中国共产党成立98周年纪念大会。回顾党的光辉历程、激励广大党员干部“不忘初心、牢记使命”。表彰26名优秀党员、12名优秀党务工作者、10个先进党支部，并慰问困难党员31人。

【中国·江川第三届七夕文化旅游节】 8月7日，江川区在前卫镇业家山村举行以“七星缘三世情”为主题的江川第三届七夕文化旅游节。现场开展古风乞巧、汉风舞韵、及笄展示、“七夕雅集”、七夕庙会、最美情书展等传统七夕民俗文化展，设置七星素宴、业家山八大碗、七星炊锅宴等美食供游客品尝，还原古代七夕节的文化内涵，共计接待游客7万人次。

【开展“不忘初心、牢记使命”主题教育】 9月26～29日，前卫镇举办为期4天的主题教育集中学习读书班。镇党委书记要求全镇全体党员干部要把学习教育、调查研究、检视问题、整改落实贯穿主题教育全过程，立足于本职工作，要找好差距、抓好落实、用实实在在的干劲，铸就对崇高理想信念的忠诚之心。

11月8日，前卫镇举办万名党员进党校暨“不忘初心、牢记使命”主题教育专题党课。区委常委、纪委书记、监委主任矣向林同志以《坚定如磐初心，勇担历史使命》做专题讲授。会议总结全镇干事创业方面的良好势头和存在的不足与问题，并对全镇干部职工提出要求，鼓励全镇干部职工上下一心，共同努力，发扬好作风，创造好成绩。

【“推进移风易俗建设文明乡风”启动仪式】 12月4日，前卫镇在小街村委会下高桥小组举行“推进移风易俗建设文明乡风”启动仪式，倡导全镇推动“不忘初心、牢记使命”主题教育成果转化，教育引导广大人民群众自觉践行社会主义核心价值观，营造“推进移风易俗建设文明乡风”的良好氛围，提升我镇精神文明水平。

（李晓玥）

安化彝族乡

【行政区划·人口】安化彝族乡地处区境西北部，距区城24千米，东接前卫镇、南连九溪镇、西与红塔区小石桥乡接壤、北与江城镇毗邻。全境地势西北高、东南低，地形北窄南宽呈“人”字形，东西最长距离17.2千米、南北最宽距离12千米，最高海拔2294.2米、最低海拔1782米。属中亚热带半湿润高原季风气候，四季平和，冬无严寒，夏无酷暑，干湿季节分明，年平均气温16.9℃，有“天然温室”之美称，乡情冠名主题口号为“心安自然·情化七月”。乡政府所在地安化彝族乡安化社区大营一组8号。

乡域面积95.6平方千米，共辖安化、新庄、旱谷田、董炳、光山5个村（居）委会，26个自然村，28个村民小组。2019年末耕地总面积9156亩，其中田4932亩，地4224亩（水浇地1628亩）。农业人均耕地面积0.96亩。

2019年末，全乡辖区内人口总户数3374户，总人口9659人。其中：男4921人、女4738人；少数民族人口9355人，少数民族人口占总人口的96.7%，是江川区唯一的一个山区民族乡。人口自然增长率为0.02%。

【领导干部名录】

党委书记 陆云波
副 书 记 李永华
　　　　 刘雪莲（2019.07离任）
　　　　 罗　鑫（2019.07任）
组织委员 靳红艳
宣传委员 李立群
纪委书记 赵唯钢
武装部长 华　辉
人大主席 周留明
乡　　长 李永华
副 乡 长 普　虚
　　　　 石　莉
　　　　 郭昊恒
　　　　 平绍宏
　　　　 杨艳玲（挂职）

【经济】 2019年完成全行业增加值39484万元，同比增长7.4%。其中：第一产业增加值完成20041万元，同比增长6.6%；第二产业增加值完成3316万元，同比7.3%；第三产业增加值完成16127万元，同比增长8.6%。工业增加值完成2341万元，同比增长7.9%。年末，农村社会总产值（农、林、牧、渔业加工业）33712万元。其中：农业收入24385万元，比上年增长23.2%；林业收入1031万元，比上年增加73万元，增长7.6%；牧业收入2375万元，比上年增长467万元，增长24.5%；渔业收入303万元，比上年增加22万元，增长7.8%;工业收入5618万元，增长8.1%。全乡农民人均可支配收入为1.3495万元，同比增加1114元，增长9%。全年完成规模以上固定资产11029万元，完成目标任务的229.8%。全年招商引资任务省外国内资金5000万元（其中省外资金5000万元），全年引进省外资金5150万元，完成目标任务的103%。

【农业】 全年全乡农作物种植面积5.044万亩，具体为：粮食种植1.03万亩。其中：玉米6500亩，产值631.8万元；水稻200亩，产值27万元；小麦460亩，产值23.5万元；桥麦2190亩，产值69.9万元；蚕豆300亩，产值26.7万元；马铃薯650亩，产值195万元；豌豆1650亩，产值157.4万元。经济作物4.031万亩。其中：烤烟种植1.5万亩，产值6200万元；蔬菜1.754万亩，3367.7万元；油菜5920亩，产值290万元；花卉680亩，产值3944万元。全年共有养殖户399户，养殖生猪3700头，牛173头，羊600只。禽1.5万羽，禽蛋1.6875万千克，受市场价格上涨的影响，畜牧业的产值为1464.8万元，渔业养殖户27户，养殖面积588亩，产量11.65万千克，产值139.8万元。发放玉米测土配方施肥技术1500份，蔬菜生产技术资料1800份，田间地头指导培训农户2318人次，遴选了2019年蔬菜种植能手20户到农业农村局培训。通过“三农通”平台发布实用农业技术信息51条。配合安化社区住村扶贫队对安化社区建档立卡贫困户43户和蔬菜种植能手3人进行种植技术培训，配合乡残联进行残疾人技术培训34人。在董炳河径流区建立4个化肥施用强度监测点，对全乡54户农户的162块地块进行施肥调查，对全乡10户农户进行农药施用情况进行监测调查，培训烤烟和蔬菜栽培技术550余人次，发放烤烟型有机肥2.78万千克，施用烤烟面积278亩，蔬菜型有机肥5万千克，施用花椰菜面积250亩。全乡发放并施用烤烟施用油枯型有机肥1.2万亩，共计72万千克，发放可回收农膜5000亩，每亩7.5千克，共计3.75万千克。对玉米进行草地贪夜蛾防治指导工作，发放草地贪夜蛾防治技术资料2700份，张贴草地贪夜蛾防治宣传挂图33份，对450亩玉米进行草地贪夜蛾统一防治，涉及农户354户发放农药杀单.苏云菌1350包和氯虫苯甲酰胺1350瓶。积极探索规模化特色农业发展，引进6户种植多肉，面积680余亩，亩产值5.8万元，预计产值3944万元。

【企业】 2019年规上工业企业安化古滇彝家酒业公司完成工业产值3873万元，完成工业增加值1789万元，同比增长11.3%。存然醋坊建成投产，预计实现企业主营业收入200万元。

【村镇建设】 实施“人居环境整治夏季攻势”，共发动农民群众投工投劳6238人次，开展进村入户宣传教育2056人次，发放宣传资料3128份，清理畜禽养殖粪污等农业生产废弃物46吨，清理村内淤泥141.5吨，清理村内沟渠118.26千米，清理村内水塘68个，清理农村生活垃圾2054吨，打造了新庄小甸示范点，村庄脏、乱、差现象得到有效改善，村容村貌有了较大改观，极大地改善了安化乡的人居环境。2019年56户C、D级危房中，完成加固修缮12户，12户农户自建，社会兜底建设31户，非四类兜底建设1户，竣工率100%。完成光山“空心村”改造并入住，积极推进中村、社区三组“空心村”改造。严格执行村庄规划，依法依规加强群众建房管理，发放规划许可证38本。积极开展农村“厕所革命”对全乡户厕进行4次摸底调查，最终确定全乡户数为2622户，区农业农村部门分配的任务数是2144户，2019完成的指标是1435户，预计能够完成1435户户厕改造新建任务。

【科技】 科普宣传和技术培训重点立足实用，主要对种植、养殖大户、农村致富拔尖人才进行宣传和培训。5月19～26日“科技活动周”，认真组织开展以“科技创新、强国富民”为主题的

“科技活动周”活动。全年开展烤烟种植技术、厨师技能等科学技术培训3期，培训人数达1000余人。围绕光山村委会种植、销售种植，开展技培训4期，培训农户360人次，引进蔬菜优良品种。

【教育】 认真履行政府发展教育主体责任，幼儿园毛入园率100%，小学入学率100%。投资240余万元完成董炳小学C级校舍修缮项目。积极协调新庄幼儿园开工建设。

【文化】 开展村寨文化氛围营造工程，打造安化社区、光山村委会2个点，在显著位置制作宣传栏、文化墙等，宣传社会主义核心价值观、乡风文明等方面内容，大力弘扬中华传统美德，努力营造崇德向善、见贤思齐的浓厚氛围。组织党员志愿者、巾帼志愿者等群体开展双创宣传、环境卫生打扫等各类形式的系列志愿服务活动。利用春节、火把节等重大节日，开展文艺演出活动11次，观看人数达11000余人，丰富了群众的业余文化生活。4月15日，借赶集日契机，在安化客运站举行“中国梦·玉溪情”——玉溪市江川区安化彝族乡2019年红色文艺轻骑兵文化惠民演出活动暨扫黑除恶专项斗争文艺演出，受益群众800余人。扎实开展民族文化进校园活动，5月9日组织民族文化进校园开班仪式，聘请民间艺人、非遗文化传承人，为安化乡中心小学、董炳小学共102名学生授课，开设彝族语言、月琴弹奏、民族刺绣三门课程。

【卫生】 医药卫生体制改革顺利推进，实现区乡一体化管理，基层医疗卫生服务水平进一步提高。旱谷田卫生室投入使用，新庄村卫生室启动建设，签约医生全覆盖，65岁以上农村老年人得到免费健康辅助检查。投资67.6万元对新庄卫生室进行提档升级。

【民政】 全年发放城乡低保、“五保”、残疾人补贴、优抚金等各种民生资金168.95万元。春节前夕慰问特困户28户5600元；低保户及困难家庭12户6000元；残疾人困难户22户1.1万元。全年为“五保”户、残疾人、受灾户和困难户发放救济粮累计发放大米1.23万千克、被子171床、棉垫105床、衣服35套、被套22套，解决困难群众的生活温饱。

农村低保101户202人（其中建档立卡户70户121人），发放农村低保资金50.9906万元。城镇低保26户39人（其中建档立卡户14户20人），发放城镇低保资金20.4259万元。发放临时救助金9.43万元。对全乡83户优抚对象进行春节走访慰问，发慰问金1.64万元，发放城镇重点优抚对象困难生活补助3.36万元。“五保”户的医药费实行实报实销。

【劳动保障】 大力推进城乡统筹，促进社会保障制度更加公平，城乡居民医疗保险、养老保险参保率分别达93.99%、92.69%。建档立卡贫困户100%参保。全年办理丧葬补贴共71人，发放补助资金24.5万元。建档立卡户实现新型农村和城镇居民社会养老保险100%全覆盖。全年共计举办劳动力转移培训3期，转移农村劳动力120余人。

【法治建设】 全面构建人民调解、司法调解、行政调解大调解格局，办理矛盾纠纷49起、信访事件9件，办结率100%。妥善受理群众来信来访9件。社会治安综合治理深入开展，领导包案责任落实到位，进村入户宣传扫黑除恶专项斗争28次，核查问题线索5件，立案查处1件，部分历史遗留矛盾纠纷有效化解；认真做好“七五”普法工作，集中开展法制宣传教育9次，发放各类法制宣传单8000余份。重点领域隐患排查整治持续开展，道路交通和消防安全、安全生产实现网格化监管，安全形势稳定向好，群众安全感进一步增强。全年没有发生重大安全责任事故、重大群体性事件、没有发生一案致死2人以上的重大刑事案件。

【基础设施建设】 重视农田水利基础设施建设，筑牢农业发展基础，完成30座小坝塘除险加固工程，全年蓄水达60.7万方，覆盖全乡3.4万亩农田。完成香新路、塔冲至青龙山公墓公路、小甸桥至青龙山公墓公路、招坝至仙山庙公路建设和中围路改扩建工程。派出所建设有序推进。建设完成李家营蔬菜交易市场，有效解决群众交易难问题。滇中饮水工程完成土地租用费发放工作，进场施工顺利进行，二期照壁山料场征租地工作有序推进。

【生态建设】 “森林安化”建设深入推进，社区小甸路口至招坝滨河大道及仙山庙路边绿化树木完成，森林覆盖率达61.92%。

全面实施河长制，全乡7座水库、52座坝塘以及董炳河主河道、6条支流实现“河长制”网格化管理全覆盖。依法打击破坏环境违法行为，关停取缔安福化工有限公司，全面完成“散乱污”企业综合整治。“散乱污”企业共排查酒厂17家，桉油生产9家，化工企业1家。目前有村庄保洁员68人，北前线安化段路域环境整治保洁员1人，董炳河河道管护人员3人。“创卫”“清河”和“四清”行动取得成效，清理河道及沟渠垃圾9.6吨。积极协调推进董炳河综合治理项目的立项实施。

【创建市级民族团结进步示范乡】 以创建民族团结进步示范乡为抓手统筹推动各项事业的发展，扎实开展民族团结进步示范创建“五进”活动，完成光山旧村民族团结进步示范村建设项目，党建长廊、民俗酒店、招坝停车场建成并投入使用，小龙茵彝族刺绣传习基地挂牌成立，以绿色、生态为主打的特色民族餐饮广受好评，1～11月实现创收88万元。彝族火把节顺利举办，接待区内外游客近万人，安化、早谷田、光山3个全国乡村旅游扶贫重点村培育初具雏形。

【彝族火把节】 2019年7月25～26日，安化彝族乡以民族文化广场大舞台为主场举办主题为“心安自然情化七月”的玉溪·江川·安化2019年彝族火把节。开展以民俗歌舞的方式进行民族风情展演、火把狂欢等节庆活动，还举办斗牛、彝族赛歌会、牛体彩绘、稻草人展、捉泥鳅、登山、千人同放许愿灯等趣味活动。

【整乡推进精准脱贫】 按照“四个不脱”的要求，紧紧围绕“两不愁三保障”，认真落实脱贫攻坚巩固提升政策措施。通过实施双坝调水工程，让董炳村委会中村小组、早谷田村委会烂泥箐小组36户贫困户134名贫困群众的饮水安全问题得到解决。早谷田村委会白沙地小组等4个饮水点提升改造工程上报区水利局纳入水利系统项目库计划实施。着力完善产业扶贫，年初开工的早谷田村委会人畜饮水、光山村委会李家营小组蔬菜交易市场建设等7个扶贫项目全部竣工，总投资412.3万元。深入推进农村危房改造，完成4类对象住房加固修缮11户、兜底31户、拆建12户，非4类对象拆建1户，共补助资金300余万元。不断强化智力扶贫，发放“雨露计划”补助9万元，受益学生60人。持续深化健康扶贫，贫困人口100%参加城乡居民医疗保险，享受250元/人的医疗保险补助，住院自付比例降至9.87%。精准实施兜底扶贫，发放建档立卡贫困户低保金41.2万元、惠及141人；为33户贫困户提供临时救助，发放救助金3.9万元。未脱贫的10户28人达到标准、审定退出，累计脱贫419户1501人，贫困发生率从2014年的38.5%降至0%，实现贫困人口全部清零的目标。

（李　锐）

九溪镇

【行政区划·人口】 九溪镇位于区境西南部，地处东经102°38′13″，北纬24°18′14″之间。东与大街街道相连，南与通海县毗邻，西与红塔区接壤，北与前卫镇交界。镇政府距玉溪市政府所在地10千米，距区政府所在地12千米。镇政府驻地海拔1705米。

全镇辖九溪社区、马家庄、六十亩、阳山庄、大村、中营、鸡窝、喜乐庄、矣文9个村（社区）（其中阳山庄、矣文为彝族村委会），25个自然村，28个村（居）民小组，镇域总面积113.6平方千米（17.04万亩）。

2019年末，实有耕地面积15666亩，其中田9453亩，地6213亩，农业人口人均占有耕地0.56亩。

2019年末，总户数10456户，总人口数27747人。其中：男13947人、女13800人；城镇人口4166人，占总人口的15.01%，乡村人口23581人，占总人口的84.99%。少数民族人口3664人，占总人口的13.20%。农村劳动力人口数19829人，其中从事第二、三产业的8847人，占总劳动力的44.61%。人口自然增长率为4.7‰。

【领导干部名录】

党委书记　史　伟
副 书 记　杨进荣
　　　　　周　新（2019.2离任）
　　　　　杨　东（2019.2任）
纪委书记　李　琦（2019.6离任）
　　　　　傅晨溪（2019.6任）
人大主席　杨梅芳
镇　　长　杨进荣
副 镇 长　蒋培洋
　　　　　王　坤
　　　　　林　梅
　　　　　杨晓胤

【经济】 2019年，完成镇内

生产总值10.6亿元，比上年增长6.5%。其中：第一产业完成21789万元，同比增长6.5%；第二产业完成33377万元，同比增长3.1%；第三产业完成51299万元，同比增长9.1%。一、二、三产业占GDP的比重调整为20.8∶31.1∶48.1。全镇规模以上固定资产投资完成31375万元，完成全年目标任务的125.5%。

农业　进一步引导和扶持烤烟、蔬菜、油料、花卉、畜牧五大产业，推进农业供给侧改革，优化产业布局，切实促进农业增效、农民增收。全镇耕地面积15666亩，复种指数390%。继续巩固烤烟支柱产业地位，打造阳山庄千亩连片优质烟叶示范区及鸡窝百亩连片科技样板点，落实移栽烤烟面积1.07万亩，收购烟叶127万千克，实现烟农收入3787.53万元。高原特色现代农业发展壮大，发放中央农业支持保护补贴54.72万元，实现蔬菜产值7776万元，完成核桃示范种植和提质增效面积1482亩，实现林业产值1970万元。打造"一县一业"花卉品牌，发挥九溪"亚洲花卉科创谷"带头作用，全镇种植百合、洋桔梗等花卉3077万亩，实现产值5410万元，种植草莓1390亩，实现产值6950万元。加强重大动物疫病防控，有效防范"非洲猪瘟"疫情，积极恢复生猪养殖，畜牧业产值9074万元。生猪存栏19723头，比上年减少15%，出栏肥猪1.74万头，比上年增8.7%，大牲畜存栏733头，比上年增长10.7%，水产品产量18万千克，比上年减少20%。新型经营主体持续壮大，登记备案农民专业合作社10个。实现第一产业增加值21789万元，增长6.5%。

2019年，农、林、牧、渔业实现总产值31113万元。其中：农业实现产值20471万元，占65.8%；林业实现产值1984万元，占6.38%；畜牧业实现产值7117万元，占22.87%；渔业实现产值482万元，占1.55%；农林牧渔服务业实现产值1059万元，占3.4%。

工业　促进工业经济扩量提质增效，培育微型和成长型中小企业，支持骨干企业提质扩能，丫眯、惠茂两家规模以上企业实现年销售额万元，丫眯食品获评云南省2019年绿色食品"20佳创新企业"。创建招商引资"洼地"，招商引资工作持续加强，九溪润特仓储中心项目已完成计划投资，市车管所九溪改造修缮项目、九溪民警培训基地二期工程已竣工；九溪荟项目全力推进，完成九溪镇污水处理厂改造及安装工程项目建设。全年引进资金2.9亿元，增长116%。加快商贸流通现代服务业发展，云南九溪润特仓储物流中心项目累计投资5.0677亿元，完成3.65万平方米厂房建设。"亚洲花卉科创谷"建设迈出重要步伐，成功引进广东佛山绿聚隆花卉种苗有限公司。引进玉溪久溪红再生资源回收有限公司、玉溪赞淇再生资源有限公司发展总部经济。实现工业增加值完成10509万元，同比增加3.9%。

第三产业　第三产业更富活力，积极参与全域旅游发展总体规划编制，全域旅游升温提质，商贸流通日趋兴旺，"健康生活目的地牌"创建取得新进展，支持罗合白特色旅游村发展，积极申报阳山庄民族特色旅游村。智慧旅游深入推进，"一部手机游云南"九溪板块上线运行，节庆助推市场繁荣，成功举办2019年罗合白彝族火把节活动，接待游客1.1万人次。继续鼓励发展特色餐饮业，不断提高餐饮品牌的知名度和影响力，实现餐饮业产值1724万元，增长12.4%。实现第三产业增加值51299万元，增长9.1%。

【村镇建设】　按"做特集镇、做美乡村"发展思路，补强城乡基础设施建设，镇村面貌不断改善。集镇基础设施建设扩面提速，投资150万元实施海棠供水站净水过滤设备改造和集镇供水管网改扩建工程建设，投资40万元完成集镇入口景观提升改造工程，完成集镇路网提档升级。投资9万元完成海棠供水站絮凝沉淀和消毒投药设备更换。投资101万元完成阳山庄烟叶生产烟水工程。投资5万元完成大村麻力箐坝溢洪道修复项目工程。投资38万元实施人畜饮水应急、水毁项目修复、农业生产抗旱等工程。建成125座果蔬烘干机、20座生物质燃料烤房并投入使用。投资232.5万元实施阳山庄人畜分离全区示范点项目。"四好公路"建设切实推进。抓好全镇28条98.02千米乡村道路养护工作，启动罗后路、大白路修建工程。海绵体城市建设项目累计投资3.2亿元，污水处理厂纳入海绵城市项目库运营。

完成乡村振兴战略规划编制，制度框架和政策体系基本形成。村容村貌显著改观。打造矣文村矣文小组全市乡村振兴示范点。民族团结进步创建工作扎实开展，以罗合白为引领创建民族团结进步示范区，阳山庄民族特色旅游村获批立项。完成扯纳苴小组灾后重建工作，全镇16个拆建点重建工作全面铺开。投资100万元实施扯纳苴果蔬烘干设备建设、鸡窝村百香果种植扶持村集体经济发展项目。投资195万元完成罗合白小组人居环境改善惠民项目。投资156.5万元实施扯纳苴小组美丽乡村建设、喜乐庄小组村中道路修缮、中营二组活动中心房屋修缮等一事一议财政奖补建设项目5个。深化农村集体产权制度改革。完成清产核资、集体经济组成成员资格认定及股权设置、资产量化，村集体经济稳步壮大。积极引进国内签约资金，签订规范流转合同的2791份，累计登记流转土地面积4703亩。圆满完成农村土地确权登记颁证工作。

【生态治理】　强化生态系统保护修复，完成生态红线调整完善工作。“山林长制”工作全面落实。完成国家级、省级公益林区划界定修编工作，“蓝天保卫战”有序推进，森林防虫防火扎实有效。强化野生动植物资源保护与管理，配合完成古树名木普查、旱地油杉资源调查。加快推进“森林江川”建设，桉树砍伐3.9万株，义务植树6万株，森林覆盖率和蓄积量持续增长，矣文村入选“国家森林乡村”。“河湖长制”落实有力。以“钉钉”巡河平台为载体，建立“河长制信息化平台”，深入开展“四清”“清四乱”“六清”等专项行动，全民参与爱河、护河、巡河的氛围进一步形成。

【人居环境提升】　贯彻落实习近平生态文明思想，筑牢生态安全屏障，全力建设生态绿色九溪。完成全国第二次污染源普查，中央、省环保督查反馈问题整改和污染防治七大标志性战役稳步推进。落实散乱污治理排查，升级改造企业8家。清理整治“大棚房”1宗600平方米，遏制农地非农化乱象。农村人居环境全面改善，突出实效、整合资源、强化举措，加快补齐农村人居环境突出短板，“5·20”人居环境综合整治常态化，积极创建六十亩、矣文省级美丽乡村。“厕所革命”掀起高潮，改造无害化卫生户1375厕座、建制村和集镇公厕3座。全面排查违法违规建筑，治理“两违”建筑110宗6133.40万平方米，按规定办理农村建房规划许可证87本。增绿提质成效显著，新增绿地65.89万平方米。土壤污染防治有序推进，农业面源污染有效防治。

【社会事业】　教育　全镇有小学9所，在校学生1435人，教职工120人；中学1所，在校学生836人，教职工73人，学龄前儿童、小学、中学入学率100%；小学毕业率100%，中学毕业率93%。认真落实“三免一补”、农村学生营养改善计划，教育教学质量进一步提高。

文化·体育　全镇设有文化站1个，村组文艺队26支队员494名（含彝族文艺队5支），全年每队演出三场合计78场，加上老年人文艺队演出40场，共计118场，观众达17100人次。全镇9个农家书屋，全年共借阅图书957册，读者2000人次，观展、读报达2250人次。晨练达17000人次。提高全民健身素质，文化资源信息共享工程400人次，各种培训10期。

民生保障　贯彻落实就业创业政策，开展劳动技能培训4期168人，新增农村劳动力转移就业318人次，其中省外转移39人次，建档立卡贫困户10人。发放小额扶持创业贷款525万元。继续实施全民参保计划，社会保险覆盖面不断扩大，完成城乡居民社会养老保险缴费17489人。加大城乡居民医疗保险的宣传和收缴力度，累计参保25038人。完成村（社区）居家养老服务中心建设，实现集镇4村（社区）集中供餐，养老设施更加健全；低保积分制全面推行，发放城乡低保86.96万元。落实医疗救助制度，全面落实特困人员救助供养政策。落实好残疾人优待保障政策，发放两项补贴23.56万元。全面落实惠民殡葬改革，发放惠民殡葬补助人64.50万元。拥军优抚政策全面落实，建成镇村两级退役军人服务站，双拥工作水平不断提升。盘清蓄水家底，强化抗旱水源统一管理和科学调配，协调用水矛盾，确保群众饮水安全。

医疗·卫生　大力发展卫生事业，优化医疗卫生设施。全镇有卫生院1所，村级卫生所9个，医护人员53人，病床30张。年内全镇城乡居民医疗保险参保人数25038人，参保率90.23%。

民政　发放城乡低保金86.9万元，优抚金193.9万元，残疾人两项补贴23.5万元，临时救助59人次、5.8万元。发放各项节日慰问金7.51万元，为“五保”户提供生活医疗保障，按时发放临时救济金77人8万元；优抚对象医疗救助3人0.3万元；20世纪60年代精减职工及小乡干部生活补助135人次

6.4万元。发放孤残儿童基本生活保障经费2.96万元。发放大米3.83万千克，被子262床，棉垫220床，床单220条，劳保服220套，大衣210件，涉及4262户8746人。全年共办理结婚登记191对，离婚登记89对，补办结婚证83对，补发离婚证7对。发放八一建军节慰问金5.64万元。发放残疾人两项补贴4620人次23.40万元。始终保证火化率、公墓入葬率始终保持100%，及时发放遗体火化补助经费，共兑付遗体火化补助经费64.5万元。

【社管综治】 开展“七五”普法，加强法治宣传。开展全国民族团结进步示范区创建，食品药品安全得到加强。深化重点行业安全生产专项整治。开展道路交通安全整治，无重特大安全事故发生。落实信访工作责任制和领导包案制，依法及时就地解决群众合理诉求，受理信访件58件，办结58件。在烤烟栽种和收购期间开展烤烟法治宣传8次。加大社会矛盾纠纷排查，调处矛盾纠纷112件，调处成功112件。严厉打击刑事犯罪、涉枪涉爆、黄赌毒等违法犯罪活动，开展乱点乱象综合治理，扫黑除恶专项斗争取得阶段性成效，加强校园及周边重点区域治安综合治理，社会治安秩序更加和谐稳定，群众安全感和满意度不断提升。

【扶贫攻坚】 实现脱贫全过程精准管理。全面排查整改“两不愁三保障”突出问题，扎实开展不稳定脱贫户“回头看”，争取中央、市、区财政专项扶贫资金417万元，全力防范返贫风险。因户施策，实施产业扶贫，发放鸡苗、烟苗、农药、化肥等产业扶贫物资，扶持资金达9.18万元。实施新型经营主体和龙头企业“万企帮万村”行动，带动建档立卡贫困户全覆盖，117户贫困户与新盛烤烟综合服务专业合作社签订产业发展带动协议，兑付补助金额14.73万元。实施就业扶贫，组织开展新型职业农民培训8期360人次，优先安排贫困户人员公益性岗位13人。50户122人建档立卡贫困户纳入低保范围。发放扶贫小额信贷107户530.75万元。完成9户29人危房改造。围绕“一户一人，一人一技，一技脱贫”的目标，开展劳务技能培训。“四类”重点对象农村危房改造34户，已全部竣工。开展“自强、诚信、感恩”活动，防止返贫长效机制。

【灾后重建】 坚持“救灾为民”，全力以赴推进“8·13”“8·14”地震灾后民房恢复重建工作。全年全镇16个拆建点共涉及6个村社区10个村民小组，其中，扯纳苴一期拟建108户，一层完工103户，5户正在浇筑基础；放马沟拟建34户，正在建设；东村拟建80户，30户建设完工正在装修，50宗别墅正在建设；阳山庄拟建100户，正在建设；大村二组拟建195户，正在进行基础建设；喜乐庄拟建33户，完成土地平整和挡墙建设；府庄、矣文、罗合白、中营二组均已开工。CD级危房改造已竣工，并完成区级验收。

【精神文明建设】 在镇村（社区）开展志愿植树活动、民族团结志愿服务活动、中秋送温暖、重阳节慰问老人等志愿服务活动9次。八一建军节开展“知党恩、颂党情、勇担当”红歌赛（决赛）。充分发挥镇文化站、党员活动室、农村广播室、农家书屋等基层理论普及阵地的作用，积极做好六十亩村为第七批玉溪市文明示范村、云南省社会主义核心价值观建设示范点、学习贯彻习近平新时代中国特色社会主义思想示范点建设，以示范点为抓手开展了各类学习志愿服务活动11余次。

【民族团结进步示范创建】 九溪镇贯彻落实江川区委、区政府《创建全国民族团结进步示范区实施方案》，把示范创建作为一项重大的政治任务，成立创建工作领导小组，结合九溪实际，制定《玉溪市江川区九溪镇创建全国民族团结进步示范乡镇工作方案》《玉溪市江川区九溪镇深入开展民族团结进步示范区创建“五进”活动实施方案》《中共玉溪市江川区九溪镇委员会玉溪市江川区九溪镇人民政府创建全国民族团结进步示范镇补短板促攻坚方案》《九溪镇民族团结进步示范创建“五进”活动任务分解工作制度》等文件，为顺利推进全镇创建团结进步工作提供了组织保证。切实把民族工作放在重要位置，纳入矣文村、阳山庄村经济发展规划，全年开展民族团结工作专题研究和安排部署民族团结进步示范创建工作会议6次。

【科普小镇建设】 2019年3月九溪镇入列云南省的第一批科普小

镇。镇党委、镇政府在习近平总书记关于科技创新重要论述指引下，以“云花溪谷、科创高地，甜蜜九溪、乐活天地”为目标，紧扣“科普小镇”建设“九个一”的要求，以科普工作领导体系为核心，以科研机构为引领，以产业技术协会为重点，以科普志愿服务队为保障，全面推动一二三产业发展，大力推进乡村振兴。全镇经济快速增长，农民人均纯收入不断增加，社会事业协调发展。

【“不忘初心、牢记使命”主题教育】 以镇党委中心组理论学习为导向，把学习宣传贯彻习近平新时代中国特色社会主义思想党的十九大精神作为首要任务，组织开展专题党委理论学习中心组8次。认真在镇、各村（社区）组织开展“习近平新时代中国特色社会主义宣讲”活动2次；“不忘初心、牢记使命”宣讲活动12次，以“理论学习有收获”作为主要目标，向全体党员发放了《习近平关于“不忘初心、牢记使命”论述选编》，开展了专题辅导、集中学习、分组研讨、学员自学及体验式教学、现场教学等，全体参学人员到玉溪县第一个党组织旧址、灵秀社区廉政教育基地进行参观学习。撰写调研报告11篇，讲授专题党课12场次，解决群众在灾后重建“厕所革命”等方面问题14个。

【亚洲花卉科创谷建设】 通过《亚洲花卉科创谷发展规划》，控制性详细规划编制中。投资4000万元建设爱必达玫瑰鲜切花项目生产线。引进玉溪农林投资开发有限公司投资1100万元，补偿支付蓝莓基地546.33亩土地及地上附着物。新增79亩玫瑰种植，30亩油用牡丹。积极申报九溪花卉科创小镇，将九溪打造为以花卉业及农业种植、科创技术、花卉田园景观为核心内容，融入旅游休闲元素的美丽田园和生态宜居的特色小镇。

【海绵体城市建设】 九溪海绵城市项目已完成投资3.2亿元，完成租地1103亩，兑付土地租金、附着物补偿、青苗补偿1270万元，湿地、河道范围内弱电迁改完毕，强电迁改完成98%。农村生活污染综合整治工程完成管网铺设10.26千米，沟盖板铺设256米，在12个小组安装一体化设备；九溪河道综合治理工程完成浆砌石建设1600米，格宾护垫建设1300米，护岸工程完成100%，清淤完成100%，河道景观清表完成，栽种绿化树4000棵；千亩湿地建设土方工程完成100%，土建工程完成100%，防水工程完成80%。

【政府自身建设】 政府职能加快转变。聚焦“为民政府”建设，拉高标杆，转变作风，执政为民水平不断提升。深化政府“放管服”改革，推动行政效能不断提升。全面落实减税降费政策，压实清欠责任，强化资金筹措及调度，清偿民营中小企业拖欠账款万元，增强企业获得感。深入落实基层减负，压缩会议改进会风，精简文件改进文风，切实解决形式主义突出问题，激励广大干部担当作为。全面完成政府机构改革，政府机构设置和职能配置进一步优化。建立完善规章制度，严格规范政府行为，打造办事高效、运转协调、行为规范的实干型政府。依法行政提升效能。严格依法行政，积极回应群众期盼，办理人大代表建议件、政协委员提案件。严格执行民主集中制、“三重一大”集体决策制度，推进政府信息与政务公开，公开政府信息条。扎实推进政府系统党风廉政建设，严格履行“一岗双责”，扎实开展形式主义、官僚主义专项整治，严格执行中央“八项规定”精神，持续加大作风问题整治，风清气正、干事创业的良好氛围更加巩固。

（景　迪）

雄关乡

【行政区划·人口】 雄关乡位于江川区东部，东与华宁县接壤，南与通海县毗邻，西连大街街道，北接路居镇。乡政府驻地在雄关社区上营村12号，距大街街道14千米。

全乡辖雄关、窑房、上营、下营、白石岩5个村（居）委会，23个自然村，26个村民小组，是典型的山区乡，总面积63.7平方千米，地形倾斜狭长，从东北到西南呈长方形，东北部山梁隆起较高，中间有两个山间小平坝，东北部与西南部地形变化较大，主要山脉有马鞍山、老尖山、马大山、大学山等。江华高等级公路由西向东穿境而过，甸雄公路横贯南北。全乡最大纵距15.4千米，东西最大横距8.2千米。海拔最高点马鞍山2509.8米，最低点马鞍子桥1832.8米，乡政府驻地海拔1844米。全乡气候属中亚热带半干燥高原季风气候，年平均气温15.6摄氏度，最高极温33摄氏度，东北部海拔较高，云雾多、气温稍低。

2019年末，全乡共有耕地面积8677亩，其中田4586亩，地4091亩，稳定高产基本农田1388亩。年末总户数4000户，总人口11521人。其中：男5974人、女5547人；少数民族人口509人，主要有彝族、哈尼族、傣族等，占总人口的4.4%。人口自然增长率6.7‰。

【领导干部名录】

党委书记　戴吉国（2019.1离任）
　　　　　曹春艳（2019.1任）
乡　　长　曹春艳（2019.1.离任）
　　　　　宋　磊（2019.1任）
人大主席　龚瑞中
副 书 记　徐　强
纪委书记　杨军奎
武装部长　李爱民（2019.5离任）
　　　　　李林澳（2019.5任）
宣传委员　毕文婷（2019.7离任）
　　　　　王海艳（2019.11任）
组织委员　唐　甜
副 乡 长　陈江付
　　　　　赵红磊
　　　　　杨正雄
　　　　　王彦坤

【经济】　主要经济指标　2019年，全乡完成地方生产总值61270万元，比上年同期增长10.3%，全区排名增速第二；完成规模以上固定资产投资48560万元，比去年同期增12.8%，完成目标任务的108%；完成规模以上工业增加值10280.9万元，比去年同期增30.4%，完成目标任务的106%；完成招商引资21500万元，比去年同期增9.5%，完成目标任务的107.5%。

农业　2019年农作物种植面积40810亩，其中小春播种面积13100亩、大春面积27710亩。

农林牧渔业总产值完成28837万元，同比增长22.8%。其中：农业总产值22023万元，增长22.5%；林业总产值244万元，增长13%；牧业总产值5726万元，增长27.5%；渔业总产值383万元，增长7.9%；农林牧渔业服务业总产值461万元，增长3.1%。

烤烟种植面积为18135亩，完成区上下达的种植面积要求，烟叶收购226万千克、亩均收入为4247.92元/亩，实现烟农总收入6601.26万元。

花卉种植2400亩、经果3663亩。种植白萝卜2000亩。

全乡共有783户养殖户。全年肉产量169.62万千克。完成生猪存栏数9178头，出栏数9933头，能繁母猪存栏1321头，肉产量82.819万千克。大牲畜存栏570头，出栏202头，其中牛存栏数535头，出栏数176头，能繁母牛存栏148头；羊存栏数2200头，出栏数2013头；家禽出栏数289000只；禽肉产量75.67万千克，禽蛋产量267.13万千克。

企业　2019年有个私企业45个，从业人员327人，企业总收入90724万元，比上年增长26%；利税总额769万元，比上年增长22%。年内引进4家高端花卉、优质蔬菜种植投资企业落地，形成投资共计8000余万元。

园区建设　完成雄关农产品物流产业园通水通电，投资5.7亿元的滇中智慧农业产业园项目开工建设，完成滇中特色农副产品冷链储运中心、加油站综合服务区2个项目的前期准备工作，投资11.3亿元的云南宝象雄关高原特色农产品现代冷链物流园项目签约入园。

【人居环境】　城乡基础建设　6个“百千工程”项目除社区4、6组外已完工验收及审计结算。投资200万元的雄关社区污水处理厂已建设完成，目前处于设备调试运转阶段。雄关社区二、三、六组、窑房麻栗湾、下营杨柳坝公厕完成建设。以作坡坝修复为代表的水利设施得到进一步加强，人畜饮水提质增效成效显著，爬地老村人畜饮水问题得到解决。

生态文明　因地制宜制定《雄关乡美丽家园城乡人居环境集中整治日暨集镇网格化管理工作方案》《雄关乡人居环境整治“夏季攻势”实施方案》，明确整治范围、工作重点、时间进度、责任人员和保障措施。白石岩、上营社区开展人居环境整治户评制，农村人居环境进一步提升。坚决打赢污染防治攻坚战，高质量完成中央环保“回头看”和各级环保督察反馈问题整改落实，完成梅子铺7家废弃塑料加工厂及下营、窑房2家石灰窑厂的关停工作，全年没有发生重大污染事故。全面落实河长制、路长制、林长制责任。扎实开展美化家园植树活动，新增绿化面积4亩，“两山”理念更深入人心。

【社会事业】　脱贫攻坚　2019年创建丽曦花卉、红心猕猴桃脱贫攻坚基地等全区首批扶贫车间；成立蔬菜种植扶贫协会，吸纳建档立卡户157户成为会员；通过基地示范带动作用的发挥，8户贫困户完成30亩梁王茶种植。率先完成扶贫小额信贷共117户568.8万元，贫困学生雨露计划落地见效。实施扶贫资金建设新房子机耕路及窑房排水沟扶贫项目。完成窑房村委会标准化卫生室、下营村委会中营小组人畜饮水工程项目、白石岩村委会光伏发电产业扶贫项目建设并投入使用。年内实现脱贫退出2户6人。

科技　2019年全乡有科普协会5个。完成区科协下达的农函大四个班级（专业）200人招收与教学培训任务，举办种植培训讲座6期，完成率100%。全年共举办科技培训6期，培训人员900余人，发放图书资料900余份。组织注册"科普中国"App120人，分享文章1569篇。注册"科界"16个，组织全民科学素质网络竞赛，参与人数1450人次。组建乡科协、农科站、窑房村委会雄关猕猴桃种植产销专业协会，形成猕猴桃种植示范基地技术服务体系。

教育·文化·体育　2019年，雄关乡小学入学率达100%，无辍学学生。初中毛入学率100%，本年应入学人数396人，实际入学393人，辍学3人，辍学率0.75%，九年义务教育巩固率为97.41%。雄关乡成立新时代文明实践所（站）让文化工作在乡村振兴和整体发展中较好地发挥职能作用；丰富农家书屋，免费开放文化活动场所，举办文艺演出21场，观众19500人；举办展览4期，参观人数2120人次。举办以"徒步走健康，行动促环保"为主题的志愿者徒步活动，积极组织干部职工参加全民健身运动会篮球争霸赛、中长跑比赛和庆祝中华人民共和国成立70周年"礼赞新中国奋进新时代"合唱比赛等。

卫生　有乡属卫生院1个，医务人员13人，村级卫生所5个，村级卫生室实现全覆盖。乡村医生12人，个体药房3个。区中医院医生长期轮流在雄关卫生院坐诊。全年城乡居民医疗保险参保人数11145人，参保率98%。共办理一孩生育登记服务50份，二孩生育登记服务79份，办理再生育服务证4份。

民政　全年共发放各项民政经费209.21938万元，慰问残疾人22户1.1万元，积极组织46名残疾人参加农村实用技术培训班，完成农村贫困残疾人劳动力转移5人。雄关敬老院即将建设完成，居家养老服务体系不断完善。

社会保障　全年转移农村劳动力243人。全年共办理结婚登记57对，离婚登记20对，补办结婚证27对，补办离婚证1人，婚姻登记合格率100%。

社会治理　"平安交通""平安林区""平安市场""平安校园"等创建扎实开展，"四五"依法治乡和"七五"普法有序开展，扫黑除恶、缉枪治爆、"两抢一盗"等工作取得成效。开展"法律六进"工作，扎实开展普法及依法治理活动，推动社会主义法治精神走进基层群众、融入日常生活。配合上级部门打击处理涉黑涉恶人员8名。建立健全社区服刑人员教育矫正工作制度，扎实开展社区矫正工作。组织禁毒宣传活动，开展禁毒主题文艺演出，在中学开展禁毒防艾知识讲座，及时发现并铲除毒品原植物罂粟大小3株，大麻77棵，禁毒工作成效明显。

【雄关乡第十一届党代会第三次会议】　1月28日，中国共产党雄关乡第十一届代表大会第三次会议召开。会议听取并审议曹春艳同志所作的题为《抢抓新机遇展现新作为，为实现雄关高质量跨越式发展而努力奋斗》的党委工作报告，书面审议《乡纪委工作报告》和《党费收缴使用情况报告》。会议要求，要高举习近平新时代中国特色社会主义思想伟大旗帜，全面贯彻落实省市区重大决策部署，全面加强党对各项工作的领导，牢固树立与践行新发展理念，坚持以供给侧结构性改革为主线，抢抓雄关面临的区位、交通、产业等优势，按照区委、区政府"三区一中心"战略定位和"5366"发展思路，继续打好园区经济、民营经济、镇域经济三大战役，实施产业园区培育发展、精准脱贫合力攻坚、人居环境综合整治、民生保障、文明乡村社会治理、基层党建提质增效"六大工程"，全力推动雄关高质量跨越式发展，以优异成绩庆祝中华人民共和国成立70周年。

【雄关乡第十一届人民代表大会第三次会议召开】　1月29日，雄关乡召开第十一届人民代表大会第三次会议。会议听取和审议乡人民政府乡长宋磊同志所作的《政府工作报告》以及乡第十一届人大主席团成员龚瑞中同志所作的《主席团工作报告》。会议号召，2019年要加快转型升级，增强发展后劲；推进生态文明建设，提升生活环境；坚持务实为民，增进民生福祉；牢记职责使命，建设人民满意政府，共同谱写雄关高质量跨越式发展的新篇章。

【窑房村委会标准化卫生室建设】　拆除窑房村委会原卫生室，新建二层207.92平方米卫生室一座，项目总投资48.27万元，项目于2019年6月开工，2019年12月竣工验收。

【应急蓄水池扶贫项目】 完成下营村委会中营小组生产抗旱应急蓄水池修建扶贫项目。建设项目为蓄水池护栏杆安装，混凝土护墙挡墙修建、池底清淤、水池楼梯硬化等，总投资63.08万元，其中省级财政专项扶贫资金60万元。项目于2019年10月开工，2019年12月竣工验收。

【光伏发电产业扶贫项目】 在白石岩村委会办公楼房顶建光伏发电板，项目采用305瓦高效单晶光伏组件124块，系统总装机容量37.82千瓦，所发电并入电网出售给电力公司，部分收益用于扶持建档立卡户发展。项目预计总投资44万元为中央财政专项扶贫资金。项目于2019年10月开工，尚未竣工验收。

【机耕路和排水沟扶贫项目】 完成窑房村委会新房子机耕路及窑房排水沟扶贫项目。新建和改建雄麻路旁和小沙河区域排水沟、机耕路，小黑山道路硬化400米，项目于2019年3月开工，5月竣工验收，总投资100.34万元，其中中央财政扶贫资金97.83万元。

【白石岩党建引领乡村振兴】 运用“党建+”模式，围绕“产业兴旺、生态宜居、乡风文明、治理有效、生活富裕”要求，打造白石岩党建引领乡村振兴示范点建设。

【雄关社区污水处理厂建成】 雄关社区污水处理厂于去年8月6日开工，2019年8月竣工，投资200万元主要建设污水处理厂设备用房、调节池、一体化污水处理设施及厂内各种附属设施，排污暗渠、各种检查井及其土方工程，建成后日处理能力约400吨/天。

【农产品废弃物处理利用项目】 2019年上半年与云南宝誉新能源环保科技发展有限公司签订投资3亿元、占地110亩的玉溪市江川区农产品废弃物资源化利用处理应用示范项目落地雄关乡，该项目正在开展前期工作。

【启动环乡路建设】 2019年10月29日环乡路开工建设，前期工程投资400万左右。道路全长3千米，路宽15.5米，项目内容包括排水沟渠、涵洞、道路基础、沙石毛路铺筑等。

【甸雄路修复和污水管网预埋】 2019年10月8日，投资400余万元甸雄路升级改造工程和污水管网预埋工程开工建设，主要建设内容为集镇高坡牌坊至水管站1.4千米的集镇道路改造，改造后为柏油路，铺埋DN600污水管网600余米，自来水管改造1千米左右，全部工程预计2020年4月中旬完成。

【高标准农田建设项目开工建设】 10月29日，启动雄关乡雄关社区、窑房村高标准农田建设项目，建设项目区总面积3755.59亩，建设规模2480.7亩。批准预算投资974.32万元。项目建设内容包括土地平整工程、灌溉与排水工程、田间道路工程和其他工程。项目预计增加水田1403.06亩，新增耕地119.46亩。

【雄关乡人民政府干部职工保障性用房建设】 项目建设内容为新建三层框架结构房屋一座，建筑面积505.56平方米，项目于2018年12月开工，项目尚未竣工结算，预计总投资140万元。

【启动雄关乡人民政府干部职工周转性住房建设】 项目建设内容为新建5层框架剪力墙结构房屋一座，建筑面积1572.22平方米，项目于2019年11月开工，项目中标价格351.7万元，项目正在施工中。

【建成雄关乡党群服务中心】 雄关乡党群服务中心于本年6月开工建设，本年8月初完工，投资18万余元。该中心容纳党员服务、社保、医保、民政、残联、退役军人服务等部门，方便群众办事。

【高标准农田项目建设】 雄关乡小田上营至螺蛳山片区高标准农田建设项目计划总投资675万元建成农田4500亩，预计增加项目区农民收入总额达130.9万元。

（刘丽萍）

政 治

编辑 陈金才

中共玉溪市江川区委

【中共玉溪市江川区委第二届委员会常委、书记、副书记名录】

区委常委 徐 贤
王志华（2019.9.9离任）
常 成（2019.9.25任）
李长金（2019.7.4离任，挂职满二年）
张文彬（2019.9.9免职）
曾宪涛
李卫东
李志刚
矣向林
郭 玉（2019.11.14任）
蒋 文
赵 琦
靳联明
何 眉（2019.1.8任）
周靖宇（2019.12.27任，挂职）

区委书记 徐 贤

区委副书记 王志华（2019.9.9离任）
常 成（2019.9.25任）
李长金（2019.7.4离任）
张文彬（2019.9.9免职）
矣向林（2019.11.14任）

【中共玉溪市江川区委各部、委、办、局正副职名录】

区委办公室

主 任 李卫东（2019.1.8离任）
赵 琦（2019.1.8任）

常务副主任 洪彦正

副主任 王 亮
刘蓉芳（女）
何旭升（2019.2.14任）

区国家保密局

局 长 李成祥（2019.2.14离任）
何旭升（2019.2.14任）

区国家密码管理局

局 长 何旭升

区委政策研究室

主 任 李 敏（女）

区委督查室

主 任 王 亮

区委督查员 王志伟（2019.2.14离任，正科级督查员）
李成祥（2019.2.14任，正科级督查员）
李 伟（2019.7.10任，副科级督查员）

区档案局［因机构改革，根据玉江机改发〔2019〕1号文件，进一步加强对档案工作的管理，结合承担行政职能事业单位改革，将区档案局（馆）的行政职责划入区委办公室。区委办公室对外加挂区档案局牌子。不再保留与区档案馆合并设立的区档案局。区档案馆作为区委办公室管理的事业单位，机构规格副科级］

局 长 郭绍昆（2019.2.14离任）
刘蓉芳（女，2019.2.14任）

副局长 张燕琳（女）

区档案馆

馆 长 郭绍昆（2019.2.14任，正科）

区关心下一代工作委员会办公室（因机构改革，根据玉江机改发〔2019〕1号文件，统一规范机构设置，区关心下一代工作委员会办公室作为区委办公室管理的事业单位，机构规格副科级）

主　任　郭小平（2019.2.14任）

区委组织部

部　长　靳联明

常务副部长　邢小刚

副部长　唐光华

范江应（2019.2.14离任）

陈宝林

胡宇翔（2019.2.14任）

张荣华（2019.11.14任，兼）

区委正科级组织员

张丽梅（女，2019.5.28离任）

区委副科级组织员

杨　东（2019.2.14离任）

罗　鑫（2019.7.10离任）

许　奥（女，2019.2.14离任）

郑　旭（2019.7.10离任）

区委组织部部务委员

郑　旭（2019.7.10任，副科级）

官　璐（女，2019.11.14任，副科级）

区委机构编制委员会办公室（因机构改革，根据玉江机改发〔2019〕1号文件，加强区委对机构编制和机构改革的领导，理顺机构编制管理和干部管理的体制机制，调整优化管理体制，将区机构编制委员会改为区委机构编制委员会，作为区委议事协调机构，统筹负责全区党政群机构职能编制工作。区委机构编制委员会办公室为区委机构编制委员会的办事机构，承担区委机构编制委员会日常工作，作为区委工作机关，归口区委组织部管理）

主　任　张荣华

副主任　业雁春（女，2019.11.14离任）

贺志宏

区委老干部局（因机构改革，根据玉江机改发〔2019〕1号文件，加强区委对老干部工作的领导，将区委老干部局并入区委组织部。区委组织部加挂区委老干部局牌子。不再保留区委组织部管理的区委老干部局）

局　长　范江应（2019.2.14离任）

胡宇翔（2019.2.14任）

副局长　潘兴江（2019.2.14离任）

区公务员局（因机构改革，根据玉江机改发〔2019〕1号文件，落实党管干部原则，加强区委对全区公务员队伍的领导，更好统筹干部管理，建立健全统一规范高效的公务员管理体制，将区人力资源和社会保障局的公务员管理职责划入区委组织部。区委组织部对外加挂区公务员局牌子）

局　长　邢小刚（2019.2.22任）

区委宣传部

部　长　赵　琦（2019.1.8离任）

何　眉（2019.1.8任）

常务副部长　宋良艳（女）

副部长　刘　鸿（2019.7.10离任）

张乘风（女，2019.2.14任）

吴　侣（2019.7.10任）

区文产办（因机构改革，根据玉江机改发〔2019〕1号文件，不再保留区文化产业发展领导小组办公室）

主　任　刘　鸿（2019.2.14离任）

副主任　洪家起（2019.2.14离任）

区精神文明建设指导委员会办公室

主　任　宋良艳（女）

区对外宣传办公室

主　任　张乘风（女，2019.2.14离任）

区委统一战线工作部

部　长　李志刚

常务副部长　业东华

副部长　潘兴发

李忠良

区民族宗教事务局

局　长　李忠良

副局长　刘开华

邓树芬（女，2019.7.10任）

区工商业联合会（商会）

党组书记　业东华

主席（会长）　顾　秋

副主席（副会长）　蒋　丽（女）

秘书长　蒋　丽（女）

区委政法委员会

书　记　蒋　文

常务副书记　何小春

副书记　王彦东（2019.2.14离任）

王奇志（2019.2.14任）

邢长伟（2019.2.14任）

区维护稳定工作领导小组办公室

主　任　王彦东（2019.2.14离任）

副主任　周天华（2019.2.14离任）

区委依法治区领导小组办公室

专职副主任　王彦东（2019.2.14离任）

区社会管理综合治理委员会办公室

主　任　何小春（2019.2.14离任）

副主任　李　平（2019.2.14离任）

李佳秀（女，2019.2.14离任）

区委政法委员会政工室

主　任　杨泽娜（女，2019.7.10任）

区委党校

校　长　张文彬（2019.9.9免职）

矣向林（2019.11.14任）

常务副校长　郭　华（2019.5.28离任）

杨兴华（2019.9.25任）

副校长　业居敏（女）

张　冬

刘 鸿（2019.7.10任，正科级）

张 琪（女，2019.7.10任）

玉溪市江川区行政学校

校 长 杨军苹（女）

副校长 业居敏（女）

张 琪（女，2019.7.10任）

区委保密委员会

主 任 赵 琦

副主任 钟 镖

洪彦正

专职副主任 何旭升

区史志办（因机构改革，根据玉江机改发〔2019〕1号文件，统一规范机构设置，将区委党史研究室、区政府区志编纂委员会办公室的职责整合，组建区委党史研究和地方志编纂办公室，作为区委直属事业单位，机构规格正科级）

主 任 张江瑞（2019.2.14离任）

副主任 余立言（2019.2.14离任）

区委党史研究和地方志编纂办公室

主 任 张江瑞（2019.2.14任）

副主任 余立言（2019.2.14任，2019.5.13离任）

陈金才（2019.5.13任）

共青团江川区委

书 记 屈 瑞（女）

副书记 龚 萍（女）

区妇女联合会

主 席 花云芬（女）

副主席 谢粉玲（女，2019.2.14离任）

许 奥（女，2019.2.14任）

区总工会

主 席 普朝鹏

常务副主席 叶自林（2019.11.14任，正科级）

副主席 戴燕芬（女）

区科学技术协会

主 席 韩振华（2019.7.10离任）

李彦坤（2019.7.10任）

副主席 张彦龙

区关心下一代工作委员会

主 任 张文彬（2019.9.9免职）

执行主任 杨生明

副主任 赵 琦

杨军苹

钟 镖

陈宝林

胡宇翔

张丽梅

伏世金

顾宝富

杨从高

宋占云

区红十字会

会 长 杨军苹（女）

专职副会长 范文慧（女）

副 会 长 曲雪琼（女，2019.12.24任）

区文学艺术界联合会

主 席 叶自林（2019.11.14离任）

副主席 余立言（2019.5.13任）

区社会科学界联合会

副主席 陈金才（2019.5.13离任）

花尚荣（2019.5.13任）

【中共玉溪市江川区委区直机关工作委员会正副书记名录】

中共玉溪市江川区人民武装部委员会

第一书记 徐 贤

书 记 曾宪涛

副 书 记 张运铎

中共玉溪市江川区委区直机关工作委员会

书 记 赵 琦

常务副书记 陈乔华

副 书 记 王艳兰

中共玉溪市江川区委员会工业商贸和信息化工作委员会

书 记 李华同

中共玉溪市江川区委员会教育体育工作委员会

书 记 杨志伟

中共玉溪市公安局江川分局党委

书 记 钱 凡

副书记 张文红

中共玉溪市江川工业园区党工委

书 记 李江辉（2019.12.24离任）

中共玉溪市江川区委员会离退休干部工作委员会

书 记 郑吉来

中共玉溪市江川区非公有制经济组织和社会组织工作委员会

书 记 陈宝林

中共玉溪市江川区委员会卫生健康工作委员会

书 记 杨春文

【区委发出的主要文件】

中共玉溪市江川区委印发《关于开展“不忘初心、牢记使命”主题教育的实施方案》的通知

中共玉溪市江川区委关于印发中共玉溪市江川区委二届五次全会区委常委会工作报告和徐贤、王志华同志的讲话

中共玉溪市江川区委关于加强新形势下宣传思想工作的实施意见

中共玉溪市江川区委关于调整部分区委常委工作分工的通知

中共玉溪市江川区委关于成立玉溪市江川区第二届人民代表大会第三次会议临时党委和各代表团临时党支部的决定

中共玉溪市江川区委关于成立政协玉溪市江川区第二届委员会第三次会议党的领导小组和临时党支部的决定

中共玉溪市江川区委 玉溪市江川区人民政府关于加强和完

善城乡社区治理的实施意见

中共玉溪市江川区委 玉溪市江川区人民政府关于玉溪市江川区创建全国民族团结进步示范区实施方案

中共玉溪市江川区委 玉溪市江川区人民政府关于表扬巩固国家卫生城市、创建第四届云南省文明城市工作先进集体和优秀个人的通报

中共玉溪市江川区委关于印发《关于市委第五巡察组对江川区开展专项巡察反馈意见的整改方案》的通知

中共玉溪市江川区委关于印发《关于省委第六巡视组机动巡视玉溪市高原湖泊保护治理反馈意见的整改方案》的通知

中共玉溪市江川区委关于转发《玉溪市江川区人大常委会2019年工作要点》的通知

中共玉溪市江川区委关于转发《政协玉溪市江川区委员会2019年工作要点》的通知

中共玉溪市江川区委关于印发《2018～2022年玉溪市江川区委干部教育培训规划》的通知

中共玉溪市江川区委 玉溪市江川区人民政府关于印发《新时期产业工人队伍建设改革实施方案》的通知

中共玉溪市江川区委关于区委书记、副书记和区委常委工作分工的通知

中共玉溪市江川区委 玉溪市江川区人民政府关于对刘雪等248名同志予以奖励的决定

中共玉溪市江川区委关于印发《区委常委会2019年工作要点和分工方案》的通知

中共玉溪市江川区委 玉溪市江川区人民政府关于全面加强生态环境保护坚决打好污染防治攻坚战的实施意见

中共玉溪市江川区委 玉溪市江川区人民政府关于印发《庆祝中华人民共和国成立70周年活动方案》的通知

中共玉溪市江川区委 玉溪市江川区人民政府关于印发《玉溪市江川区乡村振兴战略规划（2018～2022年）》的通知

中共玉溪市江川区委关于涉党政机构改革党内相关文件专项清理的决定

中共玉溪市江川区委 玉溪市江川区人民政府关于表扬2019年教育工作先进集体、优秀教师和先进教育工作者的通报

中共玉溪市江川区委 玉溪市江川区人民政府关于推进防灾救灾体制机制改革的实施意见

中共玉溪市江川区委 玉溪市江川区人民政府关于印发《进一步加强禁毒工作的实施方案》的通知

中共玉溪市江川区委 玉溪市江川区人民政府关于表扬2015～2019年度科普工作先进集体和先进个人的决定

中共玉溪市江川区委关于认真贯彻落实市委五届八次全会精神深入推进全面从严治党的实施意见

【区委办发出的主要文件】

中共玉溪市江川区委办公室关于对区委二届五次全会主要精神进行责任分解和立项督查的通知

中共玉溪市江川区委办公室 玉溪市江川区人民政府办公室关于印发《玉溪市江川区贯彻落实省扫黑除恶专项斗争第九督导组反馈意见问题整改方案》的通知

中共玉溪市江川区委办公室关于印发《玉溪市江川区文联深化改革方案》的通知

中共玉溪市江川区委办公室关于印发《区委贯彻落实党的十九大报告重要改革举措实施规划（2018～2022）》的通知

中共玉溪市江川区委办公室关于印发《玉溪市江川区关于打造九大党建联盟实施方案（试行）》的通知

中共玉溪市江川区委办公室印发《关于解决形式主义突出问题为基层减负的工作措施》的通知

中共玉溪市江川区委办公室印发《关于进一步激励广大干部新时代新担当新作为的实施办法》的通知

中共玉溪市江川区委办公室印发《关于落实区委第一巡察组对区委办巡察反馈意见的整改方案》的通知

中共玉溪市江川区委办公室 玉溪市江川区人民政府办公室印发《关于深化统计管理体制改革提高统计数据真实性的实施办法》的通知

中共玉溪市江川区委办公室 玉溪市江川区人民政府办公室关于印发《〈云南省星云湖保护条例〉修订工作方案》的通知

中共玉溪市江川区委办公室 玉溪市江川区人民政府办公室关于做好深化机构改革有关事项的通知

中共玉溪市江川区委办公室关于进一步加强和规范全区干部日常工作行为的通知

中共玉溪市江川区委办公室 玉溪市江川区人民政府办公室关于印发《玉溪市江川区巩固国家卫生城市创建工作成果长效管理

机制》的通知

中共玉溪市江川区委办公室关于开展“双比双通报”活动的通知（试行）

中共玉溪市江川区委办公室　玉溪市江川区人民政府办公室关于印发《玉溪市江川区推进新时代文明实践中心（所、站）建设实施方案（试行）》的通知

中共玉溪市江川区委办公室　玉溪市江川区人民政府办公室关于全力抓好玉溪市江川区2019年重点项目推进工作的通知

中共玉溪市江川区委办公室　玉溪市江川区人民政府办公室关于印发《玉溪市江川区“基层党建创新提质年”实施方案》的通知

中共玉溪市江川区委办公室　玉溪市江川区人民政府办公室关于做好区级机构改革档案管理与处置工作的通知

中共玉溪市江川区委办公室关于进一步统筹规范督查检查考核工作的通知

中共玉溪市江川区委办公室关于转发《玉溪市江川区社会科学界联合会关于召开玉溪市江川区社会科学界联合会成立暨第一次代表大会的方案》的通知

中共玉溪市江川区委办公室　玉溪市江川区人民政府办公室关于对2018年市对区综合考评成绩排名前三名的责任单位给予通报表扬的决定

中共玉溪市江川区委办公室　玉溪市江川区人民政府办公室关于对2018年市对区综合考评成绩排名后两名的责任单位给予通报批评的决定

中共玉溪市江川区委办公室　玉溪市江川区人民政府办公室关于2018年度目标任务综合考评结果的通报

中共玉溪市江川区委办公室　玉溪市江川区人民政府办公室关于印发玉溪市江川区贯彻落实市扫黑除恶专项斗争第二督导组反馈意见问题整改方案的通知

中共玉溪市江川区委办公室关于实施党建引领乡村振兴行动计划的意见

中共玉溪市江川区委办公室　玉溪市江川区人民政府办公室关于2019年一季度“双比双通报”活动情况的通报

中共玉溪市江川区委办公室关于开展党内规范性文件集中清理和涉党政机构改革党内相关文件专项清理工作的通知

中共玉溪市江川区委办公室　玉溪市江川区人民政府办公室关于印发《玉溪市江川区农村人居环境整治村庄清洁行动暨学习推广浙江“千村示范、万村整治”工程经验　深入推进农村人居环境整治工作方案》的通知

中共玉溪市江川区委办公室　玉溪市江川区人民政府办公室关于调整完善“挂包帮”定点扶贫单位的通知

中共玉溪市江川区委办公室　玉溪市江川区人民政府办公室关于印发《玉溪市江川区“高原湖泊卫士”行动实施方案》的通知

中共玉溪市江川区委办公室　玉溪市江川区人民政府办公室关于印发《玉溪市江川区星云湖保护治理雷霆行动总体方案》的通知

中共玉溪市江川区委办公室　玉溪市江川区人民政府办公室关于印发《玉溪市江川区“五亮五公开”制度》和《玉溪市江川区首问工作责任制度》的通知

中共玉溪市江川区委办公室　玉溪市江川区人民政府办公室关于印发《玉溪市江川区推进“五网”融合联推共建工作实施方案（试行）》的通知

中共玉溪市江川区委办公室　玉溪市江川区人民政府办公室关于印发《玉溪市江川区预算单位差旅电子凭证网上报销改革试点工作实施方案》的通知

中共玉溪市江川区委办公室　玉溪市江川区人民政府办公室关于印发《玉溪市江川区农村公路“路长制”实施方案》的通知

中共玉溪市江川区委办公室　玉溪市江川区人民政府办公室关于印发《玉溪市江川区贯彻落实2019年省督察组督察星云湖河（湖）长制工作反馈问题整改方案》的通知

中共玉溪市江川区委办公室关于在开展第一批“不忘初心、牢记使命”主题教育期间做好先学先改工作的通知

中共玉溪市江川区委办公室关于印发《玉溪市江川区2019年度党风廉政建设责任制检查考核实施方案》的通知

中共玉溪市江川区委办公室　玉溪市江川区人民政府办公室关于印发《玉溪市江川区推进乡村振兴统筹城乡发展专项行动方案（2019～2020年）》的通知

中共玉溪市江川区委办公室关于认真学习宣传党的十九届四中全会精神的通知

中共玉溪市江川区委办公室关于玉溪市江川区2019年度党风廉政建设责任制检查考核结果的通报

中共玉溪市江川区委办公室　玉溪市江川区人民政府办公室关

于印发《玉溪市江川区关于全面实施预算绩效管理的实施方案》的通知

中共玉溪市江川区委办公室 玉溪市江川区人民政府办公室关于印发《玉溪市江川区义务教育校长职级制工作实施方案（试行）》的通知

中共玉溪市江川区委办公室 玉溪市江川区人民政府办公室关于成立《云南省星云湖保护条例》修订工作领导小组的通知

中共玉溪市江川区委办公室 玉溪市江川区人民政府办公室关于调整玉溪市江川区扫黑除恶专项斗争领导小组的通知

中共玉溪市江川区委办公室 玉溪市江川区人民政府办公室关于调整充实玉溪市江川区江城古镇棚户区改造项目工作指挥部的通知

中共玉溪市江川区委办公室 玉溪市江川区人民政府办公室关于成立省委第六巡视组机动巡视玉溪“三湖”保护治理反馈意见整改工作领导小组的通知

中共玉溪市江川区委办公室 玉溪市江川区人民政府办公室关于调整玉溪市江川区领导干部任期经济责任审计工作领导小组成员的通知

中共玉溪市江川区委办公室关于成立玉溪市江川区委党内规范性文件清理工作领导小组的通知

中共玉溪市江川区委办公室 玉溪市江川区人民政府办公室关于调整区委信访工作联席会议成员单位和组成人员的通知

中共玉溪市江川区委办公室 玉溪市江川区人民政府办公室关于成立玉溪市江川区新时期产业工人队伍建设改革工作领导小组的通知

中共玉溪市江川区委办公室 玉溪市江川区人民政府办公室关于调整充实玉溪市江川区关心下一代工作委员会组成人员的通知

中共玉溪市江川区委办公室关于成立玉溪市江川区“学习强国”学习平台建设工作领导小组的通知

中共玉溪市江川区委办公室 玉溪市江川区人民政府办公室关于调整充实玉溪市江川区“扫黄打非”领导小组成员的通知

中共玉溪市江川区委办公室 玉溪市江川区人民政府办公室关于成立扶持村集体经济发展领导小组的通知

关中共玉溪市江川区委办公室 玉溪市江川区人民政府办公室于成立玉溪市江川区军民融合发展资产置换协调工作领导小组的通知

中共玉溪市江川区委办公室 玉溪市江川区人民政府办公室关于成立玉溪市江川区控辍保学工作领导小组的通知

中共玉溪市江川区委办公室 玉溪市江川区人民政府办公室关于成立玉溪市江川区第一中学升格市管高中工作领导小组的通知

中共玉溪市江川区委办公室关于调整区委统一战线工作领导小组的通知

中共玉溪市江川区委办公室 玉溪市江川区人民政府办公室关于调整玉溪市江川区民族宗教工作领导小组的通知

中共玉溪市江川区委办公室 玉溪市江川区人民政府办公室关于调整玉溪市江川区创建全国民族团结进步示范区领导小组的通知

中共玉溪市江川区委办公室关于印发《中共玉溪市江川区纪律检查委员会、玉溪市江川区监察委员会职能配置、内设机构和人员编制规定》的通知

中共玉溪市江川区委办公室关于印发《中共玉溪市江川区委办公室职能配置、内设机构和人员编制规定》的通知

中共玉溪市江川区委办公室关于印发《中共玉溪市江川区委组织部职能配置、内设机构和人员编制规定》的通知

中共玉溪市江川区委办公室关于印发《中共玉溪市江川区委宣传部职能配置、内设机构和人员编制规定》的通知

中共玉溪市江川区委办公室 玉溪市江川区人民政府办公室关于印发《中共玉溪市江川区委统一战线工作部、玉溪市江川区民族宗教事务局职能配置、内设机构和人员编制规定》的通知

中共玉溪市江川区委办公室关于印发《中共玉溪市江川区委政法委职能配置、内设机构和人员编制规定》的通知

中共玉溪市江川区委办公室关于调整区委机构编制委员会办公室职责机构编制的通知

中共玉溪市江川区委办公室关于印发《中共玉溪市江川区委区直机关工作委员会职能配置、内设机构和人员编制规定》的通知

中共玉溪市江川区委办公室关于印发《中共玉溪市江川区委巡察工作领导小组办公室职能配置、内设机构和人员编制规定》的通知

中共玉溪市江川区委办公室关于调整区人大机关机构编制事项的通知

中共玉溪市江川区委办公室 玉溪市江川区人民政府办公室关于印发《玉溪市江川区人民政府办公室职能配置、内设机构和人员编制规定》的通知

中共玉溪市江川区委办公室 玉溪市江川区人民政府办公室关于印发《玉溪市江川区发展和改革局职能配置、内设机构和人员编制规定》的通知

中共玉溪市江川区委办公室 玉溪市江川区人民政府办公室关于印发《玉溪市江川区工业商贸和信息化局职能配置、内设机构和人员编制规定》的通知

中共玉溪市江川区委办公室 玉溪市江川区人民政府办公室关于印发《玉溪市江川区教育体育局职能配置、内设机构和人员编制规定》的通知

中共玉溪市江川区委办公室 玉溪市江川区人民政府办公室关于印发《玉溪市江川区科学技术局职能配置、内设机构和人员编制规定》的通知

中共玉溪市江川区委办公室 玉溪市江川区人民政府办公室关于调整玉溪市公安局江川分局有关职责的通知

中共玉溪市江川区委办公室 玉溪市江川区人民政府办公室关于印发《玉溪市江川区民政局职能配置、内设机构和人员编制规定》的通知

中共玉溪市江川区委办公室 玉溪市江川区人民政府办公室关于印发《玉溪市江川区司法局职能配置、内设机构和人员编制规定》的通知

中共玉溪市江川区委办公室 玉溪市江川区人民政府办公室关于印发《玉溪市江川区财政局职能配置、内设机构和人员编制规定》的通知

中共玉溪市江川区委办公室 玉溪市江川区人民政府办公室关于印发《玉溪市江川区人力资源和社会资源局职能配置、内设机构和人员编制规定》的通知

中共玉溪市江川区委办公室 玉溪市江川区人民政府办公室关于印发《玉溪市江川区自然资源局职能配置、内设机构和人员编制规定》的通知

中共玉溪市江川区委办公室 玉溪市江川区人民政府办公室关于印发《玉溪市生态环境局江川分局职能配置、内设机构和人员编制规定》的通知

中共玉溪市江川区委办公室 玉溪市江川区人民政府办公室关于印发《玉溪市江川区住房和城乡建设局职能配置、内设机构和人员编制规定》的通知

中共玉溪市江川区委办公室 玉溪市江川区人民政府办公室关于印发《玉溪市江川区城市管理局职能配置、内设机构和人员编制规定》的通知

中共玉溪市江川区委办公室 玉溪市江川区人民政府办公室关于印发《玉溪市江川区交通运输局职能配置、内设机构和人员编制规定》的通知

中共玉溪市江川区委办公室 玉溪市江川区人民政府办公室关于印发《玉溪市江川区农业农村局职能配置、内设机构和人员编制规定》的通知

中共玉溪市江川区委办公室 玉溪市江川区人民政府办公室关于印发《玉溪市江川区水利局职能配置、内设机构和人员编制规定》的通知

中共玉溪市江川区委办公室 玉溪市江川区人民政府办公室关于印发《玉溪市江川区文化和旅游局职能配置、内设机构和人员编制规定》的通知

中共玉溪市江川区委办公室 玉溪市江川区人民政府办公室关于印发《玉溪市江川区卫生健康局职能配置、内设机构和人员编制规定》的通知

中共玉溪市江川区委办公室 玉溪市江川区人民政府办公室关于印发《玉溪市江川区退役军人事务局职能配置、内设机构和人员编制规定》的通知

中共玉溪市江川区委办公室 玉溪市江川区人民政府办公室关于印发《玉溪市江川区应急管理局职能配置、内设机构和人员编制规定》的通知

中共玉溪市江川区委办公室 玉溪市江川区人民政府办公室关于印发《玉溪市江川区市场监督管理局职能配置、内设机构和人员编制规定》的通知

中共玉溪市江川区委办公室 玉溪市江川区人民政府办公室关于印发《玉溪市江川区林业和草原局职能配置、内设机构和人员编制规定》的通知

中共玉溪市江川区委办公室 玉溪市江川区人民政府办公室关于印发《玉溪市江川区统计局职能配置、内设机构和人员编制规定》的通知

中共玉溪市江川区委办公室 玉溪市江川区人民政府办公室关于印发《玉溪市江川区信访局职能配置、内设机构和人员编制规定》的通知

中共玉溪市江川区委办公室 玉溪市江川区人民政府办公室关

于印发《玉溪市江川区医疗保障局职能配置、内设机构和人员编制规定》的通知

中共玉溪市江川区委办公室 玉溪市江川区人民政府办公室关于印发《玉溪市江川区政务服务管理局职能配置、内设机构和人员编制规定》的通知

中共玉溪市江川区委办公室关于调整区政协机关机构编制事项的通知

中共玉溪市江川区委办公室关于印发《中国共产党玉溪市江川区委员会党校机构编制方案》的通知

中共玉溪市江川区委办公室关于印发《中国共产党玉溪市江川区委员会党史研究和地方志编纂办公室机构编制方案》的通知

中共玉溪市江川区委办公室关于印发《玉溪市江川区融媒体中心机构编制方案》的通知

中共玉溪市江川区委办公室关于调整玉溪市江川区总工会机构编制事项的通知

中共玉溪市江川区委办公室关于调整共青团玉溪市江川区委机构编制事项的通知

中共玉溪市江川区委办公室关于调整玉溪市江川区妇女联合会机构编制事项的通知

中共玉溪市江川区委办公室关于调整玉溪市江川区工商业联合会机构编制事项的通知

中共玉溪市江川区委办公室关于调整玉溪市江川区残疾人联合会机构编制事项的通知

中共玉溪市江川区委办公室关于调整玉溪市江川区科学技术协会机构编制事项的通知

中共玉溪市江川区委办公室关于调整玉溪市江川区文学艺术联合会机构编制事项的通知

中共玉溪市江川区委办公室关于调整玉溪市江川区社会科学界联合会机构编制事项的通知

中共玉溪市江川区委办公室关于调整玉溪市江川区红十字会机构编制事项的通知

中共玉溪市江川区委办公室 玉溪市江川区人民政府办公室关于印发《玉溪市江川区投资促进局机构编制方案》的通知

中共玉溪市江川区委办公室 玉溪市江川区人民政府办公室关于印发《玉溪市江川区防震减灾局机构编制方案》的通知

中共玉溪市江川区委办公室 玉溪市江川区人民政府办公室关于印发《玉溪市江川区烟草产业服务中心机构编制方案》的通知

中共玉溪市江川区委办公室 玉溪市江川区人民政府办公室关于印发《玉溪市江川区机关事务服务中心机构编制方案》的通知

中共玉溪市江川区委办公室关于调整玉溪市江川区计划生育协会机构编制事项的通知

中共玉溪市江川区委办公室关于调整玉溪市江川区星云湖管理局有关机构编制事项的通知

中共玉溪市江川区委办公室 玉溪市江川区人民政府办公室关于调整大街街道机构设置的通知

中共玉溪市江川区委办公室 玉溪市江川区人民政府办公室关于调整江城镇机构设置的通知

中共玉溪市江川区委办公室 玉溪市江川区人民政府办公室关于调整前卫镇机构设置的通知

中共玉溪市江川区委办公室 玉溪市江川区人民政府办公室关于调整九溪镇机构设置的通知

中共玉溪市江川区委办公室 玉溪市江川区人民政府办公室关于调整雄关乡机构设置的通知

中共玉溪市江川区委办公室 玉溪市江川区人民政府办公室关于调整安化彝族乡机构设置的通知

中共玉溪市江川区委办公室关于印发《区委全面深化改革委员会工作规则》《区委全面深化改革委专项小组工作规则》《区委全面深化改革委员会办公室工作细则》的通知

中共玉溪市委江川区委办公室关于调整区纪委向一级党和国家机关、国有企业派驻纪检监察机构方案的通知

中共玉溪市江川区委办公室 玉溪市江川区人民政府办公室关于印发《玉溪市争当扫黑除恶专项斗争排头兵江川区实施方案》的通知

中共玉溪市江川区委办公室 玉溪市江川区人民政府办公室关于印发《玉溪市江川区党政领导干部安全生产责任制实施方案》的通知

中共玉溪市江川区委办公室 玉溪市江川区人民政府办公室印发《关于推进玉溪市江川区街道职能调整和体制改革的实施意见》的通知

（杨冬丽）

【区委常委会议】 1月5日，区委书记徐贤主持召开中共玉溪市江川区第二届委员会第87次常委会议。会议共6项议题：由区委书记徐贤传达学习习近平总书记在《告台湾同胞书》发表40周年纪念会上的讲话精神，研究相关工作；由区委常委、区委组织部部长靳联明传达学习《中共云南省委办公厅 云南省人民政府办公

厅关于进一步规范统一全省机关单位工资、津贴补贴和奖励项目的通知》；听取并原则同意区委办常务副主任洪彦正关于中共玉溪市江川区委二届五次全体（扩大）会议有关事项的汇报；听取并原则同意区委组织部副部长、区委“两新”组织党工委书记陈宝林关于《2018年党的建设工作专题报告（送审稿）》及《2018年全区党费收缴、使用和管理情况的报告（送审稿）》的汇报，研究相关工作；听取并原则同意区人大办主任雷永彪关于玉溪市江川区二届人大三次会议有关事项的汇报；听取并原则同意区政协办主任侯国芬关于玉溪市江川区政协二届三次会议有关事项的汇报。

1月8日，区委书记徐贤主持召开中共玉溪市江川区第二届委员会第88次常委会议。会议共2项议题：研究干部议题；听取并原则同意《关于调整部分区委常委工作分工的通知（送审稿）》，研究相关工作。

1月10日，区委书记徐贤主持召开中共玉溪市江川区第二届委员会第89次常委会议。会议共2项议题：听取区委常委、区委办主任赵琦关于在二届五次区委全会分组讨论会议上对徐贤同志代表区委常委会向全会作的工作报告，王志华同志就贯彻落实中央经济工作会议精神、省市经济工作安排和做好2019年经济工作的讲话，《玉溪市江川区2018年党的建设工作专题报告》《关于全区党费收缴、使用和管理情况的报告》《中国共产党玉溪市江川区第二届委员会第五次全体会议决议（草案）（讨论稿）》讨论情况的汇报；听取并原则同意区委常委、区委办主任赵琦关于《中国共产党玉溪市江川区第二届委员会第五次全体会议决议（草案）（讨论稿）》的汇报。

1月14日，区委书记徐贤主持召开中共玉溪市江川区第二届委员会第90次常委会议。会议共7项议题：听取区委书记徐贤传达学习习近平总书记在十九届中央纪委三次全会上的重要讲话精神，研究江川区贯彻意见；听取并原则同意区委常委、区委办主任赵琦关于《区委常委班子2017年度民主生活会整改措施落实情况报告（送审稿）》和《区委常委班子2018年度民主生活会对照检查材料（送审稿）》的汇报，研究相关工作；听取并原则同意区委组织部副部长、区委“两新”组织党工委书记陈宝林关于江川区关于中共玉溪市委2018年度党委（党组）书记抓基层党建述职评议考核会反馈问题整改措施有关情况的汇报，研究相关工作；听取并原则同意区纪委副书记、区监委副主任韩丽华《关于区管党政领导班子主要负责人向二届区纪委书面述责述廉有关事项的通知（送审稿）》的汇报，研究相关工作；听取并原则同意区河长办常务副主任王川关于《云南省星云湖“一湖一策”方案（2018～2020年）》有关情况的汇报，研究有关工作；听取并原则同意区委常委、常务副区长李卫东关于区政府党组提请的《政府工作报告（送审稿）》《玉溪市江川区2018年国民经济和社会发展计划执行情况与2019年国民经济和社会发展计划草案的报告（送审稿）》《玉溪市江川区2018年地方财政预算执行情况和2019年地方财政预算草案的报告（送审稿）》《云南省星云湖保护条例》修订工作等2项有关事项的汇报，研究相关工作；研究干部议题。

1月24日，区委书记徐贤主持召开中共玉溪市江川区第二届委员会第91次常委（扩大）会议。会议共1项议题：开展2018年度各党（工）委（党组）书记抓基层党建工作述职评议。

1月25日，区委书记徐贤主持召开中共玉溪市江川区第二届委员会第92次常委会议。会议共7项议题：由区委书记徐贤传达学习习近平总书记在省部级主要领导干部坚持底线思维着力防范化解重大风险专题研讨班开班式上的讲话精神，研究江川区贯彻意见；由区委书记徐贤传达玉溪市“两会”精神，研究江川区贯彻意见；由区委常委、区委宣传部部长何眉传达学习全国、全省宣传部长会议精神，研究江川区贯彻意见；听取并原则同意区委常委、区委办主任赵琦关于《中共玉溪市江川区委常委班子2018年度民主生活会整改方案（送审稿）》的汇报，研究相关工作；听取区纪委副书记、监委副主任韩丽华传达学习省纪委十届四次全会及市纪委五届四次全会精神，原则同意中共玉溪市江川区第二届纪律检查委员会第四次全体会议有关事项，研究相关工作；听取并原则同意区纪委副书记、监委副主任杨智然关于区委第七轮巡察工作情况的汇报，研究相关工作；听取并原则同意区委常委、常务副区长李卫东关于区政府党组提请的归还玉溪市交通发展投资有限公司江通高速公路（江川段）部分借款本金、江川龙泉彩印包装有限公司产业发展专项扶持资金、玉溪市江川区东鑫废旧物资回收有限公司扶持奖励、2019年春节重点工程欠款资金安排、《关于加强和完善城乡社区治理的实施意见（送审稿）》等5项有关事项的汇报，研究相关工作。

2月1日，区委书记徐贤主持召开中共玉溪市江川区第二届委员会第93次常委（扩大）会议。会议共2项议题：区委副书记、区长王志华对市委批复的《玉溪市江川区机构改革方案》及《玉溪市江川区深化机构改革实施方案（讨论稿）》作说明；审议通过《玉溪市江川区深化机构改革实施方案（讨论稿）》。

2月1日，区委书记徐贤主持召开中共玉溪市江川区第二届委员会第94次常委会议。会议共2项议题：研究干部议题；听取并原则同意区委常委、区委办主任赵琦关于区“两会”有关事项的汇报，研究有关工作。

2月12日，区委书记徐贤主持召开中共玉溪市江川区第二届委员会第95次常委会议。会议共1项议题：研究干部议题。

2月14日，区委书记徐贤主持召开中共玉溪市江川区第二届委员会第96次常委会议。会议共5项议题：由区委书记徐贤传达学习习近平总书记关于深化机构改革的重要论述，研究江川区贯彻落实意见；听取并原则同意区委宣传部副部长、区文产办主任刘鸿关于2019年区委理论学习中心组第二次学习方案有关事项的汇报，研究相关工作；听取并原则同意区委常委、区委组织部部长靳联明关于《玉溪市江川区深化机构改革党政群机关编制、领导职数、人员转隶及涉改事业单位调整划转范围和原则（送审稿）》的汇报，研究相关工作；听取并原则同意区委组织部副部长、区委“两新”组织党工委书记陈宝林关于2018年度党建工作考核情况的汇报，研究相关工作；研究干部议题。

2月25日，区委书记徐贤主持召开中共玉溪市江川区第二届委员会第97次常委会议。会议共7项议题：由区委常委、区委办主任赵琦传达学习市委书记罗应光第032号批示件（在省委组织部电话通知上的批示）精神，研究江川区贯彻落实意见；听取并原则同意区委宣传部常务副部长、区文明办主任宋良艳关于全区“双创”工作总结表扬暨创建全国文明城市提名城市动员会会议方案和表扬通报的汇报，研究相关工作；听取并原则同意区委宣传部常务副部长、区文明办主任宋良艳关于《玉溪市江川区关于推进新时代文明实践中心建设实施方案（试行）（送审稿）》的汇报，研究相关工作；听取区水利局局长王川、区城管局局长张新荣、区林业和草原局局长赵雄伟、市国土局江川分局局长李江润、市生态环境局江川分局副局长张春丽、区住建局局长李竹贵、区统计局局长周新关于江川区生态文明建设年度评价有关事项的汇报，研究相关工作；听取并原则同意区委常委、常务副区长李卫东关于区政府党组提请的江川区综合办公区改造工程电子政务智能化系统建设、江磷集团2017年黄磷生产企业扩产促销奖励资金、地震灾后民房重建贴息专项贷款风险补偿金及贴息资金等3项有关事项的汇报，研究相关工作；听取区税务局党委党建工作情况汇报；研究干部议题。

2月27日，区委书记徐贤主持召开中共玉溪市江川区第二届委员会第98次常委会议。会议共1项议题：研究干部议题。

3月12日，区委书记徐贤主持召开中共玉溪市江川区第二届委员会第99次常委会议。会议共14项议题：由区委书记徐贤传达学习习近平总书记在中央政治局第十三次集体学习时的讲话精神，研究江川区贯彻意见；由区委常委、区委宣传部部长何眉传达全市宣传部长会议精神，研究江川区贯彻意见；听取区委常委、纪委书记、监委主任矣向林关于市委第五巡察组对江川区委专项巡察情况反馈意见的通报，研究江川区整改方案；由区委常委、区委办公室主任赵琦通报省委第六巡视组机动巡视玉溪市高原湖泊保护治理情况反馈意见，原则同意江川区整改方案及《关于成立省委第六巡视组机动巡视玉溪市高原湖泊保护治理反馈意见整改工作领导小组的通知（送审稿）》；听取并原则同意区委常委、区委办主任赵琦《关于区委书记、副书记和区委常委工作分工的通知（送审稿）》的汇报，研究相关工作；听取并原则同意区委常委、区委办公室主任赵琦关于2018年党内规范性文件备案工作情况的汇报，研究相关工作；听取并原则同意区委常委、区委办主任赵琦《关于进一步加强和规范全区干部日常工作行为的通知（送审稿）》的汇报，研究相关工作；听取并原则同意区委常委、区委办主任赵琦《关于开展“双比双通报”活动的通知（送审稿）》的汇报，研究相关工作；听取并原则同意区委组织部副部长、区委“两新”组织党工委书记陈宝林关于《中共玉溪市江川区委常委领导班子脱贫攻坚专项巡视反馈意见整改专题民主生活会工作方案（送审稿）》的汇报，研究相关工作；听取并原则同意区委组织部副部长、区委“两新”组织党工委书记陈宝林关于《玉溪市江川区“基层党建创新提质年”实施方案（送审稿）》的汇报，研究相关工作；听取并原则同意区社科联副主席陈金才关于玉溪市江川区社科联成立暨第一次代表大会筹备工作方案的汇报，研究相关工作；听取并原则同意区委宣传部常务副部长、区文明办主任宋良艳关于创建全国文明城市提名城市工作有关事项的汇报，研究相关工作；听取并原则同意区委常委、常务副区长李卫东关于区政府党组提请的江川区2019年重点项目任务分解、江川区机关事业单位退休人员“中人”待遇清算和补发养老金、2018年中央自然灾害生活补助资金分配、《玉溪市江川区退出政府性债务风险提示名单和隐性债务化解方案（送审稿）》、整改江川区2017年置换债券资金回补和2018年托管区闲置地方政府债券资金、《中共玉溪市江川区委　玉溪市江川区人民政府关于全面加强生态环境保护坚决打好污染防治攻坚战的实施意见（送审稿）》、前卫镇项目测绘工作经费，传达学习全国、全省、全市“大棚房”专项清理整治行动会议精神并研究江川区大棚房整治等8项有关事项的汇报，研究相关工作；听取区民政局党组党建工作情况汇报。

3月25日，区委书记徐贤主持召开中共玉溪市江川区第二届委员会第100次常委（扩大）会议。会议共5项议题：通报中央第十二巡视组对云南省开展脱贫攻坚专项巡视反馈意见整改进展情况、省第九督导组及市第二督导组对江川扫黑除恶专项斗争反馈意见问题整改进展情况、省委第六巡视组机动巡视玉溪市高原湖泊保护治理反馈意见整改和省河长办巡查暗访星云湖发现问题整改进展情况、市委第五巡察组对江川区开展专项巡察反馈意见整改进展情况，并对下一步整改工作作安排部署；通报媒体对星云湖污染治理调查情况，研究相关工作。

3月27日，区委书记徐贤主持召开中共玉溪市江川区第二届委员会第101次常委会议。会议共12项议题：由区委副书记、区长王志华传达学习全国“两会”精神，研究江川区贯彻意见；由区委常委、区委组织部部长靳联明传达学习全市城市基层党建暨“高原湖泊卫士”行动现场推进会会议精神，研究江川区贯彻意见；由区人武部部长张运铎传达学习市委议军会议精神，研究相关工作；听取并原则同意区委常委、区委办主任赵琦关于《区委常委会2019年工作要点（送审稿）》的汇报，研究相关工作；听取并原则同意区人大办副主任殷忠伟关于《区人大常委会2019年工作要点（送审稿）》的汇报，研究相关工作；听取并原则同意区政协办主任侯国芬关于《区政协2019年工作要点（送审稿）》的汇报，研究相关工作；听取并原则同意区委组织部干部股股长罗鑫关于《2018～2022年玉溪市江川区干部教育培训规划（送审稿）》和2019年干部教育培训工作计划的汇报，研究相关工作；听取并原则同意区委办副主任、区委督查室主任王亮《关于进一步统筹规范督查检查考核工作的通知（送审稿）》的汇报，研究相关工作；听取并原则同意区委办副主任、区委督查室主任王亮关于贯彻落实省委书记陈豪调研玉溪重要讲话精神进行细化分解涉及江川区15项具体落实措施，贯彻落实省委书记陈豪调研玉溪高原湖泊保护治理工作时的重要讲话精神进行细化分解涉及江川区9项具体落实措施的汇报，研究相关工作；听取并原则同意区委常委、常务副区长李卫东关于区政府党组提请的《云南省星云湖保护条例（修订草案建议稿）》《云南江川捷克轻型固定翼飞机组装项目补充协议（送审稿）》《玉溪市江川区铂鑫国际诊疗中心和药品研发中心投资综合项目投资协议（送审稿）》、机关事业单位退休人员死亡后一次性抚恤金补差、2019年增加星云湖放湖鱼苗采购、《星云湖流域种植结构调整方案（送审稿）》、《星云湖流域农药负荷削减方案（送审稿）》、《星云湖流域化肥负荷削减方案（送审稿）》、《玉溪市江川区星云湖水体达标三年行动2019年脱劣应急计划（送审稿）》、星云湖湿地和湖滨带提质改造资金使用、《玉溪市江川区城镇低效用地再开发工作方案（送审稿）》、大街街道棚户区改造项目和江城古镇棚户区改造项目工作经费、江城纸制品产业园7家企业纸制品产业发展扶持资金等11项有关事项的汇报，研究相关工作；听取区政府党组2019年一季度工作情况汇报；研究干部议题。

4月12日，区委书记徐贤主持召开中共玉溪市江川区第二届委员会第102次常委会议。会议共9项议题：由区委书记徐贤传达学习习近平总书记给云南省贡山县独龙江乡群众的回信和省扶贫开发领导小组第十一次全体会议精神，研究江川区贯彻落实意见；由区委常委、区委组织部部长靳联明通报市委对江川区政府班子调整情况；由区委宣传部常务副部长、区文明办主任宋良艳传达学习全省县级融媒体中心建设推进培训会议精神，研究相关工作；由区委宣传部常务副部长、区文明办主任宋良艳传达学习2019年玉溪市文明委全体（扩大）会议精神，研究相关工作；由区委组织部副部长、区委“两新”组织党工委书记陈宝林通报市委对江川区2018年度基层党建述职评议考核综合评价反馈意见，原则同意江川区整改方案；听取并原则同意区委组织部副部长、区委“两新”组织党工委书记陈宝林关于《玉溪市江川区“高原湖泊卫士”行动实施方案（送审稿）》和成立中国共产党玉溪市江川区星云湖联合委员会有关事项的汇报，研究相关工作；听取并原则同意区委办副主任、区委督查室主任王亮关于2018年市对区目标任务综合考评情况和2018年区对乡镇（街道）、区直部门目标任务综合考评情况的汇报，研究相关工作；听取并原则同意区委办副主任、区委督查室主任王亮关于2019年一季度“双比双通报”活动情况的汇报，研究相关工作；听取区司法局党组党建工作情况汇报。

4月25日，区委书记徐贤主持召开中共玉溪市江川区第二届委员会第103次常委会议。会议共5项议题：由区委书记徐贤传达学习习近平总书记在中央政治局第十四次集体学习时的重要讲话精神，研究江川区贯彻落实意见；由区委常委、区委组织部部长靳联明领学新修订的《党政领导干部选拔任用工作条例》《中国共产党农村基层组织工作条例》，研究江川区贯彻落实意见；听取并原则同意区政府办主任钟镖关于区政府党组提请的一季度经济运行情况汇报和《玉溪市江川区贯彻落实省政府保持经济平稳健康发展22条措施实施方案（送审稿）》、江川区江通线交通安全隐患处置、《玉溪市江川区2017年度城市市政基础设施建设项目物有所值报告》、《玉溪市江川区2017年度城市市政基础设施建设项目财政承受能力评估报告》、《玉溪市江川区2017年度城市市政基础设施建设项目实施方案》、调整滇中特色农副产品冷链储运中心6万吨/年保鲜蔬菜冷链物流项目产业发展扶持资金、江城镇侯家沟村周德营小组公房及活动场所和大龙潭小组美丽乡村建设经费、星云湖主要入湖河流综合治理工程资金使用、2018年烤烟生产收购工作奖励考核兑现及《玉溪市江川区2019年烤烟生产收购责任状考核办法（送审稿）》、《玉溪市江川区人民政府关于切实抓好2019年烤烟生产工作的通知（送审稿）》、江川区治安保卫委员会建设经费等8项有关事项的汇报，研究相关工作；研究干部议题；听取区人社局党组党建工作情况汇报。

5月13日，区委书记徐贤主持召开中共玉溪市江川区第二届委员会第104次常委会议。会议共6项议题：由区委区直机关工委常务副书记陈乔华传达学习全市机关党的工作会议精神，提出江川区贯彻落实意见；由区委常委、区委组织部部长靳联明通报2018年度江川区市管领导班子、市管干部考核等次，研究相关工作；听取并原则同意区委组织部副部长、区委“两新”组织工委书记陈宝林关于《玉溪市江川区关于打造九大党建联盟实施方案（试行）（送审稿）》的汇报，研究相关工作；听取并原则同意区委常委、常务副区长李卫东关于区政府党组提请的2018年高中教育教学综合评价、宝凤路延长线（湖滨路—大庄路段）道路工程建设经费、东风水库库区和移民安置区“美丽家园·小康库区”移民新村建设项目缺口资金、《江川区大龙潭县级自然保护区近期工程建设项目实施方案（送审稿）》等4项有关事项的汇报，研究相关工作；研究干部议题；听取区住建局党组党建工作情况汇报。

5月28日，区委书记徐贤主持召开中共玉溪市江川区第二届委员会第105次常委会议。会议共6项议题：由区委书记徐贤传达学习习近平总书记在解决“两不愁三保障”突出问题座谈会上的重要讲话精神和4月18日省委常委扩大会议精神，提出江川区贯彻落实意见；听取区委常委、区人武部政委曾宪涛关于江川区2018年征兵工作情况的汇报，研究2019年征兵工作；听取并原则同意区委组织部副部长、区委“两新”组织工委书记陈宝林关于《中共玉溪市江川区委常委班子省委第六巡视组机动巡视玉溪市高原湖泊保护治理反馈意见整改专题民主生活会方案（送审稿）》的报告，研究相关工作；听取并原则同意区委常委、常务副区长李卫东关于区政府党组提请的江川区城市生活垃圾填埋场渗滤液处理项目、2019年星云湖脱劣超常规措施（锁磷剂）实施、《2018年市对县区综合考评奖奖金分配方案（送审稿）》等3项有关事项的汇报，研究相关工作；研究干部议题；听取区交通运输局党组党建工作情况汇报。

6月11日，区委书记徐贤主持召开中共玉溪市江川区第二届委员会第106次常委会议。会议共9项议题：由区委书记徐贤传达学习习近平总书记在“不忘初心、牢记使命”主题教育工作会议上的重要讲话精神和云南省“不忘初心、牢记使命”主题教育工作会议精神，研究江川区贯彻工作；由区委书记徐贤传达学习省委书记陈豪同志在玉溪调研高原湖泊保护治理时的重要讲话精神，研究江川区贯彻落实意见；由区委常委、区委统战部部长李志刚传达学习市委农村工作会议精神，研究江川区贯彻落实意见；听取并原则同意区委办副主任、区委督查室主任王亮《关于调整区领导联系“七位一体”重点工作项目的通知（送审稿）》的汇报，研究相关工作；听取并原则同意区委办副主任、区委督查室主任王亮关于2018年度县处级领导干部目标任务综合考评结果、《玉溪市江川区2019年度乡镇（街道）和区直单位（含垂管单位）目标任务综合考评办法（送审稿）》《玉溪市江川区2019年度县处级领导干部目标任务综合考评办法（送审稿）》的汇报，传达学习2019年市对县区目标任务综合考评办法，研究相关工作；听取并原则同意区委组织部副部长、区委“两新”组织工委书记陈宝林关于《庆祝建党98周年系列活动方案（送审稿）》的汇报，研究相关工作；听取并原则同意区委常委、常务副区长李卫东关于区政府党组提请的《星云湖流域保护和开发利用规划》《星云湖保护治理规划》编制经费、江川区星云湖截污沟水体利用工程资金、《玉溪市江川区农村公路“路长制”实施方案（送审稿）》、江川区海埂石料加工厂和江城宏伟石材工艺厂拆除补偿费、大街市场西区前期招商及托管运营、补助云南鸿湖塑料包装有限公司产业发展专项扶持资金、《玉溪市江川区古滇铜街项目投资协议（送审稿）》、《玉溪市江川区农产品废弃物资源化利用处理应用示范项目投资合作协议（送审稿）》、《玉溪市江川区农产品废弃物资源化利用处理应用示范项目投资补充协议（送审稿）》、《玉溪市江川区乡村振兴战略规划（2018～2022年）（送审稿）》、江城纸制品产业园园区道路及排水工程建设、《玉溪市高新区管委会　玉溪市江川区人民政府关于深化龙泉园区一体化发展的通知（送审稿）》、《玉溪市高新区管委会 玉溪市江川区人民政府龙泉园区政府性投资补充协议（送审稿）》、《星云湖一级保护区生态修复及生态屏障构建工程房屋搬迁补偿安置方案（送审稿）》等12项有关事项的汇报，研究相关工作；听取区人大常委会党组、区政协党组2019年上半年工作情况汇报；听取区农业农村局党组党建工作情况汇报。

6月25日，区委书记徐贤主持召开中共玉溪市江川区第二届委员会第107次常委会议。会议共9项议题：听取并原则同意区委常委、区委办主任赵琦传达学习玉溪市解决形式主义突出问题为基层减负工作推进会议精神，汇报《关于解决形式主义突出问题为基层减负的工作措施（送审稿）》，研究相关工作；听取并原则同意区委办副主任、区委督查室主任王亮关《玉溪市江川区贯彻落实省委书记陈豪2019年6月调研玉溪高原湖泊保护治理工作时的重要讲话精神细化分解情况表（送审稿）》的汇报，研究相关工作；听取并原则同意区科协主席韩振华关于《玉溪市江川区全民科学素质行动计划纲要实施方案（2016～2020年）》中期情况的汇报，研究相关工作；听取并原则同意区委组织部副部长、区委“两新”组织工委书记陈宝林关于《玉溪市江川区关于推进“五网”融合的实施意见（送审稿）》的汇报，研究相关工作；听取并原则同意区委组织部副部长、区委“两新”组织工委书记陈宝林关于机构改革后党组（党委）和部分区委派出机关调整设置有关事项的汇报，研究相关工作；听取并原则同意区委组织部副部长、区委老干部局局长胡宇翔关于提高离休干部护理费标准有关事项的汇报，研究相关工作；听取未成年人思想道德建设工作情况汇报；听取区政府党组2019年上半年工作情况汇报；听取区水利局党组党建工作情况汇报。

7月10日，区委书记徐贤主持召开中共玉溪市江川区第二届委员会第108次常委会议。会议共11项议题：由区委书记徐贤通报向市委专题汇报江川区2019年上半年工作情况，研究相关工作；听取并原则同意区委组织部常务副部长、区公务员局局长邢小刚《关于进一步激励广大干部新时代新担当新作为的实施办法（送审稿）》（以下简称《实施办法》）的汇报，研究相关工作；听取并原则同意区委组织部常务副部长、区公务员局局长邢小刚关于《在区管干部选拔任用中考察党员履行义务情况实施办法（试行）（送审稿）》的汇报，研究相关工作；听取并原则同意区委组织部副部长、区委“两新”组织工委书记陈宝林关于《玉溪市江川区村（社区）党组织书记选育管用办法（试行）（送审稿）》的汇报，研究相关工作；听取并原则同意区委组织部副部长、区委“两新”组织工委书记陈宝林《关于党员领导干部落实组织生活制度不经常不认真不严肃问题专项整治方案（送审稿）》的汇报，研究相关工作；听取区应急管理局局长李红庭关于上半年全区安全生产情况的汇报，研究安全生产工作；听取并原则同意区委常委、常务副区长李卫东关于区政府党组提请的玉溪市江川区省级可持续发展实验区建设、《玉溪市江川区参加云南首届最具影响力烟区评选活动实施方案》、2019年扶贫小额信贷贴息贷款风险补偿金、《星云湖南岸乡村振兴示范区项目合作协议（送审稿）》、建子山垃圾填埋场管理经费和玉江大道清扫保洁经费、《玉溪市江川区党政领导干部安全生产责任制实施办法（送审稿）》等6项有关事项的汇报，研究相关工作；研究干部议题；听取上半年信访工作情况汇报；听取2019年上半年全区纪检监察工作情况汇报；听取区人民法院党组、区人民检察院党组2019年上半年工作情况汇报。

7月18日，区委书记徐贤主持召开中共玉溪市江川区第二届委员会第109次常委会议。会议共1项议题：研究干部有关事项。

7月30日，区委书记徐贤主持召开中共玉溪市江川区第二届委员会第110次常委会议。会议共5项议题：听取并原则同意区委办副主任、区委办督查室主任王亮关于2019年二季度“双比双通报”情况的汇报，研究相关工作；听取并原则同意区委常委、常务副区长李卫东关于区政府党组提请的调整村（社区）干部岗位补贴、《玉溪市江川区人民政府关于提请审议2019年新增地方政府债务限额和财政专项预算调整方案（草案）（送审稿）》、星云湖原位控藻及水质提升工程、《玉溪市江川区贯彻落实2019年省督察组督察星云湖河（湖）长制工作反馈问题整改方案（送审稿）》、市公安局江川分局留置看护人员经费、江川区看守所信息化建设改造及房屋修缮等6项有关事项的汇报，研究相关工作；由区委常委、区委政法委书记蒋文传达学习全市依法治市委员会办公室负责人会议暨各协调小组第一次会议精神，听取区司法局局长龚彦龙关于上半年依法治区工作情况的汇报，研究相关工作；听取区自然资源局党组党建工作情况汇报；听取区审计局党组党建工作情况汇报。

8月19日，区委书记徐贤主持召开中共玉溪市江川区第二届委员会第111次常委（扩大）会议。会议共3项议题：由区委书记徐贤传达学习习近平总书记主持召开中共中央政治局会议精神，研究江川区贯彻意见；听取区统计局局长周新、区发改局局长胡正鸿、区自然资源局局长李江润、区财政局局长杨兴华、区工信局副局长付瑞关于上半年经济工作的汇报，总结上半年工作，对下半年工作作安排；听取区委常委、区纪委书记、监委主任矣向林关于各乡镇（街道）党（工）委书记向区纪委常委会专题报告履行全面从严治党主体责任专题汇报会情况的通报，研究相关工作。

8月21日，区委书记徐贤主持召开中共玉溪市江川区第二届委员会第112次常委会议。会议共2项议题：听取区委常委、区委宣传部部长何眉关于九龙晟景项目问题整改有关事项的汇报；由区委常委、区纪委书记、监委主任矣向林通报干部违纪违法问题，研究以案促改工作。

8月30日，区委书记徐贤主持召开中共玉溪市江川区第二届委员会第113次常委会议。会议共12项议题：由区委书记徐贤领学习近平总书记关于“不忘初心、牢记使命”的重要论述，传达中央“不忘初心、牢记使命”主题教育第四指导组到玉溪调研指导主要精神，并作交流发言；听取并原则同意区委组织部副部长、区委“两新”组织工委书记陈宝林关于江川区“不忘初心、牢记使命”主题教育实施方案、领导小组及办公室组建方案、经费预算方案、工作会议方案、指导组方案、常委班子工作方案的汇报，研究相关工作；听取并原则同意区委组织部常务副部长、区公务员局局长邢小刚关于公务员职务与职级并行首次套转人员情况的汇报，研究相关工作；听取并原则同意区委组织部常务副部长、区公务员局局长邢小刚关于江川区党（工）委、党组班子成员任免权限建议的汇报，研究相关工作；听取并原则同意区委组织部副部长、区委“两新”组织工委书记陈宝林《关于软弱涣散村（社区）党组织整顿对象和“一村一策”整改方案（送审稿）》的汇报，研究相关工作；听取并原则同意区政协办公室主任侯国芬《关于加强新时代人民政协党的建设工作的实施意见（送审稿）》的汇报，研究相关工作；听取并原则同意区委常委、常务副区长李卫东关于区政府党组提请的伏家营金桥烟花火炮厂拆除补偿费、《玉溪市江川区森林星云湖建设规划》编制经费、龙泉彩印包装有限公司纸板加工等项目产业发展专项扶持资金、云南龙晋废旧物资回收利用有限公司和云南生生废旧金属回收有限公司补助、市公安局江川分局雄关派出所房屋资产处置、《中共玉溪市江川区委 玉溪市江川区人民政府关于进一步加强禁毒工作的实施意见（送审稿）》、江川区财政资金存放商业银行评价考核、工业园区投资开发有限公司签订1亿元借款再展期合同、2019年中秋国庆期间部分重点工程资金保障、《星云湖原位控藻及水质提升设备采购及运行项目合同（送审稿）》、区融媒体中心建设、非洲猪瘟防控经费、调整区级财政供养人员住房公积金缴存基数等13项有关事项的汇报，研究相关工作；听取区委宣传部常务副部长、区文明办主任宋良艳关于江川区“创文”工作情况的汇报，研究相关工作；听取区统计局局长周新关于江川区全面小康工作推进情况的汇报，研究相关工作；听取区市场监管局局长李江华关于食品药品安全监管工作情况汇报，研究相关工作；听取区市场监管局党组党建工作情况汇报；听取区林草局党组党建工作情况汇报。

9月3日，区委书记徐贤主持召开中共玉溪市江川区第二届委员会第114次常委会议。会议共1项议题：研究干部议题。

9月3日，根据市委组织部干部考察组反馈的意见，区委书记徐贤主持召开中共玉溪市江川区第二届委员会第115次常委会议。会议共1项议题：讨论研究考察对象建议人选。

9月9日，区委书记徐贤主持召开中共玉溪市江川区第二届委员会第116次常委会议。会议共4项议题：区委常委、区人武部政委曾宪涛就习近平总书记关于“不忘初心、牢记使命”的重要论述作学习交流发言；由区委书记徐贤领学习近平总书记关于教育工作的重要论述，研究相关工作；听取并原则同意区委常委、常务副区长李卫东关于区政府党组提请的《玉溪市江川区城乡人居环境整治夏季攻势行动“万名干部讲法规、万名干部除临违”专项工作方案（送审稿）》，《云南省玉溪市江川区城乡环卫一体化系统政府和社会资本合作PPP项目投资协议（送审稿）》，《玉溪市江川区2017年度城市市政基础设施建设政府与社会资本合作PPP合作合同解除协议（送审稿）》，星云湖湿地、湖滨带提质改造PPP项目政府付费需支出资金纳入区级财政预算，区委、区政府综合办公区安保服务，消防救援大队随车器材装备和个人防护装备经费，2019年教育大会等7项有关事项的汇报，研究相关工作；听取区文化和旅游局党组党建工作情况汇报。

9月16日，区委书记徐贤主持召开中共玉溪市江川区第二届委员会第117次常委会议。会议共2项议题：由区委书记徐贤领学习近平总书记近期重要考察讲话精神，区委常委、常务副区长李卫东就习近平总书记关于“不忘初心、牢记使命”的重要论述作学习交流发言；听取并原则同意区委常委、区委组织部部长传达靳联明关于中央、省、市“不忘初心、牢记使命”相关会议精神，江川区“不忘初心、牢记使命”主题教育前期准备工作情况和江川区开展“不忘初心、牢记使命”主题教育相关方案的汇报，研究相关工作。

9月16日，根据市委组织部反馈的意见，区委书记徐贤主持召开第118次区委常委会议。会议共1项议题：讨论研究平级转任重要岗位副处级领导干部、提拔使用的副处级领导干部人选。

9月25日，区委书记徐贤主持召开中共玉溪市江川区第二届委员会第119次常委会议。会议共3项议题：由区委书记徐贤传达学习《中共云南省委关于追授郭彩廷同志为“云南省优秀共产党员”的决定》《中共云南省委关于追授段定华、李文芝同志“云南省优秀共产党员”的决定》，区委常委、区委统战部部长李志刚就习近平总书记关于“不忘初心、牢记使命”的重要论述作学习交流发言；研究干部议题；听取区应急管理局党组党建工作情况汇报。

10月10日，区委书记徐贤主持召开中共玉溪市江川区第二届委员会第120次常委会议。会议共10项议题：由区委书记徐贤传达学习习近平总书记在中央政治局第十七次集体学习时的重要讲话、在庆祝中华人民共和国成立70周年大会上的重要讲话精神，区委常委、区纪委书记、监委主任矣向林就习近平总书记关于“不忘初心、牢记使命”的重要论述作学习交流发言；由区委副书记、代理区长常成领学《云南省星云湖保护条例》，听取并原则同意区委常委、区委宣传部部长何眉关于《〈云南省星云湖保护条例〉宣传工作方案（送审稿）》的汇报，研究相关工作；由区纪委副书记、监委副主任韩丽华通报市纪委关于徐贤同志向市纪委常委会专题报告履行全面从严治党主体责任情况的反馈意见；听取并原则同意区纪委副书记、监委副主任韩丽华关于《玉溪市江川区2019年度党风廉政建设责任制检查考核实施方案（送审稿）》的汇报，研究相关工作；听取并原则同意区纪委副书记、监委副主任韩丽华关于《玉溪市江川区关于对市委民生领域暨扶贫领域腐败和作风问题专项整治反馈问题的整改方案（送审稿）》的汇报，研究相关工作；听取并原则同意区委组织部副部长、区委“两新”组织工委书记陈宝林《关于在“不忘初心、牢记使命”主题教育中开展专项整治的工作方案（送审稿）》的汇报，研究相关工作；听取并原则同意区委常委、常务副区长李卫东关于区政府党组提请的农村“厕所革命”财政配套奖补资金、江川区党群服务中心建设经费和党建示范点经费、江川区矿山地质环境治理恢复保证金、2018年第四批次J地块苗木及地上建（构）筑物补偿费、2018年增收留用及以奖代补资金、星云湖主要入湖河流综合治理工程PPP项目、江川区星云湖污染底泥疏挖及处置工程项目（二期）前期工作经费、江川区市场服务中心预算管理方式变更及借款延期等8项有关事项的汇报，研究相关工作；研究干部议题；听取区政府党组三季度党建工作情况汇报；听取区统计局党组、区政务服务管理局党组党建工作情况汇报。

10月20日，根据市委组织部干部考察组反馈的意见，区委书记徐贤主持召开中共玉溪市江川区第二届委员会第122次常委会议。会议共1项议题：讨论研究考察对象建议人选。

10月22日，区委书记徐贤主持召开中共玉溪市江川区第二届委员会第123次常委（扩大）会议，专题研究经济工作：由区委常委、常务副区长李卫东传达学习全市冲刺四季度打赢稳增长攻坚战推进会议精神，区政府副区长及相关职能部门围绕完成全年目标任务作发言，通报2019年三季度经济运行情况，安排部署四季度及下一阶段经济工作，研究相关工作。

10月28日，区委书记徐贤主持召开中共玉溪市江川区第二届委员会第124次常委会议。会议共10项议题：由区委副书记、代理区长常成就习近平总书记关于“不忘初心、牢记使命”的重要论述作学习交流发言；由区委常委、区委统战部部长李志刚传达学习习近平总书记在全国民族团结进步表彰大会上的重要讲话精神，通报江川区全国民族团结进步示范区创建工作情况及下一步工作安排，研究相关工作；由区委书记徐贤传达学习省委十届八次全会、市委五届八次全会精神，研究江川区贯彻工作，区委常委同志围绕贯彻落实会议精神作表态发言；由区委常委、区委组织部部长靳联明传达学习省委组织部常务副部长李兴华到江川调研“不忘初心、牢记使命”主题教育主要精神，研究江川区“不忘初心、牢记使命”主题教育工作；听取区委常委同志关于2019年市对区目标任务综合考评工作情况的汇报，研究相关工作；听取并原则同意区委办副主任、区委办督查室主任王亮关于2019年三季度“双比双通报”情况的汇报，研究相关工作；听取区文化和旅游局局长刘世培关于公共文化服务体系建设、文化遗产保护工作情况的汇报，研究相关工作；听取并原则同意区科协主席李彦坤关于玉溪市江川区科学技术协会第二次代表大会会议方案、经费预算方案的汇报，研究相关工作；听取并原则同意区委常委、常务副区长李卫东关于区政府党组提请的城乡居民基本养老保险基金归集上划委托投资运营、《2020年江川区部门预算编制和2020～2022年中期财政规划方案（送审稿）》、2019年江川区财政运行、通报江川区非煤矿山转型升级有关情况、通报玉溪市江川区抚仙湖流域山水林田湖草生态保护修复工程有关情况等5项有关事项的汇报，研究相关工作；听取区星云湖管理局党组、区防震减灾局党组党建工作情况汇报。

11月4日，根据市委组织部干部考察组反馈的意见，区委书记徐贤主持召开中共玉溪市江川区第二届委员会第125次常委会议。会议共1项议题：讨论研究平级交流到重要岗位副处级领导干部人选。

11月10日，区委书记徐贤主持召开中共玉溪市江川区第二届委员会第126次常委会议。会议共2项议题：由区委书记徐贤传达学习习近平总书记在中央政治局第十八次集体学习时的重要讲话精神，研究江川区贯彻落实意见；由区委书记徐贤传达学习党的十九届四中全会精神和《中共中央关于坚持和完善中国特色社会主义制度、推进国家治理体系和治理能力现代化若干重大问题的决定》，研究江川区贯彻工作，区委常委同志围绕学习内容作讨论发言。

11月14日，区委书记徐贤主持召开中共玉溪市江川区第二届委员会第127次常委会议。会议共9项议题：区委常委、区委政法委书记蒋文，区委常委、区委办主任赵琦就习近平总书记关于“不忘初心、牢记使命”的重要论述作学习交流发言；由区委书记徐贤传达学习省委副书记王予波到江川调研星云湖保护治理工作精神，区委副书记、区政府代理区长常成传达学习副省长王显刚到江川督导星云湖保护治理工作精神，研究江川区贯彻落实意见；由区委常委、区委组织部部长靳联明宣读市委关于矣向林、郭玉同志的任免职文件，听取区委常委、区委办主任赵琦《关于区委书记、副书记和区委常委工作分工的通知（送审稿）》的汇报，研究相关工作；听取并原则同意区委副书记、区委党校校长矣向林关于《江川区开展深化标本兼治推进以案促改工作方案（送审稿）》的汇报，研究相关工作；听取并原则同意区委宣传部常务副部长、区文明办主任宋良艳关于《玉溪市江川区推动移风易俗树立文明乡风的实施意见（试行）（送审稿）》《玉溪市江川区关于党员干部、国家公职人员和农村干部落实移风易俗的监督管理办法（送审稿）》的汇报，研究相关工作；听取区信访局局长陶文红关于江川区2019年信访工作情况的汇报，研究相关工作；听取并原则同意区科协主席李彦坤关于玉溪市江川区科学技术协会第二届委员会委员、常委候选人建议人选名单，2015～2019年科普工作先进集体和先进个人建议人选名单的汇报，研究相关工作；研究干部议题；听取区科技局党组、市生态环境局江川分局党组、区退役军人事务局党组党建工作情况汇报。

11月26日，区委书记徐贤主持召开中共玉溪市江川区第二届委员会第129次常委会议。会议共11项议题：由区委书记徐贤传达学习习近平总书记关于《共产党宣言》及其时代意义重要讲话精神，研究江川区贯彻落实意见；区委常委、区委宣传部部长何眉就习近平总书记关于“不忘初心、牢记使命”的重要论述，围绕“履职尽责、担当作为”作学习交流发言；听取并原则同意区委组织部副部长、区委“两新”组织工委书记陈宝林关于《中共玉溪市江川区委常委班子召开“不忘初心、牢记使命”专题民主生活会暨吸取秦光荣案深刻教训专题民主生活会方案（送审稿）》的汇报，研究相关工作；听取区委组织部副部长、区委“两新”组织工委书记陈宝林关于软弱涣散基层党组织整顿评估验收工作情况的汇报，研究相关工作；听取并原则同意区纪委副书记、监委副主任韩丽华《关于玉溪市江川区2019年度党风廉政建设责任制检查考核结果的通报（送审稿）》的汇报，研究相关工作；听取并原则同意区委巡察办主任张丽梅关于《中共玉溪市江川区二届区委第十一轮巡察工作实施方案（送审稿）》的汇报，研究相关工作；听取并原则同意区人大办主任雷永彪关于区二届人大代表补选事项的汇报，研究相关工作；听取并原则同意区委常委、常务副区长李卫东关于区政府党组提请的星云湖主要入湖河流综合治理项目农民工工资、《星云湖降磷应急项目实施方案（送审稿）》、江川区2019年退耕还湿资金划转至区星管局、《中国云南江川第十五届开渔节（高原湖泊水产品交易会）活动方案（送审稿）》、《玉溪市江川区政务服务管理局搬迁工作方案（送审稿）》、江川区中小学（幼儿园）安保人员配备、江川区第二幼儿园建设场地管网搬迁、美丽100校园行动计划暨校安工程建设项目还款、《玉溪市江川区2019年财政预算调整方案（草案）》等9项有关事项的汇报，研究相关工作；听取区司法局党组书记、局长龚彦龙关于“七五”普法规划落实情况和2019年司法行政工作情况的汇报，研究相关工作；听取了区总工会主席普朝鹏、团区委书记屈瑞、区妇联主席花云芬关于总工会、共青团、妇联工作情况的汇报，研究相关工作；听取区医保局、区投资促进局党组党建工作情况汇报。

12月10日，区委书记徐贤主持召开中共玉溪市江川区第二届委员会第130次常委会议。会议共9项议题：区委常委、区纪委书记、监委主任郭玉就习近平总书记关于“不忘初心、牢记使命”的重要论述，围绕“坚持政治导向，提升政治能力”作学习交流发言；由区委常委、区人武部政委曾宪涛传达学习习近平总书记在中央军委基层建设会议上的重要讲话精神，研究江川区贯彻落实意见；由区委书记徐贤传达学习省委书记陈豪赴玉溪市督促检查抚仙湖保护治理工作精神，研究相关工作；听取并原则同意区委组织部副部长、区委“两新”组织工委书记陈宝林关于2019年党的建设工作的专题汇报，研究相关工作；听取并原则同意区纪委副书记、监委副主任韩丽华《关于玉溪市江川区2019年度党风廉政建设责任制检查考核结果的通报（送审稿）》的汇报，研究相关工作；听取并原则同意区委常委、常务副区长李卫东关于区政府党组提请的星云湖主要入湖河流综合治理工程PPP项目财政付费资金纳入区级财政预算、推进“水务一体化”工作、江川区2017年市政基础设施建设PPP项目重新选定社会资本方、“8·13”“8·14”地震灾后重建集中安置点基础设施建设补助、传达《玉溪市监察委员会监察建议书》（玉监〔2019〕63号）并研究云南绿竹房地产开发有限公司403亩土地出让违约金追偿、征收河咀社区居民委员会原建国纸箱厂土地和拆除地上建（构）筑物补偿费、2020年春节农民工工资及“冬季攻势”、嵩玉线和大铁线“畅返不畅”项目专项整治、《玉溪市江川区2020年地方财政预算（草案）报告（送审稿）》等9项有关事项的汇报，研究相关工作；研究干部议题；听取区人大常委会、区政府、区政协、区人民法院、区人民检察院党组工作情况汇报。

12月24日，区委书记徐贤主持召开中共玉溪市江川区第二届委员会第131次常委会议。会议共10项议题：区委常委、区委组织部部长靳联明就习近平总书记关于“不忘初心、牢记使命”的重要论述，围绕“廉洁自律、严守纪律规矩”作学习交流发言；由区委书记徐贤传达学习中央经济工作会议精神，研究相关工作；由区委书记徐贤传达学习省委副书记王予波同志赴玉溪调研讲话精神，研究相关工作；由区政协党组书记、主席罗跃岗传达学习市委政协工作会议精神，研究江川区贯彻落实意见；听取并原则同意区委常委、区委办主任赵琦关于中共玉溪市江川区委二届六次全会、区委经济工作会筹备情况的汇报，听取并原则同意区人大办主任雷永彪关于玉溪市江川区二届人大四次会议筹备情况的汇报，听取并原则同意区政协办主任侯国芬关于玉溪市江川区政协二届四次会议筹备情况的汇报，研究相关工作；听取并原则同意区委组织部常务副部长、区公务员局局长邢小刚关于《2019年全区党费收缴、使用和管理情况的报告（送审稿）》的汇报，研究相关工作；听取并原则同意区政府办主任钟镖关于区政府党组提请的《玉溪市江川区加强和改进生活无着的流浪乞讨人员救助管理工作实施方案（送审稿）》、《玉溪市江川区加强应急救援能力建设实施方案（送审稿）》、《玉溪市星云湖水体达标三年行动2020年脱劣应急计划（送审稿）》、《星云湖保护治理规划（2018～2035年）（送审稿）》、九溪河山洪沟防洪治理工程缺口资金、《玉溪市江川区义务教育校长职级制工作实施方案（试行）（送审稿）》、江川区2020年度学前教育补短板项目专项债券、星云湖“十二五”保护治理项目部分欠款、《政府工作报告（送审稿）》、《玉溪市江川区2020年国民经济和社会发展计划建议及说明（送审稿）》、《玉溪市江川区2019年地方财政预算执行情况和2020年地方财政预算草案的报告（送审稿）》、《玉溪市江川区2020年地方财政预算（草案）报告（送审稿）》等9项有关事项的汇报，研究相关工作；研究干部议题；听取区纪委监委、区委组织部、区委宣传部、区委统战部、区委政法委工作情况汇报；听取区城管局党组、区森林公安局党组党建工作情况汇报。

12月27日，区委书记徐贤主持召开中共玉溪市江川区第二届委员会第132次常委会议。会议共2项议题：由区委常委、区委组织部部长靳联明传达学习《云南省村党组织书记县级党委备案管理办法》，研究相关工作；研究干部议题。

12月28日，区委书记徐贤主持召开中共玉溪市江川区第二届委员会第133次常委（扩大）会议。会议共5项议程：市委组织部副部长、市委“两新”组织工委书记詹道斌宣读市委干部任免相关决定；区人大常委会副主任、大街街道党工委书记李德坤通报大街街道经济社会发展情况；区委副书记、区政府代理区长常成通报全区经济社会发展情况；区委常委、区政府副区长周靖宇讲话；区委书记徐贤讲话。

（沈 娴）

【重要会议】 1月10日，中国共产党玉溪市江川区第二届委员会第五次全体会议在江川召开。会议听取和讨论了区委书记徐贤受区委常委会委托作的工作报告，听取和讨论了区委常委会2018年党的建设工作专题报告，全面安排部署了2019年全区经济社会发展各项任务。区委副书记、区长王志华就贯彻落实中央经济工作会议精神、省委经济工作安排和做好2019年江川区经济工作作了安排部署。

1月24日，江川区召开河（湖）长制领导小组全体会议，总结全面推行河（湖）长制以来的工作情况，审议相关工作制度和方案，并对当前和今后一个时期全区河（湖）长制工作进行安排部署。会议审议了《玉溪市江川区河（湖）长制领导小组工作规则（试行）》《玉溪市江川区河（湖）长制工作问责办法（试行）》《玉溪市江川区区级河（湖）长和乡镇（街道）总河（湖）长副总河（湖）长述职实施方案（试行）》，听取了部分河长的述职报告。

1月30日，江川区召开烟草产业高质量发展工作会。徐贤强调，市委市政府高度重视打造三湖核心优质烟区，并落实了一系列措施，全区上下必须坚决完成今年确定的目标任务，稳定核心烟区规模。各乡镇、街道要认识到烟草产业的重要优势，积极引导广大烟农按规划巩固拓展田烟规模。要全力以赴强化面积落实，彻底打消栽不够、收得够的盲目乐观思想，按照区级下达的计划任务来进行规划，并严格育苗时间管控，根据前茬作物种植情况、大田轮作规划，倒推批次育苗时间，抢抓节令，按照5月5日前全面完成移栽任务来谋划安排好各项准备工作。要继续加强合同管理，坚决杜绝空合同、假合同的问题，做到面积栽足栽实，合同签订真实，切实维护好合同计划的严肃性，要全力以赴打击涉烟违法犯罪活动，维护好烟农利益。要落实好扶持政策，进一步加大扶持力度，改善烟区生产条件，同时要优化服务，积极营造烟草产业高质量发展的良好环境，推动科技兴烟兴农，真正把江川的烟草产业抓出高质量发展新成效。

1月31日，中共玉溪市江川区纪委二届四次全会召开。会议强调，全区各级各部门要深入学习贯彻习近平总书记重要讲话和中纪委全会、省纪委全会、市纪委全会精神，提高政治站位，坚定推进全面从严治党的思想自觉和行动自觉，深刻把握新时代党的建设总要求，牢牢把握、自觉践行我们党管党治党、永葆先进性和纯洁性的宝贵经验，坚持“五个必须”，坚定不移推动江川区全面从严治党不断向纵深发展，不断开创江川区全面从严治党新局面。矣向林代表区纪委常委会作题为《凝聚改革合力 坚持稳中求进 为推动江川高质量跨越式发展提供坚强纪法保障》的工作报告。

2月18日，江川区召开扫黑除恶专项斗争领导小组会议。徐贤要求，各乡镇（街道）、各成员单位要切实增强政治担当、历史担当、责任担当，在其位、谋其政、干其事、求实效，在讲政治、敢担当、善作为上发挥引领带动作用，确保专项斗争不犹豫、不懈怠、不停步。要支持人民群众踊跃举报涉黑涉恶线索，收到举报后，要第一时间进行核查落实，并向举报人及时反馈线索核查情况。对举报情况属实，提供重要线索的，要给予相应的物质奖励。相关部门对举报人信息要严格保密，并保障举报人的绝对安全。对违反工作纪律和保密规定造成严重后果的，依法依纪追究其相关责任。对打击报复举报人的，将及时查处，并依法追究其法律责任。对一些可以公开的涉黑涉恶案件，要进行公开审理，严格惩治黑恶犯罪分子，让人民群众看到实实在在的成效、真真实实感受到党委、政府开展扫黑除恶的决心和信心，进一步激发和调动人民群众参与扫黑除恶专项斗争的积极性。

2月18日，江川区召开2019年全区公安工作会议。徐贤要求，全区公安机关和全体公安干警要旗帜鲜明地把党的政治建设摆在首位，以一腔热血铸造队伍忠诚。要进一步增强“四个意识”、坚定“四个自信”、做到“两个维护”，不断强化忠诚核心、拥戴核心、维护核心、捍卫核心的思想自觉、政治自觉和行动自觉，切实强化责任担当，忠实履行职责使命，一以贯之把维护国家安全和政治安全放在公安工作的首要位置。要围绕中心，服务大局，紧扣迎接新中国成立70周年的主线，着眼打赢扫黑除恶专项斗争，围绕成功创建全国文明城市等工作，努力营造江川安定和谐的社会环境。要以高压打击违法犯罪来不断提升人民群众的安全指数，以多元治理解决矛盾来不断提升人民群众的幸福指数，以效率革命、文明执法来不断提升人民群众的满意指数。

2月22日，江川区召开深化机构改革工作推进会暨干部集体廉政谈话会，宣布干部任命决定，对新履职的干部进行任前谈话。徐贤强调，当前，全区机构改革工作已经全面铺开，新调整、新岗位、新职责，要充分体现新时代新担当新作为。各级领导干部要切实提高政治站位，把讲政治作为生命线贯穿干事创业始终，要从讲政治的高度出发，正确对待组织；从顾大局的境界出发，正确对待进退；从利长远的角度出发，正确对待自己，把思想认识高度统一到中央和省、市区委决策部署上来。涉及调整的部门和领导干部要强化责任意识，根据区委的统一部署，有条不紊做好各项工作，确保自己负责的工作不断档、不出纰漏，确保新旧机构交替无缝衔接、有序推进。涉改部门领导班子特别是主要负责同志要聚焦主业、担好主责，以身作则、以上率下，带头维护班子团结，带头抓好干部队伍建设，充分调动各方面的积极性，努力形成“进一家门、成一家人、说一家话、干一家事”的良好氛围。

2月26日，江川区召开创建全国民族团结进步示范区动员会。徐贤要求，要聚焦重点、系统推进，坚持“在云南，不谋民族工作就不足以谋全局”的指导思想，执行党的民族政策；坚持“决不让一个兄弟民族掉队，决不让一个民族地区落伍”的承诺，促进经济高质量跨越式发展；坚持“各民族都是一家人，一家人都要过上好日子”的信念，保障和改善民生；坚持“各民族相知、相亲、相惜”的导向，推进民族交流交融；坚持“依法处理不同民族成员之间矛盾”的原则，维护社会稳定；坚持“使各民族人心归聚、精神相依”的要求，强化文化引领；坚持“少数民族干部是重要桥梁和纽带”的要求，培养新时代高素质少数民族干部队伍，全力争创全国民族团结进步示范区。要扛实责任、改进方法，加强领导，落实落细责任；对标对表，逐一落实指标；立足实效，强化制度建设；从严从实，强化督导检查，全面推进创建工作的责任落实。

2月28日上午，中国人民政治协商会议玉溪市江川区第二届委员会第三次会议在玉溪人民警察训练基地隆重开幕。区政协主席罗跃岗代表政协玉溪市江川区第二届委员会常务委员会向大会报告工作。报告强调，2019年是新中国也是人民政协成立70周年。区政协要高举爱国主义和中国特色社会主义伟大旗帜，深入学习贯彻习近平总书记关于加强和改进人民政协工作的重要思想，坚持团结和民主两大主题，紧紧围绕区委二届五次全会确定的目标任务，把助推江川高质量跨越式发展作为履职主线，着力提升政治协商实效，着力强化民主监督职能，着力增强参政议政本领。要在理论武装上求深化，把准履职方向；在协商议政上求实效，献计改革发展；在民主监督上求突破，建言民生改善；在凝心聚力上求升华，主动汇聚力量；在履职能力上求提升，强化自身建设。要更加紧密地团结在以习近平同志为核心的党中央周围，商以求同、凝聚共识，协以成事、助力发展，坚持建言资政和凝聚共识双向发力，努力为江川经济社会发展作出新的贡献。

2月28日，江川区第二届人民代表大会第三次会议在玉溪人民警察训练基地隆重开幕。区长王志华向大会作政府工作报告。报告指出，2018年区政府在市委市政府和区委的坚强领导下，认真贯彻落实党中央、国务院和省市各项决策部署，围绕“5366”发展思路，聚焦“三大攻坚战”，瞄准“六个走在全省前列”，主攻“三张牌”“三个一”等重点工作，坚持发展第一要务，破瓶颈、转动能，一、二、三产业持续多元提速发展；重治污、强措施，生态文明呈现新气象；重规划、抓发展，城乡面貌日益改观；抓创新、促改革，发展初显活力；重民生、促和谐，人民福祉持续增强；抓作风、强监督，自身建设得到加强。全区经济社会发展稳中提质、稳中向好，地方生产总值增长11.6%，规模以上固定资产投资增长10.2%，一般公共预算收入增长10.3%，社会消费品零售总额增长12.3%，城镇居民人均可支配收入增长8%，农村居民人均可支配收入增长9.1%，城镇登记失业率3.35%，单位生产总值能耗下降9%。报告指出，2019年是新中国成立70周年，也是全面建成小康社会的决战决胜之年，今年政府工作的总体思路是高举习近平新时代中国特色社会主义思想伟大旗帜，创造性贯彻落实中央、省、市重大决策部署，坚持新发展理念，坚持稳中求进工作总基调，坚持高质量发展，围绕“建美一座城、治好一湖水、打造一个高地”的工作重点，继续打好“三大攻坚战”，全力以赴稳增长、兴产业、抓改革、建生态、惠民生、促和谐、防风险，确保经济持续健康发展和社会大局稳定，奋力谱写新时代江川高质量跨越式发展新篇章。报告提出，必须旗帜鲜明讲政治，必须在法治轨道上全面履职，“不忘初心、牢记使命”，永远奋斗，始终坚持对人民负责、受人民监督、让人民满意，不断开创政府工作新局面，努力向全区人民交出合格答卷。

3月2日，江川区召开扫黑除恶专项斗争工作约谈会。区委书记徐贤对照省第九督导组反馈意见问题，结合江川区扫黑除恶专项斗争开展情况进行了约谈讲话。徐贤要求，各级领导干部和各责任单位要扛实工作责任，坚决打赢扫黑除恶专项斗争这一人民战争。要按照中央部署，把扫黑除恶治乱统筹起来，广泛深入发动群众，形成强大合力。要立足实效创新工作举措，认真进行研判，有针对性地采取措施，确保工作取得进展和突破。宣传部门要抓好宣传发动工作；组织部门要着重抓好基层组织建设；扫黑办要发挥牵头抓总协调的作用，快速推进边扫边建工作；其他各涉及的部门要加大对本单位本部门工作推进的宣传力度，加强与上级部门的对接、汇报，争取上级的支持，大力营造开展扫黑除恶专项斗争的社会氛围。要对工作开展情况进行及时总结，实事求是分析存在问题，严格按照整改方案确定的目标任务和工作措施狠抓落实，同时做好群众满意度调查工作，确保扫黑除恶专项斗争工作取得实实在在的效果。

3月5日，江川区召开全区“双创”工作总结表扬暨创建全国文明城市提名城市动员会，认真总结江川区“双创”工作成功经验，巩固创建成果，对创建全国文明城市提名工作进行再部署、再推进，动员全区广大干部群众积极投身创建工作。徐贤强调，江川顺利通过国家卫生城市复审，成功创建云南省文明城市，标志着城市建设管理迈入一个新的历史阶段。建设宜居宜业和谐美丽新江川，是顺应高质量跨越式发展的需要和人民群众的期盼。各级相关部门要进一步统一思想、自我加压、积极作为，坚定“创则必成”的信心和决心，按照“一年打基础、两年见成效、三年创成功”的必胜信心和工作步骤，实现“争先进位”的目标荣誉。要以产兴城，营造城市发展活力；以文载城，传承城市文明基因；以绿养城，打造城市宜居环境；以德润城，厚植城市道德风尚，不断彰显“宜居宜业”的城市品质。要领导挂帅、责任上肩，系统推进、城乡联动，加强宣传、营造氛围，健全机制、狠抓落实，压实“战之则胜”的责任使命，确保江川区2020年顺利步入全国文明城市行列。会上，区委常委、常务副区长李卫东宣读了《玉溪市江川区关于表扬巩固国家卫生城市、创建第四届云南省文明城市工作先进集体和优秀个人的通报》。

3月6日，江川区召开棚户区改造工作领导小组会议，审议大街街道、江城镇棚户区改造项目建设工作指挥部提请研究事项。徐贤指出，大街街道棚户区改造项目现已基本完成了第一、二批棚改拆迁签约，棚改工作推进有成效。为加快整个项目的进度，将启动第三批棚改拆迁签约工作。徐贤提出，大街街道棚户区改造项目已经签约部分要加快拆除进度，同时启动强拆方案，第三批签约工作同意按方案推进，但必须集中攻坚，切实解决群众反映的问题，确保签约率在90%以上。徐贤强调，大街街道棚改区规划要从提升人居环境质量、城市品位、棚改效率等方面考虑，真正达到通过棚改实现城市提质扩容、造福群众的目的。针对江城镇棚户区改造项目建设工作指挥部提请研究的事项，徐贤表示，在确定必须保留的古建筑以外，加大已签约户数的拆除力度，同时强制推动签约扫尾工作。

3月13日，江川区召开2019年信访工作会。区委常委、政法委书记蒋文强调，各乡镇（街道）、各级部门要进一步提高政治站位，强化责任担当，依法及时就地解决好群众的合理诉求，树牢人民信访理念，夯实做好新时代信访工作的思想根基，推动新时代信访工作高质量发展。要结合江川区实际，深刻认识信访工作面临的新形势、新情况、新问题，加强矛盾纠纷排查化解，深入开展领导干部大接访大下访活动，统筹做好特定利益群体和重点人员的稳控工作，坚持强化底线思维，更好地维护群众合法权益、维护改革发展稳定大局。要持续深化改革创新，积极做好信访机构改革后续工作，不断推动阳光信访、责任信访、法治信访高质量发展。要落实全面从严治党，高度重视信访干部队伍建设，优化队伍结构，严格纪律作风，不断提高信访干部综合能力，有效解决广大群众的生产生活问题，进一步树立忠诚干净担当过硬的信访队伍新形象。要落实领导责任，形成工作合力，严格责任追究，加强应急处置，扎实做好信访矛盾排查化解，切实解决信访诉求，维护群众利益，营造良好的社会环境。

3月15日，江川区召开2019年“扫黄打非”工作会议。区委常委、宣传部部长、区“扫黄打非”领导小组组长何眉要求，今年，全区“扫黄打非”工作要增强“四个意识”、坚定“四个自信”、坚决做到“两个维护”，要强化严格监管，严厉打击各类非法出版物活动，着力强化市场监管、网上治理、案件查办和依法处置；要突出重点工作，深入扎实抓好 “清源、净网、护苗、秋风、固边” 五大专项行动；要注重夯实基础，不断提升“扫黄打非”工作能力和水平，加强基层站点标准化建设，加强宣传教育，强化自身建设；要进一步加强对“扫黄打非”工作的领导，严格落实意识形态工作责任制，建立健全工作机制，切实强化分工协作，强化监督执纪问责。扎实做好各项工作，为庆祝新中国成立70周年、决战脱贫攻坚、决胜全面建成小康社会、推动高质量跨越发展和建设宜居宜业和谐美丽新江川提供坚实保障。

3月20日，江川区二届区委召开第八轮巡察工作动员部署会，安排部署第八轮巡察工作。区委第八轮巡察决定派出四个巡察组，对市公安局江川分局、区市场监管局、江川一中、江川职中4家单位开展常规巡察,同时将脱贫攻坚巩固提升、扫黑除恶、城乡人居环境整治、转变工作作风、强化执行力、基层党组织组织力提升等工作纳入巡察内容。矣向林要求，此轮巡察要以构建风清气正政治生态为重点,深入检查党的政治建设和思想建设情况；要以组织体系建设为重点，深入检查党的组织建设情况；要以整治“四风”问题为重点，深入检查党的作风建设情况；要以领导干部廉洁自律和整治群众身边腐败问题为重点，深入检查党的纪律建设和夺取反腐败斗争压倒性胜利情况。

3月20日，江川区召开《云南省星云湖保护条例》修订工作推进会。徐贤强调，依法保护和开发重在能够执法，要突出问题导向，找出当前星云湖保护、管理、开发当中存在哪些无法可依的问题，在地方立法中来进一步明确。各主责部门一定要结合各自工作，从有利于保护和开发的角度，认真研究《条例》执行条款的可行性。修订工作组要听取各方意见建议，借鉴成熟经验，确保文字表述精准、权责设定合理，立法科学。

3月20日，江川区召开第四次全国经济普查工作推进会。徐贤要求，全区各有关部门要加强组织领导，主动作为，落实工作责任，明确责任人，以高度的责任感和事业心来开展好普查工作。区普查办等有关部门要强化督促检查，确保普查工作在既定的时间范围内圆满完成。区委副书记、区长王志华主持会议，要求，各级领导干部要积极配合普查工作，广泛深入开展宣传工作，利用广播、电视、报纸、微信等媒介营造氛围，动员群众。要认真做好普查对象的服务工作，确保本次普查工作普出总量、普出质量、普出全区发展的总成效。

4月8日，江川区召开扫黑除恶专项斗争领导小组会议。徐贤强调，经过一年多的努力奋斗，我们形成了以“零容忍”的态度严厉打击涉黑涉恶案件的凌厉攻势，扫黑除恶专项斗争取得了阶段性战果。但对标中央省市要求，江川区扫黑除恶专项斗争的问题依然突出。根据省、市督导反馈的情况，我们问题不少。对比全市扫黑除恶工作进度，我们差距不小。从案件办理情况来看，我们效率不高。这些问题，大家务必高度重视、主动认领、深刻剖析、全面整改。要突出问题导向，政治站位要更有高度、工作举措要更有力度、宣传发动要更有广度、基层建设要更有硬度，群众回应要更有温度，以市督导问题整改与中央督导准备为契机，周密部署，在“深挖根治”上下功夫，把握好扫黑除恶专项斗争的“度”，再掀起新一轮强大攻势；要坚持效果导向，坚持整治效果、法律效果、社会效果相统一，近期效果、中期效果、长期效果相衔接，不断优化抓落实、抓推进的有效举措，确保扫黑除恶专项斗争取得中央督导的工作成效，有经得起历史检验的工作实效、有可持续的工作长效。要把思想绷得更紧一些，把拳头捏得更紧一些，把准备做得更全一些，强化政治担当，坚决惩腐打伞，推动江川扫黑除恶专项斗争再掀强大攻势，奋力为江川繁荣发展、人民安居乐业营造更加良好的社会环境。区委副书记、区长王志华主持会议，并领学了中央扫黑除恶第20督导组督导云南省工作动员会会议精神。区委常委、政法委书记蒋文通报了“4·27”专案开庭审理情况。会议研究审议了《玉溪市江川区贯彻落实市扫黑除恶专项斗争第二督导组反馈意见问题整改方案》。

4月15日，江川区召开区委国家安全委员会第一次会议，认真学习贯彻习近平总书记关于国家安全的重要论述，安排部署全区国家安全工作。会议指出，国家安全是安邦定国的重要基石，是人民群众最基本、最普遍的愿望，维护国家安全就是维护全国各族人民的根本利益。党的十八大以来，以习近平同志为核心的党中央准确把握国家安全形势变化新特点新趋势，坚持以人民安全为宗旨，提出总体国家安全观，加强国家安全顶层设计，作出维护国家安全的一系列重大部署，开创了国家安全工作新局面，人民群众的安全感、幸福感明显增强。

4月19日，新成立的江川区委全面深化改革委员会召开第一次会议，传达学习中央、省、市委全面深化改革委员会相关会议精神，研究审议江川区有关改革方案和事项。会议传达学习了中央全面深化改革委员会第六次会议，省委全面深化改革委员会第一次、第二次会议，五届市委全面深化改革领导小组第十八次会议，市委全面深化改革委员会第一次会议会议精神。要求全区各级各部门领导干部认认真真、原原本本学习贯彻好习近平总书记关于全面深化改革的认识论和方法论，做改革的践行者、拥护者，确保中央、省委、市委会议精神在江川区落地生根、开花结果。会议审议通过了《区委全面深化改革委员会工作规则》《区委全面深化改革委员会专项小组工作规则》《区委全面深化改革委员会办公室工作细则》。会议要求，严格按照“两规则一细则”要求开展工作，推动区委有关重大改革政策措施的落实落地。会议审议通过了《区委贯彻落实党的十九大报告重要改革举措实施规划（2018～2022年）》，会议指出，该实施规划是今后一个时期江川区贯彻落实党的十九大改革部署的时间表、路线图，要提高认识、对标对表，坚持问题导向，加强改革督查，推动规划落地见效，确保中央、省委和市委全面深化改革工作各项部署在江川形成生动实践。会议审议研究了《新时期产业工人队伍建设改革实施方案》《玉溪市江川区湿地保护修复制度工作方案》《玉溪市江川区推动农村土地所有权承包权经营分置的实施方案》《玉溪市江川区关于国家公职人员直系亲属和农村党员干部享受国家补助（补贴）政策公示办法》，并结合江川实际对以上方案提出了进一步修改完善的建议和意见。会议还听取了江川区农村集体产权制度改革工作推进情况汇报，通报了全区2018年改革任务完成情况。

4月19日，江川区召开2019年宣传思想工作会，深入学习贯彻习近平总书记关于宣传思想工作的重要思想，全面落实全国、全省、全市宣传部长会议精神，总结2018年全区宣传思想工作，安排部署今年工作任务，推动全区宣传思想工作开新局、谋新篇。会议要求，要加强党对宣传思想工作的全面领导，坚持以党的政治建设为统领，旗帜鲜明讲政治，扎实开展增强“四力”教育实践，锤炼作风强本领，把握守正创新的时代坐标，锐意改革促发展，不断谱写宣传思想工作新篇章。

4月26日，江川区召开实施乡村振兴战略暨农村人居环境整治工作现场推进会。会前，与会人员对澄江县农村人居环境整治和旅游小镇、特色民宿示范村等乡村振兴特色亮点工作进行了实地观摩。徐贤重点强调了6方面的问题。一是关于规划引领的问题。各乡镇（街道）对农村居民集中建房、自建房的管控，要在坚持好农村宅基地管理办法的基础上，对房屋布局、墙体立面、建房程序严格把关。对于私搭乱建、违法违规建房的，要大胆依法管理，同时要广泛在群众中开展法制宣传，增强村民的法规意识，自觉维护乡村振兴规划的严肃性和科学性。二是关于环境整治的问题。各乡镇（街道）、各部门要围绕最脏、最乱、最差和群众反映最强烈的“四最”问题，下大力气解决，以问题的解决倒逼责任的落实。要持续抓好“5·20”美丽家园城乡人居环境集中整治日行动，建机制、划网格，充分发动群众、组织群众、依靠群众，形成人人参与环境卫生整治的良好氛围。同时要进一步建立健全切实好用、具有实效的考核管理办法，激发保洁员工作积极性。三是关于项目建设的问题。要抓住机遇争取项目。项目落地后，切不可机械执行，犯教条主义错误，绝不能出现公厕建在高山上，小组公房高大上的现象，要结合农村地区实际，因地制宜认真研究项目，使项目建设效益最大化。四是关于产业发展的问题。要把发展农村生产力放在突出位置，加快推进农业由增产导向转向提质导向，不断提高农业创新力、竞争力和全要素生产率，发挥农业“接二连三”的作用，强化产业招商，推动农业高质量发展。五是关于加强基层党建的问题。必须始终抓牢基层党建这个“牛鼻子”，全面提升各级领导干部做好“三农”工作的能力水平，打造一支懂农业、爱农村、爱农民的农村工作队伍，用强基筑底的实际成效来把党管农村工作的要求落到实处。六是关于督促检查的问题。要深刻认识到，减负不减责，失责必追责，减负必须与不作为、慢作为等问题专项整治有机结合，做到“两手抓、两手都要硬”，避免责任虚化缺位。

4月30日，江川区召开2019年党建工作领导小组扩大会议。徐贤要求，要以社区为单位，全面开展摸清底数工作，针对江川主城区户籍人口、常住人口、流动人口、小区、驻社区企业、社会组织等要素开展一次大排查摸底行动，精心设计表格，分类建立台账，建立健全社区基础信息库，扎实做好基础工作。要下决心推“四改”，强化工作举措，加快推进街道社区机构体制改革、户籍制度改革、产权制度改革和物业管理服务体制改革。要建机制创示范，在网格党建、街区党建、商圈党建、楼宇党建四个方面创新理念、创新实践，达到有阵地、有标识、有载体、有机制的创建标准，每个方面至少打造2个示范点，以示范引领工作。要抓好重点督查落实，从严从实推动制度落实，在街道社区和驻区单位党组织两个主体上共同发力，用好需求清单、资源清单、项目清单，实现区域各类党建资源和群众服务需求有效对接。

5月15日，江川区召开新时期产业工人队伍建设改革工作推进会，深入学习贯彻习近平总书记关于全心全意依靠工人阶级、推进产业工人队伍建设的重要讲话和重要指示精神，落实省、市、区委和政府关于新时期产业工人队伍建设改革的相关方案要求，并对江川区全面推进产业工人队伍建设改革工作进行动员和部署。

5月17日，江川区召开2019年征兵工作任务部署暨大学生征兵工作会议。区委副书记、区长王志华王志华强调，各部门要把征兵工作列入重要议事日程，主要领导亲自抓，分管领导具体抓，及时研究解决问题，保证征兵工作顺利实施。各乡镇（街道）要建立健全征兵工作领导机构，加大宣传力度，按照2019年各乡镇（街道）“五率”指导指标，完成大学生士兵的征集。要合理调配人力物力财力，盯住目标任务，制定措施、狠抓落实，以饱满的工作热情，求真务实的工作态度，扎实过细的工作作风，打牢征兵工作基础，确保年度征兵工作任务圆满完成。

5月21日，江川区召开2019年统战（民宗）工作会议，总结2018年统战（民宗）工作，安排部署2019年工作任务。区委常委、统战部部长李志刚要求，要深刻把握新时代统一战线的新特点新规律，奋力推动新时代江川

统一战线工作开创新局面：一要强化理论武装，夯实共同思想政治基础；二要凝心聚力，全力以赴，抓好民族团结示范区创建工作；三要整治突出问题，维护宗教领域和谐稳定；四要突出“两个健康”，营造民营经济良好发展环境；五要坚持分类施策，加强和改进新时代党外知识分子工作；六要加强团结引导，做实新的社会阶层人士统战工作；七要提高服务水平，做好争取人心工作；八要挖掘资源，探索创新，不断扩大统战工作覆盖面；九要加强党外干部队伍建设，打牢统一战线持续发展基础；十要完善制度，健全网络，努力构建多维立体统战信息宣传新格局。

5月24日，江川区召开2019年组织工作暨“五网融合”工作动员大会，推进全区党建网格、“双创”网格、综治网格、城市管理网格和民族团结示范区建设网格五项重点工作融合发展，进一步提升组织工作水平，增强党建引领社会治理能力。

6月12日，江川区召开营商环境提升年工作座谈会，深入贯彻落实全省营商环境提升年工作动员电视电话会议和全市营商环境提升年工作推进电视电话会议精神，持续深化“放管服”改革，安排部署江川区营商环境提升年工作任务。

6月18日，中共玉溪市江川区委全面依法治区委员会第一次会议召开。会议审议了《中国共产党玉溪市江川区委员会全面依法治区委员会工作规则（送审稿）》《中国共产党玉溪市江川区委员会全面依法治区委员会协调小组工作规则（送审稿）》《中国共产党玉溪市江川区委员会全面依法治区委员会办公室工作细则（送审稿）》《中国共产党玉溪市江川区委员会全面依法治区委员会协调小组成员建议名单》《中国共产党玉溪市江川区委员会全面依法治区委员会办公室成员建议名单》。

6月18日，召开江川区委退役军人事务工作领导小组第一次会议暨“双拥”工作领导小组会议。会议书面传达学习了中央、省委、市委退役军人事务工作领导小组会议精神；审议了《中共玉溪市江川区委退役军人事务工作领导小组工作规则（送审稿）》《中共玉溪市江川区委退役军人事务工作领导小组办公室工作细则（送审稿）》；听取了区退役军人事务和“双拥”工作情况汇报。

6月19日，中共玉溪市江川区二届区委第九轮巡查工作动员部署会召开。区委常委、纪委书记矣向林在会上要求，要提高政治站位，深入学习领会全国巡视工作会议和全国市县巡察工作推进会议精神，把思想统一到中央对巡察工作的定位和要求上来，增强做好巡视巡察工作的责任感、使命感和紧迫感，推进巡视巡察工作落地见效，为促进江川高质量跨越式发展提供坚强政治保障，力争使江川区巡察工作走在全市前列。要紧扣政治巡察不放松，突出政治体检；紧扣政治生态不放松，突出“七看七着力”；紧扣责任落实不放松，突出问题导向；紧扣作风建设不放松，突出整治形式主义、官僚主义；紧扣整改落实不放松，突出巡察实效，推动巡察工作质效不断提升。要以提升群众幸福感为切入点，把握环节、吃透政策，整合力量、突出重点，立行立改、强化效果，注意总结、形成经验，扎实做好县区巡察向村（社区）党组织延伸工作。要坚持严管就是厚爱，对标对表、绝对忠诚，加强学习、提高本领，严以律己、服从管理，打造高素质巡察队伍，确保扎实有效完成巡察工作任务。

6月20日，江川区召开学习贯彻全国公安工作会议精神暨庆祝中华人民共和国成立70周年安保工作会。区委书记徐贤要求，公安机关要把捍卫政治安全放在首位，进一步提高对敏感舆情和苗头性、倾向性问题的发现和应对处置能力，严厉打击制造传播政治谣言和有害信息活动，坚决守住意识形态领域阵地；要依法打击非法宗教活动，坚决遏制“法轮功”“全能神”等邪教滋扰破坏活动；要把严惩违法犯罪坚持到底，持续深入抓好扫黑除恶专项斗争；要紧紧抓住人民群众反映强烈的突出治安问题，创新和完善新机制新手段，不断提升办案效率和水平；要持续加大对枪支弹药、爆炸物品、管制器具的管理，严防各类危险物品流入社会造成危害；要强化交通安全管理，着力排查事故隐患、整治交通违法行为，坚决防止发生重特大交通事故；要严格大型活动审批，督促主办单位和个人落实安全责任和安全措施，严防发生拥挤踩踏、建筑物垮塌致人死亡事故。公安队伍要强化自身建设，始终坚持全面从严治党治警，持续推进“大培训、大比武、大练兵、大交流、大建设”，全面提升队伍法律政策运用、防控风险、群众工作、科技应用、舆论引导“五个能力”，使广大民警始终保持旺盛斗志和持久战斗力。

6月20日，江川区召开区委巡察机构和区纪委监委派驻派（出）机构工作座谈会，学习贯彻习近平总书记关于全面从严治党的重要论述，落实中央和省委、市委关于加强巡视巡察和派驻监督的工作部署，就如何更好发挥区委巡察机构和区纪委监委派驻派（出）机构的职能作用进行研究。

6月24日，江川区召开2019年上半年经济运行分析会。分析江川区1～5月经济运行各项指标完成情况，盘清眼前账，确保实现“时间过半、任务过半”，为完成全年目标任务奠定基础。

6月27日，江川区委召开2019年“七一”座谈会暨城市基层党建工作推进会，全面落实新时代党的建设总要求,不断提升基层党组织的战斗堡垒作用，为推动江川区经济社会高质量跨越式发展提供坚强有力的组织保障。

7月4日，江川区召开“美丽县城”建设工作推进领导小组第一次会议。王志华要求，全区各级各有关部门，要统一思想、提高认识，切实抓好“美丽县城”建设工作各项工作。要吃透政策、补齐短板，熟悉操作流程，避免工作的盲目被动；要坚持问题导向，以“干净、宜居、特色”为目标和基本要求，认真研究梳理、对照问题清单，逐一推进项目落实，确保“美丽县城”建设取得实质性成效，切实增强人民群众获得感。宣传部门要统筹联动、加大工作力度，对“美丽县城”建设的项目规划、实施成效进行广泛宣传；工作推进领导小组要建立季度联席会议制度，研究解决项目推进中存在的问题；督查部门要跟进督查建设工作推进情况，对工作中推诿扯皮不愿负责、项目进展缓慢滞后的，要提出督查意见，确保“美丽县城”建设相关项目早落地、早见效，为建设更加美丽的江川作出新的、更大的贡献。

7月16日，江川区召开城市基层党建联盟和文明城市创建工作联席会。徐贤要求，全区上下要牢固树立“一盘棋”思想，弘扬“志不求易，事不避难”的奋斗精神，领导要挂帅出征，当好城市基层党建联盟和文明城市创建网格“领头羊”，带头研究工作，带头解决突出问题，带领联盟成员齐心协力建好联盟、建强堡垒，推动工作全面提速。部门要扛起责任，各级各部门严格按照“五网”融合工作目标，细化分解每一个网格的具体责任，到岗、到人、到位，以责任推动工作落实。奖惩要严格兑现，对城市基层党建、文明城市创建及“五网”融合工作中真抓实干、卓有成效的单位和个人，在年终考核和提拔使用上予以优先考虑，对工作不力、行动迟缓的单位和个人，将进行严肃处理，确保人人身上压担子、时时事事有压力，举全区之力打造好城市基层党建联盟，引领全国文明城市创建。

7月18日，召开江川区委农村工作会议暨人居环境整治夏季攻势动员会议。区委书记徐贤要求，全区各级各部门要高度重视，自觉主动地把领导责任和工作责任扛起来，一步一个脚印，在行动中体现责任意识，强化领导作用，以工作成效检验担当精神。要做到书记抓、聚合力、建队伍、强督导，扎实开展好城乡人居环境整治夏季攻势行动。区委副书记、区长王志华对全区人居环境整治夏季攻势行动作了全面安排。他要求，全区各级各部门要统一思想认识，增加开展夏季攻势的紧迫感，紧盯8大目标任务，力争用3个月时间解决存在的突出问题，攻下一批难点、重点，真正使城乡人居环境有新变化、大提升。要坚持问题导向，结合实际、倒排时间，细化分解任务，全力完成夏季攻势重点目标任务。要把责任压实，把项目做实，真抓实干，全力攻坚，推动全区城乡人居环境整治夏季攻势取得实实在在的成效。

7月31日，江川区召开创建全国民族团结进步示范区领导小组第二次（扩大）会议，传达学习省民宗委对江川区全国民族团结进步示范区创建工作提出的建议和要求,总结分析阶段工作,研究创建工作相关机制，加快推进示范创建步伐。

8月27日，江川区召开招商引资工作委员会2019年第一次会议。区委书记徐贤要求，全区各级各有关部门要提升政治站位，紧贴江川实际，紧盯目标、抓住关键、创新方法，奋力开创招商引资新局面。要聚焦发展抓招商，用心用情来招商，做好服务，主动对接，抓好项目。要勇于担当作为，积极投身招商引资具体实践，加强督查考核，全面落实好政府推进主体、项目单位实施主体、各职能部门服务主体“三个主体责任”，进一步完善联席会议、领导包联、对口部门推进制度，实行“一个项目、一名领导、一套班子、一抓到底”工作机制，以全力抓好“五亮五公开”“首问责任工作制”等为抓手，持续优化营商环境，确保招商引资项目全面落地落实。

9月5日，中共玉溪市江川区委召开全面深化改革委员会第四次会议暨全区深化党政机构改革总结会，传达学习中央、省、市深化改革委员会相关会议精神，研究审议深化改革事项，总结江川区机构改革取得的成效和经验，安排巩固提升机构改革成果、做好改革“后半篇文章”相关工作。会议审议通过了《玉溪市江川区关于命名特殊贡献或改革创新先进集体评选办法》《玉溪市江川区残疾人联合会改革方案》《关于推进玉溪市江川区街道职能调整和体制改革的意见》《玉溪市江川区贯彻落实加强公立医院党的建设工作意见的实施方案》《玉溪市江川区推进紧密型医疗共同体建设实施方案》《玉溪市江川区关于推进防灾减灾救灾体制机制改革的实施意见》。

9月16日，江川区召开“不忘初心、牢记使命”主题教育工作会议。区委书记徐贤要求，加强组织领导，确保主题教育扎实开展取得实效，责任要明，全区主题教育在区委常委会领导下开展，区委主题教育领导小组各成员单位要切实发挥职能作用，主动担责，形成齐抓共管合力。各级党组织要认真履行主体责任，自觉把主题教育抓在手上，把各项目标任务落到实处，各党（工）委（党组）成员要认真履行“一岗双责”，加强对分管领域的督促指导。党员领导干部要带头学、带头改，以彻底的自我革命精神解决违背初心和使命的各种问题；责任要实，全区各级各部门要力戒形式主义、官僚主义，既要实实在在抓教育，又要真刀真枪解决实际问题；督导要严，区委主题教育领导小组办公室要主动配合市委巡回指导组开展工作，派出指导组，对全区各部门各单位进行督促指导，从严从实加强督促指导，确保主题教育不走样、不跑偏。市委第二巡回指导组组长李卫华出席会议，并介绍了指导组的职责和任务，对江川区开展主题教育前期准备工作给予了高度评价，同时，还从七个方面对下步工作提出了明确要求。表示将按照习近平总书记重要讲话精神和党中央、省委、市委部署要求，切实加强督促指导，坚持原则、严守标准，推动主题教育取得好的效果。

10月29日，江川区召开2019年度党建暨党风廉政建设责任制检查考核工作动员会。区委书记徐贤强调，要严格标准，考核决不能走过场。区委决定组成15个检查考核组，利用10天左右时间对14个党（工）委党建工作和66个党风廉政建设责任单位进行一次全面的考核问效。被考核的单位要以端正的态度、自觉的行动做好迎接考核的各项准备，把各项工作在考核当中做进一步完善和提升。考核组要严格按照标准要求来开展考核，突出七个重点：一是抓住领导班子和领导干部这个关键；二是落实党风廉政建设党（工）委（党组）主体责任、纪（工）委监督责任的情况；三是遵守党的纪律和执行中央八项规定精神情况；四是主题教育开展情况；五是贯彻落实省委十届八次全会精神和市委五届八次全会精神情况；六是以案促改工作开展情况；七是区委、区政府重大决策、政策的执行情况。要把握考核的关键环节：了解情况要全面客观，民主测评要原汁原味，个别访谈要深入细致，反馈意见要明确精准。要坚持问题导向，各检查考核组要紧扣工作要求，既要善于发现被检查考核单位在落实党建暨党风廉政建设责任制方面的好做法、好经验，更要注重查找存在的不足和问题，提出具有针对性和建设性的意见建议，从而推动全区党风廉政建设取得新成效。

11月16日，江川区召开河（湖）长制领导小组会议暨星云湖保护治理雷霆行动工作推进会。徐贤要求：大街街道要于今年11月30日前完成宅基地分配到户，江城镇、前卫镇要于今年11月20日前完成宅基地分配到户，所有“四退三还”安置点要于今年12月15日前推动安置房建设破土动工；所涉及的用地报批工作由国土部门负责，其他相关单位依据部门职能分领推进责任；过度安置工作要因地制宜，确实没有亲戚朋友投靠且没有公房安置的，再搭建活动板房；退房拆除工作要全面展开，本着“能拆全拆、缓拆的限期拆”原则开展工作；星云湖100米核心区范围内的房屋要全部启动入户签约工作，2020年2月28日启动强制拆除工作。2020年6月30前未实现应拆尽拆的乡镇（街道）给予党委、政府集体问责，涉及的责任干部、关联干部进行纪律处分；各乡镇（街道）的退田收尾工作要尽快完成。

11月19日，江川区委书记徐贤主持召开中共玉溪市江川区委网络安全和信息化委员会第一次会议。会议听取了2019年全区网信工作情况汇报；审议通过了《中共玉溪市江川区委网络安全和信息化委员会工作规则（送审稿）》和《中共玉溪市江川区委网络安全和信息化委员会办公室细则（送审稿）》。

11月19日，江川区召开国家创新型城市建设工作领导小组会议，总结2018年以来全区国家创新型城市建设工作取得的成绩和存在的问题，研究安排下一步的工作任务，全力加快推进国家创新型城市建设。

11月22日，江川区召开2019年党建引领小区治理“红色物业”暨文明城市创建工作推进会。徐贤强调，要坚持举全区之力补短强弱，确保文明城市复审测评“来审必过”。实现文明城市复审测评顺利通过，既是一项政治任务，也是对人民群众美好生活期待的最好回馈。江川作为玉溪主城区的一部分，要在城市建设上提速，要在城市管理上提质，每一名领导干部都要有“绣花”意识和“绣花”精神，以“绣花”般的耐心、细心、巧心来提高城市精细化管理水平，提升城市品质，打造城市品牌。面对严苛细致的测评要求，要从细节处着眼，从指标上发力，坚持问题导向，用最快速度、下最大决心把各项问题坚决整改到位，把各项短板弱项补起来，确保各重点指标不失分、各难点指标少失分、各亮点指标多加分。

12月3日，江川区召开脱贫攻坚巩固提升“冬季攻势”暨推进乡村振兴统筹城乡发展工作专题会，深入学习贯彻习近平总书记关于脱贫攻坚工作的重要指示批示精神和中央、省、市相关会议精神，对全区脱贫攻坚巩固提升“冬季攻势”和推进乡村振兴统筹城乡发展工作进行安排部署。徐贤要求，要准确把握新时代扶贫格局发展新变化，盯牢明年确保实现全省脱贫攻坚的目标，按照行业发力、重点突破、集中攻坚的要求，贯彻落实好精准脱贫攻坚战三年行动实施意见，持续推进产业扶贫、深入实施就业扶贫、扎实推进健康扶贫再提升工程、精准落实教育扶贫、扎实推进安居扶贫、筑牢兜底保障扶贫、大力推进消费扶贫。

12月3日，江川区召开二届区委第十一轮巡察工作动员部署会。区委常委、纪委书记、区委巡察工作领导小组组长郭玉在会上作动员讲话。郭玉强调，此次巡察要对经济体量大、群众反映问题较多的村（社区）重点巡、精细察，突出关注脱贫攻坚、集体“三资”管理、民生资金和项目建设、禁毒防艾、扫黑除恶、城乡规划管控、农村人居环境等方面，着力发现并推动解决人民群众反映强烈的突出问题。各巡察组要提高政治站位，深刻认识开展村（社区）巡察的重要意义，加强领导、扛实责任，明确目标、扎实推进，结合实际、突出重点，强化整改、用好成果，确保村（社区）巡察工作取得实效。要强化担当，在巡察中彰显党性本色。要绝对忠诚，锤炼政治本色；要边巡边学，提高履职能力；要严于律己，强化作风建设；要精益求精，形成高质量报告；要认真总结，提炼经验做法，扎实有效完成本轮巡察工作任务，以优异的成绩向组织交上满意的答卷。

12月4日，江川区科学技术协会召开第二次代表大会，认真总结近年来科协工作取得的成绩，明确今后五年重点工作，并选举产生区科协新一届领导班子。会议听取了《玉溪市科协第一届委员会工作报告》。表彰了2015～2019年10个科普工作先进集体和20名科普工作先进个人；选举产生了江川区科协第二届委员会委员及新一届科协领导班子，表决通过了《玉溪市江川区科学技术协会第二次代表大会关于第一届委员会工作报告的决议》和《玉溪市江川区科学技术协会第二次代表大会关于执行〈中国科学技术协会章程〉的决议》。

12月5日，江川区召开省级生态文明区创建暨各级环保督察反馈问题整改工作推进会。区委书记徐贤要求，各乡镇(街道)和相关部门要对照问题，举一反三地真抓实干到底，要进一步理顺督导机制，促进整改落实不打折扣。徐贤强调，要高度重视创建工作，以坚定的目标凝聚攻坚的合力，以严格的责任追究推动工作落实。当前，各乡镇(街道)和相关部门要全力以赴抓“厕所革命”，紧盯目标任务，争取点上全面开花，确保厕所革命持续深入推进；“人畜分离”工作开展要本着集镇优先、沿湖径流区优先的原则推进。区委副书记、代理区长常成主持会议，并强调各级各相关部门要主动厘清思路、主动采取措施、主动沟通协作、主动牵头推进，确保创建省级生态文明区目标实现，确保各级环保督察反馈问题整改落实到位。

12月12日，江川区召开经济运行冲刺暨2019年务虚会议，围绕冲刺2019年经济目标“今年怎么看，明年怎么干”及《区委二届六次全会报告（初稿）》进行研讨，总结2019年经济社会发展工作，深入研判全区发展形势，科学谋划明年工作。区委书记徐贤强调，要做好系统谋划、重点突破，实现明年各项工作提质进位。

12月19日，江川区召开经济运行调度会，传达市委主要领导对全市经济形势做出的重要批示精神，安排部署全区经济运行冲刺阶段工作。区委书记徐贤传达了市委书记罗应光对全市经济形势做出的重要批示精神。徐贤要求，全区各级各部门要思想高度统一，紧盯目标任务，全力以赴做好各项工作；要树立长远的发展思路，做好科学系统谋划在重点工作推进中做到心中有数，见实见效；要把大街棚改、西片区开发、江城融创以及紫红坝用地规划等作为明年工作的重点，加快推进各项目落实落细，积极稳步推进。区委副书记、代理区长常成对工作作安排部署。

12月31日，江川区召开2019年财税金融工作座谈会。徐贤强调，2020年是“十三五”收官之年，也是决胜全面建成小康社会的关键之年，全区各级各部门要以“开局就是冲刺”的理念，谋划好明年的工作。市委、市政府下达江川区2020年主要经济指标为：地方生产总值增长10%、规模以上固定资产投资增长10%，要实现这一目标，就需要我们在财税金融工作上进一步深化改革，紧盯重点做好“开源、盘活、争取、节流”的文章。要用好用足国家政策，聚焦重点项目，明确人员、明确具体事项和时间节点，弄清每一个环节，抓实每一项工作，全力以赴推进项目建设，“只争朝夕、不负韶华”，共同努力推进江川高质量跨越式发展。区委副书记、代理区长常成在会上要求，2020年，区财政、税务、金融部门要准确把握宏观形势，在提质增效上下功夫，进一步提高财政资金配置效率；加大财源建设，为实现税收增长打好基础；要着力开创税务工作新局面，进一步理顺职能职责，完善规章制度，提高服务水平；要充分发挥金融推动发展的作用，更好满足实体经济多样化金融需求。

（刘清清）

【重要通知、指示、决定】 1月17日，下发《中共玉溪市江川区委关于印发中共玉溪市江川区委二届五次全会区委常委会工作报告和徐贤、王志华同志讲话的通知》，动员全区各级党组织、广大党员和干部群众团结拼搏、真抓实干、勇于担当，决战决胜全面建成小康社会，奋力谱写新时代江川高质量跨越式发展新篇章。

1月30日，下发《中共玉溪市江川区委办公室　玉溪市江川区人民政府办公室关于印发〈云南省星云湖保护条例〉修订工作方案的通知》，明确了《条例》修订工作的指导思想、必要性、工作步骤及时间安排、保障措施，要求学习借鉴其他湖泊科学保护立法成果，广泛深入调研，开展科学论证，征求相关部门和广大人民群众意见，结合江川实际，推进《条例》修订，为星云湖全面保护治理提供有力的法制保障。

2月15日，下发《中共玉溪市江川区委办公室　玉溪市江川区人民政府办公室关于印发〈玉溪市江川区农村人居环境整治村庄清洁行动暨学习推广浙江“千村示范、万村整治”工程经验　深入推进农村人居环境整治工作方案〉的通知》，明确了总体要求、村庄清洁行动时间、重点内容、实施步骤、保障措施，要求学习推广浙江“千村示范、万村整治”工程经验，进一步动员干部群众，振奋精神，明确目标，细化措施，促进农村人居环境整治工作不断进步。

2月15日，下发《中共玉溪市江川区委办公室　玉溪市江川区人民政府办公室〈关于做好深化机构改革有关事项的通知〉》，要求坚决把思想和行动统一到中央、省市区委重要决策部署上来，把握组织实施阶段的关键环节时间要求，做好涉改部门和单位职责调整与相关工作的有机衔接，规范涉改部门和单位的文件发送、印章使用及挂牌，依法管理处置涉改部门和单位的经费和资产，组织做好涉改部门和单位的档案交接管理工作，切实加强组织领导，严守纪律规矩，确保机构改革各项工作平稳有序推进、如期高质量完成。

2月22日，下发《中共玉溪市江川区委　玉溪市江川区人民政府关于加强和完善城乡社区治理的实施意见》，明确了总体要求、主要任务、保障措施，通过健全完善城乡社区治理体系、提升城乡社区治理水平、补齐城乡社区治理短板，努力把全区城乡社区建设成为和谐有序、绿色文明、创新包容、共建共享的幸福家园。

2月25日，下发《中共玉溪市江川区委 玉溪市江川区人民政府关于表扬巩固国家卫生城市、创建第四届云南省文明城市工作先进集体和优秀个人的通报》，授予区总工会等50个单位“双创”工作先进集体称号，授予孙妍等100名同志“双创”工作优秀个人称号，激励受表扬的先进集体和优秀个人珍惜荣誉、再接再厉、再创佳绩，激励各乡镇（街道）、各单位部门以先进典型为榜样，立足新起点，再鼓新干劲，努力推进“双创”工作再上新台阶。

2月26日，下发《中共玉溪市江川区委 玉溪市江川区人民政府关于玉溪市江川区创建全国民族团结进步示范区实施方案》，明确了重要意义、总体要求、工作任务和责任分工、保障措施，成立了区创建全国民族团结进步示范区领导小组，通过促进经济跨越发展，保障和改善民生，提升民族文化软实力，振兴民族教育，加强少数民族干部人才队伍建设，推进民族宗教工作法治化，推动民族宗教关系和谐，加强民族团结宣传教育，促进全区民族团结、经济发展、社会和谐，实现创建全国民族团结进步示范区的目标。

3月6日，下发《中共玉溪市江川区委办公室关于对区委二届五次全会主要精神进行责任分解和立项督查的通知》，明确了督查时间、内容、对象和方式，要求各责任领导、牵头单位和责任单位要高度重视，认真学习、准确把握、全面领会区委二届五次全会精神，认真研究措施和方案，精心组织工作落实，确保责任目标克期完成。

3月19日，下发《中共玉溪市江川区委办公室 玉溪市江川区人民政府办公室关于印发〈玉溪市江川区巩固国家卫生城市创建工作成果长效管理机制〉的通知》，要求巩固创卫工作成果、持续深化创卫工作、强化保障措施，提升城市管理水平和发展活力，着力打造美丽江川。同日，下发《中共玉溪市江川区委办公室关于开展“双比双通报”活动的通知（试行）》，成立了“双比双通报”工作领导小组，明确了总体目标、组织领导、评比内容、内容来源、活动程序、工作要求，通过通报成绩、表彰先进，通报问题、鞭策后进，进一步激励各级干部转变工作作风，增强干事激情，提升工作成效，推进各项工作深入开展。

3月20日，下发《中共玉溪市江川区委办公室关于印发〈玉溪市江川区推进新时代文明实践中心（所、站）建设实施方案（试行）〉的通知》，明确了指导思想、工作原则、工作任务、具体内容、时间及加强组织领导等相关要求，努力将新时代文明实践中心（所、站）打造成为融思想引领、道德教化、文化传承等多种功能于一体的城乡基层综合平台，推动基层宣传思想文化工作和精神文明建设改革创新。

3月21日，下发《中共玉溪市江川区委办公室 玉溪市江川区人民政府办公室关于全力抓好玉溪市江川区2019年重点项目推进工作的通知》，围绕基础设施建设、产业发展、生态环保和社会民生等工作，挑选出113个项目作为2019年重点支撑项目，并结合实际进行细化分解。要求统一思想，提高认识；围绕目标，齐力推进；强化跟踪，督促落实，进一步加强对全区重点建设项目的领导，夯实发展基础，促进全区经济社会高质量跨越式发展。同日，下发《中共玉溪市江川区委办公室关于印发〈玉溪市江川区“基层党建创新提质年”实施方案〉的通知》，明确了总体要求、主要任务、工作措施，通过深化“政治统领工程”，在加强政治建设上创新提质；深化“战斗堡垒工程”，在健全基层组织体系上创新提质；深化“示范引领工程”，在加强各领域基层党建上创新提质；深化“强基筑底工程”，在专项整治难点问题上创新提质，推动基层党建全面进步全面过硬。

3月26日，下发《中共玉溪市江川区委关于印发〈关于市委第五巡察组对江川区开展专项巡察反馈意见的整改方案〉的通知》，明确了指导思想、整改目标、存在问题及整改措施、整改要求，着力解决表态多调门高、行动少落实差，重痕迹、轻落实等形式主义和官僚主义，督促各级领导干部转变工作作风、强化责任担当，确保陈豪书记调研玉溪讲话精神落到实处。同日，下发《中共玉溪市江川区委关于印发〈关于省委第六巡视组机动巡视玉溪市高原湖泊保护治理反馈意见的整改方案〉的通知》，明确了问题及整改措施，要求提高政治站位、严明纪律规矩、树牢群众观念、转变工作作风、强化责任担当，确保江川区所有反馈问题全面整改到位、取得实效。

3月29日，下发《中共玉溪市江川区委办公室　玉溪市江川区人民政府办公室关于做好区级机构改革档案管理与处置工作的通知》，明确了要高度重视机构改革中的档案工作，加强机构改革档案工作组织领导，分步实施，推进工作规范有序开展，要求明确时限，按时处置；强化责任，保障安全，确保区级机构改革档案齐全完整、安全有序管理、依法依规处置。

4月1日，下发《中共玉溪市江川区委关于转发〈政协玉溪市江川区委员会2019年工作要点〉的通知》，通过深化理论武装，夯实思想基础；围绕中心工作，认真履职尽责；强化自身建设，提升履职能力，把助推江川高质量跨越式发展作为履职主线，将协商民主贯穿政治协商、民主监督、参政议政全过程。同日，下发《中共玉溪市江川区委关于转发〈玉溪市江川区人大常委会2019年工作要点〉的通知》，要求突出工作重点，增强监督实效；加强调研，做好重大事项决定和人事任免工作；创新代表工作，发挥代表作用；加强对乡镇人大工作的联系和指导；努力完成交办任务；抓好自身建设，提升工作水平，切实履行宪法和法律赋予的各项职权，为助推江川高质量跨越式发展作出新贡献。

4月4日，下发《中共玉溪市江川区委办公室关于进一步统筹规范督查检查考核工作的通知》，通过严格控制总量，实行计划管理；规范督查事项，落实督查责任；整合督查力量，突出工作重点；完善考评体系，严格考评程序；注重工作实绩，改进方式方法；强化结果运用，激励担当作为，切实减轻基层负担，让基层把更多时间用在抓工作落实上。

4月10日，印发了《中共玉溪市江川区委办公室关于实施党建引领乡村振兴行动计划的意见》，通过开展“五强五好”党总支部建设、“支部结对共建”、“专家能人扶乡村”、“领导干部挂乡村”、“村组党支部晋位”、“领头雁”“金种子”双培育、“新型职业农民（乡土人才）”培育、“万名党员先锋”培育、农村基层党组织信息化建设行动等具体措施，把抓党建与巩固脱贫攻坚成果、实施乡村振兴战略深度融合，实现党建和乡村振兴同频共振、共促共赢。

4月13日，下发《中共玉溪市江川区委办公室　玉溪市江川区人民政府办公室关于2018年度目标任务综合考评结果的通报》，对全区6个乡镇（街道）和56个区直单位2018年度目标任务完成情况的综合检查考评结果进行通报，要求对照考评成绩及排名情况，对标对表、认真分析，查找问题和不足，围绕市级下达的目标任务和区委、区政府确定的中心工作，深入研究部署、精心组织实施、积极主动作为，为全区高质量跨越式发展作出积极贡献。同日，下发《中共玉溪市江川区委办公室　玉溪市江川区人民政府办公室关于对2018年市对区综合考评成绩排名前三名的责任单位给予通报表扬的决定》，对2018年市对区目标任务综合考评成绩排名前三名的30个责任单位予以通报表扬，激励受表扬的责任单位再接再厉、持续发力，继续保持良好工作业绩。同日，下发《中共玉溪市江川区委办公室　玉溪市江川区人民政府办公室关于对2018年市对区综合考评成绩排名后两名的责任单位给予通报批评的决定》，对2018年市对区目标任务综合考评成绩排名后两名的10个责任单位予以通报批评，要求受批评的责任单位对照工作实际，认真分析研究，深入查找不足，采取有力措施加以整改，补齐短板，争取2019年实现争先进位。

4月22日，下发《中共玉溪市江川区委关于印发〈2018～2022年玉溪市江川区干部教育培训规划〉的通知》，通过全面深入开展习近平新时代中国特色社会主义思想教育培训、完善培训内容体系、优化分类分级培训体系、建强培训保障体系、健全培训制度体系，深化干部教育培训改革，着力提高培训针对性有效性，高质量教育培训干部、高水平服务全省各项事业发展。

5月7日，下发《中共玉溪市江川区委　玉溪市江川区人民政府关于印发〈新时期产业工人队伍建设改革实施方案〉的通知》，通过加强和改进产业工人队伍思想政治建设，构建产业工人技能形成体系，运用互联网推动产业工人队伍建设，创新产业工人发展制度，拓展产业工人队伍建功立业载体，完善产业工人权益维护机制，强化产业工人队伍建设支撑保障等举措，充分调动广大产业工人的积极性、主动性、创造性，为加快推进江川高质量跨越式发展，决胜全面建成小康社会提供力量支撑和人才保障。

5月10日，下发《中共玉溪市江川区委办公室 玉溪市江川区人民政府办公室关于调整完善“挂包帮”定点扶贫单位的通知》，明确了调整内容、工作要求，进一步加强对江川区扶贫攻坚“挂包帮”定点扶贫工作的领导，充分发挥党政机关、社会团体和企事业单位在扶贫攻坚中的作用。

5月21日，下发《中共玉溪市江川区委 玉溪市江川区人民政府关于对刘雪等248名同志予以奖励的决定》，对2016年至2018年连续三年公务员年度考核为优秀等次的刘雪等20名同志予以记三等功，对2018年度公务员考核为优秀等次的普丽娟等228名同志予以嘉奖，激励受奖励的同志戒骄戒躁、再创佳绩，号召全区公务员以先进为榜样，牢记宗旨，勤政为民，奋发进取，为建设宜居宜业和谐美丽新江川作出新的更大贡献。

5月22日，下发《中共玉溪市江川区委办公室关于印发〈玉溪市江川区关于打造九大党建联盟实施方案（试行）〉的通知》，明确了总体目标、工作思路、具体措施和基本保障，要求压实工作责任、全面推进落实、强化督促考核、注重宣传总结，把党建、业务工作“两张皮”拧成“一根绳”，全面提升基层党组织组织力，实现党建和经济社会发展同频共振、同向发力、同步前行。

6月4日，下发《中共玉溪市江川区委办公室关于印发〈玉溪市江川区“高原湖泊卫士”行动实施方案〉的通知》，明确了工作目标、措施，要求强化组织领导，严格考核问效，营造良好氛围，充分发挥各级党组织的战斗堡垒和党员的先锋模范作用，健全机制、统筹兼顾、综合施策，全力打赢星云湖保护治理攻坚战。

6月17日，下发《中共玉溪市江川区委办公室 玉溪市江川区人民政府办公室关于印发〈玉溪市江川区星云湖保护治理雷霆行动总体方案〉的通知》，明确了总体目标、行动时限、内容和要求，成立了区星云湖保护治理雷霆行动指挥部，并列出星云湖保护治理雷霆行动2019年任务分解清单，以星云湖水质2019年年底脱劣为目标，坚持问题导向，强化精准施策，采取针对性措施深入推进问题整改，确保星云湖保护治理政策和法律法规落到实处。

6月18日，下发《中共玉溪市江川区委 玉溪市江川区人民政府关于全面加强生态环境保护坚决打好污染防治攻坚战的实施意见》，要求深刻认识江川生态环境保护面临的形势，明确总体目标，坚决打赢蓝天碧水净土三大保卫战，推动形成绿色发展方式和生活方式，改革完善生态环境治理体系，全面加强党对生态环境保护的领导，全面加强生态环境保护，坚决打好污染防治攻坚战。

7月2日，下发《中共玉溪市江川区委办公室印发〈关于解决形式主义突出问题为基层减负的工作措施〉的通知》，明确通过大幅精简文件、精简会议改进会风，全面推行一线工作法，规范督查检查考核，完善问责追责机制，激励关怀干部担当作为，强化保障措施，切实推动“基层减负年”各项举措落地见效。

7月5日，下发《中共玉溪市江川区委办公室 玉溪市江川区人民政府办公室关于印发〈玉溪市江川区“五亮五公开”制度〉和〈玉溪市江川区首问工作责任制度〉的通知》。“五亮五公开”制度共九条，要求坚持全面真实、及时更新、便捷有效的原则，进一步加强信息公开，增强全区各级各部门和干部职工的工作情况透明度，接受群众和社会的广泛监督，深入推进勤政廉政建设。首问工作责任制度共八条，要求遵循“热情主动、依法依规、文明办事、及时高效”的原则，进一步强化责任意识，切实提供方便、快捷、满意的服务，让群众和企业办事少跑路、少折腾，在全区上下营造优质高效的政务环境和营商环境。

7月8日，下发《中共玉溪市江川区委办公室印发〈关于推进“五网”融合联推共建工作实施方案（试行）〉的通知》，明确7月至9月为试点探索阶段，9月至11月为全面推行阶段，12月为深化拓展阶段，通过推行区域化党建机制，全面推进党建网、“双创”网、综治网、城市管理网和民族团结示范区建设网五项重点工作进社区、进网格，突出抓党建、抓治理、抓服务的工作重点，实现党建引领，文明城市创建、综合治理、城市秩序维护、民族团结进步、为民服务互动联动，全面提升党组织领导城市基层治理的工作水平。

7月10日，下发《中共玉溪市江川区委办公室 玉溪市江川区人民政府办公室关于印发〈玉溪市江川区党政领导干部安全生产责任制实施方案〉的通知》，方案共五章、二十二条，要求坚持党政同责、一岗双责、齐抓共管、失职追责，坚持管行业必须管安全、管业务必须管安全、管生产经营必须管安全，确保安全生产责任制落到实处。

8月2日，下发《中共玉溪市江川区委办公室　玉溪市江川区人民政府办公室关于印发〈玉溪市江川区预算单位差旅电子凭证网上报销改革试点工作实施方案〉的通知》，明确了工作目标、试点范围、组织领导、职责分工、实施步骤，依托统一的差旅电子凭证网上报销公务平台，实现公务人员出差网上申请、审批、报销，机票、住宿宾馆等网络预订，国库集中支付系统自动还款，会计档案电子化存储的全流程电子化管理，为社会培育电子文件应用环境，促进降低党政机关行政运行成本，推动电子凭证的应用普及。

8月5日，下发《中共玉溪市江川区委　玉溪市江川区人民政府关于印发〈玉溪市江川区乡村振兴战略规划（2018～2022年）〉的通知》，围绕产业兴旺、生态宜居、乡风文明、治理有效、生活富裕的总要求，对实施乡村振兴战略作出阶段性谋划，分别明确至2020年全面建成小康社会和2022年召开党的二十大时的目标任务，细化实化工作重点和政策措施，部署重大工程、重大计划、重大行动，确保乡村振兴战略落实落地。

8月6日，下发《中共玉溪市江川区委办公室印发〈关于进一步激励广大干部新时代新担当新作为的实施办法〉的通知》，通过强化教育，激发干部担当作为、干事创业的内生动力；重实干重实绩，以鲜明用人导向激励干部敢于担当、奋发有为；构建科学有效的考核体系，充分发挥干部考核评价的激励鞭策作用；用好用活容错纠错机制，切实为敢于担当的干部撑腰鼓劲；聚焦新时代发展要求，着力提升干事成事的实际本领；落细落实关爱措施，满怀热情关心关爱干部；强化党的领导，凝聚担当作为的强大合力等举措，着力营造勇于担当、敢于作为的干事创业良好氛围，促进江川区高质量跨越式发展。

8月7日，下发《中共玉溪市江川区委办公室　玉溪市江川区人民政府办公室关于印发〈玉溪市江川区农村公路“路长制”实施方案〉的通知》，明确工作目标和任务，通过加强组织领导，落实工作责任，成立区“路长制”工作领导小组；强化协同配合，明确部门职责；健全评价体系，落实主体责任；强化监督检查，严格考核评价等保障措施，进一步推进江川区农村公路建、管、养、运协调可持续发展。

8月15日，下发《中共玉溪市江川区委办公室　玉溪市江川区人民政府办公室关于印发〈玉溪市江川区贯彻落实2019年省督察组督察星云湖河（湖）长制工作反馈问题整改方案〉的通知》，明确了指导思想、存在问题及整改措施、保障措施，要求全面落实绿色发展，统筹山水林田湖草系统治理，构建健康水环境系统，全面推进河（湖）长制工作，加强星云湖保护治理统筹，严格落实河（湖）长制督察反馈问题整改工作，推动星云湖水质持续好转。

8月16日，下发《中共玉溪市江川区委办公室关于在开展第一批“不忘初心、牢记使命”主题教育期间做好先学先改工作的通知》，明确了主要目标、工作任务、工作机构、工作要求，通过开展一周学习研讨、一周换位体验、一周调查研究，整改一批突出问题，确保主题教育先学先改工作取得实效。

9月10日，下发《中共玉溪市江川区委　玉溪市江川区人民政府关于表扬2019年教育工作先进集体、优秀教师和先进教育工作者的通报》，对全区2018～2019学年涌现出的2个教育工作先进集体、80名优秀教师、20名先进教育工作者给予表扬，激励受表扬的学校、优秀教师和先进教育工作者珍惜荣誉，再接再厉，再创佳绩，激励全区各级各类学校、广大教师和教育工作者以受表扬的先进集体、优秀教师和先进教育工作者为榜样，学先进、赶先进，着力提高师德修养和业务水平。

9月12日，下发《中共玉溪市江川区委办公室印发〈关于落实区委第一巡察组对区委办巡察反馈意见的整改方案〉的通知》，明确了整改措施、责任领导、责任股室和整改时限，要求压实整改责任、坚持立行立改、统筹推进工作，全面提升办公室工作业绩，积极服务全区经济社会高质量跨越式发展。

9月24日，下发《中共玉溪市江川区委印发〈关于开展“不忘初心、牢记使命”主题教育的实施方案〉的通知》，明确了全区的主题教育从2019年9月开始，2019年11月底基本结束。要求抓实学习教育，深入调查研究，深刻检视问题，认真整改落实，开展专项整治，召开专题民主生活会，开展效果评估，做实基层党支部学习教育和检视整改，强化分级分类指导，加强组织领导，深入学习贯彻习近平新时代中国特色社会主义思想，确保广大党员干部与党中央思想意志统一、行动步调一致。

9月30日，下发《中共玉溪市江川区委　玉溪市江川区人民政府关于推进防灾减灾救灾体制机制改革的实施意见》，通过健全统筹协调管理体制，完善防灾减灾救灾工作机制，全面提升防灾减灾救灾能力，要求强化法治保障、强化资金投入、强化人才培养、强化组织实施，进一步做好江川区防灾减灾救灾工作。

10月22日，下发《中共玉溪市江川区委　玉溪市江川区人民政府关于印发〈进一步加强禁毒工作的实施方案〉的通知》，成立了加强禁毒工作领导小组，通过切实加强组织领导，压实禁毒工作责任；加强禁毒机构建设，落实社区戒毒康复保障；加强禁毒队伍建设，提高涉毒违法犯罪打击能力；规范社区戒毒康复小组设置，扎实开展社区戒毒康复工作；落实禁毒工作责任，建立齐抓共管禁毒工作格局；强化监督检查考核工作，确保各项禁毒工作措施落到实处6项措施，全面落实各部门禁毒工作责任，推进第四轮禁毒人民战争深入开展，最大限度遏制毒品危害，坚决扭转禁毒形势严峻的局面。

10月31日，下发《中共玉溪市江川区委办公室　玉溪市江川区人民政府办公室印发〈关于推进玉溪市江川区街道职能调整和体制改革的实施方案〉的通知》，通过完善街道职能定位、优化街道党政机构设置、加强街道事业单位建设、合理核定人员编制、强化政策保障，进一步完善街道职能、优化组织体系，改进运行机制，推进街道治理体系和治理能力现代化。

11月27日，下发《中共玉溪市江川区委　玉溪市江川区人民政府关于表扬2015～2019年度科普工作先进集体和先进个人的决定》，对区教育体育局等10个先进集体和郑忠党等20名先进个人进行表扬，激励受表扬的先进集体和先进个人，谦虚谨慎、戒骄戒躁、再接再厉，在今后的工作中取得更好成绩，激励全区各级科协、学会、协会积极团结动员全区各行各业科技工作者，以爱岗敬业、求真务实、开拓创新、团结协作的精神，为新时代江川高质量跨越式发展作出新贡献。

11月28日，下发《中共玉溪市江川区委关于认真贯彻落实市委五届八次全会精神深入推进全面从严治党的实施意见》，通过旗帜鲜明讲政治，坚决彻底肃清秦光荣流毒影响；带头做到“两个维护”，不断加强党的政治建设；坚持正本清源，深入推进党风廉政建设和反腐败斗争；压实管党治党政治责任，推动高质量党建迈出坚实步伐；严把选人用人关，建设一支堪当重任的高素质专业化干部队伍，全面贯彻落实省委十届八次全会和市委五届八次全会精神，推动全区“不忘初心、牢记使命”主题教育不断走深走实。

12月25日，下发《中共玉溪市江川区委办公室　玉溪市江川区人民政府办公室关于印发〈玉溪市江川区关于全面实施预算绩效管理的实施方案〉的通知》，明确了工作目标、主要内容、工作要求，通过建立全方位预算绩效管理格局、全过程预算绩效管理链条、全覆盖预算绩效管理体系，力争到2022年基本建成全方位、全过程、全覆盖的预算绩效管理体系，着力提高财政资源配置效率和使用效益，增强预算管理水平和政策实施效果。

12月28日，下发《中共玉溪市江川区委办公室　玉溪市江川区人民政府办公室关于印发〈玉溪市江川区义务教育校长职级制工作实施方案（试行）〉的通知》，通过建章立制，做好校长职级评定工作；依规依纪，做好校长选聘和管理工作；求真务实，做好校长考评工作；交流培训，抓好校长队伍建设，持续推进教育体制机制改革，理顺学校发展关系，优化管理体制，建设一支政治坚定、作风优良、业务精干的校长队伍，全面提升全区基础教育教学质量。

（郑　赛）

【文秘工作】 2019年，区委办文秘工作始终坚持“把握中心、服务大局、主动协调、高效服务”的工作思路，圆满完成公文处理、会务组织、文稿撰写、综合协调等工作，较好地发挥参谋助手作用。认真贯彻党政机关公文处理条例，落实解决形式主义突出问题为基层减负工作措施，不断推进公文处理规范化、高效化，会务工作程序化、精细化。全年共下发重要文件141件，上报请示报告51项，组织筹备区委常委会议47次、全区性重要会议49次，发出会议纪要49期、玉江情通报30期，全年，文件和会议数量均较上年精简30%以上。完成涉党政机构改革党内相关文件专项清理工作，党内规范性文件做到有件必备、及时报备、规范报备。按照严谨、准确、精炼的方针，牢牢把握全区经济社会发展和改革大局，树立精品意识，全年共撰写重要报告、领导讲话50余篇。严格落实中央八项规定精神，做好区委重要活动及上级领导到江川调研的各项服务工作，全年共完成40余次调研活动服务工作。

（沈 娴）

【信息工作】 2019年，江川区坚持典型导向、咨政导向、中心导向、问题导向、情报导向，持续有效加强党委信息工作，为区委驾驭全局、科学决策提供有力支撑，当好区委“瞭望哨”“烽火台”“智囊团”。

一是配强信息员。区委徐贤书记多次对信息工作作出批示和要求，全区办公室系统将信息工作摆在突出重要位置，着力构建区委统筹抓，部门、乡镇（街道）协同抓的“大信息”工作格局。区委办将秘书股、信息股工作人员有效整合起来，对口联系部门编辑和报送信息。以办公室内部信息考核为抓手，倒逼文秘人员主动跟进工作部署落实情况，做到信息工作思路能超前、决策会追踪、经验会总结、问题会分析。各乡镇（街道）、各区直按要求明确信息工作分管领导，选优配强专职信息员，形成全员参战的强大合力，为党委信息提质增量奠定坚实的人才基础。确定江城镇为市委办信息直报点，2019年，共向市委办报送信息103条，采用34条，得分350分。

二是深挖信息点。紧盯国家、省、市重大战略决策部署、重要方针政策、重点工作项目，及时报送贯彻落实类、基层反映类信息；围绕习近平总书记重要讲话精神、国务院政府工作报告等，以高度的政治敏锐性，收集报送基层干部群众反响反映类信息；围绕领导和群众共同关注的民生热点难点问题，主动调研、深入挖掘，报送基层反映问题建议类信息和专家智库信息；围绕区委、区政府推进全区经济高质量跨越式发展、“创文”、“创卫”、脱贫攻坚、星云湖保护治理等各项重点工作，总结好经验，发现新问题，提出合理化建议，做到让信息工作与全国、全省、全市、全区党委和政府工作相互映照，发挥党委信息主渠道作用。2019年，区委办共向市委办报送信息751条，被采用358条，得分3080分，在完成市委办对各县区委办党委信息考核分800分的基础上，超额完成2080分。《江川区主题教育开出软弱涣散党组织整顿提升“新良方”》《江城镇三个一推升信息工作温厚度》被《工作情况交流》专刊采用交流推广。

三是广开信息源。通过“互联网+党委信息”，凝聚强大信息流。充分利用“江川党委信息”微信工作群，与江川新闻网、“江川发布”微信公众号联动，发现信息点，找准信息源，初步建立一套“从下到上”反馈、“从上到下”约稿的信息工作体制，全区信息工作支点有力、亮点频传。提升工作主动性和预见性，加强信息选题策划，根据区委全会工作报告明确的年度重点工作制定计划，注意把握领导“关注什么”“要什么”，告诉各单位要“做什么”“报什么”，确保信息工作有的放矢。注重调动各单位信息工作积极性，编辑制发《江川重要信息》在区内交流学习，推动各单位报送比学赶超，2019年，共编辑制发《江川重要信息》12期。

四是织牢信息网。完善全区党委信息工作目标任务考核办法，进一步细化工作责任、计分标准及考核结果运用等规则，促进信息工作更加规范化。对2018年度党委信息工作情况完成较好的单位和个人进行通报表扬，每季度通报各责任单位信息报送情况、采用情况，对未按时按质完成的单位进行提醒，鼓励先进、鞭策后进。进一步提高政治站位，严肃紧急信息报送工作纪律，围绕特殊群体伤亡、特殊领域灾害及威胁研判、群体性事件及隐患、网络舆情热点、食品安全、药品安全、生产安全、意识形态领域问题报送紧急信息，坚决杜绝迟报、漏报、瞒报现象发生，确保紧急事件和重大情况早报告、早掌握、早处置，增强信息的针对性、时效性、准确性、敏感性和预见性，切实提供优质、高效、全面的信息服务。

（申 雪）

政 研

【概述】 2019年，认真贯彻落实党的十九大精神，紧紧围绕工作目标，切实履行调查研究、改革办等工作职责，较好地完成各项工作任务。

【文稿起草】 坚持以文辅政思想，树立主动和精品意识，按照区委、办公室工作安排，牵头或参与做好重要文稿文件起草工作，努力提高文稿文件起草质量。

【专题调研】 按照区委主要领导要求，对前卫镇小街村小高桥“5·20”美丽家园城乡人居环境红黑榜、雄关乡白石岩村“红蓝本”、农民“上楼”等进行专题调研。配合省委政研室、市委政研室做好园区经济发展、星云湖保护治理等专题调研。组织做好“以调促学”调研报告审核工作，对2017年和2018年上报的800多篇区管科级领导干部调研报告，按照好、中、差三个等次进行评审。

【区委改革办工作】 深刻领会习近平总书记全面深化改革重要思想，坚决对标中央、省委、市委改革决策部署，结合区情实际，制定细化154项重点改革举措，着力推动改革攻坚，探索一批有影响的“江川经验”。享受惠农政策公示、“双比双通报”2项改革实践在全市推广，义务教育校长职级制、教师“县管校聘”改革列为全省试点启动实施，农村集体产权制度改革走在全市前列。全年召开深改委会议5次，审议通过改革方案21个，听取改革工作专项汇报10项，对40个部门开展改革工作督导，编发《江川改革简报》12期36篇。2019年市对区全面深化改革工作考核为一等次。

（李　敏）

督　查

【概述】 一年来，督查工作以习近平新时代中国特色社会主义思想为指导，认真贯彻落实党的十九大精神，围绕落实经济社会发展“5366”工作思路相关部署要求，对标市委对江川“建美一座城、治好一湖水、打造一个高地”的要求，紧盯目标不放松，强化督查抓落实，以强有力的督查力量推动市委、区委一系列决策部署的贯彻落实，为全区经济社会发展提供坚强有力的保障。年末，区委督查室设主任1名，配备正科级督查员1名、副科级督查专员1名、工作人员3名。2019年4月，机构改革成立区目标绩效考核评价中心，负责全区综合考评相关工作，规格股所级，核定事业编制5名，设主任1名，现有工作人员4名。

【完善督查机制】 一是实行督查工作与绩效考核相结合机制。注重专项督查与平时督查共同推进，在围绕中心工作抓好重点工作、重大项目推进情况督查的同时，将督查结果融入全区的综合目标考评中。二是实行督查工作与纪委监察、组织工作联动机制。在督查中发现的问题相关单位未按要求及时整改的，由区委督查室建议纪委监察部门追究相关领导责任；在督查中发现在组织开展工作中措施有力、成效明显的干部，由区委督查室建议组织部门作为干部考察后备人选。三是实行督查室主任列席重要会议机制。明确规定区委督查室主任列席区委常委会、全委会、区委专题会、五办主任联席会等重要会议，确保督查重点工作不遗漏、不脱节，顺利推进工作落实。

【决策督查】 为全面实现江川区2019年度经济社会发展目标，年初，区委督查工作领导小组办公室分别对市委、区委全会主要精神及时进行分解立项，及时下发《中共玉溪市江川区委办公室关于对区委二届五次全会主要精神进行责任分解和立项督查的通知》（玉江办发〔2019〕1号），明确了各级各部门2019年度的主要工作目标任务。并按通知要求，对全年各责任单位的重点工作开展定期督促检查，同时结合工作实际不定期开展专项督查，力促市区各项目标工作落实。在督查中，督查人员真督实查，注重发现典型，总结经验，及时向区委领导反馈存在的问题和困难。

【专项督查】 2019年以来，围绕全区阶段性重点工作，整合区委督查室、区纪委监察委、区政府办公室以及相关责任单位力量，组建联合督查组开展系列督查活动，坚持以问题为导向，及时发现问题、提出建议、推进落实。围绕“创文”工作，组建6个督查组对全区30个网格开展月度评价，对每个网格每月工作开展情况进行量化评分，并将得分情况与责任单位年度综合目标考评挂钩，发出督查通报7期，“创文”工作取得明显成效。组建3个督查组对烤烟生产工作、星云湖一级保护区生态修复及生态屏障构建项目进行督查，深入开展实地督查，及时发现工作中出现的困难问题，发出督查通报

2期，督促解决存在的问题。围绕脱贫攻坚任务要求，组成督查组对危房改造情况进行专项督查，实地抽查工作落实情况，及时通报存在的问题。根据省委第六巡视组反馈问题整改工作要求，组成督查组对整改件、交办件办理情况进行实地督查、实地验收。同时，根据阶段性重点工作，对主要入湖（库）河道日常管护保洁及保洁员在岗情况、城乡人居环境整治情况、国庆70周年信访维稳安保工作、通海县“8·13”“8·14”5.0级地震灾后恢复重建工作、“创文”文明交通参与工作等进行了专项督查，重点找问题、抓短板，为各项工作深入开展发挥了积极推进作用。年内，区委督查工作领导小组办公室共拟发《督促检查事项办理通知单》57期，同时，针对专项督查中存在问题和工作建议拟发督查通报21期，有力促进了区委、区政府各项工作落实。

【督查结果利用】　一是及时总结，进行区内通报。在专项督查结束后，及时进行了区内通报，反馈各乡镇（街道）、区级各部门贯彻落实上级党委重大决策和重要工作部署中存在的问题、实践探索并提出对策建议。2019年，共向全区各单位下发督查通报21期，有力促进了全区各级各部门贯彻落实各项工作。二是把督查工作与区委中心工作相结合，督查结果融入区级各乡镇（街道）、区级各部门目标任务综合考评中。按照区对各乡镇（街道）、区级各部门目标任务综合考评的要求，真督实查，并把督查结果作为区级各乡镇（街道）、各部门单位年度目标任务平时考核的重要评分依据。

【批示督办】　高度重视所涉督查件、批示件办理工作，在接到上级批示件后，认真落实，第一时间办理，做到事事有着落，件件有回音，有批必查，有查必办，有办必果。做到态度明确，事实清楚，措施具体，确保反映的问题切实得到解决。在材料的梳理汇报中，严把事实关、文字关，确保报送质量。一是严格登记制度。做好督查批示件的编号、来文单位、文件名称、批示内容、批示时间、承办单位、签收人、签收日期、督办情况、督办日期、办理结果等登记。二是明确交办责任。在充分准确地领会领导批示的内容和精神上，根据文件内容和批示精神，对照部门职能和领导分工，准确地以督办通知或便笺形式交办有关部门和领导，批示件及时复印并交办具体承办单位和承办人，同时原件存档备查。三是及时催办、督办。批示件交办后，及时或定期催办督办；对紧急和重要的批示件，随时检查办理进度，催促加快办理，保证领导批示得到切实贯彻落实。四是认真汇总办理结果。按期对领导批示件的办理情况进行汇总，并报作出批示的领导审阅。同时将批示的办理结果或落实情况汇总后呈报领导阅知，为领导部署下一步工作提供参考。年内，共办理市委主要领导批示批办件12件，办结12件，办结率100%；办理区委主要领导批示批办件199件，办结199件，办结率100%。

【综合考评】　在玉溪市江川区综合考评领导小组领导下，区综考办（区委督查室）着力构建科学的目标任务综合考评办法和考评结果运用机制，充分发挥综合考评的导向和激励约束作用，推动各级各部门不断提升工作绩效，促进全区经济社会发展再上新台阶。一是做好区级考评相关工作。2019年，与省市要求相对应，结合江川区年度目标任务要求拟定印发《玉溪市江川区2019年乡镇（街道）和区直单位（含垂管单位）目标任务综合考评办法》（玉江综考组〔2019〕2号），按要求严格做好全区综合考评工作。2019年江川区考评指标体系设置较往年有较大变化，整体参照市级结合江川中心、重点工作来设置，整体简洁明了，指标大幅减少。单独设置国家省市明确要求考评事项，各指标分值设置占比严格按省市要求执行，确保工作中心、工作重点上与省市级相对应不脱节。落实好中央省市重点工作重大决策“督、检、考”相关要求中涉及综合考评事项，在考评中充分利用平时考核结果，重工作完成实效，改变考评以材料为主情况。明确除党中央、国务院和省市区党委、政府另有规定外，各项考评不再组织年终实地考评，均采取集中统一书面考评，切实减轻了基层负担。

二是统筹做好市级考评相关工作。根据市级要求统筹做好2019年度市对江川区的综合考评相关工作，努力在全区营造比学赶超、争先进位氛围。2019年，在全区各级各部门的共同努力下，江川区在市对县区目标任务综合考评中首次取得了全市第一的好成绩。

【整治形式主义为基层减负】 严格落实中央“基层减负年”总要求，切实做好整治形式主义突出问题为基层减负工作，推动各项举措落地见效，结合江川实际，研究制定《关于解决形式主义突出问题为基层减负的工作措施》《关于进一步统筹规范督查检查考核工作的通知》《江川区2019年督查检查考核计划》。全年，区本级发文574件，完成全年计划的98.80%，比2018年的830件精简256件，精简30.84%，其中区委及区委工作部门发文280件，精简30.69%；区政府及区政府工作部门发文294件，精简30.99%。2019年全年，区本级召开会议287次，精简31.50%，其中区委及区委工作部门召开会议109次，精简27.33%；区政府及区政府工作部门召开会议178次，精简33.83%。计划开展46项督查检查考核事项，实际开展45项，完成全年计划的97.83%。

【双比双通报】 2019年，江川区围绕年度中心工作和重点任务，按季度开展比进度、比质量，通报成绩、通报问题的“双比双通报”活动，每季度以督查通报形式，在全区范围内通报表扬10项成效显著，典型示范效应突出的工作；通报批评10项推进缓慢，问题突出，造成不良影响的工作。全年发出《督查通报》4期，对单位和乡镇（街道）进行表扬100次、批评92次，督促立行立改问题49个。通过通报成绩、表彰先进，通报问题、鞭策后进，进一步激励各级干部转变工作作风，增强干事激情，提升工作成效。

【双评优】 为充分调动全区各级各部门投身改革创新、勇于担当作为、争创一流业绩的工作积极性，命名表扬在各条战线上做出发展贡献和改革创新成绩突出的集体，经单位申报、初选评审、区级领导班子集体评议审定，产生发展贡献先进集体5名、改革创新先进集体5名，并在2020年区“两会”上进行授牌表彰，同时在年度综合目标考评中给予加分，旨在表扬先进、鼓舞士气、激励作为，奋力开创新时代江川高质量跨越式发展新篇章。

（王为卿）

保　密

【概述】 2019年，江川区国家保密局围绕区委、区政府中心工作，牢牢把握保密工作“保安全、保发展、保稳定、促和谐”的职能作用，履职尽责，真抓实干，各方面工作取得成效。

【保密责任落实到位】 5月16日，召开2019区委保密委员会工作会议，对保密违法违纪案例进行通报，报告2018年机要密码和保密工作取得的成绩。区委保密委员会主任赵琦对2019年工作提出要求：一是讲政治、明使命。要牢牢把握机要密码和保密工作的政治属性，增强责任感和使命感，把新时代机要密码和保密工作的重大责任扛在肩上。二是盯任务、重落实。要坚决贯彻落实中央、省委和市委、区委关于机要密码和保密工作的决策部署，切实解决关键环节重要领域重点难点问题，保证各项任务落地见效。三是抓队伍、提素质。各单位要围绕“不忘初心、牢记使命”主题教育活动，着力提升保密工作者的政治素养及工作能力，打造一支忠诚可靠担当作为的新时代工作队伍。5月17日，区委组织召开机要和保密工作会议，全区各单位、部门分管领导及办公室主任、保密人员200余人参加会议。会议学习市委机要和保密工作会议精神，区委常委、保密委主任赵琦在会上对2019年保密工作作安排部署。

【保密宣传扎实有效】 贯彻落实《玉溪市“七五”保密法制宣传教育规划》，围绕《保密违法违纪行为处分建议》、“五法”等法律法规，开展保密法制“宣传月”活动。一是以学促宣。区保密委员会召开“保密专题党课教育”及“涉密人员专题培训会”，各单位分管领导及涉密人员190余人参加培训；各单位组织开展保密法制宣讲教育培训90余次，其中区保密局到相关单位开展专题宣讲教育3次；江川新闻网、微信公众号“江川发布”、江川网、江川广播电视台和各单位利用门头、大厅电子屏插播保密宣传标语132条。营造浓厚的保密法制宣传教育氛围。二是以学促识。自2月25日起，全区各单位利用政治学习日及党员活动日开展对《文件》的全面学习，全区共有31名县处级领导、129名正科级领导、201名副科级领导、114名涉密人员参加对《决定》的学习讨论。三是以学促赛。组织干

部职工关注保密观及保密科学技术，在全区开展“五法”普法知识竞赛活动，参赛干部职工2688人，其中处级干部39人、科级干部699人、一般干部1950人，100分人数552人。检验和强化学习成果，实现活动“人人参与、普法入心”。四是以学促训。举办宣传思想战线保密知识专题培训，全区各乡镇（街道）党（工）委、区属各相关部门宣传思想工作分管领导及工作人员、各乡镇（街道）社区党总支分管领导200余人参加培训。

【重点工作不断推进】 一是抓好保密工作台账动态化管理。督促全区各单位建立保密工作台账管理制度，不断规范涉密人员动态管理台账、计算机及其网络管理台账、保密工作基础台账，提高保密工作台账的针对性、实效性，不断加强数据综合分析和综合运用。二是强化计算机及其网络保密管理工作。着重抓好计算机及其网络的自检自查工作，建立检查台账和按季上报制度，切实加强对计算机及其网络的保密管理。全区共有非涉密计算机4888台，第二季度检查4421台，连接互联网计算机3292台，连接内部网2594台。涉密计算机38台，检查38台，对38台涉密计算机开展违规监控。全年，全区没有发现违规操作及泄密等事故。三是做好各类统一考试保密管理工作。围绕国家、省、市各类统一考试保密管理办法的工作方向和目标，区保密局做好考试的检查督促工作，履行好保密责任。全年配合教育局、人事局、组织部对高考、中考、公务员考试、事业单位招聘及外调人员考试进行全面检查、指导、测评工作，保障江川区2019年度国家高等教育统一考试安全保密工作任务的顺利完成。四是做好涉密文件、内部文件的清退工作。按时完成2018年度文件清退工作。组织对各单位、部门产生的涉密文件和内部资料进行清退并统一销毁。清退中央、省、市文件197份，其中机密53份、秘密244份。组织销毁县内重要文件资料5987千克。五是切实加强政府信息公开及有关出版物的保密审查、管理、月报工作。全年政务信息公开保密审查8234条，努力做到防控结合，从源头上堵塞泄密漏洞。

【科技运用不断强化】 一是持续抓好各单位确定的涉密计算机保密技术设备的安装配备。督促各单位使用猎鹰保密检查工具开展工作。推进“三合一”的安装使用。针对党政机关、涉密单位涉密计算机及其网络不定期开展保密检查，排查泄密隐患和漏洞，有针对性地加强保密技术防范措施。二是加强对区级重要活动及会议的管控。区保密局按照“党管保密，依法保密”的原则，突出重点，积极预防，加大科技产品和人员的投入，强化测试和运用。对区委及宣传部、统战部、检察院、法院开展的一系列涉密重要活动和会议进行技术设备管控，保障会议、活动高质量的进行。三是抓好重要涉密场所便携电子设备安全使用保密管理。按照《关于进一步加强便携电子设备使用保密按理的通知》要求，在保密要害部位设置标志，禁止带入智能手机、平板电脑、智能手表手环等便携式电子设备，在涉密会议活动场所安装使用保密会议移动通信干扰设备，并对进入人员的便携电子设备进行集中保管，切实防范信息化条件下电子设备泄密风险。

【保密督查抓紧抓实】 一是对全区各单位、部门开展督查，逐步形成保密自查自评与督查指导上下一体的工作机制。对重点涉密单位、涉改部门开展保密督查督导。督导小组对区委办、区政府办、区委组织部、区委宣传部、区委统战部、区人武部、市公安局江川分局、区工信局、区税务局、区自然资源局、市生态环境江川分局等25个涉密重要部门及涉改单位围绕保密主体责任开展督查督导。同时，进一步延伸督查范围，深入到学校开展保密督查，对大街小学及江川第二中学针对各类学业水平测试及系统内部管理开展保密督导。此次督查督导工作处理问题一个，发出整改通知一份，收到意见建设11条，进一步强化机关、单位、学校的保密意识，提升各单位保密基本防控能力。在全区逐步形成“一查二评三督促四整改”的工作机制。二是深入开展互联网、门户网站及信息公开等保密安全管理调研及检查。此次调研98个单位，对江川区人民政府网、政府信息公开网及全区各单位网络使用进行检查，对重点单位及部门进行保密提醒。

（储　获）

史 志

【组建区委党史研究和地方志编纂办公室】 2019年2月，玉溪市江川区深化党政机构改革领导小组下发《玉溪市江川区深化机构改革实施方案》的通知，组建区委党史研究和地方志编纂办公室。统一规范机构设置，将原区委党史研究室、原区政府区志编纂委员会办公室的职责整合，组建区委党史研究和地方志编纂办公室，作为区委直属事业单位，机构规格正科级。核定事业编制8名，设主任1名（正科级），副主任2名（副科级）；设内设机构3个：综合股、党史研究股、地方志年鉴股。

【《江川年鉴2019》编辑出版】 2019年12月，《江川年鉴2019》一书由德宏民族出版社公开出版发行。《江川年鉴2019》由中共玉溪市江川区委、玉溪市江川区人民政府主办，中共玉溪市江川区委党史研究和地方志编纂办公室承编。年鉴主要反映江川区2018年各方面的信息，全书分特载、大事记、概况、政治、军事、法制、经济管理、建设·环保、工商企业、农林·水利、交通·邮电、财政·税务、金融·保险、教育·气象·防震减灾、文广体·旅游·卫计、社会、人物、统计资料及附录19个部类，各部类下设分目，分目下设条目记述，全书约72万字。有彩版24页，分为重要会议、领导关怀、党的建设、法律宣传、改革开放40周年、交通、经济物产、开渔节、抗震救灾、生态环境、创文创卫工作11个板块。资料翔实准确，内容丰富，图文并茂，为各级领导、各机关部门及企事业单位制订政策和工作计划提供重要依据，是外界认识江川的重要窗口。

【《2018中共玉溪市江川区委执政纪要》编纂出版】 2019年12月，《2018中共玉溪市江川区委执政纪要》付印出书。全书分领导关注（领导批示，国家、省、市领导到江川区视察调研）、重要活动（区委领导重要活动）、重要决策（重要讲话、重要会议、重要文件）、执政大事、执政综述、执政论坛、纪委工作、区委部门工作、党组工作、党委（党工委）工作、群团工作、乡镇党委（街道党工委）工作、附录13个部类，各部类下设具体篇目记述，全书约60万字。有彩版20页，内容包括省市领导调研、检查，区委重要会议，区委常委执政活动等。

【党史研究工作】 一是做好党史正本编纂前期工作。草拟党史编写工作方案、编写篇目大纲、经费预算、人员聘用等文本材料，为开展编纂工作作好相应准备。二是整理编纂党史资料。搜集整理《滇中护乡团第十二团团部旧址》《江川第一支人民武装的建立》《腥风血雨的台桥事件》《江川区人民政府旧址》《武装解放九溪镇》《中共江川县工委旧址》《黄河清烈士》《潘翼天烈士》等党史事件和党史人物，编纂《江川区部分革命遗址和纪念设施简介》。三是做好革命遗址保护利用工作。积极向省、市协调争取革命遗迹遗址修缮经费15万元，补助原中共江川县工委旧址修缮改造；调研辖区内26处革命遗址和其他纪念设施，进行梳理，纠正错漏，补报8个革命遗址和纪念设施项目。四是做好党史宣讲工作。在“不忘初心、牢记使命”主题教育活动中，给区委理论中心组成员、区委办、组织部、共青团、妇联、政协、宣传部、政府办、江城镇、九溪镇等单位和部门宣讲地方党史，进一步提高党员领导干部的政治意识，激发党员领导干部的爱国热情和工作热情。五是做好1950～1978年党史资料的征集工作。征集新中国建立后改革开放前这一时期，江川工业、农业、教育、旅游、文化体育、医疗卫生、交通、广播电视、城镇建设、人民生活等领域发展发生的变化和取得的成就，为玉溪党史编研提供资料。六是研究制定《中共玉溪市江川区委史志办关于各类史志作品报酬支付的实施办法》，为各类史志作品报酬支付提供依据。

【地方志编纂工作】 做好地方志书资料的征集编纂工作。做好《玉溪市志》老照片征集工作，征集新中国建立后反映江川政治、经济、文化、社会生活等方面的老照片，为《玉溪市志》编撰工作提供资料；征集前卫镇曲焕章制药老物件和江城镇退伍老军人抗美援朝纪念章等老物件及其背后的故事；编纂《云南省志（1978~2005）·卷末》江川区资料，提供省地方志办公室。搜集整理星云湖地情资料，为区政府提供研究保护治理星云湖的有用资料。

（徐凡清）

档　案

【概述】　2019年区档案馆以高效务实的工作态度，认真落实中共江川区委二届五次全体会议和区二届人大三次会议精神，坚守档案服务民生、服务党和国家工作大局，坚持改革创新、攻坚克难，努力开创档案工作新局面。

【纪念“国际档案日”】　区档案馆以“6·9”国际档案日为契机，到乡镇（街道）、机关、团体、事业单位宣传普及《中华人民共和国档案法》《云南省国家档案馆管理办法》，发放宣传材料300多份。

【业务指导】　年内完成89家单位年度立卷指导工作，对6个乡镇64个村级社区年度立卷档案业务进行指导，共整理乡镇级各门类档案8938盒，村级（社区）档案2468盒，精准扶贫档案户档3477户，乡镇档123盒，村（社）档239盒，项目档案291盒，区扶贫办档案245盒。

【规范化复查】　贯彻落实国家档案局的“三个体系”建设要求，提高全区档案工作规范化管理水平，推进全区档案事业健康发展。结合档案工作发展进程中出现的新情况、新趋势、新要求以及区级机关、社会团体、企事业单位档案工作实际，完成区组织部、区纪委、区水利局等7家单位的档案工作规范管理示范单位复查工作。

【丰富馆藏】　接收区发改局、区卫生健康局、区防震减灾局、前卫镇人民政府等9家单位共1233卷29015件245803页档案，85.29GB电子档案。

【档案数字化】　扫描馆藏区人事局全宗档案669卷112432页。

【行政执法】　随机抽查区公安局、区生态环境局和雄关乡及雄关乡下辖一个社区，通过检查未发现违法案件。

【机构改制相关档案工作】　制定江川区机构改革档案管理与处置方案，依据区委办、区政府办3月29日下发《关于做好区级机构改革档案管理与处置的通知》，所有涉改单位均上报本单位档案管理与处置方案及文书档案保管期限表。

【档案利用】　全年提供档案利用657卷次，538人次，按规定提供复印档案1148页，外借档案1165卷642件。

【档案队伍建设】　组织全区档案工作人员参与省、市、区组织的各项业务培训，其中5月举办全区一季度办公室培训会议中，邀请市局领导档案行政法规培训课，94名专兼职档案工作人员参加培训。

【机构改革】　2019年机构改革，局、馆分设，区档案局行政职能划入区委办公室，在区委办公室内设档案股，区委办副主任兼档案局局长，档案局原局长任档案馆馆长，档案馆为区委办公室下属事业单位，档案局、档案馆人事，财务全部并入区委办公室统一管理，原档案馆工作人员于2019年12月全部分流到各单位。

（王建仙）

纪检监察

【区纪委负责人名录】

纪委常委　郭　玉（2019.11任）
　　矣向林（2019.11离任）
　　杨智然
　　韩丽华（女）
　　普丽娟（女，2019.09离任）
　　赵　鹏
　　施永芬（女，2019.02离任）
　　陈小艳（女）
　　高　超（2019.09离任）

书　记　郭　玉（2019.11任）
　　矣向林（2019.11离任）

副书记　杨智然
　　韩丽华（女）
　　普丽娟（女，2019.09离任）

【区监委负责人名录】

监委主任　郭　玉（2019.11任代理主任）
　　矣向林（2019.11离任）

副主任　郭　玉（2019.11任）
　　杨智然
　　韩丽华（女）
　　普丽娟（女，2019.09离任）

委　员　赵　鹏
　　陈小艳（女）
　　高　超（2019.09离任）
　　李伟明

孙佳蓉（女）

【各委室负责人名录】

办公室

主　任　赵　鹏

组织部

部　长　龚艳美（女，2019.02任）

施永芬（女，彝族，2019.02离任）

宣传部

部　长　毕文婷（女，2019.07任）

施永芬（女，彝族，2019.02离任）

案件审理室

主　任　龙海龙（2019.01任）

张晓江（2019.01离任）

案件监督管理室

主　任　陈小艳（女）

党风政风监督室

主　任　高　超（2019.09离任）

信访室

主　任　李　琦（2019.05任）

第一纪检监察室

主　任　黄锁柱

第二纪检监察室

主　任　杨　斌

第三纪检监察室

主　任　王亚雄

第四纪检监察室

主　任　宋平华（2019.02任）

第五纪检监察室

主　任　陈东鳌（2019.07任）

【各派出机构负责人名录】

2019年2月，因政府机构改革，对区直属机关纪工委、派驻纪检监察组进行更名（不含纪工委）。即驻农业局纪检监察组更名为驻区农业农村局纪检监察组，驻区教育局纪检监察组更名为驻区教育体育局纪检监察组，驻区卫计局纪检监察组更名为驻区卫生健康局。

区直机关纪检监察工作委员会

书　记　张　鑫

区纪委监委驻区委办公室纪检监察组

组　长　李任民

区纪委监委驻区委组织部纪检监察组

组　长　陈继文

区纪委监委驻区委政法委纪检监察组

组　长　徐玉荣

区纪委监委驻区政府办公室纪检监察组

组　长　普绍有

区纪委监委驻区教育体育局纪检监察组

组　长　向俊臣（2019.12任）

朱弘如（女，2019.11离任）

区纪委监委驻区住房和城乡建设局纪检监察组

组　长　付兴德

区纪委监委驻农业农村局纪检监察组

组　长　朱艳林

区纪委监委驻区卫生健康局纪检监察组

组　长　徐留生

区纪委监委驻市公安局江川分局纪检监察组

组　长　业富贵（2019.12离任）

副组长　周云芬（女，2019.12离任）

区纪委监委驻区法院纪检监察组

组　长　张留春

区纪委监委驻区检察院纪检监察组

组　长　付云秀（女）

【区委巡察办、区委巡察组负责人名录】

区委巡察办

主　任　张丽梅（2019.05任）

李文平（2019.05离任）

副主任　师艳梅（女）

区委巡察组

区委第一巡察组

组　　长　徐志伟

巡察专员　谢粉玲（女，2019.02任）

区委第二巡察组

组　　长　白云波

巡察专员　张　川（2019.06任）

区委第三巡察组

组　　长　曾　春（女，傣族）

巡察专员　张晓江（2019.01任）

区委第四巡察组

组　　长　陈林柱

巡察专员　段雄伟

（陈晓静）

【概述】　2019年以来，江川区纪委监委坚持以习近平新时代中国特色社会主义思想和党的十九大精神为指引，忠实履行《中国共产党章程》《中华人民共和国宪法》《中华人民共和国监察法》赋予的职权，认真履行党内监督和国家监察专责，推动全面从严治党向纵深发展。

【政治建设】　加强对中央和省市区委重大决策部署以及贯彻新发展理念、实现高质量发展、打好三大攻坚战等重大战略和减税降费、优化经济发展环境等政策措施落实情况的开展监督检查。深入开展民生领域、“大棚房”、殡葬服务行业侵害群众利益突出问题专项整治。全力推动中央脱贫攻坚专项巡视和中央、省市各级环保方面督查反馈意见整改落实，紧扣以星云湖保护治理为重点的生态文明建设工作开展监督检查21次。组织开展领导干部防止利益冲突、“双报到双结对双评议”、违法违规建筑清理整治、基层党建及基层服务群众等专项监督检查，发现并督促整改问题24个，约谈干部6人，发出通报1期，对12名存在违法违规建筑的领导干部进行严肃处理。受理扶贫领域问题线索11件，给予党纪政务处分5人，问责村级党组织1个、干部1人，提醒谈话1人，批评教育1人，立案调查3人，发出监察建议1份，通报曝光典型案件2期。

【专项整治】 坚决贯彻落实中央八项规定精神和整治“四风”要求，组织制定《玉溪市江川区关于党员干部、国家公职人员和农村干部落实移风易俗的监督管理办法（试行）》，深入推进移风易俗、倡导文明新风，在关键时间节点开展明察暗访7轮，查处违反中央八项规定精神问题14件，给予党纪政务处分15人，问责党组织2个，干部5人、批评教育1人、诫勉约谈1人。发出监察建议书2份、通报3期。深入开展严禁公务活动中赠送收受烟酒茶玉、公职人员职称职业资格证书违规挂靠、公职人员违规参与民间借贷、公务员违规经商办企业等20余项专项整治。认真落实“基层减负年”各项要求，着力整治形式主义、官僚主义问题，对6个乡镇（街道）和60家区直部门开展监督检查，推动基层松绑减负。

【监督执纪】 认真落实群众信访诉求工作机制，积极推进畅通群众诉求渠道“五级联动”监督工作，截至12月16日受理群众诉求859件，办结842件，办结率98.02%，满意率99.88%。制定出台《玉溪市江川区关于国家公职人员直系亲属和农村党员、干部享受国家补助（贴）政策公示办法》，进一步发挥群众监督作用，更好地保障各类国家涉农补助（贴）政策的贯彻落实，防止徇私舞弊、优亲厚友。严肃查处发生在脱贫攻坚、民生资金、集体“三资”管理等领域侵害群众利益的不正之风和腐败问题，给予党政纪处分31件41人。

【派驻监督工作】 充分发挥区纪委监委派驻机构的“探头”作用，11个派驻机构共参加被监督单位“三重一大”会议281次，开展提醒谈话、诫勉约谈50次239人，督促查找风险点404个，督促落实防范措施478个，开展各类监督检查389次，督促巡察问题整改85个，处置信访举报17件、问题线索44件，给予党纪政务处分4人。

【巡察工作】 坚守巡察工作的政治定位，制定2019年巡察工作计划，完成区委第八、第九轮巡察和交叉巡察，共发现党的领导、党的建设、全面从严治党方面的问题107个，问题线索3条，向被巡察单位党组织提出意见建议30条，向区委、区政府及相关部门提出建议32条。组织开展第十轮巡察和减税降费及优化营商环境专项巡察，已进入扫尾阶段。制定《玉溪市江川区巡察整改检查考核评价办法》，强化巡察问题整改和成果综合运用。

【扫黑除恶专项斗争】 按照“两个结合”“两个一律”和“一案三查”的要求，深入治理党员干部和其他行使公权力的公职人员的涉黑涉恶问题，深挖黑恶势力腐败问题和背后的“保护伞”。制定《玉溪市江川区纪检监察机关参与扫黑除恶专项斗争的工作方案》《深挖细查涉黑涉恶腐败和“保护伞”问题工作方案》《关于建立扫黑除恶专项斗争监督执纪问责工作机制的通知》等工作方案，与区人民检察院、市公安局江川分局联合出台《江川区纪检监察机关与检察机关扫黑除恶专项斗争协作办法》《江川区纪检监察机关与公安机关在扫黑除恶专项斗争工作中线索双向移交及查办结果反馈机制》，建立完善线索排查、线索双向移交、线索处置、问责追责机制及通报制度。全年共受理并办结涉黑涉恶腐败和保护伞问题线索84件，共立案审查35件35人，查办黑恶势力“保护伞”14件14人，查办群众身边涉黑涉恶腐败问题13件13人，查办普通党员涉黑涉恶问题4件4人，给予党纪政务处分30件30人，并对落实主体责任不力的市公安局江川分局党委、大街街道派出所、安化派出所、前卫派出所、大街司法所给予书面检查问责，对村组干部监管不到位的江城镇党委书记进行警示约谈。其中，以金江运为首的黑社会性质组织犯罪“4·27”专案涉及党员干部和公职人员8件12人，认定为“保护伞”予以立案审查3件3人，均已办结并给予党纪政务处分。

【执纪审查】 共受理信访举报件260件（上级转交办件88件），处置问题线索161件217人，问题线索件同比增长115%；立案82件91人，立案件同比增长91%，给予党纪政务处分83人，同比增长144%，为国家和集体挽回经济损失170余万元。认真执行《中华人民共和国监察法》《监察机关监督执法工作规定》等相关法律规定，依法履行监督调查审查职权，正确运用谈话、讯问、搜查、留置等调查措施，给予政务处分17人，办理严重违纪违法涉嫌犯罪留置案件11件11人，移送检察机关8件8人，有力惩治腐败，取得良好的法纪、政治和社会效果。

【锻造高素质纪检监察队伍】落实落细改革任务，化制度优势为治理效能，完成区纪委监委、区委巡察机构“三定”规定编制。对12家派驻（出）机构更名，调整监督单位。聘请区监委特约监察员15名。完成向全区6个乡镇（街道）派出监察室，推动监察职能向基层延伸。立足干部能力提升的实际需求，有针对性地制定2019年全员学习培训计划，并组织开展培训21个班次，培训1380人次，做到全员培训全覆盖。实行纪检监察干部工作日志制度、工作台账制度、工作周报制度，进一步强化对干部的日常监督管理，提升纪检监察工作质量和效能。积极与区委组织部、编委办沟通协调，从区内选调干部20名、区外选调干部3名、新招录干部1名，解决空编率过大问题。

（刘米雪）

组　织

【概述】2019年，区委组织部坚持以习近平新时代中国特色社会主义思想为指导，围绕新时代党的建设总要求和新时代党的组织路线，深化对组织工作方位、定位、站位的认识，与时俱进、锐意进取，统筹推动全区组织工作开新局、谋新篇，为推动江川高质量跨越式发展提供坚强组织保证。

【“不忘初心、牢记使命”主题教育】学习教育突出“真”。以“四学三坚持”为主要形式，读原文“三本书”，寄送“红色家书”539份，区委常委班子和各部门集中学习136次。组织“重读入党申请书”活动，叩问和唤醒初心。调查研究突出“实”。落实“四下三到位”工作法，开展“3+X换位体验”活动，以“走出去”的方式“带回”问题458个。形成调研报告407篇，紧扣“四个讲清”要求，讲授专题党课411场次。集中开展星云湖入湖河道治理、红色物业、移风易俗等专题调研，破解151个症结问题。各级党组织同步调研，发现问题1223个，制定整改措施1304条。检视问题突出“准”。通过“五对照五查找”，发现问题2835个，对照“18个是否”，检视问题2571个。引导全区党员制定《个人党性修养要则》，作为党员个人的基本行为准则。整改落实突出“效”。细化11项专项整治方案。开展“万名干部讲法规、万名干部除临违”整治行动，参与拆除整治临违建筑508宗3.56万平方米；治陋习树新风，12000余名党员带头抵制祭车祭路、大操大办婚丧宴请等陈规陋习，推进乡风文明。全年在“学习强国”“云南网”等主流媒体刊播稿件73篇。经评估测评，江川区主题教育总体评价“好”和“较好”达99.5%。

【党员教育培训】开展习近平新时代中国特色社会主义思想宣讲60场、“微党课”140余堂，覆盖党员1.9万余人次，开展“万名党员进党校”97期，培训党员1.8万余人次。选派217余名干部参加中央、省、市举办的各类学习培训。在区委党校举办脱贫攻坚专题培训班3期，受训干部350余人次；在河南红旗渠干部学院、天津市工会管理干部学院举办2期外出主体班次，受训干部88人次。深入开展领导干部“促学”活动，组织“凡训必测”5次，440余人次参加测试。以开展“万名党员进党校”“云岭先锋”夜校节目为载体开展党员教育，科学设置参学时间，丰富学习内容，提高学习效率，观看党员人数达27000余人次。成立6个乡镇（街道）党校，建立党校实训基地，增强党校培训实效性。

【干部培养选拔】制定《玉溪市江川区2019年乡镇（街道）、区直部门、部分企事业单位班子运行及干部履职表现情况调研方案》，结合主题教育期间“百村万户大走访、矛盾隐患大排查、破解问题大调研、软弱涣散党组织大整顿”活动，采取个别谈话、实地走访和查阅资料等方式，了解领导干部的思想、工作、学习情况，动态掌握干部现实表现，及时发现领导班子和干部存在的问题和不足，为区委进行班子调整、选拔任用干部提供决策参考。年内共对25个涉改部门和6个乡镇（街道）领导班子运行情况和干履职表现进行随机调研。制定《玉溪市江川区2019年区外选调工作人员工作方案》，完成2019年区外选调工作。

【干部管理监督】 严格落实“凡提四必”。注重考察干部的政治和“八小时”以外的表现，考察干部在赡养父母、朋友圈、邻里关系等方面的评价意见。按照《玉溪市江川区领导干部学习培训常态化制度化实施方案（试行）》，围绕政治理论、区情概况、经济社会发展、中心工作等内容，对83名拟提拔干部和拟晋升职务职级干部进行闭卷测试。落实干部监督工作联席会议制度，定期与纪检、监察、公检法、审计等部门互通信息，收集整理干部负面清单。加大提醒、函询和诫勉工作力度，对干部的苗头性、倾向性问题早发现、早提醒、早纠正。

【干部人事制度改革】 以机构改革为契机，全面加强干部队伍建设。认真贯彻落实新修订《党政领导干部选拔任用工作条例》，突出政治标准，对新组建、涉改部门和部分单位科级干部进行调整。着力深化干部人事制度改革，拟定《玉溪市江川区区管干部选拔任用考察工作实施办法（试行）》，注重考察干部的政治表现和“八小时”以外的表现，对拟提拔、保留待遇及受党纪处分期满拟重新启用干部进行了“家访”。印发《玉溪市江川区在区管干部选拔任用中考察党员履行义务情况工作实施办法（试行）》《玉溪市江川区关于进一步激励广大干部新时代新担当新作为的实施办法》，健全选人用人机制，调动和激发干部队伍活力。

【基层党组织建设】 细化全年党建工作任务，制定“基层党建创新提质年”实施方案和工作清单，开列乡镇、街道、区直机关、“两新”组织党（工）委书记等不同领域党组织书记抓党建工作问题清单、重点任务清单和责任清单。探索建立村（社区）党组织书记选育管用机制，动态评选“两好三强”优秀书记，采取差额绩效奖励，获评的优秀党组织书记最高每人每月增加补助1000元。深入开展扫黑除恶专项斗争，抓实村组干部任职资格联审清理补齐工作，不断巩固党在农村的执政基础。抓好党支部规范化达标创建，全年累计达标80%，2个党支部被命名为省级规范化建设示范党支部。下发《关于调整驻村扶贫工作队选派工作的通知》，强化日常管理，突出作用发挥，落实脱贫攻坚责任，调整选派队员36名，有力鞭策队员更好履职尽责。加强基本保障，区财政在原标准预算基础上增加404.07万元，提高村（社区）干部待遇。为655名村（社区）“两委”及村务监督委员会在职干部购买养老保险，实现意外伤害保险村组干部全覆盖。加强城市基层党建。坚持“4445”工作思路，实施“双报到双评议双结对”制度，实施“红色阵地”服务群建设行动，建成党群服务中心14个，打造城市基层党建5个“红色物业”示范小区和3个“红色物业”示范企业，示范带动66个老旧小区物业管理系统提升。投入资金492.95万元开展扶持壮大村级集体经济项目6个。打造党建引领乡村振兴示范点6个，全市现场会推广张家头村“党建带群建促社建助力高原湖泊卫士行动”做法。整顿提升软弱涣散党组织经验在全省“不忘初心、牢记使命”主题教育专项整治工作推进会上交流。

【组建“九大党建联盟”】 以区域化党建为抓手，强化政治引领，打破就事论事、条块分割的传统模式，开创“159”党建工作格局，组建“九大党建联盟”，推动“五网”融合共建，建立联席会议制度，强化党对一切工作的领导，着力构建基层党建与业务工作深度融合双轮驱动模式，实现党建和经济社会发展同频共振、同向发力、同步前行。通过五网融合实现红色物业联推共建，搭建江川区志愿者管理服务平台，突出“队伍建设、工作制度、志愿服务、扩面提质”四项工作联推共建，开展各类主题活动150余场次、参与志愿者和社工34000人次。

【做好新时代公务员工作】 做好理顺机构和人员管理工作，完成40名一般干部人员转隶，根据机构改革职能划转，做好原政府口公务员管理及公务员工资业务工作的接转工作，确保平稳过渡。保障公务员待遇，做好职务职级并行工作，严格按照规定要求，认真梳理情况、规范程序、仔细审查，完成全区综合管理类公务员（参公人员）职级套转工作，共套转706人。全面梳理全区机构编制情况，准确掌握各单位机构规格、编制类别和数量，并按照职数设置比例要求完成上报《玉溪市江川区综合管理类公务员职级设置方案》。

【激发人才工作新活力】 构建区委总揽全局、组织部门牵头抓总、各方协调配合的党对人才工作统一领导的“一盘棋”工作格局。落实《玉溪市江川区人才发展专项资金使用管理办法》，注重人才的挖掘培养，2019年江川区入选云南省“万人计划”1名。贯彻落实省市基层人才对口培养计划，推荐选派3名专业技术人才到省级对口单位研修，6名专业技术人才到市级对口部门进行研修。抓实“星云英才行动计划”，提前引进专业技术人才34名。强化农村实用人才的开发培养，组织新型职业农民培育培训278人。抓队伍管理，开展“弘扬爱国奋斗精神、建功立业新时代”活动。择优推荐江川区5名优秀人才申报市委联系专家。

【老干部工作取得新成效】 按照“让党放心、让老干部满意”的工作标准和“为党和人民的事业增添正能量”的价值取向，认真落实好离退休干部的“政治待遇和生活待遇”。组织老干部学习大组党支部书记和学习组组长召开老干部工作会议、参观考察、通报经济运行情况。在春节和国庆节期间对全区离退休干部开展走访慰问活动。围绕中心开展“扫黑除恶专项、银发聚力彩云南”系列活动、万名离退休干部助力脱贫攻坚、纪念章颁发工作。充分发挥老年大学、老干部活动中心“两个阵地”的作用，每天接待100多老年人参加各类活动。

【推进制度建设】 2019年，区委组织部着力深化干部人事制度、基层组织建设、人才发展体制机制改革，在广泛征求全区各级各部门意见建议的基础上，不断完善党内法规体系建设，制定《玉溪市江川区关于打造九大党建联盟实施方案（试行）》《玉溪市江川区推进“五网”融合联推共建工作实施方案（试行）》《玉溪市江川区“高原湖泊卫士”行动实施方案》《玉溪市江川区村（社区）党组织书记选育管用办法》《关于调整驻村扶贫工作队选派工作的通知》《玉溪市江川区区管干部选拔任用考察工作实施办法（试行）》《玉溪市江川区在区管干部选拔任用中考察党员履行义务情况工作实施办法（试行）》《玉溪市江川区关于进一步激励广大干部新时代新担当新作为的实施办法》等一系列党内规范性文件，为推进全面从严治党、提高党的建设科学化水平提供制度支撑。

【强化部门自身建设】 在深入学习贯彻习近平新时代中国特色社会主义思想上、在坚决贯彻落实习近平总书记重要指示批示和中央及省市区委决策部署上、在深入开展“不忘初心、牢记使命”主题教育中均走前头、作表率。深化随机调研、扎实开展党员积分制管理、到社区报到、支部主题党日等工作，加强谋划督查，推进制度化规范化建设，持续提升组织工作科学化水平。注重抓好信息、网宣、网络舆情监测引导等工作，2019年组工信息被省、市委组织部采用量均位居全市前列，网评文章报送量及被中央媒体采用量也位居前列，落实“基层减负年”要求，解决形式主义、官僚主义做法被中组部、省委组织部刊发。依托江川组织先锋公众号及时宣传推广一批典型经验和做法，不断扩大组织工作影响力。加强作风建设，严防“四风”反弹回潮，落实组工干部“十必须、十不准”要求，甘为人梯、无私奉献，持续用力打造过硬队伍，加快推进模范部门建设。

（岳定勇）

宣 传

【概述】 中共玉溪市江川区委宣传部设办公室、理论股、宣传文化股、广播影视股、新闻出版（版权）股、网络安全和信息化股6个内设机构，对外加挂江川区新闻出版（版权）局、江川区人民政府新闻办公室、江川区广播电视局、江川区互联网信息办公室牌子；江川区委网络安全和信息化委员会办公室、江川区精神文明建设指导委员会办公室设在区委宣传部，并挂牌。2019年，江川宣传思想战线坚持以习近平新时代中国特色社会主义思想为指导，紧紧围绕学习宣传贯彻习近平新时代中国特色社会主义思想这个首要任务和庆祝新中国成立70周年这条主线，自觉承担起举旗帜、聚民心、育新人、兴文化、展形象的使命任务和坚持稳中求进、守正创新，坚持统一思想、坚定信心，坚持围绕中心、服务大局，为奋力谱写新时代江川高质量跨越式发展新篇章提供有力思想保证和强大精神力量。

【理论武装】　把意识形态工作摆到极端重要位置，制定印发江川区意识形态工作十二项制度，明确意识形态工作“抓什么、怎么抓”职责任务，牢牢掌握意识形态工作领导权和话语权。推进中心组学习规范化，组织区委理论学习中心组集中学习12次、各党（工）委（党组）理论学习中心组组织学习579次。推进学习型党组织建设制度化，继续推行“四个一”学习制度，把学习宣传贯彻习近平新时代中国特色社会主义思想作为首要政治任务，“以讲促学、以调促学、以测促学”为主要内容的领导干部学习培训深入开展。组织完成11期领导干部学习讲坛，抓好微课堂讲授活动，全区650余名领导、专家走上讲台讲授党的路线方针政策。严格按照学习、宣传、贯彻“三个”建设标准和“五个一”推进措施，创建九溪镇六十亩村“玉溪市学习贯彻习近平新时代中国特色社会主义思想示范点”，11个区级示范点建设推进工作有序。充分利用“不忘初心、牢记使命”主题教育有利契机，深入开展“读原著学原文悟原理”活动，组织开展一周学习研讨、一周换位体验、一周调查研究、一批突出问题整改的“四个一”活动。着力做好“学习强国”学习平台在全区各级党组织和全体党员以及干部群众中的推广使用，注册学员29940人，组建管理员、通讯员、评论员三支队伍，不断丰富学习内容、拓展学习形式、增强学习效果，在学习强国刊发稿件39篇。征订发放第五批全国干部学习培训教材205套3500册、《中国共产党云南史》（第二卷）191册、《习近平新时代中国特色社会主义思想学习纲要》7212册、《新中国发展面对面》5458册。推进宣讲活动多样化，组织区委宣讲团、“五老”宣讲团、百合宣讲团等，深入对习近平新时代中国特色社会主义思想、党的十九届四中全会精神开展集中宣讲与常态化宣讲，组织开展“初心和使命”微宣讲活动，共宣讲741场次，受众40386人次。推进理论调研常态化，完成省委宣传部约稿3篇，收集征文200余篇，编辑《玉溪市江川区庆祝改革开放40周年征文选编》，在“玉溪市庆祝中华人民共和国成立70周年学术论文征文”活动中征集学术论文60篇，江川区2篇学术论文《新中国70年玉溪市江川区历史进程研究》《新中国70年玉溪市江川区生态文明建设的实践与探索》入围。

【宣传舆论引导】　聚焦中心做强正面宣传，组织开展“全媒体走江川”活动，邀请区外媒体166人次深入江川各行业各领域进行宣传报道；全年在省级以上媒体刊稿497篇，市级媒体刊稿562篇，在玉溪电视台《玉溪新闻》播出442条，江川电视台播出《江川新闻》170期1030条，江川广播电台播出新闻2245条；《玉溪日报·江川专版》刊发36期214条；江川新闻网刊载新闻1364条、公示公告95条、江川网789条、云南通·江川区客户端333条、江川发布754条、新浪·云南江川663条；策划制作《美丽江川扬帆起航》《江川区社会各界唱歌颂祖国》宣传片2部；央视、新华社、新华每日电讯、《经济日报》《云南日报》等媒体聚焦江川宣传报道第十五届开渔节盛况，其中新华社《云南江川星云湖千舟竞发迎冬捕场面壮观》浏览量超100万；深化时政类栏目《一周说》和法治栏目《平安江川》舆论监督成效，提升媒体监督质量和水平，为江川区经济社会发展营造良好的舆论环境。坚持占领舆论引导高地，坚持舆情监测预警和重大项目舆情风险评估制度，编制《玉溪市江川区庆祝新中国成立70周年活动期间网络舆情应急处置预案》等8个网络应急处置预案，及时有效应对各类网络安全突发事件。常态化开展舆论风险点排查工作，排查重要舆论风险点57个，召开舆论分析研判会议14次。实行舆情处置情况登记制度，下发《网情预警专报》17期，上报《网情快报》15期，报送市委宣传部每日要情16篇，报送舆情信息920条，引导处置舆情95件，同比下降51.3%，全区网络舆论态势总体可控。推动融媒体中心建设，按照建设“一个融媒体指挥中心、一个高效运转机构、一个媒体融合平台”要求，进一步推动内容、平台、渠道、数据、技术、人才、机制、管理等“八个融合”，完成场地规划腾空间，融合媒体制作播出升级改造已基本完成备货，智慧云平台、江川云采编、“江川星云”App已正式上线，全面提升新闻产品质量。

【精神文明建设】 推进新时代文明实践中心（所、站）建设，区新时代文明实践中心、6个乡镇（街道）、64个村（社区）新时代文明实践（所、站）全部挂牌成立，建成三级网络架构，组建新时代文明实践志愿服务队165支，志愿者5987人，开展活动412次。推进全省全国文明城市创建营造“创文”工作氛围，印制和发放“创文”宣传物料13.5万份，充分调动群众参与“创文”工作的积极性和主动性。规范将建成区划分为30个网格，建立区级领导为网格长、网格责任单位负责人为片长、街道和社区人员为联络员、职能部门分管同志为应急员的四级联动机制。以问题为导向，有效开展基础设施、民生改善项目补短板建设，对建成区的“三纵四横”七条主干道进行修缮、改建。与沿街商铺签订门前五包责任书，对建成区实施划行归市管理，对不符合划行规市要求、无证经营、不具备经营条件的商铺进行取缔，建立占道经营管理联动机制，实现城管、公安、交警、市场监管联勤联动常态化。实施“创文”网格化管理月评价制度，及时发出通报、专报26期，通报问题56类169小项789起，均已促成整改销号。拓展群众性精神文明建设工作，累计举办文明讲堂122期，受众8840余人；把社会主义核心价值观内容融入村规民约体系，民主选举红白理事会、村民议事会、道德评议会、禁赌禁毒会，全区90%以上的行政村完善规范村规民约，30多个行政村建立“四会”。制定全区推进移风易俗建设文明乡风实施意见，配套执行监督管理办法，先后在怡心园广场主会场、各乡镇（街道）分会场举行“推进移风易俗建设文明乡风”启动仪式。以区委全会、“两会”、干部讲坛、迎新春志愿服务活动等为契机，广泛开展宣传教育、签承诺活动，先后发放倡议书、“移风易俗”宣传资料3万余份，组织2万余名党员干部群众签横幅、签《江川区党员干部移风易俗承诺书》，全区702个党支部对党员领导干部承诺进行公示。注重家庭、家教、家风，构建“三结合一体化”的工作格局，继续开展好“扣好人生第一粒扣子”主题教育实践活动，做好“新时代好少年”、最美家庭、文明家庭等评选，评出“十星级文明户”837户，建设善行义举榜93块上榜290人，举办“德耀江川”颁奖晚会，对23个获奖的最美家庭、11名新时代好少年、13名新乡贤表彰。

【文化产业建设】 创新创作文艺作品，组织创作文艺节目8件，编排《庆丰年》等67个文艺节目，广泛开展扫黑除恶、文化进万家、新春走基层、文化三下乡、群众大舞台文化惠民演出等活动，演出节目600余个，受益群众20余万人次。《唐树祥书画集》由云南出版集团、云南美术出版社出版发行，征集、编辑出版《星云》专刊5期。举办“辉煌历史·江川巨变”影像见证江川改革开放40年摄影展、“泼墨激浊流·妙笔扬清风”书画作品展、迎新春书画展。不断健全文化服务体系，继续加大公共文化服务设施建设“补短板”工作力度，强化“三馆一站”和村（社区）文化服务中心改造力度和免费开放力度，整合宣传文化、党员教育、科学普及、普法教育、体育健身等设施资源，推进文化信息资源共享、农村电影放映、农家书屋等文化惠民工程。组织协调开展文化进万家、送文化下基层、全民阅读等公益性品牌文化活动。区图书馆接待读者55万人次，外借8841人次1.1万册次，利用电子借阅机、数字图书馆数据库进行外借图书1236册次。强化各农家书屋功能，提高服务群众水平，配发书籍62家7988册，价值16.33万元。巩固壮大文化产业，巩固壮大特色铜器文化产业、传统烟花爆竹产业、纸制品加工、彩印包装和陶瓷五大板块文化产业，培育规模以上文化企业9家，紫砂企业1家。组织参加省、市、区各类展会、博览会5次，加大宣传推介力度。继续办好青铜文化产业班、铜器工艺品制作培训班，实施“1对N”师傅带徒弟培养计划和名家名匠培养工程。成功举办区铜工艺文创产品大赛，角逐出一等奖一名，二等奖三名，三等奖三名，扩大了江川青铜技艺的美誉度和知名度。

【新闻出版发行】 认真落实《云南省新华书店农村发行网点建设方案》，推进江城发行网点建设。制定2019年全民阅读工作实施方案，开展“书香九进”活动。统筹推进农家书屋、乡愁书院、校园书店建设。贯彻落实《关于加强和改进出版工作的实施意见》，加强出版物日常监管和违规行为查处，做好全区软件正版化、版权宣传培训等工作。加大版权执法监管力度，制定《玉溪市江川区打击网络侵权盗版"剑网2019"专项整治行动实施方案》，开展"剑网"专项行动。完成2019年出版物发行单位年度核验工作，参验、通过年度核验33家。审核准印5份内部资料性印刷品，开展印刷复制检查15次，检查印刷企业213家次，没收印刷品110册（宗教类96册），给予2家企业口头劝诫。放映农村电影139场，取缔黑广播电台1个。

【网信管理】　健全完善区委网信委会议制度，研究制定《机房设备管理制度》等8个网络安全相关准则制度，推进落实"两个所有"，强化网络管理，严格执行《互联网新闻信息服务管理规定》《互联网新闻信息服务许可管理实施细则》《关于加强和改进互联网宣传及管理工作的实施意见》和《玉溪市江川区政务新媒体营运管理办法》，深入实施"两微一端"备案管理，全区建设政务新媒体"两微一端"的单位共31家；各机关单位工作微信群440个、群成员1.3万人，自媒体10家，在网安部门备案的互联网网站8家，每季度召开新媒体座谈会，做好对政务新媒体账号的审核管理、备案工作，做到底数清、责任明、措施实。开展2019年"清朗"专项行动20余次，下达67份整改通知书，查处网上发表不当言论事件4起。印发《玉溪市江川区2019年网上重大主题宣传和重大议题设置方案》，加强网络安全法律法规宣传，提升全社会网络安全意识。完善新一代高速光纤网络和无线宽带网，互联网统一出口提质1.6G，有效保障全区网络通畅，电子公文交换系统正常运行，全区共111个单位接入OA电子公文交换，完成了电子政务外网网络建设、视频会议系统维护和应用工作。

【队伍建设】　深入贯彻《中国共产党宣传工作条例》，进一步强化宣传部的专门职能，推动宣传工作科学化规范化制度化。组织开展增强"脚力、眼力、脑力、笔力"教育实践工作，大力弘扬"跨越发展、争创一流；比学赶超、奋勇争先"精神，大兴调查研究之风，努力打造一支政治过硬、本领高强、求实创新、能打胜仗的宣传思想工作队伍。

（耿　航）

统　战

【概述】　2019年，统一战线工作在区委的坚强领导和上级部门的指导下，以习近平新时代中国特色社会主义思想为指导，紧扣深入学习习近平总书记关于加强和改进统一战线工作的重要思想这条主线，抓牢加强党对统一战线工作的集中统一领导这个根本，全面贯彻落实省、市统战部长会议精神，紧紧围绕区委、区政府中心工作，结合"不忘初心、牢记使命"主题教育，凝聚人心、凝聚力量、凝聚智慧，推动江川区统一战线工作上台阶，在全市统一战线工作目标管理考核中位列第一名。

【马利兴到江川走访慰问】　1月11日，市委统战部副部长、市工商联党组书记马利兴到江川走访慰问统一战线人士，区委常委、统战部部长李志刚陪同。马利兴一行先后到早街基督教活动点、北山寺、江城镇侯家沟村看望慰问5名宗教界代表人士、台属、侨眷及黄埔同学会员遗孀等，送上春节的慰问和祝福。

【寒冬送温暖走访慰问】　1月18日，江川区委统战部全体干部职工深入大街街道早街社区开展寒冬送暖活动，共走访慰问6户困难群众、6名困难老党员、12户建档立卡贫困户，送去慰问金7200元、棉被12床。

【北山寺宗教活动场所挂牌】　为推进宗教活动场所规范化建设，1月22日，江川区北山寺举行全国统一的宗教活动场所标识牌挂牌仪式。区民宗局局长李忠良出席挂牌仪式，并要求广大信教群众要爱国爱教，依法开展宗教活动，以"五进"宗教活动场所活动为抓手，弘扬和践行社会主义核心价值观，抵御和防范邪教渗透，维护宗教和睦和社会稳定，为江川经济发展社会进步贡献力量。

【开展"三下乡"活动】　1月23日，区委统战部积极参与"文化、科技、卫生"三下乡活动，开展统一战线知识、民族宗教政策常识以及民族团结进步知识等宣传，共发放《统一战线工作宣传资料》《民族团结宣传资料》《宗教政策及法律法规知识问答》《中国公民民族成分登记管理办法》等宣传资料500余份。

【创建全国民族团结进步示范区动员会】　2月26日，江川区召开创建全国民族团结进步示范区动员大会，区委、区人大、区政府、区政协四套班子成员，区直各部委办局、乡镇街道以及省、市驻江单位主要负责人共130余人参加会议。区委书记徐贤主持会议并对创建工作提出三项要求：一是明确目标，提高政治站位。要深刻认识创建工作对统筹推进江川发展、走在全省前列的重要政治意义和现实意义，在2020年实现创建目标。二是系统推进，克期实现示范创建目标。要坚持党对创建工作的领导，在创建中统筹抓好习近平总书记关于民族工作的重要论述的学习宣传、灾后重建、民生改善等工作，促进各民族交往交流交融，依法处置矛盾纠纷，积极主动、谨慎稳妥处理宗教问题，维护社会团结稳定。三是扛实责任，高质量抓好创建工作。要自加压力、提高创建标准，要对标对表，加大民族地区投入，要立足实际，强化制度建设，加强督导检查，防止创建一阵风，保证创建常态长效。市民族宗教局副局长解永辉到会指导，区委常委、统战部部长李志刚对创建测评指标体系进行解读，对创建工作作具体安排。

【侨务办公室挂牌仪式】 2月27日，机构改革后的江川区人民政府侨务办公室举行挂牌仪式。区委常委、区委统战部部长李志刚，副区长、市公安局江川分局局长浦恩武出席仪式并揭牌。根据《玉溪市江川区机构改革方案》规定，由区委统战部统一管理侨务工作，对外加挂玉溪市江川区人民政府侨务办公室牌子。本次侨务办公室挂牌，是区委、区政府贯彻落实中央和省、市委深化机构改革精神的重大部署，体现区委、区政府对侨务工作的高度重视，必将促进全区侨务工作迈上一个新台阶。

【传达全市统战部长和民宗局长会议精神】 4月1日，江川区委统战部召开全体干部职工会议，认真学习传达全市统战部长会议和全市民宗局局长会议精神。会议重点学习传达市委副书记、市委统战部部长保明顺和市民宗局党组书记、局长沐爱斌讲话精神。区委常委、统战部部长李志刚主持会议，并就如何认真抓好"两个会议"精神贯彻落实提出要求：一是全体干部职工要提高思想认识，切实增强学习贯彻全市统战部长会议和全市民宗局局长会议精神的自觉性，把思想统一到"两个会议"决策部署上来。二是要以"两个会议"精神为指导，结合江川区实际，理清工作思路，明确工作重点，深刻剖析江川区统一战线工作存在的薄弱环节和不足，大力加强调查研究，注重总结好的经验和做法，克服老观念、老经验、老套路的束缚，创新思维方式、改进工作方法、提升能力水平，推动2019年全区统一战线工作做出成效、做出特色、做出亮点。三是要加强领导，精心筹备召开全区统战（民宗）工作会议，把全年各项工作任务落实落细。

【民族团结进步杯老年人体育运动会暨文艺演出】 为加快推进全国民族团结进步示范区创建步伐，提高群众知晓率，动员广大干部群众积极支持创建、参与创建，5月7~12日，由区委统战部、区民宗局主办，区老年人体育协会承办的"民族团结进步杯"老年人体育运动会暨文艺演出活动在怡心园广场举行，12个乡镇（单位）老体协、10个专业协会、1个艺术团体共23个参赛队600余人参加活动，内容有球类、棋类、文艺类等10个活动项目。

【创建全国民族团结进步示范区工作领导小组（扩大）会议】 5月7日，江川区召开创建全国民族团结进步示范区工作领导小组（扩大）会议，区委书记徐贤主持会议并作讲话，区委常委、区委统战部部长李志刚汇报创建工作中存在的短板及下一步工作举措，安排部署60个重点打造的示范创建点相关工作，研究抽调人员组建创建全国民族团结进步示范区工作领导小组办公室相关事宜。

【统战（民宗）工作会议】 5月21日，江川区召开2019年统战（民宗）工作会议，区委常委、统战部部长李志刚回顾总结2018年统战民宗工作取得的成效，安排部署2019年统战民宗工作任务。会议要求全区各级各部门要深刻把握新时代统战工作规律，突出问题导向，提高政治站位，切实增强做好统战工作的责任心和使命感，奋力推进江川统战工作开创新局面。会上，九溪镇、安化彝族乡、市公安局江川分局、区教育体育局等4家单位作大会交流发言，大街街道、江城镇、区财政局等6家单位作书面交流。会上，李志刚代表区委与乡镇街道签订2019年民族宗教工作目标管理责任书。

【民族宗教团结稳定工作联席会】　6月27日，江川区委统战部（民宗局）召开民族宗教工作领导小组联席会议，通报全区当前民族宗教领域面临的形势和任务，研究审议新修订的《玉溪市江川区民团结稳定形势研判联席会议制度》《玉溪市江川区涉及民族宗教因素影响团结稳定协作机制及研判工作办法》，安排民族宗教领域团结稳定相关工作。会议由区委常委、区委统战部部长李志刚主持，20个民族宗教工作领导小组成员单位参加会议。

【民宗工作干部培训班】　6月27日，江川区举办民族宗教工作干部培训班，区直单位负责人、乡镇街道分管领导和统战委员、村（社区）信息员、宗教活动场所负责人130余人参加培训。区统战部副部长、区民宗局局长李忠良作“民族宗教工作政策理论与实践”专题辅导，区委党校高级讲师冯孝忠作“评点传统文化、增强文化自信——社会主义核心价值观宣讲”专题培训。培训班对提高学员民族宗教政策运用水平、民族宗教领域矛盾隐患化解水平和努力践行社会主义核心价值观，加快推进民族团结进步示范区创建等方面均起到积极作用。

【党外和非公经济代表人士培训班】　为加强党外代表人士和非公经济代表人士队伍建设，全面提高党外代表人士和非公经济代表人士综合素质，6月27日，江川区举办党外代表人士和非公经济代表人士培训班，全区科级党外干部、党外知识分子代表、新的社会阶层代表人士和非公经济代表人士160余人参加培训。区委党校高级讲师冯孝忠重点围绕人性的“初心”和党性的“初心”开展培训，引导学员坚持正确的政治方向、坚定理想信念、增强发展信心，明确责任和担当，最大限度地服务全区经济社会发展。

【省民宗委对江川民族团结工作提要求】　7月19日，由区委书记徐贤带队，区委常委、区委统战部部长李志刚，区委常委、区委办公室主任赵琦，副区长、市公安局江川分局局长溥恩武等一行到省民族宗教委，汇报江川区创建全国民族团结进步示范区工作情况。省民宗委副主任李正洪以及监督检查处、示范创建处、经济发展处、文化宣传处、今日民族杂志社、信息中心等处室负责人参加听取汇报，李正洪副主任对江川创建工作提出了“五个再”的要求：一是认识再提高。深刻认识创建的重大意义，创建要把握共性不丢，个性要有，注重分类指导，突出特色，展现亮点。要与基层党建、脱贫攻坚、“创文”“创卫”等相结合，避免各吹各打和形式主义。二是创建上再拓展。创建工作要延伸拓展，做深做细做实，抓好“八进”活动，在现有基础上创新方式载体，按照大众化、人文化、实体化要求，充分挖掘江川古滇青铜文化，使少数民族地区和汉族地区的创建相互融合、共同推进。三是宣传上再发动。深入持久全面推进创建工作，避免上头热下头冷，要在区“两会”等重要会议上再安排再部署，抓在平常，并在关键节点集中展现，在民族节日、迎接建国70周年庆祝活动中融入创建工作。四是氛围上再营造。深入做好思想认识工作，充分利用各类平台资源，做好宣传教育引导，凝聚共识，团结拼搏，促进各民族交往交流交融，营造相互嵌入的生产生活环境，构建平等团结互助和谐的新型民族关系。五是工作上再提升。要认真学习贯彻《云南省民族团结进步示范区建设条例》及实施细则，宣传贯彻中办发〔2018〕65号《关于全面深入开展民族团结进步创建工作铸牢中华民族共同体意识的意见》以及云南省实施意见。始终把铸牢中华民族共同体意识作为创建工作的主线放在突出位置，对照标准努力补齐短板，提升工作，为实现“中华民族一家亲，同心共筑中国梦”目标贡献力量。同时，对江川提请的4个方面的困难问题给予帮助支持，将九溪扯纳苴、阳山庄两个灾后重建村在民族团结进步示范村项目上给予重点支持，安化乡民族文化广场建设纳入民族团结进步示范特色乡镇给予支持；支持前卫镇渔村建立民族民间技艺传承基地和江川彝族文化传习展示馆建设，并对具备条件的示范社区创建上给予支持。

【创建全国民族团结进步示范区领导小组第二次会议】　为进一步完善机制，落实创建责任，加快推进民族团结进步示范区创建工作，7月31日，江川区召开创建全国民族团结进步示范区领导小组第二次会议，传达学习省民族宗教委对江川创建工作提出的意见和要求，通报示范区创建工作推进情况，研究审议并通过“联创共建、互助互学机制”等创建工作措施。区委书记徐贤主持会议并对创建工作提出了四个方面的要求：一是始终以高度统一的思想认识抓创建。全体干部要站在民族团结进步创建是中央交给云南的一项重要政治任务的高度来认识，必须履职尽责坚决完成。二是始终以守正创新的进取意识抓创建。要按照省民宗委要求，坚持把铸牢中华民族共同体意识作为主线贯穿创建工作的始终，引领创建工作方向，要加强向上汇报争取支持帮助，争取上级的检查指导。三是始终以抓细抓常的较真精神抓创建。要对照验收测评标准，补齐差距短板，以愚公移山的精神推进创建。四是始终以有力有效的工作机制抓创建。要拓展工作措施，要摸清弄懂创建路径、时间节点，紧张而有序地推进创建。各成员单位要对标对表、认领任务、履职尽责，创新载体，扎实开展好“八进”活动，加大宣传，营造氛围，掀起创建热潮，出经验、树典型。

【李志刚调研指导工作】 8月1日，区委常委、统战部部长李志刚深入前卫镇调研指导民族团结进步示范区创建工作。在前卫镇党委书记张曦陪同下，李志刚先后实地察看赵官村云南白药创始人曲焕章故居修缮情况、前卫社区示范社区创建情况、石河阿豆村民族团结进步示范村后续管理情况，并听取相关情况介绍。李志刚指出，前卫镇有独特的优势和资源，既是云南白药创始人曲焕章的故居，又有七夕节万人朝拜的七星塔，要大力宣传好前卫镇的地域特色文化，充分发挥好曲焕章、七星塔效应作用和阿豆村示范带动作用，按照“人文化、实体化、大众化”要求，因地制宜，整合资源、突出特色，把江川区民族团结进步示范区创出特色、创出成效、创出品牌。

【徐贤调研宗教工作】 8月4日，区委书记徐贤在区委常委、区委统战部部长李志刚等陪同下深入北山寺、云岩寺、青龙寺等宗教活动场所和民间信仰活动场所开展工作调研，认真询问场所建设、活动开展等情况，并对全区宗教工作提出三点要求：一是全区宗教团体和宗教界人士要全面贯彻落实党的宗教工作基本方针，坚持宗教中国化方向，要以示范区创建和宗教场所“五进”活动为抓手，进一步巩固民族团结、宗教和睦。二是要依法加强宗教事务管理，积极引导宗教与社会主义社会相适应。引导信教群众紧紧围绕在党和政府周围，支持和配合好“创文”、“创卫”、农村人居环境综合整治、拆临拆违、扫黑除恶、棚户区改造和高速公路建设等工作，在江川“治好一湖水，建好一座城，打造好一个高地”的重点工作中释放正能量，作出积极有效的贡献。三是要正确区分宗教、民间信仰和封建迷信活动，把握好政策，摸清楚“家底”，充分发挥好宗教的积极作用，科学智慧处理好消极作用；要注意把民间信仰与封建迷信活动区分开来，引导好群众，教育好信众，维护社会和谐稳定，充分发挥好民间信仰在农村社会生活中的积极作用。

【李志刚专题调研基层党组织建设】 8月20日，区委常委、统战部部长李志刚先后到安化彝族乡安化社区、早谷田村委会、董炳村委会开展挂点联系村基层党组织建设专题调研，详细了解基层党组织班子建设、党员队伍教育管理、集体经济发展等方面情况，对存在的困难和问题给予帮助解决，并对下一步抓好基层党组织建设提出要求：一是要注重思想引领，提升党员素质。要深入开展党的十九大精神和习近平新时代中国特色社会主义思想的学习，使广大党员牢固树立“四个意识”，“不忘初心、牢记使命”，切实增强政治担当，不断增强党组织的凝聚力和战斗力。二是要打牢集体经济基础，切实增强党组织为民服务能力。要充分发挥安化民族文化资源优势和自然资源优势，打造既有民族文化特色、又有乡土气息的乡村旅游品牌，形成“一村一品”产业发展格局，不断壮大集体经济，在助力乡村振兴的同时，不断提升基层党组织服务民生、服务群众的能力。三是要以问题为导向，精准化整顿软弱涣散党组织。要认真查找软弱涣散党组织存在的问题，并针对存在的问题具体分析、查找原因、找准方法，突破重点，攻克难点，带动全局，努力提升基层党组织战斗堡垒作用。四是要树典型，抓示范。要把本村优秀党员、孝老爱亲模范、诚实守信模范、致富能人、民族文化带头人等进行宣传和表彰表扬，发挥好示范带动作用，促进乡风文明建设。五是要以党建为引领，统筹抓好各项工作落实。要充分发挥党建引领作用，统筹抓好民族团结进步示范创建、脱贫攻坚、人居环境整治等各项工作，建设和谐、幸福、美丽新农村。

【民族团结进步知识竞赛】　为铸牢中华民族共同体意识，进一步加深干部职工对党和国家民族理论、民族政策法规、民族团结进步知识的学习，加深对开展全国民族团结进步示范区创建重要性、必要性的理解，9月19～27日，江川区委统战部（创建办）在全区机关单位、乡镇（街道）开展民族团结进步知识竞赛答题活动，共计77家单位3368名干部职工参加竞赛活动。

【区新的社会阶层人士创新基地暨工作站挂牌成立】　10月24日上午，玉溪市江川区新的社会阶层人士统战工作实践创新基地和玉溪市江川区新的社会阶层人士工作站在云南云蔚来科技开发有限责任公司挂牌成立，区委常委、统战部部长李志刚出席揭牌仪式并讲话，新联会三分会会长杨建坤、副会长陈春和、云南云蔚来科技开发有限责任公司总经理张江平等人参加揭牌仪式。

【宗教活动场所安全专项检查】　11月26日，区民宗局组织人员对全区宗教活动场所开展安全稳定专项检查，重点对消防设施是否配备、安全管理制度是否上墙、用火用电是否规范、电器线路是否安全达标、疏散通道是否畅通无阻等方面进行检查。并就检查中发现的问题，及时向宗教场所负责人进行反馈，提出整改限时和整改要求。

【国家宪法日集中宣传活动】　12月4日，江川区“宪法宣传周”系列宣传活动在乾景商业中心启动，区委统战部（民宗局）积极参与开展活动，共发放《宗教事务条例》《中华人民共和国归侨侨眷权益保护法》《云南省民族团结进步示范区建设条例》《民族宗教政策法规知识宣传册》等法律法规1500余份，相关法律法规咨询20余人次。

【沐爱斌到江川调研指导工作】　12月18日，市委统战部副部长、市民宗局局长沐爱斌一行到江川调研指导民族团结进步示范区创建工作。在全面听取情况汇报并实地调研指导九溪镇矣文村委会矣文小组民族团结进步示范创建工作的基础上，提出工作中存在的不足和下一步工作要求：一是区委高度重视，统战民宗部门努力，但齐抓共管的自觉尚未形成。要进一步调动发挥好各部门的积极性和主动性，自觉投入民族团结进步示范创建工作。二是示范创建的特点、亮点还不够突出。要抓细抓实示范点、示范单位的创建，要突出非民族自治县区的特点，拓宽思路，大胆创新，用心打造。三是宣传的氛围还不浓。要加强对民族团结进步教育的宣传，把“三个离不开”“中华民族共同体意识”等理念树立起来。要加强与省市新闻媒体的沟通协作，组织好精要丰富的宣传内容，通过今日民族、民族时报、微信公众号等媒体做好宣传。四是抓好融合，补齐短板。要把示范创建工作融合到其他工作领域的载体中，共放异彩。重点是社区，关键是“进社区”；抓好“社区文化”创建，讲好社区鲜活的民族团结故事。突出“社区”带“民族地区”“坝区”带“民族山区”，以点连线，以线成面，创造性地开展示范创建。

【党外代表人士意见征求座谈会】　12月20日上午，江川区委统战部召开统一战线代表人士座谈会，就《区委二届六次全会报告》和《政府工作报告》两个征求意见稿征求意见。区委统战部常务副部长、工商联党组书记业东华主持会议，区委常委、统战部部长李志刚出席会议并作讲话。来自农业、卫生、教育等不同行业的党外知识分子、新的社会阶层代表人士以及非公经济代表人士共17人参加座谈会。就本土文化的挖掘和开发利用、美丽乡村建设、生态环境保护、社会保障、教育体育事业、城乡发展、星云湖保护治理等方面提出19条意见建议。

【“不忘初心、牢记使命”主题教育】　区委统战部按照“守初心、担使命，找差距、抓落实”总要求，认真组织开展“不忘初心、牢记使命”主题教育活动。一是成立以部长任组长、副部长（支部书记）任副组长、相关人员为成员的主题教育活动领导小组。二是结合部门工作实际，研究制定主题教育活动实施方案，确保主题教育活动落实落细。三是多渠道多形式开展学习教育。先后组织读书班集中学习2期，开展专题研讨4次，党员干部交流发言44次，激发党员干部扛起政治责任，履行当担使命。组织干部职工到“中共滇中地委旧址”开展红色传承教育，观看《建党伟业》《滇中红色记忆》以及国庆大阅兵，开展党史专题培训和警示教育等，有力推动学习教育走深走实。四是紧贴实际开展调研。形成民生领域、乡镇商会建设、宗教场所制度建设、团结稳定以及少数民族妇女在民族文化发展中发挥的积极作用等调研报告7篇，并召开调研成果交流会。五是检视问题“抓整改”。通过采取个别访谈、召开座谈会、调查研究等形式，查找梳理出班子存在的问题2条，班子成员问题21条。制定整改措施，至11月底，已整改完毕18项。同时通过换位体验的方式，帮助群众解决实际问题2个。

【政协委员届中调整】 因人员变动，政协玉溪市江川区第二届委员会委员进行届中调整，在广泛征求意见的基础上，按程序新增政协玉溪市江川区第二届委员23人、免去委员资格21人。

【民族成分变更】 全年共审核、收件、报批民族成分变更18人。其中：汉族分别变更为彝族10人、哈尼族4人、壮族1人、拉祜族2人、傣族1人。

【党外代表人士工作】 一是建立健全党外代表人士数据库。至年底，全区共有科级以上党外干部63人，其中副处4人、正科11人、副科48人。副高以上党外知识分子720人，建立代表人士库66人。新的社会阶层人士3125人，建立代表人士库150人。二是指导党外干部活动组、党外知识分子联络点开展活动。制定下发活动制度，并由统战部科级以上领导干部结对联系4个党外干部活动组，参与指导开展学习、调研视察等活动12次；指导8个党外知识分子联络点每季度开展一次学习交流等活动，引导党外代表人士发挥优势作用，开展知识讲座、义诊等公益活动，为服务社会贡献力量。指导新的社会阶层人士联谊总会三分会开展学习座谈交流等活动，组织新的社会阶层代表人士开展手工青铜产品制作调研。三是举办党外代表人士培训班，提升党外代表人士综合素质。四是挂牌成立玉溪市江川区新的社会阶层人士实践创新基地2个，成立玉溪市江川区新的社会阶层人士工作站8个，为江川区新的社会阶层人士开展活动搭建平台。

【非公经济领域统战工作】 一是加强非公有制经济人才队伍建设，建立126名非公有制经济代表人士库，举办非公经济人士专题培训，强化非公经济人士教育引导，促进非公有制经济人士健康成长。二是开展非公有制经济人士理想信念教育实践活动，组织非公经济人士开展“不忘创业初心、接力改革伟业”承诺签名。开展捐资助学活动，组织云南福光包装有限公司等13家非公企业捐资3.83万元，资助家庭贫困大学生20名。三是推动非公有制经济发展政策措施落实，指导工商联开展“贷免互补”、个人创业担保及小微企业担保贷款工作，共扶持放贷5920万元，促进江川区非公有制经济健康发展。

【创建全国民族团结进步示范区工作】 一是提高站位，健全体制机制。成立由区委书记、区长任组长的创建工作领导小组，先后召开创建全国民族团结进步示范区工作动员会、创建全国民族团结进步示范区工作领导小组会议，进一步压实创建责任，细化工作措施，加快民族团结进步示范区创建步伐。制定下发《江川区创建全国民族团结进步示范区工作方案》等20余个文件，有效指导全区示范创建工作开展。二是强化宣传，努力营造创建氛围。紧紧围绕铸牢中华民族共同体意识这一主线，加强示范区创建工作的宣传教育，各级党委（党组）把示范创建纳入中心组学习内容，开展民族团结主题文艺创作，谱写民族团结进步歌曲，在乡镇街道、交通要道、城区、重点村（社区）制作宣传展板100余处600余块，印发民族团结知识手册4000余册，组织开展“民族团结杯”老年人文体文艺演出和“民族团结进步”广场舞大赛，举办示范区创建专题辅导班6期，制定《江川区民族团结进步公约》，在全区机关干部中开展民族团结进步知识竞赛答题活动等，全面提升干部群众知晓率和覆盖面。三是明确责任，对标对表补齐短板。根据国家验收标准，制定下发《补短板促攻坚实施方案》，列出江川区创建工作中存在的44项短板，并制定时间表路线图，提出工作措施和完成时限，明确责任单位和具体责任人，使创建工作克期攻坚。抓好示范引领，细化部署重点打造的60个示范点责任单位（示范家庭）工作任务，典型带动、支撑全局，政务局等9个示范单位受到市级命名表彰，九溪镇矣文村、区消防救援大队、区妇联、安化彝族乡、浪广社区等多个点示范创建成效显著。四是强化督查考核机制，促进工作落实。制定下发玉溪市江川区创建全国民族团结进步示范区工作考核办法和示范区创建督查办法，组织开展专项督查2次，区人大、区政协开展视察活动1次，推进创建工作落实落细。五是创新载体，合力推进创建工作纵深发展。充分整合基层党建网、民族团结进步网、综治网、“创文”“创卫”网、公共服务管理网等资源优势，构建“五网融合”协同推进机制和“联创共建、互助互学”机制，同时，把示范创建纳入区委重点工作“九大联盟”统筹谋划，创建工作合力推进，取得实效。

【依法管理宗教事务】　一是推进宗教工作责任落实，认真贯彻落实《宗教事务条例》《云南省宗教事务规定》，落实宗教工作“一网两单”制度，完成市级交办重点任务9项，向乡镇街道交办任务2项，宗教工作责任进一步落实落细。二是加强民族宗教政策宣传。在宗教界开展民族宗教政策法规宣传月活动和“国旗国歌、宪法和法律法规、社会主义核心价值观、中华优秀传统文化、民族团结”进宗教活动场所活动，进一步增强信教群众的法治意识、国家意识。举办区、乡、村民族宗教干部培训班，提升民族宗教干部综合素质。三是依法加强宗教事务管理，规范教职人员备案、宗教活动场所财务监管、主要教职人员外出报备等事项，修订完善宗教活动场所管理制度11项。加强对宗教活动场所消防安全、生产安全、食品安全和防邪教、防渗透、防暴恐等方面的检查巡查。继续实施基督教两会和场所的财务会计统一委托管理制度，规范会计账务，防范财务漏洞。加强宗教管理人员的考核管理，落实场所负责人的管理主体责任，促进宗教活动场所规范化管理。四是坚持每月一次矛盾纠纷隐患排查、研判、化解机制，开展自上而下、自下而上走访排查，及时有效化解涉民族宗教因素矛盾纠纷，确保民族团结宗教和睦。五是妥善处置宗教热难点问题，佛道教商业化、基督教私设聚会点、伊斯兰教“三化”等问题有效处置，宗教领域团结稳定。

【港澳台海外统战工作】　一是进一步完善制定重点归侨侨眷、台胞台属联系制度，加强与重点台属、侨眷的沟通和联系，开展走访慰问、沟通交流。二是积极争取省市资金2万元，打造社区“侨法宣传角”阵地，并依托阵地开展侨法宣传。三是切实做好涉侨台脱贫攻坚工作，为5户非建档立卡困难家庭争取生活补助，每户3000元。四是做好回国探亲台胞、侨胞的座谈交流，协助区委、区政府做好台湾海峡两岸创新科技暨生物医药产业交流协会、香港长海设计制作工程公司到江川投资考察工作。五是组织侨眷代表开展侨资企业调研座谈，针对侨资企业生产、销售等方面存在的问题提出意见建议，增强企业活力，提高企业竞争力。

【信息调研工作】　一是加强信息报送工作。全年共上报省市统战部（市民宗局）各类信息89条，其中省委统战部采用26条、市委统战部采用29条、市民宗局采用15条、《玉溪日报》采用3条。二是大力开展调研，撰写加强党外代表人士队伍建设、网络人士统战工作情况、宗教工作管理困难及对策等调研报告上报市委统战部、市民宗局。

（矣树芬）

区直机关工委

【概述】　2019年以来，江川区委区直机关工委围绕区委“159”工作思路，紧紧聚焦“围绕中心、建设队伍、服务群众”三大职能，以开展“基层党建创新提质年”“不忘初心、牢记使命”主题教育为抓手，推行“抓达标、促规范，建队伍、促执行，强创新、树品牌，出特色、走前头”工作思路，着力打好“五张牌”，推进重点任务落实，力促机关党建创新提质，确保机关党建走在前列。

【揭牌授印】　根据中央、省委、市委和区委对机构改革总体安排部署，中国共产党玉溪市江川区直属机关工作委员会更名为中国共产党玉溪市江川区委员会区直机关工作委员会，2019年2月27日，区委区直机关工委举行揭牌授印仪式。

【“不忘初心、牢记使命”主题教育】　工委坚决贯彻落实习近平总书记重要讲话精神和中央、省市区委安排部署，聚焦“围绕中心、建设队伍、服务群众”职能，围绕“三表率一模范”目标，及时成立以区委常委、工委书记为组长的领导小组及其工作机构，结合实际制定出台工作方案和推进时序表，召开专题会议，坚持学习教育、调查研究、检视问题、整改落实贯穿始终，在抓好工委自身的同时，指导督促好机关各党支部开展好工作，确保主题教育高标准开局、高水平推进、高质量落实。一是抓学习，推动理论学习走深走实。开展2次中心组学习、2次集中学习，举办110多名党支部书记和党务干部参加的主题教育专题培训班；开展150多名普通党员参加的“万名党员进党校”培训；向全体党员发放2本必学教材、向所辖支部的3名流动党员发出红色家书，传承红色基因，确保学习教育全覆盖。二是抓调研，推动工作精准务实。重点调研“机关党建存在‘两张皮’问题、发展党员工作情况、党支部规范化建设达标创建和巩固提升情况、落实组织生活会制度情况”等4个方面的专题，召开主题教育调研成果交流会，围绕调研专题，进行专题研判。三是抓检视，推动问题导向动真碰硬。召开对照党章党规找差距专题会议，班子成员紧扣“18个是否”、党员围绕5个方面，逐一对照检查，共查摆问题33个，并将其列入问题清单和整改清单。班子及班子成员撰写“不忘初心、牢记使命”检视剖析材料和吸取秦光荣深刻教训对照检查材料。班子自身查找问题23条，班子成员自己查找问题49条。四是抓整改，推动主题教育取得实效。工委坚持把“改”字贯穿始终，认真抓好专项整治违反中央八项规定精神问题、专项整治发展党员违规违纪问题、专项整治党员信教的问题、专项整治党内政治生活不规范的问题等4个方面突出问题专项整治，结合学习调研发现的问题以及检视出的问题，进一步确定整治重点、明确整治责任，真刀真枪解决问题。

【召开2019年党建工作会】 5月30日，区委区直机关工委召开2019年党建工作会议，区委常委、区委办主任、区委区直机关工委书记赵琦同志，区委区直机关全体工委委员，区委区直机关各单位党组织书记和一名党务骨干共计110余人参加会议。会上，工委常务副书记作工作报告，回顾总结2018年区委区直机关党建工作，安排部署2019年工作任务。

【从严从实开好民主生活会】 工委根据“不忘初心、牢记使命”主题教育工作领导小组的安排，认真开展学习研讨、制定工作方案、深入开展交心谈心并广泛征求意见，撰写“不忘初心、牢记使命”检视剖析材料和吸取秦光荣深刻教训对照检查材料，交由指导组审核通过后于12月12日召开“不忘初心、牢记使命”专题民主生活会和吸取秦光荣案深刻教训专题民主生活会。会上，3名班子成员大胆开展批评与自我批评，敢于揭短亮丑、见人见事，不遮掩问题、不回避矛盾，做到相互批评有辣味、有的放矢、切中要害，达到团结—批评—团结的目的。

【“关爱民生，寒冬送暖”走访慰问】 12月9日工委全体党员干部深入小白坡村委会包村点对挂包联系贫困户进行走访慰问。全体党员干部积极捐款捐资，购买暖被4床、运动服5套，慰问金800元，慰问挂包联系贫困户4户。

【春节慰问】 区委区直机关工委在2019年春节前夕，工委共走访慰问机关困难党员19人，9500元。

【入党积极分子和发展对象培训班】 6月17日至19日，区直机关工委2019年入党积极分子暨发展对象培训班在江川宾馆四楼会议室举办，92名入党积极分子和发展对象进课堂、唱国歌、听党课、读经典，锤炼党性，坚定理想信念，增强政治责任感、历史使命感。

【主题教育党支部书记专题培训班】 9月25日，区直机关工委在江川宾馆四楼会议室举办“不忘初心、牢记使命”主题教育党支部书记专题培训班，工委下属机关党委、直属党（总）支部书记和党务干部共计110余人参加培训。区委党校从党性之问“什么是我们的初心？”开始，对“不忘初心、牢记使命”主题教育进行专题理论辅导，进一步明确初心和使命，增强“四个意识”、坚定“四个自信”、坚决做到“两个维护”。区委组织部组织股从为什么开展“不忘初心、牢记使命”主题教育，中国共产党人的初心和使命是什么，“不忘初心、牢记使命”主题教育如何抓三个方面讲解基层党组织如何开展主题教育，统一规范地为各基层党组织开展主题教育指明方向。

【“万名党员进党校”暨主题教育专题培训示范班】　10月10日至12日，区委区直机关工委“万名党员进党校”暨“不忘初心、牢记使命”主题教育专题培训示范班在江川宾馆四楼会议室举行，工委下属各单位党组织150余名普通党员进党校、温誓词、听党课、看视频、读经典，锤炼党性，进一步明确初心和使命，增强“四个意识”、坚定“四个自信”，坚决做到“两个维护”。

【党的十九届四中全会宣讲会】　12月19日，区委区直机关工委在江川宾馆二楼召开党的十九届四中全会宣讲会，区委区直机关各单位党组织副书记、组织委员共计55人参加会议。工委常务副书记从坚持和完善中国特色社会主义制度、推进国家治理体系和治理能力现代化的重大意义、我国国家制度和国家治理体系的显著优势、13个坚持和完善如何贯彻落实等四个方面对党的十九届四中全会精神进行宣讲。

【理顺组织关系，配强党务干部】　以机构改革为契机，制定下发《关于切实做好机构改革所属涉改单位机关党建工作的通知》，指导好所属党组织调整、更名、新建工作，理顺55家单位党组织关系，不变的有36个党组织，新建14个党支部，撤并1个党支部，更名3个党支部，增补2个党支部。配齐配强机关党务力量。实现各单位党组织书记由单位党员主要行政负责人担任，共选举产生支部书记45名，副书记17名，委员64名。

【发展党员工作】　工委严把质量关，做好党员发展工作。全年共发展党员19名。其中女性9名，科员8名，实职副科1名，其他1名，专技人员6名，国企2名、工人1名，取消预备党员资格1名，大专及以上学历18名，35岁及以下15名，35岁以上4名。预备党员转正18名。

【双报到双结对双评议】　工委持续推进双报到双结对双评议活动，共推城市基层党建。区直各单位党组织组织党员在春节期间、“3・5”学雷锋活动日、“6・5”世界环境日和70周年国庆期间到所驻社区和挂钩网格党组织报到，开展结对共建、结对互助。全年成功对接清单项目156项，为群众办实事249件。

【深化党支部规范化达标创建】　工委认真贯彻落实《中国共产党支部工作条例（试行）》，把抓好党支部规范化建设作为组织体系建设的基本内容，建立完善各领域规范化建设标准，进一步健全基本组织、建强基本队伍、开展基本活动、落实基本制度、强化基本保障，着力提升组织体系建设质量。全年完成党支部规范化创建达标48个，累计达标90%以上。

【推广使用“云岭先锋”App】　工委推广使用“云岭先锋”App，将“三会一课”、支部主题党日活动、党费收缴、党员积分、党务公开、组织生活会和民主评议党员登记等同步跟进到“云岭先锋”App，促进基层党建传统优势与信息技术有机融合。全年云岭先锋App共记录开展支部主题党日680次，党员大会627次，党课219次，支委会286次，党务公开476次，党费收缴登记14679次。

（罗秀秀）

“两新”组织党工委

【概述】　2019年，江川区委“两新”组织工委深入贯彻落实新时代党的建设总要求，按照区委“基层党建创新提质年”总体部署，以党支部规范化建设为统领，持续深化全区“两新”组织党建工作，促进“两新”组织健康发展。

【责任落实】　严格落实党建工作职责，将“两新”党建工作纳入全区“基层党建创新提质年”总体布局谋划推进，制定责任、重点任务和工委班子成员挂钩联系清单，梳理形成7大方面20小项重点工作，进一步明确责任目标。建立“‘两新’组织党工委委员+联席会议成员单位+党建指导员”工作机制，下派党建指导员到各乡镇（街道）联系指导“两新”组织，切实做到“两新”组织两个全覆盖。年内召开工委会议3次、“两新”组织党建联席会议2次，开展综合随机督查调研3次，实行“派单”制度，向工委委员及相关党组织派单4次16项具体任务，有效传导压力，推动“书记抓、抓书记”责任落实，形成上下同心协力、齐抓共管的基本格局。

【规范提升】 严格落实“有进有出、动态管理”和“应建必建”的工作要求，对“兜底”多、联合建的党组织进行调整，新成立精美包装、律师行业2个支部。实行工委委员挂钩联系机制，督促指导严格落实“三会一课”“主题党日+”等基本制度，从严从实规范组织生活。组织7次到革命老区、红色教育基地接受熏陶，深化党员亮身份、亮承诺、亮积分活动，提升党员党性意识。严格按照党员发展5步骤25环节要求，严把政治关、程序关、质量关，新发展党员23名，逐步壮大党员队伍。从严从实落实“基本队伍、基本组织、基本活动、基本制度和基本保障建设”方面标准化要求，2019年应达标22个党组织规范化达标创建通过区级验收，累计达标77.2%。

【党员教育】 强化理论武装，加强政治建设。坚持“业余、小型、多样、务实”原则，通过“必修+选修”“线上+线下”“常规+创新”等方式，寄送流动党员“红色家书”25封，实施送学下车间、到工地、进办公室活动，推广使用“云岭先锋”App，搭建网上党支部平台，实现党员上网学习、在线培训、互动交流、打卡签到一体化，全面满足不同党员教育多元化、差异化学习需求。通过开展习近平新时代中国特色社会主义思想宣讲15场、“微党课”30余堂，持续开展“万名党员进党校”活动8期，实现“两新”组织普通党员进非公党校和乡镇以上党校集中培训100%覆盖，开展重读入党申请书、撰写个人党性修养要则，全面推进“不忘初心、牢记使命”主题教育，引导“两新”组织党员感党恩、颂党情、听党话、跟党走。

【示范带动】 对上年查摆发现问题的整改落实进行“回头看”，重点推动“两新”党建全面融入城市基层党建和“九大党建联盟”，参与人口摸底调查、“双创”、脱贫攻坚、星云湖保护治理，落实“街乡吹哨、部门报到”机制。摸排软弱涣散党组织1个，对标对表、科学制定方案、采取区级领导、工委委员、挂钩单位“多对一”措施全面整顿提升。强化“精品”意识，持续巩固对联塑、吉宏短途客运等党建示范点提档升级，高质量推进完成鸿湖彩印、童话幼儿园2个示范点打造工作，抓点成典、示范引领、扩面提质。

【作用发挥】 由经验丰富的党务工作者指导“两新”组织开展活动，做好“两新”组织发展党员和组建党组织工作，促进党建工作规范化。组织“两新”组织党组织和党员到社区开展“双报告、双结对、双评议”工作，逐步构建互联互动、共驻共建、资源共享的党建格局。把发挥“两新”党组织和党员战斗堡垒作用和党员先锋模范作用与开展志愿服务、建设企业文化有机结合起来，积极引导“两新”组织党组织参与“双创”、脱贫攻坚等中心工作，云南联塑党支部积极开展“我为企业献一策”活动，引导党员投身企业发展；新天力党支部开展“行走青春·志爱江川”累计捐款2万元，开展夏日送清凉等活动关心关爱职工。对“两新”党组织书记进行定期培训，帮助他们掌握党建工作实务，不断提升综合素质能力。落实党建工作各项任务的考核，对“两新”党组织书记实行述职考核制度，采取日常考核、季度考核和年终考核相结合的方式，把考核结果作为评优评先的重要依据，以提高“两新”组织对党建工作的重视度。积极开展观看榜样类纪录片、“不忘初心、牢记使命”朗诵比赛、重温入党誓词、参观历史博物馆、参加志愿者服务等灵活多样的活动，不断增强“两新”组织党组织的凝聚力和感召力，让党员在活动中先锋模范作用不断凸显。

（赵　鑫）

区委党校

【概述】 2019年江川区委党校、江川区行政学校、江川区社会主义学校坚持党校姓党基本原则，以习近平新时代中国特色社会主义思想为指导，深入贯彻党的十九大和十九届三中、四中全会精神，落实《中国共产党党校（行政学校）工作条例》，围绕“5366”发展思路，突出理论教育和党性锻炼主业，守初心、担使命，补短板、抓落实，不断发挥“阵地”和“熔炉”作用，完成了干部教育、理论宣讲、教学科研等目标任务，各项工作取得新成效，为江川实现跨越发展提供思想和理论支撑。

【参与江川区2019年干部教育联席会议】 3月22日，江川区委党校作为江川区委干部教育委员会成员单位参与了2019年干部教育联席会议，对上年全区干部教育培训工作进行全面总结，对本年干部教育培训工作进行谋划部署。参与审议《玉溪市江川区2018年外出培训及外派干部优秀心得体会摘编》《2018～2022玉溪市江川区干部教育培训规划》《玉溪市江川区2019年干部教育培训计划》。

【举办各类培训班】 全年区委党校主动配合相关部门举办各类培训班。一是举办妇女干部培训班。1月16日，江川区委党校配合江川区妇联，举办2019年妇女干部培训班，对全区各行各业妇女干部75人进行培训。

二是开展“万名党员进党校”培训。以党性教育和党的基本理论教育为重点，分别于4月23日至25日为江川区工信局党委举办“万名党员进党校”培训1期110人次，9月25日为区直属机关工委举办“万名党员进党校”暨“不忘初心、牢记使命”主题教育专题培训示范班1期150人次。

三是举办脱贫攻坚能力提升专题培训班。4月28日，江川区委党校配合区委组织部和区扶贫办举办2019年江川区脱贫攻坚能力提升专题培训班，对全区各乡镇（街道）党（工）委班子成员、扶贫系统干部、驻村扶贫工作队员和贫困村书记、主任、监委会主任208人进行培训。培训采取集中学习和知识测试的方式进行。内容包括“如何做好江川区脱贫成效巩固提升工作”“做实产业扶贫助推脱贫攻坚”“聚焦问题，全域破题，坚决打赢彝乡脱贫攻坚战”“《中国共产党农村基层组织工作条例》解读”三个专题。

四是举办扫黑除恶专题培训班。4月28日至29日，江川区委党校配合区委组织部举办江川区扫黑除恶专题培训班。培训班采用自学、集中培训和知识测试的方式对部分村（社区）书记、主任、监委主任和部分区直部门党员干部共86人进行培训。集中培训内容包括“深挖彻查涉黑涉恶腐败和保护伞”“准确认识黑恶势力及‘保护伞’，依法严惩黑恶势力违法犯罪”“加强基层民主法制建设，推动扫黑除恶深入开展”“黑恶势力违法犯罪的具体案件表现”四个方面。

五是举办入党积极分子和发展对象培训。6月17至19日，区委党校与江川区直属机关党工委联合举办“2019年入党积极分子暨发展对象培训班”，对区直机关工委所属支部31名入党积极分子和21名发展对象进行培训。培训采取自学、专题辅导、撰写心得、闭卷考试的方式进行。分别就“学习党史，牢记初心使命”“如何做一名合格的共产党员”“党章辅导”“习近平新时代中国特色社会主义思想”进行专题辅导。

六是举办新招录工作人员初聘（岗前）培训班。9月23～27日和10月14～18日，江川区委党校分别联合区人社局和区卫生健康局举办新招录工作人员初聘（岗前）培训班2期，共对江川区2018～2019年新招录的92名工作人员进行（初聘）岗前培训。培训班每期历时5天，内容涉及党的理论、法律法规、担当作为教育、民族团结、公务礼仪、禁毒防艾、保密知识等。

七是举办“不忘初心、牢记使命”主题教育党支部书记专题培训班。9月25日，江川区委党校联合区直机关工委举办“不忘初心、牢记使命”主题教育党支部书记专题培训班，区直机关工委委员及所属党总支、支部书记和党务骨干200人参加培训。区委党校作“不忘初心、牢记使命”主题教育专题辅导，区委组织部作“不忘初心、牢记使命”主题教育业务培训。

八是举办供电系统党员干部轮训班。10月15～16日，江川区委党校联合南方电网江川公司举办党员轮训班，对该公司35名党员进行培训。

【开展理论宣讲】 区委党校充分发挥职能作用，全年共组织开展宣讲79场5346人次。其中，开展党的理论、党纪法规宣讲41场2628人次；开展“不忘初心、牢记使命”主题教育专题宣讲20场1471人次；开展党的十九届四中全会精神宣讲18场1247人次；参与文明讲堂讲座4场254人次。

【开展理论研究】 全年区委党校积极推动教科研咨一体化建设，紧紧围绕江川“5366”发展思路和区委、区政府中心工作做好区情研究，不断加大党校教科研咨与区委中心工作的结合度。2019年共结项省级课题1个，立项市级课题1个；完成《全面建成小康社会江川文化及相关产业增加值达标对策分析》《强化思想引领　助力脱贫攻坚——关于精神扶贫工作的调研》《扎实推进乡村振兴工作　助推江川区全面建成小康社会》3个专题调研报告；完成党的十九届四中全会论文撰写3篇，即《提升制度执行力切实把制度优势转化为治理效能》《加强和改进新形势下党员教育工作研究》《关于我国国家治理中的三个统一问题的思考》。

【对外服务】 2019年，在党校搬迁建设，教学培训条件滞后的条件下，区委党校仍然发挥职能作用，承办各种会议、培训、考试20期2000多人次。

【党校搬迁新建项目开工建设】
江川区委党校搬迁建设项目在推进完成设计勘察审图、工程招标控制价及审核工作、项目抗震专审、施工招标和监理招标、电力设施改迁新建、人饮工程建设和水保监测、施工许可、质量安全报监等工作的基础上，于2019年9月10日实现开工建设。全年累计完成投资2083.76万元。

（李拥军）

玉溪市江川区人大常委会

【玉溪市江川区第二届人大常委会主任、副主任、委员名录】
（2019.01～2019.12）

主　任　龚桂存
副主任　李绍华　普朝鹏
何　眉（2019.02离任）
李保平
李德坤（2019.03任）
委　员　王适润　刘秀丽
坝有贵
李　岩（2019.12离任）
李亚捷　杨梅芳
杨聪明　何旭波
张金芬　张彦生
张新荣（2019.02离任）
罗玉华　侯小青
龚瑞中　雷永彪
雷吉林　解若云
付　纲　李志高
杨花润　周留明
刘　勇（2019.03任）
胡禄金（2019.03任）

【玉溪市江川区人大各专委、常委会各委室负责人名录】
（2019.01～2019.12）

玉溪市江川区人大财政经济委员会
主任委员：雷吉林
副主任委员：刘清华（2019.02离任）
王文忠（2019.02任）
委　员：王适润
解若云
坝有贵（2019.02任）
胡禄金（2019.07任）

玉溪市江川区人大常委会法制和民族外事华侨工作委员会
（2019.02机构改革撤销）
主　任　侯小青（2019.02离任）

玉溪市江川区人大监察法制和民族外事与华侨委员会
（2019.02机构改革设立）
主任委员：侯小青（2019.02任）
副主任委员：刘清华（2019.02任）
委　员：李志高（2019.02任）
杨花润（2019.02任）
周留明（2019.02任）

玉溪市江川区人大常委会教科文卫工作委员会
（2019.02机构改革撤销）
主　任　罗玉华（2019.02离任）
副主任　郑　霄（2019.02离任）

玉溪市江川区人大社会建设与教育科学文化卫生委员会
（2019.02机构改革设立）
主任委员：罗玉华（2019.02任）
副主任委员：郑　霄（2019.02任、2019.12离任）
委　员：付　纲（2019.02任）
李亚捷（2019.02任）
杨聪明（2019.02任）

玉溪市江川区人大常委会城建环保资源工作委员会
（2019.02机构改革撤销）
主　任　解若云（2019.02离任）
副主任　龚艳美（2019.02离任）

玉溪市江川区人大环境与资源保护委员会
（2019.02机构改革设立）
主任委员：解若云（2019.02任）
副主任委员：普云平（2019.02任）
委　员：叶彦强（2019.02任）
何旭波（2019.02任）

玉溪市江川区人大常委会办公室
主　任　雷永彪
副主任　殷忠伟

玉溪市江川区人大常委会选举联络工作委员会
主　任　杨花润
副主任　马宇飞

玉溪市江川区人大常委会农业工作委员会
主　任　坝有贵（2019.02离任）
副主任　张继梅（2019.02离任）

玉溪市江川区人大常委会农业农村工作委员会
（2019.02区人大常委会农业工作委员会更名为区人大常委会农业农村工作委员会）
主　任　坝有贵（2019.02任）
副主任　张继梅（2019.02任）

玉溪市江川区人大常委会预算工作委员会
主　任　胡禄金（2019.02任）

【概述】 2019年，在中共玉溪市江川区委的坚强领导下，区人大常委会以习近平新时代中国特色社会主义思想为指导，深入学习贯彻党的十九大和十九届二中、三中、四中全会精神，以服务全区发展大局为己任，以推进法治江川建设为根本，以促进民生改善为重点，遵循全区经济社会发展“5366”总体思路，认真落实区委决策部署和区二届人大三次会议要求，切实履行宪法和法律赋予的职责，主动作为，扎实工作，为促进新时代江川高质量跨越式发展作出积极努力。一年来，共召开常委会会议13次，听取和审议“一府一委两院”专项工作报告18项，开展执法检查3次、专题询问1次、工作视察5次、专题调研12次，召开座谈会5次，形成审议意见10项。

【玉溪市江川区第二届人民代表大会第三次会议】 玉溪市江川区第二届人民代表大会第三次会议2019年2月27日至3月2日在九溪镇（玉溪人民警察训练基地）召开。172名代表出席会议，区委和区人民政府、区监察委员会、区人民法院、区人民检察院有关领导，区人民政府组成部门主要负责人，各乡镇（街道）有关领导，区属有关部、委、办、局、人民团体负责人，区委、区人大、区政府、区政协担任过实职副处以上的退休老领导，江川籍省人大代表，驻江川的省属、市属企事业单位负责人以及江川部分企业负责人等171人列席大会。

大会听取和审议区人民政府区长王志华所作的《政府工作报告》；审查批准玉溪市江川区2018年国民经济和社会发展计划执行情况及2019年国民经济和社会发展计划；审查批准玉溪市江川区2018年地方财政预算执行情况和2019年地方财政预算；听取和审议区人大常委会主任龚桂存所作的《玉溪市江川区人大常委会工作报告》；听取和审议区人民法院代理院长王云峰所作的《玉溪市江川区人民法院工作报告》；听取和审议区人民检察院检察长资云坤所作的《玉溪市江川区人民检察院工作报告》，并作出六个报告的决议。

大会表决设立玉溪市江川区第二届人民代表大会监察法制和民族外事与华侨委员会、社会建设与教育科学文化卫生委员会、环境与资源保护委员会，同时撤销区人大常委会法制和民族外事华侨工作委员会、教科文卫工作委员会、城建环保资源工作委员会。

大会选举李德坤为玉溪市江川区第二届人大常委会副主任；选举王云峰为玉溪市江川区人民法院院长；选举刘勇、胡禄金为玉溪市江川区第二届人大常委会委员；选举侯小青为玉溪市江川区第二届人民代表大会监察法制和民族外事与华侨委员会主任委员，刘清华为副主任委员，李志高、杨花润、周留明为委员；选举罗玉华为玉溪市江川区第二届人民代表大会社会建设与教育科学文化卫生委员会主任委员，郑霄为副主任委员，付纲、李亚捷、杨聪明为委员；选举解若云为玉溪市江川区第二届人民代表大会环境与资源保护委员会主任委员，普云平为副主任委员，叶彦强、何旭波为委员。

【区第二届人大常委会各次会议】 2019年2月1日，区二届人大常委会举行第二十次会议，会议听取玉溪市江川区人民政府关于2018年度玉溪市江川区本级地方预算执行和其他财政收支审计查出问题整改情况的报告、关于2018年度扶贫开发工作情况报告、关于玉溪市江川区人民政府机构调整和设置情况备案报告。会议听取和审议《玉溪市江川区第二届人大常委会代表资格审查委员会关于个别代表的代表资格审查的报告》，决定批准该报告，确认张祖权、牛旺林、戴吉国代表的代表资格终止，确认补选的靳联明、李德坤代表的代表资格有效，确认到2019年2月1日为止，玉溪市江川区第二届人民代表大会实有代表170名。会议审议《玉溪市江川区人大常委会主任会议关于玉溪市江川区人大常委会机构调整和更名的议案》，会议决定：组建区人大常委会预算工作委员会，将区人大常委会农业工作委员会更名为区人大常委会农业农村工作委员会。会议决定，玉溪市江川区第二届人民代表大会第三次会议于2019年2月16～18日在江川（九溪）召开。会议表决通过玉溪市江川区第二届人民代表大会第三次会议关于设立玉溪市江川区人民代表大会监察法制和民族外事与华侨委员会、社会建设与教育科学文化卫生委员会、环境与资源保护委员会的决定（草案），决定将该决定（草案）提交区二届人大三次会议通过。会议审议玉溪市江川区第二届人民代表大会第三次会议的议程草案、日程草案、选举办法草案、主席团和秘书长名单草案、议案审查委员会名单草案、主席团常务主席名单草案、执行主席分组名单草案、副秘方长名单草案、主席台就座人员名单草案、列席人员名单草案、各代表团团长名单草案、人大常委会工作报告及报告人等事项。会议审议决定：任命坝有贵为玉溪市江川区人大常委会农业农村工作委员会主任、张继梅为玉溪市江川区人大常委会农业农村工作委员会副主任；接受何眉辞去玉溪市江川区第二届人民代表大会常务委员会副主任职务；免去刘清华的玉溪市江川区人大财政经济委员会副主任委员职务、侯小青的玉溪市江川区人大常委会法制和民族外事华侨工作委员会主任职务、罗玉华的玉溪市江川区人大常委会教科文卫工作委员会主任职务、郑霄的玉溪市江川区人大常委会教科文卫工作委员会副主任职务、解若云的玉溪市江川区人大常委会城建环保资源工作委员会主任职务、龚艳美的玉溪市江川区人大常委会城建环保资源工作委员会副主任职务、坝有贵的玉溪市江川区人大常委会农业工作委员会主任职务、张继梅的玉溪市江川区人大常委会农业工作委员会副主任职务。

2019年2月15日，区二届人大常委会举行第二十一次会议，审议决定，接受张新荣辞去玉溪市江川区第二届人民代表大会代表职务。会议听取和审议《玉溪市江川区第二届人大常委会代表资格审查委员会关于个别代表的代表资格审查的报告》，决定批准该报告，确认张新荣代表的代表资格终止。

2019年2月24日，区二届人大常委会举行第二十二次会议，审议决定：任命胡禄金为玉溪市江川区人大常委会预算工作委员会主任、王文忠为玉溪市江川区人大财政经济委员会副主任委员、坝有贵为玉溪市江川区人大财政经济委员会委员、李华同为玉溪市江川区工业商贸和信息化局局长、杨志伟为玉溪市江川区教育体育局局长、李文鹏为玉溪市江川区科学技术局局长、龚彦龙为玉溪市江川区司法局局长、张新荣为玉溪市江川区城市管理局局长、李汝林为玉溪市江川区交通运输局局长、莽嘉慧为玉溪市江川区农业农村局局长、王川为玉溪市江川区水利局局长、刘世培为玉溪市江川区文化和旅游局局长、杨春文为玉溪市江川区卫生健康局局长、李红庭为玉溪市江川区应急管理局局长、赵雄伟为玉溪市江川区林业和草原局局长、周新为玉溪市江川区统计局局长、陶文红为玉溪市江川区信访局局长、李江辉为玉溪市江川区医疗保障局局长、胡莎为玉溪市江川区政务服务管理局局长；免去李华同的玉溪市江川区工业商贸和科技信息局局长职务、杨志伟的玉溪市江川区教育局局长职务、莽嘉慧的玉溪市江川区农业局局长职务、刘世培的玉溪市江川区旅游发展局局长职务、杨春文的玉溪市江川区卫生和计划生育局局长职务、李红庭的玉溪市江川区安全生产监督管理局局长职务、赵雄伟的玉溪市江川区林业局局长职务、王奇志的玉溪市江川区司法局局长职务、李佳强的玉溪市江川区环境保护局局长职务、周宏斌的玉溪市江川区城市管理局局长职务、胡禄金的玉溪市江川区交通运输局局长职务、吴正顶的玉溪市江川区水利局局长职务、何俊的玉溪市江川区文化广电和体育局局长职务、胡宇翔的玉溪市江川区统计局局长职务；接受宁党国辞去玉溪市江川区第二届人民代表大会代表职务。会议决定，玉溪市江川区第二届人民代表大会第三次会议召开时间调整为2019年2月28日至3月2日，会议地点在江川区九溪镇（玉溪人民警察训练基地）。会议听取和审议《玉溪市江川区第二届人大常委会代表资格审查委员会关于个别代表的代表资格审查的报告》，决定批准该报告，确认宁党国代表的代表资格终止，确认补选的胡禄金、普云平、郑霄、刘勇、王文忠代表的代表资格有效，确认到2019年2月1日为止，玉溪市江川区第二届人民代表大会实有代表173名。

2019年2月27日，区二届人大常委会举行第二十三次会议，会议审议决定：任命王云峰为玉溪市江川区人民法院审判员、审判委员会委员、副院长，决定其为代理院长；接受王建文辞去玉溪市江川区人民法院院长、审判委员会委员、审判员职务。会议听取和审议《玉溪市江川区第二届人大常委会代表资格审查委员会关于个别代表的代表资格审查的报告》，决定批准该报告，确认王建文代表的代表资格终止，确认到2019年2月27日为止，玉溪市江川区第二届人民代表大会实有代表172名。

2019年3月21日，区二届人大常委会举行第二十四次会议，会议审议并通过玉溪市江川区人大常委会2018年工作要点，听取区人民政府关于江川区2018年重大项目安排情况的报告。会议审议决定，批准《玉溪市江川区人民法院关于对玉溪市江川区人民陪审员名额进行确认的议案》。会议审议决定：免去杨卫东的玉溪市江川区人民法院审判员职务。

2019年5月22日，区二届人大常委会举行第二十五次会议，会议听取和审议区人民政府关于江川区政务服务工作情况的报告，作出关于政务服务工作情况的审议意见； 听取和审议区人民政府关于江川区城乡居民最低生活保障量化评分制实施情况的报告，作出关于江川区城乡居民最低生活保障量化评分制实施情况的审议意见；听取和审议区人民政府关于贯彻执行《中华人民共和国环境保护法》工作情况的报告，作出关于对区人民政府贯彻执行〈中华人民共和国环境保护法〉实施情况的审议意见。会议听取区人大常委会办公室主任雷永彪所作的《玉溪市江川区人民代表大会常务委员会关于对区人民代表大会选举和区人大常委会决定任命的国家机关工作人员述职评议办法（试行）（草案）》《玉溪市江川区人民代表大会常务委员会关于对政府及其工作部门、监察委员会、法院、检察院工作评议办法（试行）（草案）》修改说明。会议分别听取区人民政府、区监察委员会、区人民法院、区人民检察院关于开展扫黑除恶专项斗争工作情况的报告。会议审议决定：任命李应梁为玉溪市江川区人民法院刑事审判庭庭长、毕海峰为玉溪市江川区人民法院民事审判庭庭长、靳国磊为玉溪市江川区人民法院民事审判庭副庭长、龚子程为玉溪市江川区人民法院民事审判庭副庭长、张秀春为玉溪市江川区人民法院行政审判庭（综合审判庭）庭长、汪鸿泳为玉溪市江川区人民法院行政审判庭（综合审判庭）副庭长；免去李应梁的玉溪市江川区人民法院刑事审判二庭庭长职务、毕海峰的玉溪市江川区人民法院民事审判一庭庭长职务、靳国磊的玉溪市江川区人民法院民事审判二庭庭长职务、龚子程的玉溪市江川区人民法院环境资源审判庭庭长职务、张秀春的玉溪市江川区人民法院行政审判庭庭长职务、汪鸿泳的玉溪市江川区人民法院审判监督庭庭长职务、王柄璋的玉溪市江川区人民政府副区长职务；接受宁春贵辞去玉溪市江川区第二届人民代表大会代表职务。会议听取和审议《玉溪市江川区第二届人大常委会代表资格审查委员会关于个别代表的代表资格审查的报告》，决定批准该报告，确认王柄璋、宁春贵代表的代表资格终止，确认到2019年5月22日为止，玉溪市江川区第二届人民代表大会实有代表170名。

2019年7月31日，区二届人大常委会举行第二十六次会议，会议审议通过《玉溪市江川区人民代表大会常务委员会关于对区人民代表大会选举和区人大常委会决定任命的国家机关工作人员述职评议办法（试行）》《玉溪市江川区人民代表大会常务委员会关于对政府及其工作部门、监察委员会、法院、检察院工作评议办法（试行）》《玉溪市江川区人民代表大会代表履职考核办法（试行）》三个办法草案。会议听取和审议区人民政府关于玉溪市江川区宗教事务管理工作情况的报告，作出关于对区人民政府贯彻执行《宗教事务条例》《云南省宗教事务规定》情况的审议意见。会议听取区人民政府《关于玉溪市江川区2018年财政决算情况的报告》《2018年度区本级预算执行和其他财政收支的审计工作报告》并审查批准江川区2018年财政决算。会议听取和审议区人民政府《关于玉溪市江川区2018年行政事业单位国有资产监督管理工作情况的报告》，作出关于对玉溪市江川区2018年度行政事业单位国有资产管理工作情况的审议意见。会议听取和审议区人民政府《关于玉溪市江川区2019年上半年国民经济和社会发展计划执行情况的报告》《关于玉溪市江川区2019年上半年财政预算执行情况的报告》，分别作出玉溪市江川区人大常委会关于对玉溪市江川区2019年上半年国民经济和社会发展计划执行情况的审议意见、关于对玉溪市江川区2019年上半年财政预算执行情况的审议意见。会议审议通过《玉溪市江川区第二届人大常委会关于调整代表资格审查委员会组成人员名单的决定（草案）》，确认玉溪市江川区第二届人大常委会代表资格审查委员会主任委员为李德坤，副主任委员为杨花润，委员坝有贵，杨聪明、杨梅芳。会议听取玉溪市江川区人民政府关于提请审议2019年新增地方政府债务限额和财政专项预算调整方案（草案）的议案，表决通过《玉溪市江川区人大常委会关于批准〈玉溪市江川区2019年新增地方政府债务限额和财政专项预算调整方案〉的决议（草案）》。会议审议决定：

任命胡禄金为玉溪市江川区人大财政经济委员会委员、吴绍金为玉溪市江川区审计局局长、张润斌为玉溪市生态环境局江川分局局长；接受王文东辞去玉溪市江川区第二届人民代表大会代表职务。会议听取和审议《玉溪市江川区第二届人大常委会代表资格审查委员会关于个别代表的代表资格审查的报告》，决定批准该报告，确认王文东代表的代表资格终止，确认到2019年7月31日为止，玉溪市江川区第二届人民代表大会实有代表169名。

2019年8月30日，区二届人大常委会举行第二十七次会议，会议对区人民政府副区长李卫东、区人民政府副区长溥恩武、区工业商贸和信息化局局长李华同、区财政局局长杨兴华、区市场监督管理局局长李江华、区教育体育局局长杨志伟、区农业农村局局长莽嘉慧、区自然资源局局长李江润等8名同志进行述职评议。会议审议决定：免去普丽娟的玉溪市江川区人民检察院检察委员会委员、检察员职务；免去刘原的玉溪市江川区人民检察院检察委员会委员、检察员职务；免去徐玉荣的玉溪市江川区人民检察院检察员职务、孙佳蓉的玉溪市江川区人民检察院检察员职务、吴灵忠的玉溪市江川区人民检察院检察员职务、王亚雄的玉溪市江川区人民检察院检察员职务、白兴富的玉溪市江川区人民检察院检察员职务、杨丽萍的玉溪市江川区人民检察院检察员职务。

2019年9月29日，区二届人大常委会举行第二十八次会议，会议听取和审议区人民政府关于玉溪市江川区农村集体产权制度改革工作开展情况的报告、关于玉溪市江川区中医药事业服务能力提升情况的报告、关于公安工作情况的报告，分别作出《玉溪市江川区人大常委会关于江川区农村集体产权制度改革工作情况的审议意见》《玉溪市江川区人大常委会关于玉溪市江川区中医药事业服务能力提升情况的审议意见》《玉溪市江川区人大常委会关于对玉溪市江川区公安工作情况的审议意见》。会议听取区人民法院2019年工作情况的报告和区人民检察院2019年工作情况的报告。会议审议决定：任命常成为玉溪市江川区人民政府副区长，决定其为代理区长；任命龚文勇为玉溪市江川区人民政府副区长；接受王志华辞去玉溪市江川区人民政府区长职务；接受资云坤辞去玉溪市江川区人民检察院检察长、检察委员会委员、检察员职务。

2019年10月11日，区二届人大常委会举行第二十九次会议，会议审议决定：任命钱凡为玉溪市江川区人民政府副区长，兼任玉溪市公安局江川分局局长；免去溥恩武的玉溪市江川区人民政府副区长、玉溪市公安局江川分局局长（兼）职务；接受张文彬辞去玉溪市江川区第二届人民代表大会代表职务。

2019年11月28日，区二届人大常委会举行第三十次会议，会议听取区人民政府关于第二届人民代表大会第三次会议代表建议办理情况的报告，听取玉溪市江川区监察委员会2019年工作情况的报告。会议听取和审议区人民政府常务副区长李卫东代表区人民政府所作的《玉溪市江川区人民政府关于2019年重大项目推进情况的报告》，作出关于玉溪市江川区2019年重大项目推进情况的审议意见。会议听取和审议区人民政府关于2018年财政预算调整方案（草案）的报告，审查批准区人民政府2019年财政预算调整方案。会议听取区人民政府关于玉溪市江川区2019年脱贫攻坚巩固提升工作情况的报告、关于2018年度区本级预算执行和其他财政收支审计查出问题整改情况的报告。会议听取区人民政府常务副区长李卫东代表区人民政府所作的《玉溪市江川区人民政府关于星云湖湿地、湖滨带提质改造PPP项目政府付费需支出资金纳入区级财政预算的议案》，表决通过《玉溪市江川区人大常委会关于批准〈玉溪市江川区星云湖湿地、湖滨带提质改造PPP项目政府付费需支出资金纳入区级财政预算的议案〉的决议（草案）》。会议审议通过《玉溪市江川区人民代表大会常务委员会关于任命玉溪市江川区监察委员会副主任、决定代理主任办法的决定（草案）》。会议审议决定：任命郭玉为玉溪市江川区监察委员会副主任，决定其为代理主任；任命郑婷婷为玉溪市江川区人民法院立案庭庭长、唐炳丽为玉溪市江川区人民法院刑事审判庭副庭长；免去王玲芬的玉溪市江川区人民法院审判委员会委员、审判员职务；免去罗敏的玉溪市江川区人民法院审判员职务；接受矣向林辞去玉溪市江川区监察委员会主任职务。

2019年12月26日，区二届人大常委会举行第三十一次会议，会议听取和审议区人民政府关于玉溪市江川区2019年环境状况和环境保护目标完成情况的报告，作出关于玉溪市江川区人民政府2019年度环境状况和环境保护目标完成情况的审议意见。会议听取区人民政府副区长杨军苹所作的《玉溪市江川区人民政府关于提前发行2020年度玉溪市江川区学前教育补短板项目专项债券的议案》，表决通过《玉溪市江川区人大常委会关于批准〈玉溪市江川区人民政府关于提前发行2020年度玉溪市江川区学前教育补短板项目专项债券的议案〉的决议（草案）》。会议审议决定：接受马玉伟辞去玉溪市第五届人民代表大会代表职务，补选常成为玉溪市第五届人民代表大会代表。会议听取和审议《玉溪市江川区第二届人大常委会代表资格审查委员会关于个别代表的代表资格审查的报告》，决定批准该报告，确认王志华、资云坤、李岩、郭峰、李宝存代表的代表资格终止，确认常成、矣向林、郭玉代表的代表资格有效，确认到2019年12月26日为止，玉溪市江川区第二届人民代表大会实有代表166名。会议决定，玉溪市江川区第二届人民代表大会第四次会议于2020年1月5～8日在江川（九溪）召开。会议审议了玉溪市江川区第二届人民代表大会第四次会议的议程草案、日程草案、选举办法草案、主席团和秘书长名单草案、议案审查委员会名单草案、主席团常务主席名单草案、执行主席分组名单草案、副秘方长名单草案、主席台就座人员名单草案、列席人员名单草案、各代表团团长名单草案、人大常委会工作报告及报告人等事项。

2019年12月31日，区二届人大常委会举行第三十二次会议，会议审议决定：任命周靖宇为玉溪市江川区人民政府副区长、赵雄伟为玉溪市江川区应急管理局局长；免去赵雄伟的玉溪市江川区林业和草原局局长职务、李红庭的玉溪市江川区应急管理局局长职务；接受郑霄辞去玉溪市江川区第二届人民代表大会代表职务，按照有关规定，其担任的玉溪市江川区人大社会建设与教育科学文化卫生委员会副主任委员职务相应终止。会议听取和审议《玉溪市江川区第二届人大常委会代表资格审查委员会关于个别代表的代表资格审查的报告》，决定批准该报告，确认郑霄代表的代表资格终止，确认到2019年12月31日为止，玉溪市江川区第二届人民代表大会实有代表165名。会议决定，原定于2020年1月5日至8日在江川区九溪镇（玉溪人民警察训练基地）召开的玉溪市江川区第二届人民代表大会第四次会议时间调整为2020年1月4～7日，会期4天，会议地点不变，会议议程不变。

【人大代表建议办理】 2019年在人民代表大会期间和闭会期间共收到区人大代表建议115件，经过各承办单位的共同努力，115件人大代表建议已经按规定办理答复完毕，办复率为100%。其中：A类建议25件，占30.43%；正在解决或列入规划解决的B类建议73件，占63.48%；受客观条件限制暂时难以解决的C类建议7件，占6.09%。协调市人大安排建议办理专项经费30万元，推动九溪矣文村震后重建、江城纸制品产业园区基础设施建设、雄关小田特色村打造等代表提出的问题得到有效解决，力求人大代表建议的办理答复由“答复满意”转化为“结果满意”。

【强化经济工作监督】 着力推动贯彻落实中央和省市区委关于经济工作的重大决策部署，支持政府攻坚克难，促进稳增长、调结构、惠民生、防风险。一是加强国民经济和社会发展运行质效监督，听取和审议区政府2019年上半年国民经济和社会发展计划执行情况报告，分析经济形势，及时提出工作建议。组织财政预算审查咨询专家对预算执行情况进行跟踪，督促财政部门完善和改进预算编制内容，听取和审议区政府关于预算执行情况的报告，审查批准2018年区本级财政决算、2019年区本级预算调整方案和专项预算调整方案。建立预算联网监督平台，与省市人大预算监督系统进行联网对接，利用“互联网+”和大数据技术，实现了对支出预算和政策的全口径审查、全过程监督。二是关注全区重大项目推进情况。在年初听取区政府重大项目安排情况的基础上，组织部分省市区人大代表对江川区2019年重点推进的江通高速、澄川高速、云菜集团、星云湖南岸乡村振兴示范区等项目进行视察，听取和审议区政府重大项目推进情况的报告，督促区政府进一步强化项目管理、提升服务意识，确保全区重大项目顺利推进、尽快见效。三是听取2019年审计工作报告及2018年审计查出问题整改情况的报告，对审计查出突出问题整改情况进行跟踪调研，督促区政府及有关部门限期整改。四是加大国有资产管理监督力度，专题调研全区行政事业单位国有资产管理工作情况，听取和审议区政府2018年度国有资产管理工作情况报告，建议区政府加强国有资产管理制度建设、提升国有资本运营能力，实现国有资产保值增值。

【促进补齐民生短板】 区人大常委会坚持以人民为中心，坚持人民利益至上，促进发展成果普惠共享，不断增强人民群众的获得感、幸福感、安全感。一是针对群众关注的“扫黑除恶”热点，专题调研全区开展扫黑除恶专项斗争工作情况，听取“一府一委两院”关于开展扫黑除恶专项斗争工作情况的报告，建议“一府一委两院”要牢固树立“一盘棋”思想，依法惩处村霸、市霸、行霸、非法高利放贷、暴力讨债等黑恶势力违法犯罪，推动扫黑除恶工作向纵深发展。二是针对群众关注的“城市建设管理”焦点，组成三个工作组专题调研城市综合执法、城市绿化、市场监管、基础设施建设、棚户区改造、住宅小区管理等工作情况，分别对大街街道和六个政府部门进行专题询问，要求区政府要加大市容环境整治、交通秩序管理、基础设施建设等方面的工作力度，全力推进创建全省和全国文明城市工作。三是针对群众关注的“放管服”改革难点，采取问卷调查和实地查看等方式，对江川区政务服务工作情况进行调查，听取和审议区政府关于玉溪市江川区政务服务工作情况的报告，建议区政府及相关职能部门要强化责任担当，推进一站式惠民建设，让数据多跑路、让群众少跑腿，着力打通为民服务“最后一千米”。四是关注民生保障重点。专题调研城乡低保工作情况，听取和审议区政府关于《玉溪市江川区城乡低保量化评分制办法》实施情况的报告，建议区政府要健全工作机制，规范操作程序，确保惠民政策的实施做到公开、公平、公正。专题调研全区中医药事业服务能力提升情况，听取和审议区政府关于江川区中医药事业服务能力提升情况的报告，建议区政府要加大中医人才培养力度，提升中医药服务能力，着力满足群众对中医药的多元化需求。专题视察“全国民族团结进步示范区”创建工作，督促区政府加大民族团结进步示范区建设力度，争取国家政策支持，力争实现2020年全面建成民族团结进步示范区目标。

【促进农业农村发展】 区人大常委会始终把农业农村工作的监督放在首位，致力于促进农业、农村发展和农民增收。一是督促决战脱贫攻坚，围绕贯彻中央和省市区精准扶贫、精准脱贫决策部署，聚焦“两不愁三保障”脱贫目标，两次听取区政府关于扶贫开发和脱贫攻坚巩固提升工作情况的报告，要求区政府要对标对表，全力以赴打好脱贫攻坚战。二是专项检查全区烤烟育苗、烟叶收购工作，推动烟草产业持续健康发展；实地查看全区水库坝塘蓄水、防汛抗旱、汛期水利工程运行管理情况，建议区政府要进一步加强水库管理，更好发挥水库坝塘的生态效益和经济效益；专题调研全区护林防火工作，要求区政府及相关部门要切实把护林防火工作责任落到实处，做到山有人管、林有人护、火有人防、责有人担。三是高度关注农村集体产权制度改革工作，组成专题调研组深入全区六个乡镇（街道）和部分职能部门对江川区农村集体产权制度改革工作进行专题调研，听取和审议区政府关于江川区农村集体产权制度改革工作情况的报告，要求区政府要加大产改政策宣传力度，把清理整治不规范合同与扫黑除恶专项斗争结合起来，全面摸清集体资产家底，发展壮大集体经济。

【强化环境保护监督】 区人大常委会始终坚持生态优先、绿色发展生态文明建设理念，全方位开展环境保护监督工作。一是组织开展《环保法》执法检查，深入部分厂矿企业、垃圾填埋场、废弃菜叶倾倒点实地查看环境保护情况，听取和审议区政府关于《中华人民共和国环境保护法》实施情况的报告，建议区政府要加大《环保法》宣传力度，强化环保执法监察监管，促进江川生态环境持续好转。二是听取和审议区政府关于2019年度全区环境状况和环境保护目标完成情况报告，推动政府依法履行环境保护责任，确保江川天蓝、地绿、水清、景美。三是高度重视星云湖保护治理工作，牵头组织《云南省星云湖保护条例（修订草案）》的起草工作。组织《条例》文稿起草组成员深入星云湖沿湖乡镇（街道）、各有关部门开展专题调研，召开座谈会25场，先后形成《条例》修订稿16稿，经省人大常委会第十三次会议审议通过，并于2020年1月1日起正式实施，为星云湖的保护与治理提供了法律遵循。四是督促检查省委省政府督察星云湖反馈意见问题整改落实情况，针对星云湖底泥疏挖及处置工程处于停工状态、一级保护区内“退桉工程”进展缓慢、补水入湖工作需要改进等问题，形成了督察报告，提出针对性的整改意见，督促有关责任单位进行整改落实，积极推进依法管湖、依法治湖。

【助推法治江川建设】 区人大常委会认真贯彻区委加快法治江川建设工作的部署，持续推进依法治区进程。一是建立规范性文件备案审查远程工作平台，创新备案审查工作机制，依法对区政府六件废止的规范性文件进行了备案。二是组成执法检查组对《国务院宗教事务条例》《云南省宗教事务规定》在江川区的贯彻执行情况进行执法检查，听取了区政府关于玉溪市江川区宗教事务管理工作情况的报告，建议区政府及有关部门要主动强化监管力度，推动宗教政策法规的落实，促进民族团结、宗教和顺、社会和谐。三是根据《监察法》规定，听取区监察委员会2019年专项工作报告，建议进一步完善制度建设，加大监督执纪力度，推动正风肃纪向纵深发展。四是加强“两院”监督工作。组织常委会组成人员和部分基层人大代表视察区人民检察院法律监督工作和区人民法院审判工作，旁听了一起寻衅滋事、非法拘禁案件的庭审，并就“两院”如何在依法治区中充分发挥职能作用进行工作座谈，专题听取了“两院”2019年工作情况的报告，要求“两院”要紧紧围绕严格执法、公正司法、化解矛盾、维护稳定这一工作目标，进一步加强审判管理，强化法律监督，为提升依法治区工作水平，构建和谐、平安江川营造良好的法治环境。五是组成专题调研组，实地察看了大街派出所、交警大队、看守所工作开展情况，听取和审议区政府关于公安工作情况的报告，建议区政府要以开展扫黑除恶专项斗争为抓手，对非法持枪、“黄赌毒”和影响社会治安的各类违法犯罪保持严打高压态势，确保全区社会大局平稳可控。

【依法决定重大事项】 始终坚持把握好党委决策与人大决定的关系，紧紧围绕区委重大决策，积极探索实践，依法行使重大事项决定权。一年来，在广泛听取意见、专项审查、充分审议的基础上，作出了关于批准玉溪市江川区2018年地方财政决算、2019年新增地方政府债务限额和财政专项预算调整方案、2019年地方财政预算调整方案、星云湖湿地湖滨带提质改造PPP项目政府付费需支出资金纳入区级财政预算、2020年度学前教育补短板项目专项债券等8项决议决定，及时推动区委决策部署的贯彻落实。

【依法开展人事任免】 始终坚持把党管干部原则与人大依法任免有机结合起来，坚持新时期好干部标准，通过不断规范任前介绍、会中审议、会议表决、宪法宣誓等程序，严格依法行使人事任免权。2019年，共依法任免国家机关工作人员94人次（任命39人次，免职43人次，接受辞职12人次）。加强选举任命人员的任后监督，对区政府两名副区长和六名部门负责人进行述职评议，并将评议意见和测评结果报送区委，同时反馈评议对象，不断增强人大选举和任命干部“由人大产生、对人大负责、受人大监督”的意识，确保干部履职到位。

（殷忠伟）

玉溪市江川区人民政府

【区政府区长、副区长名录】

区委副书记、区长　王志华（2019.08离任）

区委副书记、区长　常　成（2019.09到任）（任区委副书记、副区长、代理区长，2020.01选举为区长）

区委常委、常务副区长　李卫东

副区长　杨军苹

王柄璋（2019.05离任）

溥恩武（2019.10离任）

李忠海

龚文勇（2019.09任）

钱　凡（2019.10任）

区委常委、副区长　周靖宇（2019.12任，挂职）

【区政府工作部门、派出机构、直属事业单位正副职名录】 政府办公室

主　任　钟　镖

正科级督查专员　刘海洪（2019.05任）

副主任　晏　春（2019.01离任）

刘　娴（2019.11离任）

史　圆（2019.12任）
鲁　熊
周宝在（2019.05任）
魏　伟（2019.05任）

发展和改革局
局　长　胡正鸿
副局长　王志伟（扶贫办主任）
杨家乙
王青青
洪家彬（2019.05任）

工业商贸和信息化局
局　长　李华同
副局长　付　瑞（2019.12离任）
李　能
符可奇（2019.02离任）
谢保清（2019.04离任）
王丕娅（2019.12任）
杨　明（2019.12任）

教育体育局
局　长　杨志伟
副局长　张　伟
陈春荣
黄赛成（2019.07任）

科学技术局
局　长　李文鹏（2019.02任）
副局长　洪家起（2019.02任）
符可奇（2019.02任）

民族宗教事务局
局　长　李忠良
副局长　刘开华
邓树芬（2019.09任）

公安分局
局　长　溥恩武（2019.10离任）
钱　凡（2019.10任）
政　委　张文红
副政委　胡尚辰
副局长　黄　良
李正春（2019.08离任）
张　平

民政局
局　长　周　瑜
副局长　谭　波（2019.03离任）
龚有颖
翁　健

司法局
局　长　王奇志（2019.02离任）
龚彦龙（2019.02任）
副局长　李　佳
杨智强（2019.02任）
周天华（2019.02任）

财政局
局　长　杨兴华
副局长　伏荣宽
李光耀
张　波（2019.02离任）
褚玉江（2019.06任）
李红梅（2019.06任）

人力资源和社会保障局
局　长　唐光华
副局长　黄赛成（2019.07离任）
张　媛
龚美伶
张跃红（2019.12任）

自然资源局
局　长　李江润
副局长　李　菊（2019.11离任）
杨国华
付　波（2019.08任）

生态环境分局
局　长　李佳强（2019.02离任）
张润斌（2019.07任）
副局长　张春丽
叶彦强

住房和城乡建设局
局　长　李竹贵
副局长　杨仕鸿
刘　勇（2019.02离任）
岳文宝
胡军伟

城市管理局
局　长　周宏斌（2019.02离任）
张新荣（2019.02任）
副局长　陈　涛
宋华安
徐　强（2019.03离任）

交通运输局
局　长　胡禄金（2019.02离任）
李汝林（2019.02任）
副局长　李汝林（2019.02离任）
李自平（2019.02月任）
万　超（2019.07任）
胡文兴（2019.11任）
李亚定（2019.11离任）

农业农村局
局　长　莽嘉慧
副局长　李彦坤（2019.07离任）
刘来华
李学辉
李江华（2019.02任）
施家敏（2019.07任）

水利局
局　长　吴正顶（2019.02离任）
王　川（2019.02任）
副局长　金　辉
陈文东（2019.07离任）
刘雪莲（2019.07任）
郭　伟（2019.05任）

文化和旅游局
局　长　刘世培
副局长　王熙虹
沐　旭
万立俊
金　剑
邓冬芬（2019.06离任）

卫生和健康局
局　长　杨春文
副局长　戚　东
周双有
陈江伟
龚雪娟（2019.07任）
孔凡莲（挂职）

退役军人事务局
局　长　何　俊
副局长　谭　波
赵玉肖

应急管理局

局 长 李红庭（2019.02任；2019.12离任）

副局长 赵雄伟（2019.12任）

郑光辉（2019.02任）（正科）

邢子彪（2019.02任）

杨绍波（2019.05任）

陈文东（2019.07任）

审计局

局 长 张 宁（2019.01病逝）

吴绍金（2019.07任）

副局长 杨家祥

市场监督管理局

局 长 李江华

副局长 蔡小明

张绍林

李艳华（2019.02离任）

李彦华

刘春丽（2019.07任）

林业和草原局

局 长 赵雄伟（2019.12离任）

副局长 邓树芬（2019.07离任）

周元明

安明喜（2019.07任）

统计局

局 长 胡宇翔（2019.02离任）

周 新（2019.02任）

副局长 陶有贵

杨霜梅

信访局

局 长 陶文红

副局长 毕美琼

宋 瑞

医疗保障局

局 长 李江辉（2019.02任）

副局长 潘兴江（2019.02任）

李艳华（2019.02任）

医疗保险中心

主 任 艾艳凤（2019.02任）

政务服务管理局

局 长 胡 莎

副局长 安明喜（2019.07离任）

汤江平

方建文（2019.07任）

星云湖管理局

局 长 郭 伟（2019.07离任）

张江明（2019.07任）

副局长 花尚荣（2019.05离任）

杨绍波（2019.05离任）

蒋万良（2019.07任）

投资促进局

局 长 马江艳

副局长 普云平（2019.02离任）

杨鑫磊

邓冬芬（2019.05任）

李万雄（2019.12任）

防震减灾局

局 长 郑忠党（2019.06任）

副局长 李秋艳（2019.12任）

烟草产业服务中心

主 任 李江华

机关事务服务中心

主 任 张亚斌（2019.12任）

（张小明 杭书亦）

【政府重要文件】

玉溪市江川区人民政府关于切实抓好2019年烤烟生产工作的通知

玉溪市江川区人民政府关于通报表扬玉溪市公安消防支队江川区大队和优秀个人的通报

玉溪市江川区人民政府关于2018年玉溪市江川区法治政府建设情况的报告

玉溪市江川区人民政府关于上报江川大龙潭县级自然保护区总体规划（2018～2025年）备案报告

玉溪市江川区人民政府2019年森林草原防灭火命令

玉溪市江川区人民政府关于机构设置的通知

玉溪市江川区人民政府关于区人民政府领导工作分工的通知

玉溪市江川区人民政府关于印发星云湖流域大幅削减农业面源污染实施方案的通知

玉溪市江川区人民政府关于印发星云湖流域种植结构调整方案等三个方案的通知

玉溪市江川区人民政府关于印发玉溪市江川区安全工程三年行动计划（2018～2020年）实施方案的通知

玉溪市江川区人民政府关于2019年利用综合标准依法依规推动落后产能退出摸底排查情况的报告

玉溪市江川区人民政府关于印发玉溪市江川区贯彻落实省政府保持经济平稳健康发展22条措施的实施意见的通知

玉溪市江川区人民政府关于公布区级非物质文化遗产项目名录及其代表性传承人的通知

玉溪市江川区人民政府关于建立残疾儿童康复救助制度的实施意见

玉溪市江川区人民政府关于玉溪市江川区第一幼儿园创建省一级一等幼儿园省级复评反馈意见问题整改方案

玉溪市江川区人民政府关于印发玉溪市江川区加强国土空间和城乡规划管控工作实施方案的通知

玉溪市江川区人民政府关于印发玉溪市江川区森林公安局职能划转实施方案的通知

玉溪市江川区人民政府关于玉溪市江川区烟区规划情况报告

玉溪市江川区人民政府关于调整一批行政许可事项的决定

玉溪市江川区人民政府关于

印发星云湖一级保护区生态修复及生态屏障构建工程房屋拆迁补偿安置方案的通知

玉溪市江川区人民政府关于印发《玉溪市江川区省级可持续发展实验区建设实施方案（2018~2020年）》的通知

玉溪市江川区人民政府关于印发玉溪市江川区贯彻落实粮食安全行政首长责任制的实施意见的通知

玉溪市江川区人民政府关于星云湖主要入湖河流综合治理工程建设情况的报告

玉溪市江川区人民政府关于探索建设涉农资金统筹整合长效机制的实施意见

玉溪市江川区人民政府关于调整雄关乡等3个乡（镇）土地利用总体规划指标的通知

玉溪市江川区人民政府关于公布保留的区政府行政规范性文件的决定

玉溪市江川区人民政府关于玉溪市江川区星云湖主要入湖河流综合治理工程PPP项目支出纳入中期财政规划的审核意见

玉溪市江川区人民政府关于星云湖湿地、湖滨提质改造PPP项目政府付费需支出资金纳入区级财政预算的议案

玉溪市江川区人民政府关于调整江城镇等2个镇土地利用总体规划指标的通知

玉溪市江川区人民政府关于提起发前2020年度玉溪市江川区学前教育补短板项目的专项债券的议案

玉溪市江川区人民政府关于宣布废止部分行政规范行文件的决定

玉溪市江川区人民政府关于宣布废废止部分行政规范性文件的决定的备案报告

【政府办公室重要文件】

玉溪市江川区人民政府办公室关于认真贯彻落实习近平总书记重要指示精神坚决防范遏制重特大事故的紧急通知

玉溪市江川区人民政府办公室关于印发《农村假冒伪劣食品专项整治行动方案》的通知

玉溪市江川区人民政府办公室关于报送玉溪市江川区2019年一季度经济平稳开局工作方案的报告

玉溪市江川区人民政府办公室关于印发《玉溪市江川区“散乱污”企业综合整治工作方案》的通知

玉溪市江川区人民政府办公室关于印发玉溪市江川区2019年一季度经济平稳开局工作方案的通知

玉溪市江川区人民政府办公室关于印发玉溪市江川区2019年4类重点对象农村危房改造工作实施方案的通知

玉溪市江川区人民政府办公室印发《玉溪市江川区关于加快特色小镇创建工作的实施方案》的通知

玉溪市江川区人民政府办公室关于印发2019年全区经济发展工作目标任务的通知

玉溪市江川区人民政府办公室关于印发玉溪市江川区人民政府机构简称的通知

玉溪市江川区人民政府办公室关于印发滇中引水工程永久用地（江川境内）项目被征地农民基本养老保障工作实施方案的通知

玉溪市江川区人民政府办公室关于印发玉溪市江川区2019年烤烟生产收购责任状考核办法的通知

玉溪市江川区人民政府办公室关于调整区政府办公室领导工作分工的通知

玉溪市江川区人民政府办公室关于印发玉溪市江川区推行终身职业技能培训制度实施方案的通知

玉溪市江川区人民政府办公室关于全面放开养老服务市场提升养老服务质量的实施意见

玉溪市江川区人民政府办公室关于印发玉溪市江川区湿地保护修复制度工作方案的通知

玉溪市江川区人民政府办公室关于印发《玉溪市江川区非煤矿山及建筑原材料等相关行业安全生产和税收共治工作方案（试行）》的通知

玉溪市江川区人民政府办公室关于印发玉溪市江川区供水市场整合服务保障方案的通知

玉溪市江川区人民政府办公室关于成立云南龙晋废旧物资回收利用有限公司“1.02”一般机械伤害事故联合调查组的通知

玉溪市江川区人民政府办公室关于成立玉溪市江川区九溪等6个乡（镇）阳山庄等21个村土地整治（补充耕地）项目领导小组的通知

玉溪市江川区人民政府办公室关于成立玉溪市江川区企业开办时间再减一半以上行动工作领导小组的通知

玉溪市江川区人民政府办公室关于成立玉溪市江川区“美丽县城”建设工作推进领导小组的通知

玉溪市江川区人民政府办公

室关于成立玉溪市江川区城镇小区配套幼儿园治理工作领导小组的通知

玉溪市江川区人民政府办公室关于调整玉溪市江川区征兵工作领导小组成员的通知

玉溪市江川区人民政府办公室关于调整充实玉溪市江川区全民健身指导协调委员会的通知

玉溪市江川区人民政府办公室关于成立瀛景·国际康养社区项目工作领导小组的通知

玉溪市江川区人民政府办公室关于印发玉溪市江川区城镇低效用地再开发工作方案的通知

玉溪市江川区人民政府办公室关于表彰2018年度全区政务系统政务信息工作先进单位和优秀个人的通报

玉溪市江川区人民政府办公室关于成立违法违规私建"住宅式"墓地等突出问题专项摸排工作领导小组的通知

玉溪市江川区人民政府办公室关于印发玉溪市江川区一般湿地认定工作方案的通知

玉溪市江川区人民政府办公室关于成立玉溪市江川区城市管理委员会的通知

玉溪市江川区人民政府办公室关于成立玉溪市江川区自然灾害应急管理委员会的通知

玉溪市江川区人民政府办公室关于成立玉溪市江川区工程建设项目审批制度改革工作领导小组的通知

玉溪市江川区人民政府办公室关于成立玉溪市江川区星云湖污染底泥疏挖及处置工程项目（二期）工程建设管理局的通知

玉溪市江川区人民政府办公室关于成立江川区古滇铜街项目推进工作领导小组的通知

玉溪市江川区人民政府办公室关于调整江川区禁毒委员会组成人员的通知

玉溪市江川区人民政府办公室关于调整玉溪市江川区自然资源资产负债表试编试点工作领导小组的通知

玉溪市江川区人民政府办公室关于成立玉溪金者石灰加工有限公司"6·27"一般车辆伤害事故联合调查组的通知

玉溪市江川区人民政府办公室关于成立玉溪市江川区涉农资金统筹整合领导小组的通知

玉溪市江川区人民政府办公室关于成立云南合美通用航空实业有限公司项目协调推进专项工作组的通知

玉溪市江川区人民政府办公室关于成立玉溪市江川区参加云南省首届最具影响力烟区评选活动领导小组的通知

玉溪市江川区人民政府办公室关于成立江川区云南建投投资合作推进工作组的通知

玉溪市江川区人民政府办公室关于调整玉溪市江川区省级可持续发展实验区工作领导小组的通知

玉溪市江川区人民政府办公室关于成立玉溪市江川区足球场地设施建设工作领导小组的通知

玉溪市江川区人民政府办公室关于调整玉溪市江川区粮食安全行政首长责任制工作领导小组的通知

玉溪市江川区人民政府办公室关于印发玉溪市江川区降低社会保险费率工作方案的通知

玉溪市江川区人民政府办公室关于成立玉溪市江川区畜禽养殖污染整治工作领导小组的通知

玉溪市江川区人民政府办公室关于成立玉溪市江川区违建别墅问题清查整治专项行动领导小组的通知

玉溪市江川区人民政府办公室关于深入贯彻落实减税降费政策措施的通知

玉溪市江川区人民政府办公室关于成立玉溪市江川区促进公众通信基础设施建设工作领导小组的通知

玉溪市江川区人民政府办公室关于成立澄川高速公路"9·25"一般事故联合调查组的通知

玉溪市江川区人民政府办公室关于成立江川区城市西片区开发工作领导小组的通知

玉溪市江川区人民政府办公室关于调整玉溪市江川区违建别墅问题清查整治专项行动领导小组的通知

玉溪市江川区人民政府办公室关于成立玉溪市江川区长江经济带农业面源污染治理项目建设工作领导小组的通知

玉溪市江川区人民政府办公室关于印发云南绿竹房地产开发有限公司403亩土地出让违约金追偿工作方案的通知

玉溪市江川区人民政府办公室关于印发玉溪市江川区隐性债务风险应急处置预案的通知

玉溪市江川区人民政府办公室关于成立澄川高速公路二工区K40+300M处"12·04"一般事故联合调查组的通知

玉溪市江川区人民政府办公室关于成立星云湖环湖截污治污工程"12·10"一般事故联合调查组的通知

玉溪市江川区人民政府办公室关于充实江川区人防系统腐败问题专项治理摸底自查工作组及办公室人员的通知

玉溪市江川区人民政府办公室关于印发玉溪市江川区改革完善被征地农民基本养老保障工作方案的通知

玉溪市江川区人民政府办公室关于成立江川区2017年度城市市政基础设施建设PPP项目推进工作组的通知

玉溪市江川区人民政府办公室关于印发玉溪市江川区国民营养计划（2018～2030年）的通知

玉溪市江川区人民政府办公室关于印发玉溪市江川区城中村出租房消防安全专项整治工作方案的通知

玉溪市江川区人民政府办公室关于预下达2019年烤烟生产收购计划的通知

玉溪市江川区人民政府办公室关于印发2019年区政府工作报告和十件惠民实事任务分解的通知

玉溪市江川区人民政府办公室关于调整玉溪市江川区环境污染防治工作领导小组的通知

玉溪市江川区人民政府办公室关于印发《玉溪市江川区第二届“万步有约”职业人群健走激励大奖赛实施方案》的通知

玉溪市江川区人民政府办公室关于印发玉溪市江川区打赢蓝天保卫战三年行动实施方案的通知

玉溪市江川区人民政府办公室关于深刻吸取事故教训切实做好当前安全生产工作的紧急通知

玉溪市江川区人民政府办公室关于印发星云湖污染治理媒体调查反映问题整改方案的通知

玉溪市江川区人民政府办公室关于印发玉溪市江川区打击涉烟违法犯罪工作专项整治行动方案的通知

玉溪市江川区人民政府办公室关于印发《玉溪市江川区雄关加油站综合服务区项目被征地农民养老保险工作实施方案》的通知

玉溪市江川区人民政府办公室关于印发玉溪市江川区2019年度地质灾害防治方案的通知

玉溪市江川区人民政府办公室关于开展医疗卫生行业不正之风清理整治专项行动的通知

玉溪市江川区人民政府办公室关于明确玉溪市江川区2019年争取上级资金目标的通知

玉溪市江川区人民政府办公室关于印发玉溪市江川区2019年政府集中采购目录及限额标准的通知

玉溪市江川区人民政府办公室关于印发《玉溪市江川区关于星云湖流域畜禽养殖粪污治理整改方案》的通知

玉溪市江川区人民政府办公室关于印发《玉溪市江川区关于入湖洗菜问题整改方案》的通知

玉溪市江川区人民政府办公室关于印发江川区脱贫攻坚非4类重点对象无力建房危房改造实施意见的通知

玉溪市江川区人民政府办公室关于印发玉溪市江川区全面推行城市精细化管理实施方案的通知

玉溪市江川区人民政府办公室关于印发玉溪市江川区工程建设项目审批制度改革实施方案的通知

玉溪市江川区人民政府办公室关于表扬2018年度安全生产工作先进集体的通报

玉溪市江川区人民政府办公室关于印发2019年云南省政府综合督查玉溪市江川区迎检工作方案的通知

玉溪市江川区人民政府办公室关于调整玉溪市江川区人民政府行政复议委员会办公室的通知

玉溪市江川区人民政府办公室关于开展农村宅基地和集体建设用地使用权确权登记的通知

玉溪市江川区人民政府办公室关于做好优化营商环境有关工作的通知

玉溪市江川区人民政府办公室关于印发玉溪市江川区城乡人居环境整治夏季攻势行动实施方案的通知

玉溪市江川区人民政府办公室关于印发认真贯彻落实习近平总书记重要指示精神切实做好当前安全稳定工作的通知

玉溪市江川区人民政府办公室关于加快推进全区第五代移动通信（5G）建设规划工作的通知

玉溪市江川区人民政府办公室关于印发玉溪市江川区推进紧密型医疗共同体建设实施方案的（试行）的通知

玉溪市江川区人民政府办公室关于调整2019年烤烟收购量计划的通知

玉溪市江川区人民政府办公室关于批复2019年部门预算的通知

玉溪市江川区人民政府办公室关于印发《玉溪市江川区农村饮水安全工程管理实施意见》的通知

（李倩　张文丽　夏雁丽）

【区政府重要会议】

玉溪市江川区2019年打击涉烟违法犯罪工作会议

2019年区安委会第一次全体

会议和烟花爆竹联合执法行动工作会议

玉溪市江川区2019年民兵组织整顿工作任务部署会议

江川区2019年春节期间森林防灭火工作会

玉溪市江川区国土工作会议

江川区2019年一季度“开门红”经济运行调度会议

2019年区债务管理委员会第一次会暨向上争取资金工作推进会议

玉溪市江川区第二届人民政府第三次全体会议暨廉政工作会议

玉溪市江川区环境污染防治工作领导小组第一次专题会议暨全区生态环境保护工作会议

玉溪市江川区2019年人大代表建议和政协委员提案交办会议

江川区“四经普”工作推进会暨2019年一季度经济调度会议

《云南省星云湖保护条例》修订论证会

玉溪市江川区“美丽县城”建设工作推进会议

星云湖市级1号河长令重点项目和星云湖保护治理项目现场推进会

玉溪市江川区国防潜力统计调查任务部署会议

玉溪市江川区医疗卫生行业不正之风清理整治专项行动动员会议

玉溪市江川区非洲猪瘟防控工作会议

玉溪市江川区公务用车管理领导小组暨公务用车制度改革领导小组会议

义务教育阶段控辍保学工作推进会议

玉溪市江川区2019年征兵工作领导小组会议

2019年玉溪市江川区上半年招商引资工作推进会

江川区2019年交通运输工作会议

全区畜禽养殖污染整治工作会暨全区农村“厕所革命”工作推进会议

2019年上半年经济运行分析会

2019年政务服务暨优化营商环境联席会议

江川区2019年粮食安全行政首长责任制工作会议

玉溪市江川区深化党政机构改革推进涉改政府部门职能职责转接工作会

云南首届“最具影响力烟区”评选工作推进会议

全区打造“绿色食品牌”专题会议

2019年医疗保障工作会议

玉溪市江川区城乡人居环境整治夏季攻势行动领导小组会议

玉溪市江川区重点项目推进会议

玉溪市江川区2019年禁毒工作推进会

玉溪市江川区2019年烟叶收购工作会议

全区2020年地方政府专项债券项目申报工作会议

玉溪市江川区棚户区改造工作领导小组会议

（汪小龙）

【政府主要工作情况】

经济建设　全年完成地方生产总值133.94亿元，增长10.3%；完成规模以上固定资产投资75.04亿元，增长6.7%，增速均居全市第1位；一般公共预算收入5.37亿元，下降31.5%；城镇常住居民人均可支配收入39766元，增长8.5%，增速居全市第1位；农村常住居民人均可支配收入14688元，增长10.6%，增速居全市第2位。走“两型三化”产业发展新路，三次产业结构调整为16.1∶32.1∶51.8。一产方面，龙泉园区企业主营业务收入达18.2亿元，增长5.2%。一园多片区初具雏形，江城纸制品产业园累计投入基础设施建设资金3.1亿元，雄关农产品物流产业园完成投资5.5亿元。全区实施工业项目33个，非电工业固定资产投资达17亿元，新增规模以上企业3户。全区规模以上工业增加值增长18.5%，增速居全市第2位。二产方面，巩固江川烟叶质量“108”分高地，继续实施“2260”高端特色烟叶项目，积极参评“云南首届最具影响力烟区”，打造“一县一业”江川花卉品牌。“宏斌”小米辣获评2019年云南省“十大名菜”，宏斌食品、丫眯食品获评2019年云南省绿色食品“二十佳创新企业”。完成农业增加值22.14亿元，增长5.8%。三产方面，全域旅游发展成效初显，蓝城天空之城、瀛景国际康养社区等项目成功签约，李家山古墓群保护、星云湖南岸乡村振兴示范区等项目稳步推进，甘棠箐遗址、江川文庙入选第八批全国重点文物保护单位，全年实现旅游收入57.15亿元，同比增长23.58%。实现进出口总额4562万美元；社会消费品零售总额31.05亿元，增长12.1%，增速居全市第3位。

城乡发展　以实施乡村振兴战略、“创文”、“创卫”为契机，统筹城乡发展，提升功能品质，全区城镇化率达45%。完成第三次全国国土调查和5个乡镇土地利用总体规划调整，启动生态保护红线评估调整和西片区概念性规划编制。江通高速建成通车，澄川高速即将通车，玉江大道、嵩玉线、大铁线完成改造，建成8条农村公路。启动实施城乡环卫一体化PPP项目，污水处理厂降磷提标试验成功。市政基础设施建设PPP项目重新启动，浪广路北延线复工建设。建成燃气管网16.8千米。加快“美丽县城”建设，争取中央资金1262万元，启动20个老旧小区改造。大街河、大庄河城市景观河道改造工程竣工。大街、江城棚户区改造签约4824户，兑付资金18.96亿元。古滇国三期、云福山居等9个房地产项目快速推进。实施10座病险水库除险加固和兰田、大庄等5个村农村饮水安全工程。124个“百千工程”竣工验收，“点亮江川”实现村村亮。灾后重建工作全面推进，拆除危房52万平方米，恢复重建竣工654户。创新开展“5·20”美丽家园环境集中整治日行动和“万名干部讲法规、万名干部除临违”专项行动，拆除临违建筑30万平方米，新增绿地7.2万平方米。全力推进农村“厕所革命”，完成户厕改造12385户，镇区生活污水处理设施覆盖率、公厕覆盖率均达100%。农村人居环境整治村庄清洁行动考核全市第一，承办全市城乡人居环境整治夏季攻势行动现场推进会。全面启动推进移风易俗、建设文明乡风专项行动，建成江城徐家头、九溪六十亩等5个省级文明村镇。

生态环保　完成《云南省星云湖保护条例》修订和《云南省星云湖保护治理规划》《星云湖流域保护与开发利用总体规划》编制。星云湖湿地湖滨带提质改造工程顺利推进，环湖截污治污主体工程已完成，北岸藻水分离站、原位控藻工程投入运行，出水水质达Ⅳ类，星云湖保护治理“十三五”规划及山水林田湖草生态保护修复试点工程19个项目全面开工，完工8项，完成投资19.6亿元。开展区级河（湖）长履职述职，12条主要入湖河道综合治理工程基本完工，大龙潭河获评2019年市级“美丽河湖”。星云湖水质总体稳定向好，12月湖心断面水质达V类，氨氮指标同比下降50%，近10年来首次控制住了蓝藻水华大规模爆发。完成星云湖一级保护区1576亩农田退出并启动生态修复，签订退房协议366宗，兑付资金1.17亿元，拆除农户及企事业单位房屋41宗4.9万平方米，搬迁安置点建设全面推进。滇中引水工程稳步实施。九溪海绵城市千亩湿地加快建设。加强农业面源污染整治，实施高效节水、水肥一体化2000亩开展禁养区畜禽规模养殖退出。全面压实山林长制责任，推进森林星云湖建设，完成植树69.43万株，治理水土流失6.1平方千米，大街、江城创建国家级生态文明乡镇，白石岩、河咀、三街、矣文上榜“国家森林乡村”。全面整改各级环保督察反馈问题，启动星云湖保护治理雷霆行动，完成第二次全国污染源普查，开展生态环境风险评估，加强大气污染防治，关闭改造“散乱污”企业23家，推进非煤矿山转型升级。节能减排扎实推进，完成省级生态文明区创建申报。

社会民生　全年财政用于民生支出17.2亿元，占一般公共预算支出的83%。实施脱贫攻坚巩固提升，4类重点对象中19户建档立卡贫困户危房改造完工入住；实现安化贫困乡摘帽，16个贫困行政村退出，累计脱贫2065户7188人，贫困发生率降至0%，实现贫困人口全部清零的目标。新认定4户高新技术企业，新培育17户国家级、省级科技型中小企业，九溪获评全省首批科普小镇。创新实践“科创贷”。年内投入R&D经费7158.8万元，增长7.18%，申报立项市级以上科技项目58个，争取补助资金1138.02万元，新申请专利147件，授权88件。完成4个面积8950平方米的“全面改薄”项目，学前教育二期、三期项目建设进展顺利，高中教育管理改革成效显著，江川一中高考取得历史最好成绩，600分以上10人。积极扩大就业支持创业，扶持创业457人，城镇新增就业2808人。落实减税降费和创业担保贷款政策，减免税收8257万元、降费5298万元。稳步提高社会保障水平，基本医疗保险参保率、建档立卡贫困人口医保、大病保险参保率达100%。提高住房保障水平，解决各类进城务工人员保障性住房46套，政府投资公租房分配率达100%。区人民医院晋级国家标准化县级医院，区中医医院综合楼建成投入使用。第四次全国经济普查顺利完成。被命名表彰为省教育工作先进县区，获评省残疾人教育工作先进县区。

社会稳定　强化政府债务动态管理，统筹推进债务清理，化解债务6300万元，清理拖欠民营企业中小企业账款3760万元，债务风险安全可控。做好金融监管，严打非法集资。加大安全生产监管，建立“三个一”应急救援体系，持续实施安全工程三年行动计划，对道路交通、烟花爆竹等重点领域重点行业145户重点监管对象开展隐患排查治理，强化安全生产宣传教育，年内未发生重特大安全生产事故。深入推进“七五”普法、禁毒防艾等工作，深化平安江川创建，九溪司法所获评“全国先进司法所”，三街社区通过全国民主法治示范村复核。扎实推进全国民族团结进步示范区创建，矣文村等9个单位被命名为市级民族团结进步示范单位。纵深推进扫黑除恶专项斗争，打掉黑恶势力犯罪团伙9个。

（金家红）

【建议和提案办理】　全年共收到人大代表建议115件，均严格按规定办理答复完毕，办复率100%。从办理情况看：A类建议35件，占30.43%；B类建议73件，占63.48%；C类建议7件，占6.09%。从办理结果看：满意112件，占97.39%；基本满意2件，占1.74%，不满意1件，占0.87%。

全年共收到政协委员提案134件，内容相似作并案处理17件，实有提案117件。经审查，立案101件，不予立案16件，立案率为86.32%。其中：经济建设类58件，占57.4%；教科文卫体类19件，占18.8%；政法社会保障类24件，占23.53%。119件政协委员提案均按规定办理答复完毕，办复率达100%。从办理结果看：满意100件，占99.01%，基本满意1件，0.99%。

（张梦石　杨舒晴）

行政效能建设

【概述】　深入贯彻落实市委、市政府各项决策部署，以建设人民满意政府为目标，统筹推进法治政府、责任政府、阳光政府、效能政府建设，持续优化营商环境，坚持全面从严治党，构建风清气正政治生态和高效为民政府管理机制，推动经济社会健康、平稳运行。

【自身建设】　全面推进各类改革，顺利完成政府部门机构改革、企事业单位公务用车制度改革等工作。继续深化医药卫生体制改革，实施紧密型医共体建设，家庭医生重点人群签约率达100%。完善教育系统人事制度改革。持续推进“放管服”改革，严格落实优化营商环境“123456”改革任务，大幅压缩投资项目、不动产登记、企业开办等行政审批时限。不断优化营商环境。实施营商环境提升十大行动，推进简政放权，累计取消区级行政许可事项43项，梳理权力清单、责任清单60929项。启动新政务大厅建设，推进“一网、一门、一次”改革。深入推进依法行政，自觉接受区人大及其常委会的法律监督、工作监督和区政协的民主监督，积极处理各类审议意见和协商意见，全年办理人大代表建议115件、政协委员提案101件。严格执行“三重一大”集体决策制度，废止行政规范性文件8件，组织重大决策听证9项、重大风险评估6项，公开政府信息8192条。认真开展“不忘初心、牢记使命”主题教育，深入推进“两学一做”学习教育常态化制度化。严守政治纪律和政治规矩，坚决肃清秦光荣流毒影响，严肃查处违法违规行为，给予党纪政务处分86人，政府系统党风廉政建设进一步加强。

【督查工作】　一是围绕上级督查任务和要求，及时督促落实。紧紧围绕2019年中央环境保护督察、国务院大督查、省政府综合督查及省市政府重点督查工作的要求，严守时间要求，及时按周、月、季督促上报省市政府工作报告、领导重要调研、重点工作等各项任务分解等进展情况督办件123项166次。二是突出督查重点，推进全区工作落实。把督查重点放在重大决策部署、年度重点工作和重点项目上，督促各级各部门狠抓各项工作落实。积极开展区政府工作报告任务落实情况的督办，以《政府工作报告》为主线，将全区经济社会发展任务目标逐项分解，量化为74项具体工作和10件惠民实事，明确工作标准内容、责任单位，实行季度全面督查并通报，确保工作落到实处。紧扣区政府常务会议、政府专题会议等重点会议决定事项进行督查。以问题为导向，督促各责任单位围绕工作目标任务，切实解决问题，将具体问题办好办实。对于完成时限较长的事项，定期进行督促落实，确保政府决定事项尽快落到实处，对未能按期完成的，要求说明具体原因和情况，并跟踪问效直至办结完成，助推区政府决策部署的贯彻落实。紧盯重点工作进行督查落实，针对重点项目、森林防火、农村危房改造工程、城乡人居环境整治、防汛地质灾害、烤烟生产、事故隐患大排查大整治、“大棚房”整治整改、村落污水管网整治、星云湖流域“十三五”保护治理攻坚方案工作任务落实情况等工作进行了严督实导，采取联合相关部门实地调研，查找存在的困难和问题，并有针对性地提出工作建议，为领导决策提供依据。结合江川区工作情况认真开展督查检查53次，其中由区政府办牵头的38次。通报重点工作36期。三是强化时效，做好领导批示件办理。始终把督促办理省市、区级主要领导批示作为一项上为领导分忧、下为群众解难的重要工作抓紧抓实。采取逐件登记、迅速转办、限期办理、定期催办等措施，把好事实关、定性关、处理关、文字关和时间关，对办理不合格的批示件坚决退回重办，确保领导批示每一件都落到实处。全年共受理省市政府领导批示件12件，区本级领导批示件103件，办结率100%，做到“件件有落实，事事有回音”。四是狠抓工作作风，开展会风会纪督查。对全区召开的重要会议，按要求配合区纪委监委、区委督查室进行会风会纪督查，以会风会纪转变带动工作作风的普遍好转。

（李文斌　徐顺生）

法制工作

【概况】　2019年，江川区坚持以习近平新时代中国特色社会主义思想为指导，深入学习贯彻党的十九大和十九届二中、三中、四中全会精神及习近平总书记在中央全面依法治国委员会第一次、第二次会议上的重要讲话精神，紧扣全面建成小康社会的总目标，围绕《玉溪市江川区法治政府建设实施方案（2016～2020年）》《玉溪市江川区2019年法治政府建设工作计划》，推进各项工作开展。

【组织保障和制度建设】　及时成立区委全面依法治区委员会，下设立法、执法、司法、守法普法四个协调小组和办公室，形成委员会牵头抓总、统揽全局，协调小组协调推动委员会决定事项、工作部署和要求的贯彻落实，办公室负责全面依法治区工作的指导督促和考核评价工作的新格局。

严格落实党政主要负责人履行推进法治建设第一责任人职责。全面贯彻落实好《玉溪市江川区法治政府建设实施方案（2016～2020年）》，制定《玉溪市江川区2019年法治政府建设工作计划》《中国共产党玉溪市江川区委员会全面依法治区委员会工作规则》《中国共产党玉溪市江川区委员会全面依法治区委员会协调小组工作规则》《中国共产党玉溪市江川区委员会全面依法治区委员会办公室工作细则》等文件，围绕法治国家、法治政府、法治社会一体建设，全面推进全区工作。

【领导干部学法】　2019年，区政府常务会议7次专题学习法律法规。具体是：区第二届人民政府第44次常务会议传达学习《玉溪市领导干部防止利益冲突的规定（试行）》，区第二届人民政府第49次常务会议传达学习《中华人民共和国政府信息公开条例》，区第二届人民政府第50次常务会议传达学习《重大行政决策程序暂行条例》，区第二届人民政府第52次常务会议传达学习《中共中央　国务院关于深化改革加强食品安全工作的意见》和中共中央办公厅　国务院办公厅印发《地方党政领导干部食品安全责任制规定》，区第二届人民政府第53次常务会议传达学习《云南省人大常委会关于加强政府债务监督的办法（暂行）》，区第二届人民政府第57次常务会议传达学习《云南省领导干部防止利益冲突规定（试行）》，区第二届人民政府第61次常务会议学习《优化营商环境条例》。

【规范性文件监督管理】　组织开展行政规范性文件及其制定主体清理工作，对机构改革后的29个区人民政府工作部门和7个区级有关单位行政规范性文件制定主体资格进行审核确认；对原有的27件行政规范性文件进行清理，决定废止行政规范性文件8件，保留行政规范性文件19件，并建立动态清理长效机制，确保各项改革真正落地，推动政府工作在法治轨道上开展。

【推进决策科学化民主化法治化】　2019年，在严格执行《云南省重大行政决策程序规定》和《玉溪市江川区重大行政决策责任追究暂行办法》的同时，认真组织学习国务院颁布的《重大行政决策程序暂行条例》，进一步规范行政决策行为；继续聘用5个律师事务所为法律顾问，为各级各部门提供法律服务；全区共完成重大风险评估6项，对重大行政决策、重要事项、重要项目合同进行法制审查47次。

【行政执法管理】　完成机构改革后第一批区级27家单位行政执法主体资格的审查确认；强化行政执法人员资格管理，开展行政执法业务网上培训，组织行政执法业务现场培训2次，组织完成行政执法人员网上培训考试1期，实现行政执法主体、行政执法人员管理、培训、监督信息化；对江川区行政执法单位涉及民营企业的100卷行政执法案卷进行评查；全面推行行政执法“三项制度”，组织行政执法“三项制度”业务培训1次；继续落实好行政执法和刑事司法衔接工作机制。

【深化简政放权】　2019年，继续贯彻落实中央、省、市“放管服”改革的各项部署和要求，着力提高政府效能，全区共承接行政许可事项3项，取消行政许可事项6项，调整行政许可事项6项；持续推进商事制度改革，进一步放宽市场准入条件、降低市场准入门槛，为激发市场主体活力释放出更大的制度红利，全区新增市场主体3223户，增长18.49%；按照事中事后监管环节全链接、责任全落实的要求，扎实推进“双随机、一公开”工作，完成公共交易项目105个，交易总额10.85亿元，节约资金约3277.62万元，溢出资金3758万元。

【依法有效化解社会矛盾纠纷】　2019年，继续贯彻落实《玉溪市人民政府关于开展行政复议委员会试点工作的指导意见》（玉政发〔2012〕101号）精神，严格执行相对集中行政复议权，全区办理行政复议案件13件；认真贯彻执行《玉溪市行政机关负责人行政诉讼出庭应诉规定》，强化对行政机关负责人出庭应诉的刚性要求，全区各部门共出庭应诉7件次，行政机关负责人行政诉讼案件出庭应诉率达100%；继续深化“枫桥经验”实践创新，充分发挥人民调解工作社会“稳定器”和“减压阀”的作用，全区各调委会共调解矛盾纠纷875件，调解成功871件，成功率为99%，纠纷涉及当事人1770人，协议涉及金额91.99万元；开展矛盾纠纷排查84次，预防纠纷24件。

（龚永达）

信　访

【概况】　2019年，全区信访工作紧紧围绕区委、区政府工作大局，扎实做好来信来访接待及办理、信访矛盾排查化解、重点群体重点人员稳控、信访信息分析研判等各项工作，确保全区没有发生进京上访事件，没有发生大规模到市赴省上访事件，没有发生因信访问题引发的重大群体性事件，没有发生因信访问题处理不当引发舆论负面炒作，有效维护全区社会稳定。

【组建区信访局】　根据《玉溪市江川区深化机构改革实施方案》的统一部署，在区委办公室、区政府办公室信访工作职责的基础上，组建区信访局，作为区政府工作部门，设办公室和接访办信股2个内设机构。2月25日，玉溪市江川区信访局举行揭牌授印仪式。

【接访办信】　2019年，区信访局共收到信访总量519件751人次。其中：来访246件478人次（个体访227件325人次，集体访19件153人次），初访229件452人次（个体访211件304人次，集体访18件148人次），重访17件26人次（个体访16件21人次，集体访1件5人次）；来信41件（初信21件，重信20件）；网上信访14件（初信13件，重信1件）；人民网37件；领导信箱5件；邮件45件；微信9件；语音106件，视频16件。问题主要集中在农村农业、交通运输、劳动和社会保障、城乡建设、环境保护、政法、纪检监察、国土资源等方面。

【书记区长接待日】　按照《关于切实做好2019年“书记区长接待日”及领导干部接访下访工作的通知》安排，全年共开展书记区长接待日10次，共接访97件144人次；交办20件，办结20件，办结率100%；视频接访11件，交办11件，办结11件，办结率100%。

【区委常委会研究信访工作】　1月25日第92次区委常委会议上。区委书记徐贤对信访维稳工作作安排：一是逐级落实领导包案化解机制，及时化解信访矛盾；二是强化源头防控，增强工作积极性、主动性、战斗性，做好疏导教育，对生活确实困难的要帮扶到位，对出现违法信访的要依法处理；三是建立健全机制，充分发挥司法调解的功能作用，压实责任，加大矛盾调解工作倒查力度，全力推进信访矛盾化解。

【全区信访工作会议】 3月13日，全区信访工作会议召开。传达学习习近平总书记及省、市领导对信访工作的批示精神和2019年全市信访工作会议精神；总结2018年工作，安排部署2019年信访工作；签订2019年度信访工作责任书。区委常委、区委政法委书记蒋文出席会议并讲话。

【解仕清一行调研信访工作】 5月14日，市人民政府副市长解仕清带领市信访局和市自然资源局相关部门领导，深入九溪镇大村一组地质灾害点和选址重建点进行实地走访调研，并组织召开了调研座谈会，切实推进该组地质灾害搬迁积案化解工作。

【徐贤一行调研信访工作】 9月23日，区委书记徐贤携区委、政法委书记、区委办公室主任和分管信访工作的副区长一行到区信访局调研指导新中国成立70周年大庆信访维稳工作。徐贤提出工作要求：一是要精准掌握动态，灵活管理；二是要多措并举抓好重点群体重点人员教育稳控；三是要进一步将责任落细落实。并强调信访部门要把国庆信访维稳工作同开展“不忘初心、牢记使命”主题教育结合起来，同学习贯彻习近平总书记关于加强和改进人民信访工作的重要思想结合起来，坚持以人民为中心的发展思想，积极畅通信访渠道，主动作为，用心用情用力办好每一起信访案件，确保群众的合理诉求真正解决到位，以优异的成绩庆祝新中国成立70周年。

【包保排查化解信访矛盾责任】 《2019年区级党政领导包案化解信访案件工作方案》，将5件重点信访矛盾逐一分解到区级领导包案化解，将12个重点群体、重点个人逐一分解到区级领导落实包保稳控。区委办、区政府办《关于调整区级领导联系“七位一体”重点工作项目的通知》，将重点信访矛盾、重点群体、重点个人分别列为区级领导“七位一体”联系的重点工作，进一步明确了相关区级领导包案化解责任。继续抓好“四大重点”信访矛盾化解攻坚战，对重点人和重点事，做到一人一事一班子一方案，层层落实包保责任，切实抓好信访矛盾化解攻坚工作。

【建国70周年大庆信访保障】 区委信访工作联席会议制定并印发《新中国成立70周年庆祝活动期间玉溪市江川区信访保障工作方案》《关于完善新中国成立70周年庆祝活动期间信访保障工作领导小组的通知》《关于上报新中国成立70周年庆祝活动期间信访劝返工作小组的通知》等文件；信访局拟定《江川区建国70周年庆典活动期间区级领导信访接待表》《江川区建国70周年大庆区级领导信访接待表》；区委信访工作联席会议在全面排查研判的基础，拟定《玉溪市江川区影响社会稳定问题清单》，提出影响社会稳定的28个群体类问题和11个个体类问题，分别明确化解稳控措施和责任领导；区委政法委、公安、信访等部门抽调一名主要领导组成工作专班，在70周年大庆期间集中到公安机关值班备勤，全面负责情报信息收集研判，及时做好应急处置工作；各乡镇（街道）、各相关职能部门分别结合实际制定70周年大庆安保信访维稳工作方案，成立信访劝返工作组，积极做好辖区领域内重点人员稳控和重点问题化解工作，全区在70周年大庆期间未发生到市赴省进京越级上访问题。

【助推重大项目重点工作】 积极参与大街农贸市场改造、大街街道棚户区改造和江城古城棚户区改造工作，成立现场信访维稳工作组，及时化解矛盾纠纷；积极参与农村集体资产改革工作，提出信访维稳工作意见，推进改革顺利实施；对万湖花园项目等6项重大决策事项进行信访风险评估，分别作出社会稳定风险等级评定，并提出风险防范应对措施。

【“三无”县区创建申报】 制定《创建活动实施方案》，认真开展创建申报工作。通过深化信访工作制度改革、从源头上减少信访问题、加快法治信访工作进程严格落实“三到位一处理”工作要求和加强信访干部队伍建设等方面落实。全区达到无进京越级上访、无大规模集体上访（没有发生到区以上超过50人的集体上访）、无因信访问题引发的极端恶性事件和舆论负面炒作的创建标准。

【信访维稳专项督促检查】 3月11日至12日，对全区6个乡镇（街道）在全国“两会”期间开展信访维稳工作的情况进行督查，全面了解掌握重点群体、重点人员稳控工作情况。9月19日至20日对各乡镇（街道）和部分成员单位开展70周年大庆安保信访维稳工作情况进行督查，并针对存在问题下发督查通报，提出整改要求。按照区委办、区政府办《关于开展“防风险、保安全、迎大庆”工作督导检查的通知》，由6名区级领导带队，组成3个督导组，分别对安保信访维稳工作等进行督导检查。通过多次督查整改，提升全区信访维稳工作。

【扫黑除恶专项斗争】 将扫黑除恶专项斗争工作纳入局党政主要议事日程，全年共召开3次党组会、3次局党组中心组理论集中学习、3次局班子会议深入研究全区信访系统的扫黑除恶专项斗争工作；建立《玉溪市江川区信访局扫黑除恶专项斗争线索排查制度》，对2013年至2019年10月的信访案件进行拉网式的再次排查，共排查来信394件，来访2013件6272人次；及时办理上报相关信访案件，共办理上级交办案件61件；抓好干部联审工作，对7批1427名村（社区）及小组干部和327名区党代表、172名区人大代表、160名政协委员、48名驻村工作队员开展信访举报线索排查，未发现有相关信访案件登记办理。

【全面从严治党】 把党的政治建设摆在首位，制定《信访局党组理论学习中心组学习制度》，共进行8次集中学习；切实加强组织建设，成立区信访局党支部，建立《2019年度区信访局党支部书记抓基层党建工作责任清单》《区信访局党支部“基层党建创新提质年”重点任务项目清单》及《党支部工作问题清单》；认真落实党风廉政建设责任制，共派发责任清单6份，落实6份，局党组制定党组会议事规则、财务管理、工作纪律、廉政谈话提醒、“三重一大”等6项制度，支部制定组织生活等13项制度；积极支持配合区委第二巡察组对局党组开展巡察工作，针对巡察反馈意见3个方面8项问题制定整改方案，提出33条具体整改措施，确保反馈问题全部整改落实到位。

【主题教育活动】 制定局党组主题教育方案，以集中学习、读书班、周一政治学习、主题党日活动为主要形式，共开展党组中心组专题学习3次、集体研讨交流2次，集中学习班2次，主题党日活动3次，撰写学习心得7篇，调研报告4篇；查摆班子问题9条、制定整改措施15条，完成立行立改15条，需持续整改13条；查摆班子成员问题29条、制定整改措施31条，完成立行立改22条，需持续整改22条。

【做好“双创”河长制脱贫攻坚等工作】 积极组织全局干部做好第26网格“双创”管理工作及城区人口入户摸底工作；认真落实河长制工作，根据区河长办的要求，组织全局干部积极做好责任河道的巡查和卫生清理工作；积极配合江城社区做好脱贫攻坚和“清洁家园”等各项工作。

（王　坤）

政协玉溪市江川区委员会

【区政协主席、副主席、常委名录】

主　席：罗跃岗

副主席：杨吉英（女）
邓春元　顾　秋

常　委：（因换届离任、任职，按姓氏笔画排列）
马江艳（女）
王春华　平雪刚
业东华　伏荣宽
刘来华　李文鹏
李成学　李竹贵
李华同　李江华
李红有　李忠兴
李佳强
李艳华（女）
李程鹏　张运铎
张春茂　赵　华
侯国芬（女）
释慧莲（女）
蔡广杰　戴朝红

【区政协各委室机构负责人名录】

办公室
主　任　侯国芬
副主任　张　潇（2019.6任）

提案联络委员会
主　任　赵　华
副主任　陆　叶

经济和农业农村委员会
主　任　吴正顶（2019.2任）
副主任　张丽琼

科教卫体委员会
主　任　李文鹏（2019.2离任）
李佳强（2019.2任）
副主任　彭春云（2019.12离任）
杨美艳（2019.12任）

人口资源环境委员会
主　任　王春华
副主任　戴朝红（2019.2任）

民族宗教法制委员会
主　任　李忠兴
副主任　潘兴建

文化文史和学习委员会
主　任　李红有

副主任　郭小平（2019.2离任）
　　　　汪润芬（2019.2任）

【概述】　在区委的坚强领导下，在区政府的大力支持下，区政协常委会团结带领全体政协委员和政协各参加单位，以习近平新时代中国特色社会主义思想为指导，全面学习贯彻党的十九大和中央、省市委政协工作会议精神，围绕区委决策部署，建言资政促发展，凝聚共识增合力，为助推江川改革发展作出新的贡献。

【政协玉溪市江川区第二届委员会第三次会议】　政协玉溪市江川区第二届委员会第三次会议于2019年2月28日至3月1日召开。会议审议并同意罗跃岗同志代表政协玉溪市江川区第二届委员会常务委员会所作的工作报告和邓春元同志受政协玉溪市江川区第二届委员会常务委员会委托所作的二届二次会议以来提案工作情况的报告；听取和协商讨论区长王志华同志代表玉溪市江川区人民政府所作的政府工作报告；书面协商讨论《玉溪市江川区人民法院工作报告》《玉溪市江川区人民检察院工作报告》《玉溪市江川区2018年国民经济和社会发展计划执行情况与2019年国民经济和社会发展计划草案的报告》《玉溪市江川区2018年地方财政预算执行情况和2019年地方财政预算草案的报告》。会议期间，委员们通过分组协商、提交提案，围绕全区经济社会发展和人民群众关注的重大问题，建言献策，为区委、区政府科学、民主、依法决策提供有益参考。

【常委会议】　2019年，政协玉溪市江川区第二届委员会常务委员会举行第十三次至二十次常委会议。

1月9日，召开第十三次常委会议。审议二届三次全体会议相关事宜；审议通过《政协玉溪市江川区第二届委员会常务委员会工作报告（草案）》；审议通过《政协玉溪市江川区第二届委员会常务委员会关于二届二次全会以来提案工作情况的报告（草案）》；协商免去王志刚等3名政协委员资格。

2月22日，召开第十四次常委会议。会议审议通过《政协玉溪市江川区第二届委员会常务委员会关于调整专门委员会设置的决定（草案）》，并进行人事任免。

4月12日，召开第十五次常委会议。通报《政协玉溪市江川区委员会2019年工作要点》；审议通过《政协玉溪市江川区委员会2019年度重点协商计划》；传达全国政协十三届二次会议、云南省政协十二届二次会议及玉溪市政协五届二次会议精神；协商调整委员。

6月13日，召开第十六次常委会议。审议通过《江川区农村人居环境整治村庄清洁行动调研报告》；以“村庄清洁行动”为主题，开展专题议政性常委会议协商；专题学习传达省市政协脱贫攻坚助推行动推进会精神，通报区政协脱贫攻坚助推行动开展情况；并进行人事任免。

9月11日，召开第十七次常委会议。审议通过《江川区乡村旅游发展情况的调研报告》；以“江川乡村旅游发展情况”为主题，开展专题议政性常委会议协商。

10月16日，召开第十八次常委会议。会议专题学习9月20日中央政协工作会议暨庆祝中国人民政治协商会议成立70周年大会精神；听取区政府2019年国民经济和社会发展情况通报；审议通过《江川区房地产现状调研报告》；以“江川区房地产现状”为主题，开展专题议政性常委会议协商。

12月12日，召开第十九次常委会议。听取区政府2019年提案办理情况通报；听取区政协各专委会2019年工作报告；审议通过《提案工作办法》《委员履职工作规则》；安排区政协常委年度履职报告事宜；专题学习党的十九届四中全会及省委政协工作会议精神；协商调整委员。

12月27日，召开第二十次常委会议。审议二届四次全体会议相关事宜；审议通过《政协玉溪市江川区第二届委员会常务委员会工作报告（草案）》；审议通过《政协玉溪市江川区第二届委员会关于二届三次全会以来提案工作情况的报告（草案）》；进行人事任免。

【理论武装】　用党的创新理论武装头脑、指导协商议政，夯实全体委员和政协各参加单位共同奋斗的思想政治基础。提升思想政治引领水平。把“不忘初心、牢记使命”主题教育活动作为首要的政治任务来抓，一体推进学习教育、调查研究、检视问题、整改落实等各项工作，为政协履职提供持久动力。举办党组理论中心组学习10次，重点围绕习近平总书记关于加强和改进人民政协工作的重要思想、省市区委全会精神、民族团结进步示范区创

建、扫黑除恶专项斗争等30项学习内容，进行研讨交流，坚定政治信仰和理想信念。开展政协常委会专题学习5次，传达党的十九届四中全会、省市政协系统脱贫攻坚助推行动推进会精神，筑牢思想政治基础。开设政协机关业务知识“微讲坛”，就调研视察、提案协商、社情民意等进行学习交流。

加强思想政治引领工作。组织政协委员参加全省政协系统委员视频培训会，聆听全国政协领导对习近平总书记关于加强和改进人民政协工作重要思想的权威解读，聆听驻滇全国政协常委的履职经验。组织政协委员和机关干部专题学习习近平总书记在庆祝全国政协成立70周年大会上的讲话精神，中央和省市委政协工作会议精神。组织政协常委、活动组长到北京大学培训，专题学习多党合作与政治协商制度、新时代政协工作创新等理论知识，以理论武装推动思想境界提升。

【政治协商】　践行“有事、遇事和做事多商量”的要求，形成协商议政常态化格局，不断提高建言资政和凝聚共识双向发力的能力和水平。

全会协商组织有力。探索完善全会协商机制，提升活动组长协商议政的组织能力，强化委员代表界别群众发声的责任意识，增强全会协商议政成效。探索乡镇与机关联合讨论模式，协商讨论“一府两院”工作报告。党政领导及职能部门负责人参加讨论，听取并回应委员意见建议。大街、工交组委员聚焦建美一座城和优化营商环境，江城、财贸组委员关注乡村振兴和金融风险防控，前卫、农林水组委员针对农村人居环境整治和星云湖保护治理，安化、文教组委员紧扣乡村旅游发展和民族团结进步，九溪、政法组委员紧盯特色小镇打造和法治政府建设，雄关、医卫组委员围绕特色农产品物流园项目推进和健康江川建设，路居、党群组委员关注社会志愿者工作和退休干部服务等问题，提出了许多有价值的意见建议。会议闭幕后，主席会议认真研究，对区政府工作报告提出协商意见398条，对“两院”报告提出协商意见195条。

专题协商规范有序。把助推“建美一座城”作为服务中心工作的着力点。召开专题议政性常委会3次，分别围绕“村庄清洁行动”“乡村旅游发展”“房地产开发”主题，组织政协常委与政府分管领导、职能部门负责人专题协商议政、建言助推发展。针对农村人居环境整治“上热、中温、下冷”的根源性问题，提出适时启动垃圾分类、编制完善村庄建设规划等5个方面的协商意见；针对乡村旅游发展滞后的突出问题，提出编制乡村旅游规划，打造星云湖生态休闲、青铜文化、美食文化等4个方面的协商意见；针对制约江川房地产健康发展的深层次问题，提出合理规划布局房地产项目、规范房地产市场、切实完善配套设施等5个方面的协商意见。

把助推“治好一湖水”作为服务生态文明建设的侧重点。召开协商座谈会，围绕《星云湖保护条例》的修订，组织沿湖三乡镇活动组长和曾在星管局、环保局、水利局工作过的9名政协委员，与区人大修订小组成员共同协商，重点就总则、管理机构、管理职责、生态环境、资源保护和法律责任等，提出了23个方面的修改意见，使修订后的《条例》更具科学性和可操作性。

把助推民生改善作为服务人民群众的落脚点。围绕“区人民医院提质达标”“居民人均可支配收入统计”主题，开展民主监督协商两次，组织界别委员与政府分管领导、职能部门负责人畅所欲言讨论、理性有度监督。针对区人民医院提质达标存在的问题，提出“五个一”推进机制、着力提升医技水平等5个方面的民主监督意见；针对居民人均可支配收入统计存在的困难和问题，提出通过发展实体经济、完善社会保障、提高居民收入，依法依规科学统计等6个方面的民主监督意见。

对口协商稳步推进。健全专门委员会对口联系党政职能部门工作机制，加强对口协商，增强协商实效。制定提案征集指南，引领委员聚焦热点，经济发展、民生改善、社会稳定、生态建设等作为政协委员提案的重点。区政协二届三次全会以来的101件提案提交政府分别交由32个承办单位办理，全年提案办复率100%，委员满意率99.01%、基本满意率0.99%。在专题视察调研、重要提案督办、重点工作推进中，邀请部门领导参加达130人次，通报相关工作情况22次，协商讨论调研视察报告36次；专委会应邀参加对口职能部门的年度工作部署会、专项工作推进会、规范性文件修订等110次，使双方工作互促互动，对口协商成为常态。

【民主监督】 常委会践行“融协商、监督为一体”的要求，加大监督力度，规范监督程序，提高监督实效。

视察监督献良策。围绕区委重要决策部署的贯彻落实和事关群众根本利益的民生问题，精选视察课题。组织界别委员就河道治理、民族团结进步示范区创建、高速公路项目建设等开展视察6次。提出探索全民共治模式、强化系统治理的监督性意见；提出完善督查机制、推行“创建+产业发展”模式的监督性意见；提出监督意见建议。全年共形成视察报告6个，向区政府及水利、交通、民宗等职能部门提出26个方面的监督性意见。其中，区委主要领导就推进河长制工作视察报告作出专门批示，要求河长办有针对性地抓好落实。

民意监督求实效。充分发挥民意“直通车”和党政领导决策“内参”的特殊作用。高度关注广大群众对市政府“调整星云湖禁渔期通告”的反响，及时组织召开社情民意恳谈会，邀请部分委员、渔民与星管局、生态环境局、水利局等职能部门及沿湖乡镇分管领导座谈协商，将星云湖禁渔期不宜调整的协商意见向市政协报告，得到市政府采纳，确保2019年开渔节如期举办。

重点围绕经济发展、生态环境、城市建设、民生保障、健康养老、党建工作、干部管理七个方面，撰写社情民意信息32篇，报送区委、区政府主要领导参阅。其中《关于推进“四退三还”工作的建议》《关于加强政府和社会资本合作项目监管的建议》《关于大街河湿地及环湖卫生纳入城乡环卫一体化管理的建议》等6篇社情民意信息，区委主要领导作出批示，交由相关职能部门研究办理。年内社情民意信息工作得到市政协的充分肯定，并在全市政协系统反映社情民意信息工作会议上作经验交流。

委员监督出实招。支持3名政协委员参加区委政治巡察工作和监察委特约监察工作。组织32名政协委员参加区法院审务督查和非法采矿案、传销案、“3·31”专案等庭审。组织26名政协委员参加国土资源行政处罚听证、退役士兵安置、事业单位招聘、领导干部社会评价等10余项民主监督活动。

【参政议政】 融协商、参与为一体扎实开展调查研究，参与全区重点工作，不断提升参政议政能力和水平。

调查研究建良言。选择环星云湖村落截污治污工程建设、径流区矿山地质环境治理恢复、机构改革、教育工作、“七五”普法、不可移动文物保护等11个课题，开展调查研究。针对星云湖村落截污治污，提出积极采取措施实现雨污分流、加强协调沟通形成工作合力等意见建议；针对星云湖径流区矿山地质环境治理恢复，提出加强监管制度的刚性约束、环境治理与产业发展相结合等意见建议；针对不可移动文物保护，提出加大文物保护法的宣传力度、落实属地管理分级责任制等意见建议。全年共形成调研报告11个。区委主要领导就3个调研报告作出批示，交由区政府分管领导及职能部门跟进落实。

服务大局勤作为。区政协班子成员列席党政重要会议活动，履行政协建诤言职责，助推区委、区政府科学民主决策；挂钩联系“七位一体”具体工作，深入联系点调研指导，帮助协调解决问题。政协机关积极做好城乡人居环境整治、“创文”、河道治理等挂包工作，抽调干部参加大街棚户区改造、星云湖“四退三还”、主题教育巡回指导等工作，为重点工作开展和重大项目推进献智尽力。

【统一战线】 践行“巩固爱国统一战线”的要求，充分发挥联络联谊作用，用心尽力为江川经济发展、社会稳定画出最大同心圆。

扶贫济困办实事。重点围绕教育扶贫、健康扶贫、产业扶贫助力脱贫攻坚。积极动员全区政协委员和机关干部职工捐资，并整合玉溪市山区民族教育促进会及江川部分非公企业爱心捐款共12.5万元，资助高中、大学困难新生49名，表彰山区优秀教师4名；会同人民医院为河咀社区贫困户及其他群众，开展义诊活动300多人次；会同人社局举行系列招聘会，为贫困户提供就业岗位468个；指导活动组发挥界别优势，开展系列帮扶活动。先后选派两名干部到九溪马家庄驻村扶贫，向市水利局争取应急资金9万元，解决人畜饮水困难。做好河咀社区包村工作，慰问贫困户和困难老党员，协助拆除临违建筑等。

传承历史展情怀。主动深入基层挖掘浪广社区治理、梨花节、殡葬改革等文史资料，征编出版第三十二辑《江川文史资料》。配合市政协完成文史资料

《征粮剿匪》江川部分的组稿任务。提供星云湖生态变化及水资源利用方面文史资料7篇，供星云湖保护条例修订作参考。向档案馆、图书馆及全区中小学赠送文史资料2500册，切实发挥文史资料“存史资政、团结育人”的作用。组织文化界委员到大庄、河咀社区书赠春联400幅。拍摄《委员风采录》第6辑，讲好委员履职故事，传播委员正能量。

凝心聚力促发展。引导驻江市政协委员围绕玉江高速建设复工、三湖片区综合考核改革、机关单位作息时间调整等需市级解决的问题，撰写提交提案10件。争取市政协提案办理专项补助资金43万元，解决了李家山青铜文化研究、江城桐关居家养老服务中心建设、雄关中学办学条件改善、六十亩人居环境整治资金缺口问题。认真做好全国、省市政协到江川开展社区家庭教育、幼师培养、政商关系构建等调研工作的协调服务，积极反映实情、提出建议，呼吁上级关注支持江川发展。热情接待吉林延边、湖南岳阳、成都龙泉驿等十多家外地政协到江川考察湖泊生态修复、农业产业结构调整、委员队伍管理等，宣传推介江川，促进交流互鉴。

【自身建设】 常委会践行“以改革创新推进履职能力建设”的要求，切实发挥党建引领作用、委员主体作用、机关服务保障作用，打牢双向发力的工作基础。

坚持党的全面领导。服从区委对政协工作的领导，定期向区委常委会汇报工作，确保区委决策部署在政协贯彻落实。认真执行《贯彻落实市委加强新时代人民政协党的建设工作实施意见的方案》，加强新时代政协党建工作。自觉接受区委政治巡察，按照巡察反馈意见要求认真加以整改，以党建统领推进政协工作全面提质增效。

发挥委员主体作用。完善委员联系工作机制，开展经常性联络活动，激发委员履职的责任感和使命感。举办委员专题培训，邀请省内知名教授讲授宏观经济形势，增强委员履职本领。召开政协活动组长会议两次，交流工作经验，研讨工作创新，提升活动组工作水平。开展政协常委年终述职，激励常委认真履行职责。依章协商增补委员21名，进一步优化委员队伍结构。

注重履职实践探索。完成政协机构改革，组建经济和农业农村委、教科卫体委、文化文史和学习委，健全专门委员会工作细则。根据省市政协改革指导，按照区委改革台账要求，完成委员履职工作、提案工作、反映社情民意信息工作等4项改革任务。开展制度落实“回头看”，推进制度“废改立”，建立健全覆盖政协党建、履职工作、组织管理、内部运行的制度体系。强化委室分工协作，持续推行责任到人、任务到岗的工作落实机制，不断提高机关运转效率。加强新闻宣传工作，编发《政协工作简讯》26期160篇，被人民政协报采用2篇，被省市政协采用71篇，连续三年被市政协评为信息工作先进集体。

（赵　敏）

群团组织

总工会

【概述】 2019年，玉溪市江川区总工会在区委、区政府的坚强领导下，在上级工会的正确指导下，严格按照中央党的群团工作会议精神及区总工会工作部署，紧紧围绕江川区中心工作任务，牢牢把握和谐稳定大局，不断汇聚广大职工推动江川跨越发展的强大动力，在加快建设高质量跨越发展江川中发挥工人阶级主力军作用。

【组织建设】 2019年，区总工会设主席1人，常务副主席1人，副主席1人，在编工作人员9人，聘用职工7人。全区工会组织255个（机关事业单位工会123个、企业工会132个），职工数13571人，会员数13520人。按照“三同时”原则，成立经审组织231个，女工组织118个，组建率达到应建工会经审组织和女工组织的100%。成立区总工会党组，由区人大常委会副主任、总工会主席任党组书记，成员由常务副主席、支部书记组成，建立党组工作制度。

【产业工人改革】 出台江川区《新时期产业工人队伍建设改革实施方案》。成立了以区委副书记为组长，工会主席、区政府副区长为副组长，相关的14个单位为成员的领导小组。同18个部门签订工作责任书，严格考核检查。召开工作推进会、部署会2次，实地走访调研6次，撰写调研报告1篇。选树市级改革示范点1

个、区级示范点5个，组织示范企业工会干部赴天津学习，撰写学习心得3篇，下拨工作经费12万元。

1月15日，玉溪市总工会调研员李树华一行8人组成调研组深入江川区云南联塑科技发展有限公司，对新时期产业工会队伍建设改革工作进行实地走访调研。

4月18日，市委党校到江川区调研产业工人队伍改革。

5月13日，玉溪市总工会党组书记、常务副主席张艳华一行4人深入江川区，走访调研产业工人队伍建设改革工作推进情况。

5月28日，玉溪市江川区召开新时期产业工人队伍建设改革第二次工作推进会。

【建会入会】 8月22日，江川区快递行业工会成立并召开第一次会员代表大会，35名代表参会，选举产生“三委”委员和工会委员会主席、副主席，经费审查委员会主任，女职工委员会主任。

9月4日，区总工会举行百人以上企业及货车司机等群体集中入会仪式，省总货车司机等群体建会入会调研组、乡镇、街道工会干部及货车司机、快递员等9个群体的106名会员代表参加仪式。市总工会副主席陈杰，区委常委、组织部部长靳联明出席会议并讲话。

【二届六次全委（扩大）会议】 4月12日，区总工会二届委员会“三委”委员、乡镇（街道）总工会主席、专（兼）职副主席、工会干事及受省级表彰人员共49人参加会议。会上，副主席作题为《立足新起点　开启新征程　团结动员全区广大职工为推动新时代江川高质量跨越式发展建功立业》的工作报告，总结2018年工会工作成效，并对2019年工会工作进行安排部署。经审委主任作题为《关于2018年工会经费审查工作情况和2019年工作安排的报告》的经审报告，会议书面审议财务工作报告。对区总工会领导班子进行民主测评。

会议对1位工会委员、1位经审委员和2位女工委员进行替补，并选举产生1名常委。通报2018年工会重点工作目标考核结果，同时代省总工会表扬荣获2017～2018年度云南省“安康杯”竞赛先进集体及云南省“五一”巾帼标兵先进个人。

【干部综合素质培训班】 4月12日，区总工会举办2019年基层工会干部综合素质培训班。乡镇、街道总工会、系统工会、区直基层工会、非公企业工会的主席、副主席及工会干事140余名参加此次培训。培训班由市委党校讲师宣讲“中国梦·劳动美”与新中国同成长、与新时代齐奋进习近平新时代中国特色社会主义思想。市总工会讲解玉溪市基层工会经费收支管理实施细则。

6月22日，组织全区48名工会干部到天津工会管理干部学院进行培训。

【劳动竞赛技能竞赛】 全区企业、行业结合生产实际，坚持“以赛选才、以赛育才、以赛励才”的原则，开展包装称量、混料投料、卫生技能、快递行业、塑管制造行业及家政服务等竞赛比赛活动，并以此成绩为依据，择优推荐参加全市、全省、全国技能竞赛。全年共开展各类劳动和技能竞赛22场次，参与职工达3120人次，投入工作经费13.6万元。

【走访慰问】 1月25日，玉溪市总工会党组书记、常务副主席张艳华，市退役军人事务局副局长、市总工会兼职副主席林清带队到江川区走访慰问困难企业职工、苦累脏行业一线职工、劳模、工匠，为他们送去慰问金和新春祝福。

1月23日至25日，区总工会对江川区困难企业困难职工、村级工会会员及三个重点项目工程职工进行春节慰问。

2月1日，江川区委书记徐贤、区长王志华率领四套班子慰问江川区一线环卫工人255人，发放慰问金12.75万元。

【困难帮扶】 区总工会积极开展困难职工帮扶工作，全年开展各类帮扶慰问5次，发放帮扶资金128.465万元，帮扶1419人。其中，生活救助1269人80.47万元，医疗救助2人3.55万元，助学救助108人42.45万元。8月28日，区总工会举行2018年“金秋助学”仪式，为49名困难职工子女发放助学金12.2万元。

【职工医疗互助】 2019年，全区152个单位11022名职工参加，第十四期职工医疗互助，共收取互助金133.9万元，补助生病住院职工1873人次，单次最高补助达2.1万元。

【劳动法律监督】 2019年，开展劳动法律监督及“尊法守法·携手筑梦”服务农民工法制宣传活动，为农民工提供劳动法律咨询100余人次，发放宣传手册1000余册。开展监督检查32次，发出劳动法律监督意见书10件。已建立劳动法律监督委员会27个，共117名劳动法律监督员。通过区总工会微信平台及职工服务窗口，扎实开展“送法进企”活动。

【厂务公开民主管理】 2019年，区总工会建立健全组织领导机构，完善各项民主管理制度，抓好江磷集团、景湖酒店、大街阳光食品公司、大街红塔包装公司、前卫卓一食品公司等10家市级厂务公开民主管理示范单位管理工作，全年全区机关事业单位的政务公开面为100%，非公企业厂务公开面达87%，全区厂务公开应建制241家，已建制212家，建制率达87.9%。

【企业集体协商】 2019年，区总工会继续做好第五轮集体协商及协商合同签订工作任务，累计签订集体合同62份，覆盖企业175个，覆盖职工3844人。其中：企业单独签订合同55份，覆盖职工2841人。区域性合同5份，覆盖企业149个，覆盖职工3472人。行业性合同2份，覆盖企业29个，职工431人。100人以上企业单独签订合同10份，覆盖职工1580人。已建立工会组织的企业，签订集体协商合同覆盖率达100%。全区现有集体协商指导员11人，其中，省、市级工资集体协商专职指导员2人，区级集体协商兼职指导员9人。

【安全生产】 以元旦、春节、五一劳动节、“六月安全生产月”和国庆节为契机，大力宣传《安全生产法》《道路交通安全法》。主动参与全区性安全大检查2次，参与全区性重大安全事故调查处理3起，参与全区应急救援演练培训，做好安全防范处置。联合区应急管理局开展2019年“安康杯”竞赛活动，安排布置64家企事业单位、440个班组、4659名职工参与以“落实全员安全责任，促进企业安全发展”为主题的“安康杯”竞赛活动，实现参赛单位死亡和重大伤亡事故有所下降，职业病危害状况有所改善。

【法律援助及劳动仲裁】 2019年，区总工会加强与川和律师事务所联系，开展工会法律援助工作。全年共接待来访群众法律咨询60人次，为职工维权，助推和谐劳动关系建设。

【职工疗（休）养】 2019年，组织5批270名在职干部职工赴白鱼口、北戴河、银川、厦门和哈尔滨参加疗休养，维护职工休养权益、保护职工身心健康。

【劳模管理】 2019年，组织全区国家级、省级和市级劳模45人参加健康体检，五一劳动节来临之际，组织15名劳模代表参观龙泉工业园。加大对劳模先进事迹及五一劳动奖章的宣传，深入云南江磷集团股份有限公司开展劳模先进事迹宣讲，进一步发挥劳模的楷模和引领示范作用。申报省部级困难劳模7名及全国困难劳模1名。慰问1名已故劳模。新中国成立70周年之际，走访慰问国家、省、市级劳模10人，发放慰问金1万元，让劳模切实感受到党和政府的关心关爱。发放五一劳动勋章1枚。

【“书香三八”征文】 3月，区总工会组织开展以“逐梦新时代·巾帼绽芳华”为主题的“书香三八”读书征文活动。征集文章84篇，评选优秀作品10篇。引导职工注重家风、重视家教，为建书香家庭、书香社会贡献力量。

【志愿服务活动】 2019年，区总工会建立志愿者服务队，开展新时代文明实践志愿服务活动，到“双创”28网格、社区及扶贫联系点开展“520”清洁家园、“3·5”学雷锋、“弘扬劳模精神 提升职工素质”劳模事迹宣讲、“我为美丽添光彩”清理河道、“12·5”国际志愿者日等形式多样的志愿服务活动。

【网上服务职工】 2019年，区总工会继续抓好工会网上服务职工办理业务。利用云南省基层党建综合服务平台，继续做好职工医疗互助网上办理工作，全年录入上报系统医疗互助97人次，有效推动网上办理工作进展。

【保障服务】 开展工会会员服务保障工作，全区33家基层工会，1603名工会会员参保此次会员服务保障工作。

【服务中心建设】 加快职工驿站建设，拓展服务渠道。4月，申报2个职驿站建设，7月完成建设任务。

1月13日，拆除江川区总工会原工人俱乐部重建江川区总工会职工服务中心，项目建设已进入主体工程施工阶段。

7月19日，玉溪市人大常委会副主任、市总工会主席马良昌到江川调研职工服务中心建设工作。

8月30日，玉溪市总工会副主席郭荣兴一行3人到江川督导检查职工服务中心建设工作。

9月11日，云南省总工会财务和资产监督管理部部长雷鸣一行3人到江川调研职工服务中心建设工作。

【女工工作】 2019年，区总工会认真排查全区范围内的困难单亲女职工，多渠道筹措资金，帮助她们解决工作和生活中遇到的困难和问题，帮扶5名困难单亲女职工，发放资金1万元。组织6名在档困难女职工进行“两癌”筛查，突出工会关爱女职工职能。

【财务工作】 2019年，区总工会继续开展收缴工会经费工作，深入基层工会调研指导财务工作，进一步规范单位、系统财务管理制度，保障工会财务管理的规范化建设。

10月23日，区总工会组织区地税局、人行江川支行及农行江川支行召开2019年经费代收工作联席会议，进一步加强全区工会经费收缴工作，确保工会经费依法及时足额收缴。

10月底全区行政事业单位工会会员会费收缴工作圆满完成，125个单位，6261名职工，按照各会员每月按工资收入0.5%的会费标准，收缴会费共118.52万元，比上年增加92.17万元，实现应收尽收，为基层工会开展工会活动提供资金保障，对增强基层工会活力，切实发挥工会桥梁纽带作用。

【经费审查】 2019年，区总工会切实履行经费审计职责，依托第三方审计机构对工会专项资金、回拨经费和工会资产进行审计，对全年区本级工会经费收支预算进行审查，经审计为，资金管理安全，审批手续齐全。对29家基层工会2018年经费收支情况进行审计，乡镇、系统工会审计面31%，区直单位工会审计面达13%。开展审计项目29个，出具审计报告29份，进一步规范工会经费收支管理相关工作。

【工会宣传】 2019年，全年累计上报各类工作信息45条，其中区级采用10条、市级采用16条、省级采用3条。做好玉溪市江川区总工会微信公众号的管理，累计发布信息15期，共计60条。

【工会理论调研】 2019年，区总工会开展下基层调研活动，形成职工医疗互助、产业工人队伍建设改革、困难职工脱困解困工作、集体协商、女工工作、构建和谐劳动关系等调研文章12篇。

【表彰奖励】 五一国际劳动节之际，铜器行业9名人员被玉溪市总工会命名为玉溪工匠，授予杨从卫工匠工作室为玉溪工匠创新工作室。

5月，云南阳光食品有限公司被玉溪市总工会授予2019年工人先锋号称号。

12月，江川区总工会龚瑞荣获2019年云南省农民工法律知识竞赛二等奖。

（郭世民）

共青团

【概述】 2019年，江川团区委深入学习贯彻习近平新时代中国特色社会主义思想和党的十九大、十九届三中、四中全会精神，落实江川团区委改革实施方案和区委二届五次全会各项目标任务，发挥引领、凝聚、服务广大团员青年职能职责，围绕江川创建城市基层党建示范点打造、全国文明城市提名、全区生态文明建设、脱贫攻坚等重点和中心工作，积极开展党建带团建、从严从实治团、深入开展各项志愿服务等工作，各项工作取得明显成效。

【基层团组织规范化建设】 2019年，江川团区委按照共青团中央办公厅印发的《基层团组织规范化建设工作的实施方案》及《江川团区委改革实施方案》（玉江办通〔2018〕14号）等文件要求，大力开展从严治团工作，夯实基层团组织体系建设，利用“智慧团建”系统严格开展消除部分领域团组织覆盖空白点、基层团支部整理整顿、违规任命团干部和违规发展团员核查、完善“智慧团建”系统信息录入、全面推进“学社衔接”、非公企业团建和组织整理整顿等工作。为更好发挥共青团党的助手和后备军作用、巩固和扩大党执政的青年群众基础、引领广大青年紧跟党走在时代前列夯实基础。

【学校团队改革】 江川团区委按照《中共玉溪市委办公室关于印发〈共青团玉溪市委改革实施

方案〉的通知》《玉溪市中学共青团改革实施方案》《玉溪市少先队改革实施方案》的具体要求，结合江川实际制定江川区中学共青团改革与少先队改革方案，于12月5日在区委全面深化改革委员会第五次会议上审议通过江川区中学共青团改革与少先队改革两个方案。

【全团带队】　加强和完善基层少先队组织体系建设，配齐配强少先队辅导员队伍。组织区内少先队辅导员参与省、市相关培训15人次。前卫镇后卫中心小学辅导员黄花、江城镇翠峰尹旗小学五（1）中队少先队员祁鑫卓等分别被省、市、区选树为优秀典型。开展纪念少先队建队70周年、玉溪市第七届“聂耳杯”乡村学校少年宫才艺大赛江川区初赛、“争做新时代好队员”主题实践、“六一”主题队日、“我与祖国共成长——庆祝中华人民共和国成立七十周年”特别主题队日等活动，组织10名留守儿童参加为期3天半的公益星启夏令营活动，让孩子们感受科技的发展，拓宽眼界。为庆祝中华人民共和国成立70周年、中国少年先锋队建队70周年，江川团区委协助区委宣传部拍摄《江川少先队员表白阿中哥哥：我爱我国家！》大型视频，表达江川区少先队员对祖国的热爱之情。

【服务青年，助推成才】　扎实做好“创业担保贷款”“贷免扶补”工作。全年为16人办理担保贷款240万元，为42人办理贷免扶补590万元，实现劳动力转移1197人。着力引导、支持、服务广大青年投身创业实践，组织2人参与“云南创业青年省长奖”比赛，推荐13人参加省级青年电商示范培训班，积极组织青年就业创业培训，包括家政服务培训、蔬菜作物栽培技能培训、草莓技术培训等。联合区总工会举办“塑造阳光心态　凝聚职场正能量”非公企业中青年骨干职工培训班，进一步激发职工干事创业的热情和信心，开展青年技能培训10余场，培训青年467人，覆盖家政服务、蔬菜种植、草莓种植、百合花种植等行业，联合区人社部门举办“江川区2019年春风行动”，实现转移农村劳动力630人。

【脱贫攻坚战】　到大街街道土官田村开展寒冬送暖、“5·20”美丽家园城乡人居环境整治、扶贫小额信贷政策宣传，“雨露计划”宣传、困户入户调查等工作。打造江川区“善行圆梦”助力贫困学子圆梦大学计划活动品牌，助力贫困学子圆梦大学计划，组织爱心企业家及爱心人士对江川区11名贫困大学生共捐资4.9万元。

【寒冬送暖】　1月18日，江川团区委到土官田村开展“关爱民生，寒冬送暖”活动，为小石洞村和土官田村民小组的贫困户送去食用油和大米等物品，详细了解挂包贫困户生产生活情况和健康状况。

【学雷锋亲情关爱志愿服务】
2019年1月26日上午，江川团区委联合共驻共建单位在浪广社区德馨苑同心广场开展新春游园系列活动，让居民感受到春节民俗传统文化的魅力。活动现场开展免费赠送春联500余副、摄影团队为居民拍摄全家福、邮政储蓄银行送“福”进社区、“爱心妈妈”家政服务等活动，营造全社会关心、支持和参与志愿服务的良好氛围。

【优秀青年经验交流】　2月15日，江川团区委充分发挥各乡镇（街道）团（工）委团组织的统筹协调和广泛联络各类青年社会组织的优势，以优秀外出务工青年经验分享交流活动为主体，通过线上线下多种方式广泛宣传扩大影响，积极鼓励和引导全区农村青年外出务工、稳定就业、增收致富，同时做好协助外出务工青年返乡返城、外出务工青年集中出征、外出务工青年跟踪服务等配套服务。

【青少年自护教育】　共青团江川区委、江川区少工委以学校为重点，开展以“青春自护·平安春节”、2019年中高考减压以及暑期自护为主题的青少年自护教育活动，利用广播、板报、会议等形式，以发放宣传材料、发布教育产品等方式，积极向青少年及其家长宣传道路交通安全、防火防灾、女童保护、应对校园欺凌等安全知识和自护自救常识。

【学雷锋志愿服务】　3月5日，江川团区委联合多家单位在怡心园广场开展“3·5”学雷锋志愿服务活动，向过往群众发放《未成年人保护法》、禁毒防艾宣传手册共计600余份和环保袋200个，开展心理咨询30人次，免费义诊50人次，义务理发15人次。

【网上祭英烈】 江川团区委在清明期间开展网上祭英烈志愿服务活动。中、小学校学生通过网络收集了解烈士感人事迹并向烈士留言、献花并积极参与微博留言、转发、评论、点赞等方式，表达自己对先烈的缅怀和敬仰。

【表扬先进】 2019年，玉溪团市委命名陈昭含等35名团员青年为2018年度“玉溪市优秀共青团员”，朱姝璇等12名团干为2018年度“玉溪市优秀共青团干部”，共青团江川区大街街道工作委员会为2018年度“玉溪市五四红旗团委”，江川区雄关乡中学团总支等2个团总支为2018年度“玉溪市五四红旗团支部”。

江川团区委授予张晓康等58人2018年度“玉溪市江川区优秀共青团员”称号，授予谢吉昌等29人2018年度“玉溪市江川区优秀共青团干部”称号，授予大街街道团工委等2个基层团委2018年度“玉溪市江川区五四红旗团委”称号，授予大街街道大街社区团总支等11个基层团组织2018年度“玉溪市江川区五四红旗团支部”称号。

前卫镇后卫中心小学辅导员黄花被省少工委选树为省级优秀少先队辅导员，全区11名少先队员、7名辅导员、3个少先队集体以及1名少先队工作者被选树为市级少先队优秀典型。江川团区委联合区教体局、区少工委选树江川区62名优秀少选队员、20名少先队辅导员、40个少先队集体以及11名少先队工作者为优秀典型。

【环星云湖公益徒步活动】 为庆祝中华人民共和国成立70周年和纪念五四运动100周年，进一步引导和激励广大青年在新时代继承和弘扬“五四”精神，5月4日，由共青团玉溪市委、中共玉溪市江川区委、江川区人民政府、玉溪市青年联合会、玉溪市青少年发展基金会主办，共青团江川区委、江川区青年联合会承办的“青春心向党 建功新时代——2019年第三届五四环星云湖公益徒步活动”在星云湖畔举行，团省委兼职副书记朱丹，团省委志联部副调研员李章能，共青团玉溪市委书记朱莉，副书记卜绍良等领导及企业代表出席仪式，914名选手报名参与，接受5家爱心企业捐赠青少年公益关爱帮扶项目资金共计16万元。活动通过直播玉溪进行线上同步宣传，进一步提升玉溪市江川区城市形象，增强江川市民保护母亲湖的意识，营造全区积极参与公益事业的良好氛围，引导青少年开展运动健身、倡导绿色出行、共建生态文明。

【共青团聚爱抗旱进校园】 5月29日，共青团玉溪市委、玉溪市青年联合会、玉溪市青少年宫、玉溪市青少年发展基金会联合越野E族玉溪分队、云南卓一食品有限公司到江川区九溪镇矣文村学前班开展“青春心向党 建功新时代——玉溪共青团聚爱抗旱进校园”江川站活动。共青团玉溪市委副书记卜绍良、魏丽明及企业代表出席活动。共青团玉溪市委向矣文村学前班全体师生捐赠6000瓶矿泉水，充分体现了旱情面前一方有难、八方支援的互爱互助精神。

【“六一”系列活动】 5月31日，江川团区委联合区妇联、大街街道下营社区，携手区第一幼儿园、区中医医院和少儿画苑举办“我与祖国共成长”庆“六一”系列活动。开展百米长卷亲子绘画、手工折纸、亲子阅读、中医知识宣传、中医按摩体验和双创知识有奖问答。

【世界环境日活动】 6月5日，青年志愿服务队到大街街道土官田村委会和大庄河开展“三清”活动，践行“美丽中国，我是行动者”的主题，提高干部职工的环保意识。

【流动乡村少年宫】 7月16日，九溪镇六十亩村“流动乡村少年宫”正式开班，由玉溪师范学院暑期“三下乡”社会实践团队的10名大学生志愿者和六十亩村的40名贫困、留守儿童参加。课程内容包括“童心向党”微党课、美术、书法、篮球、舞蹈和垃圾分类。江川团区委为儿童健康成长搭建平台，丰富青少年假期生活，让他们开阔视野、增长知识。2019年10月，玉溪团市委副书记卜绍良到江川区九溪镇六十亩村调研，为“流动乡村少年宫”正式授牌。

【团团的小课桌】 江川团区委推出“团团的小课桌”，为共驻共建、共治共享打下坚实的基础。7月22日和29日，大街街道浪广社区和下营社区暑托班依次开班，共有31名假期返乡大学生志愿者，48名小朋友参加。活动秉着 “教育”与“托管”相结合的公益性服务的原则，进行暑假作业监督与辅导，还开展舞蹈、手工、美术、英语、书法、心理辅导等特色课程。依托社区搭建的青年之家，将精准化、精细化的服务理念贯穿始终，缓解小学生假期“看护难”问题。同时给大学生志愿者们学习锻炼、增长才干、贡献力量提供平台和机会，增强服务国家服务人民的社会责任感。

【野外版“密室逃脱”活动】 8月7日，七夕节期间，江川团区委在前卫镇组织开展由现场报名产生、年龄从9岁至50多岁不等的43支团队参加的环七星山野外版“密室逃脱”徒步活动。活动倡导健康的休闲方式，把传统文化与现代文化相结合，增加徒步活动的趣味性，更好地让他们感受汉字的魅力，担负起传播中国优秀传统节日的重任，让博大精深的中国传统文化走入人们心中。

【江苏志愿者安化乡支教】 8月15日，江苏省前黄高级中学国际分校蒲公英公益社的29名师生志愿者们如期来到江川区安化乡开展为期10天的志愿服务活动，为安化社区的孩子们带来一堂堂精彩的特色支教课。课程内容涉及面较广，包括航模、话剧、书法、国画、趣味英语、古诗词朗诵、动画配音、垃圾分类、化学小实验等，给小朋友们带来启发、增长见识。支教志愿者团队还向学校捐赠价值1.1万元图书，并自筹资金8000元对15名贫困生进行一对一帮扶。

【农用垃圾集中回收】 8月20日，江川团区委联合前卫镇团委开展“8·20”农用垃圾集中回收日活动，在周官村、后卫村、小街村分别设立回收点。共收集到农药袋250.38千克、农药瓶（塑料）219.6千克、农药瓶（玻璃）41千克。活动充分发挥群团组织的桥梁纽带作用，引导广大群众主动参与农田环境保护行动，提高群众环境保护意识，促进农业绿色发展。

【“善行圆梦”活动】 8月22日，江川团区委在党群服务中心举办2019年“善行圆梦”座谈会暨捐资仪式，邀请部分2016年至2018年爱心企业代表和受资助学生参加本次活动共有玉溪丫眯绿色休闲食品有限公司等5家本地爱心企业参与捐资助学活动，共计筹得助学金2.6万元，为6位莘莘学子送去关怀和帮助。此外，还为3位建档立卡贫困户学生及2位贫困学生争取到国酒茅台、市青基会资助资金共2.3万元。

【脱贫攻坚】 7月10日至8月31日，江川团区委与区扶贫办联合精益眼镜店为全区建档立卡贫困户人员免费检测视力，对45名近视及老视需配戴眼镜的，免费配送价值400元以内的眼镜一副。

【“聂耳杯”乡村学校少年宫才艺大赛江川区初赛】 9月5日，江川团区委、江川区文明办、江川区教育体育局联合举办玉溪市第七届“聂耳杯”乡村学校少年宫才艺大赛江川区初赛，来自三街小学等6所乡村学校少年宫的12名选手参加此次比赛。比赛共分为自我介绍、主题演讲、知识问答和才艺展示四个环节，选手们讲述自己参加乡村学校少年宫的体会、收获以及道德养成的故事；从中国优秀传统文化、玉溪市创建文明城市和庆祝中华人民共和国建国70周年三个方面进行知识问答，展示了当代小学生的文化素质。通过激烈角逐，最终评选出一等奖三名，二等奖四名，三等奖五名，安化小学等3所学校的指导教师荣获“优秀指导老师”。

【“迎中秋·庆国庆”亲子活动】 为推进党建资源共驻、共建、共融、共治、共享，同时营造庆祝新中国成立70周年浓厚喜庆的氛围，9月13日，江川团区委与大街街道、浪广社区联合举办“迎中秋·庆国庆”亲子DIY月饼活动。本次活动共有21位志愿者、200余个家庭参加活动。面向全区招募4至10岁的小朋友，在志愿者指导下，和家长共同了解到月饼的制作过程，之后小朋友们亲手给社区的爷爷奶奶们送上自己做的月饼，在关注老年人身心健康的同时培养孩子敬老爱幼精神，弘扬了祖国的优秀传统文化。

【国际志愿者日活动】 12月17日，由玉溪市文明办、团市委、市人社局、玉溪日报社、市青基会主办，江川团区委承办的2019年“12·5”国际志愿者日服务系列活动之“微心愿”礼物发放暨“关爱他人、关爱社会、关爱自然”主题活动在翠峰小学开展。给88名农民工子女、留守儿童、贫困儿童发放微心愿礼物，并围绕“关爱他人、关爱社会、关爱自然”的主题开展系列游戏互动，旨在让孩子们深入学习理解本次主题教育的内涵。要知恩感恩、诚实守信；要珍惜学习机会，努力实现自己的梦想；要相互帮助、相互关爱、快乐成长。

【区青少年事务社会工作服务中心成立】 玉溪市江川区青少年事务社会工作服务中心是2019年12月在江川区民政局登记注册的一家团属非营利社会组织，中心以玉溪市江川区党群服务中心为阵地，面向社会提供服务，主要职责是预防青少年违法犯罪和维护合法权益，促进青少年身心健康，提供社会融入与参与支持，开展青少年社会工作人才培训，承接党委、政府及其组成部门委托的其他各类服务项目和任务。由江川团区委主管，12月16日该中心成立并召开第一次理事会。

（宁 筠）

妇女联合会

【概述】 2019年，在区委、区政府的正确领导下，玉溪市江川区妇联认真贯彻落实党的十九届四中全会精神、中央和省委、市委做好党的群团工作精神，紧扣新中国成立70周年，响应中国妇女十二大号召，全面对标市委、市政府决策部署和区委二届五次全会提出的各项目标任务，紧紧围绕全区经济社会发展大局，发挥组织优势，在联系服务群众上下功夫，积极开展巾帼建功、巾帼维权、巾帼关爱、巾帼脱贫、家庭文明等工作，不断提高妇联工作科学化水平，各项工作取得明显成效，呈现出新时代新担当新气象。

【二届二次执委会议】 3月6日，玉溪市江川区妇联召开二届二次执委会议，选举通过替补许奥、谭媛、李瑶3名同志为江川区妇联第二届执行委员会委员，替补许奥同志为区妇联第二届执行委员会常委、专职副主席。

【上级妇联领导调研】 2月1日，市妇联党组书记、主席王红到九溪矣文调研指导刺绣产业发展。3月11日，市妇联党组书记、主席王红带队到江川调研妇女儿童之家、村（社区）家长学校及美丽家园建设工作。7月11日，全国政协常委、提案委员会主任李智勇率调研组到江川调研江川区社区家庭教育项目“妈妈夜校”。10月14日，市妇联党组书记、主席王红带队到江川开展“不忘初心、牢记使命”、创建民族团结进步示范区调研工作。10月31日，省妇联副主席农布央宗一行到江川区开展巾帼共建美丽家园、“妇女之家”建设工作调研。

【“三八”纪念活动】 一是开展“共驻共建学雷锋·志愿服务进社区”系列志愿服务活动及“三八”维权月宣传活动，将维权服务、法治宣传和心理服务等送社区、进家庭、到基层妇女群众身边。二是举办“三八”妇女节趣味运动会。三是举办“江川区2019年庆‘三八’节老年人运动会和文艺展演”。四是以“共建美丽家园 巾帼在行动”为主题，全区各级妇联和巾帼志愿者组织开展“乡村振兴巾帼共建美丽家园”活动。五是各级妇联宣传表彰优秀妇女典型，并向上级推荐道德模范刘江艳、张美琼，挖掘出龚丽仙、张林蓉、邢吉丽等优秀妇女进行宣传报道。六是举办女性心理健康、男女平等基本国策、文明礼仪知识等培训。

【美丽家园行动】 1月16日，召开“乡村振兴巾帼共建美丽家园行动”启动会。3月5日，以“共建美丽家园·巾帼在行动”为主题，组织发动全区各级妇联和巾帼志愿者1000余人参与“5·20”城乡人居环境集中整治。4月12日，在江城镇侯家沟村委会张家头村开展“争当高原湖泊卫士 巾帼共建美丽家园暨人居环境整治活动”。4月27日，开展“争当高原湖泊卫士、共建美丽家园”系列活动之“手绘墙画添色彩、齐为家园上美妆”亲子绘画活动。7月19日，开展巾帼共建美丽家园行动现场推进会。8月16日开展推进美丽家园建设“我在农村看农村”系列活动。

【百千万巾帼大宣讲】 以基层妇联工作阵地特别是“妇女之家”为主阵地，开展党的十九届四中全会精神宣讲、禁毒防艾讲座、反家庭暴力模拟法庭等的宣传宣讲活动，教育引导妇女群众听党话，跟党走，唱响巾帼好声音，传播社会正能量。7月30日至8月2日，组织江川区心理学会会长杨楠在各乡镇（街道）开展“陪孩子长大”巡讲活动7期。12月10日，区妇联及大街街道妇联在下营社区联合开展学习贯彻党的十九届四中全会精神宣讲报告会。

【家家幸福安康工程】 7月19日召开江川区“家家幸福安康工

程”启动仪式暨2019年家庭教育骨干讲师培训会。建立江川区家庭教育优秀讲稿库，来自全区各条战线的40余名家庭教育骨干讲师团在全区各乡镇（街道）开展“百堂家教进社区”家庭教育活动，充分发挥妇女在弘扬中华民族家庭美德、树立良好家风方面的独特作用。

【妇女干部培训班】 1月16日，江川区妇联举办妇女干部培训班，为全区各乡镇（街道）、村（社区）妇联主席及区妇联全体干部共80余人集中“充电”。进一步提升江川区广大妇女代表、妇女干部的综合素质和参与推进全区经济社会发展的能力。团结动员广大妇女同胞奋力建功新时代，在建设宜居宜业和谐美丽新江川中贡献巾帼力量。

【女子书法班】 1月10日，江川区妇联女子书法第二期培训班开班，有学员45名。12月23日，江川区首届女子书法班临帖展在区档案馆举行。

【辍学儿童统计核实】 根据“两不愁三保障”要求，确保按时按质完成玉溪市义务教育阶段辍学失学儿童统计核实工作，区妇联认真履行法定职责，配合相关部门做好相关工作，适时召开工作推进会，协调解决工作中的难点问题并及时上报相关工作情况。充分发挥妇联系统专兼职队伍力量，开展横向到边、纵向到底、拉网式的统计核实登记工作，努力做到不漏一村（社区）、不漏一户、不漏一人。

【六一儿童节】 一是在安化乡董炳小学开展关爱帮扶活动，看望慰问留守儿童、困境儿童、残疾儿童等60名，慰问金额1.58万元、学习用品500余份。慰问残疾或残疾家庭学生76名，慰问金3.06万元。二是开展“学习新思想，做好接班人”“给妈妈写一封信”、儿童创意绘画培训、“民族团结一家亲”百米绘画亲子活动等。三是开展“相伴阅读　共抒家国情”亲子阅读、“学习爱　学会爱”心理健康讲座、“女童保护”讲座。四是开展江川区第五届星抚杯英语口语大赛、2019年“中华魂”（爱我中华——新中国成立70周年）主题教育活动、“爱我中华　赞美新中国”主题征文活动、纪念少先队建队70周年资料征集活动、“新时代好少年”主题教育读书活动“我为祖国点赞”朗诵、演讲比赛。

【关心关爱妇女儿童】 关心关爱贫困妇女，在“德耀江川”颁奖晚会上组织星云大药房等11户爱心企业向785名建档立卡贫困妇女捐赠“两癌”保险共计3.925万元。联合区城管局、海尔集团云南分公司举办“奉献爱心　关爱贫困女性”“慰问城市美容师”活动，为全区11名困难妇女家庭每户捐赠价值980元洗衣机一台，为240多名环卫工人每人赠送价值50元的保温杯一个，发放爱心惠民卡300张。全年组织慰问贫困妇女儿童30人，发放慰问金4.06万元。玉溪师范学院的巾帼志愿者到九溪镇六十亩村妇女儿童之家开展“快乐暑假　你我同行”的主题志愿服务活动。3月19日，邀请云南省肿瘤医院妇科主任俞晶、乳腺科主任周绍强开展“关爱女性健康知识讲座”，10月23日，邀请玉溪九州医院的专家组团为学生们进行“关爱儿童健康成长”知识讲座。争取国家、省“两癌”救助资金25.1万元，受益40余户。依托区妇计中心对全区范围内35～64岁农村妇女开展宫颈癌免费筛查4254人，乳腺癌免费筛查5000人。

【关注妇女儿童难点】 履行妇儿工委办公室职责研究解决妇女儿童困难和问题，完成妇女儿童发展规划2018年度监测评估工作，对高中阶段毛入学率、女性常见病筛查等两项重难点指标进行专项监测评估。推动目标任务落实，妇女儿童的健康权益、受教育权利、劳动就业权益、参与民主管理与决策的权益得到进一步保障。组织开展禁毒防艾知识培训，并动员妇女群众进行HIV检测。

【扶持妇女创业就业】 组织完成140户小额担保贷款和贷免扶补发放工作，带动就业445人。在江城镇发放创业循环金40万元，扶持创业户20户，带动就业80人。

【妇女实用技术培训】 推荐1名种植带头人参加省妇联培训；以乡镇（街道）妇联为依托，举办种养殖、家政服务、化妆、电脑、电商等技能培训共15期，培训妇女3160人次；有效帮助妇女提升就业技能。在安化、九溪引入小龙茵刺绣基地，举办“巾帼绣梦”民族刺绣培训班，推动民族刺绣产业发展。在市妇联举办的“礼赞新中国　绣美新时代”

刺绣大赛中获二等奖。联合区就业局、区总工会举办3期育婴员培训班，150余名沿湖农村劳动力转移妇女培训合格并取得初级育婴员资格证。

【平安家庭创建】 继续推进以“六防六无”为重点的“平安家庭”创建工作。广泛开展《反家庭暴力法》、女童保护、禁毒防艾、“群众安全感”和满意度、扫黑除恶、保密、反邪教等宣传教育。

【妇女儿童维权】 充分用好妇联系统现有的信访接待室、12338妇女维权热线、信访维权站、维权信箱，同时充分发挥妇女儿童调解委员会、人民陪审员作用，加强与公安、检察院、法院、司法局的联系，有效地帮助妇女维权。2019年，共接待来信来访案件17件，案件处理率达100%。认真开展矛盾纠纷大排查、大化解切实防范“民转刑”命案专项行动，未发现涉及妇女儿童的“民转刑”矛盾。

【普法宣传】 运用基层维权站点维权载体，引导妇女有序表达利益诉求。婚姻登记窗口设置“婚姻家庭咨询辅导点（室）”，邀请国家二级心理咨询师辅导工作。抓住“三八”维权宣传月、反邪教宣传日、禁毒日、“12·4”法制宣传日等时间节点，开展法治宣传教育活动，在妇女群众中深入开展“七五”普法宣传教育，重点宣传男女平等基本国策、《反家庭暴力法》《宪法》《妇女权益保障法》等妇女相关法律法规及禁毒防艾反邪教、扫黑除恶、移风易俗等内容。

【寻找最美家庭】 寻找“最美家庭”，结合家庭个体情况、特色亮点、感人事迹等，选树2019年度市级最美家庭3户，最美家庭提名奖3户。21户家庭为2019年度玉溪市江川区“最美家庭”，其中2户家庭为“民族团结进步示范家庭”；授予10户家庭为2019年江川区“最美家庭提名奖”。

【妇联意识形态工作】 一是强化政治思想引领。广泛开展“巾帼大宣讲”，“巾帼心向党·礼赞新中国”群众性宣传教育活动，8700多人参加，侯家沟村妇联编排舞蹈《不忘初心》，九溪矣文彝族女声合唱团唱响《我爱你中国》，展现新时代妇女精神风貌，激发妇女爱党爱国热情。二是深化精神文明创建。大力开展“三八红旗手”“最美家庭”“民族团结进步示范家庭”等先进典型的选树、培育和宣传活动，与区委宣传部承办新中国成立70周年“德耀江川”颁奖晚会。三是推进公民道德建设。强化家庭教育，启动“家家幸福安康工程”，组建家庭教育讲师团，开展“百堂家教进社区”；协助抓好未成年人思想道德建设。四是凝聚妇女围绕城市基层党建、生态文明建设、脱贫攻坚等中心工作发挥优势，贡献力量，增色添彩。

【荣誉表彰】 2019年，江川区文明办被玉溪市妇女联合会表彰为第七届玉溪市五好文明家庭先进协调组织；江川区妇女联合会被云南省妇女联合会表彰为云南省巾帼建功先进集体；李瑞芳、平双娟被表彰为云南省巾帼建功标兵；雄关乡中心小学金新文家庭、九溪镇大营社区五十年老九溪饭店周艳玉家庭、江城镇温泉村委会旱街二组李粉焕家庭被玉溪市妇女联合会表彰为第七届玉溪市五好家庭；大街街道妇联专职副主席、工会女工委主任、文化员李瑞芳、公安局江川分局刑事侦查大队二级警员平双娟被云南省妇女联合会表彰为云南省巾帼建功标兵；大街中学宋鹏、安化乡安化社区安锁香被玉溪市创建全国民族团结进步示范市领导小组表彰为玉溪市民族团结进步创建示范家庭；大街街道河咀社区4组张召来家庭、江城镇侯家沟村委会星云村龚丽仙家庭、江城镇尹旗村委会张官营村五组杜玉秀家庭被玉溪市妇女联合会表彰为2019年玉溪市“最美家庭”；大街中学三街校区顾绍林家庭、大街街道大庄社区小大庄组韩昆华家庭、公安局江川分局指挥中心张旭辉家庭被玉溪市妇女联合会表彰为2019年玉溪市“最美家庭提名”。

（罗艳芝）

关心下一代工作委员会

【概述】 2019年玉溪市江川区关心下一代工作委员会（以下简称区关工委）紧紧围绕区委、区政府的中心任务，坚持以党的十九大和十九届二中、三中、四中全会精神为指导，认真贯彻区委二届六次全会和省市关工委的指示精神，积极开展“不忘初心、牢记使命”主题教育活动，充分发挥“五老”（老干部、老战士、老专家、老教师、老劳模）骨干队伍优势，主动协调和配合相关部门，开展社会主义核心价值观教育、法制教育、养成教育和党史、国史、家乡史教育，努力开展“中华魂”主题教育活动。持续开展创建基层“五好关工委”和农村青年“讲政治、育新人、学科技、奔小康”活动，抓典型，树榜样，做示范，大力推进未成年人思想道德建设，尽力办好各种培训班，开展形式多样的系列活动，倾心倾力服务青少年，使全区关心下一代工作不断创新、发展和进步，得到省、市关工委的认可。

【市未司办开展项目复评】 1月14日，市未司办复评组4人，由市关工委执行主任刘邦元带队，到江川区对未成年人司法项目工作进行复评。

【创建“五好关工委”单位考评验收】 1月15日至21日，区关工委组织3人驻会老同志为考评验收组，深入各镇（街道）和机关，对申报2018年创区“五好关工委”的杨家咀村、中医院等9个关工委单位，严格按“五好”标准进行考评验收。

【开展“双创”】 1月12日，区关工委办公室按照区委、区政府的要求，坚持每星期五下午组织在职人员及驻会老同志到网格打扫环境卫生、铲除小广告、维护公共交通秩序，把“创文”“创卫”的重要意义宣传到门店和住户家庭，使“双创”工作常态化、制度化，为江川“双创”工作贡献力量。

【未成年人司法项目培训班】 2月26日，区未成年人司法项目办举办由各乡镇（街道）关工委常务副主任、驻会老同志、区未司办人员等共27人参加的项目工作培训班。学习《云南省未成年人司法项目指导手册》《玉溪市未成年人司法项目实施办法》，充分认识未司工作的重要性，明确任务，动员各方力量共同做好全区的未司工作。

【创建“五好”关工委培训会】 2月27日，江川区关工委召开由乡镇（街道）、区属机关关工委常务副主任、驻会老同志共22人参加的创建市、区“五好关工委”工作培训会议。

【掀起学雷锋精神热潮】 3月5日，在全国第46个“向雷锋同志学习”纪念日到来之际，全区各乡镇中小学关工委掀起“践行雷锋精神，争当美德少年”的热潮，活动内容丰富多彩。

【搬迁新址举行揭牌仪式】 3月8日上午，江川区关工委办公室搬迁档案馆五楼办公后，市、区关工委相关领导为区关工委、区关工委办公室、区直属机关关工委、区未成年人司法项目办公室等四块牌子举行揭幕仪式。

【致富带头人观摩培训会】 4月2日，区关工委在雄关乡白石岩村委会召开50余人参加的“玉溪市江川区关工委学科技致富带头人现场观摩培训会议，”市关工委执行主任、副主任出席会议。

【开展网上祭英烈活动】 4月5日，在清明节到来之日，区关工委组织驻会老同志和在职干部开展网上祭英烈活动，用12首古体及现代诗追思缅怀先烈。

【未成年人司法项目会议】 4月25日，区未成年人司法项目办公室在区关工委会议室召开公、检、法、司及各乡镇（街道）关工委常务副主任、司法所长等30人参加的未成年人司法项目工作会议，安排部署全年工作任务。

【救助未成年人】 5月23日和10月17日，区关工委前后两次筹集资金1.9万元，分别救助慰问困难家庭未成年人35人，其中，小学生15人4500元，人均300元；初中生11人5500元，人均500元；高中生9人9000元，人均1000元。

【模拟法庭进校园】 5月24日，区关工委、区法院、区检察院、区未成年人司法项目办公室共同合作，在江二中举办模拟法庭进校园活动，该校100多名师生和部分学生家长参加。

【省关工委到江川开展调研】 5月29日，云南省关工委常务副主任文元红率调研组，在玉溪市关工委执行主任黄宪庭、副主任施美凤及江川区副区长、区关工委副主任杨军苹陪同下，先后到省、市、区关工委“讲政治、育新人、学科技、奔小康”示范点江城镇侯家沟村和雄关乡白石岩村关工委调研指导工作。

【举行“六一”节活动】 5月30至31日，为纪念第69个六一国际儿童节，区关工委隆重举行“喜迎六一、祝福祖国、向70周年华诞献礼”主题活动，全区11所中心小学，38所完小及幼儿园13640名儿童参加活动，度过一个欢快、难忘而有意义的节日。

【创建“五好”对口培训】 6月14日，区关工委召开江川区2019年创建市、区“五好关工委”对口培训会议，各乡镇（街道）、区属机关关工委常务副主任、驻会老同志和各中小学德育主任共50多人参加培训。

【未成年人思想道德教育工作会】 6月14日，区关工委在大街小学组织召开“江川区关工委2019年未成年人思想道德教育工作会”，50余人参加会议。

【主题教育启动仪式暨优秀征文表彰】 6月14日，区关工委在大街小学会议室，举行2019年“中华魂”（爱我中华——新中国成立七十周年主题教育启动仪式）暨2018年“中华魂”（腾飞的祖国）主题教育学生优秀征文表彰活动，相关单位领导、各乡镇（街道）关工委驻会老同志、各中小学德育主任和学生代表共90多人参加。安排部署2019年度工作任务，奖励2018年度一、二、三等学生优秀征文获奖者80人。

【第十五届夏令营活动】 7月16日，区关工委在体育馆广场举行“玉溪市第十五届‘关爱’夏令营江川分营”开营仪式，区关工委执行主任杨生明主持，中共江川区委常委、区委办公室主任、区关工委副主任赵琦在开营仪式上致词。90多名农民工子女、优秀学生代表和学校德育主任参加活动。区关工委执行主任杨生明对参营师生进行党史、国史、家乡史教育。整个夏令营先后参观九溪花卉谷、工业园区联塑集团和直升机组装车间、雄关在建立交桥、星湖南岸湿地公园。

【全国主题教育演讲一等奖】 2019年7月，经层层筛选，大街小学六年级学生宋宇菲代表云南到北京参加由中国关工委、教育部关工委、人民出版社、人民教育出版社、北京发行集团举办的第二十六届全国“中华魂”（腾飞的祖国）主题教育演讲比赛暨夏令营活动，她的《中国梦 我的梦》荣获全国一等奖。

【未成年人触法涉案调查】 7月至11月，区未司办用5个月时间，走访多家单位，调研上百个案例，形成《江川区未成年人触法涉案的现状与对策调查报告》，供上级和有关部门领导决策参考。

【黄宪庭到江川调研】 8月6日，玉溪市关心下一代工作委员会执行主任黄宪庭率领10人组成的调研组到江川调研关心下一代工作。区关工委执行主任杨生明从江川的品牌工作、重点工作与对策建议、工作难度大与对策建议等三方面进行汇报。

【调整区未成年人司法项目领导小组】 8月12日，根据市项目指导小组通知精神和机构改革、成员变动的情况，经区未成年人司法项目领导小组决定，对区未成年人司法项目领导小组及成员进行调整充实，区政法委副书记邢长伟为领导小组组长，区关工委副主任宋占云为副组长，区关工委办公室主任郭小平等9人为领导小组成员；领导小组下设办公室，宋占云兼办公室主任，郭小平兼副主任；联络员由区政法委、未司办等单位11人担任。

【第二十五期少年军校】 8月26至30日，区关工委在前卫中学举行“心系国防，奋进新时代”为主题的玉溪市少年军校第二十五期江川区军政训练，聘请教官，对该校七年级新生366人，分8支队伍集中训练5天，培养学生吃苦耐劳的精神，磨炼意志，增强纪律，提高素质，达到训练目的，评选表彰3个先进集体和24名优秀学员。

【未成年人司法项目工作会】 9月18日，未成年人司项目领导小组，在江川宾馆召开2019年未成年人司法项目工作会议，区关工委、区政法委、区司项目领导小组成员和公、捡、法、司等15个部门单位50多人参会，总结工作、安排任务。

【市关工委到江川考评验收】 9月20日，市关工委副主任杨凤荣、黄满德和办公室主任张鹏等4人组成考评验收组，专题对江川区申报创建市“五好关工委”的黄营、杨家咀、马家庄等七个村关工委进行考评验收。

【验收区五好关工委】 9月24至25日，区关工委考评验收小组，分别对申报创建2019年区“五好关工委”的大街街道螺蛳铺村、早街社区、大营社区、前卫镇业家山村、雄关乡下营村、卫健局疾控中心等6个关工委进行对标考评验收。

【检查留守儿童之家】 10月15日至17日，江川区关工委检查组，对全区7所学校“留守儿童之家”的建设及运行情况进行认真检查，各乡镇（街道）关工委常务副主任分别参加检查活动，肯定成绩，找准问题，要求补齐短板，提档升级。

【主题教育征文表彰会】 11月7日，区关工委召开由区教育局、区司法局和各中小学生德育主任等50余人参加的“中华魂”主题教育征文评选表彰会，宣读《关于表彰2019年“中华魂”（爱我中华——新中国成立七十周年）主题教育活动优秀征文的决定》，向14名一等奖、26名二等奖、47名三等奖学生颁发奖状和奖品。

【留守儿童之家示范点命名授牌】 11月7日，区关工委在青少年学生校外活动中心视频会议室召开各中小学德育主任、“留守儿童之家”负责人等50多人参加的命名授牌会议，宣读《关于对全区学校“留守儿童之家示范点”授牌决定》，为江城、前卫等7所中心小学“留守儿童之家示范点”授牌。

【五好关工委命名授牌】 11月7日，区关工召开各乡镇（街道）、区属机关关工委常务副主任、驻会老同志等50人参加的区“五好关工委”命名授牌会议，宣读《关于命名区“五好关工委”的决定》，为大街街道螺蛳铺村、旱街社区、大营社区关工，前卫镇业家山村关工委，雄关乡下营村关工委，区卫建局疾控中心关工委命名授牌。

【区关工委会议】 11月7日，全区关工委会议召开，执行主任杨生明对进一步提升全区关心下一代工作质量和水平，提出四点意见和要求：第一，要以培训会内容为抓手，实事求是，完成好年终各项业务统计工作任务；第二，要以“多读书、读好书”为抓手，把“中华魂”主题教育活动引向深入；第三，要以“六个到位”为抓手，把学校“留守儿童之家”建成示范点、扶贫点；第四，要以“党建带关建”为抓手，把各级五好关工委建成标兵单位。

【区关工委办公室规范化建设】 截至11月29日，根据市关工委关于县、区关工委办公室规范化建设的任务要求，区关工委经过半年多努力，结合江川区关工委的实际和特点，圆满完成了区关工委办公室规范化建设任务，改变办公室的面貌。

【网吧监督见成效】 一年来，大街街道和江城镇3个社区11名“五老”网吧义务监督员恪尽职守，建立台账和月报制度，每周对11个网吧监督检查6～8次，有效地杜绝未成年人进网吧，得到了上级关工委领导的好评。

【宣传报道工作】 全年区关工委主办的工作《简讯》已编撰刊发25期，稿件75篇（条），照片54幅；通联站通讯员向《中国火炬》《云岭春雪》《玉溪春晖》等刊物投稿40多篇（幅），被采用稿件22篇、照片6幅。

（顾宝富）

工商业联合会

【概述】 2019年，区工商联以习近平新时代中国特色社会主义思想为统领，按照“政治建会、团结立会、服务兴会、改革强会”和“六个始终坚持”要求，以促进非公有制经济健康发展和非公有制经济人士健康成长为主题履行职责，扎实练好“联”字功、搭“实”桥梁纽带，发挥工商联在非公经济人士思想政治工作、参与国家政治生活和社会事务中的作用，全面协助政府管理和服务非公经济，为促进江川区县域经济发展和非公有制经济高质量发展作出积极贡献。至年底，已建乡镇（街道）商会6个、行业商协会11个、异地商会1个。

【深化思想政治工作】 深入开展“不忘初心、牢记使命”主题教育，通过召开座谈会、走访交流、观摩学习、直接教学等方式开展“同心”教育，同步用好公众号、微信群等新媒体手段，切实推动习近平新时代中国特色社会主义思想、习近平总书记在民营企业座谈会上重要讲话精神等进商会、进企业、进机关，不断增强“四个意识”、坚定“四个自信”、做到“两个维护”。组织开展庆祝改革开放40周年系列活动，组织年轻一代非公有制经济人士分赴井冈山和市委党校参加理想信念教育暨实践观摩学习2次。不断推进教育培训，制定《玉溪市江川区工商联2019年理论学习计划》《玉溪市江川区工商业联合会深入开展理想信念教育2019年度工作推进方案》，举办多层次专题培训班12余次。

【参政议政】 着眼于为党委、政府传递民营经济领域“真声音”，引导和组织工商界别的政协委员通过参政议政、撰写提案建议案、社情民意的形式传递呼声、建言献策。组织会员参与市、区政协调研，向会员广泛征求意见2次，会员中的政协委员立足重点工作、围绕群众关注热难点撰写提交个人提案17件。所办理的政协提案《关于加强江川区餐饮业转型升级的建议》满意度较高。

【调查研究】 紧紧围绕习总书记在民营企业座谈会上明确提出的支持民营企业发展壮大6个方面政策举措，采用问卷调查、实地走访和“工商联+互联网”等形式完成乡镇（街道）基层商协会建设、防范化解风险、民营企业社会责任、民营企业突出困难问题和融资需求、民营企业参与文化产业、营商环境评估调查等10余项调研课题，形成调研报告4篇，建立13个中小企业调查点开展运行状况季度调查，入库企业较去年增长约27%。

【服务非公有制经济】 持续深化政企互通、银企合作、司法联动、信息服务等平台建设，全力为民营企业争取普惠性政策支持，集中解决一些制约民营企业发展的融资难点和法律盲区。认真贯彻落实促进非公有制经济健康发展的各项政策措施，扎实推进“贷免扶补”、个人创业及小微企业创业担保贷款，通过“贷免扶补”创业担保贷款扶持100个创业者实现成功创业。发放贴息贷款1465万元；通过个人创业担保贷款扶持非公经济体74户，发放贴息贷款1110万元；通过小微企业创业担保贷款扶持企业12户，发放贴息贷款3345万元，三项贷款共放贷5920万元，各级财政贴息达270余万元，在切实减轻创业者负担，助力大众创业、万众创新，扩大有效就业方面起到良好的引导和带动作用。

【常态开展“法律三进”】 进一步提升民营企业投诉中心效能，主动加强与检察院、人民法院、司法局等政法部门的协商联动，充分发挥玉溪市法律维权委员会律师团和法律顾问作用，有效利用“民企法务通”公众号，为商会和企业提供法律咨询、维权服务，全年会同税务总局举办了“聚焦减税降费 助力民营企业发展”税法专题培训班、搭载“环保·法治·科普进校园、进企业、进乡村宣传活动”开展法律宣传、联合区司法局主动走进江川区农资商会开展法律讲座以及联合检察院开展“检察护航民企发展”首个检察开放日活动等“法律三进”活动4次，以丰富多彩的形式，倾力护航民营企业发展，为江川区高质量发展共同营造良好法治环境。

【万企帮万村】 制发《江川区2019年“万企帮万村”精准扶贫行动工作推进方案》，联合区扶贫办深入签订帮扶协议的16户企业进行现场督导，力促各帮扶企业积极采取产业扶持、就业帮扶、公益帮扶、技能帮扶等多种形式开展结对帮扶工作。2019年，16户签订帮扶协议的企业对16个建档立卡贫困村和4个非建档立卡贫困村开展实质帮扶，贫困人口接受行动帮扶数1728人，其中建档立卡户198人、非建档立卡户1530人。

【民营企业弘扬关爱精神】 全年组织动员玉溪太力包装有限公司、云南绚鼎建筑有限公司等12户民营企业捐款7.6万元，统筹使用5.21万元资金开展“金秋助学”和“关爱民生、寒冬送暖”慰问活动3次，帮扶困难学生19名和困难党员、困难群众46户。各基层商（协）会员、会员企业家主动参与社会公益事业，全年共捐资捐物55.4万元支持教育事业、老年人事业、社会文化事业发展等。

【构建新型政商关系】 有效运用民营企业评议政府职能部门系统和第三方评估，促进良好的政商互动。先后组织大中小微型四类12户企业配合云南省财经大学开展支持民营经济发展政策落实情况第三方评估，选取1户民营企业配合开展营商环境第三方评估。2月和11月分别开展2018年度和2019年度民营企业评议政府职能部门工作，对应组织江川区不同行业、不同产业的三个层级74户和69户民营经济代表户，围绕被评部门在服务企业过程中的态度、质量、效率、廉洁等方面的表现，对两年度省、市两级政府职能部门进行线上和线下评议，切实推动各级政府职能部门改进工作作风。

【抓实组织建设】 加强班子队伍建设，制定完善主席（会长）会议和执委会议制度，健全执委履职管理办法和班子成员对口联系基层商会、执委企业的工作制度，促进班子更好履职作为。坚持统战性、经济性、民间性“三性”统一，制定并组织实施《江川区促进工商联所属商会改革和发展重点工作任务分解清单》，较好完成基层商协会前期摸排。制定实施“四好”商会建设工作实施方案，指导基层商会围绕“四好”创建标准加强基层组织建设。创新活动方式，精心组织民营企业参加绿色食品流通营销培训班、民营企业高质量发展高级研修班、上海国际健康食品暨农产品展览会等交流。

【区民营企业座谈会】　1月23日，区工商联协助区委、区政府组织召开江川区民营企业座谈会。会议传达习近平总书记在民营企业座谈会上的讲话精神和给“万企帮万村”行动中受表彰民营企业家回信精神，通报2018年全区民营经济发展情况。8名民营企业家代表交流发言中对如何促进全区经济社会发展提出意见建议。区领导龚桂存、罗跃刚、李卫东、李志刚、赵琦、顾秋参加会议。乡镇（街道）党（工）委或政府（办事处）、区直相关部门、金融系统主要领导和部分民营企业主要负责人共计80余人参加会议。

【出台《实施办法》】　12月19日区委全面深化改革委员会正式出台《玉溪市江川区营造企业家健康成长环境弘扬优秀企业家精神更好发挥企业家作用的实施办法》，实施办法涵盖“依法保护企业家财产权、创新权益、自主经营权等，建立企业家容错机制，深化行政审批制度改革，维护公平竞争的市场环境，改进市场监管方式，实行市场主体财政资金网上公开办理，支持企业家创业创新，加大财政金融支持力度，加大招商引资引智力度，为企业排忧解难，完善企业家激励机制，弘扬优秀企业家精神，强化密切政商联系，加强党对企业家队伍的领导和加强企业家教育培训”等十五方面任务，符合江川实际，为进一步激发市场主体活力、推动江川高质量跨越式发展作出全面计划和提供具体落实方向。

【理想信念教育培训】　6月27日，与区委统战部联合举办党外代表人士和非公有制经济代表人士理想信念教育培训。聘请江川区委党校高级讲师围绕人性的“初心”和党性的“初心”进行授课。全区科级党外干部、党外知识分子代表、新的社会阶层人士和非公经济代表人士160多人参加培训。

【重视企业家荣誉】　组织民营企业参加全省民企100强评选，云南联塑科技发展有限公司连续四年获得100强席位，向上级工商联推荐2户民营企业为履行社会责任优秀事迹和举荐云南阳光食品有限公司参加全市脱贫攻坚布展，通过选树典型传递正能量，激发民营企业履责担当。

【送政策入商会入企业】　做好政策宣传工作，向各基层商协会和会员企业发放《云南省支持民营经济发展政策百问》汇编书籍200余册。

（张江艳）

文学艺术界联合会

【概述】　玉溪市江川区文学艺术界联合会（简称区文联）是在中共玉溪市江川区委领导下的群团组织，下辖9个协会14个艺术门类（作家协会、戏剧曲艺协会、音乐协会、舞蹈协会、书法协会、美术协会、摄影协会、诗词楹联协会、演讲朗诵协会）。2019年，区文联履行“团结引导、联络协调、服务管理、自律维权”职能，围绕经济社会发展“5366”总体思路,坚持社会主义先进文化前进方向，坚持中国特色社会主义文化发展道路，坚持以人民为中心的创作导向，充分调动广大文艺工作者的积极性和创造性，繁荣文艺事业，开展文艺创作和各种形式的文艺下乡、文艺惠民活动，开创江川文艺发展新局面。

年内编辑出版《星云》文艺季刊3期（其中庆祝新中国成立70周年专刊1期）；联合区委宣传部、区总工会共同举办“庆祝新中国成立70周年职工书画摄影展”，展出书法、美术、摄影作品60余幅；与区委统战部联合举办民族团结进步示范区创建书画摄影展，展出书法作品24幅、美术作品24幅、摄影作品22幅；组织市区作家协会部分骨干会员到九溪镇、安化乡等少数民族聚居地区进行采风活动，征集并挑选小说2篇、散文9篇、诗歌（含古体诗词）38首、戏曲小品2篇，着手开展江川区民族团结进步示范区创建专刊编辑工作。

【组织开展文艺下乡活动】　在

春节到来前和春节期间组织戏曲、音乐、舞蹈等协会到江城镇尹旗村、大街老戏台等开展文艺演出，为群众送上丰富多彩的文艺节目。组织书协会员15名，到江城尹旗村、前卫镇小广场等开展为民免费书赠春联活动，两次活动共为当地百姓书写1000余幅春联，为群众送去党和政府的新春祝福。戏曲协会组织会员深入江城镇、雄关乡的村委会、村小组分别进行文化惠民演出16和15场，演出的花灯小戏《金秋送暖》《三女拜寿》、小品《高危行业》、快板说唱《扫黑除恶快人心》《脱贫攻坚歌飞扬》等节目深受群众喜欢。

【编辑出版《唐树祥书画集》】
在新中国成立70周年之际，经多方协调，争取上级部门支持，完成江川书法前辈唐树祥先生的书画作品收集整理和编辑校对，由云南出版集团云南美术出版社正式出版发行《唐树祥书画集》。更好地继承和发扬江川浓厚的书画之风，带动和影响新一代江川书画人崇德尚艺，德艺双修，促进江川书画艺术健康发展。

【办好《星云》期刊】 2019年，区财政压缩《星云》期刊的编审费，从2018年的9万压缩到了5万。为继续办好《星云》期刊。区文联采取提高稿件质量，多渠道筹集资金的办刊方式。一是结合实际，适应新形势，积极主动联络和发现文学爱好者和新手，拓宽稿源渠道；二是争取区委宣传部支持，征集国庆征文，编辑出版国庆专刊；三是争取区委统战部支持，刊发争创民族团结进步示范区征文启事，出版创建民族团结进步示范区专刊。现已编辑出版《星云》期刊两期，《星云》国庆专刊1期。刊发小说9篇、散文10篇、各类诗歌90首、11位学生作品、扫黑除恶主题小戏1部、评论1篇、摄影作品28幅、25位作者书画作品。

【开展新中国成立70周年庆祝活动】 为庆祝中华人民共和国成立70周年，大力弘扬爱国主义精神，玉溪市江川区文联以多形式开展新中国成立70周年庆祝活动。一是开展新中国成立70周年主题征文活动。在2019年第一期《星云》期刊上刊发新中国成立70周年征稿启事，并召集部分文学创作爱好者召开创作座谈会，动员鼓励会员和广大文学爱好者以多种文体形式创作爱国文学作品。文联于2019年9月将征集到的作品编辑印刷成《星云》2019年第二期“庆祝新中国成立70周年专刊”，分“报国赤心”（纪实散文4篇）“家国情怀”（小说3篇）“乡韵过往”（纪实、叙事散文7篇）“祖国颂歌”（13位诗人诗歌作品）“校园心声”（6位师生的散文诗歌作品）“艺术长廊”（书法、篆刻作品8幅，美术作品7幅，摄影作品9幅）6个栏目。二是积极向作协、诗词楹联协会、摄影协会转发国家、省、市、区宣传部开展的“我和我的祖国”群众性主题宣传教育方案。三是联合区委宣传部、区总工会共同举办“庆祝新中国成立70周年职工书画摄影展”。展览于9月27日在云南李家山青铜器博物馆开展，共展出书画摄影作品60余件。

【召开二届三次文联委员会】
根据上级组织决定，组织召开区文联二届三次委员会，选举文联副主席，同意原秘书长请辞，提名产生新的秘书长，进一步配齐和完善文联领导班子。组织委员认真学习习近平同志关于繁荣和发展中国特色社会主义文艺的重要论述，用习近平新时代中国特色社会主义思想引领当前文艺工作，指导地方文艺创作。

【举办“我们的节日·端午”主题诵读活动】 为认真开展好新时代文明实践活动，坚定文化自信，弘扬和传承中华优秀传统文化，经向区委宣传部、文明办汇报同意，在区文明实践中心举办“我们的节日——端午”主题诵读活动。组织挑选端午爱国主题经典诗篇，组织创作部分主题诗文，由演讲朗诵爱好者和中小学挑选出的青少年学生共同参与诵读活动，使我们的优秀传统文化能在新一代青少年中得到传承和弘扬。

【开展文艺交流和学习培训】
为深入学习贯彻习近平新时代中国特色社会主义思想，特别是习近平总书记关于文艺工作的重要论述，进一步提升了会员的文学素养和创作水平，带动江川区广大文学爱好者进行创作，挑选5名会员参加省作协和市文联举办的文学创作培训，挑选7名骨干作协会员参加在澄江举办的“抚仙湖创作笔会”。美协会员自费参加清华美院朱零笔墨语言转换高研班第二届会员培训，美协主席杨云聪自费到北京清华美院学习。

【文艺作品成绩斐然】 叶晓霞创作的中国画《安居》入选中国美协主办的“第十三届全国美术作品展”，《抚仙湖上竞风帆》入选第六届全国画院双年展，云南采风七幅作品参加中国文联、中国美协主办的“深扎人民、向人民汇报绘画”主题创作展。杨云聪创作的中国画《中央公园》、叶晓霞创作的中国画《安居》、付云龙的雕塑作品入选参加由省委宣传部、省文联、省美协主办的“庆祝中华人民共和国建国70周年·和谐彩云南大型主题美术作品展”。刘志明的摄影作品《星云湖打鱼欢歌》获第六届云南摄影艺术展记录类一等奖。郭家义作词的《故乡有条小河》由中国文联音像出版公司出版发行，创作的歌词《举世仰望东风红》《祖国正和平崛起》在《民族音乐》2019年第1期发表、《改革开放送福来》在《天津歌词》2019年第2期发表。汤秀琼的散文《大街老车站》发表于《佛山文艺》2019年第1期、组诗《老街心》入围《第九届“中国红高粱诗歌奖”》。侯新华的诗歌《回家过年》《号角声声催人进》在《中国税务报》发表，诗歌《归年》《蝶恋花·减税降费》在《云南税务报》上发表。

【“民族团结进步示范区”创建】 按照《中共玉溪市江川区委玉溪市江川区人民政府关于玉溪市江川区创建全国民族团结进步示范区实施方案》安排，区文联结合工作实际，研究制定“民族团结进步示范区”主题文艺创作方案，制定民族团结进步示范区创建进机关实施方案，明确专人负责实施。在云南省李家山青铜器博物馆举办玉溪市江川区创建全国民族团结进步示范区书法美术摄影展览，展出区文联组织区书法协会、美术协会、摄影协会会员创作的书法、美术、摄影作品70幅（书法作品24幅、美术作品24幅、摄影作品22幅）。开展民族团结进步示范区创建征文活动，组织部分市、区骨干作协会员到民族地区进行采风活动，计划出版一期民族团结进步示范区专刊。

【作家协会、诗词楹联协会】 一是作家协会、诗词楹联协会创作成绩斐然。截至2019年底，据不完全统计，协会会员共在市以上报刊发表各类文学作品80余篇（首）。郭家义作词的《故乡有条小河》（李细红作曲）由中国文联音像出版公司出版发行；郭家义在《民族音乐》2019年第1期发表歌词《举世仰望东风红》《祖国正和平崛起》；郭家义在《天津歌词》2019年第2期发表《改革开放送福来》。2019年，汤秀琼的散文《大街老车站》发表于《佛山文艺》2019年第1期；散文《温暖》发表于《玉溪》2019年第1期；散文《看戏》发表于《玉溪日报》（2019年1月21日第七版）；诗歌《菊骨》等12首发表于《玉溪日报》（2019年5月6日第六版）；诗歌《一川烟草》《满城风絮》《梅子黄时雨》发表于《滇池》（2019年第7期）；散文诗《指纹》发表于《散文诗》2019年8月（上半月）；诗歌《何所依》发表于《温度》诗刊第3期。汤秀琼的散文《大街老车站》获2019玉溪市红塔区“高铁新城杯”文学作品优秀奖；汤秀琼的散文诗《小石桥叠咏》获2019年小石桥彝族乡首届“龙马杯”全国诗歌大赛优秀奖；组诗《老街心》入围《第九届“中国红高粱诗歌奖”》。侯新华的诗歌《回家过年》《号角声声催人进》在《中国税务报》发表，诗歌《归年》《蝶恋花·减税降费》在《云南税务报》上发表。廖会芹的中篇小说《何人与我立黄昏》在《玉溪》第4期发表。罗连辉的绝句《咏抚仙湖》《游孤山》《界鱼石怀古》《熙苑早晨》等十首，在《玉溪》第1期发表。罗连辉的散文《神奇的界鱼石》分别在《热土》《云南政协报》发表。周陆剑的散文《小村纪事》获玉溪市庆祝新中国成立70周年优秀奖。

二是2019年1月30日召开两个协会年会，年会总结上年的工作，对汤秀琼创作的中篇小说《老四》、散文《给莫莫的信》，京金创作的中篇小说《死了也不能说》，郑兰芬创作的纪实文学《拥抱太阳》，温敏创作的纪实文学《责任》，张粉棠创作的纪实文学《红丝带飘扬在蓝天下》，杨五春创作的现代诗歌《写给HIV患者》等共11篇（首）文学作品给予奖励。

三是两个协会在元宵节、春节、端午节期间，分别在“江川文学”微信群里举办的3期同题诗文创作活动，共收到稿件56篇（首），并对20余篇（首）给予奖励。

四是与演讲朗诵协会联合承办的“我们的节日——端午”爱国经典诗词朗诵活动。

五是开展诗词进校园活动。6月13日下午，作家协会、诗词楹联协会与大街小学大庄校区诗词进校园活动。活动中，汤秀琼、杨金、罗连辉、霸存富、杨兰秀五位会员分专题与该校区70余名语文老师、诗联爱好者、学生小记者展开交流，旨在传承优秀中华传统文化，诵读经典，激发创作热情，丰富校园文化，更好地推进大街小学诗词楹联文化建设，着力打造书香校园。

【书法协会】 抓协调，建队伍，认真履职凝聚力量。区书协积极加强与省书协、市书协等上级组织的汇报联系，得到省、市书协对工作上的高度重视、关心和支持。同时，加强书协组织的沟通合作，把教育、行政事业单位、社会各界喜爱书法的人士团结组织起来，2019年发展区级会员3名，发展市书协会员1名，发展省书协会员1名。各级会员涵盖公务员、企业职工、个体经营者、农民、教师、离退休人员等方方面面，形成了江川区书法事业快速发展的人力资源保障基础。抓培训，转观念，努力提高书法水平。江川书协把“请进来培训，走出去学习”作为转变会员观念、提升会员水平的重要措施。区书协理事会从书法的正确理念到选帖临帖，从篆、隶、楷、行、草书理论到技能技法指导，各位老师结合自身学书经历，深入浅出地介绍学习临帖的正确方法，为学员现场进行了一对一临创示范，为广大会员树立正确的书法理念、传授科学的学习方法，增强了学习的信心和决心。同时，李正德、杨洪伟加强对临帖创作的指导，协会开展“临帖晋书”活动、丰富会员学习书法的氛围。抓展览，重服务，扩大交流增强活力。书协坚持文化为群众服务，为基层服务的原则，多次利用节假日，在江川二中、大营小学、前卫进行书法交流、受到广大会员书法爱好者和广大群众好评，丰富了群众的文化生活。区书法协会还组织书法骨干积极参加区“双联”帮扶活动和江川文联组织的“三下乡”活动，将一幅幅书法作品送到群众手中，受到广大群众的欢迎。为营造文化氛围，注入文化活力，促进廉政文化建设，发挥了积极的作用。2019年3月玉溪市“碧玉清溪是我家”书法展，10余名会员作品入选参展；2019年7月，李正德、杨智坤、王小明参加玉溪市文化局举办的玉溪、红河、文山三地联展；2019年8月组织参加云南省首期省级会员培训班，李正德、李旭富、李宝缘、杨兰秀、李程、宋云才参加培训（云南大理）；2019年9月玉溪市委宣传部、文联“大美玉溪”建国70周年书法美术摄影展，李正德、杨兰秀、李程、宋云才、张恨水入展。抓创新，建平台，促进书法健康发展。一是规范书法活动交流。书协理事会坚持会员活动不放松，努力使活动形式多样化，做到平常学习网络交流、周末时间聚会交流，开展作品点评、现场书法交流和新老学员的传帮带活动。二是创建信息平台。创建了江川书协交流群，建立了会员联络短信发布平台，制作了会员电子信息通信录。加强了协会与广大会员间的日常联络，业务联系，信息交流，不断扩大了书协的社会影响力。

【美术协会】 加强美协组织建设，规范协会各项工作。充分发挥理事会和会员职责，理事会领导班子进行五次理事会，计划和布置协会的工作计划和安排，每周周五由理事会班子成员值班，带领会员进行学习、临摹、创作。在建立健全美协的各项制度和吸收新会员等各方面都作出努力。为壮大协会队伍，更好地为江川文化艺术事业服务，协会努力打造“老品牌”，积极挖掘发现新人才，2019年吸收新会员18人；发展市级会员24人，目前共有会员52人，国家级会员1人，省级会员4人，市级会员32人。

精艺勤耕，力行实干。年初，玉溪市文联精品文艺创作扶持“民情景象”项目的《写意江川》绘画作品集顺利出版面世，市文联主席普辉、市美术协会主席赵芳及江川区文联领导为协会画册举行发布会，并在江川区档案馆进行了近两个月的作品展出，得到业内人士和社会各界及民众的一致好评。

会员专业素养培养提升。组织开展协会与邻里协会进行学术交流，得到了社会的一致好评，积极鼓励会员参加各类学习培训。1月，叶晓霞、刘美画等2人参加香堂雅聚高杰国展创作培训班；2月，邓刚、石从春、侯道洪、杨德华等6人参加清华美院朱零山水高研班云南第二期学习培训；4月，叶晓霞参加云南省中青年美术创作研修班；3至6月，杨云聪入选参加“华夏好丹青”第五期全国国画精英班培训；6月，叶晓霞参加中国美协主办的文艺骨干创作研修班。

组织会员参加各类美展、比赛活动，并取得喜人佳绩。年初，玉溪市文联、市美协会员提名展，协会王华伟、任真、付云龙、杨云聪、叶晓霞、韩国卿、马文江、杨德华、邓刚、陈九憨等10名会员作品参展。2月，邓刚、韩国卿等6人作品参加由玉溪市文化馆主办的第四届“碧玉清溪”书画作品展，杨云聪、韩国卿等5人作品参加由玉溪市图书馆主办的2019迎新春书画作品展。8月，叶晓霞创作的中国画《安居》入选由中国美协主办的第十三届全国美术作品展。9～10月，省、市、区各级政府、文化部门为了庆祝建国70周年都积极组办书画摄影展，协会积极动员组织会员创作投稿。杨云聪创作的中国画《中央公园》、叶晓霞创作的中国画《安居》、付云龙的雕塑作品入选参加由中共云南省委宣传部、省文联、省美协主办的庆祝中华人民共和国建国70周年·和谐彩云南大型主题美术作品展；闵微、金媛琪、杨德华等8件作品入选参加由中共玉溪市委宣传部、市文联、市美协主办的庆祝中华人民共和国建国70周年书画、摄影作品展；韩国卿等4件作品入选参加由玉溪市文化馆主办的庆祝中华人民共和国建国70周年书画、摄影作品展；韩国卿、马文江等26件作品入选参加江川区新中国成立70周年职工书画、摄影作品展；王小明、杨云聪等2人创作的美术作品由玉溪市文化馆选送参加神彩云南——云南省农民画展；马松波、王小明、杨云聪等3人创作的美术作品入选参加庆祝中华人民共和国建国70周年玉溪、文山、红河三地书画巡回展；杨云聪创作的国画作品《造化境象》应邀参加红塔集团庆祝中华人民共和国建国70周年书画、摄影展。叶晓霞作品《抚仙湖上竞风帆》入选第六届全国画院双年展；叶晓霞的云南采风系列作品七幅参加由中国文联、中国美协主办的深扎人民、向人民汇报绘画主题创作展。

发挥所长，服务社会。6月，杨云聪、潘怡伽、余金品3人策划、参加由江川区妇联、江城镇政府主办的“抚仙湖巾帼卫士”保护抚仙湖行动，在张家头村绘制大型墙体彩画。马松波、杨云聪、潘怡伽、杨智坤、李程、黄存波等会员分别举办美术培训，每年培训启蒙少儿、青少年、成人美术爱好者上千人，为江川的美术事业发展作出重大贡献。10月15日，杨云聪被市文联抽调参加玉溪市文联组织的峨山县开展“不忘初心、牢记使命”主题教育调研工作。

【戏剧曲艺协会】 一年来，协会组织召开理事会班子会议四次，主要研究安排部署各文艺协会骨干在文艺队中的带头作用，充分发挥会员的特长，引导他们抓创作、抓排练节目、精心组织各类演出活动，吸引戏剧曲艺爱好者参与到发展会员，扩大影响力；充分发挥会员以协会、协会以文联的桥梁和纽带作用。1月23日，组织江城文艺协会、左卫文艺队、戏剧曲艺协会、排练小品《创文创卫你我他》、滇剧清唱《浪滚谣》、京剧清唱《梨花颂》、花灯歌舞《崴花灯》等节目参加区委宣传部组织的三下乡活动到江城镇尹旗村委会进行文化惠民演出。2月20日，组织星湖之声文艺协会、春之声音乐协会参加由区委区、区政府组织的我们的节日——元宵节“中华赞歌·元宵圆梦”歌舞晚会的演出。3月18～29日，组织协会会员深入到前卫镇业家山村委会举办花灯表演、花灯歌舞培训班，培训人数28人。1～10月，组织江城镇文艺协会、龙街文艺队排练节目在春节期间深入到社区、村组进行文化惠民演出20场，其中演出的节目有花灯小戏《小村官遇到大麻烦》、小品《私访》、滇剧演唱《断桥》、花灯说唱《喜唱十九大》等节目。1月至10月，组织雄关乡文艺之家协会深入到村委会、村小组进行文化惠民演出15场，其中演出的节目有花灯小戏《金秋送暖》《三女拜寿》、小品《高危行业》、快板说唱《扫黑除恶快人心》《脱贫攻坚歌飞扬》等节目。组织戏剧曲艺协会部分业余作者深入到安化彝族乡、雄关乡麦冲村、白龙潭彝族村进行采风活动三次，以当地群众交心谈心，贴近生活、贴近生活、贴近老百姓。1～10月，组织协会业余作者创作文艺作品22件，其中，花灯小戏2件《考婆媳》《挂牌》；花灯说唱7件《扫黑除恶保平安》《保护环境很重要》《喜庆十九大》《扫黑除恶大快人心》《欢庆国庆七十年》《扫黑除恶心欢畅》《耍七星》；小品5件《捡七捡八》《邪教危害大》《欺行霸市最可耻》《小吃店风波》《教量》；快板说唱8件《惩恶扬善树正气》《民族团结一家亲》《民族融合追国梦》《中华民族一家亲同心共筑中国梦》《扫黑除恶出重拳》《民族团结开盛花》《亮剑扬正气除恶保平安》《民族团结唱辉煌》。

【音乐协会】 壮大队伍，增强凝聚力。协会理事会团结协作，加强联系沟通，巩固老会员，发展新会员，逐步壮大队伍。现有在册并经常参加活动的会员50余人，年龄从30多岁到70余岁不等。协会通过多种活动方式，团结广大音乐爱好者，弘扬主旋律，弘扬社会主义核心价值观，逐步提高了江川区音乐爱好者艺术水平，不断增强了协会凝聚力、感召力。

开展多种形式的活动，提高协会影响力。组织会员开展经常性活动，目前共有45人参加经常性活动奏。排练了部分合奏曲及歌曲伴奏，参加区老体协庆祝“三八”节演出，“五一”、建国70周年文艺演出，与区民宗局、老体协合作，在悦心园举办民族团结示范区文艺演出。协会协助区政法委、大街街道上营社区策划建国70周年文艺晚会一台，部分会员参与在怡心园广场的文艺演出，受到观众一致好评。与普洱音乐爱好者在玉溪进行音乐交流活动一次协会邀请玉溪广聚贤乐团一行20余人到江川与会员进行联欢演出一次，交流了器乐、声乐、合奏技巧，提高了会员的艺术欣赏水平，激发了会员提高自身素质热情。为区老年大学及老体协合唱团排练合唱曲目二首，并参加江川区庆祝建国70周年合唱比赛展演。协会会长参加市音协在玉溪举办的为期一天的词曲创作讲座。

【摄影家协会】 组织建设。区摄影家协会目前组织机构健全，各项制度建设完善，理事会成员分工明确，财务管理规范。积极组织开展各项活动，各项工作有调研、有计划、有落实、有总结。协会班子民主务实、勇于开拓，重大事项集体讨论决定，定期或不定期召开理事会、会员大会，研究部署协会工作，会员创作积极，协会上下团结协作，是一个贴近群众、深入生活、有着良好氛围、积极健康向上、充满正能量的团队。

协会会务工作。2020年共召开协会理事会及理事扩大会议3次，组织会员培训学习5次，组织会员公益活动2次，组织会员活动3次，向云南省摄影家协会推荐会员一人杨东，吸收新会员5人加入协会。

活动开展情况。1月11日至13日，组织会员到元江县参加玉溪市摄影家协会第六届（2019）新春联谊暨创作大会会。1月25日协会召开会员作品交流会 。2月1日协会召开理事会。2月7日，组织会员到九溪镇矣文扯纳苴村地震灾区送全家福下乡。3月2日，组织会员到玉溪卷烟厂摄影协会参加纪实摄影创作培训。6月16日，组织会员配合大爱助学基金会到前卫、九溪、雄关等地进行帮扶活动。6月19日，协会召开理事会，对近期协会工作进行安排部署。7月6日，组织会员到玉溪卷烟厂摄影协会参加中国创意摄影师周天雨（千又一）摄影经验分享。8月18日，协会召开理事会，对近期协会工作进行安排部署。9月7日，组织会员到九溪海菜塘摄影采风活动。9月21～22日，协会成功举办纪实摄影创作培训。9月24日，组织会员到玉溪卷烟厂摄影协会参加苏学老师和吴家林老师摄影讲座。9月27日，组织会员到江川区李家山青铜器博物馆参加由区工会主办的新中国成立70周年书画摄影展。

获奖情况：2019年1月，刘志明作品《古驿雄关·最美小田》入选玉溪市第四届“碧玉清溪是我家”摄影作品展、摄影作品《星云湖打鱼欢歌》获第六届云南摄影艺术展记录类一等奖。2019年1月28日，杨东作品《星湖渔歌》获昆明市五华区文联摄影家协会举办的“风清气正 扬帆起航”主题摄影大赛入选奖。2019年8月，杨东作品《同心协力》、王荣兴作品《黎明》获第二届玉溪高新区职工摄影比赛优秀奖。9月27日，江川区工会主办的新中国成立70周年书画摄影展，杨东摄影作品《星湖渔歌》获一等奖、瞿江勇摄影作品《变迁》获二等奖、杨勇摄影作品《新起点新征程》获二等奖、赵江燕摄影作品《迎火》获三等奖、杨汉强摄影作品《拆迁进行时》获三等奖、侯新华摄影作品《鸣枪开赛》获三等奖、业保华摄影作品《周末》获优秀奖、杨虎摄影作品《选灯笼》获优秀奖。

【演讲朗诵协会】 玉溪市江川区演讲朗诵协会是江川区文学艺术界联合会下属的社会组织，是江川区演讲朗诵工作者和爱好者的学术性、专业性的社会团体，旨在为江川区培养演讲、朗诵、主持方面的人才，繁荣演讲朗诵主持事业。协会于2015年11月15日成立，2016年协会完成法人资格登记注册，并完成会员资料整理归档。自协会成立以来，组织开展了一系列活动：1. 协会接受业务主管单位玉溪市江川区文学艺术界联合会、社团登记管理机关玉溪市江川区民政局的业务指导和监督管理。坚持中国共产党的领导、遵守宪法及其他法律、法规、法令和国家政策，遵守社会的道德风尚。坚持文艺“为人民服务、为社会主义服务”的方向，贯彻“百家齐放、百家争鸣”的方针，积极发现和培养演讲、朗诵及主持人才，充分发挥演讲朗诵爱好者的艺术才智和创作热情。2. 6月，按指定程序，开展财务自查自纠工作。召开会员大会，明确协会的宗旨及发展方向，听取会员想法和需求。与教体局领导协商借用青少年活动中心报告厅作为常规活动地点。协会会员大会通过将每月18日确定位会员活动日的决定。协会现有正式在册会员36名，分别来自全区各行各业。3. 活动日，参加人员除本协会会员外，还有在校中小学生及其他朗诵演讲爱好者。活动正常有序开展，并取得实效。4. 为满足协会会员要求，切实提高协会会员普通话及演讲朗诵水平，为江川区营造一定的语言美环境，协会请国家级普通话测评员、中国语文现代化学会语言艺术专业委员会理事、云南省推普员严希洪老师在微信群里为会员及相关普通话爱好者、工作者传授普通话业务知识。所有参训人员认真投入，积极学习。此活动提高了相关行业及人员的普通话语音基础能力和文明素养，为江川区创建省级、国家级文明城市做出了积极的贡献。5. 8月，与中共玉溪市江川区委宣传部、玉溪市江川区文明办、共青团玉溪市江川区委联合举办江川区第十二届“红土地之歌”演讲大赛（含“玉溪精神”演讲比赛），取得了圆满成功。

【舞蹈家协会】 协会下设秘书组、编导组、服装道具组等小组，各组组长真诚相助，勤奋工作，坚持自我，服从安排，使每一位会员在协会里都能感受到自己的重要性，发展自己的作用。因本年度房屋拆迁，原舞蹈协会排练厅已拆除，没有活动场所，协会活动处于瘫痪状态。经过与老体协协商，在老体协的大力支持帮助下，给协会每周一晚活动时间，并参与老体协活动，主要参与的活动为“三八”节、七一建党节、全民健身操舞推广、参加玉溪运动会（获二等奖）、参加玉溪旗袍比赛（获二等奖）、参加民族大团结运动会开幕式等。

（余立言）

科学技术协会

【科协代表大会】 12月4日，江川区科学技术协会第二次代表大会召开。会议听取《玉溪市科协第一届委员会工作报告》。会议还表彰2015～2019年10个科普工作先进集体和20名科普工作先进个人；选举产生江川区科协第二届委员会委员及新一届科协领导班子，李彦坤当选新一届科协主席。表决通过《玉溪市江川区科学技术协会第二次代表大会关于第一届委员会工作报告的决议》和《玉溪市江川区科学技术协会第二次代表大会关于执行〈中国科学技术协会章程〉的决议》。

【机构改革】 3月28日，区委办印发《关于调整玉溪市江川区科学技术协会机构编制事项的通知》（玉江室字〔2019〕48号），玉溪市江川区科学技术协会设2个内设机构：办公室和综合业务股；玉溪市江川区科学技术协会事业编制5名。设主席1名（正科级），副主席1名（副科级）。

【科普信息化建设】 建成46个科普e站，其中乡村e站14个、校园e站20个、社区e站12个。江川区电视台每周安排播放科普微视频3个，每天播放3个时段，共播放364部；利用气象局网络平台累计发布科普信息1350条；科普信息员947人，采取多项措施推广科协系统微信公众号，“科普江川”微信公众号常年关注人数在1500人左右。

【科普志愿服务】 3月5日，开展包括科技、环保、扫黑除恶、各类法制知识宣传活动，还组织清洁家园、理发和义诊等活动。为群众搭建一个良好的学习及服务平台。

【“三下乡”活动】 参与组织由21个部门参加的科技、文化、卫生“三下乡”走进江城镇尹旗村活动。共发放各类宣传资料46种11000多份，展出展板41块，书写赠送春联800幅，义诊350人次。

【科技活动周】 玉溪市2019年科技活动周在江川怡心园广场启动。副市长解士清宣布科技活动周启动。区委副书记、区长王志华在启动仪式上致辞。中科院云南天文台与玉溪师范学院天文学联合科教中心现场举行签约仪式。仪式结束后，举行科技活动周集中示范活动、航模表演、流动科技馆巡展等活动。

【中国流动科技馆巡展】 2019年4月18日至5月17日在江川区九溪镇六十亩村关圣宫开馆。5月19～26日移至区体育馆巡展，此次活动以“体验科学”为主题，设置声光体验、电磁探秘、运动旋律、数学魅力、健康生活、安全生活、数字生活、科学表演、科学实验、科普影视等主题展区，50余件互动展品与科学表演、科学实验与科普影视相结合。参观体验总计8457人次。

【青少年科普教育】 江川区青少年科技辅导员业务培训班于5月15日在区青少年学生校外活动中心开班。科协的全体干部职工、乡、镇、街道科技专干及各中小学校科技辅导员共112人参加培训。青少年科技创新大赛常任评委、云南省教育科学研究院副书记席学荣老师通过大量历届青少年科技创新大赛中的获奖案例，从如何科学选题到整合资源进行研究的过程和方法再到正式网上提交完成申报，与学员分享许多宝贵的经验和技巧。拓宽广大科技辅导员的工作思路。

【全民科学素质网络竞赛】 利用新媒体，组织各类公民科学素质竞答活动。组织参加全国公民科学素质大赛，名列全省第一名，受到国家纲要办、省纲要办表彰。全力组织开展“玉溪市2019年全民科学素质提升科普知识微信有奖竞答活动”，江川区参加人数约为5000人，获奖参赛人数17名，为玉溪市第三名；组织参加“全国农民科学素质微信竞答活动”，江川区参加人员529人，按县区位于云南省第28名。

【科普进彝家】 7月26日，在九溪镇罗合白村彝族火把节期间，开展具有九溪地域特点、彝族民族特色的科普志愿活动，通过双语科普、民俗科普等形式拓宽科普工作渠道，促进地域民族文化与科普工作充分融合。

【全国科普日】 9月20日，2019年全国科普日在云南科普小镇九溪开幕。民宗、司法局、区环保、区农业、防震减灾等部门利用展板、发放资料等形式，宣传实用技术、健康知识、防骗知识、防震防火开展禁毒防艾和反邪教宣传、共展出展板72块，发放资料27种2400份。

【科普项目】 2019年，九溪镇被列入省级科普小镇建设，安化乡被列为云南省科协“4+2”改革试点。全年争取上级科普项目资金99万元。

【农函大培训】 5月30日晚，江川区2019年农函大特色班4个专业集中举行开班仪式。区科协主席出席仪式并作动员讲话，市科协泒老师莅临指导，玉溪师院生物与化学教授李晋明、副教授张晓东博士围绕现代农业发展方向、转基因作物与我们生活分别授课。全年紧紧围绕全区中心工作，开展以农函大为重点的技术培训，共完成1700人，占计划数1500人的133%。其中特色班4个专业800人，完成全年计划800人的100%。

【科普小镇】 组建30余人的少数民族双语科普、大学生假期科普和“双创”三支科普志愿服务队。建成集科普讲堂、微型博物馆、微型实验室、智能生活体验区、科普阅读区于一体的九溪镇微型科技馆。建成3个科普e站。2万人次接受科普培训教育，科普覆盖面超过70%。新型职业农民培训，培养出13名乡土人才，126名农民成为产业发展领头雁。六十亩花卉产销专业技术协会带动全村520户花农种植百合花960余亩，并辐射区内外花卉种植800余亩。9月19日，云南省科协学术年会、中西南学会年会的专家到云南科普小镇江川观摩，其建设成效受到与会专家的高度评价。

【科协系统深化改革】 科协系统深化改革稳步推进。在全区6个乡镇成立科普协会，规范职能职责充分发挥作用。

（张树良）

红十字会

【概述】 2019年江川区红十字会在区委、区政府的正确领导下，在市红十字会的指导和帮助以及社会各界、团体会员单位的大力支持下，以习近平新时代中国特色主义思想为指导，坚定不移贯彻落实区委、区政府推进江川高质量跨越发展战略部署，以宣传和弘扬“人道、博爱、奉献”红十字精神为主题，持续开

展人道救助、扶贫帮困、筹资募捐、应急救护培训、志愿服务等活动，为建设宜居宜业和谐美丽新江川贡献力量。

【“博爱送万家”活动】 抓实“博爱送万家”品牌项目和“寒冬送暖”活动，以建档立卡户、贫困户为重点对象，以失能老人、残疾儿童、病患家庭、器官捐献爱心家庭为兼顾对象，将价值4.94万元物资落实到大街大营、江城左卫村等3个乡镇9个村（社区）233户贫困群众手中，携手残疾等团体会员单位向145户贫困户进行走访慰问。将募集到价值3万元爱心衣物，送往前卫镇石河村贫困户，深化红十字“博爱送万家”品牌，落实党委、政府的寒冬送暖保民生行动。

【纪念世界红十字日活动】 为纪念第72个“世界红十字日”，宣传“人道、博爱、奉献”红十字精神，江川区红十字会围绕“爱心相伴 ‘救’在身边”主题，组织开展一系列宣传活动。一是开展“博爱一日捐”，向全区各单位干部职工和社会各界人士发出《“博爱一日捐”活动募捐倡议书》，组织为全区自然灾害、意外事故、重大疾病等原因导致生活陷入困境的家庭开展募捐，持续助力脱贫攻坚和民生改善，切实发挥红十字组织作为党密切联系和服务群众的纽带作用。共收到16家单位和4名爱心人士捐款3.58万元。二是开展主题宣誓活动，增强红十字工作者和志愿者的责任意识，服务意识，不忘初心，自觉践行人道使命。三是开展创伤包扎和心肺复苏等应急救护培训，普及救护技能，提高对突发事件的应急救护能力。四是开展防灾避险演练，提高应急能力，提高红十字会干部和志愿者队伍救灾处突能力。五是组织志愿者开展交通安全宣传教育，倡导学生家长切实增强安全意识，遵守交通安全法规，做到安全文明出行。

【开展大病特困救助】 秉持人道理念，继续加强对患白血病、癌症等重大疾病和突发灾难经济困难家庭人道帮扶，组成评审组分三次对申请符合救助条件的29户特困家庭重大疾病患者群众进行入户核实，共计发放救助4.3万元。

【关爱青少年成长】 一是积极向中国红十字基金会申请“小天使基金”和“天使阳光基金”救助，帮助3名白血病患儿和2名先心病患儿累计争取到15万元的救助金。二是联合推进应急救护培训进学校，在江川一中、二中、职中三所学校，对新生开展应急救护培训，提高参训人员的自救互救和应急处置能力。三是向安化彝族乡光山小学捐赠图书，并授予“博爱图书角”牌匾。这批博爱图书总计898册，其中348册（新）、550册（旧），新书价值9555元。

【红十字服务进社区】 以街道、社区党群服务中心为切入点，以“弘扬志愿服务精神、共建健康安全社区”为主题，开展的以“防灾减灾、健康促进、人道传播”为主要内容的人道公益项目，在大街街道大街社区、下营社区、浪广社区、大街伏家营小组、红十字志愿服务站等5个城市示范点建立红十字服务站，建立社区红十字志愿服务队4支，设置“红十字爱心服务柜”5个，摆放速效救心丸、血压计、体温计等常用急救药品和器械5处，无偿提供居民急需时使用。组织社区干部、党群服务中心人员及志愿服务队开展应急救护培训，传授红十字应急救护知识与技能，提高处置突发事件、意外事件的能力。

【开展“三献”宣传】 积极搭建宣传平台，利用“五八世界红十字月”“学雷锋纪念日”“防震减灾日”“科技宣传周”“助残日”等契机，深入广场、社区、乡镇（街道）组织开展宣传活动10次，开展“器官捐献，生命不息”、造血干细胞和无偿献血宣传活动，发放《中华人民共和国红十字会法》《造血干细胞捐赠倡议书》《器官捐献知识》《关爱生命、捐献热血倡议书》等宣传资料4000余份。促进社会及民众对造血干细胞、遗体组织器官捐献和无偿献血的认识、认知、认同。全年有效动员近200名群众积极主动加入无偿献血行列，招募新志愿者10名，动员和发展造血干细胞捐献志愿者6人首次采血工作，走访慰问3户人体器官捐献家属。

【应急救护培训】 深入开展应急救护培训进社区、进机关、进学校、进企业、进农村活动。组织为一线森林扑火队和残联康复员、电力高危行业从业人员、高中入学新生等群体开展应急救护培训，提高自救互救和应急处置能力。同时区红十字还利用“学雷锋纪念日”“防震减灾日”“科技宣传周”等重大节庆，到社区现场教授群众应急救护技能，提高群众自救互救能力。全年共开展应急救护培训16期，其中取证培训5期394人次；公益培训11期4817人次。

（李朋利）

残疾人联合会

【慰问贫困残疾人】 2019年，江川残联利用各种节日广泛开展走访慰问活动，春节走访慰问和助残日走访慰问贫困残疾人活动共计慰问残疾人340人，送上慰问金16万元。江川残联在“就业帮扶，真情相助”就业援助月活动中走访慰问失业残疾人250人，发放慰问金8.5万元。在六一儿童节期间看望慰问了市特殊校江川籍残疾学生、江川区送教上门学生共39名，发放慰问金1.39万元。

【脱贫攻坚】 2019年，全区503户、587人残疾人建档立卡户全部脱贫，区残联共计投入各类扶持资金101.8320万元，平均每户扶持资金达2024.49元。其中，教育扶贫投入资金4.015万元补助38名建档立卡贫困残疾人家庭学生。投入资金2.26万元，对7户7人残疾贫困兜底户进行生产经营扶持，以确保其如期脱贫。对建档立卡户28名残疾人发放三轮机动车燃油补贴7280元。

【助学兴教】 2019年，江川残联开展助学兴教活动，不断推进特殊教育发展，全年扶持困难残疾家庭学生及残疾学生172名补助资金19.25万元。其中为34名重度残疾适龄儿童开展送教上门服务，发放生活学习补助金4.25万元；为41名考取大中专院校的残疾学生及残疾家庭子女发放助学金10.2万元；为14名2018年度考取大中专院校的家庭比较困难的残疾学生及残疾家庭子女发放补助金2.3万元。因江川残联残疾人教育工作成绩突出，江川区被云南省残疾人联合会表彰为2019年残疾人教育工作先进县区。

【残疾人就业】 2019年，江川残联多渠道帮助残疾人就业创业，全年全区残疾人就业年龄段就业人数3487人，就业率40.58%，就业录入率100%。新增农村残疾人劳动力转移就业130人，其中贫困残疾人劳动力新增转移就业18人。认真做好残疾人按比例就业年审工作，审核52家用人单位，90.09残疾人。组织了124名残疾人参加招聘会3次，其中建档立卡户25人，招聘会上36名残疾人现场达成就业意向。实施一人一策帮助应届毕业残疾人大学生5人实现就业。对残疾人扶贫示范基地云南宏斌绿色食品集团有限公司残疾职工待遇等情况进行了检查，8名残疾职工稳定就业。

【残疾人创业扶持】 2019年，江川残联投入资金5.2万元扶持残疾人自主创业户4户；建设基础规范化盲人保健按摩店1个，扶持资金1.2万元；维护盲人保健按摩店星级管理5个，扶持资金1万元；全区保健按摩机构发展到8家，盲人从业人员16人。

【残疾人培训】 2019年，江川残联举办残疾人培训14期912人，投入经费21.56万元，培训建档立卡户326人次。其中：投资8万元举办了26名残疾人参加的手机维修培训班；投资2.45万元举办了30人参加的民族手工艺品制作培训班；投资2.9万元举办了29名盲人参加的保健按摩技能提升培训班；投资2.6万元举办了为期2天的残疾人蔬菜栽培及病虫害防治培训班和猪的科学饲养及常见病防治培训班，共260名残疾人参加培训，其中建档立卡残疾人130名；7名盲人参加了市残联保健按摩提升培训，2名盲人参加了盲文培训，7名盲人参加了计算机培训班。

【贫困残疾人家庭无障碍改造】 2019年，江川残联积极推进贫困残疾人家庭无障碍设施改造，入户调查贫困残疾人家庭无障碍改造76户，实施改造43户，全部均是建档立卡户，投入资金25.8万元，进一步改善了贫困重度残疾人的生活条件。

【精准康复服务】 2019年，共投入资金118.92万元为全区2399名残疾人提供康复服务，其中建档立卡户174人，补助金额合计11.38万元。全区康复服务系统录入4200人，完成康复服务率95%。

【残疾儿童救助】 2019年，江川残联争取区政府支持，下发了《玉溪市江川区人民政府关于建立残疾儿童康复救助制度的实施意见》，为残疾儿童康复救助提供了政策支持，并依托省残疾人康复中心，对江川19名残疾儿童进行康复训练，补助金额25.6万元。

【“阳光家园”项目】 2019

年，江川残联制定了《玉溪市江川区2019年"阳光家园"计划——智力、精神和重度肢体残疾人托养服务项目实施方案》，通过公开招标以政府购买服务的方式为江川185名智力、精神和重度残疾人进行服务，服务资金24.75万元。其中：建档立卡户35户，服务资金5.25万元。

【重症精神病患者医疗救助】2019年，江川残联对重症精神病患者实施医疗救助，全年救助住院治疗贫困精神病人60人，救助金额7.27万元，其中建档立卡户4人，补助金额0.26万元。精神病免费服药救助110人，救助金额2.64万元，其中建档立卡户26人，金额0.62万元。

【残疾人健康体检】 2019年，依托区人民医院，江川残联免费为422名残疾人进行健康体检，补助金额8.02万元，其中建档立卡户55户，金额1.05万元。

【实施白内障复明工程】 2019年，江川残联对全区1300多名眼疾患者进行筛查，其中570人适合手术，2019年已免费为371例患者实施手术。

【辅助器具配发】 2019年，江川残联年来共发放各类辅助器具613件。争取到云南省残联辅助器具中心支持，为27名听力障碍患者配备助听器，金额31.86万元。为5名肢体残疾人假肢安装，补助金额1.95万元。

【残疾人体育运动】 2019年，江川残联联合区教体局举办了三级社会体育指导员培训班，对全区6个乡镇（街道）63个村（社）的专职委员和残联全体干部职工共85人进行了培训，并颁发了三级社会体育指导证书。配合云南省残联社会体育发展中心筛选了具有发展潜能的残疾人体育运动员选手38名，目前已经有2名残疾运动员送省队训练。

【康复培训】 2019年，江川残联投入资金3.5万元为426名残疾人及家属、康复工作人员进行培训，其中建档立卡户35人，金额0.6万元，通过培训让部分残疾人及其家属掌握了康复技能。组织了34名智残、脑瘫儿童及家长参加"特奥日"游园活动，增强了智残、脑瘫儿童的社会参与能力。

【残疾人"两项"补贴】 2019年，江川残联审核残疾人两项补贴43631人次，其中困难生活补贴22597人次；一级、二级重度护理补贴21034人次，共计发放补贴资金222.984万元，实现了应补尽补，有效解决了残疾人的家庭负担，提高了残疾人的生活质量。

【残疾人基本服务状况和信息数据动态更新】 2019年，完成各乡镇（街道）该项工作业务培训56人，全区调查并录入系统各乡镇（街道）、村委会专职委员63人；社区调查63个；残疾人7089人，其中入户调查6763人；电话调查40人；死亡注销212人；外出、搬迁、空挂、查无此人74人，入户调查率为99.41%。

【残疾人证办理】 2019年，江川残联新办证残疾人证355本，死亡注销和变更注销残疾人证215本，累计办理残疾人证6974本，残疾人持证率和覆盖面不断扩大。

【残疾人社会保障】 2019年，江川残联不断加大项目、资金、物资救助帮扶力度，残疾人社会保障水平得到提高。筹资68.264万元帮助6018名残疾人参加城乡居民医疗保险，实现病有所医；江川区（乡）残联按照残疾人机动车辆燃油补贴条件和规定程序，认真落实、审核补贴对象，全年发放补贴191人4.966万元。

【受表彰情况】 2019年，根据云残发〔2019〕130号《云南省残疾人联合会关于通报表扬2019年残疾人教育就业扶贫社会保障托养工作先进残联的通知》精神，江川区被云南省残疾人联合会表彰为残疾人教育工作先进县区。

（杨　晰）

军 事

编辑 陈金才

人民武装

【概述】 2019年，江川区人民武装部按照“突出党建铸军魂、聚焦主业练打赢、正规秩序打基础、严守安全促发展”的总体思路，圆满完成年度各项工作任务，全区国防动员和后备力量建设稳步推进。安化乡武装部部长华辉同志和本部职工王强同志分别被玉溪市国防动员委员会表彰为“优秀专武干部”和“优秀职工”。

【党委（扩大）会议】 1月19日，召开部党委（扩大）会议，各乡镇（街道）武装部部长、专武干事及人武部全体干部职工参加会议。会议总结去年工作，并对今年重点工作进行安排，一是明确工作思路。深入学习贯彻党的十九大和十九届二中、三中、四中全会精神，扎实开展“不忘初心、牢记使命”和“传承红色基因、担当强军重任”两项主题教育，认真学习领会习近平新时代中国特色社会主义思想和强军思想，引领全体干部、职工、文职人员、专武干部及广大民兵强化“四个意识”，坚定“四个自信”，做到“两个维护”。二是加强思想政治建设。扎实开展巡视巡察反馈问题整改、预防和纠治违规宴请喝酒专项教育整顿等活动，着力肃清不良风气影响，持续推进人武部作风建设向上向好。三是加强教育引领。坚持注重利用每月基层专武行政例会，对基层武装部部长、干事强化“聚焦主业，专施主责”的教育引领，基层武装部工作质效较过去有大幅度跨越。

【班子建设】 部党委始终把思想作风建设摆在党委班子建设的首位，坚持以思想作风带动工作作风和部队风气建设，党委班子凝聚力、战斗力进一步增强。坚持用制度规定、条令条例正规党委建设，对待敏感问题，按照“事前公开、征求意见；决策公开，民主讨论；结果公开，接受监督”的程序步骤展开，营造风清气正的部队环境。积极转化军委国防动员部“三个一线”领导管理能力集训成果，规范落实基层“八项制度”，不断正规人武部“四个秩序”。组织干部职工每周四晚上开展提质强能业务学习，提升干部职工队伍能力素质。

【军事训练】 认真学习军委习主席开训动员令，巩固深化省军区、军分区组织的各类集训成果，提高人武部干部职工、全区专武干部和民兵骨干抓战备、抓训练的能力素质。抓实战备各项准备工作，对本级战备方案和各类重大突发事件应对处置预案的修订，调整补充各类战备物资器材，组织全区民兵应急连开展实案化演练。今年2月22日至3月18日，组织全区100名民兵分2个波次完成全市首批“基地化轮训、常态化备勤”训练，此次集训完成《大纲》规定的训练科目，组织以抢险救灾为背景的实兵实装应急拉动演练，并将演练成果汇编为《基干民兵分队应急救援安全防护手册》，提升基干民兵分队应急能力，锻造江川区应急应战的“铁拳头”。11月26日至12月10日，组织民兵对口保障军兵种专业分队98人完成年度专业训练，训练中协调31637部队在训练场地、训练装备器材、教训力量等方面给予充分保障，训练质量较以往大幅提升，选派人员参加分区组织的基干民兵特殊分队集训，考核成绩良好。在今年全市民兵军事比武竞赛中，江川区民兵许元伟、普希诗分别夺得个人综合成绩第一名和第十五名的优异成绩，展现江川民兵过硬的军事素质。注重强化人武部首长机关训练，突出国防动员主业，重点对动员文书拟制、动员要图标绘、轻武器操作使用、军事地形学、军事体育等科目组织训练，干部职工的军事素质和军事技能大幅提升，人武部机关练兵备战的导向更加鲜明。12月份，军分区对我部全体干部进行年终军事考核，所有科目成绩均达到良好以上。

【民兵整组】 抓好民兵组织整顿，如期完成全区656名基干民兵和5100名普通民兵的组织整顿任务，基干民兵中党员比例达38.11%，退役军人比例达30%。期间，军分区工作组对江川区基干民兵点验拉动进行抽查检查。扎实开展国防潜力调查，对接协调区国动委各职能部门对往年数据进行核对、补充、更新，详实掌握全区国防动员潜力。

【兵役工作】 扎实抓好年度征兵工作，全年完成18周岁适龄青年兵役登记人数为2153人，兵役登记率达100%。3月、5月、6月先后三次到各高中、中专学校开展国防教育暨征兵宣传活动，部领导带队组成征兵工作走村入户开展精准宣传，覆盖全区74个村委会和社区，广泛发动高素质、高学历青年报名应征。全年江川区共征集新兵115人（含3名女兵）。其中，大学学历86人，占新兵总数的74.82%；高中文化程度27人，占新兵总数的23.47%；初中文化2人，占新兵总数的1.73%。较之往年，新兵征集任务数提高5人（含3名女兵），大学生征集比例提高34%。全年征兵“五率”排名玉溪市第一名。

【安全管理】 组织全体干部、职工认真学习贯彻军委基层建设会议精神和各级通知要求，把全面加强新时代军队基层建设作为根本性基础性的长远工作抓紧抓实。及时补充党委班子成员，安排2名职工担任科室负责人，确保各项工作不掉线、无断档，明确每名干部职工责任分工，细化工作标准要求，在交任务、压担子，手把手搞好业务帮带中不断提升胜任本职工作的能力。持续开展“贯彻落实新条令、塑造军队好样子”活动，扎实抓好“学法规、守法规、用法规”活动，以“个人抓形象、单位抓秩序、营区抓净化、全员抓安全、长期抓养成”为重点，持续强化干部职工条令意识，不断规范人武部学习、训练、工作、生活秩序。以完善各类安全预案为契机，盯住元旦、春节、建国70周年大庆等节假日和“3·01”“3·14”“7·5”等重要敏感时节，开展形势战备和安全教育，规范各类值班执勤，组织全体人员开展安全训练，提高安全防范能力。认真学习贯彻省军区安全稳定电视会议精神，扎实开展安全大检查、信息安全排查整治、枪爆专项清理整治等活动，始终盯住武器弹药仓库、办公涉密区域等重点部位，过细排查安全隐患，认真制定整改措施，确保人武部安全稳定。及时对账销账，针对分区机关“百日安全”检查出的问题，限时整改到位，想方设法安装液化气泄漏报警器，对外聘人员认真进行政治考核，补齐全体人员私家车信息，按规定每周指定专人联系在外休假人员掌握情况，使本部安全工作放心托底。

【国防教育】 全年，组织国动委成员单位开展“全民国防教育暨征兵宣传月”活动，滚动播放征兵宣传标语电子屏70余条，覆盖全区所有村委会，张贴悬挂国防教育和征兵宣传标语、海报300余幅，出动流动宣传车一辆，发放宣传手册1万余份，现场为群众解答征兵政策300余人次。结合下乡调研、征兵、民兵训练等时机，多次开展献身国防教育和国防知识进企业活动，通过讲授军兵种知识，组织军事训练，增强广大应征青年和民兵队伍的国防意识和爱国主义精神。9～10月，组织教练员对江川一中、江川二中、江川职中4000余名学生进行军训。

【双拥共建】 大力开展拥政爱民活动，协调驻江部队积极参加省、市双拥模范城创建工作。持续开展精准扶贫工作，春节前“关爱民生、寒冬送暖”活动，捐赠毛毯等御寒物资价值4000余元，区人武部挂钩帮扶的大街街道三街社区16个贫困户均已脱贫摘帽。组织干部职工和民兵积极参加创建国家卫生城市、文明城市和保护星云湖生态环境等活动，投入经费3万元开展周官河、玉带河清理整治，投入经费3.6万元开展前卫镇和雄关乡白石岩村委会人居环境综合治理。积极协调部队与雄关乡军地双方，按照“尊重历史、立足现实、妥善处理”的原则，解决长达20余年的土地纠纷问题。此外，组织民兵协助地方多次完成扑灭山火、开渔节湖面管制、重大节日活动安全保卫等急难险重任务。

（李　端）

退役军人事务

【领导小组第一次会议】　2019年6月18日，区委书记徐贤主持召开江川区退役军人事务工作领导小组第一次会议暨“双拥”工作领导小组会议。会议听取区退役军人事务和“双拥”工作情况汇报。

【领导小组第二次会议暨“八一”座谈会】　2019年8月1日，召开区退役军人工作领导小组第二次工作会、区“双拥”领导小组第二次工作会暨八一建军节座谈会，会议就全区退役军人事务工作和“双拥”工作进行总结、讲评、部署，就当前及下一步工作听取各方面的意见和建议，同时，举行义务兵家庭优待金发放仪式。

【慰问部队官兵和优抚对象】　2019年春节、八一建军节慰问驻江部队、区人武部、武警江川中队和江川消防大队部队官兵，送去慰问金、慰问品合计11万元。对全区享受国家抚恤补助重点优抚对象发放人均标准200元的一次性慰问金5104人次102.08万元；发放2019年建国70周年残疾军人、烈士遗属慰问金175人6.38万元；全年走访慰问军休干部、无军籍职工及军休遗属15人6500元；走访慰问新中国建立前入伍在乡复员军人、伤残军人15名人7500元；慰问企业退休困难转业干部23人慰问金1.15万元。

【解决村民侵占营房围墙问题】　2019年8月6日，区退役军人事务局、区双拥办接到驻江部队营区左侧营房围墙上私搭建猪圈养猪的反映后，及时查看，及时向区双拥领导小组汇报。9月9日，区委常委、人武部政委曾宪涛认真落实区委书记徐贤在《关于31367部队反映“大街街道螺蛳铺村委会相关村民侵占营房围墙私搭乱建猪圈养猪污染环境情况”的报告》上作出的重要批示，带领区双拥办深入部队妥善解决历史遗留问题。

【烈士纪念日活动】　根据中央、省、市、区关于做好烈士纪念日纪念活动的有关精神，为缅怀烈士的丰功伟绩，弘扬爱国主义、革命英雄主义精神，2019年9月30日，江川区在烈士陵园举行200人参加的公祭活动，公祭活动结束后现场召开烈士遗属座谈会，区委书记徐贤等区级领导为6名烈士遗属每人送上500元慰问金。清明期间，开展主题教育活动，增设2块主题教育大型宣传牌，做好接待服务工作，共计884人到江川烈士陵园祭扫烈士墓，接受爱国主义和国防教育；为江川144名烈士遗属、参战退役人员及其家属到文山、麻栗坡等地扫墓开具31份烈士祭扫证明书。

【发放义务兵家庭优待金】　2019年八一建军节当天举行全区义务兵家庭优待金发放仪式，完成社会化发放2017年、2018年9月入伍义务兵家庭优待金194户194.97万元。

【立功受奖喜报】　2019年全区共收到并送达部队现役军人立功受奖通知书、喜报42份，其中，二等功1人，三等功20人，优秀士官10人，优秀义务兵11人。为11名优秀义务兵家庭送去奖励金3300元（每户标准300元）。二等功获得者浦金平家住安化彝族乡光山村委会小麦冲，现服役于中国人民解放军某部队，作为一名排爆尖兵，入伍近十年，共排除各类规格型号未爆弹10多种1500多枚，灵活处置20多次紧急危急情况，仅2018年就排除未爆弹170多枚，2019年1月荣获二等功。

【悬挂拥军优属光荣牌】　2019年全区实现为烈属军属和退役军人家庭悬挂光荣牌全覆盖，累计悬挂“光荣之家”光荣牌7560块，做到符合悬挂条件对象一户不漏，严格要求，规范程序，上门悬挂，让悬挂对象深感到党和政府的温暖。

【组织优抚对象疗养】　2019年9月14～25日，组织2名重点优抚对象赴陕西荣誉军人休疗体检中心参加全国第二期部分优抚对象疗养活动；11月6～10日组织10名优抚对象到玉溪参加为期5天的疗养。

【发放各类抚恤补助】 根据中央、省、市相关文件精神，及时调整提高优抚对象、出国参战民兵民工抚恤补助标准。2019年全区有享受国家抚恤、生活补助优抚对象2563人，其中在乡复员军人148人、伤残人员108人、烈士遗属7人、因公牺牲军人遗属8人、病故军人遗属9人、带病回乡退伍军人32人、参战退役人员1514人、农村籍退役士兵717人、烈士子女20人；出国参战民兵民工126人。全年发放定期抚恤和生活补助32187人次1934.45万元（包含出国参战民兵民工1504人次23.84万元），发放重点优抚对象6月、7月、9月、10月价格临时补助10164人次28.45万元。

【优抚对象医疗保障】 2019年度为缴纳城乡居民医疗保险的2470名享受国家抚恤补助的优抚对象补助费用54.252万元。发放优抚对象住院医疗保障“一站式”服务补助632人次 57.27万元。

【优抚对象解困帮扶】 继续落实好云民优〔2015〕3号文件，2019年发放城镇部分重点优抚对象生活困难补助916人次36.6万元；发放下岗失业残疾军人困难生活补助154人次78.67万元；为重点优抚对象解“三难”，解决临时医疗和临时生活补助38人5万元。

【落实军休干部和无军籍职工待遇】 2019年按月发放军休干部、无军籍职工工资及遗属补助204人次141.82万元。

【发放建国70周年纪念章】 2019年建国70周年来临之际，为区内15名健在的新中国成立前人伍的老同志颁发“庆祝中华人民共和国成立70周年”纪念章。

【信息采集和数据核查】 2019年继续做好信息采集工作，累计完成退役军人和其他优抚对象信息采集7955条，为悬挂光荣牌和实施精细化管理提供依据。完成省厅下达优抚对象数据核查任务504人，核查率100%。

【退役士兵接收安置】 2019年，共接收安置退役士兵106人，其中符合政府安排工作或者自谋职业方式安置的城镇退役士兵24人（含二等功1人）。8月6日，严格按照安置政策、安置程序、量化评分排名，召开退役士兵安置现场选岗会，24人走上工作岗位。发放2019年度自主就业退役士兵一次性经济补助82人128.682万元（含立功增发7020元）。

【退役士兵职业技能培训】 落实安置政策，鼓励自主就业退役士兵参加职业技能培训，拓宽就业渠道，共计42人分别到爱因森学校、玉溪汽车驾驶学校、玉溪农职院参加1年以上职业技能培训。

【接续退役士兵保险】 2019年3月14以来，江川区先后派人参加省、市退役军人保险业务专项培训班学习培训，随后成立9个工作专班，工作人员由税务局、人武部、社保局、退役军人事务局、公安分局、民政局抽调精干人员组成，协同完成共836名退役士兵医疗保险和基本养老保险接续工作。

（张粉棠）

法　制

编辑　陈金才

司法行政

【概述】　玉溪市江川区司法局坚持以习近平新时代中国特色社会主义思想为指导，深入学习贯彻党的十九大，十九届二中、三中、四中全会和中央、省市区政法工作会议精神，坚持党对司法行政工作的绝对领导，坚持以人民为中心，坚持稳中求进的工作总基调，围绕中心，服务大局，着力推进"七五"普法规划的落实和各项司法行政工作创新发展，为建设宜居宜业和谐美丽新江川发挥积极的作用。本年1月，九溪司法所被评为全国先进司法所。

【机构编制】　2019年全局编制数为37名，其中行政编制27名（不含路居司法所3名），事业编制10名，实有人数27名，其中行政人员23名（2019年2月、11月、12月工作变动调出3名，2019年1月、8月退休2名，2019年2月调入5名，11月调入1名），参公管理事业人员2名，事业人员2名。

【机构改革】　3月28日，根据《中共云南省委办公厅　云南省人民政府办公厅印发〈关于市县机构改革的总体意见〉的通知》（云办发〔2018〕46号）和《中共玉溪市委办公室　玉溪市人民政府办公室关于印发〈玉溪市江川区机构改革方案〉的通知》要求，中共玉溪市江川区委办公室、区人民政府办公室印发《玉溪市江川区司法局职能配置、内设机构和人员编制规定》，对司法局职能职责进行重组。中共玉溪市江川区委全面依法治区委员会办公室设在区司法局，为区委议事协调机构。内设办公室、普法与依法治理股、社区矫正管理股、综合股，增设政工室。原政府法制办公室职能职责与司法局职能职责重组。按乡镇（街道）行政区划设7个司法所，为玉溪市江川区司法局派出机构，副科级。

【成立区委全面依法治区委员会】　3月成立由区委书记任组长，区委副书记、区长和区委副书记、区委党校校长为副组长，人大、政协、区委组织部、宣传部、政法委、纪委等领导和相关职能部门负责人为成员的区委全面依法治区委员会。委员会下设立法、执法、司法、守法普法四个协调小组和办公室，委员会牵头抓总、统揽全局，协调小组协调推动委员会决定事项、工作部署和要求的贯彻落实，办公室负责全面依法治区工作的指导督促和考核评价工作。

【区委全面依法治区委员会会议】　6月18日组织召开区委全面依法治区委员会第一次会议，审议通过《中国共产党玉溪市江川区委员会全面依法治区委员会工作规则（送审稿）》《中国共产党玉溪市江川区委员会全面依法治区委员会协调小组工作规则（送审稿）》《中国共产党玉溪市江川区委员会全面依法治区委员会办公室工作细则（送审稿）》《中国共产党玉溪市江川区委员会全面依法治区委员会协调小组成员建议名单》《中国共产党玉溪市江川区委员会全面依法治区委员会办公室成员建议名单》。

【区委全面依法治区委员会办公室会议】 8月29日，组织召开区委全面依法治区委员会办公室负责人会议暨各协调小组第一次会议，讨论并通过《区委全面依法治区委员会2019年工作要点（讨论稿）》《玉溪市江川区2019年度依法治区工作考评细则（送审稿）》《区委全面依法治区工作联络员联动机制（送审稿）》《依法治区信息报送机制（送审稿）》。

【法治政府建设】 全面贯彻落实《玉溪市江川区法治政府建设实施方案（2016～2020年）》，制定印发《玉溪市江川区2019年法治政府建设工作计划》，进一步明确责任单位、责任人及时间表，着力推进江川区法治政府建设有序开展。

【行政执法监督】 一是制定印发《玉溪市江川区落实全面推行行政执法公示制度执法全过程记录制度重大行政执法决定法制审核制度实施方案》，组织行政执法“三项制度”业务培训1次；二是完成机构改革后第一批区级27家单位行政执法主体资格的审查确认；三是强化行政执法人员资格管理，开展行政执法业务网上培训，组织行政执法业务现场培训2次，组织完成行政执法人员网上培训考试1期，实现行政执法主体、行政执法人员管理、培训、监督信息化；四是组织区法律顾问室律师，从区自然资源局等10家2018年度办理的涉民营企业行政执法案件中，抽取行政执法案卷100卷进行评查，对评查结果进行通报，着力规范行政执法行为。

【重大行政决策】 严格执行《云南省重大行政决策程序规定》和《玉溪市江川区重大行政决策责任追究暂行办法》，认真组织学习国务院颁布的《重大行政决策程序暂行条例》，进一步规范行政决策行为。2019年全区共完成重大风险评估6项，对重大行政决策、重要事项、重要项目合同进行法制审查47次。

【规范性文件清理】 组织开展行政规范性文件及其制定主体清理工作，对机构改革后的29个区人民政府工作部门和7个区级有关单位行政规范性文件制定主体资格进行了审核确认，对原有的27件行政规范性文件进行清理，决定废止行政规范性文件8件，保留行政规范性文件19件。

【行政复议工作】 贯彻落实《玉溪市人民政府关于开展行政复议委员会试点工作的指导意见》精神，严格执行相对集中行政复议权，2019年全区共办理行政复议案件13件。认真贯彻执行《玉溪市行政机关负责人行政诉讼出庭应诉规定》，强化对行政机关负责人出庭应诉的刚性要求，2019年全区各部门共出庭应诉7件次，行政机关负责人行政诉讼案件出庭应诉率达100%。

【星云湖保护条例修订】 一是组织召开座谈会25场和《条例》修订领导小组会议及市级相关部门专家征询意见会、论证会，收集各类意见建议110多条，先后形成《条例》修订稿十一稿。二是《条例》修订稿经区政府常务会议、区人大常委会党组会议和区委常委会议讨论通过后报送市政府，经市政府常务会议、市人大常委会党组会议和市委常委会会议讨论通过后报送省人大常委会审议。三是5月6日，省人大常委会办公厅就《条例》修订草案征求意见稿正式向社会各界征求意见。6月18日，省人大环资委组织省直相关部门、专家和学者召开论证会，对《条例》修订草案论证稿继续论证。6月19日，省人大环资委和江川区根据论证会意见完成对《条例》修订草案论证稿修改工作。7月17日，省人大环资委和江川区根据省人大环资委委员会议的审议意见，对《条例》修订草案进行修改完善。7月23日，省人大常委会对《条例》修订草案进行第一次审议。8月14日，省人大法工委组织召开《条例》修订草案论证会。8月22日，根据论证会意见对《条例》修订草案进行修改完善。8月24日，省委常委扩大会议审议并原则通过《条例》修订草案。9月19日，省人大常委会副主任李培率省人大立法调研组，到江川区对《条例（修订草案）》进行立法调研并召开座谈会，听取省市区镇人大代表和相关部门意见，对条例修订草案提交省人大常委会进行二审提出要求。9月26日，省人大常委会二审分组审议《条例（修订草案）》（修改稿），并于9月28日表决通过《条例（修订草案）》，《云南省星云湖保护条例》自2020年1月1日实行。

【领导干部学法用法】 2019年，区政府常务会议专题学习法律法规6次，全区开展法治专题讲座2次，组织全区机关事业单位公务员和事业人员共3882人参加在线学法用法和无纸化考试，确保领导干部学法制度化、规范化、经常化。

【健全普法工作机制】 制定印发《2019年玉溪市江川区普法与依法治理工作要点》《玉溪市江川区关于在法治宣传教育工作中进一步深化扫黑除恶专项斗争主题宣传活动的通知》《玉溪市江川区深化"法律进学校"活动实施方案》《玉溪市江川区普及法律常识办公室关于开展"服务大局普法行"主题实践活动的通知》《关于进一步深化全区宪法宣传教育工作的意见》的通知、修订《玉溪市江川区区级国家机关普法责任清单》等普法工作机制，为江川区较好落实"七五"普法规划奠定坚实的基础。

【围绕重大项目和重点工作开展法治宣传】 围绕区委、区政府"双创"、棚户区改造、扫黑除恶、星云湖"四退三还"等重大项目和重点工作的推进开展普法宣传教育工作。期间共出宣传车800余次，录制宣传音频8个，发放宣传材料1.5万余份，普法标语400条，张贴公告300张，广播宣传2000余次。

【重要时间节点法治宣传】 以文化科技卫生"三下乡"、"三八"维权周、"3·15"国际消费者权益日、"全民国家安全教育日"、"六五"世界环境日、"6·26"禁毒日等重要时间节点为契机，开展法治宣传教育。期间共出宣传车200余次，发放宣传材料2.5万余份，环保袋3000余个，宣传钱夹纸4000余个，宣传围裙1500条，普法标语300条，广播宣传500余次，解答法律咨询400余人次。

【烤烟生产法治宣传】 结合烤烟生产的相关要求，开展以《烟草种子管理办法》《种子法》《合同法》为主要内容的法治宣传教育。期间共组织开展烤烟生产法治宣传活动96次，出动宣传车宣传50天298人，开展广播宣传704次，黑板宣传385期，发放《种子法》《烟草种子管理办法》《合同法》、打假打私等宣传材料3.11万余份，钱夹纸1万余份、宣传围裙6000余条、彩色折页5000余份、环保袋1.6万余只，解答法律咨询566人次，调处涉烟纠纷19件44人，3个基层法律服务所共为烟农提供各类法律服务30余件。并在抗旱救灾期间，组织党员干部和法律服务工作人员捐款6800元，送到白石岩村贫困烟农手中，帮助贫困烟农抗旱自救。

【保密法治"宣传月"活动】 期间共出动宣传车宣传5次18人，发放宣传材料6000余份，环保袋1500余个，宣传围裙200条，钱夹纸2000余个，播放音频宣传100余场，黑板报宣传64期。

【扫黑除恶法治宣传】 充分发挥部门优势，把扫黑除恶专项斗争法律法规和政策的宣传作为一项重要内容，深入开展普法宣传活动，营造良好的法治氛围。2019年，共组织开展扫黑除恶专项斗争法治宣传教育活动294次，覆盖人数157610人，开展扫黑除恶专题宣讲41次，发放扫黑除恶专项斗争宣传材料7.9823万余份，悬挂横幅192条，张贴标语3025条，制作宣传橱窗、展板、板报456块，制作公益广告22部、投放地点11个，制作影音节目3期，通过"江川法宣在线"及门户网站推文74条、"以案释法"案例数13个。

【国家宪法日宣传】 12月4日，江川区委宣传部、司法局组织市公安局江川分局、法院、妇联、民政局、国税局、安监局、人社局、环保局、红十字会等41家单位100余人在城区乾景商业中心开展国家宪法日暨全国法制宣传日系列活动。期间共发放宣传材料2.754万份（册），环保袋500余个，围裙100余条、纸杯2000个、钱夹纸2000包、扫黑除恶宣传物品2000份、星云湖保护条例宣传物品2000份，接受群众咨询50余人次。并联合律师、普法志愿者、法律服务人员分别到江川一中、二中、职中等7所中学和三街小学、安化小学、雄关小学等7所小学开展宪法知识讲座和宪法宣传活动。

【经常性法治宣传教育】 全区共进行法治宣讲29次6430人次，广播宣传500次听众436200人次，培训骨干14期805人次，专业法宣传33天1136人次，帮教青少年21次42人，开展法律咨询979次1361人，展出图片32期385幅，黑板宣传64块682期，印发材料107期6.7113万份；张贴悬挂普法标语1924条。通过"江川法宣在线"微信公众号开展普法宣传，发表图文消息194篇，编排演出法治文艺节目66个32场。

【矛盾纠纷排查调处】 全区共组织开展矛盾纠纷排查77次，组织调解矛盾纠纷共875件，调解成功871件，纠纷涉及当事人1770人，纠纷涉及金额91.99万元，预防矛盾纠纷发生24件，防止群体性上访1件22人。

【一案一补】 2019年，全区人民调解“一案一补”案件790件，补助金额6.663万元（简易纠纷391件，补助金额1.173万元；一般纠纷349件，补助金额3.49万元；重大复杂纠纷50件，补助金额2万元）。

【人民调解员培训】 2019年全区共组织调解人员参加司法部主办的人民调解大讲堂培训9期161人，各司法所组织调解人员业务培训17期313人。

【多元化纠纷调解】 积极探索人民调解与行政调解、司法调解衔接配合及“公调对接”“检调对接”“诉调对接”和“访调对接”的工作机制，形成分工合理、权责明确、优势互补、协调联动的社会矛盾纠纷解决体系。2019年我局调解信访纠纷11件，调解成功10件，调解不成功导入法治轨道1件。

【安置帮教工作】 加大对刑释人员信息核查力度，落实衔接措施，确保刑释人员信息核查率95%以上，重点人员衔接率100%，2019年，我局与家属到监所接领刑释人员135人，对江川区5年内接收在册的刑释解教人员1127人和2019年接收的227人，在规定时限内均进行有效帮教。

【社区矫正工作】 2019年止，全区累计接受社区矫正人员1425人，解除矫正1215人，在册210人。我局通过健全社区矫正工作机制，规范社区矫正工作程序和组织开展联合执法检查、集中教育培训、公益劳动等，进一步加强对社区矫正人员的教育与管理，有效避免和减少社区矫正人员重新违法犯罪。2019年，全区共开展社区矫正人员集中教育培训2140人次，个人教育谈话2145人次，走访社区矫正人员428人次，刑释解矫人员324人次，组织开展违法犯罪排查8次，尿检6次203人，对违反社区矫正规定的矫正人员警告处分21人，违规教育谈话21次，收监执行4人。并健全局班子成员定期走访社区矫正人员工作机制，局班子成员参与走访社区矫正重点人员168余人次，参与社区矫正人员集中教育6次。

【基层法律服务工作】 2019年，全区3个基层法律服务所共办理诉讼代理52件，非诉讼代理130件，解答法律咨询797人次，调解纠纷33件，为社会弱势群体办理法律援助21件。

【公证工作】 2019年，江川公证处共办理各类公证530件，涉及标底16570万元，解答群众公证法律咨询683次1881人，代书、草拟修改各类合同协议及有关公证法律文书451份，提出口头司法建议27条，被采纳27条。

【律师工作】 2019年，江川区律师事务所共办理各类法律事务46件，担任法律顾问17家，办理法律援助案件21件，代写法律文书145件，提供法律咨询562人次，涉及经济标的224万元，挽回经济损失178万元。

【法律援助工作】 2019年，江川区法律援助中心共办理法律援助案件140件，援助案件涉及当事人140人，为受援人挽回经济损失400.34万元。列入法律援助补助案件140件，补助经费18.80万元。

【扫黑除恶工作】 一是2019年共组织开展扫黑除恶专项斗争法治宣传教育活动294次，覆盖人数157610人，开展扫黑除恶专题宣讲41次，发放扫黑除恶专项斗争宣传材料7.9823万余份，悬挂横幅192条，张贴标语3025条，制作宣传橱窗、展板、板报456块，制作公益广告22部、投放地点11个，制作影音节目3期，通过“江川法宣在线”及门户网站推文74条、“以案释法”案例数13个；二是健全律师办理涉黑涉恶案件工作机制，加强对律师办理涉黑涉恶案件的管理，至2019年区律师共办理涉黑涉恶案件7件9人；三是加强对涉黑涉恶线索摸排，至2019年我局共受理相关部门转办及电话举报线索5起，及时对5起举报线索进行核实，并将核实和办理情况及时进行反馈，将2起举报线索移交相关部门处理；四是鼓励社区矫正人员和刑释解矫人员积极检举、揭发黑恶势力，及时上报违法犯罪线索。至2019年共组织开展涉黑涉恶线索排查23次，排查出涉黑案件涉及在矫社区矫正人员4人、解除社区矫正人员1人和5年内刑满释放人员5人，涉恶案件涉及五年内刑满释放人员5人。

【公共法律服务实体平台建设】 司法局立足“法律事务咨询、矛盾纠纷化解、困难群众维权、法律服务指引和提供”的平台建设功能定位，统筹整合司法行政资源，巩固和完善公共法律服务实体平台建设成果，购置安装了4台智慧法律服务机器人，安置于九溪、安化公共法律服务中心和区党群服务中心、区政务服务大厅，努力为人民群众提供普惠性、公益性、可选择的公共法律服务。

【业务用房建设】 2019年9月，司法局业务用房项目建设由云南昂辰建筑工程有限公司中标，2019年10月开始动工建设。

【信息化建设】 抓好司法行政系统“一网一平台”信息化建设工作，完成市到区、区到乡镇司法行政专线铺设和前期设备购置调试工作。

（廖江平）

公安

【概述】 2019年，玉溪市公安局江川分局在区委、区政府和市公安局党委的坚强领导下，以习近平新时代中国特色社会主义思想为指导，全面贯彻党的十九大和十九届二中、三中、四中全会精神，深入学习贯彻全国全省公安工作会议精神，坚持总体国家安全观和以人民为中心的发展思想，以70周年大庆安保维稳工作为主线，牢记初心使命，勇于担当尽责，压倒一切抓稳定，夺取了70周年大庆安保全面胜利，有力维护了全区社会大局持续稳定。

【组织机构】 2019年，江川分局行政编制数235人（其中，工勤1人，路居派出所13人、孤山派出所8人），实有221人（不含路居派出所、孤山派出所），男民警199人、女民警21人、男工勤人员1人。年内增加2人（调出5人，退休2人，调入3人，新招录6人）。机构编制数28个实有28个：指挥中心、政治工作办公室、警务保障室、信访室、刑事侦查大队、治安管理大队、经济犯罪侦查大队、禁毒大队、国内安全保卫大队、反恐怖大队、出入境管理大队、网络安全保卫大队、警务督察大队、法制大队、交通警察大队、巡特警大队、看守所、拘留所、大街派出所、江城派出所、前卫派出所、九溪派出所、雄关派出所、安化派出所、路居派出所（由澄江县公安局托管）、孤山派出所（由澄江县公安局托管）、行政审批股、消防大队（整建制移交国家应急管理部，由上级消防救援部门垂直管理，目前尚未整合完成，三定方案暂未调整）。

【主要数据】

接处警数 2019年，接处警11559起，同比减少520起，下降4.3%，出动警力39525人次。

刑事案件 2019年，立各类刑事案件1117起（其中治安类20起、经济类29起、毒品类案件69起、交通类60起），破388起，破案率34.7%，其中危害公共安全案件立65起破61起，侵犯公民人身、民主权利案件立48起破35起（命案立2起破2起），侵犯财产案件立887起破184起、妨害社会管理秩序案件立88起破86起。破年前案件113起，破案绝对数501起。抓获各类犯罪嫌疑人491人，移送起诉350人，抓获逃犯53人。

经济案件 2019年，受理各类经济案件35起，立案29起，破获22起，破案率75.9%。破获年前案件11起，破案绝对数33起。涉案总价值3381.29万元，挽回经济损失598.23万元。

毒品案件 2019年，破获毒品案件69起，缴获毒品18304克（海洛因7308克、冰毒7909克、吗啡3087克），抓获嫌疑人38人，其中刑事拘留27人，取保候审2人，其他强制措施9人。查处吸毒人员241人，强制隔离戒毒人员80人，收戒吸毒人员214人，捣毁吸毒窝点5个。

行政案件 2019年，受理行政案件（不含交通违法案件）2166起，查处1140起，其中受理治安案件2109起，查处1083起。查处违法人员1529人，其中拘留330人、罚款224人、警告51人、其他处理924人。

交通事故 2019年，全区发生交通事故3058起，死亡21人，受伤1237人，损失74.4万元。

交通违法案件 2019年，交警部门受理违反道路交通管理法律法规的行政案件46272起，查处43445起。

车辆驾驶人数 2019年，全区机动车保有量73694辆、电动自行车拥有量25580辆、机动车驾驶人90508名。

火灾事故 2019年，全区发生各类火灾事故47起，无人员伤亡，烧毁房屋30间424.9平方米，直接经济损失29.4万元。

拘押人员数 2019年，看守所羁押各类在押人员431人（含涉黑涉恶人员80人），其中上年转入118人、新收313人；出所263人。其中投送监狱142人、刑满释放9人、其他处理112人，日均押量156人。行政拘留所共收拘380人，其中拘留非法入境外国人8人（分别为老挝5人、缅甸2人、越南1人），日均拘留量13人。

【网络安全管理】 2019年，网安部门加强互联网安全监管。督促网站、信息系统备案工作，检查单位89家次，下发整改通知书79份。加强网吧实名制管理，促进网吧依法经营，检查网吧150余次，3家网吧容纳未成年上网，移交文化部门处理。落实网上巡查、舆情引导和有害信息处置等措施，收集各类有害信息550条。发挥网侦优势，打击处理涉谣言案件4起，协助各办案部门破案33起，抓捕犯罪嫌疑人150余人，抓获逃犯16人。

【公安信访】 2019年，公安信访部门着力抓好源头治理，及时就地解决信访问题，攻坚信访积案化解，规范信访工作秩序，全力维护群众合法权益。接待群众来信来访46件，其中来访6件6人次（重复访2件2人次），来信6件（重信4件），上级部门网上转办34件。受理办理46件，全部办结。依法、依规处理、答复群众诉求，做到群众来信来访件件有回应，事事有答复。

【出入境管理】 2019年，受理普通护照5196人次、往来港澳通行证1645人次、往来港澳签注860人次；港澳通行证探亲签证10人次；港澳通行证逗留签证1人次；大陆居民往来台湾通行证620人次、大陆居民往来台湾签注71人次。江川区常住境外人26人，其中越南籍9人、缅甸籍7人、老挝籍7人、泰国籍1人、中国台湾籍1人、英国籍1人。开展清理整治“三非”专项行动，办理“三非”案件10起。

【禁毒工作】 2019年，江川区禁毒委认真研究本地毒情形势，及时部署开展毒品问题重点整治、禁毒宣传、社区戒毒社区康复等各项基础工作，推动第四轮禁毒人民战争深入开展，全力维护社会治安的稳定，为新中国成立70周年大庆营造和谐稳定的社会环境。立足学校、社区、企业等宣传阵地，落实“六进”工作要求，拓宽宣传渠道，深入推进青少年毒品预防教育“6·27”工程，有效提高禁毒宣传实效。先后组织开展“百日打零收戒”、禁毒“夏秋攻势”“鹰眼二号”专项行动，组织开展毒品公开查缉，有力打击涉毒违法犯罪。以社戒社康“8·31”工程为载体，强化源头治理措施，对客货运输企业驾乘人员、各类违法犯罪嫌疑人开展排查，及时发现吸毒人员。引入限制出境机制，落实社区矫正人员违法收监措施，扎实开展贫困吸毒人员精准脱贫，加强对各乡镇（街道）及禁毒委成员单位工作指导，有效管控社区矫正对象。分片包干，落实责任，不留死角，把握种收两个关键时间点，全面开展禁种铲毒工作。加强清理检查，严格易制毒化学品和制毒物品管理，确保辖区无非法囤积制易制毒化学品和制毒犯罪。

【法制工作】 2019年，审核移送起诉案件188件343人，提请批准逮捕122件239人，审核治安案件263件602人。分局法制部门规范“三中心”运行管理，统一入口审查机制，规范办案流程，加强执法保障，全面提升规范执法水平。加强案件考评监督，及时督促整改存在问题，审核的案件均做到案件事实清楚，证据确实充分，程序合法，量处适当，适用法律正确，确保每件案件都经得起法律检验。

【监管工作】 2019年，江川区看守所拘留所严格按照上级公安机关安排部署，以监所安全管理为目标，积极开展内部安全隐患排查整治，及时堵塞管理漏洞。加强在押人员风险评估和思想教育，有效维护监所正常管理秩序。严格落实程序规定，规范提讯提审及会见管理，连续保持监所管理“零事故”。投资200万余元对看守所监区通道、监室门、监控系统等设施进行改造，投入资金2.5万元，对拘留所监室内的洗漱台、栅栏进行改造，对电视机等物品进行更换，及时消除安全隐患。全年共开展风险评估2485人次，处理在押人员违法监所管理规定132人次，接待律师及在押人员会见539人次。

【拘留所看守所合署办公】 1月22日，玉溪市公安局江川分局召开会议，宣布玉溪市江川区看守所与拘留所合署办公，有效整合警力资源，促进监管场所管理水平提升。

【警务督察】 2019年度，共完成专项督察27项，大型安保任务督察6场次，牵头工作5项；受理核查反馈群众举报、投诉案件32件；开展维护民警正当执法权益案件3件，短信推送人民满意度评警6056条，满意率占94.42%。投入日常督察、专项督察、重点督察、安保督察以及“放管服”措施的落实等共投入督察警力280余人次，发现和现场督促整改问题27项，提出督察建议22条，发出书面督察建议6份，警务督察通报11期，警示约谈责任人9人次。

【专项行动】 “扫黑除恶”专项斗争 2019年，依据以董超、顾云禄、马增平、李江文、罗江伟、邓超为首的6个团伙涉嫌非法高利放贷、暴力讨债的犯罪线索，市区两级公安机关成立“4·19”专案组，由副市长、市公安局党委书记、局长马加能任组长、市局副局长赵南方任常务副组长，指挥开展专案侦查。7月30日，110余名警力统一收网，一举摧毁恶势力犯罪集团3个，黑社会性质犯罪组织1个，抓获犯罪嫌疑人64人，查明案件68起。冻结资金237万元，扣押现金32.2万元，扣押中高档汽车11辆，查封房产12宗（建筑面积2500.82平方米）。全年共接收各类涉黑涉恶线索144条，核查134条。共侦办涉黑案件1起，抓获犯罪嫌疑人36人，共查明案件22起；侦办恶势力犯罪集团案7起，抓获犯罪嫌疑人54人，查明案件84起。

“扫黄禁赌”专项行动 3月18日至11月25日，对涉黄涉赌重点场所开展集中清理，深入摸排，广泛宣传，建立举报奖励机制，对涉黄涉赌违法犯罪实施有力打击。共破获涉黄涉赌刑事案件3起，其中涉黄2起、涉赌1起，抓获犯罪嫌疑人5人。查处涉黄涉赌治安案件58起，其中涉黄14起、涉赌44起，查处违法人员224人，其中行政拘留51人、治安罚款137人、其他处罚37人。收缴赌资7.4万元，赌博游戏机、麻将桌等赌具一批。

集中打击食药环犯罪“昆仑”行动 7月至年底，江川分局落实部省市公安机关部署要求，组织在全区开展以“护民生、保大庆”为主题的集中打击食药环犯罪“昆仑”行动，依法严打食药环、制假售假犯罪，保障人民群众身体健康和生命安全，维护生态环境安全，维护市场经济秩序，有效防范安全风险隐患。破获销售假药案件3起，抓获犯罪嫌疑人3人。

打击整治枪爆违法犯罪专项行动 2019年以来，积极发挥江川区打击整治枪爆违法犯罪联席会议指挥部办公室职能作用，统筹大庆安保维稳工作，协调各成员单位深入推进专项行动。强化全面打击涉枪涉爆违法犯罪、全面加强危爆物品整治、网上清理整治、收缴查控和枪爆要素管控、深入开展宣传发动“六个全面”举措落实，严格管控枪爆物品，全力维护辖区安全和社会大局持续稳定。全年共破获涉枪刑事案件1起，抓获犯罪嫌疑人1人；查处涉爆治安案件1起，查处违法人员1人。共收缴各类枪支12支，各类子弹2284发、枪支零部件10件；仿真枪8支，各类管制刀具1943把；炸药2千克，雷管73枚；黑火药6768千克，易制爆化学品990千克，炮弹1枚；各类烟花爆竹5315件，礼花弹381枚。9月18日至20日，组织对原前卫双龙烟花火炮厂、原杨家咀忠武烟花火炮厂、原后鑫花炮有限公司三户烟花爆竹停产企业的库存原材料、半成品、成品进行销毁，共销毁各类烟花爆竹2614件、炮饼20030个、引线388件、火药723千克、银粉150千克、丙酮330千克、铁砂210千克，及时消除安全隐患，为70周年大庆安保维稳打牢了安全基础。

【户籍管理】 治安大队不断深化“放管服”工作，全区户籍窗口采取“上门服务”“延时服务”“错时服务”，实现“5+2”全年无休为群众提供办证服务。并组织全局户籍窗口民警及协勤人员培训，户籍制度改革宣传，各派出所户籍民警办证能力得到提高。1～12月，共为群众办理身份证17139人次，其中户籍地受理16487人次，省内异地受理652人次；捡拾登记发还4人次；户籍业务办理52421人次，其中户口登记3565人次，迁入3871人次，恢复户口9人次，迁出155人次，注销2001人次，变更9221人次，住址变动40455人次。

【基础设施建设】 2019年9月27日安化派出所办公用房D级危房拆除重建批准立项建设。向安化乡安化社区居委会大营三组征地2.39亩，设计建筑总面积1141.03平方米，建设预算327.63万元。2019年

9月开工，同年12月完成主体施工建设。

【派出所规范化建设】 10月9日，江川分局大街派出所被公安部命名为一级公安派出所。

【协外侦破一起命案】 11月18日，江川、弥勒两地警方开展区域协作，在玉溪市红塔区将犯罪嫌疑人杨华清抓捕归案，破获两年前发生在弥勒的1起杀人案。（2017年5月，红河州弥勒市45岁的男性杨华清在当地将35岁的女性王某杀害后，驾驶汽车来到江川区安化乡，将汽车烧毁后一直藏匿在逃。两地警方持续对杨华清进行追踪，并于2019年11月18日将其抓获。杨华清到案后，如实供述杀害王某的犯罪事实）。

【打掉一个非法加工烟丝犯罪团伙】 12月13日，江川分局在省公安厅经侦总队、昆明、楚雄、新平等地公安机关的大力支持下，经侦、刑侦、技侦、网安、巡特警等多个部门通力协作，多路出击，在楚雄、昆明、新平、江川四地同步收网，捣毁一个非法加工烟丝的犯罪团伙，抓获张义声（男，45岁，福建省云霄县人）等犯罪嫌疑人员42人，刑事拘留18人，查获烟叶、烟片、烟梗、烟丝约12万余千克，烟丝加工设备21台（套），其他通用设备14台（套），涉案价值1200余万元。

【电动自行车国家标准实施管理】 4月15日起，玉溪市电动自行车管理执行国家标准《电动自行车安全技术规范》（GB 17761—2018），为配合市场监管、工信等部门对电动自行车生产、销售、使用各环节规范管理，江川分局交通警察大队加大辖区电动自行车交通治安管理工作力度，4月15日至10月15日，免费为群众办理临时过渡号牌、发放过渡期电动车标识，全区电动自行车登记在册数达25580辆。办理过登记或者已安装临时过渡号牌、领取过渡期标识的电动自行车，可在2023年4月14日前的过渡期内在玉溪市范围内上道路行驶。

【重大安保工作】 新中国成立70周年大庆安保　江川分局全体公安民警、辅警全力以赴投入新中国成立70周年大庆安保维稳工作。一是分别于6月20日和9月11日召开全区会议，为全区大庆安保维稳工作提供坚强领导。二是加强部门联动，实现“矛盾纠纷联调、重点人员联控，维稳责任捆绑”，确保社会政治持续稳定。三是全面提升社会治安防控等级，强化街面巡逻，组织社区防控，适时开展行业场所清理检查和堵卡查缉，精准发力整治突出治安问题，及时消除治安隐患。以扫黑除恶专项斗争为龙头，持续开展以“五场硬仗”和10个专项行动，深入发动群众、广泛获取线索、强化司法配合、提高办案效率，对涉黑涉恶、涉毒涉赌等违法犯罪严厉打击，有效遏制了犯罪高发势头。四是坚持“预防为主、安全第一”理念，强化交通安全宣传，加强“两客一危一货”重点车辆、驾驶员安全管理，持续整治严重交通违法行为，提高交通安全管理能力。深入开展高层建筑消防安全综合治理，强化“三合一场所”“九小场所”等区域消防安全检查整治，及时消除火灾隐患，有效防止了重特大案事件发生。江川分局在大庆安保维稳工作中，先后投入警力2.5万人次。战时表彰中，分局被省厅记集体二等功1次，被市局记集体三等功1次，11名民警被省厅和市局记功嘉奖。

高考安保　6月7～8日，江川区高考考点设置在江川一中，共58个标准化考场。江川分局精心组织、周密部署，出动警车40辆次，出动警力800余人次，强化各项措施落实，为全区考生营造一个安全、稳定、宁静的考试环境。一是成立高考安全保卫工作领导小组，明确工作职责和任务，并与区教育、消防等部门通力合作，加强考前安全检查，督促试卷保密及考点周边治安、交通、噪音管制。二是以江川一中考点周边为重点，全面开展安全隐患大排查，联合有关部门加强生产经营噪声管理，及时消除噪声影响。三是高考期间，以考点周边和考生住地为重点，加大考点执守、街面防控力度，增加巡逻密度和频次。全面开展作弊器材清理检查，加强网络巡查，积极应对和打击涉考违法犯罪。高考结束当晚，加强旅店、酒吧、KTV等行业场所和烧烤摊管控，延长巡逻防控时间，确保考后社会治安平稳。四是认真做好考生身份核查服务，严防出现考生“移民”，维护高考公平。开辟“绿色通道”，对考生居民身份证办理优先受理，优先制证，解决考生困难。对考点附近兴江路、江中路等主要路段实行交通管制。

省铁人三项公开赛安保　8月11日，“云投体育杯”2019年玉溪·江川云南省铁人三项公开赛在玉溪市江川区江城镇茶尔山水库沿线举行，来自全省的200余名专业运动员和业余爱好者参加游泳、自行车、长跑三项比赛。江川分局出动警车30余辆，警力90余人，定人定岗定责，在晋宁警方及江城镇60余名村委会治保成员的配合协作下，参战民警辅警认真履职，严格落实赛场及沿途交通、治安秩序维护，确保各项赛事顺利进行。

第十五届开渔节安保　12月25日，中国·云南·江川第十五届开渔节（高原湖泊水产品交易会）在江川举行。江川分局提前开展实地踏勘，成立安保领导小组，研究制定方案。设立10个工作组，重点以开幕式暨开渔仪式、群众文艺展演、“群星闪烁·晶亮如云”音乐会、鲜鱼展销等七个系列活动重兵布警加强现场管控，同步开展安保，加强现场督察，确保责任落实到位。针对玉江大道、江川主城区道路因施工通行率低带来的交通阻塞风险，市局从交警支队和峨山、易门、华宁、元江交警部门抽调45人支援江川。相邻县区交警部门内外协同，有效化解道路交通拥堵风险。同时，安排警力对城区道路、捕鱼现场、沿湖鲜鱼市场等区域开展动态巡逻、安全宣传，及时化解矛盾纠纷、处置群众报警求助。安保工作共出动警力500余人次，快速处置各类警情53起，受理刑事案件4起、治安案件9起、求助6起、纠纷12起、交通事故14起，圆满完成12月25日系列活动安保任务。

国际体育旅游嘉年华国际定向越野赛安保　12月29日，2019云南·江川国际体育旅游嘉年华暨江川北山公园国际定向越野赛在江川区江城镇北山公园举行，来自中国、美国、英国、德国等国家和地区的专业越野选手和国内外1200余名户外运动爱好者参加比赛。为确保赛事安全，江川分局提前谋划，精心部署，主动开展比赛路线踏勘，研究制定安保方案，投入警力100余名，在江城镇、翠峰村委会两级干部职工60余人配合下，落实“五定一保”工作要求，加强赛场沿途布警，以防盗抢、防毒、防暴恐、防拥挤、防交通事故、防聚众闹事为重点，全力做好比赛行程沿途交通秩序维护和比赛现场的安全保卫工作。全体参战民警、辅警在比赛现场坚守岗位，文明规范执勤，确保比赛安全圆满完成。

【领导调研】　马加能调研指导公安工作　1月24日，玉溪市人民政府副市长、市公安局党委书记、局长马加能同志到江川分局调研指导公安工作，走访九溪派出所和大街派出所，视察分局荣誉室和指挥中心大厅，看望慰问坚守在基层工作岗位上的民警。详细了解全局警力状况、总体治安形势、信息化建设应用与规划情况及派出所辖区社会治安、队伍建设、警力装备、值班备勤等情况和存在的问题困难。马加能强调，分局领导班子要提前谋划，主动思考，团结和带领全局民警克服困难，创新举措，全力做好当前各项公安工作。一是要全力以赴做好春节“两会”安保工作，确保春节和全国、全省“两会”期间社会大局平稳。二是要以“扫黑除恶”专项斗争为龙头，强化社会治安整治，严厉打击各类违法犯罪。三是要加大命案防范工作力度，创新工作方法，有效减少“命案”发生率。四是要用超前的眼光规划信息化建设，不断寻找推动公安工作创新发展的科技“新动力”。

徐贤调研扫黑除恶工作　2月2日，玉溪市江川区委书记徐贤与区委常委、政法委书记蒋文，区委常委、区委办主任赵琦，副区长、市公安局江川分局党委书记、局长溥恩武一行深入各乡镇调研扫黑除恶专项斗争工作。徐贤同志先后深入大街街道宏宇包装公司、前卫镇前卫社区、江城镇江城社区。在听取有关负责人工作情况汇报、存在的困难和问题及群众的意见建议后。徐贤指出，扫黑除恶专项斗争事关人民安居乐业、社会安定有序、国家长治久安。相关部门要密切协同，担当作为，才能取得明显成效。徐贤强调，全区各级各有关部门要提高政治站位，牢固树立以人民为中心的发展思想，坚定不移落实好中央、省、市扫黑除恶专项斗争决策部署，主动担当、高位推进，坚决铲除黑恶土壤。一是要加强领导，层层压实责任，把扫黑除恶专项斗争抓紧、抓牢、抓出成效。二是要坚持问题导向，补齐工作短板，按照时间节点，全力打好扫黑除恶专项斗争主动战、攻坚战、整体战，本着有黑扫黑、无黑除恶、无恶治乱的原则，推动扫黑除恶专项斗争向纵深发展。三是要营造浓厚的宣传氛围，多层次、立体式、全方位抓宣传，做到通俗易懂、生动形象，入村入户、入脑入心，提升群众知晓率和参与度，助力全区扫黑除恶专项斗争。四是要深入摸排涉黑涉恶线索，从源头上、根本上有力遏制黑恶势力滋生蔓延，坚决打赢扫黑除恶专项斗争这场硬仗。徐贤书记一行还向群众发放了扫黑除恶专项斗争宣传资料，与群众面对面宣传扫黑除恶知识。

马加能调研指导全面建成小康社会民主法治建设工作 3月8日，玉溪市人民政府副市长、市公安局党委书记、局长马加能带队深入江川区对全面建成小康社会民主法治建设进行专题调研，督导扫黑除恶专项斗争。市政府副秘书长王贵元、江川区委政法委书记蒋文、副区长溥恩武及市政府办、市公安局、江川区相关部门领导参加调研。调研座谈会上，蒋文、溥恩武同志分别就全区和公安机关民主法治工作情况及下步打算作汇报。马加能对江川区基层民主参选率、律师万人比及基层法律服务工作情况、行政案件诉讼万人发案率、社会安全指数等情况和数据进行询问后。对江川区在民主法治建设工作成效给予了充分肯定，对下步工作提出明确要求。各级各部门要深化扫黑除恶专项斗争，继续加强宣传发动、齐抓共管、共建共治，公安机关要强化线索摸排核查、加大案件攻坚力度、规范健全完善台账、创新机制纵深推进，争取在2020年前对黑恶案件清零，实现长效长治目标。要深入推进民主法治建设，进一步提高政治站位，认真总结成绩经验，坚持问题导向，加强调研，拿出可行措施，切实解决实际问题，为推进全面建成小康社会民主法治建设作出更多努力，进一步提升群众幸福感、安全感和满意度。调研期间，马加能一行还实地检查云南绿竹集团长寿花炮有限公司，对江川区烟花爆竹企业安全生产提出具体要求。

李洪云调研扫黑除恶专项斗争工作 3月19日，市人大常委会主任李洪云一行到江川调研扫黑除恶专项斗争工作，江川区委书记徐贤主持调研会议，区人大常委会主任龚桂存，区委常委、政法委书记蒋文，副区长、市公安局江川分局局长溥恩武及区法院、区检察院、公安局、司法局等有关部门的领导参加调研。调研会上，区委政法委书记蒋文汇报全区扫黑除恶专项斗争工作情况，公安、检察院、法院、区纪委监察委、司法等部门相关负责人对部门扫黑除恶专项斗争工作情况作汇报。李洪云对江川区取得的成绩给予充分肯定并指出，江川区委、区政府贯彻落实中央精神到位，政法部门履职、协作到位，扫黑除恶专项斗争成绩突出。希望江川区各部门提高政治站位，保持清醒认识，全力投入到扫黑除恶和维护社会安全稳定的各项工作中，确保扫黑除恶专项斗争在深挖根治、打网破伞等工作中形成长效机制。调研期间，李洪云主任一行观看江川分局扫黑除恶专项斗争宣传片，参观江川分局荣誉室和扫黑除恶专项斗争展厅。

冯志礼调研扫黑除恶专项斗争工作 4月10日，省委常委、省纪委书记、省监委主任冯志礼到江川调研扫黑除恶专项斗争工作，玉溪市委书记罗应光，政法委书记明正彬，纪委书记、监委主任孟凡兵陪同，江川区委书记徐贤，纪委书记、监察委主任矣向林，政法委书记蒋文，副区长、市公安局江川分局局长溥恩武等参加调研座谈。冯志礼一行来到江川分局，观看江川区扫黑除恶专项斗争专题宣传片和宣传展板，听取区委书记徐贤和相关领导对江川区扫黑除恶专项斗争的工作汇报。冯志礼指出，江川区委、区政府切实承担起政治责任，强化组织、制度、机制体系建设，扫黑除恶专项斗争取得广泛的群众基础，专项斗争成效明显。冯志礼强调，扫黑除恶事关国家政治安全和基层政权安全，是检验“四个意识”“两个维护”的试金石。各级党委、政府和相关部门要进一步落实政治责任，明确工作职责，强力推进扫黑除恶专项斗争提速提质提效，不断增强群众的获得感、幸福感、安全感。以依法严惩为主线，紧盯重点领域、关键人物，坚决查办一批案件，彰显震慑力、影响力。进一步宣传发动和组织群众，健全社会网格化管理，强化基层基础，人人支持参与，打好扫黑除恶的人民战争。纪检监察机关要将党员干部涉黑涉恶问题作为执纪审查的重点，加大提级办理、直查直办力度，深挖彻查涉黑涉恶腐败和“保护伞”，彻底“打财断血”，除恶务尽。各级各部门要进一步提高政治站位，督促推进责任落实，坚决破“网”打“伞”，交出一份人民满意的答卷。

马加能调研挂钩扶贫点 5月18日，玉溪市副市长、市公安局党委书记、局长马加能一行到江川区江城镇桐关村委会和三百亩村委会调研脱贫攻坚工作，在三百亩村委会和桐关村委会，马加能听取村委会干部及市公安局驻村扶贫工作队员对整村脱贫、集体经济、生态种植、村民收入、护林防火等方面的工作汇报，并对两个村委会在扶贫工作、乡村振兴、美丽乡村建设中存在的问题进行交流。马加能强调，一是要把脱贫攻坚当作一项政治任务来抓，巩固好当前工作成果，坚决防止返贫反弹；二是要找出路、想办法，寻求项目发展解决方案；三是要推动集体经济发展，积极发展农村经济合作方式；四是要加强政策宣传教育，制定适合本村的村规民约，开展人居环境治理，建设美丽乡村；五是要加快村庄规划步伐，高起点规划，高起点建设；六是要党建引领，加强农村陋习治理工作，打造脱贫攻坚示范村。马加能还要求驻村工作队员要坚持以人民为中心的工作思想，在其位、谋其职、多联系、多汇报，支持配合好村委会工作，特别是脱贫攻坚巩固工作，要勤快一点、起早一点，处理好家庭与工作的关系，认真履行工作队员职责。

王志华调研江川监管工作 7月8日，江川区委副书记、区长王志华率区政府办、区财政局相关领导到江川区看守所和江川区拘留所调研监管工作。王志华一行实地查看监区视频监控运行情况、基础设施老化状况及在押人员羁押情况后。召开座谈会，认真听取相关工作情况汇报。王志华指出，随着扫黑除恶专项斗争的深入开展，江川区监管场所在押人员急剧增多，监管场所压力日趋严重，针对江川监管场所存在的设施老化及基础性隐患问题，区委、区政府将全力解决，确保监管场所绝对安全。希望看守所、拘留所全体民警、辅警务必增强工作责任心，认真履行工作职责，确保监所安全无事故。

卢伟国调研指导国保规范化建设 7月24日，省公安厅国保总队副政委卢伟国一行6人到江川分局国保大队调研指导国保规范化建设工作。卢伟国听取分局国保规范化建设、大庆安保等工作汇报，检查国保规范化建设台账，对江川分局的工作给予充分肯定，并对下步工作指出要求。一要充分认清当前形势，主动作为，全力应对严峻挑战，不断提升维护安全稳定能力水平。二要突出工作重点，防范化解各类重大风险，忠实履行维护国家政治安全和社会稳定的职责使命。三要勇于担当尽责，坚决履行维护政治安全和社会稳定重大责任。要以情报信息为抓手精准维稳，掌握工作主动权，坚决将苗头隐患止于未发，全力做好新中国成立70周年大庆安保维稳工作。

徐贤到乡镇街道调研禁毒和扫黑除恶工作 7月24日，玉溪市江川区委书记徐贤在区委办、江川公安分局、区政法委、司法局等相关领导的陪同下，先后深入前卫镇政府、前卫社区居民委员会、前卫派出所，大街街道办事处等部门开展调研，听取乡镇、街道、社区居委会、公安有关负责人对禁毒工作和扫黑除恶专项斗争情况汇报，询问存在的困难及问题，听取意见建议，并认真检查工作台账。徐贤在充分肯定成绩的同时，对下步工作提出具体要求。禁毒宣传工作要全覆盖，要进入每个社区每个村组，抓到每个家庭每个娃娃，让群众真正从内心上自觉抵制毒品，远离毒品。排查打击上要重成效，摸清辖区管控人数，掌握情况，增强工作针对性，切实把排查和打击工作做实。帮教工作要全面全力。乡镇政府、社区村组、公安派出所要压实责任，强化责任追究，拿出有力措施，让帮教得到有效落实。三个乡镇要抓好禁毒专项整治。公安党委和相关部门要认真总结成效经验，补齐短板，加大毒品违法犯罪打击力度，乡镇（街道）要与辖区派出所加强协作配合，共同做好社区戒毒、社区康复执行和脱失人员查找、管控工作，确保全区经济社会和谐、稳定发展。扫黑除恶专项斗争要深入开展，要加强领导，层层压实责任，把扫黑除恶专项斗争抓实、抓牢、抓出成效。坚持问题导向，深入摸排涉黑涉恶线索，从源头和根本上有效铲除黑恶势力滋生土壤，不断增强人民群众获得感、幸福感和安全感。

李继华督导检查大庆安保维稳工作 8月13日，云南省公安厅治安总队副总队长李继华一行三人到江川督导检查新中国成立70周年大庆安保维稳工作。李继华先后到大街派出所、治安大队、指挥中心合成作战中心了解民警值班备勤、重点行业管理、矛盾纠纷排查、大数据实战应用等工作情况，到涉危涉爆行业场所进行实地检查。李继华在充分肯定工作的同时，对发现的问题作反馈强调，江川分局党委要进一步提高政治站位，加强统筹领导，以确保新中国成立70周年大庆安

全稳定为主线，从严从实从细抓好维护国家安全和社会稳定各项工作，确保辖区社会治安大局持续稳定。

徐贤调研江川公安工作　10月14日，区委书记徐贤一行到江川分局调研公安工作，调研以座谈会方式听取公安工作情况汇报后，徐贤指出，事实证明，江川公安是一支信念过硬、政治过硬、责任过硬、能力过硬、作风过硬的队伍，该队伍为江川社会稳定和经济发展作出积极贡献，特别是在开展扫黑除恶专项斗争中打了胜仗，扫出声威，扫出成效，人民群众的安全感、满意度大幅提升。但离群众期望还有很大差距，执法方面还存在很多问题，希望分局党委高度重视，认真查找影响群众安全感、满意度提升的原因，思考和改进社会治安管控措施。提高民警责任意识和忧患意识，把对公安工作的信仰转化为人民群众对公安工作的认可。徐贤强调，公安机关要通过“不忘初心、牢记使命”主题教育的开展，不断锤炼对党绝对忠诚的品质，以更高标准检视江川公安工作。要全面贯彻以人民为中心的思想理念，开展检视整治服务民生，让队伍建设和群众安全感满意度得到双提升。要坚持“五个过硬”要求，开展专项整治，建设过硬的江川公安铁警。

桑麟榆调研反邪教工作　12月26日，公安部防范和处理邪教犯罪工作局局长桑麟榆、副局长杨新一行3人在省公安厅防范和处理邪教犯罪工作总队总队长王新华等陪同下，到玉溪对机构改革职能划转后公安反邪教工作情况进行调研。玉溪市政府副市长、市公安局党委书记、局长李锐，江川区委书记徐贤，区长常成，江川分局、区检察院、区法院相关领导及部分县区公安机关国保部门负责人参加调研。调研会议在江川分局举行。桑麟榆与参会人员就反邪教工作的重点、难点及相关问题进行座谈，并对玉溪市反邪教工作取得的成绩给予肯定，对今后加强党委、政府领导和各部门协调配合，进一步提高反邪教工作水平提出要求。

【不实举报澄清正名】　12月30日，江川区纪委监委副书记、监委副主任杨智然，区纪委监委第二监察室主任杨斌到江川分局召开不实举报澄清反馈会，为受到实举报的四名民警澄清正名，分局实职副科以上领导干部参加。

【“文明讲堂”总堂第六期】　6月27日，由江川区委宣传部、区文明办主办，江川分局承办的2019年玉溪市江川区“文明讲堂”总堂第六期（公安专场）在江川分局举行，200余名民警、辅警及相关单位成员领导参加。讲堂以“庆七一　感党恩　铸忠诚　保大庆”为主题，通过诵一段经典、学一次模范、唱一首歌曲、做一次激励、办一个讲座、做一番分享、送一份吉祥等七个环节，以身边的人讲身边的事、身边的人讲自己的事、身边的事感染身边的人，激励广大干部职工大力弘扬习近平总书记倡导的注重家庭、家教、家风的要求，传递人文关怀、促进家庭和谐、激发职业荣誉感。

【表彰奖励】　2019年，江川分局参与玉溪市公安局侦破2017年“7·12”虚开增值税专用发票案专案组和玉溪市公安局侦破“02·24”非法生产制毒物品案专案组分别被公安部记集体一等功；江川分局参与玉溪市公安局“2018·4·27”涉黑组织案专案组和玉溪市“1·21”非法制售烟丝窝点系列案专案组分别被省公安厅记集体二等功；江川分局国内安全保卫大队被玉溪市人民政府记集体三等功，禁毒大队被共青团中央、公安部命名为全国“青少年维权岗”（2016～2018年）。张伟（刑侦大队）、陶文被云南省公安厅记个人二等功，张平被云南省公安厅记个人三等功；白平祥、陈靖予、瞿江斌、张星、张四旺、李江华（政工室）、王士涛、蒋坤红、侯七生、段剑波被玉溪市公安局记个人三等功。

（杨伍孝）

消　防

【概述】　2019年，江川区消防救援大队把握“改革、稳定、发展”的工作总基调，围绕“全灾种、大应急”的工作思路，树立“高标准、走前列”的发展理念，紧跟消防改革转隶步伐，以旗帜为指引，以训词为号令，围绕年初确定的工作目标任务，坚持“两严两准三化”建设管理模式，以深化“队伍转型升级”和“大练兵、大培训、大比武”为抓手，对标综合性消防救援队伍“国家队、主力军”职能定位，实现队伍和消防安全的“双稳定”，充分展现消防救援队伍“改体制不改作风，改职能不改战斗力，改标识不改本色”的初心使命，全面推动大队各项工作迈上新台阶，努力为江川区经济发展和维护消防安全稳定作出积极贡献。

【政治工作】 大队面对体制重塑、队伍转隶带来的新问题、新挑战，大队党委抓班子、提素质，强武装、统思想，严作风、做表率，积极做改革的促进派和实干家。一是班子领率力度空前。大队严格规范党委议事决策，研究解决班子建设、队伍发展和作风建设等事项86个；组织开展“不忘初心、牢记使命”主题教育，深入开展“三会一课”以及对照党章党规找差距、民主生活会、专项整治等工作，着力将主题教育与为民服务相融合，推动解决消防训练塔工程项目建设评审批复，政府专职消防队伍建设落编，全区消防指战员、专职消防员、消防文员职业保障机制，专职消防员、消防文员购买住房公积金等一批最急最忧最盼问题。二是争先创优力度空前。扎实开展改革宣传教育系列活动，先后组织开展“践行训词、转型升级、从我做起”“当好扛旗人、跑好第一棒”等系列主题讨论8次，充分借助云江川福德山革命烈士陵园、中共江川县工委旧址和江城镇爱国主义教育基地等革命圣地和重点革命遗址，邀请参加过辽沈战役，以及抗美援朝战争的老革命陈玉堂老同志；消防退伍老兵周环来队宣讲开展教育，为改革统一思想、汇聚力量。2019年，大队先后被评为玉溪市民族团结示范单位，全年岗位练兵团体第二名，中队党支部被支队委员会表彰为先进基层党组织；指战员主动履职尽责、立足岗位建功，涌现出以夺得全市政工比武第一名的张云彪，被评为先进个人的薛智国、王绍伟、阿玉锦等为代表的先进典型、看齐先锋、投身改革、推动转型的正能量进一步聚集。三是作风建设力度空前。认真开展“明职责、严秩序、讲文明、守法纪”作风纪律教育整训活动、“百日安全创建”活动，做到“思想不乱、工作不断、队伍不散、标准不降、干劲不减”；在改革转制的同时，深化推进消防执法领域腐败、涉赌涉贷涉酒涉密以及干部涉消、违规收送土特产等问题专项整治，全年实现零违纪、零信访，营造风清气正、和谐干事的工作氛围。

【队伍建设】 “闻令而动练为战，只争朝夕踏征程。”大队认真贯彻落实习近平总书记训词号令，牢固树立战斗力这一根本标准，以“增强打赢能力、夯实安全管理”为主线，从难从严砺兵，全力增亮点、求突破，队伍综合救援能力明显增强。

一是实战化练兵纵深推进。开展全员岗位大练兵，固化每周测试、每月一考、季度分析、常态化练兵机制，出台训练奖惩制度，完善训练成效绩效考评、正向激励制度，训练成效明显，2019年，大队全体指战员体能达标率100%，体能优秀率85%，技能、合成训练优良率83.5%，在全市年度执勤岗位练兵比武中获第二名好成绩；对标综合应急救援队伍标准，组建并优化地震、泥石流、地下、山岳、水域、防汛、抗旱等专业救援队伍人员编配和装备配备，组织水域地震救援技术、烟花爆竹专业救援等专业培训，以及烟花爆竹行业、危化品事故救援、地震救援等综合演练，队伍专业素质提高明显，打赢制胜本领全面增强。全年，大队共接出警114起，其中火警54起，救援及社会救助60起，抢救被困人员24人，抢救财产损失440801元；全区共发生火灾54起，无人员伤亡，直接财产损失440801万元，为群众运送生产生活用水160余吨。

二是多元化队伍不断发展。推进多种形式队伍建设，指导6个乡镇以及45家重点单位、64个农村社区全部建立乡镇专职消防队和微型消防站，固化形成每月实地指导、随机应急拉动、定期组织轮训、全员比武竞赛的良性机制，2019年，江川河咀社区、雄关下营社区等多支微型消防站队伍在实战中都发挥出打早打小、就近就便的优势，多种形式队伍建设成效突显。三是信息化建设全面加强。投入经费94120元，完成江川区消防救援大队应急救援指挥中心升级改造；针对部分通信器材老化的实际，配备和对讲6台、海事卫星电话1部，逐步建成实现以数字化、科技化、现代化、人性化为一体的全方位作战指挥体系，确保能够及时、准确、高效受理调度好每一起警情。

【后勤工作】 “求木之长者，必固其根本。”2019年，大队在财政吃紧和经济下行双重压力下，不等不靠，迎难而上，先后10余次向区委、区政府领导作出汇报请示，并主动邀请区委、区

政府、区财政部门领导深入大队开展指导调研，深入了解区消防救援队伍在建设发展中遇到的难题，有效确保预算经费的到位、各项基建项目的推进和车辆器材装备的购置。一是消防队站建设加快推进。积极赢取党委、政府重视支持，争取到位经费578.33万，较2018年经费增长10.67%，较2019年预算增长18%；训练塔建设项目通过专家评审；超额完成10名事业编制政府专职消防队员落编，为综合应急救援队伍和政府专职消防队伍建设长远发展提供经费保障。二是综合保障效能全面增强。2019年以来，投入13万余元购置一批体能训练器材和1台呼吸空气压缩机，投入28万余元对食堂、晾衣场、营区绿化进行改造，进一步改善指战员生活环境。按照上级部署要求，所有消防救援车辆全部按规定购买保险，悬挂应急救援专用号牌，安装ETC车载装置。依托云南磐宁应急救援设备有限公司，对所有器材装备进行检测，并及时进行维护保养，保证器材装备性能良好，从装备到人员的综合保障全面发力。

【火灾防控】 随着全区经济社会发展，传统与非传统性致灾因素逐渐增多，面对新时代的挑战，大队坚持综合施策，突出精准治理，全区火灾形势持续平稳。一是责任体系更加完善。大队将消防工作纳入江川区安委办年度工作目标任务，提请区政府与6个乡镇、24个行业部门、45家重点单位逐一签订消防工作目标管理责任书，区政府将消防工作纳入政务督查内容，继续将消防工作纳入政府年度综合考评，组织各乡镇（街道）、行业部门召开《云南省消防安全责任制实施办法》宣贯会，消防安全责任得到进一步落实。一年来，政府常务会研究消防工作3次，常委会研究消防工作1次，分管领导主持研究推进消防工作会议6次，有力推动各行业部门、社会单位落实消防安全责任。二是消防服务更加优质。大队积极主动适应社会治理新要求，认真学习贯彻《深化消防执法改革意见》，于6月25日完成消防设计审查验收职责移交承接工作，按要求积极推进“双随机一公开”监管执法模式；在全区配置246名农村（社区）消防宣传教员进行培训并上岗；建立火灾隐患举报投诉，一年来，共受理查处群众举报消防通道隐患类7起，消防设施隐患类6起，其他隐患6起，举报投诉受理查处率100%，火灾隐患查处率100%。三是火灾防控更加扎实。结合江川区实际，以冬春火灾防控和“防风险保平安迎大庆”消防安全执法检查专项行动为抓手，先后开展电动自行车专项整治行动、校外培训机构专项检查活动、文物古建筑、电气火灾治理“回头看”工作，扎实开展城中村、出租房消防安全专项整治等专项活动，结合辖区实际和火灾规律，自主开展纸制品行业专项治理行动、塑料制品行业专项治理工作，有效排查和清理一大批火灾隐患。全年，共检查单位场所1120家，发现整改隐患2834条，下发责令改正通知书1026份，处罚单位13家，罚款11.85万元，“三停”3家，下发临时查封决定书2家，以高压势态震慑消防违法行为。四是宣传教育更加深入。继续巩固“2进3出”宣传模式深入社会单位开展消防疏散演练、消防大讲堂、消防示范课评选、主题班会、消防作业等形式多样的消防宣传，借助“互联网+”模式，建立双微宣传模式，共培训教育群众达19780人次；认真开展“119”消防宣传月活动，通过美团外卖志愿者、少数民族宣传志愿者、电力消防志愿者、农村消防宣传教员等队伍，凭借“红色小马甲”等突出特色，开展“平安消防大走访”志愿者精准帮扶、少数民族进村宣传等一系列消防宣传活动，最大范围地宣传消防安全知识，推动全区消防本质安全水平进一步提升。

人民检察院

【领导名录】

检 察 长 资云坤（2019年8月离任）

副检察长 龚劲松

钱 瑜

平雪刚

【概述】 2019年，玉溪市江川区人民检察院以习近平新时代中国特色社会主义思想为指引，全面贯彻落实党的十九大和十九届二中、三中、四中全会精神，坚持“讲政治、顾大局、谋发展、重自强”的检察工作总要求，忠实履行宪法和法律赋予的法律监督职责，各项检察工作取得新的进展。

【组织机构】 2019年，区检察院编制数36人。实有在职人员33人（招录2人）。其中，男性22人、女性11人；入额检察官11

人，检察辅助人员14名，司法行政人员7名，司法警察1名；党员21人。聘用制书记员11名。共设第一检察部、第二检察部、第三检察部、办公室、政治部5个内设机构。

【扫黑除恶】 落实中央扫黑除恶第20督导组及省市扫黑除恶督导组要求，深入推进扫黑除恶案件办理百日攻坚，成功办理中央扫黑办督办、省检察院交办的“3·31”孙小果系列案及“4·27”金江运涉黑恶专案。加强职能部门的沟通协调，主动介入重大黑恶势力犯罪侦查3件36人，逮捕涉黑涉恶犯罪嫌疑人43人，起诉72人。坚持源头治理，深挖“保护伞、关系网”，向区纪委监委、区扫黑办移送涉黑涉恶犯罪线索共35条。

【刑事检察】 2019年受理提请批捕各类刑事犯罪案件106件202人，批捕102件188人，受理移送审查起诉166件334人，起诉142件328人，改变管辖12件14人。严惩故意杀人、故意伤害、强奸等严重侵犯公民人身权利犯罪，起诉52人；承担全市邪教案件审查起诉工作，起诉14人；严打抢劫、盗窃、诈骗等多发性侵犯公民财产权利犯罪，起诉54人；深入开展黄赌毒犯罪专项整治，起诉28人；全年办理虚开增值税专用发票、合同诈骗、非法经营等经济犯罪案件4件8人；积极探索监察法和刑诉法衔接机制，配合区监委严惩腐败，提前介入调查7次，逮捕5人，起诉6人，持续巩固反腐成果。

【民事检察】 江川区人民检察院统筹推进民事生效裁判监督、审判程序监督和执行监督，办理民事监督案件59件，其中生效裁判1件，执行监督7件，程序监督10件，支持起诉41件，为案件当事人挽回经济损失70余万元。向区人民法院提出检察建议15件，法院采纳14件，现场监督区法院执行案件4次，跟进执行监督，为刘七润等9名农民工挽回经济损失28.95万元。

【行政检察】 加强行政执法监督，支持执法机关依法公正行使职权，切实把为民解忧解困、化解行政争议作为首要的行政检察监督任务，办理行政执行监督案件2件，向区人民法院发出检察建议书2份，人民法院均已采纳，促进依法行政。

【公益诉讼】 积极履行公益诉讼职责，突出办理生态环境、自然资源、食品药品等领域人民群众反映强烈的公益诉讼案件。共立案14件，通过诉前程序办理5件，提起公益诉讼9件，其中，向原玉溪市国土资源局江川分局发出行政诉前检察建议5件，督促行政机关依法履职，有效恢复耕地18余亩；支持生态环境、林草等相关行政部门提起刑事附带民事公益诉讼9件，为国家挽回矿产资源损失共计29万余元。

【刑事执行检察】 对生效交付执行和刑法变更执行实行“一案一审查”，共审查法律文书786份。共审查收押344人、出所276人、留所服刑人员9人。巡视检察监管场所200余次、安全防范大检察10次。发现并协助监管机关消除事故安全隐患3期。针对监管、交付执行活动中存在的问题，发出《纠正通知书》44份。针对社区矫正管理工作共发出书面检察纠违、建议40份，口头建议12次，均已采纳。提出收监执行检察建议4件，均已收监执行。开展羁押必要性审查案件29件29人，发出29份羁押必要性审查建议书，28人所提变更强制措施建议获得采纳。对重大刑事案件进行合法性审查工作，已核查26件26人。其中发出纠违通知5件5人。

【检务公开】 深化检务公开，推进阳光检察。利用高检院法律文书公开网、“两微一端”等平台，公开法律文书119份，发布检察宣传信息134条。新购置普法宣传机、拉杆音响及联合江川电视台联合录制平安江川视频四期，有力宣传检察职能。建立健全网上查询、电话查询、案管岗位查询相结合的多元化信息查询机制。

【司法改革】 落实高检院内设机构改革要求，以案件性质重构检察内设机构，形成刑事、民事、行政、公益诉讼“四大检察”并行，第一检察部、第二检察部、第三检察部办案业务部门为主，政治部、办公室为辅的“3+2”机构模式及“十大业务”协调发展的机构和业务架构，内设业务机构按照检察官、助理和书记员1：1：1配比组建专业化办案团队，高效地推进捕诉一体等司法改革举措落实。

【检察队伍建设】 以政治建设

为统领，不断打造“五个过硬”检察队伍，筑牢意识形态主阵地，结合“不忘初心、牢记使命”主题教育，利用党组理论学习中心组、党支部“三会一课”及全院干警大会，组织深入学习党的十九大、十九届四中全会及习近平新时代中国特色社会主义思想及省市区委全会精神，用先进理论武装头脑，增强检察制度自信和职业认同感，全方位深入开展秦光荣等案余毒清理工作，不断提高政治站位，确保全院上下的思想认识始终保持与党中央一致。不断加强检察业务培训，组织检察人员参加各级业务培训327余人次，组织全体检察人员赴高校参加“习近平新时代中国特色社会主义思想暨检察业务素能”专题班培训。

【检察文化建设】 紧密结合检察工作主题，繁荣检察文化，建成集党建、地域、检察和法治文化为一体的检察文化走廊。加强检察宣传，微信公众号编发信息91条，今日头条21条，新浪微博21条，让“两微一端”成为沟通对话新通道和新的重要舆论场；编发检察信息15期67篇，撰写检察文化文章4篇。举办文明讲堂5期，不断提升全院检察人员的职业道德素质。

【荣誉表彰】 2019年，余金芬同志被玉溪市人民检察院授予三等功。周绍贵、赵坤茂、靳宝华、杨丽萍、钱永贵、李文明被中华人民共和国最高人民检察院授予检察荣誉章。

（刘清清）

人民法院

【领导名录】

院　长　王云峰

副院长　潘文保

　　　　张秋红

　　　　王　睿

【概述】 2019年，江川法院始终坚持以习近平新时代中国特色社会主义思想为指导，全面贯彻落实党的十九大和十九届二中、三中、四中全会及习近平总书记考察云南重要讲话精神，紧紧围绕“努力让人民群众在每一个司法案件中感受到公平正义”目标，坚持服务大局、司法为民、公正司法，认真履行宪法和法律赋予的职责，抓党建带队建促审判，自觉服从和服务区委中心工作，各项工作取得明显进步。共受理各类案件2611件，审执结2468件，结案率94.52%，超额完成上级法院确定的结案任务指标。

【组织机构】 至年末，区法院共有在职在编干警57人（编外司法辅助人员30人），其中党员34人，团员5人；员额法官20人，司法行政人员10人，法警8人，其他人员19人；正、副院长4人、专职审判委员会委员2人，部门机构领导16人。内设机构8个，包括民事审判庭、刑事审判庭、行政审判庭（综合审判庭）、立案庭（诉讼服务中心）、审判管理办公室（研究室）和执行局6个审判业务部门以及政治部、综合办公室（司法警察大队）2个司法行政部门，有江城法庭1个派出法庭。2019年3月底，区法院完成机构整合、人员调配等内设机构改革任务，原设立的内设机构不再保留。不再设区人民法院纪检组，设区纪委驻区人民法院纪检监察组。

【刑事审判】 以扫黑除恶为重点，坚持宽严相济刑事政策，强化人权司法保障理念，贯彻疑罪从无原则，严格执行非法证据排除制度，依法惩治刑事犯罪。审结刑事案件196件，判处罪犯383人，为国家和被害人挽回经济损失326.67万元；对192名罪犯适用财产刑，执行到位138.86万元。依法从重从严从快审理黑恶犯罪。圆满审结在全市有重大影响的金江运等56人组织、领导、参加黑社会性质组织犯罪案，即“4·27”专案，在全国有重大影响的孙小果等人组织、领导、参加黑社会性质组织犯罪一案的分案，即“3·31”专案分案，以及恶势力犯罪案件2件。对审理的黑恶犯罪案件依法判决没收价值1000余万元的各类违法所得，依法判处罚金68.4万元。其中，涉组织、领导、参加黑社会性质组织的被告人均被判处5年以上有期徒刑，重刑率达72%，所有审结的涉黑涉恶案件均未适用缓刑、均在2个月内结案。专门制定“涉黑涉恶”和“关系网”“保护伞”问题线索排查工作方案2个，对案件办理中的相关线索进行起底排查，向区纪检监察、公安等机关移送线索30条，且均已得到处理回复。依法严惩危害严重的暴力犯罪、毒品犯罪、贪污贿赂犯罪。审结故意杀人、故意伤害、抢劫、放火等犯罪35件68人，审结贩卖、运输毒品，容留他人吸毒等犯罪12件13人，审结贪污、贿赂等犯罪5件5人。严厉打击邪教犯罪。经上级法院确定，江川法院集中管辖全市涉邪教犯罪案件，审结组织、利用邪教组织破坏法律实施罪案件6件16人，通过“平安江川”栏目进行反邪教宣传3次。重视和加强未成年人犯罪案件审判工作，努力挽救失足未成年人。审结未成年人犯罪案件11件17人，对5名未成年被告人判处非监禁刑，回访帮教6次4人。积极维护群众出行安全。审结危险驾驶罪、交通肇事罪案件45件48人。

【民商事审判】 坚持维权与维稳并举、权利与义务并重，尊重契约自由，倡导诚实守信，调判结合，妥善化解民商事纠纷。受理民商事案件1320件，审结1288件，结案率为97.58%，结案标的43045.6万元。弘扬孝老爱亲睦邻的传统美德，倡导和谐稳定的婚姻家庭关系，审结婚姻、家庭等家事类纠纷案件238件。强化人民群众权利法治意识，保护群众切身利益，审结道路交通事故、教育医疗侵权纠纷案件63件；维护金融市场秩序、规范借贷行为，营造有序营商环境，审结各类合同纠纷、民间借贷纠纷445件。坚持矛盾实质化解、案结事了人和，调判结合，以调促和，全年调解撤诉民商事案件626件，调撤率48.6%，取得较好的法律效果和社会效果。

【行政审判】 充分发挥行政审判职能，维护行政相对人合法权益，坚持保障群众权益、监督公权力行使与支持依法行政并重。受理行政案件9件，全部审结，结案率为100%。监督规范执法行为，审结土地、房产行政管理登记案件4件，治安管理行政处罚案件3件。以司法审查服务政府“放管服”改革，审判中，严格落实行政机关主要负责人出庭应诉制度，助推法治政府建设。加大非诉行政案件执行的审查和协调力度，审查涉劳动和社会保障监督、计生行政征收、违法占用土地等非诉行政案件11件，全部准予执行。

【执行工作】 维护宪法法律权威，稳步推进执行强制性、执行信息化和执行规范化建设，健全完善执行工作长效机制。受理执行案件1024件，执结954件，执行到位金额5454.36万元。持续加大执行力度，确保“3+1”核心指标高位运行，执行案件结案率93.16%，有财产可供执行案件法定期限内结案率94.43%，终本案件合格率100%，信访案件办结率100%。加大财产查控力度，通过全国法院网络查控系统查询被执行人名下财产，共查询案件4472件次、冻结款项1109.85万元。惩治逃避、规避执行的行为，对“老赖”进行联合信用惩戒，发布失信被执行人信息327例、限制高消费人员617例。全面推行执行财产网络司法拍卖，网拍36件标的物，成交率68%、成交金额1136.39万元，溢价率20.18%。强化执行工作“强制性”，拘传被执行人34人次、对5名拒不执行判决裁定的被执行人实施司法拘留，搜查被执行人住所6次，对拍卖成交的房屋组织腾迁6案6宗。切实强化司法人文关怀，对10名生活困难的申请执行人实行司法救助，发放司法救助金25万元。

【司法为民】 始终把司法为民贯穿工作始终，不断提高司法为民要求，创新司法为民举措。完善服务措施，对标准化诉讼服务中心提档升级，强化诉讼服务中心自助立案一体机、自助查询设备的运用，实现查询、立案、诉讼费收结等综合性诉讼服务功能。全面贯彻立案登记制，以及时多样的立案服务供当事人自主选择，当事人当场立案率达98%，跨域立案、网上立案等信息化硬件设备已初步备齐连通。积极运用信息化技术，运用远程视频接访室远程提讯10次，通过“云解纷”平台在线调解案件2件，切实方便到庭困难的当事人参与诉讼。落实法律援助中心法院工作站律师、法律工作者值班制度，为来院当事人提供免费法律咨询。加强与公安派出所、交警以及社区居委会等沟通协作，依托行政调解、人民调解等，开展委托、委派调解，做好案前疏导，将矛盾纠纷化解在诉前。探索推进繁简分流机制落实，建立由3名员额法官主导的快审团队，负责案件的速调快审，快审团队受理案件数占同期民商事案件总数的50.78%，平均审理期限28.8天，比同期其他民商事案件少31.81天，实现了简案快审、难案精审，减少当事人诉累。

【司法公开】 以公开促公正，以公正促公信，积极推进阳光司法。除有法定事由外，所有诉讼案件全部公开审理，全年直播庭审793场、公布裁判文书8814份。依托审判流程查询、庭审直播、

裁判文书和执行信息上网平台，及时向当事人推送案件流程信息共计2462条。运用“两微一端”及户内外LED显示屏向社会推送法院信息200余条，编发简报53期110篇，其中20篇被《云南法制报》采用。以案释法，向《法庭纵横》《法庭内外》栏目上报典型案例12期，在社区乡村学校、田间地头等大力开展巡回审判共计17次、法制宣传共计10次。加强与人大代表、政协委员的联络，主动邀请人大代表、政协委员旁听案件审理5案60人次，见证执行1场2人次。认真落实人大及其常委会决议决定和审议意见，办复代表意见9 项，并及时将代表意见建议转化为推进发展举措。充分发挥人民陪审员参与司法、监督司法的作用，共安排人民陪审员699人次参与353件各类案件的审理，增强审判的社会效果。

【信息化运用】 坚持推进法院信息化发展，推进全方位办案智能服务。在信息化运用管理方面，发挥专业技术团队人才优势，实现从单纯的信息化建设到“内网+审判”“互联网+当事人”的建设模式。在办公办案系统应用方面，各类公文的流转、审批和电子签章均实现网络化、电子化，各类文件材料的报送均通过通达海办公自动化系统进行，2019年案件电子卷宗制作率、电子档案归档率、数据质检合格率、电子签章应用率、非上诉案件生效率等重要指标均达100%。在审判管理智能化应用方面，审委会上会案件均使用数字审委会系统进行讨论、表决、电子签名。“云解纷”平台、自助立案终端机、电子诉讼平台——云南法院司法信息网和“云南移动微法院”、庭审语音转录系统、案件自动信息回填、类案智能检索以及文书纠错等辅助办案功能开始推广使用。

【司法体制改革】 遵循司法规律、围绕改革要求，以司法责任制落实为中心，推进司法体制改革任务精准落地，促进司法公正高效权威。2019年3月底，江川法院顺利完成内设机构改革，原有16个内设机构整合为8个。6月底，完成法官助理职务套改工作。严格落实“审理者裁判，裁判者负责”理念和员额法官办案主体地位。让院庭长等办案精英回归审判一线，主动挑起重大、疑难案件的审理担子，全年院庭长承办案件1475件，占全院案件数的56.49%。积极探索执行团队搭建、运行模式，设置综合事务团队及1个快速执行团队、2个精准执行团队，科学整合人力资源，采取集约分类工作模式，进一步提高执行工作质效。

【主动参与和服务区委重点工作】 助力全区发展战略，在拆迁安置、土地流转、行政执法等重大事项中安排分管副院长、审委会专职委员提供法律意见和法律咨询20余次。加强破产审判，为稳妥审理玉溪市江川区农村信用合作联社申请云南江川翠峰水泥有限公司破产清算一案，主动加强向区委和区委政法委请示汇报、积极向区政府报告案件审理情况。助力脱贫攻坚，在编的56名干警与大街街道海浒社区132名32户贫困户结对帮扶并已全部脱贫。参与污染防治攻坚，服务绿色发展，审理污染和破坏环境资源案件4件4人，受理刑事附带民事公益诉讼案件8件、审结3件，挽回经济损失77.88万元。积极参与创文创卫工作，把“双创”工作作为一把手工程抓，严格落实各项检查考核指标，积极推动社会文明程度持续提升。深度参与平安江川、社会治安综合治理，把综治维稳作为一项政治任务摆在重要位置，积极配合区委、区政府做好涉诉信访、社区矫正、司法救助、法律援助等职能工作，全力助推江川社会和谐发展。

【发挥能动司法作用】 积极延伸审判职能，对审判执行中发现的问题，及时与相关单位沟通、提出司法建议，有效防范风险。对在黑恶犯罪案件审理中发现的行业乱象以司法建议方式提醒主管部门，共发出司法建议3条。在未成年人犯罪案件审理中发现有关机关对未成年人动态管控不到位问题向其发出司法建议1份。以上司法建议回复率、采用率均为100%。支持基层组织建设，为组织部门提供干部刑事涉案情况，一年来提交《关于核实联审情况反馈的报告》8份、对1001名村组干部进行资格联审。

【法院队伍建设】 以政治建设为统领，强化干警思想政治建设。班子成员带头讲政治、守纪律，带头抓好政治理论学习。强化意识形态管控，将意识形态工作列入党组中心工作，强化对干警的教育引导。以纪律作风建设为重点，纵深推进党风廉政建设。院党组通过层层签订《党风廉政建设责任书》，落实主体责任派单制。通过定期开展廉政党课，实施上岗前廉政谈话，定期传达学习违法违纪问题通报，开展突出问题集中整治加强内部管理活动，开展审务督察，通报违反工作纪律人员，督促分管院领导进行提醒谈话以及定期专题研究党风廉政建设工作等方式，不断强化法院党风廉政建设、司法作风建设、机关效能建设。对法官、法官助理以及司法行政人员进行专业性、针对性培训，全院干警参加省高院及玉溪中院组织的审判执行业务、司法政务、司法警察业务等培训40期700余人次，不断提升干警业务素质，增强干警服务群众的本领。

【践行主题教育】 深刻认识开展主题教育的重大意义，紧密结合人民法院工作实际做好融合互进，确保主题教育走深走实。以院党组中心组理论学习、读书班、调研成果交流会、院党总支及各支部开展主题党日活动为抓手，抓实学习教育。以征求意见、座谈交流、对照党章党规找差距专题会议及专题民主生活会检视剖析多种形式，抓实问题整改。以党员领导干部到立案、审判、执行等一线部门，以法官助理、书记员身份开展“换位体验”，以“感同身受”的真实体验检视问题和短板，抓实问题解决。

【力推民族团结进步示范区创建】 推进民族团结进机关创建示范点工作，围绕“三个一”突出法院创建特色。探索“民族调解”模式，在少数民族聚居区开展法制宣传“六进”活动。邀请安化彝族民间歌手对全院干警学唱少数民族歌曲进行培训。向安化彝族乡董炳村委会派出驻村扶贫工作队员直接蹲点村委会并送去桌椅各30余套。

（李双秀）

经济管理

编辑　陈金才

发展和改革

【国民经济和社会发展计划执行情况】 对标省委对玉溪“六个走在全省前列”和市委对江川“建美一座城、治好一湖水、打造一个高地”要求，按照区二届人大三次会议批准的目标任务和工作思路，坚持稳中求进的工作总基调，全力以赴稳增长、促改革、调结构、惠民生、防风险。2019年国民经济和社会发展计划执行情况总体良好。主要指标预计完成情况：全区现价生产总值133.93亿元，同比增长10.3%。地方一般公共预算收入5.37亿元，同比减少31.5%。规模以上固定资产投资75.04亿元，增长6.74%。社会消费品零售总额31.05亿元，同比增长12.1%。城镇居民人均可支配收入39766元，同比增长8.5%。农村居民人均可支配收入14688元，同比增长10.6%。城镇登记失业率控制在3.1%以内，完成计划在4%以内的目标。单位GDP综合能耗下降2%。

【编制乡村振兴战略规划】 区发改局坚持“产业兴旺、生态宜居、乡风文明、治理有效、生活富裕”的总要求，编制《乡村振兴战略规划（2018～2022年）》《规划》经2019年6月10日第二届人民政府第51次常务会和2019年6月11日第二届委员会第106次常委会的审议通过，《规划》除前言、附件外，共10章34节。共梳理项目192项，涉及产业兴旺、生态宜居、基础设施、公共服务、乡风文明、治理有效、脱贫攻坚7大方向，计划总投资180亿元，把相关的计划都体现在具体的项目上，增强《规划》的可操作性和可实施性。

【固定资产投资管理】 2019年江川区固定资产投资完成75.04亿元，增6.74%。其中产业投资完成19.61亿元，同比增长17.59%，占投资完成额比重的26.14%；民间投资完成39.65亿元，同比增长41.12%，占投资完成额比重的52.84%。全年共审批项目82个，估算总投资106440万元（其中500万元以上21个，估算总投资100238万元；500万元以下61个，估算总投资6202万元），共办理备案项目37个，估算总投资441461万元（其中500万元以上项目24个，估算总投资439341万元。500万元以下项目13个，估算总投资1820万元）。上报市级发改委核准项目一个，估算总投资4050万元。

【价格收费管理】 落实减费政策，减轻企业负担。一是完成一般工商业用电降价10%措施落实到终端用户的目标任务。二是严格执行财税〔2014〕101号、云财非税〔2016〕7号、发改价格〔2017〕1186号、玉财非税〔2017〕11号等文件精神，全年累计停征、免征或减征金额1031.49万元，全年停征18项，取消6项，免征6项，降低9项。三是清理规范行政事业性收费定价目录清单共计36项，其中省级定价收费 26项，市级定价收费2 项，区级定价收费 8 项，并对其进行动态管理。开展重要商品的价格监测工作，防止物价异常波动；依法对公安机关、行政执法机关委托的76件案件涉案物品进行价格认定，标的金额699.22万元，为公安机关打击违法犯罪行为提供有效支持。

【粮食事务】 完成市级下达江川区粮食储备原粮规模550万千克，其中稻谷400万千克（含30万千克成品粮大米储备）、玉米100万千克、小麦50万千克；菜油25万千克。做好粮食安全行政首长责任制相关工作，制定粮食安全行政首长责任制考核联席会议制度，充分发挥粮食安全行政首长责任制在确保地方粮食安全、保供稳价等方面的制度保障和抓手作用。加强区级储备粮油管理，“智慧粮库”建设按期完成，实现教场粮点和小大庄粮点与省级平台互联互通。政策性粮食库存数量和质量大清查圆满结束，通过自查、市级普查和省级抽查，全区政策性粮食库存数量真实、质量良好。

【大中型水库后期移民扶持】 2019年，实有移民1759人，与上年相比，核减移民人数5人。全年共足额准确发放直补资金105.6万元。积极做好2018年以前14个已完工项目的组织验收工作，并在验收完成后进行移交，明确责任主体；深入调研谋划，积极争取上级的指导和支持，全年共争取到移民后扶资金750万元在2个乡镇组织实施2个项目。

【脱贫攻坚】 主动发挥领导小组办公室“指挥部、参谋部、作战部”的统筹协调作用，持续推进脱贫攻坚巩固提升工作。至年底，实现安化乡摘帽，16个贫困行政村退出，累计脱贫2065户7188人，贫困发生率降至0%。

【滇中引水工程】 履行工程建设领导小组办公室工作职责，积极协调各成员单位扎实推进滇中引水工作。目前，第一批征地补偿款和工作经费已足额拨付，第二批征地工作目前已完成协议签订；主体工程已全线施工；石料场矿权出让工作已按要求协调区自然资源局在2019年12月30日发布挂牌出让公告。

【机构改革】 一是根据《玉溪市江川区深化机构改革实施方案》文件精神，与涉及职能划转的9个部门进行工作交接，确保履职无空档。二是制定物资接收方案和管理办法，同时拟定《玉溪市江川区应急救灾物资管理责任书》《玉溪市江川区发展和改革局（粮食和物资储备局）应急救灾物资管理检查工作制度》，下发《应急救灾物资调拨工作流程》，为确保应急救灾储备物资管理规范、响应迅速、调运及时奠定良好基础。

（李雪莹）

统　计

【概述】 2019年，玉溪市江川统计局紧紧围绕区委、区政府的中心工作，认真履行统计信息、咨询、监督职能，以提高统计数据质量为核心，加大统计监测力度，不断提升对全区经济预警研判和统计服务能力，较好完成各项统计工作任务。

【机构设置】 2019年完成机构改革，江川区统计局是江川区人民政府工作部门，为正科级，行政编制11名，其中，设局长1名，副局长2名。内设机构7个：办公室、综合核算统计股、农业统计股、工业能源投资统计股、服务业统计股、县域经济发展统计监测股、统计执法队。年末，玉溪市江川区统计局实有人员11名。

江川区地方统计调查队加挂2019年成立的玉溪市江川区普查中心牌子，该中心为玉溪市江川区统计局所属财政全额拨款的事业单位，事业编制7名，设队长1名。内设综合调查股、普查中心2个机构。年末，玉溪市江川区地方统计调查队（玉溪市江川区普查中心）实有人员7名。

全区6个乡镇（街道）设统计工作站，为江川区统计局派出机构，核定事业编制15名，机构性质为财政全额拨款事业单位。大街统计工作站事业编制4名，江城统计工作站事业编制3名，前卫、九溪、雄关、安化统计工作站事业编制各2名。年末，全区6个统计工作站实有人员13名，其中，大街统计站3名，江城、前卫、九溪、雄关和安化统计工作站各2名。

【主要统计数据】 综合　2019年，全区完成地区生产总值1339362万元，按可比价格计算，增长10.3%，增速居全市第1位。分产业看，第一产业增加值216189万元，增长5.9%；第二产业增加值429749万元，增长13.2%；第三产业增加值693424万元，增长9.7%。三次产业结构为16.1∶32.1∶51.8。

农业　全年全区农业经济继续保持平稳运行，实现农林牧渔业增加值221461万元，按可比价格计算，增长5.8%，增速居全市第5位。

按种植结构分：在基本稳定粮食产量的基础上，进一步扩大蔬菜、烤烟等经济农作物面积，农业种植结构更加优化。全区总播种面积 451238亩，增长4.8%。其中：粮食总播种面积94545亩，增长1.6%；蔬菜种植面积207435亩，增长5.0%；烤烟种植面积90434亩，增长1.4%；油料种植面积40229亩，增长10.1%；花卉种植面积14227亩，增长18.6%。

从农业生产情况看：蔬菜产量持续增加，畜牧业稳定增长。全区粮食产量4522万千克，增长0.9%；蔬菜总产量47411万千克，增长4.1%；油料产量908万千克，增长16.5%；猪肉产量1203.3万千克，下降1.2%；禽蛋产量946.2万千克，增长14.1%。

工业　全区规模以上工业增加值比上年增长18.5%，增速居全市第2位。

按经济类型分：国有控股企业同比增长44.0%，股份制企业增长18.6%，私营企业增长15.4%。

从全区涉及的两大门类看：采矿业增加值同比增长43.9%；制造业增长15.4%。

按主要行业分：橡胶和塑料制品业增长17.5%；化学原料和化学制品制造业增长11.6%；农副食品加工业增长12.7%；造纸和纸制品业增长3.5%；非金属矿采选业增长43.9%。

按企业效益分：全区规模以上工业企业实现营业收入599301万元，增长11.9%；实现利税总额64447万元，下降5.9%。其中，实现利润总额48058万元，下降6.0%。

服务业　全区服务业增加值693424万元，增长9.7%，增速居全市第4位。主要行业：批发和零售业增加值增长10.6%；交通运输、仓储和邮政业增加值增长9.4%；住宿和餐饮业增加值增长12.4%；金融业增加值增长7.7%；房地产业增加值增长10.2%；其他服务业增加值增长9.0%。其中：批发和零售业、住宿和餐饮业、房地产业增加值增速分别快于服务业增加值0.9、2.7、0.5个百分点。

固定资产投资　全区500万元及以上固定资产投资（不含农户）增长6.7%，增速居全市第1位。

按所有制关系分：国有单位投资下降17.6%；其他单位投资增长43.8%。

从三大产业投资看：第一产业投资增长53.7%；第二产业投资下降16.7%；第三产业投资增长16.3%。

从主要行业看：七个主要行业“五增两降”——农林牧渔业增长53.7%，房地产业增长105.5%，水利、环境和公共设施管理业增长19.0%，教育增长221.1%，公共管理、社会保障和社会组织增长78.3%；工业（不含电力）下降17.5%，交通运输、仓储和邮政业下降31.4%。

房地产　全区完成房地产开发投资同比增长105.5%，其中住宅投资增长67.4%。商品房销售面积同比增长31.7%，销售额增长49.3%。

社会消费品　全区社会消费品零售总额310531万元，增长12.1%，增速并列全市第3位。

从经营单位属地看：城镇市场实现消费品零售额265703万元，同比增长10.4%；乡村市场实现零售额44828万元，同比增长23.3%。

按消费类型分：餐饮收入58373万元，增长19.2%；商品零售252158万元，增长10.6%。

从营业收入看：批发业销售额95678万元，增长23.3%；零售业销售额310249万元，增长12.6%；住宿业营业额29796万元，增长17.0%；餐饮业营业额132034万元，增长16.9%。

财政、金融　全区一般公共预算收入53681万元，同比下降31.5%，增速居全市第9位。其中：税收收入完成41433万元，下降2.6%；非税收入完成12248万元，下降65.8%。在主要税收中，增值税完成20136万元，同比增长4.2%；企业所得税完成1662万元，下降15.8%。一般公共预算支出207226万元，增长0.9%，增速居全市第7位。财政预算支出中八项支出183806万元，增长18.6%。其中：一般公共服务支出22073万元，同比下降13.4%。

年末，各项存款余额139.7亿元，增长3.6%，增速居全市第6位；贷款余额121.2亿元，增长18.8%，增速居全市第3位。存贷比86.8%。

城乡居民人均可支配收入　全区城镇常住居民人均可支配收入39766元，增长8.5%，增速居全市第1位，高于全市（8.1%）0.4个百分点；农村常住居民人均可支配收入14688元，增长10.6%，增速居全市第2位，高于全市（10.2%）0.4个百分点。城乡居民人均收入比值为2.71，比上年同期缩小0.05。

【统计监测和服务】　2019年区统计局认真贯彻国家、省、市对统计工作的要求，紧紧围绕区委、区政府重点工作，开拓创新转作风，强化统计服务意识，加强统计调研和分析，为区委、区政府科学决策、预警研判提供统计服务。一是做好统计监测工作。对标对表，紧盯目标，认真做好全区统计监测工作，当好“计分员、监测员、服务员”。开展地区生产总值（GDP）、工业、服务业、固定资产投资、社会消费品零售总额、城镇居民人均可支配收入、农村居民人均可支配收入等重点基础指标月度监测分析预警工作，及时反馈全区各项指标发展水平和趋势，并通过江川统计网及时向社会发布，为各级党委、政府和社会公众全面了解全区经济发展提供统计服务。开展劳动力抽样调查、人口变动情况抽样调查、自然资源资产负债表编制、绿色指标考核等专项调查，积极开展小康监测、贫困监测等统计监测，为区党委、区政府和有关部门科学决策提供翔实的统计调查依据。二是做好统计服务工作。按月、按季提供全区国民经济和社会发展情况的统计资料，编撰出版《2019年江川区季度国民经济主要指标手册》《2018年江川区统计年鉴》，发布《2018年江川区国民经济和社会发展统计公报》，紧扣党政领导和社会公众关心的热点、焦点问题，开展统计调研分析，撰写《统计信息》《江川统计》，全年撰写《统计分析》29期（其中省局采用 17期、区委主要领导批示1期），《统计信息》143条（省局采用 17条、市政府采用4条、区政府采用52条）。

【信息化建设】 2019年高度重视政府信息公开，加快网络信息系统的升级改造，提升统计信息化水平；健全完善网络管理制度，强化技术防护，确保网络安全，为统计改革和企业联网直报工作提供技术支撑。进一步加强统计门户网站建设，积极推进网上政务公开，树立统计门户网站形象。重视统计信息化建设，加大培训力度，不断强化统计人员业务培训和统计职业道德教育，提高基层统计人员素质，努力打造一支政治强、作风硬、业务精、服务优的统计干部队伍。全年通过江川区统计局门户网站主动公开统计分析、部门预决算公开、统计信息、统计指标解释等375条。

【统计法宣传】 利用各种会议开展统计法宣传，于中国统计开放日、宪法日等重要时间节点组织干部职工在王字街、乾景商业中心开展统计法律法规宣传，发放统计法等宣传资料，在“双创第四网格”老政府生活区张贴《宪法》等宣传画；深入乡镇（街道）、企业积极开展统计法宣传；12月24日，中共玉溪市江川区第二届委员会第131次区委常委会议传达学习《关于深化统计管理体制改革提高统计数据真实性的意见》《统计违纪违法责任人处分处理建议办法》《防范和惩治统计造假、弄虚作假督查工作规定》等有关内容，安排部署贯彻落实工作；凡培训必宣讲，2019年定期报表等业务培训期间，组织宣讲《中华人民共和国统计法》《中华人民共和国统计法实施条例》等统计法律法规，营造依法统计氛围。全年开展统计法宣传7次。

【统计执法】 学习贯彻相关法律法规，加强统计执法检查，提高政府统计公信力，充分发挥统计在国情国力调查、指导国民经济和社会发展上的服务保障作用。根据本年出台的《江川区关于深化统计体制改革提高统计数据真实性的实施意见》开展工作，进一步提高统计数据质量和政府统计公信力，坚决制止和查处各类统计违法违纪行为，按照省、市统计关于“双随机一公开”统计执法检查的通知安排， 4月份对6户企业开展“双随机一公开”统计执法检查；按照市统计局要求， 10月份配合市统计局检查组做好4户企业的“双随机一公开”统计执法检查工作，本年的检查对象是在库的所有联网直报企业（规模以上工业，限额以上批零住餐企业，资质建筑业，重点服务业，500万元以上固定资产投资项目，房地产业），检查内容主要是营业收入，固定资产投资额，商品房销售面积。除按照要求开展“双随机一公开”统计执法检查外，区统计局还对增速异常的5户开展数据核查工作。

【基层基础建设】 进一步夯实统计基层基础，提高统计数据质量，提升统计服务水平，加强推进统计基层基础建设工作。

乡镇（街道）统计。抓好乡镇（街道）统计站建设工作，确保统计源头数据质量。加强对基层统计业务的指导、考评，强化统计基层基础建设工作检查，推进基层统计工作标准化、规范化建设。

部门统计。切实加强与部门统计工作的合作，落实部门统计职责，强化协调配合，有效保证统计目标任务的完成。加强与经济、社会主管部门的协调与配合。指导推动部门加强内部统计机构建设，健全统计基础工作，规范使用统计标准，畅通统计资料报送渠道，进一步整合统计资源，增强工作合力，提高统计整体效率。

纳规纳限入库。把全区符合纳规纳限条件的企业，全部纳入规模限额以上统计，做到应纳尽纳。全年工业纳规1户、升规2户，商业纳限5户。深入全区固定资产投资、建筑业、房地产项目调研。全年办理入库项目 50个，其中固定资产 39个、建筑业 6个、房地产5个。

规范企业统计。指导、督促、帮助企业办理统计登记，设置统计人员，健全原始记录、统计台账和各项统计管理制度，规范统计资料填报、报送程序，确保源头数据质量。

管理和培训。深入部门、企业和调查户加强业务指导，通过业务培训，不断提高基层统计人员的知识水平和工作能力，适应新常态统计形势发展的需要，全年举办各类业务培训班23期，进一步提升统计调查水平。

【第四次全国经济普查】 按照国家、省、市第四次全国经济普查工作的通知精神，要求经过各级普查机构和全体普查人员的艰苦努力，圆满地完成前期准备，单位清查、入户登记、数据审核，质量抽查等各项任务，普查取得重要成果。一是通过普查，掌握全区二、三产业的规模、布局和结构。主要生产经营活动及所有单位和个体经营户的基本情况。二是通过普查，提升和检验统计能力和工作水平。全区上报一套表单位112户，非一套表单位2760户，个体经营户2496户。

【“创文”工作】 认真履职，推动“创文”，圆满完成任务。一是在“网格”区域内发放宣传材料、切实提高“双创”工作的知晓率和参与度。二是设立道德讲堂，以文明宣讲的方式组织干部职工学习，传承中华美德，提高干部职业道德意识。三是积极参与全区开展的各项志愿者活动，以培育和践行社会主义核心价值观为根本，丰富服务活动。四是建立志愿者队伍，对孤、老、残、弱开展志愿服务活动。五是多次组织干部职工到九溪镇鸡窝村、大庄社区开展环境卫生整治。六是定期到“网格”、联系村等开展人居环境整治。

（赵维新）

审　计

【概述】 2019年，江川区审计局紧紧围绕“十三五”审计机关全面规划格局，围绕“发展、改革、安全、绩效”目标，全力推进有重点、有步骤、有深度、有成效的审计全覆盖，充分发挥审计“免疫系统功能”和建设性作用。全年完成审计项目31项，查出违规资金和管理不规范资金69 642.54万元，实现增收节支3 146万元，移送违纪违法问题线索7件。审计整改取得明显成效，促进有关部门和责任单位规范资金管理使用、纠正各类违规问题。有关部门和单位积极采纳审计建议、制订完善规章制度1项，被区纪检监察机关立案审查1人。

【机构设置】 2019年，江川区审计局编制总数22名。其中：行政编制15名、事业编制6名、工勤编制1名。含领导职数局长1名，副局长3名。年末在岗15人（公务员11人、事业人员4人）。内设六股一室一中心：中共玉溪市江川区委审计委员会办公室秘书股、法规股、财政审计股、经济责任审计股、固定资产投资审计股、农业与自然资源环境审计股、江川区委审计委员会办公室和江川区投资审计中心。

【区审计委办公室成立】 2019年 2月25日，中共玉溪市江川区委审计委员会办公室正式挂牌成立。2019年 7月17日，召开第一次会议，审议通过《审委会工作规则》《审委会办公室工作细则》。

【政策落实情况审计】 以推动中央及省重大决策部署贯彻落实、围绕“建好一座城、治好一湖水、打造一个高地”的工作重点目标，重点关注“三大攻坚战”“放管服”改革推进、减税降费、清理拖欠民营企业中小企业账款、中央八项规定精神及省委实施细则贯彻落实情况等，通过开展审计促进政令畅通，发挥实效。对收取已明令取消或停征的行政事业性收费、政府性基金17.97万元；超标准收取工程质量保证金50.16万元；未按规定及时清退已取消的保证金5.99万元等问题进行整改。

【财政预算执行审计】 全年完成区人大办、区政协办、区委党校等10个单位2018年度预算执行情况审计和2018年度区本级预算执行情况及效益审计。审计后，对预算执行不到位29608.14万元、财政专户结余资金调入平衡一般公共预算2426.69万元、单位预算指标未更正991.92万元、项目预算调整变动大等提出调整使用的处理意见，并针对2个单位挪用项目资金2.65万元、拖欠民营企业账款338.57万元的问题进行督促整改。

【公共投资审计】 2019年是完善和规范投资审计工作转型实践的一年，重点以规范审计程序、扩大审计内容为主线，围绕区委、区政府重点工作、重点建设项目开展公共投资审计。全年完成投资建设决算审计17项，审计后挽回（避免）损失3146.26万元。

【领导干部经济责任审计】 按照审计干部经济责任审计“全覆盖”的要求，2019年完成对区卫生和计划生育局局长杨春文、区文化广电和体育局局长何俊、区市场监督和管理局局长李江华、江城镇镇长赵子良共4项任期经济责任审计；对村（社区）组干部，即前卫镇11个村（居）委员会主任履行经济责任情况1项审计。审计查出主要问题金额1474.93万元，其中违规金额81.08万元、管理不规范金额1393.85万元。主要问题是扩大开支范围、会计核算管理不规范等方面。

【专项资金审计】 围绕提高资金使用效益和专款专用，完成江川区党委党费管理及使用情况专项审计和江川区2017～2018年度残疾人就业保障金审计，发现扩大开支范围发放残疾人补助款1.34万元，拨做支残保金188.7万元及党费管理收缴和使用方面存在问题。

【资源环境审计】 全年完成江城镇党委书记郭峰、镇长赵子良任职期间自然资源资产责任审计。发现国家级公益林遭破坏2644.87平方米、退耕还林项目后续管理不合规318.3亩、未批先占一般耕地57亩、河道直接排污、基本农田划定不合理、垃圾处理厂建设不合规方面存在问题。

【表彰奖励】 2019年江川区审计局荣获省、市、区文明单位。

（杨　娇）

市场监督管理

【概述】 2019年，玉溪市江川区市场监督管理局全面贯彻党的十九大和十九届二中、三中全会精神，以习近平新时代中国特色社会主义思想为指导，紧紧围绕区委、区政府中心工作，坚持全面从严治党不动摇，落实深化商事制度改革不放松，提升监管执法效能不懈怠，促进作风建设好转不停步，为江川区经济社会持续健康发展做出贡献。

【机构改革】 2019年3月，根据《玉溪市江川区机构改革方案》再次进行机构改革，将原区市场监督管理局的职责，以及区发改局的价格监督检查与反垄断执法、区工信局的知识产权监管、盐业执法监督职责进行整合，由市场监管部门履行其职责。设立内设机构12个，派出机构7个（含托管的路居管理所），行政编制59人（含路居管理所3人）。2019年12月市场监管部门实行“局队合一”体制，并加挂“玉溪市江川区市场监管综合行政执法大队”牌子，由区局主要领导兼任综合行政执法大队负责人，承担辖区内综合行政执法工作。年底，全局行政编制53人，机关工勤3人，事业人员11人，共67人（不含路居所人员）。

【各类市场主体登记】 全年全区共有国有集体企业233户、注册资本金298551万元，私营企业1699户26677人从业、注册资本金530646万元，个体工商户17504户44470人从业、资金数额189453万元，农民专业合作社164户2375名成员、出资总额22984万元，外商投资企业6户（企业法人有5户、分支机构1户）。

2019年新办私营企业281户1892人从业、注册资金42758万元，新办国有和集体企业16户60人从业、注册资金33273万元，新办个体工商户2450户6214人从业、资金数额34857万元，新办农民专业合作社8户240名成员、出资额466万元。私营企业变更登记304户，个体工商户变更登记1459户。国有、集体企业注销登记10户，私营企业注销登记125户，个体工商户注销登记902户，农民专业合作社注销登记1户。

【商事制度改革】 推进“多证合一”登记制度改革，实行“四十证合一”，整合事项40项，涉及19个部门。全区共发放企业“一照一码”营业执照2104户。推进个体工商户营业执照“两证整合”到“多证合一”改革。申请人只需填写“一张

表”，向“一个窗口”提交“一套材料”即可办理市场监管、税务及相关整合部门登记，同时实现市场监管、税务及相关整合部门的个体工商户数据推送和信息共享。共办理加载统一社会信用代码“一照一码”的个体营业执照17525户。推进企业全程电子化应用。全区已有1109户企业通过企业名称全程电子化申报系统核准企业名称，共发出全程电子化营业执照210户。推行市场主体住所（经营场所）登记申报承诺制。已有667户企业、6314户个体工商户通过登记申报承诺制办理设立和变更手续。削减前置、后置许可事项，减少审批环节，由原来的226项削减为32项，精简比例达86%。缩短审批办照时限。从法定时限为20个工作日压缩到3个。企业只要提供的材料齐全并符合法定形式，做到当场核准办结或在1个工作日内完成注册核准发照。

【“双随机、一公开”】 开展2018年度企业、农专社、个体工商户年报信息公示工作。企业应参加年报公示1708户、已年报公示1643户、年报率为96.19%；农专社应参加年报公示157户、已年报公示151户、年报率为96.18%；个体工商户应参加年报公示15485户、已年报公示14908户、年报率为96.27%。做好“双随机、一公开”工作，对摇号抽取的617户市场主体进行双随机抽查。履行“双告知”职责。共向企业发放告知书和签订承诺书1882份、向个体工商户发放告知书和签订承诺书9110份。建立健全协同监管与联合惩戒机制，对被法院列入失信名录的公司股东进行股权冻结19件25人次。

【食品安全监管】 逐步构建“从农田到餐桌、从实验室到临床”的全链条食药监管责任体系。全区有食品生产经营以及餐饮单位3179户。共完成食品抽检任务515批次，其中31批次不合格，合格率为94%。创建放心肉菜示范超市2家；餐饮业营业额增速达标完成16.9%。年内完成网络厨房50户，视频厨房100户，全区“明厨亮灶”率达84%。

【药械疫化监管】 依据《药品管理法》和《疫苗管理法》对全区药品经营企业112户、药品使用单位173户、农村药品两网专柜42户的监管。全年药品监督抽检完成72批次，不合格3批次，合格率94.4%；抽检医疗器械4批次，合格率100%，抽检化妆品8批次，不合格1批次，合格率87.5%。上报药品不良反应 154例，医疗器械不良事件62例，化妆品不良反应21例，药物滥用726例。变更药品经营许可证34家，GSP认证5家，药品经营企业注销4家。移交公安部门立案查处销售假药案件3件，市场监管部门立案查处10件，罚没款1.4万元。

【工业产品质量监管】 强化工业产品巡查制度的落实，夯实质量监管工作基础。对获取工业产品生产许可证的10家企业进行重点巡查，抽取化工、建筑、建材等重要工业产品12个，合格率100%。

【特种设备安全监察】 与全区特种设备使用单位（企业）签订《特种设备安全管理承诺书》，签订率为100%，检查特种设备使用单位200家次，特种设备500台次。积极应用特种设备监督管理平台开展特种设备业务管理工作，录入和修改相关工作信息，完善数据，进一步摸清特种设备底数。全年共办理开工告知177件，办理使用登记证230台（其中，锅炉5台，压力管道1台，电梯24台，起重机械24台，压力容器170台，场内机动车6台）；办理变更登记52台；办理停用报废注销35台。深化“打非治违”和隐患排查整治，检查企业100余家次；开展电梯专项整治，全区电梯安全责任保险覆盖率达9%。

【监管工作】 对云南省江磷集团采用国际标准进行复审。加强江川区医疗单位计量器具的周期检定管理工作。加强认证认可监管工作。对7家实验室进行日常巡查，进行年度申报。

【商标和知识产权保护】 全区全年申请专利147件，比上年增长22.5%；授予专利权88件，增长57.14%。全年商标申请199件，比上年增长-87.69%；商标注册555件，增长-58.08%，商标有效注册量2695件，增长4.38%。

【动产抵押登记和拍卖】 全年共办理动产抵押登记4件，登记贷款金额675万元；办理注销登记2件，注销贷款金额380万元；协助法院执行动产抵押登记案件6件。继续做好拍卖活动备案工作。

【各类市场监管】 加强旅游市场秩序整治，检查涉旅企业78

家。深入开展2019年红盾护农行动，重点检查辖区内3家农资批发公司，从源头上杜绝假劣农资流入零售市场。开展烟花爆竹市场监督检查，检查生产经营户96户次。没收未取得烟花爆竹经营（零售）许可证非法销售200型爆竹308封、盘炮21盘、100型带9雷爆竹30封；过期200型119封。开展电动自行车新国家标准实施管理专项整治，对区内153户生产、销售、修理电动自行车经营户进行认真排查核实。集中开展“保健”市场乱象专项整治，重点对大街辖区内11家涉嫌“保健”市场乱象的经营户进行拉网式清理排查。开展流通领域商品质量抽检工作，抽检商户8家，共计抽样38个批次。开展野生动物保护专项整治行动，发放宣传资料100余份，检查农贸市场4个，花鸟市场1个，网具铁具市场1个，经营肉鱼禽类摊位28户，禽类屠宰点20个。网络市场日常监管做到认领率、巡查率达100%。开展医疗服务价格专项检查，对区人民医院价格违法行为进行立案查处，没收违法所得4.01万元和罚款人民币8.01万元。开展重点领域价格行为整治工作，检查涉企收费企业18家，银行3家，幼儿园5家，中介机构4家，转供电经营主体4家，医药公司2家。开展猪肉市场价格专项检查，检查2家猪肉制品生产加工企业、4个超市、15个农贸市场、16个单位食堂，未发现哄抬物价、互相串通操纵市场价格、价格欺诈等价格违法违规行为。针对快递投诉举报乱收费行为，对22 家快递公司加强监管。开展辖区内查处取缔无照经营工作。共查办无证无照经营案件3件，罚款1.5万元。

【消费者权益保护】 全年共接到消费者投诉举报113件，调解不成功3件，调解成功率97%，电话咨询166件，回复率100%，为消费者挽回经济损失约3.2万元。立案查处4件，罚款2.11万元。在各大型商场、超市等处已设立消费消费维权服务站13个。

【经济违法案件查办】 全年共查处经济违法案件115件，案值42.9万元，没收4.3万元，罚款25.54万元。

【“打黄扫非”】 采取集中行动和常规管理相结合的形式，开展“拉网式”检查，封堵和查缴政治性非法出版物；打击各类盗版侵权行为；扫除淫秽色情的口袋书、图书、卡通书、画册等非法出版物，检查书店、书摊等经营户等相关经营单位189户次；认真开展秋风、护苗、固边等专项整治行动和校园周边文化环境整治工作等。

【打击传销规范直销】 与公安部门联合加大对传销行为的打击力度，拓展创建“无传销社区”。对利用会议形式销售产品的行列进行检查，检查经营户9；开展“安化黑茶”“普洱茶”涉嫌传销进行调查；对REC环球财团投资的套餐情况进行调查处理；对江川区的29户投资类公司进行清理整顿。

【治理不正当竞争】 有针对性的对市场上具有独占地位的公共企事业单位利用其地位优势进行商业贿赂的行为进行组织摸排，审查规范性文件28个，废止文件9个、修改文件1个。

【扫黑除恶】 在农贸市场、大型超市、建材市场悬挂扫黑除恶布标200余条；在宾馆、饭店、超市、药店滚动播放扫黑除恶标语250多条；在乾景商业中心制作固定式和移动式宣传板15块。张贴投送《致全区人民群众的一封信》800多份，张贴《玉溪市江川区市场监督管理局关于举报黑恶犯罪线索的通告》800多份。设立扫黑除恶专项斗争举报箱27个，制作扫黑除恶专项斗争宣传册15000份。检查各类市场经营主体2700余户次，检查各类农贸市场和专业市场750多次，约谈20户市场经营者，共查处假冒伪劣案件80余件，销毁假冒伪劣产品1000多件，案值32万元。

（吴亚华）

应急管理

【概述】 2019年，江川区应急局深入贯彻党中央国务院关于加强应急管理和安全生产工作的重要指示精神，按照区委工作会议“干在实处，走在前列”的要求，坚守安全发展红线，以“强责任、强改革、强执法、强宣传、强队伍、强保障”为着力点，全面落实安全生产责任制，年初召开对本年安全生产工作进行安排部署，与各乡镇（街道）、安委会各成员单位、工业园区、重点企业等分别签订安全生产责任书，并先后向区政府常务会和区委常委会汇报安全生产工作2次，研究讨论专题会议3次，召开全区安全生产工作会议4

次。实现全区安全生产形势总体平稳，防灾减灾救灾工作顺利推进。

【安全生产指标控制】 全年全区共发生各类事故3269起、死亡28人、受伤1295人，直接经济损失676.1134万元。与去年同期相比事故起数增加1038起，上升46.52%；死亡人数减少8人，下降22.22%；受伤人数增加281人，上升27.71%；直接经济损失增加4.3601万元，上升0.65%。安全生产考核控制指标类别事故共发生6起，死亡6人、受伤2人，直接经济损失559.1万元。与去年同期相比事故起数增加1起，上升20%；死亡人数增加1人，上升20%；受伤人数持平；直接经济损失增加162.1万元，上升40.83%。在年度市对区安全生产目标责任考核中排名前八进入优秀等次。

【安检长效机制】 区纳入安全生产大检查长效机制管理系统企业119户，正常在产企业92户，全年区安全生产大检查长效机制在产企业自查隐患844条、三项检查查出问题企业数65户，工作全省综合排名均位于前17名。六项考核指标（企业隐患自查自报率、企业隐患查出率、企业隐患整改率、企业现场管理自定义率、企业基础信息完整率、三项检查率）均达到省、市考核指标要求。

【应急管理体系】 5月21日成立江川区自然灾害应急管理委员会，作为统一领导指挥协调机构，负责研究部署、指导协调全区自然灾害综合减灾救灾工作，履行区级应对一般自然灾害指挥部职责，建立联席会议制度、常态会商制度、紧急会商制度、灾情信息报送制度、应急物资调拨制度、突发事件应急处置制度等制度。组织相关人员，邀请网络运营公司研发技术人员组成应急管理信息平台建设工作组，对区信息平台建设现状进行初步摸底调查，深入了解森林防灭火、山洪灾害非工程性措施、气象预测预警、防震救灾等四个信息平台和地质灾害监测管理现状等。本年度区专业救援队伍主要为区林草局负责管理调配的阶段性专业扑火队30名（半年期），消防大队管理指挥的综合性消防救援队伍30名（全年期）。乡镇级救援队伍分别依托乡、村两级预备役和民兵应急分队组建。

【自然灾害数据统计】 全年全区遭受不同程度的干旱、洪涝、风雹等自然灾害，尤其是入夏之后，前卫镇、雄关乡、安化乡等乡镇已经相继出现特大干旱，江川区及时启动Ⅲ级抗旱应急响应。经统计，全区受各类自然灾害影响人口29099人，饮水困难大牲畜619头，受灾面积7.4万亩，直接经济损失2548.2万元。

【开展冬春救助】 区应急管理局深入调研，摸排冬春需救助的人口、种类、数量，制定救助方案。全年全区农村人口173070人，救助人口14673人，占比5.86%，救助资金532万元，其中15万元由区级政府解决，517万元向上级争取支持。

【提升应急处置能力】 参与处置2019年“2·07”“2·15”“3·27”森林火灾火情处置。全年开展山洪灾害暨防汛抢险和危险化学品道路运输事故应急救援演练及烟花爆竹零售应急处置演练3次，参与人数300余人。

【安全生产风险防控】 通过认真摸排高风险企业、场所、部位、设施四类易发生事故的高风险单位。形成《防范化解安全生产重大风险分析报告》《安全风险管控责任清单》《重点监管对象清单》《高风险单位安全监管责任清单 》等台账资料。明确全年全区145户高风险单位的风险类别、具体位置、管控措施及管控责任人、责任部门等重要内容。

【开展隐患治理】 非煤矿山加大采石场“一面墙”开采、高陡边坡开采专项整治行动，共检查非煤矿山67户次，下达执法文书48份，查出隐患91项，完成整改隐患91项。

工贸行业主要对有限空间和高风险作业等岗位进行重点整治，共检查工贸行业97户次，下达执法文书135份，查出隐患245项，完成整改245项。对玉溪金者石灰加工有限公司年产30万吨环保节能自动化石灰窑炉建设项目，因未委托有相应资质的单位进行设计和编制安全设施设计的违法行为给予行政处罚，共计处罚款1万元。及时对区人民法院查封的云南珍益品绿色产业有限公司3020千克液氨进行安全处置。

危险化学品加强对易燃易爆物品和危险化学品的生产、经营、储存等各个环节的共检查危化企业64户次，下达执法文书89份，查处隐患167项，完成整改167项。对中石化江川公司大街、八达、中农3户加油站及负责人拒不执行安全监管监察指令分别给予行政处罚，共计处罚款3.7万元。

烟花爆竹深化烟花爆竹生产经营安全专项治理，严肃查处“下店上宅”“前店后宅”和严禁超量储存等情况的烟花爆竹企业108户次，下达执法文书177份，查处隐患125项，完成整改125项。为确保云南绿竹集团江川后鑫花炮有限公司关停后存在安全隐患的问题，先后两次对该公司经理、生产厂长进行约谈。

【开展安全生产宣传】 结合“5·12”防震减灾日、“安全生产月”、“10·13”国际减灾日，开展各类宣传活动，发放应急小册子16200余册、安全生产宣传资料14500余份、应急宣传书籍6000本，并现场教学安全防护和应急救援技能。

【危险化学品定量风险评估】 区应急管理局聘请云南巨星注安师事务所有限公司于2019年4月对星云湖保护区危险化学品风险管控，确定风险等级和风险容量开展评估工作，8月28日通过专家评审。

【烟花爆竹经营“回头看”】 开展烟花爆竹经营许可“回头看”，于2月26日，多部门联合焚烧销毁2019年春节期间执法收缴的436件非法、违禁及假冒伪劣烟花爆竹。6月4日，对已退出的两户烟花爆竹生产企业遗留的销毁烟花、爆竹等产品126件，进行集中销毁处理。9月18～20日对原前卫双龙烟花火炮厂、杨家咀忠武烟花爆竹厂、后鑫花炮有限公司等企业清理出来的烟花爆竹2296件、炮饼16830个、烟火药723千克、银粉150千克，进行集中销毁处理。同时对本年临时许可到期的26户零售点进行逐一清查，督促剩余烟花爆竹货物返回烟花爆竹批发企业，确保临时经营场所不再继续经营、储存烟花爆竹。

【安检及扫黑除恶线索摸排】 为确保全国“两会”“五一”“国庆”等重点节假期间安全形势稳定，2019年区应急管理局，对所监管的企业开展安全专项检查及涉黑涉恶问题线索摸排，所监管的行业领域安全生产形势稳定，受理举报涉黑涉恶线索1条，已上报至区扫黑办、区纪委。

（李　琼）

自然资源

【概述】 2019年，自然资源局全面贯彻党的十九大精神，认真落实区委二届五次全会、区“两会”和全市自然资源工作会议部署，加强党对自然资源工作的领导，坚持积极主动服务和严格规范管理相结合，努力提升自然资源管理水平，有力保障经济社会平稳健康发展。

【用地保障】 2019年征收土地140.0475亩，支付补偿费用2903.9652万元。完成供地17宗，供地面积940.728亩，收取土地出让划拨价款30973.3765万元，其中划拨土地11宗，面积783.6675亩，划拨价款14757.3765万元；拍卖出让土地2宗，面积64.7715亩，出让价款12780万元；挂牌出让土地4宗，面积92.289亩，出让价款3436万元。全年上报征转报件3个，其中批次报件2个，单独选址项目1个，报批面积153.402亩。获批复文件报件1个，报件为2018年组织上报的批次用地，批准面积288.9195亩。备案设施农用地11宗，面积19.2195亩，审批大街街道三街社区五组宅基地48户，面积4800平方米。

【土地开发整理】 完工土地整治项目3个，总计建设规模4399.9455亩，新增耕地550.4235亩，旱地改水田210.2445亩，投资1051.23万元，其中2个项目已进行验收。正在施工土地整治项目2个，总计建设规模9380.604亩，投资2444.08万元，新增耕地323.43亩，旱地改水田4251.33亩，其中雄关乡下营项目已完成工程量99%。开工建设增减挂钩项目1个，项目区面积623.9625亩，其中拆旧地块582.7095亩，预计可新增农用地582.7095亩，新增耕地355.0905亩，投资383.75万元。

【国土资源执法监察】 2019年共开展常态化巡查440余次，及时发现制止土地矿产违法违规行为160余起，按村规民约清理拆除农村违法占地15宗，拆除面积约2820平方米。立案查处土地违法案件34件，查处面积320.7亩，罚款28.57万元，移交公安机关办理5件。查处矿产资源违法案件16件，行政处罚4万元，没收违法所得2.6万元，移交公安机关立案查处4起。江川区2018年度土地卫片违法用地图斑177个、合并系统填报135宗，图斑面积4343.8亩，耕地面积2545.8亩，其中立案查处违

法用地图斑29宗，查处面积3378.4亩，耕地面积1686.7亩，整改到位4宗，图斑面积54.1亩，耕地面积45.1亩。2018年度矿产卫片执法图斑5个，立案查处违法图斑2个，罚款2万元。认真贯彻落实国家、省市关于开展“大棚房”问题专项清理整治行动坚决遏制农地非农化，按时保质完成“大棚房”专项清理整治行动。全区涉及“大棚房”问题6宗，已全部按要求整改到位，占地面积10.88亩，复垦到位面积10.88亩。其中，属于Ⅰ类问题4宗，占地面积5.98亩，违法违规面积5亩；属于Ⅲ类问题2宗，占地面积4.9亩，违法违规面积1.945亩，拆除整改违法违规面积6.945亩，耕地6.555亩。

【矿产资源管理】 《玉溪市江川区矿产资源总体规划（2016～2020年）》经市自然资源和规划局批复同意后完成数据库入库，于2019年10月由全区8部门联合发布实施。完成云南省滇中引水工程玉溪段照壁山石料场建筑用灰岩矿的联勘联审，办理云南江川天湖化工有限公司清水沟磷矿采矿许可证到期延续手续，使其取得新采矿许可证。开展建设项目矿产资源压覆查询，全年完成查询9件，完成未压覆结果备案8件。完成6座矿山储量动态测量。江川区列入非煤矿山转型升级的矿山共计23个（2017年11月区非煤矿山转型升级联席会），对5个改造升级类矿山完成3个，1个未完成，1个自行提出关闭注销；4个整合重组类矿山完成2个；14个淘汰关闭类矿山已关闭注销采矿许可证4个，另外10个矿山政府已发布关闭公告。

【矿山生态修复】 对星云湖经流区18个矿山实施地质环境恢复治理，估算总投资12356.08万元。全年资金5000到位万元，支出1411.21万元，北部片区5个矿山环境治理工程已完成总工程量的96%；西部片区4个矿山环境治理工程已完成总工程量的50%；东部治理片区于2019年10月组织专家进行施工图设计评审；南部治理片区正在开展勘察可行性研究报告编制和施工图设计工作。

【地质灾害防治】 全年认真做好汛前和汛期巡排查，共出动车辆216次，巡查655人次，巡查点次515个。严格执行汛期值班制度，区、镇、村组共179人组成群测群防体系。组织召开区级地质灾害群测群防培训14期，培训人次661人，各乡镇（街道）组织开展地质灾害应急演练9次，686人参加演练。利用“4·22”地球日、“5·12”防灾减灾日，发放地质灾害防治知识材料3985余份、《防灾工作明白卡》83份、《防治避险明白卡》975份、《防灾工作通知书》33份。在地质灾害危险区域设立警示牌33块，标明撤离路线。全区实施的地质灾害治理项目3个，已完工2个。开展的因灾搬迁避让项目16个，共涉及搬迁627户2366人，补助资金3002万元，全年完成搬迁项目8个，待验收、正实施搬迁项目8个。

【不动产登记】 截至2019年10月，已发放不动产权证9201本，同比增780.4%；不动产登记证明1271份，同比增170.14%；国有建设用地使用权/房屋（构建物）所有权注销登记1120件（其中棚改注销1101件，系统注销19件），抵押注销794件（其中手工注销467件，系统注销327件）；协助法院查封、解封236件，提供不动产登记查询3513份，配合扶贫攻坚、审计、保障性住房等部门查询9235人次。办证流程更加便民高效，在区农村信用社设置抵押窗口2个，成功办理112件抵押登记。创新领证方式，开通EMS证书快递到家等便民、利民、惠民措施。精准梳理并压缩办理时限，承诺最长办理时限为5个工作日，最短为即时办结，提高登记效率和办事群众的满意度。

【第三次全国土地调查】 江川区全国第三次国土调查工作于2019年4月完成全部外业调查，先后7次报省三调办质量检查，于2019年10月上报至国家三调办，江川区三调工作均严格按省、市实施方案规定的时间节点完成各阶段性工作，工作进度在全市前列。

（龚秋月）

建设·环保

编辑　陈金才

住房和城乡建设

【概述】　2019年，玉溪市江川区住房和城乡建设局始终坚持以习近平新时代中国特色社会主义思想为指引，践行以人民为中心的发展理念，创造性地贯彻落实中央、省、市、区各项重大决策部署，以提升江川城市品质为统领，围绕“建美一座城、治好一湖水、打造一个高地”工作重点，通过城市功能不断优化和提质扩容，补齐江川城市基础设施建设和产业发展的短板和弱项，合力统筹城乡发展，加快新型城镇化进程，不断改善人居环境，促进“一核双心”协调发展，在市政基础设施建设、城乡人居环境整治、农村危房改造、住房保障、房地产项目推进、营商环境优化等工作方面取得一定成效。

【市政基础设施建设】　继续推进江川区市政基础设施PPP项目建设，完成新的项目公司的招投标工作，恢复浪广路北延工程、龙泉大道南段道路工程、城市全民健身运动场馆项目建设，完成浪广路南段主路施工；启动宝凤路延长线（湖滨路—大庄路段）道路工程，完成固定资产投资468万，切实缓解大街小学出行难题、为书香苑建设提供便利。创“联合国人居环境奖暨国家节水型城市”，资料报市创建办；开展节水宣传周活动，发放节水环保宣传袋550余个，节水手册、节约用水倡议书、生活节水小窍门等宣传单3000余份。开展新建项目海绵城市建设检查，指导新建项目优化设计理念，将海绵城市建设融入项目建设之中，全面推进江川区国家海绵城市创设；积极主动配合好市住建局实施九溪河、董炳河海绵化改造项目建设工程，其中九溪河海绵化改造已完成农村生活污染综合整治工程管网铺设1.03万米，完成投资约3.2亿元。

【城乡人居环境综合整治】　2019年起草印发《玉溪市江川区农村人居环境整治村庄清洁行动暨学习推广浙江“千村示范、万村整治”工程经验　深入推进农村人居环境整治工作方案》《玉溪市江川区城乡人居环境整治夏季攻势行动实施方案》，大力开展城乡人居环境综合整治工作。完成雄关乡污水处理设施建设并投入运行；深入推进“厕所革命”，改造建设乡镇镇区公厕27座；持续推进“5·20”美丽家园环境整治日行动，通过狠抓五项重点工作，完善四个要素保障，落实三项工作制度，明确两项奖惩措施，创新一项具体举措的工作方法，促使城乡人居环境整治夏季攻势有效落实。创新开展“万名干部讲法规、万名干部除临违”行动，拆除违法违规和临危建筑30万平方米，新增镇区绿化面积26.25亩、村庄绿化面积47.25亩；建设农民节地上楼试点，完成下高桥、六十亩、东村等9个示范点17栋140户农民节地上楼住宅建设工作。

【供排水】　2019年实现安全供水680.40万立方米，水质达标率达100%；供水用户29751户，新增用水户2344户；处理污水571.03万吨，削减化学需氧量985.36吨、氨氮130.14吨，城市污水处理率

96.53%。江川区老污水处理厂提标改造工程于5月20日完成，7月31日通过环保验收。完成湖滨路、大庄路、景新路、文祥街等路段9.3千米污水管网建设，投入20.8万元对城区约46.56千米阻塞较为严重的污水管网、沟渠进行清淤疏通，保证城区管网排水畅通。认真贯彻《江川县城镇供水管理暂行规定》，严格执行发改批复收费标准，于2019年4月入驻政务服务中心，实现用水户新装用水、移表、停水、缴费等业务一站式办理，大幅度缩短业务办理时间。在代收污水处理费的基础上，增加代收垃圾处理费业务，完成收费系统升级、收费本更换。

【住房保障】 开展保障房动态管理及清理核查工作，建立保障房“分组督查、按季度通报”的检查制度。2019年清理、腾退保障房46套，组织开展申请审核工作；完成宁海民居保障房72套销售任务，销售面积4515.41平方米。拓展城市空间，大街街道棚户区改造项目完成签约3295户，签约金额13.7亿元，签约面积18.65万平方米，兑付资金13.47亿元。江城片区棚户区改造完成签约户数1527户，完成资金兑付户数1379户，兑付资金5.25亿元，被征收房屋完成交验房屋788宗，拆除房屋560宗。改善老旧小区居住环境，开展老旧小区改造，实施煤矿生活区、水泥厂生活区、大庄园丁小区、大庄乡政府生活区4个老旧小区的改造工作，完成小区供排水管网、化粪池、燃气管网、弱电管网、绿化、亮化、监控设施、门闸设施、物业用房等的改造。选取煤业小区、工商局生活区进行无人管理老旧小区物管示范点建设试点打造，针对存在的问题，结合“红色物业”相关工作，完成小区党支部、小区楼道长、小区业主委员会的建立，完善物业管理制度，加强环境卫生管理及安全管理，积极倡导人人参与管理模式，改善小区环境脏乱差等现象，提高小区居民的幸福感、安全感和获得感。

【农村危房改造】 紧紧围绕脱贫攻坚“两不愁三保障”目标任务，积极实施、科学计划、精心组织，经各乡镇（街道）和有关部门的共同努力，完成672户上级下达江川区4类对象改造目标任务和38户非4类重点对象无力建房户危房改造工作。按照分级分类补助政策及资金兑付政策要求，统筹中央省级资金、市区配套资金和扶贫资金，预下拨各乡镇（街道）2019年4类重点对象农村危房改造补助资金790.4万元。

【房地产业】 2019年完成房地产投资22.78亿元，商品房销售面积 22.45万平方米，增速31.65%；房地产业就业人员390人（错季），同比增长21.5%；房地产业就业人员劳动报酬1313.9万元（错季），同比增长26.24%；完成商品房交易合同备案811 件，面积为10.56万平方米，销售总价 4.98亿元，均价4716元/平方米；二手房交易合同备案面积为 8.09万平方米，二手房成交金额为3.3 亿元，均价4079元/平方米；办理预售许可证4 件，预售面积为20.64 万平方米；积极推进古滇国城三期、滇御俊园、星云首府、万湖花园、城市花园、书香苑、云福山居、紫明苑、绿竹云舍9个在建房地产项目建设。

【建筑业】 2019年完成建筑业总产值21.07亿元，同比增长24.9%，实现建筑业增加值16.99亿元，同比增长（现价）9.8%。全年共计办理建筑工程施工许可证29件，总建筑面积65.70万平方米，总投资21.17亿元，审批安全文明施工方案29件。核审提取农民工工资保证金17件，协同劳动监察部门处理农民工工资纠纷案件4起。每季度召开一次安全生产会议，开展建筑施工安全技能培训、安全知识宣传及建筑工程质量安全宣贯等工作，将质量安全工作要求落实到每个企业、每个项目、每道工序、每个员工，促进建筑施工质量安全全面提升；检查在建工程建设项目290个（次），下发现场安全检查记录325份、安全整改通知书81份、停工整改通知书20份，提出各类安全隐患整改意见和措施1971条，确保建筑业安全生产形势稳定。

【燃气管理】 加快推进天然气利用工作，批准授予玉溪深燃巨鹏天然气有限公司管道燃气特许经营权，埋设燃气管道约15.67千米，实现德馨园、龙旺湖城两个小区供气，供气用户1245户。开展城镇燃气管理专项整治行动，瓶装燃气供应站经营模式从个体经营全部转变为企业经营，供应站点由原来的17个缩减为11个。对辖区4家燃气企业、11个换瓶点开展燃气安全检查8次，排查安全隐患106项，下发安全检查记录128份，提出安全隐患整改意见和措施98条，确保燃气安全生产形势稳定。

【招投标管理】 2019年全区有形建筑市场进行招投标的工程建设项目16个，项目估算总投资2.59亿元，招标限价（拦标价）为2.09亿元，中标合同价为1.91亿元，浮动率为-8.91%。

【优化营商环境】 清理权责清单，完成权力清单和责任清单的梳理及动态调整工作，保留行政许可15项，行政处罚353项，行政征收1项，行政检查9项；完成建设工程消防设计审查验收职能职责移交工作；完成各类办事指南、工作手册的编制修订工作，进行网上发布和公示。执行减免标准，取消基础设施配套费、房屋转让手续费、建筑施工文明措施费等费用；人防易地建设费按文件规定执行减免政策，共减免清退73.57万元，免征非营利性医疗机构人防易地建设费1.80万元。压缩审批时间，办理建筑工程施工许可证的报件材料由原来的19项减至9项，办理时间由原来的7天缩至3天；初步设计审查由20天缩至10天，受理条件由8项减为4项；防空地下室设计审批由10天压缩至5天，受理条件由11项减为5项；企业用水报装申请材料精简为1张申请表，技术资料可以“容缺受理”，办理时限从3个工作日缩减至1个；其他公共服务也最大限度缩减办理时限，其中，校表服务和恢复供水从3个工作日缩减至2个，用水性质变更从3个工作日缩减至1个，用水报停和用水户口变更及交纳水费1个工作日内办结。在区政务中心设置行政审批窗口和供排水服务窗口，打造“一门一窗”式服务平台，创新“互联网+”服务手段，开通用水微信公众号，用户可以其内内查询账单、了解停水、交纳水费。

【稽查执法】 2019依法立案查处违法违规案件3件，罚没款总额12.90万元。执法规范化建设成效明显，做到“零复议、零诉讼”。

【人民防空】 积极做好防空地下室建设项目审批和涉及防空地下室建设的前期服务工作。全年审批办理人防易地建设6件、人防建设工程2件，审批人防工程地下室建设面积1.02万平方米。开展人防宣传教育工作，组织“9·18”防空警报试鸣，进一步提高广大群众人民防空意识。

【人大建议和政协提案】 2019年办理市、区级人大代表建议及政协委员提案共25件（市级人大代表建议6件，区级人大代表建议11件；区级政协委员提案8件），全年共受理信访件30件，做到件件有答复、事事有回音，满意率达100%。

（杨峥文）

住房公积金

【概述】 住房公积金江川管理部是隶属于玉溪市住房公积金管理中心的派出机构。2019年本部在市中心的直接领导下，以贯彻执行国务院《住房公积金条例》为主线，认真贯彻执行国家市场调控政策措施，调整住房公积金政策措施，全面推进住房公积金管理服务。各项重点工作有效推进，既实现住房公积金安全增值、运行优良的经济目标，又取得公积金管理工作的新业绩。

【公积金增点扩面】 加大住房公积金政策宣传力度，积极推进以非公企业为重点的住房公积金制度建设。2019年全区新增缴存单位10户，缴存职工45人，新增自由职业缴存者39人。

【公积金归集额】 2019年全区归集住房公积金20890.99万元，比上年增1277.94万元，增长6.52%。全区累计归集总额160241.98万元，归集余额50203.65万元。全年全区共有247个单位8543名职工正常缴存住房公积金。

【公积金使用情况】 2019年全区提取住房公积金16753.72万元，比上年增937.54万元，增长5.93%。其中：购买住房6298.64万元，占全年提取额的37.60%；建造、翻建、大修自住住房161.20万元，占全年提取额的0.96%；偿还住房贷款本息8488.49万元，占全年提取额的50.67%；离休、退休1489.35万元，占全年提取额的8.89%；房租提取3.60万元，占全年提取额的0.02%；终止劳动关系提取151.61万元，占全年提取额的0.90%。

发放个人住房公积金贷款10683.70万元，比上年增-10547.00万元，增长-49.68%。年内个人公积金贷款收回8428.66万元，比上年增295.98万元，增长3.64%。累计发放贷款总额125322.80万元，贷款余额74113.60万元，存贷率147.63%，期末存量贷款笔数

1990笔。

因职工缴存住房公积金资金总量不足，按市中心的相关文件精神，江川区公积金管理部委托工行、建行、中行、农行发放贴息贷款（公转商）40户，合计2269万元。

【基数调整】 规范住房公积金管理，根据国务院《住房公积金管理条例》和《玉溪市住房公积金缴存、提取管理暂行办法》以及市中心《关于认真做好2019年度审批缴存住房公积金工作的通知》相关政策，与财政、人社部门协调沟通，按照上限不得超过玉溪市统计部门公布的上年度在岗职工月平均工资的3倍为19029元，下限为现行劳动保障部门公布的最低工资标准县区为1350元的缴存基数标准执行。

【系统建设】 贯彻国务院“放管服”，于2019年5月20日正式启用玉溪市住房公积金管理中心“互联网+”信息系统。江川管理部于2019年10月11日开展住房公积金单位网厅操作业务知识培训会。

【政策调整】 根据《市管理委员会关于调整全市住房公积金政策的通知》，自2019年6月1日开始，在玉溪市辖区内租住商品住房且无自有产权住房的，提出一次申请（年度间隔期不低于12个月）提取本人及配偶的住房公积金支付房租，每月合计提取的最高限额为1000元；租赁住房不满12个月的，按实际租赁住房月数租金提取。职工购买上市交易的二手房，同一套住房在1年内发生两次及以上房屋权属交易过户的，在本年度内只能提取一次住房公积金。购房行为发生日间隔满一年以上的提取时间，从过户后的房屋产权证发证时间开始计算。缴存住房公积金的职工家庭，双方连续正常缴存6个月（含）以上的，公积金个人贷款最高额度由100万元调整为60万元；一方连续正常缴存6个月（含）以上的，公积金贷款最高额度由50万元调整为40万元。2019年5月1日暂停住房公积金异地贷款业务。

落实“放管服”，简化住房公积金提取办理流程，自2019年5月20日起，办理按月委托提取住房公积金贷款（按月对冲还贷）的业务，每月自动从其住房公积金个人账户中提取住房公积金归还住房公积金贷款的委托提取还贷业务。“公转商”贷款，视同住房公积金贷款，金融互联互通平台建设完成前，需要职工在符合《玉溪市住房公积金缴存、提取管理暂行办法》有关规定的情况下，按年到各管理部柜面办理提取住房公积金归还“公转商”贷款业务。

单位录用职工的，自录用之日起30内向住房公积金管理中心办理缴存登记、设立账户或者转移手续。从2019年8月1日起，一律禁止新录用职工补缴开户年月以前的住房公积金。规范住房贷款政策中首套房、二套房的认定标准。即以职工家庭在住房公积金业务系统和中国人民银行征信报告中住房贷款（含住房公积金个人住房贷款和商业银行个人住房贷款）合计次数进行和承诺家庭住房实有套数确认作出操作规范；自2019年12月5日起停止执行提取住房公积金支付物业管理费的政策；有效防范住房公积金资金风险，严厉打击住房公积金领域的涉黑涉恶行为，保障广大缴存职工合法权益，玉溪市住房公积金管理中心及玉溪市公安局共同下发《关于防范和打击骗提骗贷住房公积金行为的通知》。

（段红梅）

生态环境

【概述】 2019年，市生态环境局江川分局学习贯彻习近平生态文明思想，把握生态环保中心工作和重点任务，以打赢污染防治攻坚战为重点，加大环境监管力度，推进生态文明建设，保障辖区环境安全。完成建设项目环评文件审批28个，环境影响登记表备案96个，指导企业完成自行验收13个。出动执法人员441人次开展198场次现场环境监察。全年办理人大建议和政协提案各1件。

【星云湖保护治理】 全年星云湖山水林田湖草共规划项目19项，完工6项，在建13项，开工率100%、完工率31%，计划投资36.6亿元，已完成投资19.6亿元。NAC系统除藻船及配套设施已正常试运行，全年打捞藻浆5400余吨。开展星云湖基础调查研究第一阶段工作，提交阶段性报告。为科学治湖提供依据。制定《2019年星云湖“脱劣”超常规措施（锁磷剂）实施方案》，完成锁磷剂投放31.5万千克。《星云湖降磷应急项目实施方案》已通过政府常务会、区委常委会研究审议。加强已建工程项目运行管护工作，及时处理好涉水专项巡察反馈问题，对渔村河、大街河损坏的PVC管进行修缮。

【大气污染防治】 做好工业企业污染治理、机动车污染防治，不断提高绿色发展和生态环境质量水平；全面禁止新改扩建燃煤锅炉，对城市建成区的两家工业企业10吨以下燃煤锅炉实施淘汰；开展"散乱污"企业整治；深入推广秸秆综合利用及禁烧工作；加强施工扬尘监管；严格落实重点监控企业自行监测及环境信息强制公开制度；督促加油站油气回收治理工作加快实施，已完成双层罐改造43个。城区环境空气质量一级天数186天、二级天数146天。

【饮用水源地保护】 启动"千吨万人"集中式饮用水源地区划工作，加大饮用水源地监测和监管力度，依法排查清理饮用水源保护区内违法建筑和排污口，推动饮用水源地问题整改。开展城区集中式饮用水水源地水质监测工作，水质达到《地下水环境质量标准》（GB/T 14848—93）Ⅲ类标准。

【土壤污染防治】 开展全区土壤污染状况详查，确定土壤污染重点行业企业共36家，划定详查单元71个，核实农用地详查点位334个，形成疑似污染地块分布图，确定各企业地块风险等级，建立污染地块清单和优先管控名录。配合省市部门完成采样工作。开展涉铬等重金属重点行业企业排查整治，完成江川区吉益电镀厂现场检查及排查表填报。开展工业固体废物堆存场所环境整治。

【第二次全国污染源普查】 开展普查和质量核查，于2019年2月召开全区质量核查工作推进会，抽查各乡镇普查工作台账。全区工业源208户企业均收集环境管理资料建设一企一档。区普查办选取46户企业规模大工艺复杂的企业作为重点逐项核对普查报表，确保普查质量。完成污染源初步核算，及时开展污染源排放核算，形成初步数据。开展名录库对比经济普查、全区企业用电量、农业农村互联网直报和散乱污企业清单等数据库，对污染源查缺补漏，巩固普查的质量。

【生态文明工作】 做好生态文明体制改革，出台《玉溪市江川区推行环境污染第三方治理的实施意见》。按县域生态环境质量考核要求，开展相关工作，向省生态环境厅上报每季度和年度考核材料。推进省级生态文明区创建工作，加强与省、市的对接，修改完善相关资料。督促九溪镇中营村委会小营村、江城镇海门村环境综合整治工程开工建设。开展"绿盾2019"自然保护地强化监督，核查星云湖国家湿地公园及抚仙—星云湖泊风景名胜区共137个点位，制定整改方案并督促整改。2所学校成功命名为"云南省绿色学校"。

【行政审批及项目监管】 落实国务院和省市简政放权，全面优化审批流程，提高审批效率。对重点推进的重大项目和民生工程开启绿色通道，主动介入，主动服务，精简办事流程。严格落实"三同时"制度，严格执行项目分级审批规定和目录。全年，共对96个项目环评登记表进行网上备案，对28个项目环评报告表（书）进行审批，督促企业完成13个建设项目的自行环保验收。

【监察执法】 全年全区累计出动环境监察人员441人次，检查企业198家（次），形成环境监察现场记录198份，查处环境违法案件14件，罚款金额118.67万元，其中使用"四个配套办法"案件2起、关停企业2家，有力惩治了环境违法行为。向公安机关移送涉嫌刑事犯罪的违法倾倒废弃菜叶案件5起。开展污染安全隐患排查和环境应急管理，全年新备案和修编备案企业9户，全年境内未出现环境污染事故。污染投诉处置及时，全区共受理群众投诉44件，办结44件，处理率100%。抓好全区辐射环境安全监管，1家放射源使用单位使用正常，"六防"安全措施到位，有专人负责管理。开展中高考考点及考生住宿场所环境整治。开展污染源在线自动监控系统运行管理工作，确保在线监测系统运行正常和数据稳定传输，各企业数据传输率达到95%以上。严格管控污染源和加强河道巡查，促进星云湖保护工作深入开展。

【环保督察问题整改】 按月收集中央环保督察整改进展情况，全年抓实各级历年环保督察反馈问题整改，对2016年中央环保督察涉及的11项整改任务，完成7项，达到整改时序4项；对2017年省委、省政府保督察涉及的30项，完成整改19项，达到序时进

度9项，未达整改时序进度2项；对2018年中央环保督察“回头看”涉及的13项，完成整改9项，达到序时进度的4项。

【环境监测】 对城区环境空气质量，开展24小时连续自动监测和评价。对廖家营、大龙潭中心城区集中式饮用水水源地的每月开展23项水质例行监测和年度103项全分析监测，对大街街道、江城镇、九溪镇的集镇饮用水水源地水质27项指标每季度开展1次监测。开展地表水环境质量监测和国控断面的现场采样监督及相关协调工作，实施采样11次；开展河长制水质专项监测，监测河道断面60个，水库监测断面15个，全年发河（湖）长制水质监测结果通报5期，出具监测数据2750个；对辖区8条主要入湖河道27项监测指标每月开展1次水质监测。对区域环境监测点116个、交通干线噪声监测点21个，功能区噪声监测点7个进行声环境质量监测，监测结果均为达标。对南北片区污水处理厂、翠峰纸业、恒昌造纸等国控、省控污染源按季度进行监督性监测，全区重点污染源污染排放达标率为100%；对已安装在线监测系统的重点污染源按季度开展比对监测。对建子山垃圾填埋场周围环境空气、地下水、噪声等进行调查监测。完成19起环境投诉监测，为信访投诉工作的处理提供数据依据。对星云湖7个加密点每10天采样监测分析1次，为湖泊保护治理提供技术支持。完成辖区内倾倒烂菜叶、非法排污和星云湖投放锁磷剂水质、水生态环境监测及评估。

【污染减排】 抓好污染减排，维护好管理减排成果。2019年，两个管理减排项目即南北片区污水厂保持稳定运行，全年合计处理水量350.76万吨，北片区污水处理厂合计处理水量211.37万吨。

【排污许可证】 2019年，按照国家排污许可证管理名录规定，分行业实施新版排污许可证，完成包装、通用工序锅炉、电镀和屠宰行业排污许可证核发工作。督促以上企业实施网上申报排污许可证季度执行报告制度。

【危废管理】 2019年，指导全区95家企业完成上年度危险废物申报登记工作，组织安化彝族乡卫生院等11家医疗机构完成申报登记；审核批准云南天湖化工有限公司清水沟磷矿等86家转移手续，全区涉及产生危废的工业企业均纳入系统管理，对危废产生量较大的云南江磷集团股份有限公司、云南天湖化工清水沟磷矿等重点单位及时备案编制2019年度危险废物管理计划。

【依法治区】 制定印发《江川分局2019年依法治区工作要点》，落实《玉溪市江川区环境保护局国家工作人员学法用法制度》，确保依法治区、依法行政和法治宣传教育工作有序推进；落实重大行政执法案件法制审核制度，共审核出具重大行政处罚案件意见书11件。

【环境宣教】 落实《全国环境宣传教育行动纲要》，围绕《环保法》《大气污染防治法》《云南省星云湖保护条例》等开展新闻宣传、舆论监督，以“6·5”世界环境日、文化科技卫生“三下乡”、科技活动周、低碳日、世界水日、中国水周等为契机，围绕“蓝天保卫战　我是行动者”主题，开展环境宣传教育活动12次。

（刘　波）

星云湖管理

【概述】 2019年星云湖管理局对照《云南省星云湖保护条例》认真贯彻国家生态文明建设政策，统筹推进星云湖生态保护与经济社会协调发展，协助玉溪市人民政府湖泊管理机构在星云湖一级保护区开展行政执法工作。依据“保护优先、科学规划、统一管理、综合防治、合理利用、绿色发展”的基本原则，以推动湿地公园建设与管理为主线，以加强湿地生态保护与恢复为目标，星云湖国家湿地公园各项试点建设工作有序推进，如期完成各项工作目标。

【主要经济指标】 2019年星云湖开湖捕鱼共办理捕捞许可证618本，征收渔业资源增殖保护费278.1万元（4500元/证）。本年星云湖鱼产量256.7万千克，产值约4364万元。

【宣传星云湖保护条例】 《云南省星云湖保护条例》宣传季启动仪式后，星管局联合市抚管局星管处、区司法局、区自然资源局、市生态环境局江川分局、区农业农村局等多家单位到大街街道、前卫镇、江城镇等地沿湖自然村庄及人员比较集中的市场、商场开展集中宣传，共计发放2000余份《云南省星云湖保护条例》，工作人员还对条例进行细致的讲解。

【鱼苗投放】 2019年区委、区政府计划在星云湖分两次投放鱼苗50万千克，实际投放鱼苗达48.89万千克，总价521.17万元。其中，投放在消耗蓝藻有明显作用的滤食性鲢鳙鱼苗44.3万千克，比去年增加26.7万千克。

【水葫芦打捞】 2019年8月份制定星云湖水葫芦打捞计划，10月份进行估算和邀请招标，11月1日开始工期一个月的水葫芦打捞，打捞220亩。

【沿岸环卫管护】 在沿湖三乡镇（街道）组建一支由91名（大街街道40名、江城镇26名、前卫镇25名）管护保洁员组成的管护队伍，开展星云湖沿湖环境卫生管理工作。星云湖管理局联合星云湖管理处、抚仙湖管理局第三执法大队对星云湖一级保护区内复耕农作物及二级保护区进行巡查。10月份组织全体干部职工，对渔村河环境卫生、沿湖河滩红白垃圾、星云湖湖面污染物、杂草等进行一次彻底的清洁整治。

【“四退三还”】 2019年，为实现星云湖1722.5米水位线外延100米以内的一级保护区“四退三还”（退人、退房、退田、退塘，还湖、还水、还湿地），成立区和沿湖三个乡镇两级工作领导小组，下设办公室和六个工作组，配套实施一系列“星云湖一级保护区生态修复及生态屏障构建工程的方案”，即《项目建设方案》《工程建设通告》《“四退三还”问题解答》《房屋搬迁补偿安置方案》《“四退三还”区域巡查管理制度（试行）》等。年内退田工作已完成。三个镇（街道）共退出农田1576.2亩（含环湖截污133.89亩），其中大街街道736亩，江城镇372.2亩，前卫镇468亩（含环湖截污），共计兑付2019年土地租金及奖励2748.8万元，拨付2020年土地租金499万元。已完成退出农田的清表和围栏划界工作，切实做好巡查管护，杜绝复耕复种现象发生。退房工作已完成“三调”评估，被搬迁农户的房屋评估报告已全部送达到户。安置房采用统规自建、联建的方式已启动建设，退房协议签订、补偿资金兑付接近尾声，房屋拆除正在大力推进。第一期退房403户已完成签约兑款376户，签约率达93.3%；涉及20户集体公房（含两个村委会）已完成签约兑款，两类房屋共计完成兑付补偿补助及奖励资金18157.1万元。完成拆除房屋159户（农户房屋143户，集体公房12户，企事业单位4户）。14家企事业单位中，已完成湖滨公园、交通局码头、梦思达水厂路下部分及大石洞管理站的拆除。生态修复工程已启动。对退出区域将按照“宜湿则湿、宜林则林”原则，开展湿地建设与绿化改造，目前生态修复工程已启动施工，年内工程全面完工。

【渔政执法】 渔政执法抓住“三个重点”，做到“三个结合”，即抓住重点对象（历年偷鱼的惯犯），重点地段（偷鱼者经常实施偷捕的地段，主要以星云湖十里长堤、麻地咀一带为打击的重点地段），重点时期（鱼汛期），努力做到集中整治与长效管理、惩治和教育、自查和督查三个相结合，打击非法偷捕行为，并对偷捕者进行严厉惩处。

【国家湿地保护与恢复】 2019年，在星云湖北岸大房子村南处，恢复星云湖国家湿地114亩生态功能。对指定区域内进行清除大薸、水葫芦、生活垃圾、农业垃圾等日常管护。结合星云湖综合治理其他项目减缓或防止蓝藻水华，为鸟类、鱼类等野生动物创造良好的湿地生态环境。对星云湖国家湿地公园内6000多株垂柳、红柳修剪病枝、进行输液杀虫、喷施药剂、树干粉刷石灰和石硫合剂等。在湿地公园范围主要路口及区域共设置界碑10块、标识牌20块，强化湿地公园宣传保护湿地的作用。对湿地状况进行监测，包括生物多样性监测、外来物种监测、湿地生态系统退化状况监测等，并进行湿地监测数据库建设。

（陈松涛）

城市管理

【概述】 2019年区城市管理局以“全面履职，规范运作”为主线，着力服务升级、管理创新、体制转型，积极推行“721”工作法，不断锤炼“绣花”功夫，围绕“打基础、求发展、上台阶”扎实开展各项工作，在营造优美市容环境、提升城市品位方面取得好成绩。

【机构设置】 区城市管理局编

制总数92名，其中行政编制8名、事业编制84名。设局长1名，副局长2名。内设办公室、政策法规信访股、市政公用事业管理股3个股室。下属城市管理监察大队、环境卫生管理站、园林绿化管理站3个事业单位。区数字化城管指挥中心由区城市管理局代管。年末实有68人，其中行政编制7人、事业编制61人。

【队伍建设】 发出督查通报22期，处理违反内部管理规章制度和城市管理网格化、精细化规章制度的干部职工（包括城市协管员）110人次。开展业务培训5期。开展“不忘初心、牢记使命”主题教育，集中学习2次、专题研讨1次，自学成果交流1次，召开局党组理论学习中心组学习会议2次，集中观看警示教育片2次，开展理论知识测试、主题征文各1次，局领导深入基层调研12次，征求到意见建议2条，梳理后形成整改问题13个，立行整改13个，提交调研报告3份，开展专题党课1次。全年受理信访事项27件来人来访及电话信访17件、区信访局转办10件，信访办结和处理回复27件。

【扫黑除恶】 多措并举，深入排查占道经营、小广告治理、市政基础设施建设等工作中非法圈地占道强行设摊摆点、充当保护伞收取保护费、内外勾结、涉嫌“养摊收费”及阻挠执法、暴力抗法等扫黑除恶线索，排查上报4起阻碍城管执法事件。

【城管监察】 全年集中开展34次市容市貌综合整治，查处占道经营3521起，其中批评教育3358起、下发责令改正通知书23份、行政处罚63起、教育改正乱摆乱放1669起、清理乱排乱倒44起、督促改正商业噪音和油烟污染42起。对损坏和有安全隐患的窨井盖权属公司下发通知5份。对江通路、翠大线、玉江大道及抚仙路等重点路段设卡检查，全年共查处散体物料运输“飘、撒、滴、漏”行为840起，其中行政处罚8起、批评教育832起。对在建工地散体物料运输行为，下发责令改正通知书1份、停工通知5份、复工通知3份。对未按文明工地要求建立清洗池、出入口硬化等行为下发责令改正通知书2份。对在建工地夜间施工产生噪音下发责令改正通知书1份。重点对城区主次干道、渔文化广场、怡心园广场等不文明遛狗行为进行教育，发放规范养犬行为告知书800余份，教育劝导市民不文明养犬行为100余起，捕获中心城区流浪犬只29只，处罚不文明养犬行为7起。抓获乱涂乱画非法小广告行为2起，清理小广告24048条。

【市容环卫】 中心城区道路机械化每天清扫2次实行每天18小时保洁，每天洒水4次，每天高压冲洗5次，机械化清扫率达73.28%。对管护的9座公厕，按照“六无、六净”的标准执行。全年新增投放491只分类垃圾桶、65只垃圾箱。对沿街门店、农贸市场及餐饮所产生的垃圾，每天三个时段定时上门收集。每天城区垃圾清运67吨，建子山垃圾填埋场共进场垃圾35941吨，垃圾无害化处理率达100%。收取垃圾处理费79.7万上交国库。

【园林绿化】 全年申报园林单位3家、园林小区2家。对枯枝、病虫枝、低矮枝及草坪、地被灌木截枝修剪7次，对乔木施肥约1000千克，更换补种乔木155株，补植地被草花3494.7平方米。推进城区绿化“刷白”，消除树干基部越冬病菌。

【市政基础设施建设】 春节期间对玉江大道1200余处严重塌陷坑洼路面进行沥青填补处理，对20000余平方米集中断裂破损路面进行沥青浇灌平铺处理。对建成区内破损路面进行青石板补修120平方米，划停车车位4.74千米。全年维修城区路灯203盏，组织抢修路灯地下供电线路9次，更换线缆180余米，移栽2棵太阳能路灯，处理车辆撞毁路灯杆、隔离栏事故29起。

【行政审批】 全年处理行政审批事项1462项。其中：城市道路占用992项，城市道路挖掘40项，户外广告审批417项，渣土运输13项。

（卢　强）

工商企业

编辑　徐凡清

工业商贸和信息化

【概述】　2019年，区工业商贸和信息化局围绕上级安排部署，扎实开展工作，推动区内工业、商贸、信息化领域取得进一步发展。全年实现规模以上工业增加值增幅18.5%，增幅全市排名第二；实现社会消费品零售总额310531万元，同比增33490.7万元，增12.1%；实现非公经济增加值78.3265亿元，增速10.5%（不变价）。

【工业经济运行】　2019年，全区完成工业总产值132.82亿元，同比增19.06%。其中：全区完成规模以上工业总产值82.56亿元，比上年增17.24%。规模以上工业增加值增幅18.5%，增幅全市排名第二位，同比下降4.9个百分点，高于全市（6%）12.5个百分点，差市下达目标任务4.5个百分点。实现主营业务收入52.8亿元，比上年增9.09%；实现利税总额6.3亿元，比上年降7.35%。规模以下增加值增幅6.1%，同比上升2.3个百分点，增幅全市排名第五位。

新增规模以上工业企业3户。其中：纳规1户（玉溪和润纸业有限公司），升规2户（玉溪建通混凝土有限公司、云南祥宇印务有限公司）。

（张雨莎）

【500万元以上工业固定资产投资完成情况】　2019年区完成500万元以上工业固定资产投资180763万元，同比降16.7%，其中非电工业固定资产投资178924万元，同比降17.5%。

【淘汰落后和化解过剩产能】　推动人口密集区危险化学品生产企业关闭退出。玉溪市江川区盛邦工贸有限公司于2018年11月22日开始拆除两条年产3000吨工业磷酸生产线，分别于2018年12月13日和2019年10月12日通过云南省工业和信息化厅委托的第三方验收。

环保优先、节约资源、精细化发展。云南江磷集团股份有限公司于2018年12月10日开始拆除一条年产5200吨黄磷生产线，于2019年12月2日通过云南省工业和信息化厅委托的第三方验收。

【工业项目投资备案】　2019年，区工信局在企业投资建设项目备案工作中，贯彻落实“限时办结，免费服务”制度，严格遵守法定时限，每个项目备案时间不超过3个工作日。全年共办理备案项目16个，计划总投资20216万元。

【工业用电量】　全区2019年全社会用电量78339.66万千瓦时，同比降1.79%，工业用电量55877.39万千瓦时，同比降4.02%，占全社会用电量的71.33%。其中：第一产业用电量1266.68万千瓦时，同比降2.94%；第二产业用电量58124.61万千瓦时，同比降4.25%；第三产业用电量8229.8万千瓦时，同比增17.57%；城乡居民用电量10718.56万千瓦时，同比降0.36%。2019年，参与电力市场化交易的企业累计222家，市场化交易电量累计53829.86万千瓦时，占全社会用电量61.71%，为企业减少电费支出6553.23万元。

【企业技术中心认定】　云南天

合立光电技术有限公司和云南特固电气有限公司于2019年11月21日通过市级企业技术中心认定。

【争取省级工业和信息化发展专项资金】 根据《云南省工业和信息化厅 云南省财政厅关于申报2019年省级工业和信息化发展专项资金的通知》《云南省工业和信息化厅 云南省财政厅关于申报2019年云南省中药饮片产业发展专项资金的通知》等相关文件精神，组织云南龙恩制药有限公司申报中药饮片产业发展专项资金，获得资金24万元；组织云南特固电气有限公司申报工业转型专项资金，获得资金400万元；组织玉溪万丰彩印包装有限公司和云南鸿湖塑料包装有限公司申报省级技术改造专项资金技术改造升级项目，获得资金105万元；组织云南天合立光电技术有限公司申报省级民营经济发展专项资金企业投资类项目，获得资金100万元；组织云南江磷集团股份有限公司申报省级技术改造方向资金技术创新项目。

【20佳创新企业】 玉溪丫眯绿色休闲食品有限公司和云南宏斌绿色食品有限公司入选云南省绿色食品加工业20佳创新企业，获得资金支持250万元。

（韩海萍）

【电信业务总量】 2019年，江川区电信业务总量145312万元，同比增65.61%，居全市第三。

【推进移动通信基站建设】 4G、5G站点及光纤线路改造初步规划编制完成，江川区促进公众通信基础设施建设工作领导小组成员单位于8月16日召开玉溪市江川区第五代移动通信（5G）建设规划专题会，现已完成意见征求，区政府出台《玉溪市江川区人民政府关于加快推进全区第五代移动通信（5G）建设规划工作的通知》，下一步等待市级规划编制方案出台后开始组织实施。

【开展网络通信线路整治活动】 组织移动、电信、联通、电力、广电等单位，对城区废弃杂乱不规范电力、通信、广电设施进行摸底排查，对全区27处违规电力、通信、广电设施（管线）进行清理整治。确保主街区、主干道、标志性建筑外立面各种管线（通讯、电力、广播电视等）布设规范。

（师洋哲）

【开展元旦、春节安全生产检查】 元旦、春节期间，分管安全的副局长率局安全生产领导小组一行5人对江川供电局、玉溪珊瑚民爆公司江川分公司、江磷集团、江川天湖化工有限公司等企业进行安全生产大检查，对检查出的一般安全隐患现场进行整改，对一时整改不了的安全隐患，明确整改责任人、整改时间。通过此次安全大检查，确保元旦春节两会间期无任何安全事故发生。

【开展“安全生产月”咨询日活动】 6月14日，江川区工信局组织相关人员到江川区大街街道老戏台参加“安全生产月”安全宣传咨询日活动。围绕：“防风险、除隐患、遏事故”活动主题，开展现场安全生产、应急救援等法律法规、用电常识、无线电管理等咨询，发放无线电管理宣传手册、漫画无线电管理科普宣传手册计100余份，这次宣传咨询活动受人民群众好评，增强全民安全意识。

【做好汛期安全大检查】 为全力做好汛期灾害防范工作，确保工信系统企业汛期安全生产形势平稳。工信局安全生产领导小组按照“全覆盖、零容忍、严执法、重实效”的总要求，对玉溪珊瑚公司江川分公司、江磷集团、江川供电局等企业进行了安全生产大检查。检查中共查出隐患15起，现场整改14起。

【开展无线电宣传月活动】 无线电宣传月期间，工信局紧紧围绕“高效利用无线电频谱资源，助力新兴产业发展”宣传主题，面向区内各级党政机关部门、协作部门及相关领导等重点群体、社会公众、行业部门无线电管理机构、无线电频率资源使用单位、设置无线电台站用户、销售和使用无线电发射设备的单位和个人，普及无线电管理知识，重点宣传无线电管理政策法规，普及无线电频谱资源常识和法律知识，开展无线电管理等咨询，发放无线电管理宣传手册、漫画无线电管理科普宣传手册计100余份，宣传咨询活动深受人民群众好评。使“守法用频，合法设台”的观念深入人心，营造有利于无线电管理工作开展的社会环境，着力提升无线电频谱资源和无线电管理工作在社会上的影响力和知名度。

【开展清洁“美丽家园”活动】 为把江川建成“河畅、水清、岸绿、景美”的美丽家园，在“6·5”世界环境日下午，工信局全体党员干部职工到江城西河二库及学河（云岩村段）开展清洁“美丽家园”活动，整个活动出动车辆7辆次，人员30人次，对西库二库及学河（云岩村段）渠进行清库、清河、清沟专项清理行动，清理各类红白垃圾28袋。通过此次“美丽家园”宣传清扫活动，让人人都成为建设美丽江川的宣传者、实践者、推动者。

（刘光启）

【单位GDP能耗】 2019年全区单位GDP能耗下降5.0754%。

【规模以上工业企业能耗情况】 2019年1~12月，全区规模以上工业企业综合能源消费量为142246.49吨标准煤，同比上升2.93%；产值825575.4万元，同比上升17.24%；万元产值能耗0.1723吨标准煤，同比下降12.21%；电力消费55089.35万千瓦时，同比上升10.19%。

【节能监察】 组织玉溪市江川区凤凰山水泥有限责任公司开展书面节能监察，2019年5月26日，完成数据采集、整理、上报并通过节能监察。

组织云南江磷集团股份有限公司开展节能监察，2019年7月4日、8日，配合省节能监察中心对云南江磷集团股份有限公司现场节能监察，经核算，云南江磷集团股份有限公司2018年1~12月的黄磷单位产品综合能耗、单位产品电炉电耗、单位产品电耗均达到《黄磷单位产品能源消耗限额》（GB 21345—2015）的限额要求，通过节能监察。

【节能诊断】 深挖企业节能潜力，组织玉溪市俊宇新型墙材有限公司开展节能诊断，2019年10月26日，经省、市委托第三方机构诊断，对玉溪市俊宇新型墙材有限公司提出经济可行的节能改造建议。

【节能宣传】 2019年6月17~23日是全国节能宣传周，通过群众喜闻乐见的各种宣传形式，广泛动员全社会参与节能减排降碳。据不完全统计，全区节能宣传周期间共制作和悬挂宣传横幅布标35幅，张贴宣传标语266条，办墙报、黑板报、节能宣传栏47期。

（纳毅超）

【对外贸易】 2019年，全区实现进出口总值4562万美元，完成市年度目标任务4477万美元的101.9%。

从进出口商品看，磷化工系列产品实现贸易进出口652万美元，与上年同期的158万美元相比增312.6%；以蔬菜为主的农产品实现进出口2458万美元，与上年同期的1917万美元相比增28.23%；花卉实现进出口392万美元，与上年同期的449万美元相比减12.7%；食品加工业实现进出口578万美元，与上年同期的708万美元相比减18.4%；机电及工业产品实现进出口482万美元，与上年同期的522万美元减7.7%。

从进出口企业类别看，私营企业实现4170万美元，与上年同期的3305万美元相比增26.2%；外资经营企业实现392万美元，与上年同期的449万美元相比减12.7%。

【内贸流通】 2019年，实现社会消费品零售总额310531万元，比上年同期的277040.3万元增33490.7万元，增长12.1%，超市目标任务0.1个百分点，增速并列全市第二。批发业实现销售额95677.7万元，比上年同期的77602.7万元增长23.3%，超市目标任务7.3个百分点，其中限额以上企业完成32576.6万元，增长47.8%；零售业实现销售额310249.4万元，比上年同期的275634.1万元增长12.6%，低市目标任务2.4个百分点， 其中限额以上企业完成11130万元，增长34.9%；住宿业实现营业额29795.7万元，比上年同期的25459.7万元增长17%，其中限额以上企业完成6554万元，增长40.1%；餐饮业实现营业额132034.4万元，比上年同期的112903.5万元增长16.9%，其中限额以上企业完成5330.4万元，增长21.9%。

【成品油管理】 全年共计销售成品油34537吨，比上年同期的33607吨增930吨增3%。其中：92#汽油销售19747吨，比上年同期的18415吨增1.9%；95#汽油销售3007吨，比上年同期的2498吨增19%；98#汽油销售259吨，比上年同期的426吨减40%；柴油销售11524吨，比上年同期的12268吨减6%。

【现代物流】 2019年围绕“三区一港”总体发展定位，结合江川区位优势，推进物流产业发展，取得成效。以九溪、雄关、工业园区为重点，打造江川九溪

润特、宏程物流、雄关农产品物流产业园建设，形成高效物流通道，以物流产业聚集区为基础规划物流发展平台和载体，提升物流节点资源整合功能，进一步发挥物流发展平台和载体的聚集效应。

2019年完成现代物流投资43294万元，完成市政府下达目标任务35000万元的130%。

（王牙明）

【民营经济增加值】 2019年，全区实现非公经济增加值78.3265亿元，比上年同期增加7.4589亿元，占GDP60.3%，增速10.5%（不变价）。

【工商登记从业人员】 截至2019年12月21日，全区非公有制企业总户数达19661户，同比增长12.38%。其中：私营企业1721户，个体工商户17776户，农民专业合作社164户。非公经济户数占全区企业总户数的98.82%，同比增长0.16个百分点；注册资本金75.1107亿元，同比增长14.36%；工商登记从业人员74229人，同比增长11.53%。

【减免注册费，减轻企业负担】 2019年共免收民营企业注册登记费53.8792万元、变更登记费5.926万元。其中：私营企业注册登记费48.1112万元、变更登记费4.31万元；个体工商户注册登记费5.768万元、变更登记费1.616万元，有效减轻企业负担。

（杨有平）

【电子商务】 玉溪市江川区2019年全年电商企业销售额5516.07万元。全年开展电商培训7次，150人次参加。

【兴边富民三年行动计划电商服务站】 江川区兴边富民三年行动计划电商服务站由中国邮政集团有限公司玉溪市江川区分公司合作承办。目前建成安化乡、雄关乡、江城镇、九溪镇、前卫镇等5个电子商务兴边富民三年行动计划乡镇电子商务服务站，运营正常。县、乡、村三级物流配送网络覆盖率100%。电商服务站月均代收电费3万元左右、代售飞机票火车票300多张、代收电话费2万元左右、网上销售土特产品销售额月均1600元左右。每月收寄包裹达1000个，电子商务服务站月均代投包裹800个左右。

【阿里乡村事业部】 阿里集团的乡村事业部和菜鸟物流于2018年12月落户江川。此项目合作内容包括区级电子商务服务中心营运、阿里农村淘宝物流集散中心建设、乡镇电子商务合作站点合伙人招募，项目将有助于江川区加速推进电子商务发展步伐，推动江川区农产品上下行，促进农民增收。截至目前，区级电子商务服务中心运营正常，日均包裹100个左右。乡镇电子商务合作站点共2家（1家合作店、1家服务站，分别是：江城镇天猫优品合作店，翠峰村天猫优品服务站）。其他乡镇暂未招募到合伙人。乡镇服务站点开张以来总销售额达450万。

（师洋哲）

投资促进

【概述】 2019年，江川区投资促进局以建设高效生态经济示范区为统揽，聚焦园区工业项目、城市建设、绿色发展“三张牌”、开展重点产业内资、外资精准招商，突出重点，全面推动招商引资向更大规模、更宽领域、更高水平迈进，以招商引资促转型、促创新、促发展。

【机构编制】 2019年2月，为立足高质量跨越式发展，加强投资促进和招商引资工作，根据《玉溪市江川区深化机构改革实施方案》玉溪市江川区招商合作局更名为玉溪市江川区投资促进局，仍作为区政府直属事业单位，机构规格正科级。局机关内设办公室、运行分析及项目信息股、投资促进股、投资服务督导股4个职能股室，下设股所级事业单位玉溪市江川区客商投资服务中心，截至2019年12月，江川区投资促进局（包含玉溪市江川区客商投资服务中心）在编在岗职工共15人，其中领导职数5名，局党组书记1名，局长1名，副局长3名。

【投资促进运行情况】 2019年，玉溪市人民政府下达江川区2019年度目标任务为引进市外国内资金 95亿元，其中省外国内资金85亿元；外资200万美元。

2019年1～12月，全区引进市外国内项目72个，其中结转项目51个；新增项目21个；已竣工投产项目34个。年度内引进市外国内资金980328万元，同比增长8.62%，完成年度目标任务95亿元的103.19%。其中使用省外资金874529万元，同比增长8.10%，完成年度目标任务85亿元的102.89%。2019年引进外资项目1个，到位资金400万港元，合计

54.574万美元，完成外资年度目标任务200万美元的27.28%，实现近几年来引进外资零的突破。

【项目洽谈及签约情况】 2019年江川区对接洽谈项目企业38个，签约项目26个，项目协议总投资206.5亿元。其中，市、区级平台签约6个；乡镇（街道）和区直部门签约20个；签约项目落地开工数22个，有资金到位的项目21个，其中外资项目1个。

【招商引资产业重点项目分类情况】 七大产业情况。七大产业共有项目36个，引进市外国内资金583291万元，占全区招商引资到位资金的59.5%。高原特色现代农业产业引进项目10个，引进市外国内资金43611万元（其中外资项目1个，到位资金54.574万美元）；生物医药及大健康产业引进项目5个，引进市外国内资金7854万元；旅游文化产业引进项目8个，引进市外国内资金187701万元；现代物流产业引进项目3个，引进市外国内资金5500万元；矿冶及装备制造业引进项目9个，引进市外国内资金338625万元。

投资亿元以上重点项目情况。在建投资亿元以上项目48个，项目协议总投资340.82亿元，自开始建设到今年末累计到位资金资金226.68亿元，2019年到位市外国内资金资金937547万元，占到位市外国内资金的95.63%，重大项目对完成全年目标任务数的作用较为明显。

“三张牌”情况。全区引进“三张牌”项目22个，占全市引进项目的30.55%；引进市外国内资金317199万元，占市外国内到位资金的32.35%。其中：“绿色能源”项目4个，到位市外国内资金167000万元；“绿色食品”项目10个，到位市外国内资金49111万元；“健康生活目的地”项目8个，到位市外国内资金101088万元。

产业分布情况。一产项目8项，二产项目29项，三产项目35项，一、二、三产业实际引进市外国内资金分别为27611万元、399409万元、553308万元，占比为3：41：56。其中，工业项目28项，引进市外国内资金399409万元，占全部引进资金的41%。投资的行业分布情况：以道路运输业、房地产、电气机械制造器材、专用设备制造、生态保护和环境治理业、城市基础设施建设为主。

投资来源地情况。投资来源分布于全国17个省、直辖市。其中四川、广东、北京、湖南分别以242100万元、206880万元、192093万元、77408万元位居到位资金前4位，合计到位资金718481万元，占省外到位资金总额的73.29%。省内投资来源以省属企业、昆明市为主，合计到位资金148953万元。

【对外招商合作情况】 2019年区级组织赴北京、天津、上海、安徽、四川、贵州等地外出招商活动11次，其中区委、区政府主要领导带队外出招商8次，副区长带队外出招商3次，拜访北京清华控股公司、四川川威集团、合肥祥源控股集团、蓝城集团、四川朗基尚善集团等知名企业并达成合作意向。

组织参加“相约春天 共筑梦想”开放合作招才引智（北京）峰会，“收获金秋，共谋发展”新经济发展招商引智峰会，南博会，成都国际都市现代农业博览会等系列招商活动。

编纂、印制完成2019年版《玉溪市江川区投资指南》，发区属有关单位，作为指导开展对外宣传、项目洽谈、招商引资工作以及外来投资企业到江川区投资的重要参考。

（刘锦曼）

工业园区

【概述】 2019年，江川工业园区贯彻落实中央创新发展理念引领经济高质量发展的重要决策部署，面对国外严峻经济形势和国内经济的下行压力，立足高新区、江川区“两区”合作发展优势，充分发挥区位、产业基础和资源条件等要素的作用，牢牢把握园区建设发展的机遇和挑战，与高新区合作共赢，共谋发展，一体化全力推进园区经济快速发展。

【经济指标】 2019年，园区实现工业总产值20.3亿元，同比增15%；实现主营业务收入18.64亿元，同比增7.5%；实现工业增加值4.69亿元，同比增13.5%。园区完成固定资产投资12.6亿元，同比下降29.5%。其中：工业投资9.15亿元；基础设施建设投资3.45亿元；完成招商引资额33.82亿元，同比增35.3%，其中省外国内资金33.82亿元。园区企业从业人员达1356人。

【基础设施建设】 园区累计完成基础设施建设投资16.68亿元。其中：投资13.64亿元建设园区

标准化厂房24万平方米，标准化厂房A5地块10万平方米已交付企业，B4地块已具备交付入驻企业装修条件；投资8433万元完成园区龙泉片区供水工程建设；投资1962万元完成污水处理厂建设；投资1075万元完成旱街变电站至园区的电缆沟工程；投资764万元完成旱九线35千伏电力线路迁改工程；投资2546万元完成江义街延长线道路工程；投资15500万元完成1800余亩土地平整；投资110万元对园区绿化植物进行管护；投资46万元对园区已建成的沟、管、涵全面进行清淤疏浚。

【招商引资及项目建设】 园区结合全市产业转型升级和新兴产业培育战略，坚持把招商引资引智作为开发建设的生命线，紧扣产业发展方向，抓牢重点产业，着力培育新产业，发展新动能，不断增强发展新活力，招商引资和项目建设成效明显。2019年，园区在建项目13个：标准化厂房、江义街延长线、龙翔路、自来水厂、污水处理厂、粤辉电子、华电达、云兴燃气、宏程物流、博能燃气、深圳燃气、振华场平、科技研发服务中心。拟入驻项目6个：振华数码通信产业园、振华锂电池三元正极材料、省新能源产业技术研究院、星能科技、爱思普能源、迪亚宝新能源。目前，园区已建成云南联塑、新天力农装制造、云南特固电气、云南腾达机械、天虹彩印包装、云南天合立、升华电梯一期、金美印刷包装、万丰彩印9户规上企业，云南福胤钢构1户规下企业，固定资产在库投资项目21个。

【征地拆迁】 完成三街七组李增华果园户地上附着物搬迁补偿工作，兑付搬迁资金2.62万元；完成三街十组陈所富桉树商谈补偿，兑付补偿资金18.5万元；完成振华680亩项目用地地上附着物清理工作；完成旱街变至园区仙水大道电力沟征地工作，征地面积1.25亩，兑付征地资金19.5594万元；完成2017年度征地371亩征地资金的兑付工作，共计兑付征地资金3590万元；完成246亩供地，其中云兴燃气18亩、深圳燃气18亩、粤辉电子162亩、云南嘉科包装科技股份有限公司48亩；协调矿山治理项目园区500亩场地平整工程，项目总投资1100万元；完成大坡头至园区DN300供水管道迁改工程历史遗留问题，共支付资金16.8万元；完成龙泉片区61.75平方千米规划范围内的“生态红线”调整工作；完成园区污水处理厂蓄水池用地租用，租用赵官村0.91亩土地，兑付租地资金0.75万元；完成仙水大道与玉江大道交叉口绿化用地租用工作，租用土官田村小石洞小组3.52亩。

【园区社会事务及企业安全监管】 成立园区调解委员会，对涉及群众切身利益的农民工工资问题，组织企业、农民工进行商谈，查找问题症结，研究制定解决办法，2019年，园区成功化解通号、粤辉电子、三精医疗、金速电动车等企业拖欠农民工工资问题9件，合计兑付农民工工资700余万元，保障农民工合法权益（全年以来园区共计协调农民工工资482.5万元，涉及农民工500余人，保障农民工合法权益）；对云南江川王牌烟花火炮厂和云南省江川大庄星云湖畔烟花火炮厂信访问题，及时介入，及时解答，维护园区和谐稳定社会环境。

建立健全《领导干部安全生产责任制》《企业安全生产责任制》和《领导干部安全生产责任制规定》，与园区企业负责人签订安全生产目标责任书，压实安全生产责任到企业、责任到人。2019年，园区开展各类安全生产大检查13次，排查种类安全生产隐患23起，对园区收储土地及周边近3000亩山林实地进行巡视查防，确保山林防火安全。截至目前园区未发生任何重大安全事故。

（闻海燕）

供　电

【概述】 2019年，玉溪江川供电局以“守正创新 担当作为 以优异成绩迎接新中国成立70周年”为主题，统筹推进强党建、保安全、促改革、稳增长、强电网、推精益、抓队伍的各项工作，为江川区全面建成小康社会提供电力保障。截至2019年12月31日，运行维护5座110千伏变电站，2座35千伏变电站，总变电容量47.5万千伏安。运行10千伏配电线路52条，总长962.49千米，0.4千伏及以下线路1905.69千米。配电变压器2195台，总容量52.61万千伏安。

【经济技术指标】 完成售电量8.35亿千瓦时，同比上升10.12%；主营业务收入2.53亿元，同比下降3.1%；供电成本5717.47万元，同比下降10.57%；客户平均停电时间14.84小时/户，同比下降21.27%；综合电压合格率99.47%，同比上升0.02个百分点；

供电可靠率99.83%，同比上升0.05个百分点；综合线损率2.328%，同比下降0.006个百分点。

【电力安全生产】 有效运转安全管理体系，年内安全事故为零。按照“全覆盖、全过程、分层级、分专业”原则开展安全监督检查951次。开展江川电网中低压配电网防范人身事故专项行动，乡镇供电所防范人身事故专项行动涉及安全专业工作30项。中压配电网防范人身事故专项行动计划涉及安全专业工作15项，以“金石”安全文化为引领，开展领导班子公开承诺、“六个一”等特色活动，局领导班子下基层“同吃、同住、同劳动”驻点调研，收集、解决问题26项。以“基础数据、设备可靠、业务规范、信息化应用、高素质队伍”为目标，完成配电网“提基础、强运维”专项活动。完成江川电网45条线路单线图单轨运行，完成柱上开关标识完成整改，建立“一线一册”图片资料库。扩展无人机在验收、现场勘查、故障巡视、数据采集等方面的应用，完成2019年指标108%。严格落实玉溪电网2019年强应急专项工作计划，完成新中国成立70周年特级供电任务。

【电力供应】 积极与江川区工信局、工业园区管理委员会联系，了解江川区招商引资项目，对新入驻园区的企业开展前期客户走访工作。配合完成江磷集团新建110千伏开关站建设、投运工作，通过与江磷集团、亿电售电公司三方联动，顺利完成江磷集团新建110千伏开关站市场化交易的注册审核工作。开展客户走访，听取客户用电需求建议，为企业提供主动服务，满足客户不断增长的用电需求。积极推进油改电、气改电、煤改电，完成电能替代电量2093.87万千瓦时，持续对符合政策的市场化交易用户开展宣贯工作，累计参与市场交易3676户（次），累计完成交易电量5.42亿千瓦时，为用户节约电费成本6602.22万元。

【电力优质服务】 精简环节、压缩时限、降低成本、提升可靠性，营造良好营商环境，2019年第三方满意度得分83分。实施业扩报装工单“主人制”，对外提前了解客户需求，对内协调办电各环节，实现跨部门沟通。推行“一口对外，一证受理，一站服务”，提升业务办理便捷度，实现业务流转在线化、透明化，全业务线上办理、全功能互联互通。2019年，江川供电局线上报装办电率达100%。持续提升办电效率，2019年实现低压居民2.16天；低压非居民2.5天；高压单电源20.37天；小微企业2天的办电时限。建立客户问题处理周通报、月分析机制，对照客户抱怨的难点、痛点问题认真梳理工作流程。持续推行线损精益化管理，2019年线损异常处置完成率达100%。

【电网规划】 启动“十四五”配电网规划编制，按照“十四五”智能电网发展规划——配电网（农网）规划报告要求，开展江川区配网收资工作。优化片区配电网架结构，全面梳理10千伏安化线网格片区问题清单，开展110千伏早街变10千伏出线及中心城区中压网架优化方案的修编工作，完成主城区南片区中压线路网架结构及负荷转移方案编制和评审，结合江川区国土空间规划发展布局，配电网规划适度超前，规划建设110千伏早街变10千伏鸡窝线、110千伏棋盘变10千伏小凹线、110千伏螺丝铺变10千伏兰田线。完成江川区2020年配网专项提升可行性研究报。

【电网建设】 稳步推进2019年城网、2019年自筹农网项目开工建设，共43个单项工程，总投资4407.28万元。强化工程里程碑计划节点落实，完成江城供电所配变新建工程、江川2018年大街供电所重过载配电变压器改造项目建设。完成了110千伏棋盘变10千伏窑房线新建工程建设，提升江川配网供电可靠性。完成玉溪市江川工业园区管理委员会10千伏业扩延伸工程（江滇路）建设。积极配合政府做好易地搬迁项目建设，完成2018年玉溪供电局江川区第七批应急项目5个单项工程建设。积极落实行业扶贫职责，对全区异地搬迁、灾后重建、美丽家园项目配套电力投资715.743万元，新建改造台区23个。

【电力标杆建设】 完成2019至2020年创建国内一流县级供电企业达标行动计划68项。完成2019年组织绩效矩阵分解工作。加强安全生产、优质服务、人才队伍及物资管理五个方面的精益项目过程管控，5个精益项目通过中期评审，其中《细分线损管理颗粒度》获玉溪电网2019年精益项目成果发布二等奖，《提升物资仓库定置7S管理水平》获玉溪电

网2019年精益项目成果发布三等奖。九溪供电所工会小组荣获南方电网公司“五星级模范职工小家”称号。全面落实上级安全基本技能准军事化集中轮训部署安排，组织2期134名技能岗员工开展集中轮训，引导员工正确理解和规范执行“十个规定动作”。全局技能岗员工取得职业资格143人，高级工及以上高技能人才130人，技能专家4人，技师5人。

【电力经营管理】 履行首签负责人职责，对费用的真实性、合理性严格把关。落实往来款项台账管理长效机制，按季跟踪汇总上报各部门往来款项台账。完善财务营销对账机制，规范电费资金核算和管理。配合开展局长届中审计、税务专项检查、资金安全检查等各项审计检查工作，积极配合审计取证，核实存在问题，在要求时限完成整改，整改完成率100%。推动党政主要负责人切实履行法治建设第一责任人职责，完成领导干部法治建设“六个一”专项工作。编制完成法律十大风险防控专项计划。强化合同全过程精益管理，提升合同签订效率和审查质量，合同签订及时率100%，标准文本使用率100%，合同签署备案率100%。截至12月31日，涉及法律案件共3起。

（杨　柳）

供销合作

【概述】 2019年以来，玉溪市江川区供销合作社联合社在省、市供销社的指导下，按照市委、市政府的安排部署和陈豪书记到玉溪调研重要讲话精神及区委、区政府的安排部署，团结带领全区供销系统围绕全区“三农”工作大局，按照建设廉洁、勤政、务实、高效机关的要求，切实强化单位内部管理，持续深化供销合作社综合改革，取得了一定成效。

【重点工作完成情况】 全年完成销售总额10.24亿元；农副产品购进1.88亿元；电子商务销售额0.14亿元；实现汇总利润881.38万元；上缴各种税费89万元；食用菌总产量902吨，实现总产值0.58亿元。完成化肥储备0.5万吨；辖区内的各个经营门店、加盟店、农资店完成化肥销售11.5万吨，稳定了市场价格，保障了农业生产的需要；开展新型职业农民培训两期共133人次；规范发展农民专业合作社5户；改造提升综合服务社4户；改造提升、创建新型基层社1户；新发展农民专业合作社联合社1户；参控股农民专业合作社1个；玉溪市江川区锦妍花卉种植专业合作社成功创建农民专业合作社省社示范社并获得省供销社命名。

【农资创新服务】 2019年，一是强化服务农资工作，聘请专家坐诊，为农作物病虫害把脉，提供咨询服务，全年共接待咨询人数2000余人，开出处方1000余张；二是响应打好星云湖农业面源污染防治攻坚战，区供销社农资公司联合云农、四川国光等农资生产厂家提供商品展示，进行优质有机肥、生物有机、水溶肥、冲施肥等高效肥料农资商品推介等服务，有机肥和低毒农药的销量同比增加10%，实现经济效益和生态效益的双增长。

【项目建设】 投资181万元，完成蔬菜公司外墙除险、龙街老百货大楼提升改造、尹旗综合服务社提升改造、干巴菌人工扩繁技术电教片的拍摄制作；开展了农民专业合作社“空壳社”专项清理行动，经清理，现经营基本正常的农民专业合作社和联合社共有54户；采取“农资企业+庄稼医院+农资消费合作社+农民合作社+种植大户”的模式，强化服务，建成春晓合作社、江城竹园村、九溪中营村、九溪六十亩、江城小营等6个农资科技示范基地，面积达3000多亩；投资50多万元，建成供销社智慧农资服务运营中心及九溪片区农资配送站，健全了农资流通网络。

【资产管理盘活】 加大历史遗留问题的解决力度，因地制宜，分类施策做好社有资产确权、不动产登记和盘活工作。进一步加强供销社社有资产的开发、经营、管理，确保社有资产保值增值，实现供销社可持续发展。积极配合江城古镇项目和大街街道棚户区改造工作的推进，按照区政府主要领导和大街街道棚户区改造指挥部的工作要求，区社组织有关人员，对棚改涉及的农资公司、老县社资产房屋进行实地调查，摸清房屋有关情况，并形成《大街街道棚户区改造涉及社有资产房屋情况统计表》，对本次调查中反映出来的因历史原因导致的资产房屋被改制下岗职工占用等问题的处置进行妥善安排。

【安全生产经营】 供销社始终把安全生产和社会稳定作为头等大事来抓，全年以来，按照上级有关部门的部署，开展农村食品安全检查，为过一个和谐的春节打下基础；对于社有资产，定期组织人员深入社属企业开展安全大检查，排除安全隐患，确保系统内安全无事故；盘活资产过程中依法、依规开展，对于涉及与周邻住户纠纷积极与乡镇、村委会协调，在有关部门的指导下妥善化解矛盾，促使项目顺利施工。

（徐舒虹）

城市建设投资

【概况】 玉溪市江川区城市建设投资有限公司于2009年11月27日成立，主要经营范围：城市建设投资项目及资金使用管理；建设工程项目管理；筹措城市建设资金，负责城建项目的市场化运作，对外招商和开发经营；统一运作国有城建资产及相关产业经营；统一经营城市规划区内国有土地；对贷款建设、收费还贷项目的管理；自有资产、资金的运作经营开发；房地产开发；房屋租赁；市场管理、市场摊位租赁服务；物业管理、酒店管理；区政府授权管理的其他工作。公司与玉溪市江川区城市基础设施建设投资管理中心、玉溪市江川区广厦保障性住房开发投资有限公司、玉溪市江川区惠江建设投资有限责任公司（2012年4月，经区人民政府研究决定，城投公司、广厦公司合署办公；2016年12月经常务会议研究决定，将玉溪市江川区惠江建设投资有限责任公司并入城投公司合署办公）实行四块牌子、一套班子，现有员工21人。

【项目建设】 完成钟秀铭苑——江城棚改房源点建设项目。钟秀铭苑——江城棚改房源点建设项目由玉溪市江川区城市建设投资有限公司负责统建，项目总用地面积为22286.92平方米，总建筑面积29570.12平方米，居住户数64户及停车位建设，项目预计总投资11123.53万元，自筹3623.53万元，银行贷款7500万元。项目于2017年11月9日正式开工，2019年12月完成项目验收工作，具备交房入住条件。

宝凤路东延长线道路建设。项目立项投资额2610.5万元。2019年11月底完成K0—0+128段沥青铺设工程及人行道、绿化、照明工程，完成大街小学大庄校区及复烤厂生活区出入通车；K0+128—K0+353段建设需根据土地规划调整情况推进。

【资产经营管理工作】 为加强对政府授权的国有资产进行规范管理，确保国有资产保值增值，对商铺的经营使用权组织公开竞标，2019年共收取租金182万元上缴财政。

2019年保障房销售工作。本次销售的房源为租住超过一年的保障房住宅建筑面积的20%，共79套住房。经报名审核共有79户符合购买条件，目前79户均已签订购房合同，收取房款1959万元上缴财政，为减轻全区财政压力起到一定作用。

钟秀铭苑房产销售工作。钟秀铭苑 江城棚改房源点建设项目，经2019年12月13日区政府专题会议研究决定由江城棚改户优先选购，剩余房源向社会公开拍卖。2019年12月19日组织棚改户认购商品房36套，向社会公开拍卖2套，现已收取销售房款4209万元，办理按揭贷款约3000万元。

做好3060套保障性住房日常管理工作及租金收缴入库工作。建立保障性住房台账，明确专人负责管理，收缴租金1196万元上缴财政。

认真做好九溪农贸市场运行的管理工作，保障市场的有序经营，收取租金101万元。

【其他工作】 2019年，城投（广厦）公司累计上缴税金1389.48万元，上缴财政收入1436.07万元。

（靳嘉玲）

农·林·水利

编辑　徐凡清

农业农村

【概述】　玉溪市江川区农业农村局加挂玉溪市江川区畜牧兽医局牌子。机构改革后局机关下设5个内设股室（办公室、计划财务股、法规与执法监督股、发展规划股、种植业与畜牧渔业管理股、农办秘书股），编制13人，实有18人，其中工勤人员2人。下辖9个事业单位（农村社会事业发展中心、农村经济经营管理站、农业科学技术服务站、农业机械和农田建设管理站、畜牧水产站、农产品质量安全检测站、动物卫生监督所、动物疫病预防控制中心、乡村产业发展中心），事业编制123人，实有107人，工勤人员16人。设立1个党总支，5个党支部，54名党员。改革后，共保留车辆6辆，其中机关执法执勤车辆1辆、事业单位专业技术用车4辆、农开办划转1辆。主要职责：统筹研究和组织实施全区“三农”工作的中长期规划、重大政策；统筹推动发展农村社会事业、农村公共服务、农村文化、农村基础设施和乡村治理。牵头组织改善农村人居环境；贯彻落实国家关于深化农村经济体制改革和巩固完善农村基本经营制度的政策；指导乡村特色产业、农产品加工业、休闲农业和农业产业化发展工作；组织农业资源区划工作；负责有关农业生产资料和农业投入品的监督管理；负责农业防灾减灾、农作物重大病虫害防治工作；负责农业投资管理。提出农业投融资体制机制改革的建议；推动农业科技体制改革和农业科技创新体系建设；指导农业农村人才工作；牵头开展农业对外合作工作。

2019年，江川区以实施乡村振兴战略为抓手，以推进农业供给侧结构改革为主线，以项目建设为抓手，以助农增收为目标，深化改革，转变农业发展方式，推进农业结构调整，构建新型农业经营体系，促进产业转型升级，不断增强农产品市场竞争力，有力促进全区农业持续健康稳定发展。全年实现农林牧渔业总产值340086万元，按可比价格计算增长6%；实现农林牧渔业增加值221461万元，按可比价格计算增长5.8%；农村常住居民人均可支配收入14688元，同比增长10.6%

【种植业】　2019年实现种植业总产值232449万元，同比增长5.2%；实现种植业增加值166895万元，同比增长5.4%。粮食：2019年粮食总播种面积94545亩，比2018年增加1475亩；粮食总产量4522.43万千克，比2018年增加42.43万千克；粮食总产值16675万元，比2018年增加2313万元。蔬菜：2019年蔬菜种植面积207435亩，比2018年增加9812亩；蔬菜总产量47411.02万千克，比2018年增加1883.09万千克；蔬菜总产值达132757万元，比2018年增加21167万元。花卉：2019年花卉种植面积14227亩，比2018年增加2774亩；花卉总产值45700万元，比2018年增加12758万元。

【畜牧业】　突出仔猪产业优势，积极发展畜禽规模化、标准化生产，畜牧业生产稳步发展。2019年完成肉奶蛋总产2821.2万千克，比2018年增57.3万千克。其中肉类总产量1853.35万千克，禽蛋产量

946.2万千克。实现畜牧业现价总产值81652万元，同比增9.2%。

畜禽存栏：年末大牲畜存栏3137头（匹），其中牛3011头、马48匹、驴65匹、骡13匹；生猪存栏111360头（其中能繁母猪存栏14320头），羊15347只，家禽1441047只，兔6222只。

畜禽出栏：全年完成大牲畜出栏1901头（匹），其中牛1800头，马31匹、驴53匹、骡17匹；生猪出栏147660头，羊15286只，家禽2495996只，兔23203只。

【渔业】 充分发挥江川水产资源优势，围绕江川土著鱼的保护与开发利用，立足水产提质增效和渔民增收，在保护水域环境的前提下，大力引导发展无公害水产养殖，开展濒危土著鱼类的人工驯养繁殖试验研究及推广，推进江川渔业由数量型向质量型转变，打造以大头鱼、抗浪鱼、星云白鱼、云南倒刺鲃（青鱼）、抚仙四须鲃等为主的特色水产品品牌，提高特色水产品价值，发展高原特色渔业。全年全区渔业水面面积161643亩，其中捕捞面积103000亩（为抚仙湖面积），养殖面积58643亩（其中星云湖52000亩、水库4669亩、池坝塘1974亩）。全年累计生产水花鱼苗3100万尾，鱼种380吨，投放鱼种770吨。完成渔业产量4360吨，其中抚仙湖560吨，星云湖2567吨，水库池坝塘1233吨。全年实现渔业总产值12782万元，同比增3.6%。

【水稻高产创建】 水稻是江川区大春主要粮食作物之一。2019年通过实施水稻高产创建项目，集成多项技术及组织措施，稳定播种面积，提高单产，保证总产。示范区安排在大街街道、江城镇、前卫镇，共完成示范面积1.03万亩，涉及32个村（居）委会，百亩核心区安排在前卫镇小后卫村委会小后卫村，面积103亩。带动全区1.35万亩水稻生产。经组织相关专家测产，百亩核心区、千亩展示区、万亩示范区平均亩产分别为792.9千克、753.8千克、686.3千克，1.03万亩示范区综合亩产694.5千克，比相邻非示范区亩增产19.5千克，增2.88%。

【农作物间套种技术推广】 2019年江川区充分利用自然气候条件较好、多种作物共生期长以及作物种收的时空间隙，继续实施农作物（粮食）间套种技术推广项目，共完成农作物（粮食）间套种面积10万亩，其中粮食作物8万亩。核心区位于九溪镇喜乐庄村委会，面积215亩。全区中心示范片249片。经统计折算，增加粮食总产340千克，亩增粮食42千克。

【病虫草鼠害防治】 2019年，组织人员在全区辖区内开展玉米草地贪夜蛾防控工作，全区发生面积2.7661万亩，防治4.03072万亩，防治效果87%，玉米草地贪夜蛾危害损失率0.71%，最大程度降低危害损失。全年共发《江川植保信息》11期，216份。农作物发生面积52.1万亩次，防治130.0万亩次，挽回粮食损失3451.5吨，实际损失133.2吨。重大病虫害防治面积占应防面积的98%以上，粮食作物损失控制在5%以下，经济作物损失控制在7%以下。

【农业信息服务】 坚持以“服务农村、服务农业、服务农民”为宗旨，认真组织信息源，及时利用江川农业信息网和新农村建设信息网及“三农通”手机平台向外传递江川区农产品市场供求信息，向用户传递农业生产最新科技信息，为农业增效、农民增收提供了有效的信息保障。2019年，共计发布农业信息615条、发布“三农通”手机短信信息392条，推广“云农12316”App用户1665个，完成7家高原农产品、休闲农业、乡村农资信息采集上传工作，“云农12316”三农综合信息服务平台在全区全面上线运行。

【新型职业农民培育】 2019年，江川区继续开展新型职业农民培育。培育的总体目标是按照“科教兴农、人才强农、新型职业农民固农”的战略要求，根据高原特色农业和江川区优势产业发展的需求，以粮食、蔬菜、生猪等特色优势产业为重点，以种养大户、家庭农场、农民专业合作组织、农业庄园、农业社会化服务体系的骨干为培育对象，培养一批有文化、懂技术、会经营的新型职业农民，实行教育培训、认定管理和政策扶持“三位一体”培育，开展生产经营型、专业技能型、社会服务型“三类协同”发展的人才培养，建立初级、中级、高级“三级贯通”的证书等级制度。2019年，累计完成新型职业农民培育279人。

【农药减量增效技术试验、示范】 2019年完成农药减量增效技术研究与示范项目2个，示范500亩。完成云南省马铃薯产业技术体系核心示范区江川站工作，

高产攻关达亩商品薯4684.4千克，产值达11243元，为江川区冬早马铃薯高产栽培提供技术支撑。2019年全区完成推广绿色防控面积19.37万亩次。建立3个绿色防控示范区，面积500余亩，为带动绿色防控的各种集成技术推广应用奠定一定的基础。创建水稻绿色防控示范样板1151亩，水稻（藕）+渔示范113亩，获得亩增净收益840元，亩减少农药施用量192克。举办玉米性诱剂示范样板150亩，举办玉米杀虫灯示范样板150亩，开展水稻统防统治样板13500亩次。

【测土配方施肥】 2019年，江川区围绕“测土、配方、配肥、供肥、施肥指导”五个环节，坚持“增产、经济、环保”的施肥理念，以推广使用配方肥为核心，积极创新资金使用新机制，采取对种粮大户等新型农业经营主体使用配方肥进行补贴的模式，引导企业、新型农业经营主体和社会化服务组织参与配方肥生产、供应和推广服务。全年举办培训班8期，培训技术骨干626人（次），发放宣传资料2500份，制定玉米、水稻配方14个，印发水稻、玉米的施肥建议卡3.035万份，覆盖全区60个农业村（居）委会，涉及农户5.8万户，累计推广测土配方施肥面积16.3万亩，其中蔬菜5万亩、油菜1.5万亩、马铃薯0.7万亩、水稻1.17万亩、玉米2.17万亩、烤烟5.76万亩。

【农产品质量安全监管】 2019年共出动农业执法人员932人次，对1902个次农资经营门市、农产品生产企业、三品基地等进行监督检查；完成蔬菜等主要鲜食种植业产品农药残留监测样本3654个，合格3574个，合格率达97.81%。全力做好非洲猪瘟防控工作，生猪定点屠宰检疫60396头，查处病害猪196头，全部作无害化焚烧处理。立案查处行政违法案件11起，其中结案10起，罚款63980元。由于各项监管措施到位，确保全区范围内未发生重大农产品质量安全事故。

【农业龙头企业】 2019年江川区共农业龙头企业18家，其中获国家级重点龙头企业称号的有云南宏斌绿色食品有限公司1个企业；获省级重点龙头企业称号的有云南阳光食品有限公司、云南卓一食品有限公司、玉溪丫眯绿色休闲食品有限公司、云南雄鑫农产品商贸有限公司、云南同力橡胶有限公司共5个企业；获市级龙头企业称号的有云南隆宇农产品商贸有限公司、云南荣盛实业有限公司、云南江川乐汇农产品有限公司、玉溪天丽食品有限公司、云南秋庆种业有限公司、玉溪瑞珀花卉贸易有限公司、玉溪恒丰万里花卉有限公司、云南滕鹏果蔬进出口有限公司、玉溪文记爱群农产品发展有限公司、云南鑫隆润丰农业科技有限公司、江川林辉农业发展有限公司、江川区雄怡花卉有限公司共12个企业。全区农业龙头企业实现总产值199267万元，实现销售收入193668万元，利润总额9020万元，上缴税金2024万元。

【农民专业合作社】 2019年，全区农民专业合作社累计达58个。按从事行业划分：从事种植业的44个，畜牧业10个，渔业1个，服务业3个。在农民专业合作社中，绿色食品认证的合作社1个，被农业主管部门认定为示范社的12个。合作社统一组织销售农产品总值5534万元，统一购买农业生产投入品的总值1317万元。全区加入农民专业合作社的成员13199户。

【农产品加工企业】 2019年全区农产品加工企业110个，从业人数6497人，现价总产值38.63亿元，同比增幅13.1%。

【打造绿色食品牌】 深入贯彻落实省市打造“绿色食品牌”工作各项决策部署，成立重点产业发展、绿色食品加工业、品牌建设与市场拓展、招商引资、财政支持、金融服务、用地保障、科技支撑8个专项工作推进组，制定玉溪市江川区“打造绿色食品牌”2019年工作计划、重点产业和品牌培育实施方案、四大重点产业三年行动计划等，进一步聚焦重点产业、重点园区、重点企业，突出抓好烤烟、花卉、蔬菜、渔业等特色优势产业，打造江川农业知名品牌。积极推进“一县一业”示范县创建工作，做大做强花卉产业。不断强化绿色品牌创建，云南卓一食品有限公司、玉溪丫咪食品有限公司、云南宏斌绿色食品有限公司的绿色食品在“一部手机游云南”App全面上线销售。“玉溪丫眯”和“云南宏斌”两家公司获绿色食品牌“20佳创新企业”，“云南宏斌”公司获2019年云南省绿色食品“十大名品”第二名。抓好“三品一标”认证工作，2019年全区绿色食品企业达5家11个产品，其中绿色食品10个、涉及企业4个、无公害农产品1个、涉及企业4个，认证总面积1.1万亩、认证产量2.23万吨。

【“两区”划定】 为保障粮食和重要农产品供给安全，江川区2019年组织开展粮食生产功能区和重要农产品生产保护区（以下简称“两区”）划定工作，江川区粮食生产功能区划定任务水稻2万亩、小麦1万亩、玉米1万亩;重要农产品生产保护区（油菜）任务划定2万亩。目前已完成划定任务，共划定“两区”面积60385.14亩，包括：粮食生产功能区40207.64亩，其中水稻20016.81亩、玉米10144.17亩、小麦10046.66亩；重要农产品生产保护区20177.5亩为油菜面积。

【农机推广与监理】 2019年全区农机总动力195359.38千瓦特，拥有各型拖拉机4746台，其中大中型拖拉机3771台，小型方向盘式拖拉机及手扶拖拉机975台。拥有排灌机械10300台（套）。拥有各种配套农机具2288部，其中大型配套农机具208部，小型配套农机具2080部。拥有耕整地机械（耕整机）11478台（套）。新增微耕机703台。拥有农副产品加工动力机械1430台，机动脱粒机781台。拥有拖拉机驾驶员2644人。共办理拖拉机注册登记5台，转移登记30台，变更登记0台，注销登记222台，补、换领行驶证33台，办理驾驶证到期审验换证236本。办理变型拖拉机注销登记31台，公告注销182台。年内开展两批机具核实共使用农机购置补贴资金434.665万元，补贴各类农机具887台套，受益农户702户。在全区开展农机安全宣传、隐患排查、打非治违活动，共出动宣传车23次，出动人员91人次，发放各种宣传材料7500份，播放农机安全宣教片、道路交通警示片187场次，查出拖拉机安全一般隐患42条，当场整改42条。一年来全区无农机作业伤亡及特大农机道路交通安全事故发生。

【农田建设】 完成2018年高标准农田项目建设工作。投资680万元在大庄、朱家庄、伏家营社区共建成5000亩高标准农田，项目工程完成改建泵房两座，修三面光渠道9.05千米，埋设管道0.50千米，安装渠系建筑物181座（道）；修田间道路2.11千米（其中：C30砼路面硬化1.24千米，砂砾石路面0.87千米）。2019年玉溪市江川区高标准农田建设项目计划总投资1261.66万元在雄关乡和前卫镇建设高标准农田7100亩，现正在施工阶段。

【强农惠农政策】 认真贯彻减轻农民负担政策，切实把减轻农民负担政策不折不扣的落到实处。2019年中央农业支持保护补贴总面积12.27万亩，补贴标准39.78元/亩，补贴金额487.96万元，涉及农户7.13万户。落实农作物投保面6.1万亩（其中：水稻1.17万亩，玉米2.93万亩，油菜2万亩），保费116.19万元，涉及农户6.66万户。落实能繁母猪保险参保1.41万头，各级财政补助保费67.78万元，受理保险责任范围内死亡母猪1102头，支付保险赔偿资金121.22万元。落实肥猪保险参保6.8万头，受理保险责任范围内死亡母猪3700头，支付保险赔偿资金116万元。做好3000万元畜牧贴息贷款的跟踪、指导、服务工作。完成农机购置补贴631.615万元，共补贴各类机具1258台，受益农户1026户。

【农村集体产权制度改革】 农村集体产权制度改革，是继农村土地承包经营权确权登记颁证工作之后，涉及农村基本经营制度和中国基本经济制度的一件大事，也是全面深化农村改革的重大政治任务。2019年全区63个行政村、372个村民小组基本完成农村集体产权制度改革任务。全面完成清产核资工作任务，全区村组总资产清理核实数为19.82亿元，比账面数15.03亿元多出4.79亿元，增32%，资源性资产清理核实数为91.37万亩。全面完成成员身份界定工作，全区共完成村集体经济组织成员身份界定73440户225776人。完成折股量化、股权设置与管理工作，全区量化资产总额4.32亿元，其中资源性资产总额53.15万亩。实现新型集体经济组织组建全覆盖，选举产生首届股份经济合作联合社和股份经济合作社理事会和监事会。探索股权担保抵押模式，江城镇与兴福村镇银行合作，探索股权担保模式，使股民享受到真正实惠，增加了农民获取资金渠道，帮助发展生产，提高收入，共享改革红利。

【农村人居环境整治】 一是全面推进农村“厕所革命”。制定《农村“厕所革命”实施方案（2019～2020年）》，成立农村

“厕所革命”领导小组，明确改厕标准和模式、改厕质量要求等，2019年全区建成农村卫生户厕39037座，16座行政村村委会所在地公厕全部开工。二是深入开展农村生活垃圾治理。继续健全专职卫生保洁队伍，全区304个自然村均配全1名以上固定保洁员，实现农村人居环境治理常态化。完成城乡环卫一体化项目PPP合同签署，大街垃圾中转站、江城垃圾中转站开工。三是持续推进农村生活污水治理。依托环湖截污治污工程，在沿湖76个自然村建设截污管16.15万米，一体化污水处理设施36座。四是集中开展农村人居环境整治攻坚活动。以“5·20”美丽家园城乡人居环境集中整治日为抓手，全力开展农村人居环境整治活动，累计清理农村生活垃圾31827.3吨、村内水塘307个、村内沟渠1233.22千米、村内淤泥1539吨、畜禽养殖粪污等农业生产废弃物2801吨、残垣断壁77处，发动群众投工投劳80225人次，开展进村入户宣传教育84929人次，发放宣传资料69827份，张贴宣传标语4756条。以夏季攻势及秋冬战役为契机，拆除建新拆旧户8075户，摸底排查治理违法违规建筑共649宗2.94万平方米，新增乡镇建成区绿地1.75公顷、村庄绿地3.06公顷。五是完成全区6个乡镇（街道）乡村人居环境基础信息收集、整理、汇总并在农村人居环境信息系统上报，对全区各自然村开展定档分类。

【农业面源污染治理】 优化产业结构布局，制定印发《星云湖流域种植结构调整方案》，逐步压减星云湖周边“大水大肥”的蔬菜种植面积，增加种植耗肥药少的作物，制作水稻、烤烟、荷藕种植规划图，2019年，径流区内分别完成种植水稻1.35万亩、烤烟4.3万亩、荷藕1500亩，种植面积分别比2018年增加1500亩、1500亩、300亩。制定实施《星云湖流域大幅削减农业面源污染实施方案》《星云湖流域化肥负荷削减方案》《星云湖流域农药负荷削减方案》，实施农药化肥负增长行动，星云湖径流区累计推广各种绿色防控面积19.37万亩次，完成测土配方施肥12.3万亩。持续推进畜禽养殖污染治理，制定印发《玉溪市江川区关于星云湖流域畜禽养殖粪污治理整改方案》《玉溪市江川区畜禽养殖污染整治工作方案》，不断提高畜禽养殖废弃物资源化利用率。2019年3月底完成了江城海埂养殖场整体搬迁至大平地新址。推进水产健康养殖，严格落实《玉溪市江川区养殖水域滩涂规划》，大力发展生态渔业，实行生态放养，以鱼养水。2019年投放大头鲤大规格鱼种3043千克，夏花鱼苗76万尾；示范推广稻田养鱼12.67亩、藕田养鱼20亩。

【产业扶贫】 做大做强传统产业、培育壮大新型产业，探索建立市场主体与贫困户利益联结机制，带动和扶持贫困户稳定增收，坚持产业进村、扶持到户，实施贫困地区“一村一品”“一乡一业”产业推动行动，促进贫困地区一二三产业融合发展，突出江川高原特色农业、农产品加工业、特色林产业、工业和信息产业、现代服务业、乡村旅游业等产业。2019年全区投入产业扶贫资金2863.96万元，其中财政投入产业扶贫资金1293.51万元，产业扶贫资金占扶贫资金投入比例为45.17%；全区有产业发展条件的建档立卡贫困户1960户6909人，通过发展烤烟、蔬菜等产业已实现产业覆盖有产业发展条件的建档立卡贫困户100%；通过龙头企业、农民专业合作社、家庭农场、种养大户、农村致富带头人等74个新型经营主体带动，已实现新型经营主体覆盖有产业发展条件的建档立卡贫困户100%；全区建档立卡贫困户人均纯收入达11808元，其中通过实施产业帮扶获得收益达5164元，产业帮扶收益占比43.73%，产业扶贫工作成效明显。

【非洲猪瘟防控】 2019年，针对非洲猪瘟的防控工作，江川区防治非洲猪瘟指挥部专项召开4次会议，组织培训畜牧兽医工作人员、规模养殖户、村级动物防疫人员及协检员等3期318多人次。在做好日常非洲猪瘟疫情排查基础上，组织拉网式疫情统一排查10次，累计排查生猪964963头次，43604场（厂、户）次；拟调运生猪26765头，调运监测2766份；先后与养殖户签订、发放、张贴《非洲猪瘟防控告知书》《玉溪市江川区非洲猪瘟防控承诺书》《非洲猪瘟防控指南》《非洲猪瘟防控告知书》《告江川区生猪养殖场（户）生物安全明白书》等各种非洲猪瘟防控知识挂图、防控知识宣传材料、防控手册等共计39000多册（份）。强化监督检查，确保宣传、告知到村、户，疫情排查不漏村、户、畜等，尽快提高每个养殖户防控非洲猪瘟的意识，让每个养殖户对异常死亡的生猪及时上报，做到早诊断、早预警处置、及时清除病原，有效控制疫情的扩散。全区开展消毒灭源工作，消毒灭源约510.86万平方米。

【动物防疫】 2019年，结合辖区内畜禽饲养状况、养殖密度、养殖规模及各病种疫情风险等实际，对规模养殖场（养殖小区）开展程序化免疫，对农村散养户开展春秋两季集中免疫和常年补针。全年重大动物疫病累计免疫猪瘟41.4万头次，牲畜口蹄疫48.69万头次，高致病性猪蓝耳病39.8万头次，高致病性禽流感490.1万只次，小反刍兽疫1.12万只，重大动物疫病免疫密度达应免数的100%。常规动物疫病累计免疫禽霍乱205.9万只、法氏囊224.2万只、马立克130.06万只、减蛋综合征243.84万只、鸭瘟9.01万只、鸭病毒性肝炎2.26万只、羊痘1.28万只、兔瘟1.01万只、狂犬病2285只、仔猪副伤寒10.5万头、猪肺疫11.02万头、猪伪狂犬病11.57万头、猪细小病毒病2.36头、鸡新城疫333.9万头份等。免疫工作的有效开展，避免了动物疫病的传播流行。

【动物疫病监测】 2019年，继续在全区推广应用动物疫病免疫抗体及动物疫病病原检测技术，对免疫质量和病原情况进行监测评估，及时作出预警预报，提高动物疫病防疫能力和水平。全年对6个乡镇（街道）的畜禽养殖场（户）、屠宰厂、农贸市场开展采样7459份，监测抗体与抗原16222份次。对监测中发现的阳性畜及同群畜严格按规定无害化处理。

【农村能源建设】 完成2018年农村能源建设项目，在九溪、雄关、安化三个乡镇共计完成太阳能热水器安装805台、节柴改灶项目978套，项目总投资233万元，其中财政拨款128.44万元。认真做好2019年农村能源建设项目，按照省级任务安排，制定了项目实施方案报局审批，计划在江城镇推广太阳能热水器230台，以电代煤电磁炉300台，由省级财政补助32万元，2019年底太阳能热水器已完成安装。加强沼气池巡查管护，2019年共入户检查1000余户，开展沼气池安全知识宣传培训25次，培训农户5000余人，现场发放各种宣传资料10000余份。组织开展养殖小区小型沼气池安全隐患排查。不定期对已建30处养殖小区沼气池开展安全巡查，加大对养殖业主、沼气管护专人的安全知识培训力度，并与养殖业主签订安全生产责任书。同时，加大沼气池安全生产隐患排查力度，对发现的养殖场沼气池安全生产存在的安全问题，下发整改通知书，要求业主按安全生产要求整改到位，确保沼气池安全使用。

【土著鱼保护及开发利用】 2019年，江川区继续加强土著鱼的保护与开发利用，积极开展濒危土著鱼类的人工驯养繁殖试验研究及推广养殖，推广控污池塘内循环养殖系统一套，规模660平方米，投资80万元，开展大头鲤、裸鲤、青鱼、草鱼试验示范性养殖，推进江川渔业绿色发展。调整渔业供给侧结构，发展高原特色渔业，全年共向星云湖放流大头鲤大规格鱼种3043千克，夏花鱼苗96万尾。3月8日，首次开展双团棘胸蛙人工放流活动，将人工繁殖的2.5万尾蝌蚪及1000只幼蛙放归江川境内的江城镇大龙潭流域、安化彝族乡董炳河流域、九溪镇大石板流域。

【提案和议案办理】 2019年承办区政协委员提案5件，承办区人大代表提议8件，办理答复均为满意。

（李泳黎）

烟 草

【概述】 1984年1月成立。2006年12月，变更为云南省玉溪市江川县烟草专卖局、云南省烟草公司玉溪市公司江川县分公司。2016年5月19日，更名为玉溪市江川区烟草专卖局、玉溪市烟草公司江川分公司［以下简称“江川区局（分公司）”］。2019年江川区局（分公司）设综合办公室、人事劳资科、财务室、专卖监督管理室（稽查大队）、生产科技室、现代烟草农业基础设施建设办公室、监察科、安全保卫科、党群工作办公室、区域市场部、卷烟物流中转站11个职能部门，江城、安化、前卫、大街、九溪、雄关6个烟叶工作站，周官、光山2个烟点。在册在岗职工104（含市管干部6人），年内调出1人，调入0人，解除劳动合同0人，其中，男性78人（含市管干部6人），女性26人。

【经济效益】 2019年，江川区种烟农户11251户，种植烤烟7.302万亩（其中：田烟3.274万亩，地烟4.028万亩），收购烟叶1.0375万吨（20.75万担），收购中上等烟叶比例97.43%（上等烟占70.6%，比上年降低0.22个百分点）；收购金额3.064亿元，同比减少36.62万元；收购均价29.53元/千克，同比减少1.69元/千克；烟农户均交售收入2.7232万元，同比减少4493.6元。

【烤烟生产收购】 2019年市级下达江川区烤烟指导性种植面积7.302万亩；计划收购量1037.5万千克，其中指令性计划956万千克，出口备货计划81.5万千克。通过全力推进标准化生产，强化过程管控，推进全区烟叶生产再上新水平，倾力夯实争夺参评首届云南最具影响力烟区第一名的基础。全区于8月25日开磅收购，每天收购量平稳保持在2.5%～3.2%的正常范围，等级质量前后平衡、站点间平衡。烟叶收购上等烟比例70.6%，较市局下达的72%少1.4个百分点，均价29.53元/千克，较上年下降1.69元/千克。至2019年10月7日全部完成目标任务1037.5万千克，完成计划100%，日均进度达到2.27%，全市第一家率先完成收购任务；收购上等烟叶7324873千克，比例70.6%，全市排名第四；收购金额306396785.54元，烟叶税及附加67407292.82元，均价29.53元/千克，比全市平均高0.7元，全市排名第二。

【烤烟种植轮作规划】 江川区局（分公司）制定烤烟种植规划实施方案，各烟叶站和乡镇、村组严格按计划认真做好烤烟种植面积的规划，突出规划轮作，做到规划定面积、定农户、订合同。全区计划种植田烟面积32740亩，地烟面积40280亩，落实连片种植155片，比2018年减少42片，连片种植规模增加，所有连片面积均达到100亩以上，其中连片面积200亩以下的有32片，占5.79%；连片面积200～500亩的64片，占25.65%；连片面积500～1000亩的37片，占31.85%；连片面积1000亩以上的22片，占36.7%。实现规模化种植，机械化作业。

【烟用物资调供】 2019年，江川区局（分公司）做好烟用物资调供，供应育苗类物资，其中设置漂育苗点27个、大棚64个、小棚6807个，育成烟苗8760万株，可供移栽面积7.30万亩，专业化商品化育苗率100%；基质700立方米；供应农药及微肥：硫酸锌7302千克、有机钾肥6500千克。供应化肥：复混肥4141.852吨，硫酸钾2044.675吨，提苗肥219.06吨。供应包装物：麻片264600套，麻线6.5吨，布标签277000张。烟用物资及时供应，确保烤烟生产顺利进行。

【烤烟抗旱移栽】 2019年，采取分批次集中育苗、分片区集中预整地、分片区制定移栽方案、分片区统一调水、供苗等措施，提高烤烟移栽集中度。全区机耕7.302万亩，机械起垄4.5万亩，从4月15日开始移栽，在5月8日全面移栽结束，比上年提前6天。烤烟抗旱保苗方面，积极筹措抗旱资金313万元、投入抗旱5.8万人次、调度水源120余处、组织运水车辆1.3万台次。

【膜下小苗移栽】 完善膜下小苗移栽技术，新盛合作社代购膜下小苗移栽用地膜54504件；经验收，全区所有地烟均实行膜下小苗移栽，并向田烟推广，全区膜下小苗移栽面积5.6万亩，占计划面积的78.71%。

【育苗管理】 全区规划育苗点27个，育苗42.45万盘，制定方案及考核办法，分3～4个批次播种，百分百专业化育苗，商品化供苗。162孔、338孔烟苗壮苗率分别达95%、90%以上。

【蚜茧蜂防治烟蚜】 2019年，全区建繁蜂点5个，面积4518平方米，繁蜂40000万头茧蜂，可防治大田面积21.856万亩，100%覆盖烤烟面积和大农业面积14.554万亩；协调区烟草产业服务中心购进农药瓶袋回收箱40个，蓝板2.35万片，诱捕器330套，诱芯940根，新装杀虫灯16盏，硫酸铜3000万瓶、石灰4500千克自配波尔多液，推进绿色防控示范，辐射引导带动，总体推进绿色防控。

【优化烟叶结构】 2019年，江川区继续全面实施推行优化烟叶结构工作，清除田间不适用烟叶，下部叶清除面积7.302万亩，完成率100%；上部叶积极推行留叶毁型，完成面积7.302万亩，完成率100%。

【烟叶田间管理】 2019年，破膜培土取得新突破，自行制作破膜器111个，示范引导，讲清讲透技术优势，利用微信群及时传达要求，宣传好的做法，指出不足不到位的地方，发放整改通知书等，努力完成“撕大口、施足肥、填满塘”59364亩，揭膜培土3596亩，合计62960亩，占实栽地膜烟64675亩的97.35%；突破一区一品种的局面，种植“K326”品种4.902万亩，“云烟116”品种2.4万亩，清理非规定品种24个点，11678盘，可移栽大田1459.8亩，有效保障品种纯度；推广使用油枯型商品有机肥、传统农家肥73020亩，实现100%推广使用有机肥、农家肥。江川区科技员根据烟株的长势长相、土壤肥力、施肥量、气候、品种等因素来实地指导封顶打杈，全面推行高封顶、多留叶、彻底抹杈，田烟留叶数22片，地烟留叶数20片，全面推广化学抑芽技术。经过科技人员指导，烟田田间管理水平明显提高。

【上部叶一次性采烤】 2019年，江川区认真落实以成熟采烤为中心的烟叶采收管理，要求上部4～6片叶成熟后一次性采烤。全区共计开展上部叶一次性采烤面积7.302万亩，占烤烟种植面积100%。

【专卖管理】 2019年，江川区以整治烟叶非法流通为重点，切实维护江川区“两烟”生产经营秩序。截至12月31日，共查获各类涉烟违法案件58起，其中5万元以上的大要案15起；查获烟叶251.33吨、烟丝63.65吨；查获卷烟548.3条；各类案件案值共计1882.14万元，逮捕涉案案件嫌疑人19人。专卖管理工作实现“一个突破、两个强化”。截至12月31日，全区共有卷烟零售户1152户，其中新办351户、变更42户、延续353户、歇业49户、依职权注销127户。破获江川区首个非法加工烟丝案件——“1·21”非法制售烟丝窝点特大案件，获得省打击涉烟违法犯罪领导小组贺信表彰，被省公安厅记集体二等功。在全省开展秋冬季打击涉烟违法犯罪专项行动中，成功收网“12·04”非法制售烟丝窝点网络专案，再次获得省打击涉烟违法犯罪领导小组贺信表彰。另破获申报国家局三级案件1个。全区各卡点，查获非法运输烟叶的车辆38辆，堵住外流烟叶12.34吨。开展“两节”期间卷烟市场专项整治行动、“3·15”期间卷烟市场清理整顿专项行动、“天价烟”专项治理、“夏日风暴”专项行动、秋冬打击涉烟违法犯罪专项行动等5次专项行动，组织零售户签订天价烟承诺书，对违规大户进行重点监管，对6户大户立案调查，对3个大户依法注销。

【卷烟销售】 2019年江川分公司卷烟营销工作坚持以“卷烟营销高质量发展”为核心，着力在“提结构、调状态、强基础、抓规范”上下功夫，截至12月31日，江川区公司累计销售8922.3249箱，同比增加502.1383箱，增幅5.96%，完成全年卷烟计划量的112.44%；累计销售金额28388.6536万元，同比增加2226.8953万元，增幅8.51%，完成全年销额计划量的111.32%；累计单箱销售收入31817元/箱，同比增加747.27元，增幅2.41%，完成全年单箱计划量的99%，差目标单箱321.45元/箱。其中：一类烟销售2088.3152箱，同比增长376.0096箱，增幅21.96%;二类烟销520.636箱，同比增长168.868箱，增幅48%；三类烟销售6177.824箱，同比减少149.728箱，减幅2.36%。以自律互助小组建设夯实市场基础，全区共设立53个自律互助小组，小组成员1071个，占全区客户数的94.63%。终端管理方面，全区共有53户自动采集客户，占客户总数的4.69%，体验终端3个，现代终端14个。

【烟水配套项目】 2019年完成2018年结转到2019年的烟水配套项目17件，其中水池14件、管网2件、提灌站1件，项目总造价81.32万元，烟草行业资金81.32万元，受益面积1300亩，受益农户131户。项目已投入使用，并通过区、市、省验收。

【生物质燃料项目】 投资70万元招标采购生物质燃烧机100台，投资200万元招标建设生物质颗粒生产线一条，目前已调试生产。实现当年建设当年投入使用见效。

【烟叶调制设施项目】 计划新建新能源密集烤房50座，其中生物质能源烤房30座，热泵（电能）密集烤房20座，项目已全部完工，并投入使用。项目已通过区、市验收，烟草行业资金175.00万元。

（潘美帆）

烟草产业服务

【概述】 2019年，玉溪市江川区烟草产业服务中心认真贯彻落

实省、市、区关于烟草产业高质量发展相关会议精神和工作要求，把烤烟产业作为重要的支柱产业来抓，把守住江川烟叶“108分高地”和“云烟之乡优质烟核心产区”地位作为政治任务来落实，围绕完成1037.5万千克烟叶收购任务、创建全省最具影响力烟区两大工作目标，理清工作思路，统一思想认识，坚持问题导向，强化各项工作措施落实，形成了上下一心抓烤烟、抓好烤烟促发展的工作格局。

【组织机构】 2019年2月1日因机构改革组建区烟草产业服务中心。加强烟草产业发展协调服务，组建区烟草产业服务中心，作为区政府直属事业单位，机构规格正科级。

主要职责是贯彻落实烟草产业发展的方针政策，统筹协调烤烟生产、收购等工作，协调烟草产业基础设施建设，协调推进烟草产业持续健康发展。不再保留区政府办公室管理的事业单位区政府烟草产业办公室。2019年2月25日，玉溪市江川区烟草产业服务中心挂牌成立。2019年2月28日，玉溪市江川区人民政府烟草产业办公室调整划转为玉溪市江川区烟草产业服务中心。2019年3月29日，中共玉溪市江川区委员会区直机关工作委员会同意成立中共玉溪市江川区烟草产业服务中心成立支部委员会。2019年3月31日，中共玉溪市江川区委办公室玉溪市江川区人民政府办公室关于印发《玉溪市江川区烟草产业服务中心机构编制方案》的通知。人员编制：核定事业编制6名，设主任1名（正科级），副主任1名（副科级）。设内设机构2个：综合股、产业发展股。年末，中心实有在编在岗人数6人，其中管理岗4人，工人岗2人。

2019年4月10日，中国共产党玉溪市江川区委员会决定设立中国共产党玉溪市江川区烟草产业服务中心党组。

【烤烟收购】 计划烟叶收购量1037.5万千克（比2018年增加55万千克），其中指令性计划956万千克，出口备货计划81.5万千克。实际收购1037.5万千克，100%完成收购指标；均价29.53元/千克，烟农交售收入3.064亿元、烟叶税6740.73万元。实现年初预定的烟农交售收入3亿元以上，烟叶税收0.66亿元以上的目标。各项收购指标与2018年比较：全年累计收购烟叶1037.5万千克（含收购后期调整增加30万千克），占计划的100%，收购量比去年增加55万千克；上等烟比例达70.6%，比上年下降1.98个百分点；均价达29.53元/千克，比上年减少1.69元/千克；完成烟农交售收入3.064亿元、烟叶税6740.73万元，比上年分别减少36.62万元、8.06万元。在全市第一家完成市委、市政府下达的工作目标任务。

【烤烟种植面积】 计划种植烤烟面积7.302万亩，其中田烟3.274万亩，地烟4.028万亩。

【烤烟种植品种】 2019年，江川区统一种植“K326”“云烟116”两个品种，其中，在安化、江城种植“云烟116”品种，在大街、前卫、九溪、雄关种植“K326”品种。

【“K326”品种种植与收购】 计划种植“K326”品种4.902万亩，“云烟116”品种2.4万亩。实际完成烤烟种植计划面积7.302万亩，其中“K326”种植4.54589万亩。

计划收购“K326”品种700.5万千克，其中国内计划收购650万千克，出口备货50.5万千克。实际收购“K326”品种6298752.8千克，其中国内计划5843992.7千克，出口备货454760.1千克。

【种烟户】 全区6个乡镇（街道）、52个村委会（社区）、213个村民小组、11251户烟农。

【“2260”高端特色烟叶开发项目】 2260高端特色烟叶开发项目是继2017年、2018年实施的第三年，项目继续在前卫镇实施，围绕把“2260”项目区建成高端特色烟叶生产先行区、优质烟叶生产示范区、绿色烟叶生产展示区、烟叶生产标准化管理引领区和具体的目标任务，以“工匠精神”打造标准化、绿色化、均质化“三化”典范，展现田间生产精品、烘烤质量精品，传承“清甜香型”典型风格，推进全区烤烟生产整体水平提升，推动江川烟草高质量发展。共规划7片（千亩以上4片，百亩以上3片）面积1万亩，项目区内配套沟渠203条10.33万米，水池26个3876立方，机耕路12条8520米，卧式密集烤房497座，电能密闭式烤房30座等烟基设施。

项目区100%种植“K326”品种，项目区涉及7个村民委，42个村小组，3570户烟农，收购计划量3万担，实际完成3万担，上等烟比例69.1%，亩均收入4599.34元。与大面非“2260”区效益比较：大面非“2260”区上等烟比例70.6%，亩均收入4195.93元，因工业入库合格率要求高于大面，所以“2260”上等烟比例低大面生产，但亩均收入却大于大面生产，说明“2260”项目区烟叶品质均衡，均质程度较高。

完成“2260”高端特色烟叶开发项目的各阶段检查考核指标并通过省级验收。

【烤房建设】 完成新建新能源生物质能源密集烤房30座、电能热泵烤房20座，改建生物质能源烤房100座，新建果蔬烟叶烘干机361座（含建档立卡贫困户21座），新建生物质颗粒燃料生产线1条。完成审计审定总投资为81.326054万元的九溪镇阳山庄2018年烟叶生产基础设施建设项目工程。

【云南首届最具影响力烟区评选活动】 全区积极争创“云南首届最具影响力烟区”评选活动，按照“网上投票”“田间烟叶风格特色展示”“华山论剑”“巅峰对决”等环节的评选角逐，江川区被评为云南省“发展潜力最具烟区”。

【示范样板】 全区在非“2260”项目区各打造5片千亩连片优质烟叶示范区和5片百亩连片科技示范样板点。为全区在各项科技措施的落实和推广起到示范引领促进作用。

【扶贫工作】 全区建档立卡种烟贫困户837户3156人，实际种植烤烟5989.1亩，完成交售任务840535（8397）千克；交售金额24358975.47元，亩均收入4067.22元，户均收入29102.72元。

21座由建档立卡贫困户新建的果蔬烟叶烘干机，在农业部门补贴的基础上，市区两级配套补贴13000元/座。

烤烟投保政策补贴，按照每亩70元的投保标准，全区共有种烟的建档立卡贫困户837户，种植面积5989.1亩，烤烟投保费用由烟草公司、省级财政和保险公司共同承担后，烟农支付5元/亩。合计补助投保金额38.93万元。

（李晓静）

林业和草原

【概述】 2019年，行政事业单位机构改革，撤销玉溪市江川区林业局，组建玉溪市江川区林业和草原局，内设办公室、资源修复保护管理股、行政审批与政策法规股。局属设置6个事业单位，即：玉溪市江川区林业和草原生态修复站、玉溪市江川区林业和草原资源保护管理站、玉溪市江川区林业和草原科技产业服务中心、玉溪市江川区林政稽查大队、玉溪市江川区森林病虫害防治检疫站（推公管理）、玉溪市江川区大龙潭自然保护区管护局（副科级）。共核定行政事业编制82名，其中行政编制8名，事业编制74名。2019年底实有在职干部职工66人，其中，行政人员9人，事业人员57人（森防站推公管理4人，专业技术人员29人，技术工人24人）。

2019年，牢固树立创新、协调、绿色、开放、共享的发展理念，坚持“生态建设产业化，产业发展生态化”和“保护优先”的思路，以建设生态文明为总目标，以发展生态林业、民生林业为总任务，以造林绿化为重点，以改革创新为动力，以科技兴林为支撑，以依法治林为保障，着力改善林业生态环境，构建绿色生态屏障，加快推进森林江川建设步伐。

【森林防火】 以党的十九大精神为指导，认真贯彻落实国务院、省、市森林防火工作会议精神及相关领导的批示要求，预防上积极主动、宣传上形式多样、管理上权责结合，采取了层层落实防火责任、强化防火宣传攻势、严格控制野外用火、重点部位靠前驻防、加大督查检查力度等工作方法，协调调动一切积极因素，坚决打好2019年森林防火攻坚战，未发生森林火灾，未发生人员伤亡事件。市级考核为优秀档次全市排名第五位。一是责任落实，加大宣传。2019年共召开森林防火会议146次，签订各类责任书58998份，制作《户主通知书》8.9万份，设立警示标牌458块，插挂彩旗974套，悬挂宣传横幅标语1340条，印发各类宣传手册、宣传彩页等3万余份，张贴公告1250份，巡回宣传1182台次，召开培训会议248期，开展森林防火宣传文艺专场演出3场次。二是加大对森林防火资金投入。2019年，省、市、区共拨付森林防灭火经费276.5万元。强化扑火物资配备，全区现储备风力灭火机347台，油锯23台，水枪66支等物资，提高了火灾预防扑救及应急处置能力。为强化森林火源火

情监控，实现“互联网+森林防火”。2018年，投资120万元，在九溪、江城、前卫新建3套视频监控系统，于2019年1月份开始投入使用，加上2017年森林防火期已投入使用的2套视频监控设备，江川区森林防火视频监控覆盖范围已达90%以上，有效提升了江川区科技防火能力。三是提高应急处置能力。组建专业队1支36人，实行半军事化管理，随时处于临战状态。6个乡镇（街道）组建专业扑火队6支、90人，组建半专业队、民兵义务扑火队60支1922人，累计开展岗位培训14期，1466人参加培训，确保招之即来，来之能战，战之能胜。

【绿化造林】　全面贯彻落实习近平新时代生态文明建设战略思想，践行“绿水青山就是金山银山”理念，结合江川区实际，围绕星云湖保护与治理开展绿化造林和全民义务植树活动。全年完成荒山造林（异地植被恢复造林）500亩，封山育林续封4.7万亩，森林抚育5000亩，发挥区级党政机关义务植树示范造林引领作用，完成义务植树69.43万株，任务完成率115.72%，尽责率94.1%。完成草原监测调查工作，涉及九溪、江城、前卫、雄关、路居5个乡镇，10个村委会，12个监测样地。

【退耕还林】　退耕还林是党中央、国务院对维护生态安全作出的重大决策。2002年以来，江川区累计实施退耕地还林3.44万亩，其中，2002～2004年退耕还林3.3万亩、2015～2016年新一轮退耕还林0.14万亩。按照中央退耕还林补助政策，全年完成了退耕还林农户生活补助资金380.16万元。

【核桃产业】　2019年1～3月，组织开展了2017年省市木本油料产业发展项目核桃种植部分的补植补造工作。实施补植面积4000亩，核桃嫁接苗木调运24000株。其中：江城镇1437亩；九溪镇2409亩；大街街道53亩；雄关乡101亩，共规划补植小班26个。实施区级2019年木本油料产业发展核桃提质增效项目100亩。为江川区培植核桃产业，巩固提升木本油料产业发展项目建设成效，促进林农增收致富及“乡村振兴”战略提供了坚实基础的生态保障和产业结构支撑。

【林政资源管理】　依照《云南省林地管理条例》、国家林业局第35号令等政策法规，以林地管理为核心，强化各重大项目建设过程中林地征占用的审核审批及监督管理。一是服务好澄川高速公路、江通高速公路、工业园区、农村道路占用征收林地的审核上报审批工作，配合国家林业局驻云南省专员办、省林业厅对报件的现场查验工作；二是配合滇中引水办，做好现地核实、调查等各项工作；三是结合“绿卫2019”森林草原执法专项行动，对各重点工程、在建项目进行全面巡查；四是完成好江川区非煤矿山转型升级各项工作。共完成临时使用林地审核、审批4宗，批准使用林地4.8328公顷，永久征收林地7宗19.674公顷，征收森林植被恢复费268.5176万元。共审核发放木材采伐许可证74份，采伐面积2144.38亩，采伐蓄积5551.85立方米，出材量3164.43立方米。办理木材运输证63份，绿化苗木运输证1份，运输木材669立方米。

【林业行政执法】　坚守生态红线，紧紧围绕林业中心工作，开展林区安全隐患和涉林矛盾纠纷排查，严厉打击破坏森林资源违法犯罪活动，提高林区治安稳定。共受理各类森林和野生动物案件64起，其中刑事案件17起，破获17起，取保候审7人，刑事拘留2人、逮捕2人。林业行政案件47起，处罚47（公民43人，单位或组织4个）人次，罚没款23.544885万元、责令恢复林地面积18868.24平方米，责令补种树木489株，责令更新造林11.244亩，救助野生动物（黑绵锦蛇、猫头鹰等）99只（条），缴获野生动物活体103只，死体7只，为保护森林和野生动物资源，维护林区治安秩序做出了积极贡献。

【野生动植物保护】　一是做好全区古树的管护工作。对九溪镇扯纳苴古树603号、雄关古树61号、江城段家村526号、江城尹旗张官营560号等6株倒伏并不能移植的古树及已死亡的古树作安全处置。二是加强辖区内野生动物疫源疫病的监测工作。根据全面监测、突出重点的原则，根据江川区野生动物各类及分布情况，明确重点区域和重点疫病，强化重点物种的监测。对已许可的7家野生动物驯养繁殖经营许可养殖户进行了实地调查，防患野生动物逃逸事件及疫源疫病的发生。组织开展打击破坏候鸟等鸟类资源违法犯罪集中统一行动，进学校，进社区对鸟类资源保护的宣传3次，发放宣传册2000余份，制作展示板12块。三是引导好受害农户的野生动物肇事理赔报案，监督好江川区人寿保险公司实施理赔，共受理野生动物肇事理赔29起，理赔金额28598元。

【湿地保护管理】 一是完成云南江川星云湖国家湿地公园2017年退耕还湿项目。编制了《云南江川星云湖国家湿地公园2017年保护与恢复项目实施方案》，总投资300万元，共分为五个标段，包括入侵植物清理和控制、湿地生态环境治理、树木病虫害防治、公园界碑标牌设置、湿地监测。二是加强湿地保护管理工作。开展主题为"湿地与气候变化"的湿地保护宣传活动，编制了《玉溪市江川区湿地保护修复制度工作方案》，发布江川区一般湿地认定工作方案，推进江川一般湿地认定工作，现已拟认定的一般湿地3块。2019年4月向上级林草部门申请退耕还湿项目资金，并获2019年第二批中央财政林业改革发展资金500万元，开展退耕还湿工作。

【林业有害生物防治】 2019年林业有害生物成灾率3.26‰，林业有害生物无公害防治率100%，林业有害生物测报准确率97.87%，林业有害生物种苗产地检疫率100%，主要林业有害生物常发区监测覆盖率100%。一是通过多种方式开展的监测，2019年全区林业有害生物发生面积84205亩，按危害程度分，轻度发生面积55948亩、中度发生面积18749亩、重度发生面积9508亩；按病虫分，病害合计21708亩、虫害合计62497亩。年初预测发生面积为86000亩， 2019年全区测报准确率97.87%。二是开展林业有害生物的工程防治。4月松毛虫对云南松的危害造成较大的影响，对此开展了以松毛虫为主的工程防治，防治松毛虫危害的云南松3090亩，有效控制松毛虫进一步危害。三是开展森林植物及其产品的检疫及专项执法。除治检疫性林业有害生物锈色棕榈象危害加拿利海枣22株。开展“2019年林业植物检疫执法专项行动”及“松材线虫病疫木检疫执法专项行动”，专项行动组织行动次数36次，执法人员180人次，联合检查数25次。检查苗圃基地15家，产地检疫2628亩，涉及苗木186.5万株，检查涉木企业、个体34家，木材0.1994万立方米，检查摩托车等木质包装箱、光缆盘、电缆盘1378个。四是严格检疫办证。规范森林植物及其产品的检疫行政许可事项，签发植物检疫证书73份，检疫要求书33份。调运检疫木材700立方米，苗木7600株；调入江川区植物检疫证书696份，复检调入及原有木材9700立方米，复检苗木96.3万株。

【林业科技】 结合国家、省、市造林及森林抚育管护项目的实施，深入基层开展林产业发展、营造林、经营管护、病虫害防治、森林防火、林木种苗繁育、资源管理及林业方针政策、法律法规等林业科技服务培训工作。科技支撑，全面提升项目成效提高林农经营技能。共组织开展新栽和历年来种植核桃的规范化管护面积1.22万亩。其中：定干整形0.45万亩；修枝打杈0.66万亩；病虫害防治1.12万亩；防霜冻0.22万亩；施肥0.96万亩；浇水0.64万亩。组织开展基层林业实用技术培训专题培训2期，培训基层林业科技人员35人、培训林农群众和林区种植大户共200余人。结合“全民科技活动周”“全国科技工作日”及“三下乡”等群团活动的开展，累计发放各类宣传单0.2万份，技术手册1.2万册，接受现场咨询32人次。

【森林生态效益补偿】 实施重点公益林森林生态效益补偿面积34.56万亩，其中国家级重点公益林18.66万亩，省级公益林15.9万亩；天然林停伐管护总面积106700亩。积极协调、配合财政，加强公益林、天然林补偿（助）资金拨付兑现管理，完成2019年天然林、公益林管护费拨付227.58万元，完成乡镇、街道农民补贴金额679.78万元，其中公益林519.78万元，天然林160万元。

【林权配套改革】 组织林权抵押贷款贴息发放工作，完成林业小额贴息贷款18户，贷款面积3306亩，贷款金额292万元，财政贴息6.3631万元。

【林业产业】 做好江川林产企业管理服务工作，完成全区55家林业企业及32家林农专业合作社的调查统计；对江川区2家获得“云南省林业产业省级龙头企业”及6家获得“云南省林农专业合作社省级示范社”认证的新型林业经营主体进行年度监测；组织辖区8家新型林业经营主体参与市级“示范家庭林场”申报；组织1家核桃种植专业合作社参加

"2019第三届中国（昆明）国际坚果博览会"。

【自然保护区】 强化大龙潭自然保护区管护工作，编制《江川区大龙潭县级自然保护区总体规划（2018～2025年）》，结合实际情况，制定《江川大龙潭县级自然保护区近期工程项目实施方案》，向区财政局申请项目建设经费31.6万元，按方案组织实施，加强保护区管理工作。

（陈花艳）

水 利

【组织机构】 2019年末，玉溪市江川区水利局实有在职干部职工51人。其中：行政人员9人（公务员8人，工勤1人），事业人员42人（专业技术人员32人，工人8人，职员2人）。局机关设4个内设机构，即：办公室、水旱灾害防御与监督股、行政审批与水资源股、河（湖）长制工作股。设置下属事业单位4个，即玉溪市江川区农村水利管理站，玉溪市江川区水利工程建设运行管理站，玉溪市江川区水土保持工作站，玉溪市江川区工程质量监督站。

【概述】 2019年，江川区水利局紧紧围绕上级水利部门的工作要求，坚持"依法治水、深化改革、突出民生、加快发展、行稳致远"的总体思路，主动适应新常态，积极抢抓新机遇，奋力开创新局面，为加快建设宜居宜业和谐美丽新江川提供重要的水利保障。

有效灌溉面积。全区有效灌溉面积达99992.2亩（不含路居托管，下同），占总耕地面积88.56%，比上年的88.25%上升0.30个百分点。

节水和除涝灌溉面积。全区节水灌溉面积累计65567亩，占全区耕地有效面积99992.2亩的65.57%。全区除涝面积累计57138亩，占全区易涝耕地面积59380亩的96.22%。

水土保持治理。年内全区治理水土流失面积6.35平方千米。全区累计治理水土流失面积233.25平方千米，占全区水土流失面积380.83平方千米的61.25%。

堤、闸建设。全区累计已建成达标堤防长度42.09千米，占堤防总长199.24千米的21.13%；全区已建成小型水闸172座，2019年报废12座，实有小型水闸160座。

水利供水工程建设。全区累计建成水利供水工程28477件。蓄水工程。累计建成水库坝塘307座（其中：中型水库1座，小型水库74座，小塘坝232座），总库容达6430.2万立方米，年设计供水能力4924.89万立方米。引水和其他水源工程。累计建成引水工程36处，年设计供水能力达2009万立方米；累计建成小水窖24972件，年设计蓄水能力达37.77万立方米；累计建成水池1556口，年设计蓄水能力达14.09万立方米。机电井和泵站工程。累计建成机电井936眼（其中：规模以上浅层地下水机电井37眼，规模以下浅层地下水机电井899眼）；累计建成泵站工程393处，总装机容量达18178.7千瓦，其中：中型（1000千瓦以上）1处，装机容量达1440千瓦，小（一）型（100～1000千瓦）泵站29处，装机容量达6411千瓦，小（二）型（100千瓦以下）泵站363处，装机容量达10327.7千瓦。

水利工程供水情况。全年水利工程为各行、各业供水量达6587.08万立方米，其中，水利工程为农业供水量4372.81万立方米，为城乡居民生活供水量1127.55万立方米，为工业供水量954.97万立方米，为生态环境供水量131.75万立方米。

【农田水利基本建设】 2019年，全区完成水利固定资产投资112515万元、招商引资5.55亿元，向上争取资金6760万元，巩固提升农村饮水安全人口1.46万人，完成库塘蓄水量0.261亿立方米。

【组织实施水库除险加固工程】 一是马家庄、大卷槽、大石板、王居箐、螺丝坝、雄联、力摆子七座灾后薄弱环节小（2）水库除险加固工程项目。该项目批复投资833万元，于2019年11月1日开工建设。二是石河、大龙潭、黄谷田3座小（一）型病险水库除险加固工程项目。该项目批复投资1772万元，石河水库已签订施工合同，即将开工建设；大龙潭水库、黄谷田水库正在组织招投标工作。

【组织实施星云湖综合治理项目】 一是星云湖藻类收集蓝藻水华治理工程，该项目批准总投资4600.90万元，完成投资3900万元，占地面积4.84亩，在星云湖北岸东西大河入湖河口处，属于蓝藻聚集区域，建成处理浓藻浆5000立方米/天藻水分离站一座，采用沉淀式藻水分离+一体化浓藻浆二级强化气浮分离工艺，每年将从星云湖中去除总氮约60吨、总磷3.23吨、蓝藻干物质750吨（生物量）。项目于3月27日正式入场开工建设，2019年6月底主体工程完工投入试运行，2019年底完成调试并投入正式运行。二是星云湖原位控藻及水质提升工程项目。该项目批复投资42350万元，完成投资17320万元，2019年9月开工建设，2019年12月底，主体工程已完工投入试运行，预计2020年1月底全部完工投入运行。该项目完成1套监测预警工程，5套原位深井蓝藻处理工程和4套水质生态净化工程的建设。工程正式投运后18个月可以使星云湖水质脱离劣V类，5年后，即脱离劣V类再运行三年半后，星云湖水质达到Ⅳ类。

【组织实施河道治理工程】 一是星云湖主要入湖河道治理工程。该项目计划总投资64553万元，完成投49257万元，2017年9月份开工建设，2019年4月主题工程完工。项目建设河口湿地8座，总占地面积656.33亩；建设生态河道12条，总长度42997.23米；在河道末端建设农田废水处置前置库8座，总占地面积324.65亩；河道拦污沉砂设施171座：其中主河道拦污沉砂设施15座，农灌沟渠末端沉砂设施156座；在河道两侧种植生态绿篱，共计85994.46米；建设河道体外净化示范工程4座。二是江川区西河村段治理工程。该工程批复投资1643万元，实际完成投1212万元，2019年8月正式开工建设，2019年底主体工程完工。工程主要对玉溪市江川区干流西河、支流东河进行治理，干流西河治理段，起点为段家村青苗基地至4＃水闸，治理河长4.624千米，治理堤防长1.638千米（仅对右岸进行治理），并对2座灌溉闸室进行改扩建等相关配套河道治理工程；支流东河治理段，起点为东河1＃水闸至东河与西河的交汇口，治理河长1.565千米治理堤防长3.068千米，并对4座灌溉闸室、1座农用桥及4座人行桥进行改扩建。

【组织实施茶尔山水库灌区高效节水减排项目】 项目现已完工。该项目批复投资1342.9万元，已完工，正在进行竣工结算及资料整编工作。

【组织实施农村饮水安全巩固提升工程】 玉溪市江川区2019年共实施7件农村饮水巩固提升工程，受益人口共1.46万人，其中建档立卡贫困户272户，贫困人口961人，项目总投资530.47万元。江川区2019年共有国家建档立卡贫困行政村16个，建档立卡贫困户2065户，贫困人口7188人。按照云南省脱贫攻坚农村饮水安全评价细则的四个指标（水量、水质、用水方便程度、供水保证率），全区所有贫困户均无饮水安全问题。

【组织实施江川区星云湖环湖截污水体循环利用工程】 江川区星云湖环湖截污水体循环利用工程概算总投资为288.55万元，目前基本完工，正进行竣工结算。

【水利改革工作】 一是以农业高效节水减排项目建设为依托，继续全面推广农田水利改革试点经验。二是以规范小（一）型及以上水库的管理为前提，逐步实现水资源统一调度管理。顺利推进玉溪市江川区农业水价综合改革工作，按照成熟一户推进一户的原则执行新水价。

【抗旱工作】 2019年，全区有5座小（二）型水库和68座小坝塘干涸，有6个乡镇（街道）12个村（居）委会23个村组8192人、619头大牲畜饮水困难（含1所学校200名师生），有5950人、417头大牲畜依靠拉、挑、送水解决饮水困难。全区农作物受旱66709亩。2019年，全区共投入抗旱人员14.684万人，投入机电井10眼、抗旱设施泵站180处、机动抗旱设备33058台套次、机动运水车辆15130辆次；抗旱用电89.714万度、抗旱用油71.18吨。投入抗旱资金1570.97万元；减少受灾人口798人；避免粮食减收37.95吨；减少经济损失580.20万元，临时解决人畜饮水困难人数8192人，大牲畜619头，抗旱浇灌面积66709亩、14.9686万亩次。

【防汛工作】 一是层层签订江川区2019年防汛目标管理责任书，并向社会公示。二是组织制定2019年水库、坝塘的汛期调度运用计划，下发《玉溪市江川区2019年水库汛期蓄水调度运用计划》，及时修订防洪应急预案、编制度汛计划和蓄水计划并下发到各村委会。三是及时清淤除障，对多数险工、险段及时的加固处理，为防大汛、抗大洪提供了安全保障。四是采用日报表督查机制，加强督促检查。坚持24小时制轮流值班守岗，保证防汛抗洪工作上下联系畅通。2019

年，全区共投入抢险救灾人员1255人，投入抢险资金约9.5万元。其中：群众投劳折资5.376万元；减少受灾人口798人；避免粮食减收14.932吨；减少经济损失161.28万元。

【水土保持工作顺利推进】 一是配合做好全区石漠化治理项目工作，带动全区水土保持综合治理工作的全面开展，进一步改善江川区生态环境。二是认真贯彻落实《水土保持法》，加强预防监督，严格执行生产建设项目水土保持“三同时”制度，努力提高生产建设项目水土保持方案申报率、实施率、验收率，全年共计审批水保方案5个，执法检查16次，检查生产建设项目31个。三是做好水土保持国策宣传教育工作，加大水保执法监督检查力度，依法征收水保“两费”。本年度共收取水土保持设施补偿费320797元。

【水行政管理工作进一步加强】 一是围绕“实施国家节水，建设节水型社会”主题，利用在重要路段、集贸市场等悬挂标语，发放主体宣传画，组织水法规巡回宣传车走村入户等多种形式开展了内容丰富的“水日水周”水法律法规宣传教育活动，进一步提高广大干部群众的水法意识，扩大水行政执法的社会影响。据统计，全区共散发宣传小册子500份，节水宣传画20份，节水宣传纸品4000盒，节水宣传纸杯90000只，小学生学习用具500份。二是加大水行政执法检查力度，严肃查处各类水事违法案件，认真调处各类水事纠纷，督促指导全区水行政执法工作。三是继续加大水资源管理力度，科学管理水资源。组织相关技术人员对全区潭泉进行调查，共计调查44处潭泉，完善江川区水资源管理资料库。四是认真做好普法依法治理工作，进一步提高全局干部职工的执法水平、提高从业人员的法制观念、自律意识和群众知法维权的保护意识，营造良好的法治氛围。五是超额完成2019年度水资源费征收任务，全区合计征收水资源费37.79万元，征收管理统一使用电子票据。

【全面推行河长制工作】 进一步压实河(湖)长责任。印发《玉溪市江川区河长制领导小组关于印发玉溪市江川区河（湖）长制领导小组工作规则玉溪市江川区河（湖）长制工作问责办法及玉溪市江川区区级河（湖）长和乡镇（街道）总河（湖）长副总河（湖）长述职实施方案的通知》《玉溪市江川区河长制办公室关于印发江川区2019年各级河（湖）长巡河履职工作实施方案的通知》等文件，强化和督促河湖保护治理职责落实，截至10月28日，全年共计巡河14237次，其中州（市）级9次，区级227次，乡镇级3021次，村级4896次，组级3583次，责任部门2501次。巡查发现22个问题，完成整改22个。在全年的“清四乱”“六清”行动中，共投入人力13936人次，车辆机械1120台次，资金77.11万元，清理临时房、简易房及其他建筑物38间1191.1平方米，清理两岸堆放的空心砖、木材、砂石料及其他各类杂物28件，清除各类垃圾、堆积物约11901.434吨。全区在2018年共排查共发现“四乱”问题72件，其中垃圾、固体废物等乱堆问题48件，涉河违法违规项目等乱建问题24件，2019年6月已全部整治销号。

【获2019年发展贡献先进集体奖】 推动江川全域水务一体化向纵深发展。为补齐江川区水利基础设施建设资金短板，进一步加快江川区水网建设，区水利局主动作为、积极协调，2019年10月11日江川区人民政府与云南省水利水电投资有限公司签订“水务一体化”合作框架协议。及时召开玉溪片区“水务一体化”工作专题会，成立组织机构，明确工作目标和任务，完成对江川区2020～2021年拟建1个2万立方米/天的标准化自来水厂、新建管网、维修改造老旧管网、实施改表入户、智能化管理等1.8亿元投资计划的上报。有效推进全区6个乡镇（街道）农村饮水安全巩固提升，更进一步整合涉水行政职能，提高水行政的社会管理能力和公共服务水平，逐步建立政企分开、政事分开、责权明晰、运转协调的水务管理体制，实现从农村水利向城乡一体化水务转变。

（普于航）

交通·邮电

编辑　徐凡清

交通运输

【概述】　2019年底，玉溪市江川区交通运输局及所属事业单位人员机构编制数52名，实有人数45名，其中，局机关编制13名（行政编制11名，实有14名，工勤人员编制2名，实有2名），局属事业单位编制39名，实有29名［其中，江川区地方公路管理段编制19名，实有17名；江川区路政大队编制9名，实有7名；江川区隔河船闸所编制7名，实有5名；江川区公路工程质量监督站（新增）编制4名，实有0名］。

江川区交通运输局紧扣市、区交通发展规划和市交通运输局、区委、政府确定的目标任务，统筹兼顾，科学谋划，协调发展，全面履行部门职责，全方位加大综合交通运输基础设施建设力度，全面完成江通、澄川高速、国道213的拆迁补偿、农村公路建设工作、新能源公交发展、固定资产投资、招商引资、向上争取资金等各项工作任务。加强行业管理，认真做好道路养护及路政、船闸、运政管理等交通工作。

【江通高速公路】　江川境内全长18.47千米，估算投资26.1亿元（不含弥玉高速共线段）。2019年10月1日建成并正式通车，全年完成投资1.3894亿元，累计投资27.7691亿元。主线完成项目红线征地拆迁3044.155亩，完成率100%。

【澄川高速】　澄川高速江川段长33千米、估算投资44.59亿元，本年度已完成主体工程，完成投资13.7917亿元，累计完成投资42.0866亿元。完成项目红线征地拆迁3070.53亩，完成率达100%。目前，正在建设附属工程，即将建成通车。

【国道213道路】　项目全长49.46千米，估算投资9.47亿元。江川段长约6.1千米，已完成征地拆迁工作，开工累计完成投资9954万元。因项目目前未纳入“PPP”项目，2019年市级未能推进工程建设工作。

【农村公路建设】　2019年，江川区四好农村路项目有喜罗路、朱火路、朱棒路等27条农村公路，建设总里程44.16千米，施工合同金额5265万元。本年完成8条8.8千米，完成投资1222.3万元。目前，其他项目正在建设。

【养护里程】　2019年底，全区农村公路274条，里程715.734千米，其中国道1条20.85千米，省道1条12.137千米，县道11条103.089千米，乡道236条547.743千米，村道25条31.915千米。乡村公路中，九溪乡道25条95.335千米，村道3条2.981千米；安化乡道10条43.389千米，村道1条1.251千米；雄关乡道19条32.42千米，村道2条7.642千米；前卫乡道44条90.43千米；村道9条10.932千米；江城乡道58条126.648千米，村道1条0.384千米；大街乡道80条159.521千米，村道9条8.725千米。

【路面养护】　投资29.4万元清扫路面42.6万平方米，投资4.4万元清理水沟43千米，投资7.1万元清铲路肩4.9平方米、整理路基23千米，投资14.2万元修补路面107千米，投资1.1万元疏通桥涵198道。

【小修保养】 全年小修保养零星工程费投入24.84万元，其中大铁线（K18+839～K25+457）段灾毁抢修工程投入18.95万元，路长制责任公示牌、零星波形护栏安装4.25万元，农村公路平交路口"千灯万带"示范工程（减速带安装）投入1.64万元。

【大中修保养】 投资165万元完成杨柳坝至雄关段大中修工程，投资387.8万元完成"畅返不畅"工程，其中第一标段嵩玉线（海门桥—螺蛳铺段）198.12万元、第二标段嵩玉线（螺蛳铺—气象站段）和大铁线（螺蛳铺—甸头段）189.68万元。投资33.53万元完成美丽公路划线工程。

【安保工程】 2019年农村公路生命安全防护工程有龙老路、摆马路等20条道路，需治理安全隐患里程99千米，总投资653万元。本年完成19条道路安保工程，投资557万元。

【路政管理】 全年组织开展了4次道路环境专项整治活动，出动执法人员200人次，清理拆除公路上非法标志标牌9块，清理非法广告、横幅标语40块，拆除非交通搭接口10处，整治公路乱占乱堆乱放行为135起，督促违法责任人清理公路乱堆乱放堆积物145吨，清理取缔以路为市占道经营27起，取缔毕家庄路口蔬菜交易地1处，整改消除加水违法行为14起，清除枯死歪倒行道树5处，清理道路机油污染5起。督促公路养护部门完成安全隐患整改4处。清理整改侵占路产路权违法行为48起。查处路政案件18件，案件立案率100%，查处率99%，制止各种侵占路产路权行为383起，公路两侧红线控制率达99%，有效地维护公路路产、路权。

【治超工作】 全年开展超限超载治理有关法律法规宣传，共发放宣传手册1200份，悬挂宣传标语3条，出动执法人员453人次，出动执法车辆66辆次，共检测货运车辆821辆次，查处13辆超限超载车辆进行现场卸货，共卸载货物782.14吨，卸载货物后移交交警进行处罚超限超载运输车辆3辆。有效遏制超限车辆上路行驶的蔓延势头，确保公路安全畅通。

【路域环境整治】 全年以开展"安全生产月"宣传活动为契机，组织相关工作人员在公路沿线开展《公路法》《公路安全保护条例》等法律法规宣传，发放"清门户、除垃圾、保畅通、还路权、美家园""爱路护路之行为规范""勿超限超载行驶"宣传册800份。同时，集中力量整治公路"泼、洒、漏"现象，出动治理超限超载执法人员453人次，执法车辆92台次，针对全区高等级公路、农村公路、江通、江华公路及污染公路影响公路安全的公路施工车辆、货运车辆进行泼洒漏整治，共检查车辆928辆，检查整改"泼、洒、漏"车辆476辆。1～9月，与交警大队、成立联合执法组，继续在景新路设卡，对750千克以上的货车禁止入城及对大铁线的路域环境进行整治。整治期间，交通共出动路政执法人员751人次，劝返750千克以上货运车辆1873辆次。通过整治，砂石材料运输车辆的覆盖率达99%以上，有效控制砂石材料运输车辆的飘洒、滴漏污染公路的现象。

【行政审批工作】 全年受理公路路政行政许可事项6件，审批行政许可事项3件。

【新能源公交车】 7月1日，开通白龙潭至区人民医院新能源公交车（58路2辆）；10月9日，开通江川（九溪）至玉溪新能源公交车（60路6辆）；10月28日，开通江川至华宁59路3辆48座的新能源公交车。截至年底，江川区新能源公交车、出租车208辆，其中，出租车75辆，大街中心城区公交车17辆、跨区及城乡公交车116辆，新能源车辆分别占全部出租车（182辆）、公交车（275辆）的42%、49%。

【经济目标任务】 全年完成固定资产投资15.3287亿元，完成区委、区政府年初下达计划目标任务数13.56亿元的113.04%，完成调整后全年目标任务数14.7322亿元的104.05%。

完成招商引资任务 全年完成招商引资20.0318亿元，完成全年目标任务数9亿元的222.6%。其中，玉溪市江川区自然资源局分成5200万元，玉溪市江川区林业和草原局分成5000万元，江城镇人民政府分成43800万元，分成后区交通运输局剩余完成14.6318亿元，完成任务数9亿元的162.58%。

完成向上争取资金任务 全年完成向上争取资金3400万元，向云南澄大高速公路有限公司争取到澄川高速征地拆迁费用共3400万元（未经区财政口径），超额完成全年财政统计口径目标任务数2934万元，完成率115.88%。

客货周转量　全年完成客运周转量10225万人/千米，货运周转量355083万吨/千米，同比增长14.55%。

【客货车辆】　截至年底，江川区共拥有普通货物运输经营业户6896户（2019年新办理197户），货运车辆8336辆（2019年新办理127 辆），客运车辆521辆（班线车辆55辆、公交车284辆，其中新能源公交车133辆；出租车182辆，其中新能源出租车75辆），道路危险货物运输车辆138 辆，维修业户 185 户，道路运输从业人员17576人。

2019年春运期间，江川区共计投放客运车辆2034辆次（其中加班3辆、包车51辆），总客位数达4.6681万座，输送旅客达2.68万人次；国庆期间共投放客车392辆，加班25个班次，包车20辆，运送旅客0.6706万人次，比上年同期下降4.7%。

【客货市管理】　出动执法人员30余人，检查源头治超重点企业18户次，签订《源头治超责任书》17份，共查处违章车辆152辆，一般程序处罚案件152起，罚款金额18.95万元。针对江城、龙街片区的客运非法营运现象，出动执法人员67人次，车辆23辆次，共检查登记车辆82辆，收缴私制线路牌、包车牌59块，私制顶灯7个，电喇叭2个，批评教育驾驶员60余人次。做好道路运输业质量信誉考核及营运车辆审验工作，审验了138辆危险货物运输车辆，年审合格率达100%。强化对危险货物运输管理工作，做好对江川区2户危货运输企业共138辆危货运输车辆的安全监管工作。

【维修市场管理】　按照交通运输部对汽车维修电子健康档案系统“全覆盖、深开发、建制度、广运用”的建设要求。完成江川区6户一、二类汽车维修企业中的推广运用。对全区185户登记在册的维修企业进户填表登记，详细掌握全区机动车维修行业产生废机油、废铅酸蓄电池等危险废物处理。

【燃油补贴】　全年发放农村客运燃油补贴26.31万元，兑现车辆数40辆；发放出租车燃油补贴144.19万元，兑现车辆数182辆；发放公交车燃油补贴487.17万元，兑现车辆数211辆；发放省级一次性新能源公交车购车补贴81辆，共计486万元。

【回复信件】　全年，回复信访件14件、政协委员意见13件、区人大代表建议21件、市人大代表建议6件。

（周　愚）

公　路

【概述】　江川公路分局隶属玉溪公路局，原名江川公路管理段，2016年9月5日更名，是公益性一类事业单位。截至12月底有在职职工48名，拥有各种养护机械设备80余台（辆），下设2个公路管理所（竹城公路管理所、侯家沟公路管理所），负责管养江川区境内干线公路44.418千米，桥梁4座（小桥）。其中，G245巴中—金平K1764+964～K1799+008共计34.044千米，二级水泥混凝土路面29.044千米，二级沥青混凝土路面5千米；S221禄丰—江城K246+358～K256+732共计10.374千米，二级水泥混凝土路面1.248千米，三级沥青混凝土路面9.126千米。2018被评为“第九届玉溪市文明单位”。

【公路养护】　2019年，江川公路分局坚持路面养护不放松，全年共完成热油挖补坑塘面层8792平方米；补沉陷油面层9771平方米；罩面处治裂缝814平方米；处理油包501平方米；修复纵横裂缝1210米；沥青混合料罩面36538平方米；修复水泥路面裂缝（橡胶沥青灌缝）2804 米；沥青混合料修复水泥路面破碎板125504平方米；碎石、水稳料填补水泥路面破碎板5055平方米；铣刨机铣刨路面74048平方米；击碎水泥路面破碎板5055平方米；AC—16铺筑击碎水泥路面破碎板6319.5平方米。

坚持路基养护，加大清挖水沟、清理桥涵的力度，保障排水系统畅通无阻。全年共完成清理涵洞70 立方米/11道，清理桥梁河床34立方米，清扫路面7307133 平方米；清理水沟51.1千米；整修路肩19908平方米；清理路肩堆积物376立方米；清理路肩边坡杂草79450平方米；清坍方56立方米；封缝带封边1238米。

重视交安工程，全年共完成清洗中央分隔带17900米；修补隔离带1055米；清洗标志牌4块；栽千米桩88颗，栽百米桩290颗。

【超限治理】　江川公路分局加入江川区治理非法超限超载车辆工作领导小组，联合开展治理非法超限超载治理工作。严格执行“一超四罚”，调整完善道路监控网络等硬件设施，充分利用各种宣传方式进行大量的宣传、教育，在各成员单位的配合、努力下，治理非法超限超载工作取得阶段性成效，全年共处罚非法超限超载车辆7辆次。

【安全生产】　2019年，江川公路分局牢固树立“安全第一、预防为主、综合治理”的工作方针，坚持以科学发展观为指导，紧紧围绕“公路安全三年行动”“安全生产月”“安全生产大排查大检查”、汛期、春节春运，以及中华人民共和国70周年大庆，开展各项安全工作，对照全年工作目标任务狠抓落实，不断创新工作理念，强化责任落实，有力保障了建国七十周年国庆期间公路安全畅通，一年以来分局安全形势持续稳定，未发生重大安全责任事故。

加强公路、桥梁安全管养，加强危涵、道路缺口和滑坡路段的安全监控，结合安全生产综合整治进一步完善道路隐患数据调查，及时将隐患点情况进行上报，全年共上报隐患系统隐患点8处，并对隐患点采取定时监控，确保隐患未整治前公路安全畅通。

组织开展各类安全检查94次，对检查出的隐患进行逐个登记，对存在的隐患进行重点监控处治，确保管养公路安全畅通，保证生产生活区域安全。

【专项工程】　为提升道路通行服务功能，改善路况环境，2019年10~11月，江川公路分局投入沥青28吨，投入资金28.2万余元，对G245巴金线（原澄川线和翠大线）破损较为严重的侯家沟至三家村路段混凝土路面进行功能性修复：采用击碎机对破损严重的混凝土路面进行击碎，然后铺筑10厘米厚的卡缝料，并放车自然碾压，碾压后检测路基弯沉，弯沉合格后喷洒透层油，最后铺筑4厘米厚的沥青上面层。此次修复面积6400平方米，从根本上改善该段路况的通行服务能力，为老百姓出行提供安全、便捷的交通环境。

（郑文娇）

电　信

【概述】　为贯彻落实集团和省、市公司部署，“坚定不移做大规模，坚持不懈加快发展”的总体的工作要求。中国电信江川分公司2019年在围绕份额的提升，加快规模发展，实现移动生存线的突破，着力提升公司收入和用户市场份额及规模，宽带转守为攻、移动加快反抢，以高效执行促经营结果，进一步推进“划小承包经营”工作，加快公众客户群的发展，加大政企项目转收及应用拉动力度，重视移动、宽带存量用户客保工作，全面实现量、收双跨越目标。

【网络建设】　全力支撑“宽带中国，光网城市”建设，2019年12月底，FTTH新建端口数为0.7万个，光口总数5.27万个，已全区完成覆盖，FTTH端口占比达88.86%，FTTH用户占比达77.68%，已达到省公司全光网城市指标要求。并完成江通高速，澄川高速，江川县前卫渔村、前卫桃溪、江城松岩、江城黄营等工程杆路改造工程。年内共布放光缆计189次，累计布放光缆约280千米，巡修杆路50次。ODN建设：全区新建光交13个，布放主干光缆约为30千米。全力支撑“春促行动”“百日冲刺”。

CDMA通信基站：对部分基站进行流量、话务量调优，新建替换并开通800M基站21个。全区3G基站80个，800M基站120个，现在已经实现全区DO覆盖，800M广覆盖。

LTE通信基站：5G、LTE通信基站：2019年完成宽带中国农村LTE重耕项目，城区1.8G LTE精品覆盖项目，开通1.8G基站5个，全县4G基站110个，现已实现各乡镇点重点区域4G全覆盖，对全区高流量1.8G基站进行带宽扩容；在江川电信老局开通区县公司第一个商用5G基站。

管线建设方面：管线建设方面，顺利完成年度内的各项电缆、光缆零星工程的建设维修项目。

IPRAN设备成环改造：新建B设备4套，双B成环41个，A设备成环率为80.76%，已完成省市公司下达的任务目标。

双路由保护：完成江川新局出局双路由保护工作，完成所有乡镇OLT双上行整治。

电源设备：替换组合开关电源5套、更换局站蓄电池7套，更换老局UPS，教师小区新装蓄电池。

接入机房退网：接入机房退网1个（小凹），搬迁2个（孤山、雄关）。

运维队伍建设：组织网络部全体员工完成现场维护二次转

训，督促、组织员工积极参加网上大学技术类课程的学习，达到现场综合化维护人员技能融合度400%的目标，完成CD类20个机房标准化建设，实现全年现场综合化维护工作指标；组织员工及支局网格团队学习装移维技能，年内共组织学习、培训15次。

移 动

【概述】 2019年，中国移动云南公司江川分公司认真组织学习贯彻习近平新时代中国特色社会主义思想和党的十九大精神，始终坚持以“党要管党、从严治党”为主线，围绕市分公司提出的各项工作目标，认真、高效、创造性地开展各项工作，一年来，持续深化战略转型，公司的转型和发展均取得可喜成绩。

【市场发展】 2019年，江川移动客户数达18万余户，市场份额达70.90%，其中4G用户到达数为12万户，累计运营收入达9805万元。

【网络建设】 2019年，江川移动继续以“保持4G竞争优势为核心，加快5G基站建设”的目标，根据市场发展需要、客户使用需求、业务发展变化来规划建设、维护优化网络、在扩大4G覆盖，加快5G建设。保持2G语音绝对优势的同时，做深、做细、做精4G、5G网络，从深度覆盖着手，从网络质量提升着手，通过新产品、新技术的应用，打造感知佳的精品网络，2019年，江川移动新增基站总数130余个。

2019年，江川公司持续做好应急通信保障工作，共涉及6次应急通信保障，分别为：梨花节应急通信保障；斗牛节应急通信保障，保证节日期间和活动区域内通信的畅通；国际篮球赛；建国70周年合唱比赛；应急保障演练；开渔节。

【扶贫攻坚】 2019年，江川移动为信息化扶贫提供基础保障，针对全区 6个乡镇、72个行政村，结合现有网络规模补点建设20余个基站和100余个行政村、自然村、小区的有线宽带，确保贫困行政村2G/4G基站建设一步到位100%覆盖，有线宽带100%通达。加大资源投入，让贫困地区群众搭上信息化快车，充分结合“脱贫攻坚综合服务站”的建设工作，依托政府扶贫攻坚项目，以“脱贫攻坚”为切入点，整合互联网电商资源，如彩云优品等，充分融和公司业务发展，落实农村地区信息化便民服务的推进。持续做好“挂包帮”帮扶工作，2019年，免费安装100M以上光宽带1000余条。

【企业建设】 2019年，江川分公司重在加强人力资源管理，优化干部监督管理体系，优化提升人员配置、提升干部队伍能力；强化财务管理，以简化财务流程、实现滚动预算跟进常态化，持续加强财会基础核算，加强税务管理，规范内控管理，增强风险防控，高效服务公司运营；不断将公司“家”文化内涵引向深入，深入推进“三化”落地，寻求公司与员工共同的“家”文化，继续开展“幸福1+1”员工关爱活动，在润物细无声的环境中注入员工的心灵；“齐抓共管、各负其责、维护稳定”扎实推进平安移动创建，确保安全生产。

（金　琳）

财政·税务

编辑　徐凡清

财　政

【概述】　2019年，江川区财政局围绕全年目标任务，认真落实各项财政政策，加强财源建设，优化支出结构，提升保障能力，做好开源、节流、盘活、争取和规范五篇文章，全力保工资、保运转、保民生、保付息、保重点项目支出，财政运行总体平稳，为谱写新时代江川高质量跨越式发展新篇章提供坚强财力保障。全区地方财政收入完成71299万元，比上年减51944万元，减42%，其中地方一般公共预算收入完成53681万元，同比减收24678万元，减31.5%。地方一般公共预算支出完成207226万元，同比增支1884万元，增0.9%。

【加强非税收入管理】　2019年，全区完成非税收入12248万元，政府性基金收入17367万元。一是贯彻落实省政府关于做好非税收入征收管理体制改革工作的决策部署，防空地下室易地建设费、国家电影事业发展专项资金等11项非税收入项目移交税务部门征收。二是推进非税收入征管法制化建设。

【落实降费减负政策】　2019年，全区累计停征、免征或减征各项行政事业性收费1031万元，其中涉企收费716万元。

【支持教育发展】　2019年，全区教育支出45206万元，比上年增4891万元，增长12.1%。其中：用于支持农村义务教育阶段学生寄宿制生活费补助392万元，义务教育及普通高中教育公用经费补助2261万元，农村义务教育学生营养改善计划补助资金1540万元，校园薄弱环节改善和能力提升补助资金4345万元，省市优秀贫困学子补助92万元，省级免费师范生补助18万元。

【支持科学技术发展】　2019年，投入科学技术支出4973万元，比上年增2878万元，增长137.4%。主要用于促进科技计划项目补助、研发经费投入及开展科学技术普及等方面。

【支持文体传媒事业】　2019年，文化体育与传媒支出2220万元，比上年增337万元，增长17.9%。主要用于公共文化馆（站）免费开放，体育场馆修缮运行维护，非物质文化遗产传承人补助，庆祝改革开放40周年系列文化活动，文物保护项目修缮，乡镇传习室建设补助及旅游厕所项目建设等工作。

【支持公共安全】　2019年，投入公共安全支出7883万元，比上年增762万元，增长10.7%。主要用于扫黑除恶专项斗争，法治政府建设及看守所修缮等工作。

【支持基层组织建设】　2019年，一般公共服务支出22073万元。主要用于城市党建及党群服务中心建设，乡镇（街道）党（工）委及区直部门党（工）委和基层党组织党建工作，农村困难党员关爱补助，全国文明城市提名及经济普查等工作。

【支持社会保障和就业】　2019年，社会保障和就业财政支出

29454万元，比上年同期33794万元减少财政支出4340万元，减幅12.8%。减支的主要原因是离退休人员生活补助调标。

【支持医疗卫生事业】 2019年。医疗卫生和计划生育财政支出16270万元，比上年同期的14846万元增加支出1424万元，增幅9.6%。增支的主要原因是基层医疗卫生能力及基本公共卫生服务能力提升。

【支持地质灾害防治】 2019年，投入地质灾害综合防治资金969万元，其中中央资金544万元、省级资金37万元、市级资金222万元、区级资金166万元。用于九溪镇大村一组、九溪大营社区凹子小组、江城镇茨通铺小组、江城镇白家营蔡家庄小组等4个地质灾害搬迁避让项目，涉及农户183户618人；江城镇翠峰村委会招益村滑坡泥石流治理项目，解除527人的生命财产威胁；做好33地质灾害监测点排查、群测、群防工作。

【支持农业事业发展】 2019年，拨付农业支出6133万元。其中：拨付厕所革命经费1675万元，为农村无害化户厕的改建及行政村村委会所在地公厕改建提供资金支持；拨付农业生产发展资金1714万元，促进科技转化与推广服务；拨付新型农民职业培训相关经费113万元，提高农民劳动技能；拨付畜牧事业发展经费531万元，用于动物疫病防控、畜牧贷款贴息等支出。

【支持林业事业发展】 2019年，拨付林业支出3170万元。其中：拨付林业改革发展资金314万元，用于湿地保护、天然林停阀补助及森林生态效益补偿，为林业执法提供资金保障；拨付公益林保护资金520万元，支持森林资源保护工作；拨付天然商品林停伐管护补助资金160万元，促进天然林停伐保护；拨付退耕还林补助182万元，支持生态恢复保护；拨付木本油料产业发展项目补助资金48万元，扶持核桃产业发展；拨付森林防火经费220万元，用于专业扑火队员、瞭望台观察人员及卡点巡护人员工资发放，保护森林资源安全。

【支持水利事业发展】 2019年，拨付水利支出4553万元。其中：拨付水利工程建设资金698万元，支持大街街道庙湾片区提水工程、小型农田水利重点县建设项目工程等项目建设；拨付病险小坝塘除险加固资金200万元，确保项目建设顺利推进；拨付防汛防洪资金91万元，用于防汛抢险物资购置及应急抢险工程补助、不稳定地区山洪灾害防治等；拨付河长制工作经费130万元，用于支付入湖河道保洁人员工资。

【支持环保项目】 2019年，共投入环保项目治理专项资金87103万元，其中争取上级投入45955万元，包括中央36265万元、省级5156万元、市级4534万元、发行环保专项债30000万元、区级11148万元。用于山水林田湖生态修复试点、星云湖生态屏障构建及修复、农业面污染治理、村落污水收集治理等星云湖保护治理项目。

【支持脱贫攻坚】 2019年，投入财政专项扶贫资金2116万元，其中中央资金915万元、省级资金353万元、市级资金509万元、区级资金330万元、收回结余资金安排9.85万元。除继续重点巩固提升产业发展、人居环境提升、基础设施建设、少数民族团结示范等项目外，加大了对贫困监测、动态管理等投入。2019年共计支出2033万元，结转结余资金84万元，结转结余率3.96%。

【支持乡村振兴】 2019年，美丽乡村、扶持壮大村级集体经济、一事一议财政奖补普惠制项目投入资金832万元，促进农业农村经济发展。

【落实成品油价格改革财政补贴】 2019年，兑付成品油价格改革财政补贴中央资金871万元，其中城市公交成品油价格补贴91万元、农村客运和出租车行业油价补贴286万元、42辆新能源（纯电动）公交车一次性购车补助和运营补助494万元。

【加大粮油安全投入】 2019年，投入365万元，保障全区粮油储备安全和粮油市场稳定。

【继续实施好涉农保险项目】 2019年，政府投入261万元，为全区内6万户农村居民、1.41万头能繁母猪、1.17万亩水稻、2.93万亩玉米、2万亩油菜、56.92万亩森林办理政策性保险，群众获保险赔付184万元，其中农房保险获赔44万元。

【扶持民营经济及招商引资企业】 2019年，为做好产业调整

结构和财源培植工作，安排各类企业扶持资金5071万元，对云南云菜集团雄川农业开发有限公司等21户民营企业、总部经济给企业给予扶持，帮助企业扩大生产规模，实现早开工、早投产、早见效；促进“大众创业、万众创新”工程，投入创业担保贷款财政贴息资金1537万元，切实为31户小微企业、2749户个体工商户减轻了融资难、融资贵问题。

【申报彩票公益金项目】 2019年，共申报5个彩票公益金项目，争取到三个彩票公益金项目，争取到补助资金115万元，促进了公益事业的发展。

【城镇保障性安居工程建设】 2019年，争取中央、省级城镇保障性安居工程专项资金2682万元，其中棚户区改造资金1420万元、老旧小区改造资金1262万元。

【做好第三方绩效再评价工作】 2019年，11~12月对投资156万元的玉溪市江川区绿化站城区绿化管护项目、投资436万元的玉溪市江川区教育体育局保安服务项目进行绩效评价，为首次区财政组织的绩效再评价。

【推进财政国库管理制度改革】 2019年，财政直接支付完成62131万元，其中统发工资完成57770万元、其他直接支付资金4361万元。实行授权支付的部门62个，单位数232个，开设预算单位零余额账户143个，覆盖全区财政全供给的行政事业单位。累计下达预算单位授权支付额度102327万元，财政直接支付和授权支付占地方公共财政预算支出的比例68%。

【做好差旅电子凭证网上报销改革试点】 2019年，选取区委办、区政府办、区纪监委、区公安局、区财政局、区教育局及九溪镇人民政府7家预算单位试点。

【严格预算执行动态监控管理】 2019年，共监控国库集中支付资金112257万元。其中：预警监控161216万（规范类14860万元、核实类146356万元），主要类型是预算单位当天累计转款超过规定金额、现金支付公务卡强身结算目录、单笔向个人账户转款、金额不符合财政管理规定、支付用途出现违规关键字等。

【加强扶贫资金动态监控管理】 2019年，共监控扶贫资金4254万元，已支付扶贫资金4053万元，支付率95.3%。

【积极争取上级资金】 2019年，全区共争取上级资金147328万元，其中中央和省级资金126311万元，市级资金21017万元。

【强化预决算信息公开】 2019年，继续加大政府预决算及全区58个部门预决算、“三公经费”等信息公开，公开率100%，主动接受社会监督，促进财政性资金阳光透明运行。

【盘活存量资金】 2019年，累计盘活财政存量资金10922万元，其中盘活预算单位存量资金8590万元、财政专户存量资金2332万元。

【严格政府性债务管理】 2019年，共争取到期再融资债券资金16140万元、新增星云湖环保专项债券资金30000万元、做好2020年新增专项债券提前批江川区学前教育补短板项目5000万元发行申报工作。

（周芸莹）

税　务

【税收完成情况】 2019年1至12月，江川区税务局共组织税费收入合计124204.02万元，同比减收1247.55万元，减幅0.99%。

【收入特点】 2019年，江川区税务局累计组织税收收入73,591.25万元，同比减收5193.91万元，减幅6.59%。分级次入库情况：中央级收入28676.31万元，同比减收2084.83万元，减幅6.78%；省级收入3409.28万元，同比减收2046.71万元，减幅37.51%；市级收入73.07万元，同比增收43.80万元,增幅149.71%；区级收入41432.59万元，同比减收1106.17万元，减幅2.60%。征收非税收入合计4943.86万元，同比减收3205.08万元，减幅39.33%；征收社会保险费42748.97万元，同比增收6881.95万元，增幅19.19%；征收其他收入2919.95万元，同比增收269.49万元，增幅10.17%。

【税源分析】 2019年，增值税入库40752.54万元（含营改增增值税13883.28万元），同比增收1521.83万元，增幅3.88%；企业所得税入库10383.75万元，同比减收1957.78万元，减幅15.86%；个人所得税入库2492.98万元，同比减收3612.38万元，减幅59.17%；车辆购置税入库542.90万元，同比增收488.59万元，增幅899.55%；消费税入库22.87万元，同比减收0.22万元，减幅8.84%；资源税入库1076.07万元，同比减收125.35万元，减幅10.43%；印花税入库432.29万元，同比减收285.35万元，减幅39.76%；房产税入库1242.16万元，同比增收23.29万元，增幅1.91%；城镇土地使用税入库1133.36万元，同比减收110.80万元，减幅8.91%；土地增值税入库2233.52万元，同比增收200.62万元，增幅9.87%；城建税入库2140.22万元，同比增收349.67万元，增幅19.53%；车船税入库973.21万元，同比增收20.17万元，增幅2.12%；契税入库3001.22万元，同比增收417.11万元，增幅16.14%；耕地占用税入库260.85万元，同比减收2220.81万元，减幅89.49%；环境保护税入库146.13万元，同比增收87.61万元，增幅149.71%；烟叶税累计入库6740.73万元，同比减收8.06万元，减幅0.12%；营业税累计入库16.47万元，同比增加19.96万元。教育费附加入库1177.21万元，同比增收4.66万元，增幅0.40%；地方教育费附加入库785.06万元，同比增收2.76万元，增幅0.35%；其他非税收入入库2981.60万元，同比减收3212.50万元，减幅51.86%。共征收各项社会保险费42748.97万元，同比增收6881.95万元，增幅19.19%。其中：征收企业养老保险费10475.29万元，同比减收113.84万元，减幅1.08%；职工基本医疗保险费11395.16万元，同比增收542.46万元，增幅5%；工伤保险费464.87万元，同比减收194.35万元，减幅29.48%；生育保险费548.99万元，同比增收25.42万元，增幅4.85%；失业保险费584.37万元，同比增收52.17万元，增幅9.80%；机关事业单位养老保险12096.05万元，同比减收614.14万元，减幅4.83%；城乡居民养老保险1846.26万元,上年同期还未划入税务局征收；城乡居民基本医疗保险费5337.99万元，上年同期还未划入税务局征收；其他社会保险费无入库。征收工会经费672.23万元，同比增收89.78万元，增幅15.42%；征收职业年金2247.72万元，同比增收179.71万元,增幅8.69%。

【减税降费】 2019年，共计减免税收8256.70万元，减免区本级税收2987.91万元。其中：2019年新出台的减税政策共减税4828.54万元；2018年到期后在2019年延续的减税政策共减税75.61万元；2018年减税政策在2019年翘尾共减税3352.55万元。其中，放宽小型微利企业标准、加大企业所得税优惠力度政策共减税538.02万元，共计减免237户；提高增值税小规模纳税人起征点政策共减税264.41万元，共计减免185户；减征增值税小规模纳税人“六税二费”政策共减税247.79万元，共计减免3262户；落实个人所得税专项附加扣除政策共减税503.20万元，共计减免6959户；深化增值税改革共减税3267.02万元，共计减免401户。

【出口退免税】 2019年已办理出口退（免）税备案企业22户，实际发生出口退税业务的企业3户。发生免抵退税额1092万元（其中：退税额652万元，免抵税额440万元）。

【减税降费】 统筹处理“减”与“收”，加强分析、准确预测、提前谋划，算好“减税账”和“收入账”，推动各税种征缴工作取得进展。有效推进个人所得税改革工作，做好专项附加扣除信息核验试点工作，实现对扣缴义务人和重点扣缴单位面对面上门辅导100%全覆盖，对扣缴义务人开展培训4场次，上门专场培训42场次；开展企业所得税汇算清缴业务培训3场次，覆盖1020户纳税人，上门宣传辅导研发费用加计政策，截至目前，全区共有20户企业享受研发费加计扣除政策；落实好增值税改革工作，做好开票系统升级完善工作，确保纳税人开好新税率发票，在申报期能准确“报好税”；选取22户本地有代表性的增值税一般纳税人，持续跟踪了解改革措施出台后的影响，确保行业税负只减不增；开通增值税发票系统2.0版辅导“绿色通道”，及时帮助纳税人熟悉掌握系统操作，开展对外培训2场次，发放宣传册1200多份；组织纳税人28户、税务干部23人开展环保税建筑扬尘相关政策培训，确保建筑扬尘环保税顺利开征。

【优化营商环境】 推进2019年“便民办税春风行动”，使用“电子税务局”“自然人扣缴客户端”“一部手机办税费”等相关办税途径，扩大网上申报、缴纳、认证的范围，提供多元化申报方式，最大限度便利纳税人；全面推进“最多跑一次”改革，整合办税资源，积极推动进程，全部窗口进驻政务服务中心；联合区自然资源局、区住房和城乡建设局，2019年5月5日实现不动产登记与房屋交易缴税一窗受理、并行办理；联合江川区社会保险局整合灵活就业人员养老保险征收业务流程，2019年7月1日起社保中心人员进驻税务机关对缴费人进行缴费核定；加强与玉溪车辆管理所联系，于2019年11月1日在江川九溪设立两个窗口征收车辆购置税和车船税；做好政策辅导培训工作，组织开展10场实体纳税人学堂培训，培训辅导纳税人2949户次；对小规模纳税人开展“入户”宣传，“一对一”宣传、“面对面”辅导，共覆盖辅纳税人4773户次；开展纳税人大走访活动，走访纳税人900户次。

【自然人税费服务管理团队试点建设】 坚持主要负责人是“第一责任人”，亲自谋划统筹，明确分管领导，具体负责抓好落实，制定《国家税务总局玉溪市江川区税务局自然人税费服务管理团队试点工作模式》，以此为据成立了自然人税费服务管理团队（后简称团队）。团队以分级分类管理为基础，以风险管理为导向，以高收入、高净值纳税人管理为重点，以现代信息技术为依托，形成咨询辅导、申报征收、日常服务管理、退抵税、异议申诉、风险信用管理等过程的闭环机制，实现制度、业务、人员的深度融合和有机统一。团队按照“管户+管人+管事”的模式，在大街税务分局实体运行，由20人组成，分局长负责管理，按照服务对象分类把团队分为三个组，按照涉税事项分类再把每个工作组细分为五类岗位，重新理清了岗位职责关系。以分级分类管理为主线，构建“代征代扣+自主申报”的税收征管模式和“委托代扣代收+自主缴费”的社会保险费征管模式，更注重管服结合，优化征管资源，通过进一步明晰征纳双方权利义务，使自然人成为自主遵从税法的主体，变“保姆式”管理为开放式管理。

【城乡两险征收】 召开城乡“两险”征收工作推进会，走访各乡镇，深入调研，上门辅导缴费人利用网上渠道进行缴费，着力解决人民群众的“痛点”“难点”，研究解决方案，让缴费人足不出户、足不出村就能缴居民社保；提炼政策的核心要义并转化成老百姓“听得懂、听得进”的语言，通过区政府门户网站、办税服务大厅、微信群及QQ群等媒介第一时间传播政策，采取播放宣传片、现场讲政策、集中解问题等方式，确保老百姓易接受、易领会，组建区、乡镇街道和村组的三级联动机制，设立宣传台，开展定点宣传，组织人员进村入户开展面对面宣传，并积极发动乡镇街道及村组内的党员干部，充分发挥带头作用，带头参保缴费，带头动员身边的人参保缴费，把参保缴费工作延伸到每一个角落；通过建立“工作群”“工作室”和“工作团队”，创新城乡居民“两险”征收工作方式，提高缴费便利性，及时掌握征收工作进度，快速排除征管困难，解决缴费问题，实现效率最大化。2019年，区局依托“工作群”“工作室”和“工作团队”的信息反馈，及时为缴费人修改身份信息不符的信息2000余条，帮助无应缴信息的500余人、在手机App或税务公众号缴费失败且无法取消的20余人成功缴费，重新登记外来人员到江川参保400余人。

【依法治税】 严格遵守法律和程序开展行政处罚工作，共进行税务行政处罚108件，其中简易程序62件、一般程序46件，收缴罚款25200元；认真完成上级推送的风险任务，对下发疑点数据逐一核实反馈，共完成应对上级部门推送风险任务11个批次，15项风险识别内容，涉及318户纳税人，235条风险疑点数据；持续加强行业征管，规范税收秩序，对辖区内12户娱乐业纳税人开展综合治理工作，规范“二手车”交易税收管理工作，对辖区内一户旅游景点收费不开具发票的情况进行清理，督促房地产企业完成自查自纠，勒令代征契税企业将所代征契税税款退还业主，督促砂石料企业完成自查自纠，9户纳税人进行税款补缴，对非国有商贸企业和农产品购销企业一般纳税人基础管理业务开展“回头看”工作，为企业敲响警钟。

（金妍含）

金融·保险

编辑 徐凡清

建设银行

【概述】 2019年末，中国建设银行股份有限公司玉溪江川支行在职员工27名，内设办公室和客户部，下设营业部和建川分理处两个对外网点；共有星云路、宁海路、乾景商业中心、湖滨路4个自助银行，为全区人民提供24小时不间断金融服务。

支行围绕总分行经营战略、管理要求及工作会精神，担实责任，在分行党委和区委、区政府、人行、银监等的指导帮助下，认真学习和践行党的十九大精神，深入开展“不忘初心、牢记使命”主题教育，团结、拼搏、奋战，取得不错的经营成绩，为全区社会经济发展做出贡献。

【业务经营概况】 2019年末时点存款22.25亿元，日均存款23.97亿元，较年初22.53亿元增1.44亿元，增长6%。其中：对公存款时点余额8.37亿元，较年初减3.02亿元，存款减少主要是棚改资金兑付；个人存款时点余额13.88亿元，较年初新增1.11亿元，日均余额13.23亿元，较年初新增2.86亿元；各项贷款余额6.81亿元；全年实现拨备前利润0.36亿元。

【支持地方棚改工作】 继续代理完成大街、江城两个棚改项目资金兑付，2019年累计兑付棚改资金1035户，44162.5万元，确保了棚改工作的有序推进。

（杨留柱）

农村信用合作联社

【概述】 2019年，玉溪市江川区农村信用合作联社在省联社、省联社玉溪办事处的坚强领导下，在人行、银监的监督、指导下，在区委、区政府的关心支持下，坚持回归本源、服务“三农”的初心和使命，坚持“发展是第一要务”和“稳中求进”工作总基调，牢牢守住不发生系统性金融风险底线，着力提升经营管理发展质效，奋力攻坚克难，积极展现新时代新担当新气象，全社经营管理工作和业务发展稳中提质、稳中向好。截至2019年末，全区信用社共有在职职工185人，机关内设有10个部室，下辖16个营业网点，年末各项存款余额619460万元万元，各项贷款余额429911万元，实现营业收入34736万元，拨备前利润13996万元，实现净利润1618万元。

【坚守定位】 江川区联社认真践行省联社“专注主业、回归本源”的发展战略，紧贴国家方针政策，结合江川区经济社会发展实际，深化改进对“三农”和实体经济的金融服务方式，组织开展“增容扩面”专项行动，实现农户贷款总量持续增长。涉农贷款余额242674万元，占各项贷款余额56.45%，其中农户小额信用贷款余额96813万元，占农户贷款的45.01%；累计建立农户经济档案79791户，建档率97.44%，较年初增加1.89个百分点；给予75646户农户贷款评级授信，授信金额717028万元，评级授信率92.38%，较年初增加2.05个百分点；农户贷款用信17360户215084万元，用信率21.20%，较年初降0.04个百分点；个人客户余额达281094万元，较上年末净增10479

万元，增3.87%，个人用信户数19450户，较年初增214户；积极投放小微企业和民营企业贷款，着力提升金融服务小微企业和民营企业贷款，年末中小微企业贷款余额74696万元，占各项贷款余额的17.37%；全年办理个人住房按揭贷款435笔、金额15965万元，个人住房公积金贷款7笔、金额389.9万元；发放贷免扶补300户4340万元，发放失业人员小额担保贷款52户750万元，发放扶贫小额信贷594户2891万元，发放地震灾后民房重建贷款259户2583万元，发放小微企业创业担保贷款（劳动密集型小企业贷款）8户2190万元。

【防控风险】 江川区联社始终坚持把防范处置化解风险作为重中之重，着力防范化解重点领域风险。一是严控信用风险。将人力、物力等因素重点向不良贷款清收处置工作倾斜，以上率下严格落实清收责任，实施“三专”和班子成员“挂帅”工作机制，主动实践诉讼清收，加强与法院及其他政府部门、社会各界信息交流的广度与深度，加大执行力度，形成较为有效震慑作用，全年共处置化解表内外不良贷款40792.54万元。二是严防案件风险。扎实开展扫黑除恶专项斗争，充分利用职工大会、党员大会等各类会议进行宣传教育，并结合扫黑除恶专项斗争工作，持续开展员工异常行为排查，组织全体党员、管理干部到玉溪市委党校参加警示教育，在全社范围内树牢案防意识和廉洁意识。三是严管安全风险。圆满承办全市农信社2019年度安防知识培训及演练活动，组织开展区人民医院、区税务局、区妇幼保健院及我社部分网点的款箱押运接送测试演练，演练均取得较好效果；积极参与“长安杯”创建及人民群众安全感满意度宣传活动，认真落实江川区2019年度综治维稳工作部署；完成区联社“智慧城市”建设试点项目，完成星云路分社会计档案库房改造及大街信用社营业网点安防达标改造，夯实安全保卫基础管理工作。

【执行信贷新制度】 全面执行信贷新制度，按新制度要求建立完善与新制度配套的各项工作机制，包括设置各营业网点有权签批人，配置6名独立审查经理，选拔聘用28名客户经理，明确各个岗位工作职责，构建起相互制约的信贷岗位体系，调整法人客户集中授信管理模式，加强信贷业务审批权限和抵押物价值评估权限管理,强化全流程监督。

【科技建设】 发挥信用社网点柜面及设备资源优势，配合税务部门做好城乡居民养老保险和医疗保险征收工作；统筹推进电子社保卡签发应用工作，并圆满完成签发任务目标；及时捕捉市场信息，主动向省联社申请开发上线军人优抚卡业务；完成我社资金业务系统与上海清算所、中国外汇交易中心、中央结算公司的线路接入。

【队伍建设】 取消“扁平化管理”模式，重新构建“联社—基社—分社”分级管理架构，明确各层级职责权限，切实做好赋能和强责工作；对93名员工进行岗位轮换，严格按照相关程序提拔任用年轻干部8名，推荐考察中层后备干部5名，选聘客户经理28名，储备15名客户经理、6名审查经理及3名风险经理后备人选，逐步建立完善队伍成长机制和晋升机制；积极组织职工参加各类文体活动，斩获多项荣誉，其中2名青年员工参加省市两级“红土地之歌”演讲比赛，共获一、二、三等奖共5个奖次，10余名职工参加玉溪市银行业协会2019年度职工趣味运动会和全市农信社首届职工气排球比赛，分别斩获冠军和三等奖殊荣。

（赵婉乔）

农业发展银行

【概述】 中国农业发展银行玉溪市江川区支行于2010年成立，2019年在职员工16人，内设办公室、信贷业务部和会计结算部三部门，营业网点一个，位于大街街道大庄路3号，服务江川、通海、华宁、澄江四个县区。

【业务经营概况】 2019年，江川区支行以习近平新时代中国特色社会主义思想为指导，发挥“不忘初心、牢记使命”主题教育活动的引领作用，全力服务国家粮食安全、脱贫攻坚、农业现代化、城乡发展一体化、国家重点战略，实现了党建工作、业务工作、基础管理全面推进。

一年来，支行履行好主责主业，发放粮油收储贷款4549.69万元；聚焦呈澄高速、九村立交、杞麓湖国家湿地公园等重点项目和重大工程，发挥政策性金融逆周期调节作用，发放中长期项目贷款140700万元；同时把支持产业振兴作为金融服务实体的切入点，加大对小微企业扶持力度，新营销发放贷款720万元。截至年末，各项存款余额为54790.18万元，比年初增加26377.78万元，增92.84%；贷款余额167847.33万元，比年初增加136054.16万元，增427.94%；累计发放贷款145969.69万元，比上年同期增加126967.29万元，增幅668.16%，无不良贷款。

（吕志璇）

人保财险

【概述】 2019年，中国人民财产保险股份有限公司江川支公司（简称：人保财险江川支公司）有在职员工28人，公司经理室下辖综合部、理赔分部、出单分中心、车险部、商非业务部、个代部；个代部下辖江城营销服务部、前卫营销服务、路居营销服务部。公司全年保费收入5056万元，赔付各类案件6586件。

【完成全区农房统保】 自2007年9月开始江川区人民政府每年出资为江川区7万多户农户办理了农房保险。人保财险江川支公司严格遵循“主动、迅速、合理、准确”的理赔原则，让农民享受到实实在在的保险保障。至今，农房保险已深入民心，为服务“三农”，推进社会主义新农村建设发挥了积极作用。2019年共受理农房案件77件，涉及农户85户，为农户挽回经济损失19.3万元。

【完成全区能繁母猪、育肥猪承保】 人保财险江川支公司在服务“三农”过程中，为全区能繁母猪、育肥猪办理了统一承保工作，为广大能繁母猪、育肥猪养殖户化解风险，保障养殖户再生产能力。2019年共受理能繁母猪案件1259件，为能繁母猪养殖户挽回经济损失150.81万元；受理育肥猪案件2427件，为育肥猪养殖户挽回经济损失215.30万元。

【完成全区政策性农险水稻、玉米、油菜承保工作】 人保财险江川支公司作为主承保方为江川区29293.9亩水稻、11651.5亩玉米、20000亩油菜办理了承保工作，为广大农户分散农业风险，促进农民收入可持续增长。2019年共受理种植险5件，为农户挽回经济损失27.75万元。

【依法合规经营】 长期以来，人保财险江川支公司经理室坚持“两手抓、两手都要硬”的方针，形成齐抓共管、一级抓一级、层层抓落实的合力，确保党风廉政建设和反腐败工作落到实处，领导干部严于律己，公司领导班子认真执行中央和上级有关廉洁自律规定，做廉洁自律的带头人，坚持抓本治源，做好防范工作，严格贯彻执行“六条禁令”，认真执行金融方针和保险法律法规，依法合规经营。

【蝉联省级文明单位称号】 人保财险江川公司以习近平新时代中国特色社会主义思想为指导，以培育和践行社会主义核心价值观为重点，以创建省级文明单位为契机，扎实开展各类精神文明创建活动，树立行业文明形象，积极履行社会责任。顺利通过省级文明单位复审，继续蝉联“省级文明单位”称号。

【履行企业社会责任】 为积极履行企业社会责任，关注支持贫困地区教育事业发展，5月31日，人保财险江川支公司联合江川图书馆到安化中心小学开展庆“六一”捐赠活动，向安化中心小学捐赠了200个收纳箱及300顶小红帽；作为爱心企业，为关爱农村贫困妇女，9月27日，人保财险江川支公司向50名农村建档立卡贫困妇女捐赠女性特定疾病保险，为50名贫困妇女提供215万元的保障，减轻了这50名贫困妇女患者经济负担，为农村建档立卡贫困户脱贫提供健康保障。

（史春丽）

人寿保险

【概况】 2019年，中国人寿保险股份有限公司江川区支公司共有在职职工13人，营销员118人，公司所辖中国人寿保险股份有限公司大街营销服务部、江城营销服务部、九溪营销服务部、前卫营销服务部、路居营销服务部、雄关营销服务部。内设6个部室：经理室、办公室、个险销售部、团体业务部、银行保险部、客户服务部。认真贯彻落实省公司提出的“一个中心、两个确保、三个着力”的总体工作思路，大力提倡“三种文化”、强化“三种思维”和玉溪分公司提出的“新起点、新征程、新跨越”在转型升级中实现新突破的经营思想，加强管理，拓展市场，取得很好

的成绩。全年实现总保费收入4888.89万元。

【强化依法合规经营意识】2019年，公司严格按照有关法律、法规、监管规定和上级公司管理要求，针对不同阶段的工作需要，组织公司员工开展培训与学习。对公司日常经营管理环节中可能存在的风险隐患，按条线要求自上而下进行全面排查和交叉检查，针对存在的问题立行立改、追踪落实，严守风险底线。通过合规宣传、培训和监督检查，排除了风险萌芽隐患，同时帮助广大员工和营销员从思想上筑牢依法合规的经营意识。

【防范非法集资】 公司按照保监会及上级公司2019年防范非法集资专题工作方案要求，开展防范非法集资专题宣传活动，对社会公众（保险消费者）宣传教育，在公司大门悬挂“树立风险意识、远离非法集资”宣传条幅向社会公众进行宣传，公司充分发挥保险代理人队伍，将防范非法集资宣传教育嵌入产品销售、业务办理等环节，加强对保险消费者的直接宣传，加强对老年人、农村居民等易受非法集资侵害群体的宣传，加强对投资理财、养老服务等领域利用保险名义实施非法集资行为的风险提示和宣传教育，公司在柜面、职场等办公场所张贴海报，摆放展板、易拉宝等。并对保险从业人员（员工和营销员）宣传教育，公司还对保险从业人员通过国寿E学、易学堂、云助理消息、电子邮件、微信等向员工进行宣传教育，公司在活动期间对员工及销售人员举办专题培训教育宣导，同时，活动中积极宣传非法集资举报奖励制度，积极鼓励社会公众和保险从业人员对发现的线索进行举报。在开展防范非法集资宣传教育活动的同时，在公司系统内营造防范和处置非法集资工作的浓厚氛围，在公司内部建立长期开展该项工作的长效机制，对公司各项工作进行梳理，全面了解公司在经营管理中存在的风险点，并及时得到整改，避免经营风险的发生。

【做好反洗钱工作】 公司积极履行反洗钱义务，根据《反洗钱工作管理办法》《洗钱和恐怖融资风险评估及客户分类管理办法》和《客户身份识别和身份资料及交易记录保存反洗钱工作管理规定》，结合监管要求及公司实际进一步完善公司反洗钱内控制度；在公司悬挂“打击洗钱犯罪、提升洗钱风险防范意识” 宣传条幅向社会公众进行宣传，努力做好客户身份识别、客户身份资料和交易记录保存、客户洗钱风险等级划分、大额和可疑交易报告等工作，并借助微信等网络新型方式积极开展反洗钱宣传工作。经过排查全年在公司无洗钱案件的发生，向当地人民银行报送反洗钱报告。

【开展“普及金融知识、防范金融犯罪”暨涉金融领域扫黑除恶主题宣传活动】 为进一步提高社会公众的防范非法集资、反洗钱意识，普及防范非法集资、反洗钱知识，中国人寿江川公司于2019年5月24日开展“普及金融知识、防范金融犯罪暨涉金融领域扫黑除恶主题宣传活动”，此次宣传活动采取内外宣传相结合的方式进行，即对内组织员工、销售人员系统地学习防范非法集资及反洗钱相关知识，加强对员工及销售人员的宣传教育，在营业大厅和职场悬挂横幅，桌面摆放宣传册，并在柜面办理业务过程中积极向社会群众发放宣传材料、讲解宣传内容；公司还组织员工及销售人员30余人到县城人流量较大的地点进行现场宣传，在宣传现场设立咨询服务台，摆放宣传资料。向过往群众分发宣传材料，详细讲解非法集资的危害、公民在反洗钱工作中应负的责任，反洗钱对于维护金融环境安全稳定的重要性等知识，提高居民金融风险防范意识。通过此次宣传活动，提升公司员工和销售人员防范非法集资的意识，提升公众金融安全意识，使社会公众认识到非法集资的高度危害性、反洗钱的紧迫性和必要性，同时树立中国人寿良好的社会形象。

【诚信展业】 自公司启动以“诚信我为先”为主题的销售人员职业道德与诚信合规教育以来，公司一直注重销售人员诚信合规文化建设，利用销售人员早会培训学习时间，以一首诚信歌、一本《行为规范手册》、一面诚信墙、一个《营销员信用品质管理办法》、一年一考试，为长效机制，不断加强营销员队伍信用品质建设。通过不断培训、教育，规范广大营销员诚信合规展业的行为。

【提升服务品质】 公司秉持专业和真诚的客户服务理念，依托覆盖全区的服务网点和上级公司各项服务平台的支持，从公司开始推出“国寿1+N”增值服务。全年，在此基础上为不同层级客户新增不同内容、不同层次的增值服务。

健康好帮手：为高端客户提供健康体验，分多批次组织客户到玉溪进行肿瘤标志物筛查。

国寿资讯通：通过手机短信向广大客户群体发送各类健康关怀、生日祝福、节日祝福短信，以及各类保单服务短信，让客户时时刻刻掌握保单动态。

提高通知服务能力：运用“互联网+”，公司推出中国人寿“我的e保账”，让客户利用智能手机登录中国人寿“我的e保账”不用到公司柜面就能随时随地在手机上轻松处理保单客户信息变更、保全、保单借款等业务，方便客户。

特色客户活动：面向广大客户提供各类特色服务活动：“3·15”期间到街上摆摊设点开展维护保险消费者的合法权益宣传咨询活动2场，接待咨询近150人，发放宣传资料1500余份，悬挂布标2条。2019年的“6·16”客户节以“牵手国寿、孝善为先”为主题，开展一系列客户服务活动。充分利用12月24日开渔节进行保险知识宣传，接待咨询近200人，发放宣传资料2000余份，悬挂布标2条。

推进“微回执、微回访”的使用，有效降低运营成本，提升客户服务水平，为客户提供多元化服务举措奠定基础。

【保障员工权益】　不断完善员工的福利计划，保证员工除享有国家规定的基本“五险一金”法定福利外，为职工办理企业年金和工会职工补充互助医疗保险。公司为营销员办理意外伤害、意外医疗和疾病住院医疗保险等。

重视对员工休息、休假权益的保障，公司创造条件，鼓励员工科学安排休息、休假。

公司经理室每年对公司困难职工，在两节期间进行“一次送温暖到家”的走访慰问活动，对于单亲职工、生病困难职工，上报申请给予一定经济补助，缓解暂时的经济压力。

【幸福和谐晚年老年保险】　在充分评估老年人意外伤害保险风险和吸取兄弟公司开展老年人保险的经验后，成功开拓老龄渠道，与区民政局、老龄办联合推出“幸福和谐晚年老年人意外伤害保险”，全区收取保费100万元，老龄渠道成为团险第四大渠道。

（柴富强）

教育·体育

编辑　徐凡清

教　育

【概述】　江川区共有学校129所，小学57所（乡镇、街道中心完小12所、村完小43所、教学点2个），乡镇（街道）中学12所，普通高中2所，职中1所，进修学校1所，公办幼儿园39所（区级幼儿园2所），民办幼儿园17所（普惠性民办幼儿园13所）。有教学班1081个，其中，幼儿学前班250个、小学502个、初中200个、普通高中91个、职业高中38个。在校生36799人，其中，在园（班）幼儿数7623人、小学15267人、初中8197人、普通高中4528人、职业高中1184人。学前三年儿童毛入园率89.45%，九年义务教育巩固率96.02%，高中阶段毛入学率92.13%。现有教职工2262人，专任教师合格率高中达100%、初中达100%、小学达99.81%。3月，江川区被云南省政府通报表扬为“教育工作先进县”。8月，区一幼被云南省教育厅评估认定为“省一级一等园”。年内，被区委通报表扬为“发展贡献先进集体”。

【机构改革】　2019年2月，新组建成立玉溪市江川区教育体育局，推动教育体育协同高效发展。按照区委、区政府印发的《玉溪市江川区教育体育局职能配置、内设机构和人员编制规定的通知》要求，区教育体育局严格贯彻落实机构改革精神，进一步理顺职权关系、优化结构、提升效能，加快行政职能转变，将内设机构、人员编制、职能职责调整到位，调整设立办公室、教育德育股（行政审批及安全管理股）、人事股、体育股、计财股等5个内部职能股室，设立党建办公室。实现系统内部职责职能清晰明确，系统功能运转科学高效。2月，区委成立教育工作领导小组，下设秘书组在区教育体育局；4月，成立中国共产党玉溪市江川区委员会教育体育工作委员会，杨志伟任工委书记，下辖1个党委、2个党总支、36个党支部；8月成立中国共产党玉溪市江川区教育体育局党组，杨志伟任党组书记。党对教育体育工作的领导得到全面加强与提升。

【党建工作】　区委教育体育工委根据基层党建创新提质年工作要求，持续加强全区中小学、幼儿园党组织的规范化、标准化建设，确定2019年支部规范化创建支部19个，推动“三融入三开放”，打造特色党建文化宣传阵地。抓实主题党日、民主评议党员、民主生活会等活动，提升党员教师党性修养。严格落实党风廉政建设责任制，举办教育体育系统党务干部能力提升培训班，按照区委要求组织开展“不忘初心、牢记使命”主题教育活动，召开基层党组织书记述职评议考核会、教育系统党建暨党风廉政建设工作会，进行全区教育体育系统集体廉政谈话，确保从严治党落实落地。规范完成党员培养、发展工作，发展党员25名，确定入党积极分子35名。

【学前教育提质扩容】　坚持公益普惠基本发展方向，推动学前教育提质扩容。初步形成以公办园为示范，小学附设中心幼儿园为支点，社会力量办园为支撑的发展格局。全区有公办幼儿园39

所，民办幼儿园17所，其中普惠性民办幼儿园13所，普惠性幼儿园覆盖率88.21%。幼儿学前班级250个，在园（班）幼儿数7623人，学前三年毛入园率89.45%，完成市教育体育局下达指标。区二幼建设顺利实施，预计2020年9月建成并投入使用。

【义务教育基本均衡成果进一步巩固】 按照《玉溪市江川区人民政府统筹推进城乡义务教育一体化改革发展实施方案》，建立健全义务教育一体化发展的制度保障体系及运行机制，促进义务教育高标准普及。抓严抓实抓紧“控辍保学”工作，成立控辍保学工作领导小组，将“控辍保学”工作纳入学校综合目标管理考核，常态开展疑似辍学学生的排查、劝返工作。小学辍学率0%，初中辍学率0.04%，九年义务教育巩固率96.02%，完成市教育体育局下达指标。

【普通高中狠抓教育教学质量】 深入推进高中管理体制改革，持续强化精细化目标管理，助推高中教育跨越式发展。2019年高考取得优异成绩，600分以上10人，一本上线91人，高考录取1593人，录取率为92.13%。2019年，普通高中录取1688人，其中市属高中录取257人，区内高中录取1431人，高中阶段毛入学率92.13%，高中教学成绩获得市委市政府及市教育体育局的肯定。

【职业中学向应用型转变】 现开设旅游服务与管理、农产品保鲜与加工、民间传统工艺等8个专业。其中旅游服务与管理、农产品保鲜与加工、电子电器应用与维修3个专业为市级骨干专业。今年职中录取570人，超计划录取70人，实际报到414人。组织开展金属加工工艺技术（铜器加工）、蔬菜栽培与病虫害防治技术等技能培训150人次。结合就业市场需求，实现了“订单式”培养，2019年就业率达97.4%。

【德育工作】 坚持“五育”并举，全面发展素质教育。通过“学习新思想，做好接班人”“扣好人生第一粒扣子”等主题教育实践活动，不断增强德育工作实效性；建立心理健康教育辅导室25个，加强学生心理健康教育；落实体育课程要求，丰富体育活动形式，完善体育后备人才培训成长机制，大街小学荣获2019年云南省校园啦啦操四级联赛总决赛二等奖；开齐开足音乐、美术课，增强美育熏陶感染力；积极探索将参加劳动实践内容纳入中小学相关课程和学生综合素质评价等措施，提高学生动手实践能力，翠峰中心小学、江川二中等学校打造富有特色的勤工俭学实践基地。

【安全管理工作】 年内，组织开展系统内查大风险防大事故百日行动，完善校园安全风险防控体系。组织防震、消防、反恐防暴、饮食等安全应急演练434场次，联合公安、消防、卫生、应急、交通、文旅等部门开展9次学校安全综合大检查，及时消除学校安全隐患。安全教育常抓不懈，加强对防溺水、防火灾、防饮食中毒、防交通事故、防校园欺凌、防汛抗旱等的教育引导，做到学校例会必讲安全、班会必讲安全、家长会必讲安全。开展扫黑除恶专项斗争，签订《江川区扫黑除恶专项斗争承诺书》2306份，发出《扫黑除恶致家长的一封信》28279份，出宣传栏、板报171期，校园广播112期，张贴公告1637张，组织系统内全体干部职工、教师进行扫黑除恶知识测试。加强预防校园欺凌、青少年犯罪、“校园贷”“套路贷”的教育引导与风险防控排查。年内未发生较大以上安全事故。

【学校综合目标管理考核】 按照《玉溪市江川区2019年学校综合目标管理考评方案》，采用定性、定量及民主测评相结合的考核方式，围绕基层党建、办学行为、队伍建设、德育安全、教学教研等五方面，突出控辍保学、扫黑除恶、师德师风、学校中层班子上课情况等重点指标。通过实地考评、查阅台账、听取汇报、民主测评等方式，完成2019年学校综合目标管理考评，确保考核结果客观公正，符合各校教育发展实际。坚持人岗相宜、责岗匹配。明确规定各学校内设机构、职能科室、中层班子数量，提高学校管理效能，营造干事创业、教书育人的良好氛围。

【教师队伍建设】 教师队伍建设成效显著，整体素质全面提升。提前招聘14名高中教师，公开招聘47名中小学、幼儿园教师，教师队伍整体素质持续提升。配合完成年度教师职称评聘工作，进行教师资格认定2次，认定中小学教师资格193人，上报市教育体育局认定高级中学教师资

格12人。完成首次教师资格定期注册。强化师德师风建设，制定《江川区教育系统开展师德师风建设专项整治行动实施方案》，召开全区教育体育系统师德师风警示教育大会，对局机关、教科所及11所学校进行师德师风督查并通报。深入推进人事制度改革，严格执行实施方案。强化各类教师培训5286人次。组织全区中青年教师“星云杯”课堂教学竞赛，研讨教学理念与方法，共享先进教学经验。加强中青年教师培养，引导学校规范建立“学科带头人、骨干教师、青年教师成长档案”等质性评价体系。

【教育资助政策落实】 改扩建江川区学生资助服务大厅，学生资助管理更加规范，学前教育困难资助发放53.13万元，惠及1771名幼儿。义务教育发放春季学期寄宿生生活补助资金283.9125万元，惠及22213名学生，农村义务教育学生营养改善计划共投入资金1525.77万元。中职国家助学金及免学费补助：助学金中央下拨36.16万元，省级6.33万元，249名学生受助。中职免学费中央下拨130.56万元，惠及816名学生。普通高中国家助学金共计发放101.85万元，受助学生1162人，普通高中建档立卡共计资助147人，发放金额18.375万元。2019年办理助学贷款2617人，共发放贷款2059.531万元，比2018年增长27.53%。

【教育项目建设】 抢抓项目建设，进一步改善办学条件。一是完成4个面积8950平方米的“全面改薄”项目，投入资金约654.22万元，项目竣工验收并投入使用。二是继续推进学前教育二期新建幼儿园项目。目前，在建幼儿园2所（大庄幼儿园、九溪镇中心幼儿园），新开工幼儿园1所（江川区第二幼儿园）。三是加快推进学前教育三期项目建设。市级十件惠民实事涉及幼儿园2所，目前竣工验收投入使用1所，在建1所。四是完成7所学校土地划拨工作。江川区第二幼儿园建设项目、九溪镇中心幼儿园建设项目、前卫镇中心幼儿园建设项目、大庄幼儿园建设项目、江城中学扩建工程、伏家营中学扩建工程，龙街中学扩建工程等。五是完成学前教育三期补充、乡村小规模学校和乡镇寄宿制学校、修改完善普通高中学校2019～2021年建设规划；完成“厕所革命”的摸排和项目规划工作；完成义务教育阶段薄弱环节改善和能力提升规划。

【教育督导】 按照省、市教育督导委员会安排，完成迎接国家抽检准备工作。做好义务教育均衡发展工作过程监测和动态评估。围绕省政府教育督导反馈意见，制订整改方案，强化整改措施，督促整改到位。根据教育部《幼儿园办园行为督导评估办法》和《云南省幼儿园办园行为督导评估实施方案》，组织全区53所幼儿园（学前班）开展自查自评。按照幼儿园办园行为督导评估的程序和要求，对“15项一票否决指标”已达成的6所幼儿园进行了全面评估。年内开展了春秋季开学暨学校安全风险防控工作专项督导检查、控辍保学工作督导检查、校处培训机构专项督导、学生管理服务专项督查等。

（吴　勇）

教师培训

【概述】 2019年，江川区教师进修学校加强教师培训，制定年度教师培训计划，积极组织各类培训，以提高教育教学质量为中心，以促进教师专业成长为重点，努力探索师训工作的新思路、新办法、新机制，充分发挥新时期师训部门职能作用，为推动全区教育事业均衡发展和内涵发展作出新的努力，完成全年工作任务。全年共组织各类培训20期，培训人数5969人次。

【中考体育教师培训】 提升体育教师教学技能，使今年的中考体育成绩再上新台阶。2月15日至16日江川区教科所、江川区教师进修学校举办2019年初中学业水平考试体育教师培训班，共40名体育教师参加培训。培训内容为：2018年江川区中考体育情况分析、2019年中考体育项目培训、2019年相关事宜解读。

【教研员、教务主任培训】 加强区教科所教研员、中小学教务主任队伍建设，提高业务素养，发挥引领、示范和辐射作用。2019年3月3日至8日组织部分教研员、中小学教务主任共18人到四川省乐山市教科所培训学习。培训内容为教研员、教务主任的基本素养、校本教研活动中的说课、评课技巧与策略、教学研究课题的组织与实施、核心素养下的课堂教学变革。

【开展教师读书（专题培训）活动】 在全区中小学、幼儿园开展教师读书活动。目的是：提升教师的理论素养，激发工作热情，增强学习提升教师的理论素养，激发工作热情，增强学习意识，营造浓厚学习氛围，与好书为友，与经典对话，与博览同行，开阔视野，陶冶情操，积淀专业底蕴，提高修养。读书活动学习内容为教育部推荐书目《重构高效课堂》，读书活动时间2019年3月至2020年2月，参加人数：2400人。活动结束后，区教科所组织人员对测试试卷进行了严格、严密、认真评阅。测试结果：80分为合格，合格者给予教师履职晋级培训72学时，5个学分的登记。

【区级名师工作室主持人及成员培训】 2019 年 3月21日，江川区举行第一届区名师工作室主持及成员培训。区8个名师工作室主持人、成员共计100 人参加了培训。培训内容为名师工作室在教育科研中的地位和作用；名师工作室运行机制、任务职责、基本条件、考核评估等。

【音乐器材使用培训暨音乐学科研讨会】 提升江川区音乐教师的专业技能，使音乐器材设备与音乐教学更加有效融合，促进学校音乐教学水平的整体提高。2019年4月4日在江川二中组织开展了音乐器材使用培训暨音乐学科研讨会。培训内容为音乐器材使用；普通高中音乐教学案例分析；教学中电子琴音色节奏的选用；江川二中特长发展经验交流，培训人数40人。

【新教师“技能”考核暨课堂教学竞赛】 教师成长是学校发展的源动力，课堂实践是教师成长的主阵地。为帮助新教师进一步掌握教学技能，规范教学行为，着力打造教学软实力，促进学校内涵发展。江川区教科所于2019年4月9日至11日组织人员对2018年参加教育工作的69名新教师进行了“技能”考核和课堂教学竞赛。在组织的课堂教学竞中有8名新教师获得一等奖；12名新教师获得二等奖；20名新教师获得三等奖。本次新教师“技能”考核和课堂教学竞赛，注重考察新教师的基本教学能力和基本教学规范执行情况。

【组织义务教育阶段、区幼儿园“学科核心素养下的学与教转型能力提升”全员培训】 促进教师自主学习、终身学习的意识和能力增强，师德修养、教育理念、专业素养不断升华，保证每个教师五年（一个周期）接受不少于360学时的培训，结合学校教师实际，解决工学矛盾，减少经费支出。江川区教师进修学校与全国中小学教师继续教育网合作开展中小学幼儿园教师远程培训。第一轮培训时间从2019年3月至2019年8月，全区共有1691名教师参加培训，经考核合格者给予72学时5学分登记。

【“高效课堂”“核心素养”“教师成长”专题培训会】 为进一步将理论学习与课堂教学实践相结合，加强学习的实用性、时效性，探索自主、高效、充满活力的课堂教学，促进教师专业发展。经与全国中小学教师继教网协商，特邀请了两位专家（重庆市沙坪坝区教师进修学院李代文副院长；湖北荆州市洪湖教学研究室的朱道荣副主任）到江川区进行专题讲座。9月6日上午8点，大街中学三街校区多媒体室，来自全区中小学的教务主任、教研组长、教科所全体学科教研员、云南省中学数学名师工作室玉溪全体成员共180多人汇聚一堂，一起聆听国内顶级专家带来的以“高效课堂”“核心素养”“教师成长”为议题的高端而前沿的培训讲座。

【中小学“重构课堂生态与立德树人”研讨培训会】 2019年9月17日，大街中学三街校区多媒体会议室由来自全区各中小学幼儿园校（园）长、教务主任、名师工作室主持人及成员、教科所全体教研员共170多人，共同进行一场“重构课堂生态与立德树人”培训研讨会。培训会由云南省新华书店集团有限公司、山东育中方略教育集团主办，玉溪市江川区教育科学研究所、玉溪市江川区教师进修学校，玉溪市新华书店有限公司江川分公司承办。山东育中方略教育集团总校长，《重构高效课堂》一书作者陈立导师为全体受训人员带来《重构课堂生态》《打造课堂作为立德树人主渠道的方法与途径》的专题讲座。

【新教师培训】 为使江川区今年招聘的新教师增强职业道德修养，尽快熟悉教育教学工作，牢固树立专业思想，强化教师角色意识，掌握全区教育发展现状、认清形势、明确任务，提高教育教学水平。江川区教育科学研究所、江川区教师进修学校于10

月11日至15日在大街中学三街校区举办了2019年新教师岗前培训班。全区61名新教师参加了为期两天的培训。培训内容为党规党纪党章及师德师风建设、教育政策法律法规、区情、如何提升教育教学研究能力、《玉溪市江川区中小学教学常规管理概要》解读、观摩示范课、班级管理、班主任经验交流等（视频）

【中小学体育教师专业素养提升培训】 为促进全区中小学体育教师的专业成长，优化区域体育教师团队建设，不断提升体育教师的专业素养和综合能力，为即将举办的玉溪市江川区第三届师生运动会作准备。玉溪市江川区教育体育局于10月21～26日举办了中小学教师专业素养提升培训班。培训内容为啦啦操、篮球裁判法规则、篮球技术战术教学，共125人参加。

【中小学教务主任厦门培训】 提高全区中小学教务主任的教学常规管理水平与教学工作领导能力，建设一支符合核心素养要求的高素质教务主任队伍。玉溪市江川区教育体育局于11月24～30日组织全区中小学教务主任、相关学科教研员、部分局领导共41人到厦门（全国中小学教师继续教育网基地）培训。培训内容为集中培训、课后沙龙及圆桌研讨、名校考察。

【学历教育工作】 拓展自身发展空间，提升全民学历水平，与省开放大学联合办学，向上“借智”“借力”。开办了汉语言文学、英语、教育管理、学前教育等专业本科班；开办了教育管理专业、学前教育专业、计算机专业、会计学专业等专科班；开办了村（社区）干部行政管理专科班。解决了教师及其他行业人员学历提高问题。目前在读学员120人。

【组织参加上级培训】 组织10名中小学领导参加云南省“万名校长培训计划”第二期培训。组织10名小学教师参加教育部—乐高“创新人才培训计划”培训。组织6名教师参加2019年“国培计划”云南省项目培训。组织600名教师参加“义务教育统编三科教材”网络培训。组织320名高中教师参加“高中课程改革”网络培训。组织6名教师参加“2019年云南省义务教育三科统编教材教学课堂活动”培训。组织85名教师参加全国初级中学名师名校遵行教材编写原则和思路前提下的课堂教学探究研讨(培训）会。

（张本林）

教育科研

【抓实教学常规】 一是全面落实基础教育课程方案，开齐课程，开足课时。抓实综合实践活动、信息技术、校本课程、音乐、体育、美术等课程的全面落实。引导全区中小学教师进一步深入学习和落实《玉溪市江川区中小学教学常规管理概要（试行）》，深入推进基础教育课程改革。二是健全完善学校教学与教研管理机制。将素质教育的主阵地落实在课堂上，认真开展学生综合素质评价和社会实践活动，建立教学质量考核评价机制，重视毕业年级备考工作，提高备考水平。三是督促各校认真组织教师学习《教育部义务教育学校管理标准》《玉溪市推进义务教育学校管理标准实施方案》《江川区中小学教学常规概要》《江川区中小学学科教研组建设指导意见》，明确本校的教学要求。四是引导全区中小学教师落实《玉溪市江川区中小学教学常规管理概要（试行）》，深入推进基础教育课程改革，加强教学常规抽查与检查。

【抓课改促质量】 一是建立了深化课堂教学改革的有效机制，即：巡查考核机制、业务指导机制、定期交流研讨机制、多元评价机制。二是成立专项巡查组，适时对课堂教学工作进行过程和结果综合考评。收集、处理并及时传递最新课堂教学改革动态信息。三是开展了“课堂教学调研，破解疑难问题”专项活动，建立“学校、学区、教科所”三级台账，进行专项指导。四是完善质量抽测，初步健全了各学科课堂教学评价体系。认真贯彻《玉溪市初级中学教学质量抽测评价方案》《玉溪市江川区2019年学校综合目标管理考评方案》，组织了四次初中学业水平统测，两次六年级模拟统测。五是引导学校规范“学科带头人、骨干教师、青年教师成长档案”“学生成长档案”等质性评价体系。六是开展教研员联系学校活动，指导学校提升教务管理能力，帮助教师解决课堂问题，打造高效课堂。

【课堂变革培训】 区教科所举办区级专题研讨会、学科教学研讨会。深入基层，加强调研，把准课堂教学改革的脉搏，做好指导工作。同时加强对典型学校的课堂教学改革的指导和推广，带动江川区第二轮“双主互动”课堂变革的深入开展。加强课堂变革的“走出去”“引进来”，聘请专家学者到学校进行观课、诊断，组织学科中心组成员、兼职教研员到学校现场进行指导，提升教师课堂变革的操作水平。借鉴省内外先进课堂教学改革经验，结合本校实际，坚持“借鉴、优化、创新”的原则，探索出具有本校特色的“双主互动”课堂变革模式，推进课堂教学改革的进程，形成了相互借鉴、共同发展的良好态势。

【统编教材培训】 为确保义务教育统编“三科”教材在全区义务教育学校推广与使用，根据《教育部教材局关于进一步做义务教育三科统编教材使用工作的通知》要求。9月25～28日，区教科所组织统编小学道德与法治、小学语文、初中道德与法治、初中语文、初中历史学科教师，在大街中学和大街小学参加“三科”教材教师、教研系统全员培训。

【国学经典诵读比赛】 2019年11月1日，值此建国70周年之际，江川区教育科学研究所、江川区教育学会、江川区青少年学生校外活动中心、江川区新华书店联合举办2019年“圆梦蒲公英”系列活动之第四届江川区“彩云杯”国学经典诵读比赛。经过角逐，李苒敏、张师豪、杨曙郡获初中学生组一等奖；李欣苒、廖乐怡、张恒溪获小学学生组一等奖；初中教师组一等奖由陶芬、付航瑜、周娟三位老师获得；小学教师组一等奖由杨春艳、丁伟云、殷昊三位老师获得。

【教学技能竞赛】 2019年10月15日至11月7日在大街中学、三街校区、九溪中学、伏家营中学、龙街中学、后卫中学、江城中学、三街中心校、大街小学、伏家营中心校、前卫中心校、江城中心校、区一幼，共121名教师参加的学科课堂教学竞赛活动。经过激烈角逐，最终评选出小学一等奖15人、二等奖25人、三等奖15人；初中一等奖18人、二等奖30人、三等奖18人。在区级教学竞赛的基础上，选拔了24名中小学、幼儿教师参加玉溪市教育体育局举办的“2019年玉溪市中小学（幼儿园）‘秋韵杯’中青年教师课堂教学评比活动”。最终江川一中李俊衡老师执教的《篮球双手胸前传接球》荣获高中体育一等奖，大街中学张瑞清老师执教的《科学之旅》荣获初中物理一等奖，江川一中李霞老师执教的《高考诗歌鉴赏之炼字》荣获高中语文二等奖，江川一中李伟老师执教的《直线与平面平行的判定》荣获高中数学二等奖，江川二中廖章萍老师执教的《Book6 unit 2 poems》荣获高中英语二等奖，江川一中李亚兰老师执教的《在文化生活中选择》荣获高中道德与法治二等奖，江川二中施超老师执教的《近代民族工业的发展》荣获高中历史二等奖，江川二中薛蒙媛老师执教的《洋流的地理意义》荣获高中地理二等奖，伏家营中学赵怡老师执教的《湖心亭看雪》荣获初中语文二等奖，大街中学杨小兰老师执教的《从分数到分式》荣获初中数学二等奖大街中学，大街中学安平芹老师执教的《Reading: full moon，full feelings》荣获初中英语二等奖，三街校区冯文艳老师执教的《串联和并联》荣获初中物理二等奖，大街中学张青老师执教的《分子可以分为原子》荣获初中化学二等奖，大街中学侯雪艳老师执教的《种子萌发形成幼苗》荣获初中生物二等奖，后卫中学王明霞老师执教的《让友谊之树常青》荣获初中道德与法治二等奖，前卫中心小学向阳老师执教的《带刺的朋友》荣获小学语文二等奖，三街中心小学杨栩老师执教的《形状与抗弯曲能力》荣获小学科学二等奖，江川二中张娅萍老师执教的《祖国颂歌》荣获高中音乐二等奖，江城中心幼儿园刘永平老师执教的《跳跳鱼历险记》荣获幼儿园组二等奖，江川二中李黎老师执教的《剪纸艺术》荣获高中美术三等奖，龙街中心小学方文翠老师执教的《几分之一》荣获小学数学三等奖，江城中心小学罗春艳老师执教的《Unit1 How can I get there? Part B Read and write》荣获小学英语三等奖，大街小学胡从老师执教的《父母多爱我》荣获小学道德与法治三等奖，安化中心幼儿园左媛老师执教的《大米知多少》荣获幼儿园组三等奖。

【抓实校本研训】 充分发挥学科中心组的研究与辐射作用。针对在“双主互动”课堂变革中的“小、实、新”三小问题，形成台账，进行多轮研讨，制定改进方案，扎实有效开展校本研训。

构建“校本教研、校际教研、联片教研”相结合的联动机制，围绕“高效课堂”，全力抓好联片教研，不断总结反思、积累经验、成效显著。探索和实践网络教研，改进教研方式，增强教研实效，完善了区、校、教研组三级微信群或QQ群，鼓励各学科利用现代的教学教研技术开展区域性教学学科专题研讨，更好地发挥网络的优势，拓宽教研渠道，提升教研的现代性与便捷性。

【课题研究】 指导全区各级各类学校结合自身实际，确立研究方向，做好选题立项及申报工作，清理了不按期结题的废旧课题。指导学校完善“十三五”立项课题的研究方式，加强对课题实施过程的指导，先后对安化彝族乡董炳小学的区级立项课题“彝绣传承进课堂”、前卫中学的区级立项课题“点击流行元素，激发学生感情”、大街中学的区级立项课“初中英语课堂教学中导课策略的研究”三项课题进行了结题鉴定。狠抓“中小学中华传统文化教育探索性研究”“义务教育阶段优化作业设计与实施”两大龙头课题的研究工作。形成了以区教科所为主导，主持人为中介和桥梁，实验教师为主体的三级教科研网络。编印了“中小学中华传统文化教育探索性研究”区本实验教材。

【开展读书活动】 各学校认真组织开展了第三届“起来·读书”中小学生征文、演讲比赛活动，在预赛的基础上，区教科所筛选38篇征文，选拔2名学生分别参加了市级的比赛。其中，征文荣获二等奖3篇，荣获三等奖7篇，荣获优秀奖5篇；演讲选手荣获一等奖1名，荣获二等奖1名。

（黄　毅）

体　育

【概述】 2019年江川区教育体育局认真贯彻落实《中华人民共和国体育法》和《全民健身条例》，社会体育与校园体育协调蓬勃发展。以全民健身为主题，群众广泛参与为主线，大力发展体育健身、竞技比赛活动，营造了良好的全民健身氛围，累计组织区级全民健身活动7次，参加健身活动人数2300人次，协助、指导各级单位、乡镇、学校开展体育、健身活动18余次，参加活动人数3200余人次。

【节庆体育活动】 组织开展第九届“开渔节·庆元旦·体彩杯”羽毛球邀请赛，有来自玉溪、昆明的羽毛球爱好者共16个代表队150余人参加了比赛。2月在体育馆举行2019年“新春杯”乒乓球团体赛，共有来自全区的13支代表队50余人报名参加了本次比赛；举办“金骏药业·贺岁杯”篮球争霸赛，共有来自全区的15支男子篮球代表队200余人报名参加了本次比赛。3月举办玉溪市江川区2019年“展巾帼风采·做魅力女性”庆三八职工趣味运动会。共有来自全区各乡镇、各单位的33个单位报名参加运动会，运动员707人，共计1390人次参加了比赛。5月开展玉溪市江川区第三届全民健身运动会暨庆“五一”职工气排球比赛，全区各机关、乡镇、企业、学校的15个代表队150余名运动员参加。年末组织庆元旦体彩杯乒乓球、羽毛球邀请赛。

【全民健身活动】 8月在江川区渔文化广场举行了2019年“健康中国　你我同行”玉溪市江川区第三届全民健身运动会启动仪式暨全民健身日长跑比赛，来自全区机关、事业单位、健身站点、社会团体等600余人，分10千米、5千米和2.5千米亲子长跑三个组别进行比赛。在体育馆、老体协等地组织全区系统篮球比赛。

【校园体育活动】 11月玉溪市江川区第三届师生运动会在体育馆、全区各中小学举行，此次运动会设田径、篮球、足球、啦啦操四个项目。在体育馆组织玉溪市江川区2019年体育教师专业素养提升培训，来自全区中小学101名中小学体育教师参加此次培训。年底完成全区各中小学开展全国学生体质健康测试。

【青少年体育】 江川区少年儿童业余体育运动学校作为市级以上后备人才基地，大力加强体育后备人才的培养，输送运动员13人，输送人数进入全市前六名。积极推进体育特色校创建，目前申报认定云南省省级体育特色学校14所，区级体育特色学校2所。2019年申报足球特色学校2所，申报国家级篮球特色学校2所。在大街小学、九溪小学、伏家营小学、江城小学、赵官小学5所学校进行试点训练，组成教练组分别训练篮球、足球、排球、田径、柔道项目。前卫小学建立乒乓球训练点，由乒乓球协会组织训练。建立健全辖区内各类教育质量监测及学生体质健康监测制度，各项工作有序开展。

（吴　勇）

【“中国足球发展基金会杯”云南美丽乡村农民足球赛玉溪江川赛区“东鑫杯”五人制足球赛】　3月30日至4月21日，2018～2019“中国足球发展基金会杯”云南美丽乡村农民足球赛玉溪江川赛区“东鑫杯”五人制足球赛在大街小学举行。有来自全区各机关、乡镇、学校、社会团体的足球爱好者共14个代表队150余名运动员参加。玉溪片区决赛于5月25日、26日两天在江川一中举行，有来自易门、澄江、元江、通海、新平以及江川共10支代表队参加。

【“七彩云南全民健身运动会”2019年玉溪市第七届“皇派门窗杯”篮球大联赛】　4月20～27日，“七彩云南全民健身运动会”2019年玉溪市第七届篮球大联赛在江川举行。来自七县两区共17支男女代表队，209名运动员、领队、教练参加比赛。江川区教体局抽调20名运动员组织男、女篮球队参加了比赛，取得了女子组第二名和男子组第三名的好成绩。

【2019全国（U21）青年男子篮球锦标赛在江川开赛】　7月20日全国（U21）青年男子篮球锦标赛在体育馆举行了开幕仪式，有来自全国不同省份的北京首钢代表队、河北翔蓝代表队、青岛国信双星代表队、山西国投代表队、黑龙江男青代表队、山东西王代表队、北京雄鹿代表队、江淮闪电代表队、重庆华熙国际代表队共9支代表队160余名运动员、领队、教练参加。本次比赛的特点是U系列赛事中年龄最大，竞技水平最高的一项赛事。为中国篮协全国青少年系列比赛YCBA的顶级赛事，参赛队伍是由各职业俱乐部、各省市体育局体校队组成，赛事对抗激烈，观赏性高，对于队伍的锻炼价值意义重大。经过7天36场激烈争夺，完成了所有赛程。

【云投体育杯2019年玉溪·江川云南省铁人三项公开赛】　8月11日“云投体育杯”2019年玉溪.江川云南省铁人三项公开赛在江川区茶尔山举行，来自全国各地近300名铁人三项爱好者参赛。公开赛圆满成功地举办，不仅推动了云南省铁人三项运动的发展，更带动了玉溪江川等地区的旅游经济发展，对促进全省“全民健身”事业，以及进一步打造高原特色体育赛事活动具有里程碑式的意义。

【2019中国·江川北山公园国际定向越野赛】　12月29日，2019中国·江川北山公园国际定向越野赛在江川区江城镇翠峰小学举行，此次比赛分三个组别，13千米大众登山赛、22千米定向越野、50千米定向越野赛，此次比赛有来自国内外知名选手、区内外选手共计2000余人。至此江川区完成了国际级、国家级、省级、市级赛事大满贯。

（杨　静）

江川区第一中学

【概述】　江川区第一中学坐落于江川区城南一千米处，南靠福德山，北望星云湖和抚仙湖，校园环境优美，龙潭清泉长流。学校住址前身为“江华私立铸民中学”，由江川区知名爱国人士金汉鼎先生于民国23年（1934年）发起创办，几经易名，1972年定为江川县第一中学。从铸民中学的艰难创办以来，经过一代代一中人的艰苦努力，这里已经成为“陶铸新民”的育人阵地。

目前，学校占地近266亩，总建筑面积近12.9万平方米，拥有可容纳60个教学班的现代化教学大楼3幢；学校现有教学班54个，在校学生2630余人。学生宿舍6幢。办公楼、新学生食堂、图书馆、综艺楼、科技楼等功能性大楼一应俱全。为适应现代化教学需求，我校已经实现校园网络全覆盖，4个标准计算机房保证教学；多媒体设备进教室，让教学更具时代特色。

学校现有在编教职工238人（含病休1人，为正高级教师），在编在岗教职工237人，专职教师229人，其中正高级教师1名；国家级优秀教师1名，省级优秀教师6名；省级骨干教师3名，市级骨干教师19名，区级以上骨干教师47名。正是这群不断学习，不断更新，勤于修业，精于钻研的一中人，正引领着江川一中朝着新的高峰不断攀登。

【教育科研】　教学为重，教研为用，一个学校的专业性和前瞻性就从教育科研中体现。培养具备科研能力的新时代团队，已是发展的必然。江川一中现有两个国家级、四个省级课题已完成结题，上百篇论文获各级别奖项，生物、语文、英语学科的科研已经走在了学术研究的前沿。学校办学赢得了社会各界的认可，取得了较高的声誉。学校先后被评为“云南省文明学校”“云南省德育先进集体”“云南省文明单位”“云南省青少年科技教育一级示范学校”“云南省民族团结教育示范学校”“云南省2012年度一级高完中对口帮扶薄弱高中工作先进集体”、2013年又被评为“云南省绿色学校”，2017年被认定为云南师范大学“教学研究于实习基地”。

【特色办学】 突出办学特色，打造特色办学，这是江川一中一直以来致力追求的目标。在紧抓教学质量的同时，结合新一轮高考改革的需求，顺应新时代对人才的要求，江川一中着手打造音、体、美“特长班”，给天赋一个舞台，给高考加个出口，让学生多条路子。2016年，学校被评为“足球特色学校”，以各项活动为平台，寻求学生学习原动力，营造一中“乐学”氛围。以学促教，以教督学，形成良性教学循环。

【学校管理】 在学校管理方面，江川一中更新管理理念，创新管理模式。学校以党委理念做引领，德育安全打头阵，教学教研为中心，总务后勤作保障，工妇团共参与，走出一条适合一中、顺应潮流的新路子。做“有仁爱，懂规矩”的一中人，是江川一中育人为先理念的目标。学校德育安全，一手两抓。以安全为保障，以德育为范本，把“教书育人”还原为“育人教书”，把学习延伸向做人，把“分数”上升为品格，致力打造文化品牌，铸造一中灵魂。从“铸中”到一中，而今已是八十载春秋，金汉鼎先生从法国带回的白梅花仍然在一中校园怒放，文化在铸中生根，得以在一中传承。一代代一中人的薪火相传，一中人对一中的情，流淌在了言语里，铸刻到了灵魂中。抚昔思今，放眼未来，一中人将倡“笃行仁爱”之校风，谨“克勤修业”之教风，为培养“乐思善学”的新一代英才而不断前行；一中人定践行“陶铸新民”之使命，与时俱进，把江川一中建成一所具文化底蕴与开放、包容特质的现代化高中。

【外事交流】 2019年3月19日，美国优质高中校长访问团一行到学校开展交流访问活动。学校书记校长金星同志对交流访问团一行的到来表示诚挚的欢迎，并向美国客人简要介绍了学校的基本情况，播放了学校宣传片。外方学校的校领导分别介绍了各自学校的办学特色。在友好的气氛里，学校分别与蒙特雷湾学校、阿什维尔基督学院等签署了友好合作备忘录，就国际教育合作项目达成一致意见，双方约定，将定期交换师生进行交流，加强教育资源方面的交流，构建中美之间的良好的文化理解。随后，校方领导还陪同交流访问团的外宾们参观了图书馆、特长部和学校教育教学及文化建设设施，并观看了学生的才艺表演。

通过本次交流活动，进一步增强了东西方文化和教育理念的相互了解，拓展了学校的办学视野，更新了学校的学校办学理念，此次活动也加深了彼此了解，进一步促进了学校与美国优质高中的友好合作关系，为师生拥有更开阔的国际视野打下了良好的基础。

【《亮见》采访报道高考备考】 高考是一场教育部门、学校、老师、家长和学生共同奋战的全面“战役”。2019年5月22日，在高考来临之际，玉溪市《亮见》栏目组走进江川一中，近距离了解和感受学校的高考备考情况。学校副校长施杰春同志、高三年级副主任孔波同志结合学校备考实际和家校共育接受采访。

【上级表彰】 2019年9月9日学校书记校长金星、物理教研组教师刘滨豪参加玉溪市教育大会，学校被中共玉溪市委教育工作领导小组授予“先进集体”称号，金星同志被中共玉溪市委教育工作领导小组授予“优秀教育工作者”称号，刘滨豪同志被中共玉溪市委教育工作领导小组授予“优秀教师”称号。

【会议承办】 2019年9月27日，玉溪市高考初中学业水平考试质量分析暨高中教育提质增效培训会在江川区第一中学召开。市人民政府副市长、市委教育工委书记李劲松同志，市人民政府办公室秘书六科科长马东辉同志，市教育体育局局长张绍东同志，副局长吴光连同志，市教科所所长杨琼英、市招办主任方丽华，市教体局副调研员吴明华等相关领导出席会议，各县区政府分管领导、教育体育局局长、教科所所长，全市各普通高中校长，各县区初中校长代表，市教科所各学科教研员，江川区初、高中各学科教研员，共100余人参加会议。副市长李劲松做《认清形势　凝心聚力　全面推动初、高中教育教学质量提升》重要讲话。市教育体育局局长张绍东同志在讲话中立足玉溪教育工作实际，全面系统分析了玉溪市教育改革发展面临的新形势、新任务，并就贯彻落实好全国、全省教育大会精神和做好下一步工作做出安排。

【校际交流】　2019年10月31日至11月2日，云南省普洱第二中学苏其平校长、李红梅副校长、张凤阳副校长一行22人到江川区第一中学校考察交流。对于此次交流活动，领导高度重视，书记校长金星同志亲自部署策划。教务处、教研组长积极筹备，各学科老师为迎接普洱二中老师的到来，展示多节常态课。随后，在教务处、教研组长带领下，二中一行深入校园、教室、党建活动室、图书馆实地考察，施杰春副校长、党办主任李霞现场介绍教育教学、党建工作、校园文化建设情况。我校德育安全处主任、高三年级主任王本业作题为“团结一心 锐意奋进 全员动员 奋力开创2020届高三年级复习备考新局面”的交流发言，从年级学情分析、年级备考策略、下步工作打算等三个方向各位领导、老师做了汇报。此次普洱二中来访，是一次相互交流，相互学习，共同提高的良好机会。只有抱着一个开放的、不断学习的心态，进行积极合作、谋求共同发展，才能促进学校向着更深、更广、更远方向发展。

【语言文字工作】　高度重视达标建设工作，充分认识进一步做好学校语言文字工作的重要意义，大力加强学校语言文字规范化管理，强化师生的语言文字规范意识，提高师生语言文字应用水平和学生的人文素养。按照《云南省教育厅云南省语言文字工作委员会关于开展学校语言文字工作规范化达标建设工作的通知》精神，对照《中小学语言文字工作指导标准》中各项评估指标、考核要点，进行了全面细致、认真求实的自评，同时在校综合办的努力下完成了《玉溪市江川区第一中学创建语言文字规范化示范校申报材料》《玉溪市江川区第一中学图片集》《玉溪市江川区第一中学书法美术作品集》三本书籍制作。2019年11月12日，江川区教育体育局语言文字工作领导小组到校检查评估。2019年12月3日，学校被认定为江川区语言文字规范化学校。语言文字工作是一项长期艰巨的工作，我校将积极开展语言文字工作，我们将在认真总结，不断学习探索的基础上，进一步深刻认识语言文字工作在学校工作中的重要地位，继续采取切实可行的措施，加强科学指导，努力提高师生规范使用语言文字的意识和能力，使我校的语言文字规范化工作再上一个新台阶。

文化·旅游·融媒体

编辑　徐凡清

文　化

【区图书馆推进数字图书建设】

为适应现代化的步伐，区图书馆和玉溪市其他图书馆共同建立图书馆联盟，并充分利用图书借阅机、报刊机、百万图书数据库、国家数字图书馆推广工程，手机App平台、微信公众平台含的kuke音乐图书馆、中华连环画、展览、博看朗读等资源及与“文化云南云”平台，推广全民阅读。从而利用网络及现代科技手段，让图书资源在不同区域内与读者共享，以促进全民阅读和书香社会的建设，2019年数据库与电子借阅人次1100人次，1236册次，有数字图书24000册。

【李家山古滇文物精品对外交流展览】　2019年，云南李家山青铜器博物馆继续落实习近平总书记“让文物说话、把历史智慧告诉人们”的讲话精神，加强与国内文博机构的协作交流，深入挖掘江川古滇青铜文化资源，精选馆藏古滇精品文物积极参与国内大型博物馆系列重大专题展览活动。2019年，共开展对外交流展览3次。

2019年1月至5月馆藏执伞男俑、金腰带及圆形扣饰、孔雀铜镇等5件套文物参展西南博物馆联盟组织举办的“王的盛宴——见证（史记）中的大西南”贵州省博物馆的展览；

蛇头形铜叉、蛇形镂孔网状铜器等9件套文物参加4月30日至8月25日在成都博物馆举办的“灵蛇传奇——中国意大利蛇形艺术展”。

参展文物精品受到了国内外专家学者、游客的高度评价，对打造古滇青铜文化品牌，提升江川文化形象具有积极的促进作用。

【举办临时展览丰富展览内容】

2019年，云南李家山青铜器博物馆在做好馆内“李家山古滇青铜文化展”“星抚渔韵——江川鱼文化展”“星抚铜韵——江川铜工艺精品展”长期展览免费开放参观工作外，共举办临时展览8个。

一是“辉煌历史江川巨变”——影像见证江川改革开放40年摄影展，展出展示江川改革开放40年的光辉历程、伟大成就和宝贵经验影像摄影作品56幅。

二是联合昆明市文化系统书画协会举办“泼墨激浊流妙笔扬清风”书画作品展，展出书画作品65幅。

三是与民间收藏爱好者曲新荣联系共同举办“小人书·大天地”——曲新荣藏新中国建立后中国传统连环画展，通过26块展板，图片70余幅，各个时期小人书代表性作品《第一个五年计划通俗图解》《海灯法师》《美猴王》《雷锋》《江姐》《八仙过海》《嫦娥奔月》等200余本集中讲述了中华文明的传承与发展，展现70年来中国连环画发展的轨迹与艺术成就。

四是“为美德点赞向模范学习——江川区道德模范、最美家庭、美德少年事迹展”微展览，展出敬业奉献、孝老爱亲、诚实守信、助人为乐、文明家庭、美德少年等6个版块、玉溪好人王长林、李金焕、李玉荣、刘子瑞、马金会、张永富等16名个人、5个文明家庭先进事迹。

五是“江川区老干部诗书画

协会建国七十周年书画展”，展出江川区老干部书画作品70幅。

六是“庆祝新中国成立70周年职工书画摄影”主题展，共展出书画摄影作品60余件，其中书法作品25幅，绘画作品25幅，摄影作品10幅。作品凸显时代主题，富有时代精神，内容积极健康向上。

七是“拟古烁今弘扬书道——李建邦书艺展”，展出李建邦先生书法作品78幅。

八是“玉溪市江川区全国民族团结进步示范区创建书画摄影展”展出书画摄影作品70幅，其中书法作品24幅，美术作品24幅，摄影作品22幅。这些作品均为江川区书法、美术、摄影协会会员所创作，展现了江川各族人民在区委、区政府团结带领下，全心全意谋发展，同心同德筑小康，为建设宜居宜业和谐美丽新江川砥砺奋进所取得的辉煌成绩。

【增设常设展览“千秋留正气——唐淮源将军纪念展”】 2019年是中国人民抗日战争胜利74周年，也是唐淮源将军进入云南陆军讲武堂投笔从戎110周年。该展览搜集整理大量文献档案资料、图片，通过“允文允武、忠孝两全、铁血流芳”等3个板块，70幅历史照片，留存的唐公祠碑匾和征集的抗战军事相关遗物等，全面展示了抗日名将唐淮源“弱冠娴军旅征战南北，交友以信与朱德义结金兰，移孝作忠奋勇杀敌，血洒中条山以身许国”的光辉人生。唐淮源将军是中国牺牲于抗日战场的高级将领之一，1942年，国民政府追晋其为陆军上将。1986年5月10日，中华人民共和国颁给唐淮源“革命烈士证书”，他的功绩编入史册，光彪千古。通过举办展览，观众能感受到唐淮源将军戎马一生、慷慨赴国难的壮烈忠贞精神和为了民族大义临难引义、宁死不屈、勇于牺牲的英雄气概，进而激发人们爱国爱党爱家乡的矢志情怀。

【博物馆组织开展“5·18”及“科技活动周”科普知识下乡进社区进校园活动】 为充分展示玉溪市江川区传统文化和丰富历史资源，发挥博物馆的社会教育和传播功能，在2019年科技活动周及“5·18”国际博物馆日到来之际，云南李家山青铜器博物馆紧密结合2019年博物馆日活动主题——“作为文化中枢的博物馆：传统的未来”及科技活动周主题，突出馆藏文物特色，组织开展科普知识下乡进社区进校园活动。

一是在5月中旬开展传统碑刻拓印入乡村调查展示活动。组织馆内专业技术人员，深入江川区域内乡镇村组进行古代历史碑刻调查，向村民群众宣传历史文物保护知识，现场开展传统拓印技艺展示。通过持续调查宣传，让广大群众普及了古代传拓技艺，促进了群众保护古代历史文化的自觉性。

二是在科技活动周期间，馆外电子屏幕连续滚动播放2019年科技活动周、国际博物馆日、中国旅游日等主题宣传标语，营造文化活动宣传氛围。馆内“李家山古滇青铜文化展”和“星抚铜韵——江川铜工艺精品展”免费开放参观，古滇历史文物与江川现代铜器穿越时空交相辉映。加强服务力量免费为观众提供咨询、讲解服务，设计制作活动宣传资料免费发放，到馆参观公众近2000人次。

三是按照《玉溪市江川区人民政府办公室关于参加玉溪市2019年科技活动周启动仪式的通知》安排，于5月19日制作古滇青铜文化科普知识移动展板，在江川区怡心园广场参加了玉溪市科技活动周启动仪式现场展示宣传活动，向公众宣传古滇文化科普知识，现场发放文物保护法、博物馆条例、博物馆日主题、文创笔记本等宣传资料400余份。

四是5月23日开展古滇文物知识进校园宣传活动。组织古滇历史文物知识移动展板20块和古滇文物仿制品，深入江川伏家营小白坡小学进行现场讲解、展示。向师生发放文物保护法、博物馆条例、博物馆日主题、文创笔记本等宣传资料100余份。

【重庆三峡博物馆组织小学生研学旅行走进“李家山”探秘古滇国】 2019年1月28日，重庆三峡博物馆公众教育部组织的小学生研学旅行团队，到云南李家山青铜器博物馆，开展追寻云南青铜文明研学之旅活动。

参与研学旅行的35名学生走进“李家山古滇青铜文化展”，参观展出的近300件铸造精美、类型各异的古滇文物，从滇国的军事战争、生活风俗、经济生产、宗教祭祀等各方面进行了详细学习和了解。为了让此次研学旅行活动的同学们探寻到更多的古滇国秘密，参观完博物馆展览后，学生们爬上李家山，亲临古墓群。在李家山考古发掘现场，馆

长结合李家山独特的地貌环境和周边景观，给学生们讲解了古墓发现发掘经过、田野考古知识，分享了出土古滇文物中蕴涵的一些有趣知识。

【春节群众文艺演出】 2019年2月4日至6日，江川区文化馆组织举办“我们的节日——春节”江川区2019年文化展演系列活动。经筹备从全区范围挑选了63余支文艺队参与演出，演出了具有江川地方特色的《巧梳妆》《彝乡情缘》，反映群众心声的《美好生活不是梦》，洋溢着喜庆祥和的节日氛围的《庆丰年》等67个文艺节目，现场观看群众达10000余人次。

【“中华赞歌·元宵圆梦”歌舞晚会】 2月20日，江川区文化馆联合江川区“春之声”音乐协会在老戏台举办“中华赞歌·元宵圆梦”歌舞晚会。演出了歌曲《我和我的祖国》《点赞新时代》和舞蹈《美丽中国》等歌颂和赞美伟大祖国的文艺节目16个，得到了现场2000余位观众的一致好评。

【“三下乡”文化惠民文艺演出】 2019年2月23日，江川区文化馆组织的江川区“三下乡文化惠民文艺演”在江城镇尹旗村委会举行。演出了歌舞《谁不说俺家乡好》、花灯说唱《喜唱十九大》、花灯歌舞《巧梳妆》、歌舞《我的祖国》等14个百姓耳熟能详的滇剧、双创小品、中国梦系列歌舞表演等文艺节目。通过演出弘扬了社会主义和谐正能量，助力了农村文化建设、文化服务工作，丰富了农村群众精神生活，300余位村名到场观看。

【“红色文艺新骑兵”文化惠民演出活动】 组织“红色文艺新骑兵”文化惠民演出活动8场。分别于10月15~17日，11月11~15日，组织7支文艺队和5位歌手，分别到前卫镇石河村委会阿豆村、业家山和渔村以及九溪镇喜乐庄村委会、鸡窝村委会、中营村委会、大村村委会、河口小组进行8场惠民演出。演出歌舞《走进新农村》、花灯歌舞《开渔节上赞家乡》、民族舞蹈《拍手乐》、歌曲《星云，梦开始的地方》、京剧清唱《梨花颂》等文艺节目143个，演职人员328人次，受益观众7000余人次。

【“大篷车”文化惠民演出】 接待省、市“大篷车”到江川区进行文化惠民演出4场。2018年12月27日，玉溪市红色文艺新骑兵——“聂耳小分队”到大街街道怡心园广场进行演出1场，演出文艺节目16个，观众1500余人次；5月16~17日，云南省2019年“文化大篷车·千乡万里行”到江川区九溪镇、大街街道和雄关乡进行文化惠民演出3场，演出文艺节目32个，受益群众3000余人次。

【举办玉溪市江川区第十五届开渔节文艺演出】 2019年12月，成功举办玉溪市江川区第十五届开渔节文艺演出。共演出2场，一是12月25日早，在星云湖畔大石咀组织了“开渔仪式”演出活动。组织了安化彝族乡和九溪阳山庄的两支彝族腰鼓队共60人的队伍进行了表演；二是12月25日中午，在鱼文化广场组织了江川区第十五届开渔节群众文艺演出活动，24支文艺队432人参加演出，演出具有江川特色的文艺节目24个，观众5000余人次。

【举办“玉溪市江川区庆祝中华人民共和国成立70周年合唱比赛”】 9月27日至30日，组织了“玉溪市江川区庆祝中华人民共和国成立70周年合唱比赛”，共有15支代表队参赛，经过初赛，9支代表队进入决赛。经评比，江城代表队、教育系统代表队荣获一等奖；大街街道代表队、前卫代表队、财税金融代表队荣获二等奖；交通自然资源代表队、农林水代表队、党政代表队、九溪代表队荣获三等奖。

【扫黑除恶专项斗争专场演出】 4~7月，开展扫黑除恶专项斗争专场演出16场，其中江城镇演出5场、前卫镇演出3场、九溪镇演出3场、雄关乡演出2场、安化乡演出1场、大街街道演出2场。排演了花灯歌舞《扫黑除恶保太平》、小品《较量》《私访》、诗朗诵《扫黑除恶，我们在行动》、快板《黑恶势力最可耻》、花灯说唱《扫黑除恶大快人心》、合唱《看山看水看中国》、相声《扫黑除恶》、舞蹈《亮剑行动》等一系列群众喜闻乐见的文艺节目。通过演出宣传了开展扫黑除恶专项斗争的重大意义和目的及全国上下打击黑恶势力犯罪的决心，反映了群众对扫黑除恶、创建平安江川的热切期盼，受教育观众14000余人次。

【组织参加第六届“聂耳音乐（合唱）周”的合唱比赛】 7月19日，第六届“聂耳音乐（合唱）周”的合唱比赛将如期举办，文化和旅游局负责第六届“聂耳音乐（合唱）周”的策划、组织和实施。排练工作于2019年6月开始，由江川区“高原水乡合唱团”45位合唱演员代表江川参加此次比赛。在区委、区政府的统一领导指挥下、在区委宣传部的统筹安排下、在所有合唱队员的艰辛努力下，取得了混声合唱比赛一等奖的佳绩。

【区图书馆开展“3·5”志愿者及学雷锋活动】 3月5日，区图书馆全体干部职工到雄关乡上营小学开展“送温暖、关爱留儿童活动”。精心准备少年儿童书籍43册，杂志43册。

【区图书馆、新华书店集团江川分公司到安化乡光山小学开展“4·23”世界读书日及“书香九进”活动】 在“4·23”世界读书日来临之日，由图书馆和新华书店集团江川分公司联合举办的“书香九进”活动。为光山小学117名师生带来一场“阅读与时代同行”读书活动。

【强化农家书屋功能】 5月13~24日，区文化和旅游局副局长王熙虹带领图书馆一行7人，将捐赠图书整理加工后配送给全区30家行政村、社区农家书屋。在送书的同时对各农家书屋日常管理业务进行培训；10月9日图书馆3名工作人员到江城镇镇政府党建书屋图书室进行上门业务辅导，并对党建书屋703册图书进行分类、编目、造册、上架。

【区图书馆到安化乡中心小学开展全民阅读进校园、庆六一国际儿童节活动】 5月31日，区图书馆到安化乡中心小学组织开展“民族团结一家亲童心共筑中国梦”庆“六一”全民阅读系列活动。捐赠文具用品470余份，参加师生500人次。

【区图书馆联合李家山青铜器博物馆等举办展览】 8月5日在博物馆共同举办的“小人书·大天地”——曲新荣藏新中国建立后中国传统连环画展。共有26块展板，图片70余幅；9月29日至10月7日在江川区图书馆公共区域举办了“庆祝中华人民共和国成立70周年云南图片展”；11月14日举办李建邦先生的书法展，共展出李建邦老先生的78副书法作品。

【区图书馆开展“动动手庆中秋”活动】 在中秋节来临之际，图书馆在馆内开展了“动动手庆中秋”活动，组织到馆的未成年读者一起动手做手工制品，培养孩子们动手的能力，同时向他们宣传了中秋节的来历，发放了学习用品。

【区图书馆联合大街社区、大街小学等举办国学讲堂】 9月27日，区图书馆联合大街社区和大街小学开展国学讲堂活动，区图书馆向到场的各位捐赠了中国四大名著书籍30余册，文化用品若干；10月17日区图书馆联合大街社区、萌贝尔幼儿园共同举办大街社区第二期国学讲堂。区图书馆将35册国学经典书籍赠送给萌贝尔幼儿园。

【认真做好路居甘棠箐遗址的考古发掘及室内文物整理工作】 配合省考古所、中科院完成路居甘棠箐遗址地质调勘工作，发掘和整理时间于2018年10月中旬开始，于2019年7月初结束，发掘在4号探方找到了早、中更新世地层的接触面。这个接触面的发现，证实了遗址存在时代不同的两个地层堆积，对分析了解遗址成因，形成过程、年代判断具有重要意义。在原文化层上覆地层（3号探方6~9层）发现文化遗物，对研究木制品的时空分布、古人类行为技术等非常有益。此外，发掘中还出土了不少新的动、植物种类、用火遗存及红、黄色颜料等。

【加强重点文物保护单位及其他不可移动文物的保护和管理工作】 为有效预防文物被盗，杜绝火灾事故发生，签订文物安全责任书10份，加强文物建筑消防安全工作，强化应急处突意识，组织单位干部职工多次进行消防演练，对辖区内文物点开展安全巡查3次，对检查中发现的安全隐患进行备案，及时进行整改,确保全区文物安全零事故。

【做好文物保护单位申报工作】

通过积极申报，路居甘棠箐遗址、江川文庙于2019年10月，被国务院公布为第八批全国重点文物保护单位申报为国保单位。

【对全区文物保护单位进行基础信息登记】 2019年6月1日至10日，对全区的16处区级以上文物保护单位进行文物保护单位基础

信息登记，并上报市文物局，文物保护单位基础信息包含年代、类别、海拔、级别、经度、纬度、所有权、公布时间、管理机构、用途等信息进行登记核实，确保区级以上文物保护单位信息详实，为下步文物保护工作打下坚实基础。

【开展全区贝丘遗址核实调查】 2019年8月，对全区37处贝丘遗址进行核实调查。通过核实调查，将为下步江川区贝丘遗址的保护和利用工作奠定了坚实的基础。

【排查刷选全区革命文物】 结合“第三次全国文物普查”登录的不可移动文物，我们对全区革命文物保护和利用情况进行了专题调研，通过调研，它将为切实做好江川新时代文物保护利用改革工作、发挥文物资源在传承和弘扬优秀传统文化的重要作用、推进江川文化旅游融合发展、开展爱国主义教育等有着重要的作用。

【完成江川药王阁修缮及周边环境改造项目】 2017年3月，启动药王阁修缮及周边改造项目，项目总投资450万元，主要包括“药王阁”本体修缮、周边环境改造和城市景观公园建设三个部分，2019年5月完成竣工验收。

【推进江川李家山古墓群建设项目】 此项目为2017年中央预算投资的文化旅游提升建设项目，投资资金480万元，项目分为一、二两期。一期项目于2018年8月动工，项目建设内容为：看守房和展示用房建建设、周边环境整治、游路建设和改造、安置保护碑和界桩、老看守房修缮等，中标价约242万元，工期7个月。2019年4月，已完成了从神鱼泉至山顶的道路改造及两个亭子的建设工作，完成投资100万元；2019年9～10月，已完成了保护围栏范围内的桉树砍伐工作；2019年10月，已完成了保护碑及界桩的制作工作；2019年10月，已完成了二期建设项目方案的编制论证、概算及拦标价的编制工作，二期项目建设的招投标工作拟将在2019年11月初进行。李家山古墓群整个建设项目计划在今年年底完成。

【完成江川金甲阁震后抢险工程设计方案编制工作】 2018年8月13日至14日，云南省玉溪市通海县发生两次5.0级地震，造成省级文物保护单位金甲阁受损，2018年10月启动方案编制工作，根据云南省文物局《关于江川金甲阁震后抢险工程设计方案的批复》精神，2019年2月，已完成方案修改备案工作，已到位资金41万元，项目于2019年12月启动。

【行政审批工作】 2019年始终坚持以党的十九大精神为指导，以“服务经济、方便群众、塑好形象”为工作目标，以廉洁高效、求真务实、勤政为民为目标。截至2019年底，全区文化市场管理经营户共有34户，歌舞厅15户，游艺娱乐场所2户，网吧17户；已年检32户，未检2户（江川区皇巢壹号歌舞厅、江川区玉泉酒店歌舞厅申请停业）。其中歌舞娱乐场所13家，从业人员143人，VOD点播系统使用率达53.8%，资产总计4305.8个万元，营业收入1107.4万元，营业利润总额255.0万元；游艺娱乐场所2家，从业人员9人，电子游戏及游艺机85台，资产总计120.0个万元，营业收入71.0万元，营业利润总额23.0万元；互联网上网服务营业场所17家，从业人员68人，计算机终端1379台，经营面积6302.80平方米，资产总计1311.6万元，营业收入806.8万元，营业利润总额230.6万元。

【文化旅游市场管理】 依法开展文化旅游市场监督管理工作，严把市场准入关，认真开展文化市场“扫黄打非”和旅游市场秩序专项整治工作，开展文化旅游市场扫黑除恶专项斗争工作，扎实推进文化娱乐市场乱象整治工作。充分调动各种社会力量参与文化旅游市场监督管理，严厉打击互联网上网服务营业场所接纳未成年人和出版物市场侵权盗版行为等违法经营行为。截至12月，全区文化旅游市场管理经营户共有64户。文化市场经营户34户，其中网吧17户，娱乐场所2户，歌舞娱乐场所15户；旅游市场经营户30户。其中星级酒店2户，旅行社4户，旅行社服务网点8户，星级乡村接待户13户，景点3户。同时对全区家包装装潢印刷企业26户、书报刊18户、音像制品27户、电影放映1户依法开展执法检查工作。

文化旅游市场执法检查共出动执法人员1230人次，检查文化旅游市场经营场所398家次。期间我局联合市公安局江川分局、区市场监管局、区教育体育局、区卫生监督局、区消防大队等部门开展联合检查5次，配合市文化市场综合行政执法支队开展“双随机一公开”交叉检查4次。共立案调查违法经营案件13件，罚款95000元，同时对2家互联网上网服务营业场所予以停业整顿。联合区公安分局大街派出所共打击取缔“黑网吧”3个，收缴违法设备电脑35台（件），保障未成年人合法权益，确保未成年人健康成长。同时建立健全文化旅游市场扫黑除恶专项斗争相关机制制度，制定下发《玉溪市江川区文化和旅游局扫黑除恶专项斗争工作联席会议制度》《玉溪市江川区文化和旅游局文化旅游市场重点单位负责人约谈制度》《溪市江川区文化和旅游局推进“双随机一公开”全覆盖进一步强化事中事后监管抽查细则》等机制制度，进一步强化文化旅游市场监管工作，深入开展涉黑涉恶线索摸排、行业乱象整治等工作，严厉打击文化旅游市场各种违法经营活动，确保全区文化旅游市场安全、有序。

【举办文化旅游行业扫黑除恶专项斗争工作培训暨安全工作会】

3月6日组织召开文化旅游行业扫黑除恶专项斗争工作培训暨安全工作会，全区文化旅游市场经营单位负责人100余人参加了培训。会议邀请区公安分局负责同志讲解了扫黑除恶专项斗争工作的政治意义，重点打击的十五类涉黑涉恶违法犯罪及表现形式，打黑和扫黑区别，如何界定黑社会、恶势力，涉黑涉恶线索的摸排上报机制及举报奖励办法等知识点。会议同时对全年的文化旅游市场安全生产等工作进行安排部署。

【举办文化旅游市场深入推进创建全国文明城市工作会】 8月13日组织召开江川区文化旅游市场娱乐场所创建全国文明城市提名动员会议，全区50多家文化娱乐场所经营业主参加了会议。会议通报全区文化娱乐场所基本情况，分析当前文化娱乐市场存在的主要问题，要求全区娱乐行业全面投入到江川区全国文明城市创建提名工作中来，确保娱乐场所在创建全国文明城市提名工作中不拖后腿，发挥自身的积极作用，助推创建提名工作顺利进行。

【文化旅游市场扫黑除恶专项斗争文化娱乐和旅游市场乱象专项整治工作】 根据中央、省、市、区相关扫黑除恶专项斗争相关精神，我局结合自身职责职能，积极承担扫黑除恶专项斗争中的职责任务，在全区文化旅游行业加大执法检查力度，着力行业综合治理工作，促进综合治理。结合本行业、本系统实际，及时制定下发《玉溪市江川区文化和旅游局2019年文化旅游市场涉黑涉恶违法犯罪综合治理工作方案》和《玉溪市江川区文化和旅游局扫黑除恶专项斗争整治文化旅游领域乱象的工作方案》，根据近年来全区文化旅游市场存在的突出问题梳理互联网上网服务营业场所（网吧）接纳未成年人或未按规定实名登记、文化娱乐场所证照不全开展经营活动、旅行社及服务网点超范围经营等行业乱象开展开展有针对性的执法检查和治理工作，同时按照“有乱必治”的要求，根据监管情况，适时梳理更新行业乱象开展整治工作。主动开展文化娱乐市场“僵尸企业”清理工作，共清理23家已不再经营的KTV、网吧等文化娱乐市场经营单位，及时通知相关业主进行注销工作，同时将情况函告区公安、市场监管、消防和卫生等部门。重点根据《中共玉溪市江川区纪委玉溪市江川区监委关于印发〈关于对扫黑除恶专项斗争中文化娱乐市场乱象专项整治加强监督检查的工作方案〉的通知》精神，在市纪委监委和区纪委监委的监督指导下，联合公安、市场监管、卫生等部门在全区开展文化娱乐市场乱象整治。并按照市、区纪委监委提出的整改意见及时开展工作按时整改。

【“扫黄打非·护苗2019”专项行动】 开展中小学校园周边文化市场环境专项整治。集中清查校园周边500米范围内的出版物、文化用品、电子产品等经营场所，重点打击无证销售出版物、销售盗版少儿出版物和销售含有淫秽色情、暴力恐怖、校园霸凌等内容的少儿出版物活动，强化经营场所台账管理，确保校园周边文化环境规范有序共收缴各种违法过期期刊121册；全面整治互联网上网服务营业场所和娱乐场所，严厉查处互联网上网服务营业场所接纳未成年人，共查处网吧接纳未成年人或不按规定实名登记案件6起;开展社会艺术考级整治工作，对全区的艺术类培训机构进行全面检查，查处1起涉嫌无资质进行社会艺术考级活动的案件并移交市文化旅游市场综合行政执法支队处理。

【“扫黄打非·净网2019”专项行动】 配合公安及相关部门全面清理网上传播有害信息活动，及时处置相关有害信息、淫秽色情低俗信息。在工作中摸排地下网络直播平台，从严打击传播淫秽色情信息的平台和违法直播聚合软件，全年未发现该类行为。通过对全区互联网上网服务营业场所的检查，未发现违法违规网络游戏。

【“扫黄打非·清源2019”专项行动】 重点围绕庆祝中华人民共和国成立70周年重要时间节点，组织开展区域性、阶段性集中整治。自8月以来，由区“扫黄打非”领导小组办公室牵头，配合新闻出版、公安、市场监管、教体等部门开展了2次集中统一行动，对全区出版物市场和网络市场进行全面检查和排查工作，严厉打击利用出版物或网络传播政治性有害信息、政治造谣专项整治等工作，确保了全区文化市场安全有序。联合新闻出版等部门对全区音像制品和书报刊销售单位进行全面执法检查，重点检查是否存在传播政治性有害出版物，确保出版物市场安全。

【“扫黄打非·秋风2019”专项行动】 充分发挥区文化旅游市场综合行政执法大队综合执法的功能，配合新闻出版、广电、公安等部门加强对假媒体、假记者站、假记者及新闻敲诈勒索行为的查处和整治工作。同时配合新闻出版部门按照相关法律法规和规定继续加强内部资料性出版物管理工作，从源头上杜绝非法编辑出版图书报刊问题。

【“扫黄打非·固边2019”专项行动检查】 牢固树立“安全第一、预防为主”的思想和安全重于经济效益的观念，强化安全责任制，进一步加大执法检查力度。加强对全区多家音像经营单位和出版物经营单位进行日常检查，深入江川区各个乡镇农家书屋进行逾期书刊的清理。加强查缴校周边的淫秽色情“口袋本”、言情小说，有害卡通画册和不良游戏软件工作，收缴校园周边各种不符规定的过期期刊121册。进一步强化江川区各宗教活动场所、寺庙的管理，弘扬正能量，宣扬社会主义核心价值观，防止邪教组织利用宗教场所或寺庙进行不利于人民群众的非法宣传活动，配合玉溪公安局江川分局、区民宗局对江川区的三街基督教场所和江城北山寺等场所进行了检查。

旅　游

【经济指标完成情况】 2019年全区共接待海外游客692人，同比增长7.12%，接待国内游客613.48万人，同比增长10.03%，实现旅游收入57.15亿元，同比增长23.58%；实现住宿业营业额2.98亿元，同比增长17%。元旦节共接待游客18799人，同比增长6.01%，实现旅游收入1161.31万元，同比增长16.10%；清明节共接待游客26748人，同比增长6.15%，实现旅游收入1705.94万元，同比增长16.05%；端午节共接待游客49383人，同比增长7.17%，实现旅游收入3088.61万元，同比增长16.95%；五一节共接待游客121448人，实现旅游收入7217.16万元；中秋共接待游客19969人，同比增长8.35%，实现旅游收入1271.54万元，同比增长18.11%。

【旅游规划】 《玉溪市江川区全域旅游发展规划》：全面推进江川省级全域旅游示范区创建工作，突出规划引领作用，推进《玉溪市江川区全域旅游发展规划》的编制，通过招投标确定北京东方利禾景观设计有限公司为编制单位，已经完成初稿编制并经区规委会审阅后完成深化稿的修改工作。

【重大旅游项目建设】 星云湖南岸乡村振兴示范区建设项目：完成前期和部分土地流转，完成改建道路6条、2座旅游厕所主体建设、400米栈道基础建设、河咀社区面湖民房外立面改造110户，完成固定资产投资8137万元。

星云湖湿地湖滨带提质改造项目：目前已完成南岸截污沟地表杂草清理、清淤、打桩支护、种植红土回填整形，南岸地质勘探、地形复测和电力施工，月亮湾湿地清淤、清表、打桩支护、种植红土回填驳岸修复面层基础处理，湖滨公园围墙拆除、地表杂草清理、灌木丛清理、清表垃圾外运、驳岸修复、游道基础处理，临湖面芦苇清理、垃圾外运、湿地整形、驳岸支护和修复、种植红土回填工作，南岸停船场建设和渔船搬迁，南岸管护路绿化黄土整形，新建湿地打造、驳岸垫层基础施工、绿化植被种植和相关节点打造；东西北岸已完成约140万平方米的芦苇清理和80万立方米的垃圾外运，原有植被修剪叉枝20万平方米，东西北岸地形复测工作，各河口湿地和节点技术交底工作，绿化苗木定价工作。正在进行各节点和南岸上层绿化植被种植工作、湖滨公园游道铺装工作、小广场面层铺装、月亮湾湿地面层铺装、北岸道路修建、东岸地形整理、西岸湿地提质改造。累计完成投资2.2亿。

【旅游厕所建设】 2019年江川区共有4座旅游厕所建设任务，分别为河咀村旅游厕所（AA级）、陆家咀村旅游厕所（AA级）、海浒村旅游厕所（AA级）、北山寺改建旅游厕所（A级）。其中河咀村旅游厕所（AA级）、陆家咀村旅游厕所（AA级）已于2019年12月完工；海浒村旅游厕所（AA级）正在建设。河咀村旅游厕所（AA级）和陆家咀村旅游厕所（AA级）均已完成旅游厕所管理系统打点定位和百度上线打点定位。

【旅游宣传营销】 “一部手机游云南”工作：完成了城市名片、4个景区名片、2个重点文化娱乐企业、37座各类公共厕所、4家旅行社、13家住宿企业、16家餐饮企业的信息采集上报和审核完善工作，制定江川区涉旅企业诚信评价方案和梳理拟开展评价的住宿、餐饮企业，开展涉旅企业诚信评价。完成了北山公园、星云湖、界鱼石公园、李家山青铜器博物馆、神鱼泉5个景区人流量检测设备的安装和界鱼石公园、星云湖南岸2座智慧厕所建设。制作了“一机游”宣传海报和宣传栏大力开展宣传。2019年七夕节完成了在“一机游”上的直播。积极开展特色商品的上线工作，目前江川区高原彩、丫眯鲜花饼两家企业已在“一机游”上线，上线产品10余种，是玉溪市上线的第一批特色商品。

旅游节庆活动：3月16～17日，玉溪市江川区文化和旅游局联合江城镇人民政府共同组织筹办了2019年江川区梨花节活动，接待游客2.3万人次，通过三年的打造梨花节逐渐成为江川的一个旅游品牌；8月4～7日在前卫镇业家山举办了“七星缘·三世情”2019中国·江川第三届七夕文化旅游节；12月25日成功举办中国·云南·江川第十五届开渔节（高原湖泊水产品交易会），以“渔悦星云湖·建功新时代”为主题，依托星云湖“天然渔场”湖泊资源、优美风光和高原水乡文化、古滇青铜文化、渔文化，突出民间性、民族性、民俗性和特色性，以自然风光和文化资源为支撑，打造休闲、娱乐、康体、体验式系列精品活动，进一步提升江川知名度、美誉度和影响力，提高全区人民的幸福感、获得感和安全感。

对外考察和宣传：组织陆培兴纯手工铜工艺坊、玉溪丫眯绿色休闲食品有限公司、玉溪市滇瓦紫砂工艺厂3家企业参加了6月14～20日的举办的第5届中国—南亚博览会暨第25届中国昆明进出口商品交易会；组织玉溪市滇瓦紫砂工艺厂和江川区荣程猕猴桃种植有限公司参加2019年中国国际旅游交易会。

（申梦莹）

融媒体中心

【概述】 玉溪市江川区融媒体中心由原区广播电视台、区信息中心、区媒管中心合并组建，于2019年2月26日挂牌成立，机构规格正科级，单位类别公益一类，财政全额拨款，主要职责为发挥主流舆论阵地功能、信息服务平台功能、区域信息枢纽功能，宣传党的政策主张，反映群众意愿呼声，传播社会主流价值，广泛凝聚社会共识，围绕区委、区政府中心工作开展新闻宣传。核定人员编制58名。其中专业技术人员52名，管理人员3名，工勤技能人员3名。核定领导职数5名，其中主任1名（正科级），副主任4名（副科级）。以“新闻立台”为宗旨，充分利用传统媒体和新兴媒体的优势，2019年，江川电视台共采写制作播出《江川新闻》170期1030条，栏目《一周说》共播出50期，栏目《平安江川》共播出32期；江川人民广播电台共共采写制作播出《江川新闻》351期2570条。江川人民政府网刊载新闻1403条，江川新闻网刊载新闻1436条，江川发布刊载新闻1023，《玉溪日报·江川专版》43期252条，云南通发布信息235，云南江川微博发布145条。

【抓好对内宣传】 精心策划，重点突破。以“新闻立台”为宗旨，紧盯全区重点工作和重大项目，重点宣传报道各乡镇（街道）、各部门推动工作、转变作风的重要举措、工作成效和典型经验，不断创新新闻报道形式，丰富新闻内容，对“创文”、民族团结进步示范、庆祝新中国成立70周年、城乡人居环境整治等区委、区政府推进的重点工作、重点项目开展宣传报道。开设

《民族团结进步示范》《不忘初心、牢记使命》《创文进行时》《壮丽70年奋斗新时代》等专栏，为江川经济建设、社会发展、民生保障、创先争优各项工作顺利开展鸣锣开道，聚焦基层、聚焦群众，对社会各界涌现出来的先进典型、优秀人物、先进经验进行挖掘，对群众关心、百姓关注的热点事件进行报道。截至12月31日，江川电视台共采写制作播出《江川新闻》170期1030条，江川人民广播电台共采写制作播出《江川新闻》351期2570条。

【创新栏目打造本土化栏目】继续在江川电视台开办时政类栏目《一周说》和法治栏目《平安江川》。截至12月31日，栏目《一周说》共播出50期，内容围绕“双创”工作、农村环境综合整治、青铜文化、城市建设、星云湖保护治理等方方面面，以说“群众最关心、最直接、最现实的话题”这一最接地气的方式“吸粉”无数，备受群众好评。栏目《平安江川》共播出32期，内容涉及与法院、检察院、公安局、司法局合作拍摄的《公益诉讼检察》《非法采矿》《禁毒战线的标兵——黄师傅》等一系列有关公、检、法、司的节目，推进了法制江川、平安江川建设进程，在全区营造了学法、懂法、知法、守法的良好氛围,同时展示了江川政法系统法治文化建设的优秀成果，提高宣传质量和受众效果，在全区营造学法、懂法、知法、守法的良好氛围。

【做好新媒体宣传工作】 抓住江川人民广播电台、《玉溪日报·江川专版》等传统媒体和江川网、江川新闻网、云南通江川客户端、江川发布、微博“云南江川”等新兴媒体，全方位开展新闻宣传工作。一是紧跟中央做好政策宣传。与全国、全省、全市同步做好深化党的十九大和省、市、区有关会议精神的学习宣传；突出做好全区深入贯彻落实中央、省、市重要会议精神新举措、新经验、新做法的宣传；开设专栏做好扫黑除恶宣传。二是结合区情做好重点宣传。围绕区委、区政府中心工作，突出“建美一座城、治好一湖水、打造一个高地”重点，对农业产业结构调整、城市提质扩容、城乡人居环境综合整治、脱贫攻坚、园区建设、五网建设、美丽宜居乡村建设、生态文明建设、文化旅游、创建全国文明城市、创建全国民族团结进步示范区、棚改、民生等重点工作进行宣传。截至12月31日，江川人民政府网刊载新闻1403条，江川新闻网刊载新闻1436条，江川发布刊载新闻1023，《玉溪日报·江川专版》43期252条，云南通发布信息235，“云南江川”微博发布145条。

【抓好对外宣传】 2019年，融媒体中心高度重视对外新闻宣传工作，重点围绕区委、区政府工作思路和战略目标开展对外新闻宣传，加强对外宣传策划，拓展对外宣传渠道，着力提升对外宣传的能力和水平，展好江川形象，讲好江川故事。一是做到早谋划、早准备，及早对新一年的外宣工作进行全面安排部署。二是结合区委、区政府重要工作和新闻热点进行选题策划，并且逐一落实到人。三是加强与上级媒体的沟通联络，准确掌握上级宣传风向标，做到对外宣传有的放矢，提高稿件播发采用率。四是继续与玉溪市电视台合作，利用《新闻直通车》平台做好对外宣传工作。据统计，截至12月31日，本台记者采写制作的新闻共被央级媒体采用5条，省级媒体采用66条，被玉溪新闻采用新闻211条，大众新闻采用新闻49条，玉溪人民广播电台采用新闻220条，《新闻直通车》在市电视台播出38期224条。《云南玉溪：花菜陆续上市价格比去年涨10倍》相继在央视《中国财经报道》和《第一时间》节目中播出，《云南玉溪：停车避让眼镜王蛇钻进车里》在央视新闻频道《新闻直播间》节目中播出。

【打造全新的融媒体平台】根据中宣发〔2019〕2号文件精神，通过媒体融合发展的省级顶层设计，全省覆盖、统一标准，建设“一个融媒体指挥中心、一个高效运转机构、一个媒体融合平台”，着重发挥构建县级融媒体平台、再造媒体工作流程、吸附本地用户、培养传媒人才队伍、打通内宣外宣渠道、探索融媒中心市场化运营模式、舆情管控等“七项功能”，进一步推动内容、平台、渠道、数据、技术、人才、机制、管理等“八个融合”。主要建设内容于今年内完成并投入试运行，2020年4月迎接验收。主要内容包括：融媒体制作播出升级改造、融媒体平台建设、演播室和指挥中心场地改造。三个项目资金合计535.33316万元（2019年222.8773万元，2020年172.83196万元，2021年139.6239

万元。）第二届人民政府第54次常务会原则同意融媒体中心建设方案。中共玉溪市江川区第二届委员会第113次常委会原则同意区政府常务会研究结果，今年内由区财政局安排100万元，用于区融媒体中心建设，目前资金已到位20万。不足部分争取上级资金解决。

【确保广播电视节目安全播出】 2019年是建国70周年，玉溪市江川区融媒体中心提高政治站位，紧紧围绕区融媒体工作重点，以实现广播电视节目安全播出为工作重心，积极规范完善内部管理，加强队伍建设，按照中央、省、市、区关于做好庆祝新中国成立70周年安全播出保障工作的要求，为提高江川区各类传播媒体节目播出系统防范干扰破坏和应对突发事件的处置应急能力，开展了广电安全播出大检查、设备维护维修、安全播出业务培训等工作，经过认真排查，安全播出工作中电源保障尚存在一定隐患，报经5月16日区委宣传部2019年第三次部务会研究，同意按采购程序、采购国产设备的要求，购买发电机、UPS电源、蓄电池、空调等设备，以保障无线覆盖和本地节目安全播出的需要。此外，技术部对电台电视机房进行了合并搬迁，并实现了一人机房值班值机。

【融媒体中心升级改造、平台建设等项目启动】 玉溪市江川区融媒体中心升级改造、平台建设等项目于2019年10月报批并启动，主要内容包括：融媒体制作播出系统高标清升级改造、融媒体平台建设、演播室和指挥中心场地改造等3个项目，项目估算总投资535万元。目前已经启动的项目有融媒体制作播出系统高标清升级改造项目，该项目预计投资332万元，内容包括高清摄像机及外场导播系统、高清电视本地业务数据展示、高清非编生产工具、电视高标清同播及安播系统、网络安全、高清生产系统中心支持资源等6各方面，2019年11月5日通过云南省政府采购系统申报并委托云南五兴工程造价咨询事务所有限责任公司代理招标，并采取单一来源采购方式实施。

【江川电视台《江川新闻》实行日播】 为增强《江川新闻》的时效性、信息量、关注度和影响力，实现新闻节目的提档升级，更好地服务党委、政府和广大受众，切实发挥好电视传媒的舆论引导和监督作用，自2019年6月3日起，江川电视台《江川新闻》节目实行日播制。改版后的《江川新闻》由原来的每周三期增加到每周五期，并在周六、周日制作播出《一周新闻》。播出时间为每晚8:00首播，重播3次，分别是当晚22:00时，次日10:00时、12:00时。

【参与建国70周年系列活动】 2019年是建国70周年，9月28日，玉溪市江川区融媒体中心广泛动员，组织干部职工积极参与《庆祝中华人民共和国成立70周年“礼赞新中国奋进新时代”合唱比赛》，并选派4名播音员参与庆祝中华人民共和国成立70周年“礼赞新中国奋进新时代”合唱比赛、玉溪市江川区迎接新中国70周年“德耀江川”颁奖文艺晚会的主持。

【实现“户户通”】 根据中共玉溪市江川区委宣传部下发的《关于报送八届全国服务农民服务基层文化建设先进集体评选表彰申报材料的通知》，玉溪市江川区融媒体中心积极组织开展申报工作，自2006年至今，中心认真开展实施广播电视“户户通”直播卫星工程及中央地面数字无线覆盖工程，有效解决群众看电视难、听广播难的问题，将全区的广播电视覆盖率从80%提高到100%，取得了较好的成效。上报材料《真情搭建“连心桥”奋力实现“户户通”》申报获得玉溪市委宣传部的认可，并将申报材料向省级上报。

【“江川星云”融媒体客户端正式上线】 12月25日，“江川星云”融媒体客户端正式上线，“江川星云”融媒体客户端的正式上线运行，标志着江川区融媒体中心建设进入了新阶段，完成了从电视屏幕向网络移动端的全面进驻。“江川星云”融媒体客户端以“新闻+党务+政务+服务+商务”为定位，深度融合电视、广播、新媒体等资源，不仅是新闻资讯的集散地，还提供生活、教育、交通等便民服务。打开“江川星云”融媒体客户端，不仅能看新闻、读报纸、看电视、听广播，还能刷直播、享服务。同时，“江川星云”融媒体客户端还将打通与省级平台“云南智慧云”的内部通道，实现与云南日报报业集团新媒体的无缝对接，更好地提升新闻舆论的传播力、引导力、影响力、公信力。

（赵　江）

卫生健康

编辑　徐凡清

卫生健康

【概述】　2019年，江川区卫生健康工作深化医疗卫生体制改革、推进基本公共卫生计生服务项目，加强计划生育工作管理，各项工作稳步推进。截至12月底，江川区医疗机构共176家，门急诊接诊人次共196.6万人，在册医师总数607人，其中执业助理医师125人、执业医师482人；全科医生47人；在册护士988人，专业公共卫生人员数392人。相比2018年12月，在册医师增加50人，在册护士增加101人，全科医师增加9人，专业公共卫生人员数增加31人，较上年度医师、护士、全科医生和专业公共卫生人员数分别增长8.9%、11.3%、23.6%、8.5%。全区期末人口255259人，出生人口2676人，出生率10.51‰；人口自然增长率4.83‰，政策内生育2491人，符合政策生育率93.09%。期末已婚育龄妇女45141人，期末采取各种避孕节育措施37772人，综合节育率83.68%；出生婴儿性别比为111。

【重新确认为国家卫生城市】　2019年2月28日，玉溪市江川区被全国爱国卫生运动委员会重新确认为国家卫生城市。《全国爱卫关于2018年国家卫生城市（区）和国家卫生县城（乡镇）复审结果的通报》全国爱国卫生运动委员会。

【卫生村创建】　江川区大街街道河咀社区、江城镇侯家沟村委会被云南省爱国卫生运动委员会命名为2018年度云南省卫生乡镇。《云南省爱国卫生运动委员会关于命名2018年度云南省卫生乡镇和立村的决定》云南省爱国卫生运动委员会。

【招商引资】　2019年共完成招商引资任务3052万元。引进招商引资项目2个，分别为江川妇女儿童康复项目二期：计划总投资1100万元，截至2019年12月完成投资628万元；江川医院医养结合项目，计划总投资2000万元，截至2019年12月完成投资674万元。引进并形成投资情况：市外国内资金1302万元，其中省外国内资金1302万元；与工业园区分成招商引资额1750万元。

【基础设施建设】　玉溪市江川区妇幼保健计划生育服务中心扩建辅助业务用房建设项目于2018年3月获发改局批准立项，项目总建筑面积1665.64平方米，工程投资估算总额790万元：其中计划扩建业务用房建一幢，辅助配套设施——配电房、医疗垃圾房、污水处理、绿化设施（含停车场）等，不含征地费。资金来源：单位自筹600万元（含设备费），不足部分由区委、区政府协调解决。项目于2019年6月8日顺利开工，截至12月31日，项目主体工程已完工，正进行二次装修工程，预计2020年二季度可完工并投入使用。玉溪市江川区人民医院综合住院大楼项目拟建于医院内原门诊楼旧址，建设建筑面积为12000平方米集供应室、住院部、手术部、儿科、妇产科、ICU的综合住院大楼，新增床位120床，项目投资估算总额6000万元。2017年11月21日，该项目列入了《云南省县级公立医院及妇女儿童医院扶贫建设规划（2016～2018）》，截至2019年12月31日，项目已投资132.5万元完成项目前期工作并具备开工条件，目前正积极协调建设资金。完成九溪大村村卫生室、雄关乡窑房村卫生室、大街大营村卫生室、朱家庄村卫生室的新建、修缮、改造，全区63所村卫生室（不含澄江托管村卫生室）全部达到标准化建设标准。

【紧密型医共体建设】 积极筹备，推进紧密型医共体建设工作。在区委、区政府领导下，于2019年7月成立江川区医共体管委会。9月25日，玉溪市江川区人民政府办公室正式印发《玉溪市江川区人民政府办公室关于印发玉溪市江川区推进紧密型医疗共同体建设实施方案（试行）的通知》。10月31日，江川区紧密型医共体建设推进会在区人民医院六楼会议室召开，副区长杨军苹为江川区医共体总医院及各分院授牌，标志着江川区紧密型医共体建设进入实施阶段。

【区级公立医院药品让利】 全区所有公立医院继续执行取消药品加成（中药饮片除外），实行药品零差率销售。经统计，江川区公立医院严格实施药品零差率销售政策后，1～12月区人民医院药品让利群众达324.17万元；区中医医院药品让利群众达49.02万元。

【家庭医生签约工作】 2019年全区与有需求的居民签订家庭医生服务协议119927人，签约人数占辖区常住总人口的47.95%。重点人群签约73357人，完成率81.97%，其中计生特殊困难人员、建档立卡贫困户、低保户和“五保”户等重点人群签约率均达100%。截至12月底各基层医疗机构累计为签约居民开展诊疗服务689334人次；为建档立卡贫困户开展诊疗服务49043人次，组织大病集中救治四批218人次；为残疾人开展诊疗服务37016人次，建档立卡贫困户及残疾人已100%体检1次。

【分级诊疗工作】 健全完善分级诊疗制度，上下转诊有序进行。1～12月，全区累计向上转诊1107人次，向下转诊49人次。

【DRGS付费制度】 积极推行DRGs付费制度改革，患者费用大幅降低。区人民医院所有出院的城乡医保患者病历均进入DRGs分组器进行分组，入组病种数389个，入组率达58.85%。门急诊次均费用降至110.93元；出院患者平均费用降至4021元，DRGs付费降费成效较为明显。

【健康扶贫工作】 2019年继续开展健康扶贫宣传工作，提升群众满意度及知晓率。各乡镇开展医疗讲座培训、大病集中救治、入户宣传巡诊、义诊等，共慢病随访956人次，大病回访160人次，大病集中救治94人次，宣传普及3100余人。积极开展建档立卡贫困人口患病情况筛查工作。对扶贫大平台数据中建档立卡贫困户签约是否到位进行核实，准确掌握32种大病患者信息。大病集中救治工作持续推进。2019年区人民医院累计救治大病患者339人次，院内救治费用为54.07万元。先诊疗后付费、一站式结算工作持续开展。2019年全区享受先诊疗后付费建档立卡患者数共计926人。

【落实计生惠民政策】 2019年，审批新办独子证一次性奖励金15户，兑现资金1.68万元；审批独生子女升学一次性奖励金130人，兑现资金16.88万元；义务教育阶段奖学金215人，兑现资金4.96万元；应享受奖励扶助金987人，兑现资金100.536万元；应享受特别扶助金86人，兑现资金43.68万元；失独家庭一次性抚慰金6户，兑现资金2.75万元；升学加分129人；城镇居民未享受退休金养老扶助67人，兑现资金6.78万元；符合享受独生子女保健费381户，兑现资金4.385万元；计划生育特别扶助制度（其他家庭）11人，兑现资金2.88万元。

【“诚信计生”】 2019年共立案处理计划生育案件15件，其中征收社会抚养费案件8件，行政处罚7件，征收社会抚养费41.8万元，罚没款5.4万元，二者合计47.2万元。

【实施“全面二孩”政策】 积极稳妥实施“全面二孩”生育政策。一是通过会议部署、各种媒体、宣传栏、全面宣传“全面二孩”生育政策；二是畅通办证渠道，彻底解决办证难的问题。全年共登记办理生育证2514本，其中一孩生育证1141本，二孩生育证1282本，三孩生育证91本。

【计划生育协会服务能力建设】 全区共有协会组织74个，其

中：区级计生协会2个（含企业协会1个），乡镇级计生协会8个（含大街街道、江城镇流动人口协会1个），村级计生协会64个（其中：大街街道朱家庄社区、江城镇江城村流动人口协会2个）；会员共计16517人。各村级计生协会均完成了“会员之家”建设。《中共玉溪市江川区委办公室关于调整玉溪市江川区计划生育协会机构编制事项的通知》（玉江室字〔2019〕56号）文件对玉溪市江川区计划生育协会机构编制进行了调整。计生家庭意外伤害保险工作超额完成了预定的目标任务，2019年共计投保47615份，收取保费190.46万元，比上年的180.624万元增长4.65%。2019年11月7日江川区计生协被云南省计划生育协会、中国人寿保险保险股份有限公司云南省分公司授予云南省计生保险十年（2009～2019）县域推广奖。2018年年底至2019年4月，先后二次组织5例唇腭裂儿童在云南省第一人民医院进行了整形修复手术。全年年共开展文艺演出72场次、观众约66780余人次，广播宣传162余次，出板报86期，发放各类宣传资料26400余份，查环、查孕68人次，义诊、量血压等3960人，发放避孕套11800盒，组织培训2630人次，咨询群众4680余人次。在“5·29会员活动日”期间，拍摄了“一个思想不开放的80后代表”作为参赛作品，该作品获得了一等奖，区计生协获得了优秀组织奖，并且被玉溪市新阶联新媒体专委会主任吴健老师作为优秀作品进行点评。

【放管服改革工作】 1~12月共计审发放许可证93户，监督检查餐饮具集中消毒单位9户，抽检合格率为100%。下达卫生监督意见书143份，覆盖率100%、监督率232%。

【卫生技术人才培养】 2019年共引进人才41人，188人报名参加职称晋升考试、27人报名参加高级技术资格实践能力考试、护士执业资格考试93人，在玉溪市卫生健康委组织的2019年基层卫生技能大赛市级预赛中荣获全科医疗组及社区护理组第二名。

【国家基本公共卫生服务项目】

至12月底，全区城乡居民健康档案243841人，建档率96.65%；多种方式抓好健康教育，举办健康知识讲座500场次，13345人次参与听讲；结核病规范治疗管理率98.4%；全区登记管理高血压18873人，规范管理率92.24%；登记管理糖尿病4990人，规范管理率90.32%；重性精神障碍患者在册人数1235例，报告患病率4.80‰。开展65岁及以上老年人中医药健康管理服务人数16314人，开展0～36个月儿童中医药健康管理服务人数9513人。

【实施妇幼健康计划】 认真开展死因监测工作，全区居民死因监测报告1568例，粗死亡率6.17‰，死因监测报告及时率93.88%；妇女儿童健康计划稳步实施。完成增补叶酸项目2560人，任务完成率123.67%；婚检率95.35%；妇女常见病筛查24724人，完成率90.98%；孕前优生健康检查完成1522对，任务完成率101.13%；江川区TCT检测项目完成4254人；孕产妇死亡率为零，被玉溪市人民政府评为玉溪市2018年度孕产妇暨婴儿健康理工作先进单位。出生活产2701人，婴儿死亡16人，婴儿死亡率为5.92‰，五岁以下儿童死亡20人，死亡率为7.40‰；新生儿疾病筛查2671例，筛查率为98.89%；听力筛查2668例，筛查率为98.78%。被云南省卫生健康委妇幼健康处评为2019年第二次室间质评优秀机构。

【防治艾滋病工作】 2019年1～12月新报告HIV感染者/AIDS患者25例，外地羁押人员6例，江川区19例，死亡2例，全部都建立了档案，建档率为100%。HIV检测份数合计110727份，确证阳性数50份。

（李　伟）

医疗保障

【概述】 2019年是区医疗保障局成立后的第一个年头，是承前启后、继往开来的重要开局之年。区医保局全体干部职工深入贯彻落实国家、省、市、区的决策部署，坚持边组建、边学习、边发展，团结拼搏、攻坚克难、奋力开拓，各项工作任务圆满完成，各项体制机制得到完善，医保铁军队伍得到锻炼，风清气正氛围得到巩固，医疗保障工作取得良好开局。

【医疗保障局组建】 2019年2月26日上午，区委常委、常务副区长李卫东出席玉溪市江川区医疗保障局举行挂牌仪式，宣布玉溪市江川区医疗保障局成立，并向区医疗保障局局长李江辉授印。至3月下旬按时完成了“三定”方案制定、人员转隶、办公整合等各项工作，班子组建完毕。

【职能划转】 区医疗保障局成立后应划入原区人力资源和社会保障局的城镇职工和城乡居民基本医疗保障职责、生育保险职责；区发展和改革局的药品和医疗服务价格管理职责；区民政局的医疗救助职责，划转至区医疗保障局。区人力资源和社会保障局的城镇职工和城乡居民基本医疗保障职责管理单位区医疗保险管理局于区医疗保障局成立之初整体划转至区医疗保障局管理，并成立区医疗保险中心。区民政局的医疗救助职责按文件要求于2019年5月1日完成职能划转，业务由区医保中心具体经办。区人力资源和社会保障局的生育保险职责按要求自2020年1月1日起，职工生育保险和职工基本医疗保险合并实施并由医保中心具体经办。

【城镇职工医疗保险】 职工基本医疗保险：参保单位458户，其中机关事业单位148户、自收自支事业单位6户、企业单位310户（含灵活就业人员参保2户）。参保人数15744人（在职11436人，退休4308人），其中机关事业单位7780人（含自收自支事业单位265人）、企业单位5433人、其他人员2531人。

基金征缴7816.25万元，其中单位缴6167.77万元、个人缴1648.48万元。纳入基金分配7816.25万元，其中划入统筹基金3487.05万元、划入个人账户4350.7万元。

基金支出8734.97万元（结算数据），其中统筹基金支出3655.09万元（含特慢病支出943.28万元）、个人账户基金支出5079.88万元。

基金结余-918.72万元，其中，统筹基金结余-168.04万元、个人账户基金结余-729.18万元。

职工大病医疗保险：参保单位458户，参保人数15744人。应征缴基金589.69万元，实际征缴589.69万元,理赔费用278.38万元，基金结余311.31万元。

【公务员补助医疗保险】 参保单位145户，参保人数7965人。应征缴基金3101.36万元，实际征缴3101.36万元。

【特殊人群医疗费】 现有特殊人群41人，其中离休人员26人、二等乙级以上伤残军人15人。医疗费支出136.54万元。

【城乡居民医疗保险】 城乡居民基本医疗保险：参保人数224618人，2019年筹资标准723元/人，实收基金16239.88万元,其中各级财政补助资金11298.28万元、个人缴费4941.60万元；基金支出15177.4万元（含普通门诊支出1864.92万元，特慢病门诊支出909.57万元）。

城乡居民大病医疗保险：参保人数224618人，理赔费用1392.19万元。

【医疗保险缴费基数的核定】 城镇职工基本医疗保险缴费基数的申报核定工作，关系到职工的切身利益和医疗保险基金的良好运行，我局在申报核定缴费基数工作中，根据有关文件规定，按照以收定支的原则，对参保单位的缴费基数和缴费金额进行严格的核定，并于2019年9月24～26日对11家单位2314人进行了实地稽核，及时处理基数申报中出现的问题，确保申报基数的及时、准确、有效，圆满完成了江川区2019年度职工基本医疗保险缴费基数的申报核定工作。

【慢特病患者评审、复审工作】 根据慢特病相关文件规定，按月、按季度组织有关专家进行了特殊病、慢性病评审和到期特慢病复审工作，在评审复审中，严把评审复审关，严格按政策规定对申请和复审特慢病的材料进行逐一审批复审，保证特慢病评审复审工作的公评公正，并将医疗保险特慢病评审复审工作确定为医保局内部稽核重点岗位。目前江川区共有享受特慢病参保患者15026人（职工7098人，居民7928人）。

【“两定”机构监管】 为使“两定”机构切实加强内部管理，严格执行医疗保险的政策和规定，严把药品质量关，严格掌握出入院标准，严格按照因病施治的原则，合理检查，合理治疗，合理用药，合理收费，不断提高医疗服务水平和服务质量，使有限的医保基金得到合理使用，确保参保人员的基本医疗需求。2019年对江川区两定机构98家，进行了156家、次稽核，稽核过程中发现28家、次医药机构存在违规行为，给予追回违费用27272元处理；死亡稽核过程中发现37人死亡后仍享受待遇3597.55元，已追回24人费用共计2415.63

元，剩余13人费用正在追缴。外伤稽核3093人（职工125人，居民2968人），发现城乡居民27人（职工1人，居民26人）不符合社会保险法规定，不予报销。城乡居民16人按规定核定为部分报销费用。

【推进县域医共体医保支付方式改革】　医保支付方式改革是全面推进江川区医共体建设的基础，是规范医疗服务行为，提高医疗保险基金使用效益，控制医疗费用不合理增长，切实减轻参保人员医疗负担的有效方式，是引导医共体合理诊治并主动做好预防保健及健康管理的风向标。为做好医共体建设，我局在市医保的统一安排下对江川区的支付方式进行了调整，完成了总额预付、单病种付费、项目付费、打包付费和DRGs支付的多元复合型付费方式改革，单病种付费个数达到120个，DRGs支付达661个病组，惠及更多的参保人员。1～12月我局已按复合付费方式共支付江川区医疗服务共同体医疗费用共计6546.96万元（其中职工医保1057.14万元，城乡居民医保支5489.82万元）。

【做好三医联动费用支付工作】　严格按照医保费用结算规定及时对两定机构的费用进行了结算支付。同时按照《玉溪市公立医院药品集中限价采购结算管理办法》的规定为两定机构及时代付了药品集中采购中标单位药品采购款。2019年支付药品中标企业公立医院药品采购款总计12072.21万元。

【完成建档立卡人员的健康扶贫医疗保障工作】　严格按照区委、区政府和市医保局的要求，扎实抓好参保缴费、待遇支付、保障标准、管理服务、就医结算等医疗保障扶贫重点举措的落实落地。2019年共有建档立卡贫困户2065户，人数7186人，经市、区两级层层核对，参加城乡居民医保7118人，参加职工医保65人，死亡5人，100%参加基本医疗保险及大病保险。2019年建档立卡人员住院共计1249人次，医疗费用738.98万元,基本医疗保险支付483.16万元，大病保险支付43.04万元，政府兜底支付34.75万元,医疗救助105.00万元,住院医疗费用实际补偿比例90.12%，自付比例9.88%。门诊就医36528人次，医疗费用276.17万元，支付161.16万元。普通门诊就医共计34752人次，医疗费用151.78万元，统筹支付56.07万元，实际报销比例36.94%。28种门诊特慢病就医共计1830人次，医疗费用124.39万元，政策范围内费用124.27万元，统筹支付105.09万元，政策范围内报销比例84.57%，实际报销比例84.48%。9类15种大病就医共计26人次，医疗费用18.69万元，政策范围内费用18.62万元，统筹支付9.3万元，大病保险支付7.57万元,政策范围内报销比例90.64%，实际报销比例90.28%。

【跨省异地就医费用直接结算工作】　2019年，江川区医保局共办理跨省异地就医备案114人次。新医地分布：北京26人次，广东22人次，重庆市12人次，四川8人次，湖北、上海各6人次，江西5人次，河北、浙江各4人次，福建、广西、贵州、湖南、山东各3人次，江苏、新疆各2人，内蒙古、天津各一人次。实际完成就医结算105人次，总费用287.71万元，统筹支付106.71万元，大病保险支付59.83万元；江川区完成异地就医结算9人次，总费用6.32万元，统筹支付2.45万元。

【医疗救助】　2019年5月，按照机构改革方案职能划转的要求，江川区的医疗救助工作职能由民政局划转至医疗保障局。为保障困难群众救助有门受助及时，区医保局在组织对医疗救助政策学习的同时积极与民政沟通，统一政策，统一标准，确保了政策的延续性，此项工作平稳过渡。至12月31日共对2071人次医疗救助费用进行结算，医疗救助费用共计144.16万元。

（李江坤）

江川区人民医院

【基本情况】　玉溪市江川区人民医院是江川区唯一一所公立性二级甲等综合医院，创办于1941年，是全区医疗和业务技术指导中心，承担着基本医疗及危重病人的抢救、转诊、卫生技术人员培训和业务指导等工作。医院在1994年第一轮等级医院评审中通过二级乙等综合医院评审，2013年6月再次通过二级甲等综合医院评审。

医院核定事业编制315人，截至2019年12月31日共有职工487人，其中编外职工206人、编内职工281人，编内职工281人中硕士研究生2人，本科194人、专科79人、中专及以下6人；卫生技术人员269人（正高7人、副高35人、中职96人、初职83人、未定职称

48人）、工勤人员12人。

全院编制床位300张，实际开放350张。医院占地24135平方米，总建筑面积33993平方米，目前开设有内一科（心血管内科、神经内科）、内二科（呼吸内科、消化内科、内分泌科、血液内科、肾内科）、外一科（普通外科、烧伤外科）、外二科（泌尿外科、神经外科、胸外科）、骨科、妇产科（妇科、产科、计划生育科）、儿科（儿内科、新生儿科）、眼耳鼻咽喉科（眼科、耳鼻咽喉科）、口腔科、皮肤科、精神科（门诊）、感染性疾病科、急诊医学科、麻醉科、重症医学科、康复医学科（中医科、康复医学科）、体检中心（健康管理中心）、120急救站等18个临床科室；有医学检验科、放射科、超声科、心电图室、病理科、药剂科、输血科、消毒供应室等8个医技科室；设有院办、党办、医务科、护理部、财务科、内审科、价格科、医保科、信息科、病案科、控感科、防保科、设备科、采购科、总务科、保卫科、质控办、门诊部等18个职能部门及基层工会1个。其中，骨科、妇产科为省级重点专科；设立昆明医科大学第一附属医院消化内科缪应雷主任医师专家基层科研工作站1个（消化内科）、玉溪市总工会技师工作站1个（骨科）。

现拥有荷兰飞利浦64排128层螺旋CT、美国GE6000—DR数字摄影系统、美国GE彩色多普勒超声诊断仪、岛津数字胃肠机、日本日立全自动生化分析仪、法国STAGO全自动血凝仪、美国GE移动C型臂、美国科医人60W钬激光、日本富士超高清电子胃肠镜等先进医疗设备，诊疗业务能满足群众的基本医疗需求。

【业务相关指标】 2019年1～12月总诊疗人次433512人次，其中，门急诊人次402180人次，同比增长3.31%；出院16266人次，同比增长-1.41%；手术3028台次，同比增长25.23%；病床周转次46.47，同比增长-1.42%；病床使用率84.38%，同比增长-1.41%；出院者平均住院日6.62天，同比增长-0.45%；本期收入12570.73万元，其中事业收入11357.99万元（含药品收入3298.45万元）；财政补助收入1159.26万元；其他收入53.48万元。本期费用12539.76万元，其中业务活动费用为11202.61万元，管理费用1230.22万元，其他费用106.93万元；本期盈余30.97万元。

【深入推进公立医院改革】 认真贯彻落实党委、政府工作任务及省、市、区卫生健康部门下达的目标任务，把医改工作向纵深推进，其中2019年1～12月检占比29.98%，药占比28.54%，百元医疗收入（不含药品收入）中消耗的卫生材料16.68元，医务性收入占比35.30%，基本药物使用比例50.51%，住院患者抗菌药物使用强度38.26DDD，DRGs总量15830.26，CMI值0.9733，组数378组，平均总费用4016.92元，平均药费585.44元，平均耗材费334.62元，时间指数0.94，费用指数0.93（去年同期0.81），较好地完成了各项指标任务，在全市公立医院绩效考核中被评定为“优秀”。同时，我院作为县级公立医院改革的试点医院，自2013年1月1日起取消了药品加成率，药品试行零差率销售，2019年1～12月药品共让利百姓324.17万元。

【玉溪市总工会为骨科技师工作站正式授牌】 2018年12月，玉溪市总工会经过实地评估、评审、验收，授予“江川区人民医院骨科技师工作站”等12个技师工作室为第四批技师工作站。2019年5月31日，江川区总工会副主席戴艳芬代表玉溪市总工会将刻有“玉溪市职工技师工作站”的牌匾授予院长李有宏，并给予骨科20000元工作经费作为补助。

【国家卫生健康委员会调研安全生产工作】 2019年1月24日，国家卫生健康委调研组符显辉组长等一行5人在云南省卫生健康委、玉溪市卫生健康委和江川区卫健局领导的陪同下，到医院调研火灾防控和实验室安全工作，调研组通过实地查看、听取汇报等方式对医院安全生产工作进行了全面检查指导。调研中，专家们分成后勤消防安全、生物实验室安全、医疗安全三个组进行实地查看，对医院安全生产工作总体情况较满意。

【迎接胸痛中心省级预评审】 2019年8月1日，医院胸痛中心迎来省级专家的区域预评审，云南省胸痛中心评审专家、玉溪市人民医院副院长郝应禄主任医师，玉溪市人民医院心血管内科主任钱宝堂主任医师共同担任此次预评审专家，区人民政府副区长杨军苹，区卫健局局长杨春文，医院中层以上干部及全区相关科室人员共计100余人参加此次评审，

活动由评审专家郝应禄主任医师主持。医院顺利通过省级专家联盟现场核查预检。

【接受云南省卫健委提质达标验收】 按照云南省卫健委的安排，2019年9月17日，2019年度县级公立医院提质达标验收工作组（第五组）一行6人在组长王琳的带领下，对医院提质达标工作进行验收。

验收工作汇报会在医院门诊六楼大会议室召开，玉溪市卫生健康委副主任史勇，医政药政科干事周厚洺，区委书记徐贤，区人大常委会主任龚桂存，区政协主席罗跃岗，区委常委、区政府常务副区长李卫东，区委常委、区委宣传部部长何眉，区人民政府副区长杨军苹，区属相关单位负责人出席会议，医院领导、中层干部参加会议并全程陪同检查，会议由市卫生健康委副主任史勇主持。

汇报会上，区委书记徐贤代表区委区人民政府对专家组的到来表示热烈的欢迎和衷心的感谢！对江川区基本情况及卫生健康事业发展情况进行介绍；验收专家组组长王琳对本次验收的目的、意义、要求作了说明；医院院长李有宏就医院基本情况、提质达标工作开展情、医院自评情况及下一步工作计划进行汇报。

汇报会结束后，专家组分为医院管理组、医务管理组、内科组、外科组、医技组，认真对照对照《县医院医疗卫生服务能力基本标准》要求，本着公平、公正、公开的原则，采取听汇报、查阅资料与病案、现场走访等方式对医院部门设置、人员配置、医疗技术水平、医疗服务、设施设备、医疗质量与安全、信息化建设等方面内容进行了全面、深入、细致的检查，逐项评估医疗卫生服务能力。

【迎接中国胸痛中心认证专家现场核查】 根据中国心血管健康联盟、心血管研究院、胸痛中心总部关于《2019年度第三批次胸痛中心认证现场核查的通知》要求，2019年10月23日，由胸痛中心核查专家、柳州市工人医院王红教授，胸痛中心核查专家、遵义医学院附属医院许官学教授，胸痛中心广州区域认证办公室廖炜红主任组成的核查专家组一行，对医院胸痛中心认证进行现场核查。江川区委副书记、区人民政府代理区长常成，玉溪市卫生健康委员会副主任史勇、玉溪市人民医院常务副院长郝应禄、江川区人民政府常务副区长杨军苹、区政府办主任钟镖、区卫生健康局局长杨春文、医院班子成员、胸痛中心委员、核心科室医务人员、120人员、网络医院代表、观摩单位代表共计90余人出席汇报会。会议由胸痛中心广州区域认证办公室廖炜红主任主持。

核查组专家、遵义医学院附属医院许官学教授就中国基层胸痛中心认证的目的和意义、现场核查流程及认证标准的五大要素等作了详细介绍。医院副院长付林华向各位领导、教授、专家详细汇报了医院胸痛中心建设情况。胸痛中心认证现场核查专家认真细致审核了医院胸痛中心建设材料，对核查结果进行汇总分析，并提出反馈核查意见，为我院胸痛中心在以后的工作中进一步优化流程，更好、更快发展，以更高的专业水平、更优的服务质量服务好江川区胸痛患者指明道路！

【推进紧密型医共体建设】 为进一步深化医药卫生体制改革，更好地发挥区域医疗服务体系整体效益，提升基层医疗卫生机构服务能力，健全完善分工协作机制，更好地方便群众就医，减轻患者医药费用负担。根据相关文件精神，2019年10月31日，江川区召开紧密型医共体建设推进会。

该项工作实施以来，医院对区域内中医医院及六个乡镇卫生院从基础设施投入、人才培养、技术帮扶、资源共享、内涵建设等方面入手，做真抓实紧密型医共体建设。依托医院建设的区域内消毒供应中心、检验中心、病理诊断中心、急救中心均已建成并良好运行；区中医医院及乡镇卫生院不能开展的影像（包括放射和超声）检查业务由医院来承担；胸痛中心、卒中中心建设一年多来已形成对区中医医院及乡镇卫生院的良好网络辐射和带动作用，全区胸痛病人和卒中病人纳入一体化管理和救治，步入稳步运行状态，群众就医获得感不断提升。

【成为昆华医疗联合体专科联盟成员单位】 为全面纵深推进医疗卫生体制改革，加强区域医疗服务协同作用，提升基层医疗机构服务能力，2019年11月14日下午，玉溪市江川区人民医院与昆华医疗联合体专科联盟协议书签署仪式暨“云南省血液病专科联盟、云南省地中海贫血防治联盟成员单位”“云南省心脑血栓性疾病中西结合治疗联盟成员单位”授牌仪式在医院大会议室举行，云南省第一人民医院（昆华医院）血液内科李正发教授及团队成员，江川区卫健局杨春文局长、龚雪娟副局长，医院班子成员、相关科室成员及不在班医务人员共计200余人出席会议。

【重症医学科开科运行】 区医院重症医学科总建筑面积450平方米，投入设备达260多万元，于2019年8月19日正式开科运行。科室设在住院大楼一楼，是一个综合性ICU，采用综合封闭模式管理。科室拥有一支专业的技术团队，设施设备全面，在同级医院中处于领先水平，为江川区急危重症患者的抢救、监护、治疗提供了有力保障。

【开展试点工作】 积极推进现代医院管理制度建设，内部治理体系不断完善；严格落实分级诊疗制度；试行“医共体医保基金整体打包付费”政策；加速提升“五大中心”水平，胸痛中心顺利通过国家胸痛中心认证现场核查，卒中中心运转有序，创伤中心、危重孕产妇救治中心、危重新生儿救治中心启动在即，重症医学科建成投入运行，危急重症救治能力不断提升，并通过完善急重症患者绿色通道建设，综合服务能力有了较大的提升，取得较好的社会效益。

【提升服务效度】 规范执行医保政策，合理检查、合理用药、合理治疗、合理收费，切实保障患者权益；全面推进国家公立医院绩效考核；开通网上诊疗业务，完成公众号智能导诊、线上挂号、缴费、住院预交缴费、检验、检查报告查询的工作，将医院公众号作为业务推广的全新路径。同时也开通了窗口支付宝、微信、银行卡的支付，方便患者就医，改善就诊环境，在患者心中树立现代化医院形象。

【突出专科特色，完善综合服务功能】 麻醉科联合妇产科开展分娩镇痛、无痛人流，联合内二科开展无痛胃镜，提高患者就医的舒适性；外二科与省级专家协作开展并提高经皮肾镜钬激光碎石取石手术、腹腔镜下无功能肾切除手术水平；外一科积极扩展腹腔镜在普外科的应用范围，完成多例腹腔镜胆囊切除术，腹腔镜阑尾切除术，腹腔镜胆道探查、T管引流术；内二科每周末进行门诊胃肠镜检查、治疗，加快透析科、呼吸科建设步伐；骨科开设伤口造口护理门诊，整体提高全院护理人员对伤口造口护理的技术水平；内一科开展神经系统重建治疗、体外排痰治疗、红外线微波治疗；儿科开展机械辅助排痰及药物穴位贴敷治疗，有效减轻患儿病痛；急诊科主导胸痛中心胸痛中心和卒中中心建设，有效降低江川区急性胸痛、卒中病人的致死、致残率；超声科新增妇科腔内检查项目；检验科参加了国家卫健委检验中心、省检验中心的生化、免疫、微生物等10个项目的室间质评。

【全面提高诊疗水平】 以提质达标和“两个中心”建设为契机，积极引进了多种先进的医学诊疗设备，所涵盖种类达90类，274台（套）、资金投入达900多万元，为切实提高临床科室的诊疗水平打下了良好的硬件基础。如，内二科引进日本富士超高清电子胃肠镜系统，其采用双滤光光学成像技术，图像更加清晰，诊断性·强，准确率极高；泌尿外科引入进口钬激光碎石系统，具有很强的安全性以及广泛的适用性；眼科引入的视野计、电脑验光仪、非接触式眼压计、干眼症雾化器等一系列先进产品，逐步建立起一套科学完备的眼科检查和治疗体系，进一步促进眼科的发展；麻醉科新购进了血气分析仪和视频喉镜，提高了麻醉诊疗水平。

【成功救治多例急危重症患者】 骨科分秒必争，成功救治被旋耕机多刀片刺伤患者；骨科敢于创新，在同级医院中率先完成首例显微镜下神经、血管吻合术；外二科迎难而上，成功救治急危重颅脑损伤患者；外一科、重症医学科等多学科联合起来，不离不弃，成功救治车祸重伤的“肝破裂，低血容量性休克，失代偿期”患者；妇产科、麻醉科等多学科联合上演生死时速，成功救治极高危转运产妇。

【优质护理为患者提供服务】 一是继续实行护理质量管理体系，坚持执行检查、考评、反馈制度，设立质量可追溯机制，确保各项护理质量达到标准要求。二是重点监督护理核心制度的执行情况，加强管理，定期对护理缺陷、护理投诉进行归因分析，从中吸取教训，提出防范和改进措施。三是重点加强对新上岗护士、低年资护士的技术考核。制

定出年度护理人员培训考核计划和护士规范化培训计划，采取各种措施认真组织落实。四是进一步规范护理操作用语、告知程序和沟通技巧，培养护士树立良好的职业形象。五是充分发挥临床护理人才的优势，提升护理队伍科研水平和技术创新能力。

【开展胸痛中心卒中中心基层培训暨农村贫困人口大病专项救治和义诊活动】 为了提高江川区群众对胸痛和卒中疾病早期就诊率，降低伤残率和死亡率，2019年2月13～19日，医院组织胸痛/卒中中心工作人员到江城卫生院、安化卫生院、前卫卫生院、雄关卫生院、九溪卫生院、大街卫生院、中医医院、弘益医院，组织乡镇卫生院、村卫生所、医务室人员开展胸痛中心及卒中中心相关知识培训、宣传和义诊活动。同时，组织医保科、医务科、内一科等工作人员对全区六个乡镇218名患有29种大病的建档立卡贫困人员开展专项集中救治工作，为每一位救治对象建立和完善治疗方案、进行安全用药知识宣传、入户巡诊等活动。

【开展慢性病基层健康指导和安全用药科普活动】 为了全面落实国家新医疗政策，切实提高广大基层群众对慢性病的知晓率、治疗率、控制率，普及正确的健康观念与安全用药理念，倡导健康生活方式和提升安全合理用药意识。医院多次组织预防保健科、内分泌科、心血管内科、体检中心及临床药师到江城镇卫生院、大街镇中心卫生院、九溪卫生院、雄关卫生院等多个卫生院为各乡镇、各社区、村委会、村民小组的群众开展慢性病健康指导和科普项目“提高基层民众用药安全意识及健康素养科普系列活动”，指导健康的生活方式和安全合理用药，供方便快捷的高血压、糖尿病检测筛查服务。同时发放各类健康宣教和安全合理用药资料1万余份。

【荣获科普工作先进个人和先进集体】 在江川区委、区人民政府表彰的“2015～2019年度科普工作先进个人和先进集体”中，医院主任药师李亚捷荣获“玉溪市江川区2015～2019年度科普工作先进个人”，医院荣获“玉溪市江川区2015～2019年度科普工作先进集体”荣誉称号。

（李亚捷）

江川区中医医院

【基本情况】 玉溪市江川区中医医院是具有一定规模的区级二级乙等中医医院，创建于1988年，占地10.59亩。

核定事业编制112人，2019年末全院共有职工194人，其中编制内职工88人（退休2人，调入3人，大中专毕业生招考录用7人），编制外职工106人。研究生学历2人，本科学历71人，大学专科学历92人，中专及以下学历24人。卫技人员166人（占职工总数的85.6%），其中，副高职称以上的15人，中级职称26人，初级职称123人，高级工1人，职员1人。

全院编制床位120张，实际开放190张。设有内科、外科、针推科、肛肠科、骨伤科、治未病科、麻醉科7个临床科，放射科、检验科、药剂科3个医技科室，医保科、医务科、控感办、护理部、财务科13个辅助科室，共计23个科室部门。拥有美国进口DR全数字摄片系统、GE彩超、血生化分析仪、德国进口Draeger麻醉机、C型臂移动式X线成像系统、24小时动态心电等先进医疗设备80余台，截至2019年12月31日，全院固定资产1902.16万元。

【医疗指标】 2019年门诊人次84434人次，较上年增加7696人次，增长率17.83%；2019年住院患者4278人次，较上年增加152人次，增长率3.68%；2019年手术台次843台，与上年相比增加115台。

2019年医院总收入2668.11万元。其中：医疗收入2218.07万元；财政补助收入447.7万元（基本拨款333.37万元，项目拨款114.33万元）。总支出2912.75万元，其中业务支出2703.02万元、财政项目支出209.73万元。收支结余-244.64万元。

【支部委员换届选举】 2019年6月20日，玉溪市江川区中医医院党支部召开党员大会选举医院支部书记，支部委员由3人增加至5人，增设专职副书记、纪检委员，最终确定黄东同志为中医医院支部书记。

【薪酬制度改革】 2019年8月通过第三方代理机构在交易中心以竞争性磋商的方式完成引进医院管理的招标采购。9月16日北京百泽汇智医院绩效管理公司正式入驻我院进行调研、摸底、访谈、培训，通过召开职工大会、职代会、院班子会、支委会，广泛征求职工意见，在绩效公司指导下制定了体现医院核心价值的绩效工资分配方案。11月26日召开职工代表大会表决通过了《玉溪市江川区中医医院绩效管理方案》，报请上级主管部门批示后，自2019年11月执行。

【人才队伍建设】 结合医院运行发展需求，2019年2月第一次通过公开招考方式招聘编外人员，药剂人员3人，检验人员2人，会计人员1人。引进编内人才10人，其中提前引进7人（临床医学4人，医学影像学1人，生物医学工程1人，药学1人）、区外选调3人（其中临床医学1人，医学检验1人，中医学1人）。举办各类业务讲座及培训近30余次，协作市级继教项目1次、主办1次。市级医院进修1人，规范化培训5人，外出短期培训35人。接受实习生人次27人，见习生11人。

【党建工作】 2019年11月，制订《玉溪市江川区中医医院2019年“不忘初心、牢记使命”改善服务态度，提升医疗服务质量主题教育活动方案》，改善服务态度，提高服务质量，转变工作作风，提升服务水平，提升人民群众满意度。

【健康扶贫】 2019年我院在开展健康扶贫工作中,救助建档立卡户住院患者217人，医疗救助费用为66553.92元，政府兜底保障为2943.33元。救治低保住院患者84人，救助费用59129.97元；救助优抚患者76人，救助费用36484.38元；低保、优抚、建档立卡患者报销比例均达到90%以上。

【专科联盟建设】 2019年9月26日，骨伤科与昆明市中医医院合作签订了《云南中医骨伤专科联盟合作协议书》，建立骨伤科专科联盟；2019年12月17日，同云南省中医医院外科举行外科专科联盟签约授牌仪式，2019年12月23日，肛肠科与云南省中医肛肠协会建立中医肛肠专科联盟。

【科室建设】 2019年11月8日成立了治未病科及社会服务部，治未病科以为病人提供多样化、经济简便的亚健康检测、中医体质辨识、健康咨询服务等特色中医药服务。社会服务部本着“以临床为中心、以病人为中心”的服务理念，加强医院宣传服务工作，促进医院影响力提高，树立医院的品牌形象。

【基础建设】 2019年7月26日完成医技、住院综合楼搬迁工作，正式投入使用,将内科、肛肠科、骨伤科、麻醉科的住院病区搬至新楼。2019年8～12月期间，对老门诊综合楼墙体、卫生间等做了修缮改造。2019年9月引进一台高清电子直乙肠镜设备，2019年11月引进高清腹腔镜一台。

【义诊、惠民服务】 2019年9月25日以“中华五千年　首诊看中医”为主题，邀请云南省中医医院专家到我院，开展“守初心、解难题、助扶贫、庆丰收”大型义诊活动。2019年10月18～24日，免费提供以中药熏药治疗800余人。2019年12月23日至24日，治未病科免费发放大锅药1000余人。每周到各乡镇巡回义诊，近距离为百姓提供医疗咨询4000余人次、部分疾病筛查200余人次、高血压测量4000余人次、中医知识宣教3000余人次，共计发放了宣传材料6000余份，免费发放35余种普药，共计10000余元。

【感染管理】 2019年感染检测覆盖率100%，发生医院感染例次为1人，院内感染率0.03%，无漏报现象。2019年法定传染病报告6种50例，乙类传染病报告4种40例，占传染病报告总数的80%；丙类传染病报告2种10例占传染病报告总数的20%；无传染病死亡病例、无甲类传染病病例报告报告。

【公立医院改革】 2019年公立医院改革推进中，门诊患者次均费用为89.19元，住院患者次均费用为3424.50元。药占比（不含中药饮片）22.1%，基药使用比例61.68%，药品共让利百姓49.01万元。化验收入占医疗收入比为9.39%，医疗服务收入（不含药品、卫生材料、检验、化检收入）占比44.73%，抗菌药物使用强度（DDDS）为37.17，百元医疗收入的医疗支出（不含药品收入）为131.84元，百元医疗收入（扣除药品收入）中消耗的卫生材料16.3元，管理费用率14.93%，资产负债率为13.76%。

【发挥中医特色优势】 提高中药饮片及中成药的使用率，积极开展中医诊疗技术，诊疗服务人次达12万余人次，其中包含中药熏洗23961人次，中药封包11759人次，中药涂擦6060人次，艾灸2484人次，拔火罐2473人次，中药热敷1378人次，耳穴埋豆452人

次，中药保留灌肠135人次，中药坐浴1252人次，穴位贴敷4513人次等30余项；TDP照射21047人次，中频治疗13727人次，慢性小脑生物电治疗13727人次，DJ治疗1739人次等理疗项目。

【中医药健康管理服务】 2019年内，玉溪市江川区中医医院到雄关、安化、前卫等6个乡镇卫生院进行乡镇级和村级项目工作人员进行中医药健康管理服务项目培训，共培训了38人次。辖区内65岁及以上老年人32158人，完成老年人中医药健康管理服务记录表采集、体检、老年人生活自理能力评估并将部分信息上传共享群16314人，服务率达50.73%；0～36个月儿童10627人，指导乡村医生完成儿童中医药保健及基础信息采集、服务登记、体检、中医药健康管理服务宣传9513人，服务率达89.51%。印制0～36个月中医药健康管理服务项目技术规范宣传折页1000份、印制65岁及以上中医药健康管理服务项目技术规范宣传册子500本，分发至医务人员、患者、居民手中。有效推动了“中医基层化，基层中医化”的发展进程。

【信息系统优化升级】 与中国农业银行对接，搭建医院网络平台，医院公众号按期上线，完善了线上预约挂号、在线支付、报告单自助打印等功能，简化病人就诊流程，减少病人就诊等候时间，提高预约就诊率。

【完善管理制度】 为促进医患沟通，提升医疗服务质量，2019年7月制定了《玉溪市江川区中医医院患者回访制度》，自2019年8月至2019年12月，回访人数达2000余人，回访率达90%。2019年10月1日制定了《防控医疗风险夜查房制度》，督促了临床核心制度的落实，及时解决科室所需，排除潜在安全隐患。为保证医院医疗质量管理工作的全面有效开展，2019年11月制定了《玉溪市江川区中医医院质量管理考核方案》，提高了医院管理效率。完善了《玉溪市江川区中医医院感染管理制度》《玉溪市江川区中医医院药事管理与药物治疗学委员会章程》《玉溪市江川区中医医院医疗质量与安全管理体系》，对专业委员会的人员组成进行了调整和补充，使各自的职责与权限范围进一步得到清晰。

【探索临床药师工作模式】 健全药事管理制度和药事管理组织，完善处方点评制度，加强了药品和医疗器械在临床应用中的监管和不良事件报告和处置，上报药品不良反应14例，器械不良反应1例。探索性开展了符合我院实际的临床药师工作制度，不断提高我院临床用药的规范化、合理化。

【第三轮服务价格调整】 2019年1月1日起，调高413项体现医务人员技术劳务价值的医疗服务项目价格，降低16项普及惠及群众的检验和利用大型医用设备开展的检查项目价格，取消普通挂号费1项。对玉溪籍持有云南省城市居民最低生活保障金领取证的城镇贫困人群和特困人员救助供养证的特困人员，免收所有诊查费，减半收取床位费。对无身份、无医疗保障、无人照管的严重精神病患者免收床位费、护理费、住院诊查费。

（杨 薇）

江川区妇幼保健院

【概述】 江川区妇幼保健院始终坚持“以保健为中心，以保障生殖健康为目的，保健与临床相结合，面向群体、面向基层和预防为主”的工作方针。设有妇女保健科、儿童保健科、婚前保健科、妇产科、基层科、计划生育科、检验室、B超室、放射室、护理部、医务科、妇幼卫生信息科、健康教育科等13个临床保健科室；设有办公室、财务科、后勤科、信息设备科等4个行政后勤职能科室。

中心核定编制74人，年末实有在职职工64人，年内退休3人，新招录用3人，调入1人。有执业医师29人，执业助理医师2人，注册护士10人，药剂师1人，检验技师（士）3人，其他卫生技术人员8人，统计师1人，经济类5人，工勤人员5人。有卫生专业技术人员53人，占人员总数的82.81%。在职人员学历结构：研究生1人，本科33人，大专23人，中专6人，初中1人，未设床位。聘用业务技术职称：正高1人，副高11人，中职24人，初职14人，未定职称9人。在职人员年龄结构：55～60岁4人，50～55岁16人，45～50岁15人，40～45岁9人，35～40岁4人，35岁以下16人，40岁以上占68.75%，年龄趋于老龄化。

2019年，完成门诊诊疗54479人次，实现业务收入493.49万元，比上年减177.51万元，顺利完成省、市、区下达的各项任务指标。为进一步提高诊疗水平，方便辖区孕产妇孕期保健服务，江川妇幼保健院自筹288万元采购高档四维彩色超声诊断仪一台，该设备的引进满足了妇科、产科、盆底超声、生殖医学及母胎医学等各个领域的诊断需求。同时也填补了江川区胎儿颈透明层（NT）检测及胎儿系统B超的空白。

【育龄妇女死亡监测】 2019年全区共有育龄妇女63473人，上报育龄妇女死亡28人，死亡人数比上年减6人，死亡人数占育龄妇女总数的0.04%，无孕产妇死亡。28例育龄妇女死亡中，各类恶性肿瘤死亡9人，占育龄妇女死亡总数的23.53%；死亡9人，占育龄妇女死亡总数的23.53%；意外死亡5人，占育龄妇女死亡总数的17.85%；系统性红斑狼疮、高血压性肾病、肺炎、自杀、他杀各死亡1人，各占育龄妇女死亡总数的3.57%。

死因排位：28例育龄妇女死亡中各类恶性肿瘤、心脑疾病各死亡9人，居第一位；意外死亡5人，居第二位；系统性红斑狼疮、高血压性肾病、肺炎、自杀、他杀各死亡1人，居第三位。

【孕产妇保健】 2019年，全区共有产妇2673人（农业户籍产妇2312人，非农业户籍产妇361人），建孕产妇保健手册2673人，率达100%；产妇早孕建册2494人，率达93.30%；产妇产前检查2673人，率达98.96%；产妇产前检查5次及以上2494人，健康管理率达92.34%；产妇孕早期产前检查2494人，率达92.34%；产妇孕产期血红蛋白检测2673人，率达100%，筛查出孕产期贫血309人，率达11.56%，其中中重度贫血6人，中重度贫血患病率达0.22%；产妇艾滋病病毒检测2673人，检测率达100%，检出孕产妇艾滋病病毒感染2人，感染率达0.07%；产妇梅毒检测2673人，检测率达100%，检出产妇梅毒感染3人，感染率达0.11%；产妇乙肝表面抗原检测2673人，检测率达100%，检出乙肝表面抗原阳性22人，阳性率达0.82%；产后访视2672人，产后访视率达98.93%；产妇系统管理2494人，系统管理率达92.34%。出生活产数2701人，新法接生活产数2701人，新法接生率达100%；住院分娩活产数2701人，住院分娩率达100%，剖宫产活产数874人，剖宫产率达32.36%；筛查出橙色、红色、紫色的高危产妇298人，高危产妇筛查率达11.15%；管理高危产妇298人，管理率达100%，高危产妇住院分娩298人，高危产妇住院分娩率达100%；娩出低出生体重儿135人，发生率5.00%；巨大儿94人，发生率3.48%；早产儿160人，发生率5.92%；死胎死产15人，发生率0.56%；早期新生儿死亡4人，死亡率1.48‰;围产儿死亡19人，死亡率7.00‰；无新生儿破伤风发病人数和死亡人数。孕产妇死亡连续三年为零。

【5岁以下儿童死亡监测】 2019年，全区共有出生总数2716例，其中出生活产2701例，死胎死产15例。5岁以下儿童死亡20例，死亡率7.40‰；其中男孩死亡10例，死亡率7.04‰，女孩死亡10例，死亡率7.81‰。1岁内婴儿死亡16例，死亡率为5.92‰；其中男孩死亡9例，死亡率6.33‰，女孩死亡7例，死亡率5.47‰。28天内新生儿死亡7例，死亡率2.59‰，其中男孩死亡5例，死亡率3.52‰，女孩死亡2例，死亡率1.56‰。7天内早期新生儿死亡4例，死亡率1.48‰，其中男孩死亡2例，死亡率1.41‰，女孩死亡2例，死亡率1.56‰。早期新生儿死亡占新生死亡数的57.14%，新生儿死亡占婴儿死亡数的43.75%，婴儿死亡占5岁以下儿童死亡数的80%，年龄越小死亡人数越多。

20例5岁以下儿童死亡中，早产或低出生体重儿死亡6例，居第一位，占死亡总数的30%；其他先天异常（先天性胆道闭锁2例，先天性巨结肠、先天性无汗综合征伴痛觉迟钝、左侧脑桥蛛网膜囊肿各1人）5例，居第二位，占死亡总数的20%；肺炎死亡4例，居第三位，占死亡总数的20%；先天性心脏病、溺水、广泛性发育迟滞、穿孔性阑尾炎、癫痫持续状态后脑干损伤各死亡1例，居第四位，各占死亡总数的5%。

4例1～4岁儿童死亡中，溺水、广泛性发育迟滞、穿孔性阑尾炎、癫痫持续状态后脑干损伤各死亡1例，各占死亡总数的25%。

16例婴儿死亡中，早产或低出生体重儿死亡6例，居第一位，占死亡总数的30%；其他先天异常（先天性胆道闭锁2例，先天性巨结肠、先天性无汗综合征伴痛觉迟钝、左侧脑桥蛛网膜囊肿各1人）5例，居第二位，占死亡总数的20%；肺炎死亡4例，居第三位，占死亡总数的20%；先天性心脏病死亡1例，居第四位，占死亡总数的6.25%。

7例28天内新生儿死亡中，早产或低出生体重儿死亡4例，居第一位，占死亡总数的57.14%；肺炎死亡2例，居第二位，占死亡总数的28.57%；先天性心脏病死亡1例，居第三位，占死亡总数的14.29%。

4例7天内早期新生儿死亡中，早产或低出生体重儿死亡3例，居第一位，占死亡总数的75%；肺炎死亡1例，居第二位，占死亡总数的25%。

【儿童保健】 2019年，全区共有7岁以下儿童18365人，健康管理18070人，健康管理率达98.39%。3岁以下儿童8534人，系统管理8374人，系统管理率达98.13%。5岁以下儿童13543人，身高体重检查13315人，体检率达98.32%，筛查出低体重243人，低体重检出率1.83%；生长迟缓145人，生长迟缓检出率1.09%；消瘦18人，消瘦检出率0.14%；超重38人，超重检出率0.29%；肥胖35人，肥胖检出率0.26%。5岁以下儿童血红蛋白检测10141人，筛查出贫血患病639人，贫血患病率6.30%，其中中重度贫血患病19人，中重度贫血患病率0.19%。新生儿访视2694人，新生儿访视率99.74%；6个月内婴儿母乳喂养调查2695人，母乳喂养2651人，母乳喂养率98.37%，纯母乳喂养1901人，纯母乳喂养率达70.54%。

【出生缺陷医院监测】 2019年，江川区辖区内助产机构共监测到围产儿1578例，其中男性852例，女性726例，无性别不明；发现出生缺陷儿22例，男性13例，女性9例，其中2例孕周不满28周，出生缺陷发生率126.74/万，比去年同期上升44.77/万。监测到城镇围产儿1406例，发现城镇缺陷儿21例，发生率为149.36/万；监测到农村围产儿172例，发现农村缺陷儿1例，发生率为58.14/万。

22例出生缺陷顺位：先天性心脏病5例，发生率22.73%，居首位；外耳其他畸形3例，发生率13.64%，居第二位；多指、小耳、其他各2例，发生率37.50%，居第三位；直肠肛门闭锁、马蹄内翻足、肢体短缩、多趾、肾缺如、尿道下裂、并趾、唇裂并肢体短缩各1例，发生率4.55%，居第四位。

22例出生缺陷儿畸形确诊时间及诊断依据情况分布：产前确诊3例，占13.63%，产后七天内确诊19例，占86.37%。超声诊断7例，占31.82%；临床诊断15例，占68.18%。诊断为出生缺陷后治疗性引产3例，占13.63%。

出生缺陷儿母亲孕早期及家庭史情况：孕早期患病7例，占缺陷总数的31.82%；孕早期服过药5例，占缺陷总数的22.73%；其中服过抗生素1例；接触狗1例。产妇异常生育史：产母生育过缺陷儿2例；22例产妇家庭中均无遗传史，也无近亲婚配史。

出生缺陷儿性别及转归分布：22例出生缺陷儿中，男13例，女9例，男女发生率为1：0.875。转归情况：目前存活19例，治疗性引产3例，无七天内死亡。

【产前筛查和新生儿疾病筛查】 2019年，全区共有产妇2673人，出生活产2701人，孕产妇产前筛查2567人，产前筛查率96.03%；筛查出高危67人，高危率为2.61%，产前诊断57人，诊断率为2.13%，无产前诊断确诊病例。新生儿苯丙酮尿症筛查2671人，筛查率98.89%，无确诊病例；新生儿甲状腺功能减低症筛查2671人，筛查率98.89%，筛查出新生儿甲状腺功能减低症2人，检出率0.07%；筛查出G6PD（蚕豆黄）3人，检出率0.11%；新生儿听力筛查2668人，筛查率98.78%，筛查出听力障碍2人，检出率0.07%。

【免费婚前医学检查工作】 2019年，全区共有新婚人员4174人，婚前医学检查3980人，婚前医学检查率达95.35%；检出疾病267人，疾病检出率为6.71%，其中指定传染病17人，占检出疾病总数的6.37%，其中，男性6人、女性11人；指定传染病中性病17人，占指定传染病总数的100%；生殖系统疾病134人，占检出疾病总数的50.19%；内科系统疾病114人，占检出疾病总数的42.70%；其他疾病2人，占检出疾病总数的0.75%。对有影响婚育的疾病提出医学意见17人，婚前卫生咨询3980人。

【农村妇女宫颈癌非HPV免费检查项目工作】 2019年，市级下达江川区农村妇女宫颈癌非HPV免费检查任务数4252人，实际检查4254人，任务完成率达100.05%。检查人员中以往接受过宫颈癌检查572人，占13.45%。结案4254人，结案率100%。筛查人员中正常1640人，占38.55%；异常2614人，占61.45%。宫颈细胞学检查4254人，TBS分类异常228人，TBS阳性率5.36%。筛查出不典型鳞状上皮细胞（ASC—US）157人，不除外高度鳞状上皮内病变（ASC—H）3人，低度鳞状上皮内病变（LSIL）45人，高度鳞状上皮内病变（HSIL）18人，不典型腺上皮细胞（AGC）5人。组织病理学检查83人，筛查出低级别病变19人；癌前病变10人，癌前病变率235.07/10万；宫颈癌2人，宫颈癌检出率47.01/10万。癌及癌前病变检出12人，癌及癌前病变检出率282.09/10万；宫颈癌早期诊断11人，宫颈癌早期诊断率91.67%。宫颈病变治疗随访12人，治疗随访率100%。查出生殖道感染2339人，占54.98%。其中：滴虫性阴道炎12人，检出率2.82%；霉菌性阴道炎304人，检出率7.15%；细菌性阴道炎279人，检出率6.56：黏液脓性宫颈炎848人，检出率是19.93%：宫颈息肉173人，检出率4.07%；其他生殖道感染819人，检出率19.25%。生殖系统良性疾病中子宫肌瘤178例，检出率4.18%；其他良性疾病97例，检出率2.28%。

【免费乳腺癌检查项目工作】 2019年，市级下达江川区农村妇女乳腺癌免费检查任务数5000人，实际检查5001人，任务完成率达100.02%。检查人员中以往接受过乳腺癌检查607人，占12.14%。结案5001人，结案率100%。乳腺彩色超声检查5001人，检查率100%。乳腺X线检查626人，检查结果：0级7人，1级459人，2级117人，3级36人，4级7人，5级0人。乳腺良性疾病519人：乳腺纤维腺瘤3人，乳腺导管内乳头状瘤0人，其他516人。组织病理检查20人，筛查出癌前病变0人，癌前病变检出率0/10万；乳腺癌3人，乳腺癌检出率59.99/10万；乳腺癌早期诊断1人，乳腺癌早诊率100%。乳腺癌治疗3人，治疗率100%；随访3人，随访率100%。

【免费孕前优生健康检查项目工作】 2019年，共完成免费孕前优生健康检查1522对，目标任务1505对，目标任务完成率101.13%。评估咨询、指导服务3044人，评估为高风险458人，面对面咨询指导或电话咨询650人。早孕随访3819人次，妊娠结局随访791人次。新增叶酸服用2560人，免费发放叶酸15360瓶，发放优生健康知识读本1550本。

【计划生育服务工作】 2019年，全区共做各项计划生育服务手术2894例，其中放置宫内节育器624例，占节育手术总例数的21.56%；取出宫内节育器1134例，占节育手术总例数的39.18%；输卵管节育手术4例，占节育手术总例数的0.14%；负压吸引流产术1022例，占节育手术总例数的35.31%；无钳刮流产术人数；药物流产109例，占节育手术总例数的3.77%；麻醉流产306例，占节育手术总例数的10.57%。发放避孕药具11031人次，生育咨询5693人次，随访4196人次。

【居民健康档案管理工作】 截至2019年12月底，全区共建立城乡居民规范化纸质档案243841人，建档率96.65%；建立电子档案243841人，建档率96.65%。

【危急孕产妇救助】 2019年共救助5例危急孕产妇，最高救助金额达64000元，最低救助金额达3900元，救助金额共计10.09万元。

【贫困孕产妇救助】 2019年1月23日，在区卫卫健局四楼会议室召开了江川区2018年高危贫困孕产妇补助基金兑现会，对符合补助标准的52名贫困孕产妇进行了补助，最高的补助了3500元，最低的补助了200元。补助金额共计6万元。

【出生医学证明管理】 2019年共办理出生医学证明1574张。其中：机构内首次签发1525张，机构外首次签发3张，换发18张，补发24张，废证4张，废证率0.25%，办证率100%。

（周艳萍）

疾病预防控制

【开展第66届世界防治麻风病日暨第32届中国麻风节宣传活动】

2019年1月27日是第66届世界麻风病防治日暨第32届中国麻风节，2019年的活动主题是“创造一个没有麻风的世界”。1月27日，江川区疾控中心、大街街道中心卫生院联合在大街老戏台广场开展了麻风病防治宣传咨询活动，活动共发放宣传资料200余份、接受群众咨询80余人次。

【“3·24”世界防治结核病宣传日活动】 2019年3月24日是第24个世界防治结核病日。2019年3月22日玉溪市江川区疾控中心联合大街卫生院在江川大街老戏台广

场开展“世界防治结核病日”宣传活动。在疾控中心罗绍德副主任的带领下，工作人员向过往行人发放宣传资料，宣传结核病防治相关知识和政策，并开展了结核病现场免费咨询，详细解答广大群众提出的疑难问题。

【严重精神障碍患者复核诊断风险评估工作】 根据市卫健委《关于做好严重精神障碍患者重新进行危险性评估的通知》及公安机关《关于做好全国两会和新中国成立70周年大庆期间肇事肇祸等重性精神障碍患者服务管理工作的通知》的要求，江川区卫健局召开了专题会议对筛查和评估工作进行了全面部署，2019年4月1日至8日，区疾病预防控制中心联合区人民医院、各乡镇卫生院对全区6个乡镇开展了严重精神障碍患者及新增患者集中筛查、诊断评估、病情评估和用药指导等工作。

本次共筛查共1174人，其中在管患者1133人，新增41人。通过诊断复核、危险性评估，使严重精神障碍患者得到了明确诊断。

【贫困村生活饮用水水质监测】 为全力推进贫困村饮水安全巩固提升工程，全面实现贫困村饮水安全有保障，确保江川区贫困群喝上安全水、放心水，区疾控中心、区卫生监督局联合开展对全区贫困村生活饮用水水质采样检测。

监测工作自3～4月实施，覆盖全区5个乡镇16个贫困村，共采集水质样品25个，按照（GB 5749—2006）标准，对25个水样水质进行感官性状、常规、化学、毒理学、微生物学等35项指标检测。

【开展肿瘤防治宣传周活动】 2019年4月15日，江川区疾控中心联合大街街道卫生院举行全国肿瘤防治宣传周公益宣传活动在大街老戏台广场举行。共发放海报和折页等宣传肿瘤防治和慢性病高危人群宣传资料300余份。

【开展预防接种日宣传活动】 2019年4月25日是全国计划免疫宣传日，旨在让儿童家长讲解有关国家免疫规划实施政策，动员广大人民群众关注预防接种工作，普及了免疫规划知识，营造了全社会参与支持的氛围。活动派出8工作人员，设咨询台1处，悬挂标语1幅，现场咨询100人次，共发放预防接种相关知识宣传单、小折页、小册子、健康教育处方等500余份。

【举行全国疟疾日宣传活动】 2019年4月26日是第12个“全国疟疾日”。江川区疾控中心与大街卫生院于老戏台开展以“消除疟疾，谨防境外输入”，为主题的一系列相关宣传教育活动。通过悬挂横幅、摆放展板、设立咨询台、设立宣传栏、发放宣传材料等多种形式进行疟疾防治与登革热防治知识的宣传，本次宣传活动共计制作宣传条幅1条、展板3块、发放宣传单500余张。

【《职业病防治法》宣传周活动】 2019年4月25日由江川区卫生健康局、卫生监督局、江川区疾控中心、江川区大街街道卫生院到大街街道老戏台进行健康宣传。宣传周期间活动共出动宣传人员20人，宣传栏1块，宣传横幅1条，电子滚动宣传屏标语1条，接受咨询1000人次，宣传受众人数20000人。

【国家基本公共卫生服务项目宣传月活动】 按照云南省卫生健康委员会关于印发《云南省2019年基本公共卫生服务项目宣传月活动工作方案》的通知要求，在全区范围内开展宣传活动，全区共出动工作人员92名，悬挂条幅标语9条，张贴基本公共卫生服务宣传标语64条，发放宣传资料20种20000余份，宣传手提袋200个，为群众测量血压800人次，宣传展板12块，宣传栏79期。

【全国第四届“万步有约”职业人群健走激励大奖赛（江川赛区）启动】 2019年5月8日，由玉溪市江川区人民政府主办的全国第四届“万步有约”职业人群健走激励大奖赛（江川赛区）启动仪式在鱼文化广场举行。大奖赛于2019年5月11日正式开始，为期100天。来自全区机关、企事业单位的30支参赛队伍，共计400余名队员参加了启动仪式。出席启动仪式的主要领导有：区政府副区长杨军苹，区卫生健康局局长杨春文，区总工会副主席戴燕芬，区教育体育局局长杨志伟，区融媒体中心副主任廖江。

启动仪式中还表彰奖励2018年全国第三届“万步有约”职业人群健走激励大奖赛获奖的3支优秀团队，3名优秀队长、3名征文奖、57名万步先锋。

【举办小学生窝沟封闭及地方病健康知识培训】 为了提高学生窝沟封闭及地方病防治知识的知晓程度，促进健康行为和生活方式的形成，自觉接受窝沟封闭，采取口腔及碘缺乏病预防保健措施，江川区疾控中心于2019年5月8～9日对安化中心小学、伏家营中心小学、九溪中心小学、侯家沟小学各一个班共计400余学生举办窝沟封闭及地方病健康教育讲座及讲座后还进行了知晓率问卷调查。

【举办社区口腔健康知识培训】 2019年5月9日江川区社区口腔健康教育知识培训在伏家营村委会会议室举办，伏家营社区67名群众参加口腔健康知识培训，培训围绕“口腔健康全身健康”为主题进行口腔知识讲解，目的是以口腔健康与全身健康的关系为切入点，广泛传播口腔健康知识，提高全民口腔健康意识，建立自我口腔健康行为，营造利于口腔健康的良好社会氛围，从而提高社区居民口腔健康水平。

【开展第30个“5·20”中国学生营养日宣传活动】 按照国家卫生健康委统一部署，江川区于2019年5月19日搭载玉溪市江川区科技活动周的平台，在怡心园广场同步开展“2019年全民营养周暨中国学生营养日”宣传教育活动。围绕“全民营养全面小康”“健康中国营养先行”；宣传主题为“合理膳食、天天蔬果、健康你我”“营养+运动，携手护视力”主题。为社区群众进行食品安全普法宣传和科学知识普及，食品安全标准发布与解读、野生食用菌中毒防控知识、食源性疾病预防、营养健康、国民营养计划等相关科普知识现场宣传。

【世界肝炎日宣传】 2019年7月28日是世界卫生组织确定的第九个世界肝炎日。主题为“积极预防，主动检测，规范治疗，全面遏制肝炎危害”，按照省市要求，结合江川区实际积极、有效地开展肝炎防治宣传活动。

活动中，全区共出动宣传车辆5辆、宣传人员136人、广播71次、气象电子屏以及标语宣传71幅，黑板报65期、宣传栏29期、宣传资料6800份、义诊250人。

【全民健康生活方式日活动】 2019年9月1日是第13个“全民健康生活方式日”，活动宣传主题为“三减三健，助力健康中国行动”，江川区疾病预防控制中心联合大街镇中心卫生院在老戏台开展全国第13个“全民健康生活方式日”现场宣传活动。

发放宣传材料各100余份及中国居民膳食宝塔、运动金字塔各100份。

【开展农民工、流动人口健康教育宣传活动】 2019年9月20日上午，江川区疾控中心联合九溪卫生院在人口密集的集贸市场开展以“农民工与流动人口健康教育”为主题的宣传活动。

通过设立了咨询、免费发放避孕药具、宣传资料，摆放了计生服务、生殖保健、艾滋病防治、把健康带回家、安全急救、合理膳食等知识的展板。针对群众提出的问题进行详细讲解，从多角度、多层次地关心和关爱流动人口。

【爱牙日宣传活动】 2019年9月20日是第31个全国“爱牙日”，活动主题为“口腔健康全身健康”；玉溪市江川区疾控中心联合各卫生院以及刘学文口腔诊所、唐保柱口腔诊所、杨晓凤口腔诊所、赵志能口腔诊所先后为前卫镇后卫中心小学、侯家沟小学、九溪大营小学、雄关社区小学、小后卫社区、侯家沟社区、九溪大营社区、雄关社区开展义诊宣传活动。活动悬挂宣传条幅4幅，发放宣传资料800余份，设立咨询服务台、接受群众咨询100余次，赠送给参与讲座的老百姓牙刷287余把，漱口杯50余个，赠送牙膏78支、牙线6盒。

【全国高血压日、世界精神卫生日宣传活动】 2019年10月8日、10月10日是我国第22个全国高血压日和第28个世界精神卫生日，宣传主题是“18岁以上知晓血压”“心理健康社会和谐，我行动”，江川区疾控中心10月8日在大街老戏台举行全国高血压日和世界精神卫生日为主题的宣传活动。活动共发放宣传材料6种500份，出动宣传车一辆，工作人员6人。

【大街小学举办冬春季传染病防治知识培训】 针对在校学生这一特殊群体，防止呼吸道传染病在学校发生流行，2019年11月20日江川区疾控中心派出念鹏英、张宝月2名医生到大街小学为学生家长进行呼吸道传染病防治知识讲座，期间发放了预防流感、肠道传染、保护视力、学生心理健康相关知识的宣传材料。

【第32个世界艾滋病日宣传】 2019年11月29日由江川区卫健局和区防艾局联合区公安分局、区妇联、区市场监督局、区红十字会、区卫生监督局、区医院、区疾控中心、妇幼保健院、大街街道卫生院等部门，派出工作人员28人，出动宣传车1辆，在江川区大街财富广场举行第32个世界艾滋病日宣传咨询活动，参加单位围绕“社区动员同防艾，健康中国我行”这一主题，发放宣传材料和向群众开展咨询活动，活动中累计发放宣传材料13种8500份、安全套9000只、宣传实物600个（盒）。宣传活动中还发放了禁毒、慢病防治和科学就医等材料。

（杨　虎）

卫生监督

【概述】 2019年年末，编制人数15人，在职人数8人，其中男4人、女4人。本科学历7人、大专学历1人。局内设办公室、卫生许可审核科、卫生监督一科、卫生监督二科四个科室。2019年江川区卫生监督局在区委、区政府、区卫生健康局和上级相关部门的正确领导下，通过加强内部管理，干部职工效能建设，注重卫生执法队伍业务培训，规范卫生监督执法行为，树立卫生监督新形象，认真开展各项卫生监督执法工作，在把好卫生许可准入关，加强医疗机构卫生监督，新增职业卫生监督，防止公共卫生突发事件发生等方面取得较好成绩。

【宣传培训】 2019年，江川区卫生监督局对办理健康证从业人员进行卫生知识培训，应培训1340人，实培训1340人，发放培训合格证1340个，培训率、合格率均为100%。召开个体医会议5次，参训人员达350余人次；公共场所召开培训会议2次，应培训304人，实培训304人，培训率、合格率均为100%。

【许可审核】 2019年共计审发许可证64户（新办55户），其中医疗机构设置审批9户、理发31户（新办25户）、歌舞厅1户、生活美容23户（新办21户）；住宿4户（新办4户）、沐浴室：足浴室5户（新办5户）。

【监督监测】 医疗机构卫生监督：江川区共有医疗机构171户（含托管区13户），其中区级综合医院2户、急救站1户、妇幼保健院1户、民营医院1户、乡镇卫生院7户、综合门诊部3户、各类医务室3户、个体诊所79户、村卫生室72户、其他医疗机构2户。所有单位均建立了基本档案和监督管理档案，建档率达100%。2019年，共出动监督员450人次，车辆20车次，监督检查医疗机构159户369户次，下达卫生监督意见书143份，覆盖率100%，监督率232%。

传染病防治与消毒管理卫生监督：全区共有医疗机构171户、消毒产品生产企业7户，较大销售消毒产品经营单位6户、学校63户、托幼机构51户、餐饮具集中消毒单位3户，均建立了基本档案和传染病防治与消毒管理监督档案。2019年，结合以手足口病、H5N1、H7N9禽流感等为主的传染病防控工作，对全区开展传染病防控与消毒管理工作监管，共监督检查303户406户次，覆盖率100%、监督率133.99%；监督检查餐饮具集中消毒单位3户9户次，下发卫生监督意见书6份，覆盖率100%、监督率300%.

放射卫生：全区有医疗放射单位7户，工作人员29人，《放射诊疗许可证》市级发放2户（区医院、中医院）、注销1户（区妇幼保健院），区级发放5户（江城中心卫生院、江川弘益医院、江川区疾病预防控制中心、九溪卫生院、云南省第三强制隔离戒毒所医院），共监督检查7户7户次，覆盖率100%、监督率100%。

公共场所卫生监督：全区共有公共场所经营单位304户，均持有卫生许可证，其中住宿单位58户、影剧院2户、歌舞厅11户、理发美容场所198户、足浴店13户、商场10户、候车室1户、游泳池1户，网吧10户。全年应监督304户，实监督304户1532户次，覆盖率为100%、监督率为503.95%。江川区卫生监督局委托江川区疾病预防控制中心于2019年5月对本辖区内拟定32家公共场所进行了监督抽检，住宿场所抽检任务9家，关停1家；实际抽检任务8家,共采集了样品数30份，下达监督意见书30份，经疾病预防控制中心检测出具相关检验报告30份。

学校卫生：全区各类中小学共63所，其中公办高中3所，初中10所，小学50所（含托管区）；全区托幼机构共51所，其中公办14所，民办26所，村办2所，私立办学9所。结合当地学校实际，开展了以学校医务室、传染病防控、生活饮用水卫生、教室环境卫生、学生宿舍卫生、厕所卫生和学生健康体检为主要内容的监督检查,2019年春季、秋季学期共检查学校63所、托幼机构51所，监督覆盖率100%，下达卫生监督意见书105份，出动车辆10车次，40余人次。针对教学环境，完成国家双随机监督任务，对11所学校的教学环境进行卫生监测、开展卫生学评价，抽检合格率为100%，双随机完成40%；完成城区托幼机构场所卫生监督检测6家，合格率为100%。

生活饮用水卫生监督：全区发放乡镇集中式供水卫生许可证5家，村级集中式供水卫生许可证1家；二次供水卫生许可证单位22户，管水人员均办理了健康证明，管水人员均无“五病”人员，建档率100%。根据2019年玉溪市生活饮用水卫生和涉及饮用水卫生安全产品监督抽检计划，结合江川区枯、丰水期水质监测计划，完成枯、丰水期水质监测任务，其中枯水期采集出厂水、末梢水、二次供水样品47个，合格47个，检测合格率100%。丰水期饮用水取样监测点44个水样进行检测，结果全项合格为13件，合格率为29.5%。在全区开展双随机抽查，共抽查集中式供水2家，二次供水单位10家，输配水设备生产企业1家，抽查任务全部完成。全年对乡镇集中式供水、发证的二次供水单位监督全覆盖，监督率达100%，完成中心城区的水质监测并进行公示。全年开展生活饮用水安全培训1次，共计67人参加培训。

【行政处罚】 2019年江川区卫生监督局加大卫生监督执法力度，共查处行政处罚案件16件，罚款以及没收违法所得金额合计人民币44999元。其中医疗机构案件3件、非法行医案件5件；查处违反《公共场所卫生管理条例》相关规定的案件6件；生活饮用水案件2件。

【打击“两非”工作】 江川区共有医疗机构171户，开展母婴保健技术服务医疗机构2户、开展妇产科门诊13户、具备B超室的医疗机构12户。共出动监督员14人次，车辆4车次对辖区内医疗机构进行“两非”专项检查，未发现违法行为。

【卫生监督协管服务】 2019年共有卫生监督协管员24人。1～9月应报次数63次，实报63次，上报率100%。1～9月卫生监督协管服务信息报告率100%，全区共计开展巡查1832户次，服务信息上报15条。

【公共场所艾滋病防控】 江川区卫生监督局开展重点场所、重点人群和薄弱区域推套防艾和宣传防艾工作，住宿场所、娱乐场所、沐浴场所共计82户检查监督中,直接为顾客服务从业人员925人，917人持有效健康证。对江川区景湖洗浴服务部、江川区东方宾馆安排未持有有效健康的从业人员顾客服务进行行政处罚，分别处于1500元、500元罚款。

【学校卫生监督】 2019年3月、9月，由区教育局牵头，区卫生监督局等部门联合组成检查督查组，对全区学校、托幼机构开展全面检查。以学校医务室、常见传染病防控、生活饮用水卫生、教室环境卫生、学生健康体检等为监督检查重点，共检查学校63所、托幼机构51所，监督覆盖率100%，下达卫生监督意见书105份，出动车辆10车次，40余人次。

【餐饮具监督管理】 2019年江川区卫生监督局按照《中华人民共和国食品安全法》等法律法规的相关规定，对辖区内具有工商营业执照的3家餐饮具集中消毒服务单位进行了9次监督检查及2次消毒效果（感官、大肠杆菌、沙门氏菌）抽检。首次抽检共抽样品30份，合格率80%，对不合格的2户餐饮具集中消毒服务单位进行警告的行政处罚，并责令立即改正违法行为；二次抽检抽取样品30份，合格率为100%。

【农村饮水工程普查】 2019年江川区卫生监督局对5个乡镇，1个街道的农村简易式供水点和农村分散式供水点122个点位进行了全覆盖的卫生监督现状调研检查工作4月，联合区疾控中心对16个贫困村开展了末梢水抽样检测，水样类型为管网末梢水，共采集水样16件。经检测，13件水样达到生活饮用水国家标准，3件水样不合格。不合格的3件水样已再次送检，全年共出动执法车辆30余台次，人员100余人次，行政处罚2起，罚款金额4000元。

【新增职业卫生监督】 江川区存在职业病危害生产企业17家，1家矿石生产企业，6家化工企业，10家为其他企业，2019年接触尘毒危害劳动者职业健康检查人数636人、进行职业病危害定期检测的企业12家，8家企业进行了职业病危害项目申报。

（王茜彤）

科学研究

编辑　徐凡清

科学技术

【科技型企业培育】　2019年，云南卓一食品有限公司、云南宏斌绿色食品集团有限公司、玉溪云星生物科技有限公司、云南联塑科技发展有限公司4家企业被认定为云南省2019年高新技术企业；玉溪海铭昌科技有限公司、玉溪市江川区小坝葡萄园、玉溪市江川区齐兴花卉种植基地、云南天锋彩印包装有限公司、云南天虹彩印包装材料有限公司、玉溪市江川区禾嘉葡萄种植园、玉溪市江川区水乡清影视觉工作室、云南福光包装有限公司、玉溪市江川区荣程猕猴桃种植有限公司、玉溪市江川区国城新型墙材有限公司、玉溪万丰彩印包装有限公司、玉溪云蔚来科技开发有限责任公司、云南华克中药材庄园有限公司13家企业被认定为2019年云南省科技型中小企业；云南腾达机械制造有限公司、云南阳光食品有限公司、云南龙恩制药有限公司、云南秋庆种业有限公司、云南天合立光电技术有限公司5家企业入库国家科技型中小企业；玉溪市江川区青少年学生校外活动中心被认定为云南省科普教育基地；九溪镇获批云南省首批科普小镇项目；云南联塑科技发展有限公司获“云南省百户优强民营企业”称号；云南宏斌绿色食品集团有限公司、玉溪丫眯绿色休闲食品有限公司被评为2019年绿色食品“20佳创新企业”；云南江磷集团股份有限公司被认定为玉溪市第二批高层次人才创新创业示范基地；玉溪瑞珀花卉贸易有限公司被认定为玉溪市首批就业扶贫车间。

【创新人才培育】　2019年，玉溪市江川区畜牧水产站张四春获2019年度“神内基金农技推广奖优秀推广人员”称号；云南阳光食品有限公司岳修辉获“云南省百名优秀民营企业家”称号；云南宏斌绿色食品集团有限公司任洪冰入选云南省“万人计划”首席技师专项；玉溪市江川区齐兴花卉种植基地吴兴龙、云南宏斌绿色食品集团有限公司任洪冰、云南隆宇农产品贸易有限公司王聪文、玉溪市江川区江城镇农业农村综合服务中心韩卫德、玉溪市江川区丰鸿蔬菜种植场王云、玉溪市江川区畜牧水产站张友存、玉溪市江川区林辉农业发展有限公司张小辉、江川区前卫明蓝苗圃坝德繁8人被认定为2019年云南省科技特派员。

【科学技术奖励】　根据《云南省人民政府关于2018年度科学技术奖励的决定》（云政发〔2019〕16号），由玉溪市农业科学院、通海县土壤肥料工作站、玉溪市江川区农业技术推广站、澄江县农业技术推广站等4家单位共同申报的“玉溪三湖径流区农田氮磷梯级削减技术研究与应用”项目荣获云南省科学技术进步奖科技创新团队类三等奖。云南宏斌绿色食品集团有限公司的“宏斌”小米辣被评为2019年云南省“十大名菜”；云南江磷集团股份有限公司专利《黄磷脱砷方法》（ZL200710065980.3）获云南省专利奖三等奖；江川职中《自动流水灯电路制作》获第34届青少年科技创新大赛省二等奖、市一等奖；江川二中《走进科技新时代的江川农业》获第34届青少年科技创新大赛省二等奖、市一等奖，《基于生物核心素养的培养——江川区第二中学部分校园绿化植物初步调查分类》获第34届青少年科技创新大赛省三等奖、市一等奖。

【科技项目申报】 2019年，江川区共申报省、市科技计划项目58个，实际获得立项58个，其中省级科技项目9个、市级科技项目49个；上级共下达科技项目资金1138.02万元（省级科技项目资金382.7万元、市级科技项目资金755.32万元），其中省、市研发经费补助425.86万元，省、市级科技项目和平台建设资金452.16万元，市级高新技术企业认定补助资金160万元，市级科技型企业认定补助100万元。

【科技平台建设】 云南韵泽陶叶贸易有限公司和昆明理工大学建成“古龙窑”产学研合作基地；云南天合立光电技术有限公司、云南特固电气有限公司2家企业认定为2019年玉溪市市级企业技术中心。

【科普宣传】 以抓实活动为契机，开展形式多样、内容丰富的科普活动。1月23日在江城镇尹旗村委会尹旗小学开展文化科技卫生“三下乡”活动；5月10在大街街道老戏台开展防灾减灾科普宣传活动；5月19～26日组织承办“科技活动周”，深入弘扬科学精神、普及科学知识，突出展示科技成就，共享科技创新成果，活动共计700余人参加，15家市级单位、22家县区级部单位开展科普宣传活动；9月20日在九溪镇农贸市场开展全国科普日活动；10月16日在大街街道财富广场开展“2019年世界粮食日”宣传活动。

【科普统计】 按照国家科技部、省科技厅和市科技局的统一安排部署，由区科技局牵头组织实施的江川区2018年度科普统计顺利完成上报工作，为区委、区政府制定江川区科普政策和推动全区创新驱动发展提供了有力依据。据统计：2018年度，全区共有科普专职人员121人、科普兼职人员327人、注册科普志愿者214人；非场馆类科普基地12个，科普展厅面积8123.26平方米，当年参观人数139471人次；城市社区科普（技）专用活动室2个，农村科普（技）活动场地141个，科普宣传专用车4辆，科普画廊6个，国家级科普（技）教育基地1个，参观人数138000人次；年度科普经费筹集额172.96万元，年度科普经费使用额173.61万元，科技活动周经费筹集额3.1万元；全年出版科普图书1种3000册，电视台播出科普（技）节目时间为127.5小时，电台播出科普（技）节目时间为58.6小时，科普网站2个、网站访问量1400次，发放科普读物和资料861072份，电子科普屏数量17块，科普类微博1个、阅读量3000次，科普类微信公众号6个、发文量412篇、阅读量42822次；全年共举办科普(技)讲座57次，参加8709人次，举办科普（技）展览29次，参观16103人次，举办科普（技）竞赛3次，参加42481人次，成立青少年科技兴趣小组8个，参加3400人次，举办科技夏（冬）令营1次，参加50人次，科技活动周开展科普专题活动49次，参加34222人次，全区举办各类实用技术培训131次，参加30167人次，举行重大科普活动12次；举办创新创业培训26次，参加人数1449人次。

【区科技局组织参加玉溪市第四届科普讲解大赛】 2019年科技活动周期间，区科技局组织云南李家山青铜器博物馆5名科普工作者参加以“科技强国　科普惠民”为主题的玉溪市第四届科普讲解大赛。5月11日，经过初赛、决赛两轮角逐，云南李家山青铜器博物馆宋成毅荣获三等奖同时获得“玉溪市科普传播使者”称号，云南李家山青铜器博物馆蒋儒琪、罗贤、朱鸿迪、杨敏婧4名选手获优秀奖。

【2019年玉溪市科技活动周启动式在江川举行】 5月19日上午，2019年玉溪市科技活动周启动式在江川区怡心园广场举行。此次活动由玉溪市科技局、玉溪市委宣传部、玉溪市科协主办，江川区委、区人民政府承办，江川区科技局、江川区委宣传部、江川区科协、江川区教育体育局协办。启动仪式上，市科协主席沐华斌主持启动仪式，江川区委副书记、区长王志华致欢迎辞，市科技局局长李世华发表主旨演讲，中科院云南天文台与玉溪师范学院举行了天文学联合科教中心签约仪式，副市长解士清宣布2019年玉溪市科技活动周启动，启动仪式规模宏大，热闹异常，共计700余人参加，15家市级单位、22家县区级部单位开展科普宣传活动。活动紧紧

围绕“科技强国，科普惠民”这一主题开展，内容紧贴实际、丰富多彩，有科技创新成果展示、科技常识有奖竞答、“七五”普法及科技法律法规政策宣传、科普资料发放、天文科普知识宣传及望远镜展示体验、医疗咨询、义诊及资料发放、生物医药企业科技创新产品展、健康养生知识普及、“大众创新、万众创业”科技咨询、江川专题科普展览，“自强、诚信、感恩”主题实践活动，科技扶贫成果、助力脱贫攻坚展示等内容。活动集中宣传了科技事业发展的最新成就、科技创新的最新成果，进一步在全社会营造了讲科学、爱科学、学科学、用科学的良好氛围。2019年5月19～26日活动周期间，中国流动科技馆云南·玉溪第三轮巡展江川站（设在江川区体育馆门厅）免费向广大市民开放。科技流动馆，设声光体验、电磁探秘、运动旋律、生命奥秘和数学魅力等展区，配置移动球幕影院、VR体验设备等50多件集科学性、趣味性、互动性于一体的经典科普展品和电磁学、光学等科普实验包，能让广大市民、青少年亲身感受到身边的科技，在互动中感受科学魅力，在体验中激发科学兴趣，在探索中树立科学精神，在思考中启迪科学智慧。

【云南秋庆种业有限公司与玉溪师范学院娄灯吉博士签订“农作物新品种选育”课题合作协议】

10月11日，玉溪市在玉溪师范学院举办“玉溪师范学院高层次人才服务玉溪国家创新型城市建设对接会”。江川区组织云南龙恩制药有限公司、玉溪市滇瓦紫砂工艺厂、云南江磷集团股份有限公司、云南秋庆种业有限公司、玉溪瑞珀花卉贸易有限公司5户企业参加对接会，努力推进院校人才和企业产业发展的有机结合，为江川区推进玉溪国家创新型城市建设工作提供智力支持。会上，云南秋庆种业有限公司与玉溪师范学院娄灯吉博士就开展“农作物新品种选育”课题签订了合作协议。

【省科技厅副厅长高俊调研调指导江川区科技创新工作】 11月5日上午，省科技厅党组长员、副厅长高俊率队到江川区调研滇中区域科技创新工作。高俊副厅长一行先后视察了高新区龙泉园区的数码产业园、华电达新能源产业园及未来待落地的技术检测中心等建设情况，对江川区的科技创新工作及园区建设的各项工作表示肯定，同时对园区发展的规划提出指导意见，要求龙泉园区、区科技局要加快项目落地见效，始终将科技创新工作融入园区的建设协同推进，规划建设好科技孵化、开放实验室、技术检测等支撑科技创新发展的服务平台，建设成云南范围内高标准、高技术附加值、创新资源集聚的优势园区。玉溪市高新区管委会主任姚翔、市科技局局长李世华、区领导常成、杨军苹等陪同调研。

【首推“科创贷”助力科技型中小企业融资】 区科技局与农行江川支行携手，把省科技厅与农行云南省分行出台的“科创贷”政策落地江川，为江川科技企业创新发展提供融资支持,为江川经济社会高质量跨越式发展注入了新动力。2019年，农行江川支行共计向云南秋庆种业有限公司、云南同力橡胶有限公司2家科技型企业发放“科创贷”760万元。作为“科创贷”首次在江川区范围内成功实践，对做好未来科技金融助力科技型中小企业转型发展具有重要意义。

【江川区建成第二家省级科普教育基地】 根据11月15日云南省科技厅发布的《云南省科技厅关于命名云南冰海海洋生物馆等31家单位为云南省科普教育基地的通报》，玉溪市江川区青少年学生校外活动中心获批建设为云南省第十二批省级科普教育基地，这也是江川区继李家山青铜器博物馆之后建成的第二家省级科普教育基地。

（叶红梅）

气　象

【机构设置】 2019年，玉溪市江川区气象局内设办公室、法规科、防灾减灾科3个管理机构，玉溪市江川区气象台（江川国家气象观测站）、玉溪市江川区气象服务中心2个直属业务单位。辖玉溪市江川区人工影响天气中心（玉溪市江川区原人工增雨防雹办公室）、玉溪市江川区气象灾害防御技术中心（玉溪市江川区原防雷装置安全检测中心）。

【气候评价】 在气象上将四季划分为：上年12月至当年2月为冬季，3～5月为春季，6～8月为夏季，9～11月为秋季。

2019年江川区气候特点：

2019年江川区降雨偏少，气温略偏高，光照略偏多。全区平均降水量576.4毫米，比历年同期偏少272.4毫米（-32%），为历史同期第3少年份；年内降水时空分布不均，冬、春、初夏和秋季气温异常偏高，冬季干旱较常年偏轻，暖冬现象突出；春末夏初干旱和秋冬干旱较常年偏重，其中春末夏初干旱极为严重，春季出现21世纪以来仅次于2010年的严重干旱；5月降水偏少，雨季开始期推迟且早晚不均，主汛期强降水日数较常年同期偏少，暴雨洪涝灾害较常年同期偏轻；后汛期降水偏少至特少，雨季结束期异常偏早，雨季长度偏短，降水偏少。2019年平均气温18.0℃，比历年偏高2.1℃，创江川历史新高，全年各月平均气温均偏高，其中4~8月、11月平均气温突破历史同期最高纪录。日照时数为2334.9小时，比历年同期偏多145.5小时（7%），为近5年同期最多。

2019年江川区水分条件较差，热量和光照条件较好。年内低温霜冻和暴雨洪涝影响偏轻，干旱影响偏重，水稻抽扬期无夏季低温影响，夏、秋“阴雨寡照”天气影响偏轻。本年气候条件对交通、旅游较有利，对湖泊和库塘蓄水、森林防火工作及农业生产不利，对农业生产属中等略偏下年景。

【基本气候概况】

（一）气温

1. 年平均气温。

年平均气温为18.0℃，比历年同期偏高2.1℃，比2018年同期偏高1.3℃，属特高年份，创历史新高。年极端最高气温出现在5月19日为33.8℃，突破历史极端最高纪录；年极端最低气温出现在12月7日为-1.6℃。

2. 气温时空变化。

年内冬、春、初夏和秋季气温异常偏高，暖冬现象突出，四季气温均创1960年有气象记录以来的历史同期最高纪录。2019年气温季节分布为冬季（2018年12月~2019年2月）、春季（3~5月）和夏季（6~8月）均为特高，秋季（9~11月）偏高。从时间分布来看，各月气温均偏高，其中4~8月、11月平均气温突破历史同期最高纪录。全区各月平均气温与历年同期相比，9月、12月偏高06~0.9℃，属正常略偏高年份；1月、7月、10月偏高1.4~1.7℃，属偏高年份；2~6月、8月、11月偏高2.0~3.6℃，属特高年份。

（二）降水

1. 年度概况。

2019年江川国家气象观测站年降水量为600.4毫米，较历年偏少248.4毫米（-29%），仅多于1969年及2011年，列历史第3少年。2019年各乡镇(街道)均为偏少：大街街道652.9毫米，雄关乡607.3毫米，安化乡586.1毫米，九溪镇579.3毫米，前卫镇511.8毫米，江城镇496.7毫米。与历年同期相比，偏少23~42%。年度最大降水量出现在1月8日为55.1毫米，最长连续降水日数为6日，具体为7月30日~8月4日，雨量合计32.0毫米。

2. 降水时空分布。

2019年降水季节分布为冬季（2018年12月~2019年2月）特多；春季（3~5月）特少；夏季（6~8月）和秋季（9~11月）偏少。平均各月降水量与历年同期相比，1月特多，偏多510%，月降水量突破历史同期最多纪录；7月正常略偏多，偏多3%；3月、4月、8月、10月和11月降水特少，其中3月偏少56%，4月偏少88%，8月偏少66%，10月偏少52%,11月偏少69%；2月、5月、6月、9月和12月降水偏少，其中5月偏少49%，2月偏少46%，6月偏少33%，12月偏少24%，9月偏少20%。降水绝对量以5月、6月和8月偏少明显。

年内冬季干旱较常年偏轻，但春夏干旱和秋冬干旱较常年偏重，其中春末夏初4~6月干旱极为严重；雨季开始期正常；主汛期强降水日数较常年偏少，无大范围严重洪涝灾害发生，暴雨洪涝灾害较常年偏轻；汛期中后期（8~10月）降水特少，10月中旬11~18日先后受弱冷空气和西南气流影响，出现4天阴雨寡照天气，雨季于9月中旬结束，与历年相比，偏早13天。

（三）日照

1. 年度概况。

2019年日照时数为2334.9小时，比历年同期偏多145.5小时(7%)，比2018年同期偏多263.1小时(13%)，属略偏多年份。

2. 日照的时空分布。

2019年日照时数季节分布为冬季（2018年12月~2019年2月）、春季（3~5月）和秋季（9~11月）正常略偏多，夏季（6~8月）正常略偏少。日照时数与历年同期相比，5月、8月及10月偏多，偏多20%~28%；2~4月、11月和12月略偏多，偏多5~16%；1月和6月略偏少，偏少5~8%；9月与历年持平；7月偏少，偏少46%。2019年7月阴雨寡照天气突出，其中7月日照仅

为65.2小时，较历年同期偏少近5成，历史同期第二少记录，仅次于1997年7月55.7小时。

【主要气候事件】

2019年主要气候事件有冬季强降水、异常暖冬、春夏高温干旱、雨季开始期异常偏晚、汛期降水异常偏少、秋冬干旱等。

（一）冬季强降水

1月7日夜间至9日，受西南暖湿气流和冷空气共同影响出现罕见冬季强降水天气，出现大到暴雨。1月降水量创1960年以来同期最多值记录；1月最大日降水量创1960年以来冬季日最大降水量最多值记录。

（二）异常暖冬现象

2018～2019冬季（2018年12月至2019年2月），气温显著偏高，暖冬现象突出，冬季平均气温12.0℃，比历年同期偏高2.6℃，创1960年以来冬季平均气温最高纪录。

（三）高温天气突出

4～5月江川平均最高气温达29.3℃，较历年同期偏高2.6℃，列历史同期第1高。4～5月平均最低气温15.6℃,较历年同期偏高2.3℃，与历史同期第1高并列（历史同期最高2010年15.6℃）。

4～5月累计24天出现30℃以上高温，是历年同期的8.9倍，其中5月19日极端最高气温为33.8℃，创1960年有气象记录以来极端最高气温极值（历史极值2017年6月4日33.7℃）；5月6～21日连续16天日出现30℃以上高温，创历史新纪录。

（四）春末夏初严重干旱

2019年3月下旬开始出现局部轻度气象干旱，此后迅速蔓延和发展，4月下旬发展为中旱局部重旱，6月中旬又发展为重旱。6月下旬出现两次小到中雨，局部大到暴雨天气过程，干旱有所减缓，直至23～24日暴雨天气过程，江川旱情才得以有效缓解；6月25至7月2日，以阵性降水为主，气温偏高，气象干旱抬头。7月3日起降水偏多，旱情得到逐步缓解，进入8月降水异常偏少，气温特高，1～28日期间以阵雨天气为主，局部中到大雨，直到8月29日普降大雨，气温才得以缓和，缺水的作物得以有效补充。

（五）雨季开始期早晚不一，大部乡镇异常偏晚

5月22日大街，安化进入雨季；5月27日雄关、九溪进入雨季；6月23日前卫达到雨季开始标准。江城7月5日达到雨季开始标准。

（六）汛期（5～10月）降水异常偏少，雨季结束期异常偏早

2019年汛期（5～10月）江川国家气象观测站降水量470.1毫米，较历年同期偏少33%，为1960年以来第二少年份；2019年雨季结束期异常偏早，于9月中旬结束，与历年相比偏早13天。

（七）秋冬干旱（2019年9～12月）

受汛期降水异常偏少和雨季结束异常偏早影响，9月上旬出现中到重旱局部特旱。9月9～10日受中到大雨局部暴雨天气影响，干旱暂时缓解，此后再度发展，10～12月大部时段出现中到重旱。

【2019年玉溪市江川区主要气象灾害】 2019年江川区气象灾害主要有暴雨洪涝、大风冰雹灾害、低温霜冻等。

（一）干旱

2019年江川春末夏初出现严重干旱，秋季至初冬出现中到重旱，其中春末夏初干旱影响严重，5月中旬出现重到特旱，6月出现持续性特旱。受干旱影响，各乡镇（街道）不同程度受灾，部分出现人畜饮水困难。据江川防汛抗旱指挥部统计，截至5月底，全区农作物受灾面积10483亩，其中轻旱7026亩、重旱2845亩、干枯612亩；全区有5座小（二）型水库和66座小坝塘干涸，有5个乡镇（街道）12个村（居）委会23个村组5170人、519头大牲畜饮水困难（含1所学校200名师生）。

受汛期降水异常偏少和雨季结束异常偏早影响，9月上旬出现中到重旱局部特旱。9月9～10日受中到大雨局部暴雨天气影响，干旱暂时缓解，此后再度发展，10～12月大部时段出现中到重旱。截至12月20日，秋冬全区作物受灾面积为4826亩，其中，前卫镇轻旱3975亩、江城镇轻旱851亩。全区水库坝塘干涸38座，其中小（一）型水库1座、小（二）型水库5座、小坝塘32座。

（一）暴雨洪涝2次

2019年汛期（5～10月），仅在7月19日，9月6～7日出现2次中到大雨局部暴雨天气，局部出现洪涝灾害，影响较大的暴雨灾害天气过程如下：

1．7月19日17：00至22日08：00时，江川区普降中雨，局部大雨、局地大暴雨。由于降水相对集中，时间长，致使江川区前卫、江城、大街、九溪4个乡镇、街道不同程度遭受洪涝、风灾和冰雹灾害。据统计，此次降

水过程共造成全区农作物受灾面积5376亩，受灾人口5698人，石河引洪沟冲埋210米，江城镇海门村委会老房子倒塌3间，无人员伤亡，因洪涝灾害造成直接经济总损失605.24万元。

2．9月7日，受弱冷空气影响，雄关乡局部遭遇短时强降水，导致作物受灾，具体受灾情况统计如下：窑房村委会蔬菜受灾18亩，花卉受灾30亩，白石岩村委会因大雨夹杂冰雹烤烟受灾8亩，上营村委会二组陈保明家房后出现滑坡。

（二）风雹灾害3次

年内冰雹、大风灾害主要出现在7～8月，其中7月19日、8月13日影响范围较大。年内主要风雹灾害天气过程如下：

1．7月19日15：40左右受强对流天气影响，江川区九溪镇鸡窝、矣文村委会，大街街道土官田村、雨西摆唐磨得村，前卫镇后卫村一带遭受大风夹杂冰雹袭击，受灾面积1680亩，其中成灾500亩，绝收780亩。

2．8月13日17时31分，江川区九溪镇矣文村委会至大村村委会一带遭遇大风冰雹灾害，烤烟受灾面积451亩。

3．8月20日00时17分，江川区江城镇桐关村委会发生大风夹杂少许冰雹成灾，烤烟受灾面积55亩。

（三）低温霜冻1次

1．2019年12月2～5日受强冷空气影响出现强降温天气，冷空气过境后夜间辐射降温明显，6～10日出现0℃以下低温霜冻天气，过程最低气温-1.6℃，局部蔬菜、蚕豆、油菜等作物受灾。

【气候对相关行业的影响】

（一）气候与农业

2019年江川气温特高，降水偏少，光照略偏多。年内冬季降水特多，春、夏、秋季偏少至特少，春末夏初干旱严重、汛期暴雨洪涝影响偏轻。

2019年小春作物生长中、前期，气温偏高，降水偏多，光照充足，土壤墒情较好，气象条件较有利于作物的生长。作物生长后期出现轻到中度气象干旱，对作物灌浆成熟有一定不利影响，但对夏粮作物收晒入库工作较有利。总体而言，小春作物气候适宜度为偏上年景；2019年大部分乡镇雨季开始期异常偏晚，5～6月出现持续“高温多光少降水”的天气，春末夏初干旱严重，土壤出现不同程度缺墒。干旱对灌溉条件差、无水源保障地区的烤烟、水稻、玉米等秋收作物的顺利播种、移栽、出苗及成活产生了较大影响，作物受灾严重。主汛期和后汛期降水偏少，阴雨寡照天气和局部暴雨洪涝灾害偏轻，今年大春气候适宜度总体为偏差年景。综上所述，2019年江川气候条件对农业生产而言属略差至偏差年景。

（二）气候与水资源

2019年江川区全区平均降水量576.4毫米，比历年同期偏少272.4毫米（-32%），属偏少年景。年内冬季降水特多，春季特少，夏季和秋季偏少。2019年干旱影响总体偏中，汛期降水异常偏少，秋季及12月干旱发展迅速。总体而言，2019年蓄水条件较差。

（三）气候与林业

2019年干季（1～4月及11～12月），1～4月降水总量比历年同期偏多2成，但降水高度集中在1月上旬，2～4月持续高温少雨，加之前汛期5～6月高温少雨，大部分乡镇雨季开始期特晚，干旱严重，高温低湿天气致森林火险气象等级持续偏高。2019年秋季降水持续偏少，雨季结束期异常偏早，10～12月大部时段出现中到重旱，秋冬森林火险气象风险等级偏高。总体而言，年内气候条件对森林防火不利。

（四）气候与交通旅游

2019年江川冬季无明显冰冻雨雪灾害影响交通，春季高温少雨，有利于旅游，夏、秋季阴雨天气较少，汛期大面积洪涝灾害不明显，除局地强降水造成部分道路堵塞、塌方外，基本未出现严重影响交通、旅游的天气、气候事件。年内“春节”“五一”“中秋”“国庆”等重大节假日天气较好，对交通旅游有利。本年气候条件对交通、旅游总体较有利。

【气象服务】

（一）聚焦重大灾害、重点流域、重点地区，切实做好监测预报预警气象服务工作，强化面向政府决策指挥和应急管理的支撑保障能力。1～12月江川区气象局共制作并发布决策气象服务材料231期，其中《气象灾害预警信号》125期，《重要气象信息专报》14期，《节假日天气预报》6期，《春运气象服务专报》6期，《玉溪市江川区气候预测》15期、《玉溪市江川区气候评价》15期，《抗旱专题气象服务》38期，干旱监测情况反映、森林火险、烤烟移栽专题7期，与玉溪市江川区自然资源局联合发布《地质灾害气象风

险预警》5期，通过气象灾害预警信息发布平台累计发布各类预报、预警和实况气象信息96.61万人次，切实发挥好气象防灾减灾“第一道防线”作用。

（二）多措并举，扎实高效做好汛期气象服务工作。一是进一步提高政治站位，坚持底线思维，强化风险意识，立足防大汛、抗大旱、抢大险、救大灾，按照上级气象部门和区委、区政府对防汛抗旱工作的总要求，压实防范责任，加强值班值守，盯住每一次重要天气过程，切实把防汛抗旱气象服务工作做细做实。二是切实做好汛前气象服务准备和应对防范工作，做到组织、制度、装备、技术、应急“五个到位”。三是加强汛期监测预报预警，提高灾害性天气过程的预警准确率和提前量，认真组织开展“三农”专项和“六个一”标准化建设。四是加强部门合作，联合水利、自然资源等部门开展风险预警和应急联动，形成防灾减灾合力。五是加强气象设备维护保障，确保气象数据的及时率和可用性。六是加强安全生产和值班值守，严格执行24小时领导带班和业务值班。七是依托科技创新，提升防灾减灾能力。自主开发了“县（区）级区域自动气象站气象要素实时预警系统”，实现智能靶向服务，为全省基层气象防灾减灾建设做好示范。

（三）全力做好抗旱气象服务保障。3～6月，江川区降水特少、气温特高的天气气候特征明显，全区气象干旱持续发展。针对严峻的旱情，玉溪市江川区气象局于5月14日15时20分启动了重大气象灾害（干旱）Ⅳ级应急响应命令。应急响应期间江川区气象局结合部门职能，严密监测天气变化，加强旱情加密观测及天气会商，及时发布气象预报预警服务信息，及时有效开展人工增雨作业，全力做好抗旱气象服务保障工作。

【人工影响天气】

（一）人工影响天气经费投入情况。2019年筹措玉溪市江川区人工影响天气经费共192.8913万元。其中区财政投入144.73万元，占总投入的75.03%；争取太平洋财产保险公司投入防灾资金40.161万元，占20.82%；争取市气象局补助资金8.0万元，占4.15%。

2019年购置各类人工影响天气作业弹2500发（枚），加之2018年结余386发（枚），2019年各类人工影响天气作业弹共计2886发（枚），比2018年少1949发（枚）。2019年底结余各类人工影响天气作业弹1470发（枚），其中，WR—1D型火箭30枚、RY—18型高炮弹580发、JFJ—1A型火箭860枚（含2019年11月新购JFJ—1A型300枚）。

（二）人工影响天气作业点布设。根据玉溪市江川区的天气气候特点和影响江川区冰雹的路径及江川区多年开展人工影响天气的实践经验，充分考虑继续实施“2260”高端特色优质烟叶、千亩连片优质示范、百亩连片科技样板，守住江川烟叶质量“108分”高地和“云烟之乡核心产区”地位，开创江川烟草稳中求进发展新局面，助推江川经济高质量跨越发展实际的防灾需求。2019年全区布设11个人工影响天气固定作业点和2辆WR—1D型火箭流动作业车，共计13个人工影响天气作业点（其中11个人工影响天气固定作业点作业设备包含8门“三七”双管高炮、10套JFJ-1A型火箭、1套BL—1型火箭）。

（三）社会经济效益显著。人工影响天气作业时间。2019年6～9月，共申请人工影响天气作业152次，允许作业次数144次，实际作业次数129次（其中人工增雨24次、人工防雹105次），作业点数为12个。共发射各类人工影响天气火箭、高炮弹1416发（枚），比2018年4449发（枚）减少3033（枚），比2017年4145发（枚）减少2729（枚），比2016年2435发（枚）减少1019发（枚）；保护烤烟种植面积达7.3万亩，其他农作物3.4万亩。经评估，人工防雹的开展，减少烤烟直接经济损失3000余万元，其他农作物600余万元，人工影响天气投入产出比达1∶43以上，取得了显著的社会效益和经济效益，人工影响天气工作得到区委、政府的充分肯定。

【“三农”气象服务】 一是根据《基层气象灾害预警服务能力建设指南》开展了基层气象防灾减灾标准化（六个一）建设，通过开展基层气象防灾减灾标准化建设，江川区气象局进一步强机制、补短板、提能力，做到“一本账”心中有数、“一张图”清晰明了、“一张网”信息畅通、“一把尺”规范有序、“一队伍”统筹合力、“一平台”强化支撑，牢固树立“一盘棋”思想，优化布局、加强指导，强化部门协同和区域协作，切实提高了江川区气象防灾减灾的能力，推动基层气象防灾减灾工作可持续发展。二是完成了“多媒体触控一体机配套软件”的开发并顺利通过有关专家组的验收。软件融合了天气预报预警、气象服务、防灾减灾、气象法规等内容，将江川区近年来气象为农服务和气象现代化建设的成果进行了展示。用户通过软件，能够及时查看江川区气象局发布的各类预报预警信息和其他各类气象服务信息，江川区气象局通过软件将各类为农服务和气象现代化成果对用户进行展示，让用户进一步走进气象，了解江川天气，了解气象工作，通过软件的使用进一步提升江川区气象防灾减灾能力。三是开发了“县（区）级区域自动气象站气象要素实时预警系统”，创新气象信息的服务方法，基于智能预报的“实况+短临预报”模式，融入“内响应、外联动”工作机制及强降水监测策略，组织开展好江川区面向区委、区政府及各乡镇街道村组、医院、学校、风景区、重大工程项目、水库等相关责任人“面”上的目标用户和辖区内每一个区域自动气象站“点”上的目标用户的智能“靶向”预警服务工作。及时提醒用户处理预警信息并确认发布到不同区域不同点的服务对象，系统将监测预警信息传递到需要的“防御人”，实现智能靶向服务，有效提升江川区农村气象防灾减灾能力，为全省基层气象防灾减灾建设做好示范。四是完成了乡镇电视天气预报节目制作系统软件由标清到高清的升级工作，即“乡镇高清天气预报制作系统”，更好地推进气象信息进村入户，提升气象灾害预警服务能力。

【气象科普宣传】 年内联合有关部门，对全区27家监管对象进行3次“全覆盖”防雷防静电安全检查，并对检查中发现的问题提出了整改意见并责令限期整改。检查人员要求所有监管对象要进一步做好防雷安全工作，切实增强企业的防雷安全意识，完善导静电设施和防静电措施，及时消除隐患。充分利用“3·23”世界气象日、“5·12”防灾减灾日、“6月安全月”等时机，在人员集聚地开展科普宣传活动。共制作科普宣传版20个，发放各类科普宣传材料6000余份。三是把气象法律法规和气象法治建设相关内容列入干部职工学习内容，建立常态化学法用法机制。继续聘请1名法律顾问，有效促进江川区气象工作的法制化、制度化。

（谢仲瑞）

防震减灾

【地震活动】 据云南省正式地震目录，2019年1月至12月江川区境内共计发生0.0级以上地震48次（见附表、附图1）。其中：0.0～0.9级8次，1.0～1.9级35次，2.0～2.9级3次，3.0～3.9级2次。最大地震为11月1日江城镇侯家沟村3.5级。与2018年同期相比地震频度减弱，强度增加。地震主要分布情况为：大街街道19次，雄关乡5次，江城镇15次、安化乡4次，九溪镇3次，路居镇1次和江川区所辖抚仙湖水域1次，前卫镇则未记寻到精确定位的地震。地震活动空间分布较为集中，空间分布最为集中的大街街道和江城镇共发生地震35次（含抚仙湖水域1次），占2019年度全区地震总数的72.9%。江川区2019年度地震活动频次最多为11月，达10次；其次为8月，为8次；最平静则为9月，该月未记录到精确定位的地震（见附图2）。

【地震预测】 江川区防震减灾局2018年所编写的《云南省2019年度地震趋势研究报告》对云南地区作出预测尺度为一年的地震活动趋势预测，其预测结论为：

一、云南省2019年度发生地震的最大震级Mmax≤7.0级（CFi=0.85）

二、云南省2019年度地震危险区：

1. 滇西腾冲—保山—施甸—永平—大理—漾濞—洱源—宾川—剑川—鹤庆—永胜—丽江—宁蒗一带，MS6.0～7.0级，CFi=0.85；

2. 滇南—滇西南弥勒—华宁—江川—通海—峨山—建水—开远—石屏—红河—墨江—宁洱—普洱—江城—景洪—勐海—澜沧一带，MS5.5～6.5级，CFi=0.85；

3. 滇东北绥江—永善—盐津—大关—昭通—彝良—鲁甸—巧家—会泽—东川与四川相邻地区，MS5.0～6.0级，CFi=0.75。

2019年1月1日至2019年12月31日，云南省境内仅发生MS4.7级以上地震3次，未发生MS5.0级以上地震。但在川滇交界的长宁—珙县发生一组5次5.0级以上地震震群，最大地震为6月17日6.0级震，未达到7.0级最大地震预测强度，第一条预测意见准确。所圈定的三个地震危险区中，滇东北危险

区内于5月16日发生了永善MS4.7级地震，并在距危险区边界约50千米的长宁—珙县发生6.0级地震震群，地震年度预测准确；滇西—滇西北危险区则于7月21日发生了永胜MS4.9级地震，实发地震震级与预测震级相比略有偏小，预测基本准确；滇南—滇西南危险区发生的最大震绷仅为2月12日普洱MS4.2级地震，震级偏小，为虚报。

综上所述，江川区防震减灾局2019年度中期预测对应率为66%。

【陈家湾2.8、3.2级地震】 根据中国地震台网正式测定，5月28日03时19分江城镇陈家湾村委会附近发生2.8级地震，震源深度15千米，震中距江川区主城区15千米；11时06分，陈家湾村委会与白家营村委会附近再次发生3.2级地震，震源深度15千米，震中距江川区主城区16.8千米。根据区防震减灾局和江城镇政府现场调查了解到的灾情：大街街道、江城镇、前卫镇和安化乡震感强烈，地震造成江城镇白家营村委会前竹园村和白玉寨村两处老旧烤房烟囱倒塌，无其他财产损失和人员伤亡的报告。另外，玉溪市中心城区红塔区也有明显震感。

【侯家沟级3.5级地震】 根据中国地震台网正式测定，11月1日03时37分，江城镇侯家沟村委会附近发生3.5级地震，震源深度12千米，震中距江城镇5.5千米，距江川主城区11.3千米。地震造成江川区所有乡镇（街道）及玉市中心城区塔区震感强烈，澄江县震感明显。根据现场调查：侯家沟村和前卫镇渔村等极少部分老旧房屋有墙壁掉土、掉瓦现象，无人员伤亡和其他财产损失。

春节前夕，玉溪市三江区防震减灾局，组织防震减灾资源和力量，到城镇社区、村庄集市开展防震减灾科普宣传活动。1月4日，在前卫渔村集市，向村民发放《江川防震避震知识手册》《房屋如何抗震》等宣传资料1200余册（份），宣传环保袋200个，耐心的讲解地震灾害的逃生避灾、自救互救和自我防护等应急常识，传播地震科普、农村民房选址、防震减灾法律法规等知识，接受现场咨询20余人。

【防震减灾科普知识进社区】 1月31日上午，在大街街道上营社区人口密集的集市开展科普活动，通过电子屏播放防震减灾科普宣传标语、宣传栏张贴地震科普知识贴画、现场发放防震避震知识手册等多种形式向群众宣传地震灾害的逃生避灾、自救互救、房屋抗震加固和防震减灾法律法规等知识。

【陆建明到江川区调研】 2月14日下午，玉溪市防震减灾局党组书记、局长陆建明、副局长孙军伟等一行4人到江川区调研防震减灾工作。陆建明实地察看了前兆观测机井、地下流体前兆监测仪器系统，检查了前兆仪器设备工作状态。陆建明对江川区防震减灾工作取得的成绩给予高度评价，并结合防震减灾面临的问题提出要求：一是要尽职尽责做好防震减灾各项工作，牢固树立震情观，时刻做好打赢“地震战役”的准备；二是要加强自身业务学习，发挥传帮带作用，强化队伍基本功；三是要清醒认识防震减灾工作这项光荣使命，增强事业心、责任心。

【简易水温观测点改造】 江川区路居镇兰田村赵家湾村民小组温泉点简易水温观测由于接入电路为村集体民用电路，经常导致观测设备断电停测故障发生，严重影响了该观测点水温宏观观测工作的正常开展。为此，玉溪市地震监测预报中心主任、高级工程师沈坤带领相关工程技术人员，在江川区防震减灾局配合下，于2月21日通过选点、安设备装和测试等工程施工，在温泉点附近架设太阳能供电设施设备一套，并对相关供电线路进行规整，解决了简易水温观测设备的不间断供电难题。

【防震减灾工作联席会】 4月23日下午，玉溪市江川区2019年防震减灾工作联席会在区防震减灾局召开。区人大常委会副主任李绍华、区人民政府副区长杨军苹出席会议，区纪委派驻区委政法委纪检组、各乡镇（街道）和区抗震救灾指挥部成员单位分管防震减灾工作领导，及区防震减灾局全体干部职工共50余人参加了会议。会议主要是传达国家和省、市防震减灾联席会议精神，总结2018年度全区防震减灾工作，通报江川区面临的地震形势，并对2019年度防震减灾重点工作作出安排部署。

【防震减灾科普宣传工作三年行动计划】 5月，江川区抗震救灾指挥部启动防震减灾科普宣传工作三年行动计划。自2019年起，有计划地推进防震减灾科普宣传区、乡、村全覆盖。用三年时间完成对区级党政机关、乡镇（街道）、企事业单位、学校、村（社区）等群体的防震减灾科普宣传全覆盖，提高社会公众参与度，扩大防震减灾科学知识的知晓率。科普宣传工作主要采取举办专题讲座、组织参观市防震减灾科普馆、集中宣传、发放宣传资料、科普示范学校创建与管理、建设并推广防震减灾微信公众号和电子屏宣传等方式进行。

【防震减灾工作专题会】 6月13日下午，玉溪市江川区2019年防震减灾工作专题会在区防震减灾局一楼震灾处置指挥大厅召开，会议传达学习玉溪市防震减灾专题会议精神，并对防震减灾工作进行了安排部署。会议由区人民政府副区长杨军苹主持，区政协副主席杨吉英出席会议，区纪委派驻区委政法委纪检组、各乡镇（街道）和区抗震救灾指挥部成员单位分管防震减灾工作领导，及区防震减灾局全体干部职工共50余人参加了会议。区防震减灾局党组书记、局长郑忠党同志通报近期震情形势，并对机构改革后抗震救灾指挥部各成员单位职能职责及应急流程修改情况作说明。副县长杨军苹要求，全区各级各部门扎扎实实抓好防震减灾和应急防范工作。一是要进一步强化地震应急防范工作责任；二是要严格执行应急值班值守制度；三是要进一步完善地震应急专项工作方案并开展演练；四是要强化地震科普宣传；五是要切实做好救援队伍与应急物资储备；六是要全面做好隐患排查和次生灾害防范工作；七是加强震情监视跟踪、趋势研判和舆论引导工作。会议还对区抗震救灾指挥部工作组组成及职责（征求意见稿）及应急工作流程进行了讨论。

【安装简易水温观测仪】 8月5日，玉溪市地震监测预报中心主任杨涛带领中心和云南维者科技有限公司相关技术人员，到江川区江城镇温泉村委会温泉点，通过仪器设备布线、安装和现场调试等工作，完成简易水温观测仪安装。该仪器设备包含2个观测探头，观测精度为0.1℃，对温泉点水温进行实时对比监测，通过采用手机通信方式实现对该仪器设备的远程控制管理和数据采集。至此，江川区低精度水温观测点增至2个，另外一个为路居镇兰田村赵家湾观测点。

【地震宏观观测点调整】 本着“布局合理，类别多样”的原则，麦冲水库、白河水库、安化新庄坝和上营机井等4个观测点存在坝体渗漏、蓄水量偏少、环境干扰和人为干扰等因素，区防震减灾局8月10日决定撤销这4个地震宏观观测点。此外，由于江城镇温泉村位于安化—路居断裂附近，村中有多个温泉出露点，水温最高的三台井达34℃，属地震构造应力敏感区域，因此决定新增该村为地震宏观观测点。调整后全区地震宏观观测点总数从24个减少为21个。

【地震群测群防工作会暨培训会】 8月30日上午，江川区召开2019年度地震群测群防工作会暨培训会。各乡镇（街道）防震减灾分管领导、防震减灾助理员、地震宏观联络员和区防震减灾局全体干部职工共计45人参加了会议。会议包括三项议程：首先由区防震减灾局党组书记、局长郑忠党就部分宏观观测点进行调整补充、人员变动及补助经费的发放情况进行说明。其次，郑忠党就加强地震群测群防工作，提高防震减灾工作能力进行总结，总结了地震群测群防工作的发展情况，分析存在的问题和困难，并对全区地震群测群防工作进行安排，要求各乡镇、各观测点深刻认识地震群测群防工作在防震减灾工作体系中的重要作用，加强领导，明确责任，履职尽责，切实做好地震群测群防工作。最后，区防震减灾局高级工程师李祥对各类地震宏观异常现象的特点、识别方法、日常工作中如何规范各类资料填写和异常及时上报等内容进行培训讲解。

【“11·6”地震应急处置桌面推演】 11月6日区抗震救灾指挥部在全区开展了一次地震应急处置桌面推演。演练以江川区境内发生5.3级地震为背景，模拟震后区抗震救灾指挥部召开第一次会议，对震情、灾情进行应急处置。

推演于11月6日上午9时正式在区防震减灾局震灾处置指挥大厅进行。区防震减灾局报告震情并提出应急处置工作建议，江城镇、区应急管理局、市公安局江川分局、区发展和改革局、区卫生健康局、区委宣传部、区住房和城乡建设局、区自然资源局、区交通运输局、区水利局、江川供电公司和中国移动江川分公司

等部门报告灾情及抢险救灾工作准备情况；最后由指挥长下达区抗震救灾指挥部1号命令，安排部署全区抗震救灾工作。

玉溪市防震减灾局副局长钱宝运，区委常委、区人武部政委曾宪涛，区政协副主席杨吉英在点评中对此次桌面推演给予肯定，并结合2018年“8・13”“8・14”通海5.0级地震的实际处置情况对抗震救灾工作提出了建议。区人民政府副区长、区抗震救灾指挥部指挥长杨军苹对整个推演活动进行总结，并结合当前工作实际对今后的抗震救灾工作提出了要求。

【云南省防震减灾宣传日宣传活动】 区防震减灾局于11月6日云南省防震减灾宣传日当天下午，组织区应急管理局、区自然资源局、区科技局、区卫健局、区林草局、区科协和区消防大队等12家单位的50名志愿者，在城区人员密集的大街街道下营老戏台广场开展集中宣传活动。现场以悬挂宣传标语、摆设咨询台、展示宣传展板等方式，向广大群众宣传防灾减灾救灾知识。活动中共发放《江川防震减灾知识手册》《地震知识100问》《地震后卫生防疫知识》《建筑防震减灾知识宣传》《玉溪市江川区气象灾害防御指南》和《地质灾害防治基本知识》等20种宣传资料共计6600余册（份）、宣传用品1300余件，展示11块宣传展板，接受咨询50余人。

【表彰奖励】 2月，区防震减灾局在全市2018年度各项工作考核评比中荣获优异成绩：荣获2018年度玉溪市防震减灾工作综合考核三等奖，《云南省2018年度地震趋势研究报告》连续10年荣获全市评比一等奖，2018年度玉溪市强震动台站质量管理考核二等奖，2018年度玉溪市地震预报效能三等奖，以及罗光花荣获玉溪市防震减灾局授予的“玉溪市2018年度防震减灾工作先进个人”称号。4月，在云南省2018年度地震监测质量评比中，荣获地下流体学科水位全省第二名、水温第三名。

（李　祥）

社　会

编辑　张江瑞

人力资源和社会保障

【概述】　2019年，江川区人社局深入贯彻落实党的十九大会议精神，全市人力资源社会保障工作会议精神，紧紧围绕“民生为本，人才优先”工作主线，深入实施“促就业、重保障、惠民生、强人才”工作战略，坚持“对标一流，争先进位”，深化改革、务实创新、勇于担当、狠抓落实，全区各项人社事业发展成效明显。

【专业技术人员教育培训】　组织2019年事业单位新进人员初聘（岗前）培训，参训人数共51人，经考试合格，作为事业单位新进人员按期转正定级和聘用的重要依据。

【专业技术人员评聘】　2019年共申报高、中、初级专业技术职务437人，评审通过337人。非公企业申报高、中、初级专业技术职务89人，评审通过54人。完成事业单位岗位聘用4105人，其中专业技术人员3616人，管理人员175人，工勤人员314人。

贯彻落实《关于放宽基层专业技术人员职称评聘条件的通知》（云人社发〔2014〕106号）文件，放宽政策聘任的高级专业技术人员454人，其中区级事业单位22人、乡镇事业单位432人。2019年共推荐评审一级教师140人，评审通过136人，通过率达97%。

【事业单位岗位设置】　累计完成事业单位岗位设置147个。因2019年部分事业单位机构改革，涉改的事业单位及其他事业单位共26个申请开展专业技术职称评聘管理工作，现已核准17个单位开展专业技术职称评聘管理工作。

【专业技术人员年度考核】　完成2019年度事业单位工作人员考核工作，应参加考核人数4132人，实际参加考核人数4112人。考核结果为：优秀598人，合格3334人，基本合格7人，不合格1人，未定等次172人。

【高技能人才开发】　完成机关事业单位及社会从业人员高技能人才开发311人，其中高级技师4人、技师44人、高级工263人。

【毕业生就业指导】　2019年共有973名应届高校毕业生登记报到。

【招聘会举办情况】　2019年共举办18次专场招聘会，124家省内外企业提供就业岗位9800余个，涉及食品加工、电子加工业、文化教育培训、机械制造、医药、劳务派遣、人力资源服务、销售等领域，4700多人咨询求职，达成就业意向350多人。

【事业单位人员流动管理】　2019年共办理事业单位人员流动147人，其中区内调动117人、区外调入11人、调出区外19人。

【事业单位人事考录】　完成2019年提前引进事业单位紧缺工作人员37人；安置订单定向免费医学生2人；完成2019年事业单位公开招聘工作人员109人；大学生村官定向招聘16人，其中15人已到岗，1人因怀孕延期体检，实现大学生村官全兜底目标。

【规范人事档案管理】 2019年共接收大中专毕业生报到973人，其中研究生15人、本科550人、专科340人、中专68人。接收往届毕业生档案28册，接待档案查阅1799卷。目前人才中心共保管档案16668册，其中，大中专毕业生11888册，大学生村官档案1册，个私人员29册，辞职辞退人员41册，三大生、技校生2911册，聘用人员1798册。流动档案358册。

管理工人档案6704册。其中：在职人员554册，失业职工3225册，辞职、辞退，开除和死亡人员327册，（离）退休人员1300册，无头档案1126册，省、市直管单位和区内其他企业（烟草公司、复烤厂等8家单位）的职工档案172册。2019年接收城镇退役士兵专业安置军人档案24册，转出工人档案9册。

管理机关事业单位档案5095册。其中：在职人员1918册，（离）退休人员1131册，自谋职业、辞职人员852册，无头档案45册，组织部等转交档案201册，开除人员78册，死亡人员443册，落办档案427册。

【干部人事档案专项审核】 完成4801名干部人事档案专项审核。其中：公务员652人，专技人员3473人，管理人员144人，机关事业工勤532人。公务员档案于2019年10月23日移交区委组织部。

【大学生村官管理服务工作】 2019年末，在岗大学生村官1人。

【高校毕业生见习工作】 2019年共安排就业见习基地13个，落实就业见习人员54人。

【工资收入分配制度】 机关工勤人员技术等级、事业单位岗位变动818人，办理事业单位调动485人，特殊岗位津贴变动65人，转正定级人员205人，遗属补助16人。

【退休审批】 办理机关工人及事业单位退休97人，企业单位及自谋职业人员退休手续178人，其中，特殊工种退休15人。

【工伤认定和劳动能力鉴定】 2019年共收到工伤申请120件，受理120件，其中，工伤118件、不属于工伤2件。移交市人社局伤残职工病情资料进行劳动能力鉴定40人，其中，因工鉴定31人，因病鉴定9人。

【就业创业】 城镇新增就业人数2808人，城镇失业人员再就业人数809人，就业困难人员就业人数772人，开发公益性岗位就业数485人，城镇登记失业率控制在3.10%以内。农村劳动力培训20009人次，建档立卡贫困人员培训1317人，新增农村劳动力转移就业5509人。

2019年发放创业担保贷款14310万元，扶持创业748人，带动就业2897人；扶持优秀大学生创业2户，无偿补助资金6万元，带动就业10人。

【职业技能提升补贴】 2019年审核并发放符合条件的职业技能提升补贴申请64人，补贴8.88万元。其中初级技能人员56名，补贴72800元；中级技能人员0名，补贴0元；高级技能人员8名，补贴16000元。

【职业技能培训】 2019年共举办33期职业技能培训班，培训技能人员1385人，其中美容师培训170人、保育员培训37人、农家菜烹饪培训91人、小锅煮品制作培训42人、育婴员培训130人、焊工培训39人、电工培训36人、保安员培训58人、农村电子商务培训222人、网络创业培训161人、中草药种植108人、蔬菜种植与田间管理166人、特色种植（草莓）73人、花卉采摘与包装培训52人。其中建档立卡贫困户146人。

【有组织劳务输出】 成建制劳务输出4批421名农村劳动力外出务工。

【企业职工基本养老保险】 企业职工基本养老保险参保440户，参保11364人，其中国有84户、集体6户、外资1户、其他企业（含股份制和私营企业）349户。企业离退休人员参保3874人。收缴基金10474.34万元；发放3874名企业离退休职工养老金10236.26万元，发放率100%。

【机关事业单位基本养老保险】 机关事业单位基本养老保险参保178户，参保职工5500人，机关事业单位离退休人员2106人。收缴基金2120.55万元。发放2106名行政事业单位离退休职工养老金13904.70万元，发放率100%。

【被征地农民养老保险】 2019年为5695名被征地农民养老保险领取人发放养老金343.48万元。为200名被征地农民养老保险退保61.04万元。

【城乡居民养老保险】 城乡居民养老保险参保15.053万人。共为3.53万名城乡居民养老保险待遇领取人员发放养老金5038.53万元。从2019年1月开始，对年满65周岁及以上享受待遇的城乡居民，在103元/月基础养老金基础上每人每月加发5元的基础养老金，个人缴纳部分根据积累总额另行计算，多缴多得，长缴多得。参保人在缴费或待遇领取期间死亡的，给予12个月全省最低基础养老金标准的一次性丧葬补助金。办理城乡居民养老保险退保1708人，支付退保金243.35万元。

【金融社保卡】 江川区金融社保卡持卡人数27.2741万人，申领电子社保卡63442张。共有33家药店实现了扫码购药。

【失业保险】 失业保险参保8745人，失业保险费收入584.25万元，1598人次领取失业保险金，发放失业保险待遇131.38万元，为826人次代缴医疗保险26.32万元。

【工伤保险】 工伤保险参保19048人，其中企业9129人，机关事业单位5719人，项目参保4200人。收缴基金474万元（其中企业工伤保险收入279万元；机关工伤保险收入144万元，项目参保工伤收入51万元），待遇支付631.9万元，其中支付企业职工558.8万元，机关事业单位职工73.1万元。

【劳动合同登记备案】 2019年劳动用工网上登记备案共登记446户用人单位，涉及签订劳动合同人数11886人，解除（终止）劳动合同人数2876人，劳动合同签订率达97.4%。

【劳动人事争议案件】 2019年区劳动人事争议仲裁委员会共处理案件66件，受理案件64件，不予受理2件，结案率100%。基层调解组织或其他部门调解案件215件，涉及金额163.24万元，仲裁委员会仲裁调解20件案件，调解成功率84.23%，一裁终局率73.81%。

【信访工作】 2019年共接待涉及工资、工伤、福利等问题咨询200余人次，处理其他部门转办来信14件，已经全部结案。发放社保、就业、劳动保障、扫黑除恶、防艾、“双创”等方面宣传资料3000余份。

【劳动监察，治欠保支工作】 组织开展专项检查5次，检查用人单位742户次。及时协调解决12起欠薪来访事件，为326名农民工追回所欠工资275.57万元。依法立案查处5起工资拖欠行为，其中以涉嫌拒不支付劳动报酬罪移送公安机关处理3起。

【劳动执法年审】 开展2018年度劳动保障执法年审，共审核用人单位458户，其中机关事业单位175户，各类企业和其他单位283户，涉及劳动者6195人。

【行政审批】 2019年共办理不定时工作制和综合计算工时制审批1件，涉及用人单位1户，涉及职工10人。共办理劳务派遣行政许可事项2件，其中新办1件，申请延续1件、申请变更0件。

【农民工工资保证金】 截至2019年末，82户建设单位交存农民工工资保证金3993万余元。

【社会保险稽核】 2019年共开展28批次社会保险稽核。开展养老保险书面稽核15户1833人，工伤保险15户2671人，生育保险15户2059人；开展养老保险实地稽核13户1834人，工伤保险13户1993人，生育保险13户1901人。

【企业退休人员社会化管理服务】 全区共接收参加社会化管理服务企业退休人员达4395人，其中区内企业退休人员3874人、区内一体化管理服务机关事业退休工勤人员360人、市直企业退休人员移交管理服务的161人，实现了企业退休人员社会化管理服务率达100%，社区管理服务率达99.20%。

春节开展送温暖活动慰问困难企业退休人员43人；敬老节开展活动慰问新中国建立前老退休工人5人、90岁以上企业退休人员54人。走访看望生病住院退休人员842人次；看望慰问伤亡退休人员家属并协助办理丧事82人次；为企业退休人员生病住院医疗互助代报销服务175人次。落实县属改制企业退休人员生病住院护理费426人，落实因病完全丧失生活自理能力的13人，发放护理费补助16.53万元；为国有企业改革改制的继续享受遗属生活困难补助16人，发放金额1.34万元。

【行业扶贫】 2019年全区建档立卡贫困人口符合参保条件的贫困户均100%参加养老保险。深入摸底调查，明确劳动力“三个清单”。全区建档立卡贫困户中具

有劳动力能力4652人，其中已就业1885人，未就业且有就业意愿的1931人、有创业意愿的355人、愿意在家务农的679人。组织技能培训33期，培训建档立卡贫困劳动力146人。受理一次性交通费补助申请2人，补助交通费1000元。组织劳动力转移就业421人，其中贫困户25人。认定扶贫车间2个：玉溪市江川区荣程猕猴桃种植有限公司和玉溪瑞珀花卉贸易有限公司，吸纳建档立卡户就业29人，补助金额为29000元。

【社保降费减负】 按照中央、省市的要求，严格执行社保降费减负政策。1～12月共为438户企业调减城镇职工基本养老保险费1406.31万元；为151个机关事业单位调减单位基本养老保险费1080.68万元；减轻灵活就业参保人员594.52万元；为企业减负工伤保险费206.20万元；为365家企事业单位减负失业保险费583.46万元，其中为企业减轻应缴失业保险费约204.65万元。

【人社政策法规“五进”活动】 2019年7月11日，玉溪市人社政策法规宣传启动仪式在江川区体育馆内举行。在全区范围内开展了人社政策法规宣传“进社区、进乡村、进企业、进学校、进家庭”活动，推动人社政策法规宣传深入开展。

【机构改革工作】 根据江川区机构改革方案和实施方案，做好机构改革职能划转工作，将公务员管理职责划转至区委组织部，将军官转业安置职责划转至区退役军人事务局，医疗保险管理局的行政职责、城镇职工和城乡居民基本医疗保险职责、生育保险职责划转至区医疗保障局，外国专家管理职责划转至区科学技术局，划出职能职责均已与相关单位签订移交清册并办理业务交接手续。无划入本单位职能职责。2019年，因机构改革事业单位人员转隶在职人员412人，转隶离退休人员135人。共15个涉改事业单位申请开展专业技术职称评聘管理工作，现已核准15个单位开展专业技术职称评聘管理工作。公务员档案于2019年10月23日移交区委组织部。重新制定《玉溪市江川区人力资源和社会保障局职能配置内设机构和人员编制规定》，顺利完成单位内部人员转隶、职能划转、人员优化工作交接等工作，实现机构改革平稳过渡。

【受表彰情况】 2019年7月，江川区人力资源和社会保障局2018～2019年度《中国劳动保障报》新闻宣传工作受到人力资源社会保障部办公厅表彰。

（陈 琪）

机构编制

【概述】 2019年区委编办围绕持续完善党和国家机构职能体系的新时代机构编制工作总体目标，以加强党的全面领导为统领，全面完成全区机构改革任务，稳步推进事业单位和重点领域体制改革，统筹配置各类编制资源，加强部门自身建设，担当作为、狠抓落实，为实现新时代江川高质量跨越式发展提供坚强有力的体制机制保障。

【深化党政机构改革】 江川区严格按照省市要求，统筹推进党政机构改革，优化机构设置和职能配置，在上级核定的35个机构限额内，统筹设置区委机构9个、政府工作部门26个；设人大机关8个、政协机关7个、群团组织（纳入机构管理的社会团体）10个；对应省、市优化调整设置区委议事协调机构9个；区委机构加挂牌子11块，区政府工作部门加挂牌子13块；设区委直属事业单位3个、区政府直属事业单位4个。共印发部门“三定”规定35个、部门机构编制调整通知15个、党委和政府直属事业单位机构编制方案7个、30家部门所属事业单位机构编制方案137个、乡镇（街道）机构调整通知6个。

【深化事业单位改革】 压缩事业单位机构编制规模，整合编制资源，强化事业单位公益服务属性。稳妥推进“农、林、水”、融媒体、老年大学、市场监管局社会组织服务中心、退管中心等事业单位改革，将职能职责相近和职能弱化的单位进行撤并，精简编制，共减少事业单位16个，收回事业编制36名。根据工作需要，增设区级部门所属事业单位5个，加挂牌子6块，变更名称3家，在各乡镇设幼儿园1所。

【深化乡镇（街道）机构改革】 进一步加强基层政权建设，推动乡镇（街道）工作重心转移到加强党的建设和公共服务、公共管理、公共安全上来，规范乡镇（街道）机构，设置综合办公室5个，事业单位7个，增加部分乡镇（街道）事业单位事业编制7名。

并对原玉溪市国土资源局江川分局各乡镇（街道）的派出机构进行了更名；各乡镇（街道）设政府专职消防站、退役军人服务站。

【深化综合行政执法改革】 按照“同一系统最多保留一支执法队伍”的要求，积极推进系统内综合执法，整合系统内的执法职责和队伍，设置综合执法队伍。在玉溪市江川区农业机械和农田建设管理站基础上组建玉溪市江川区农业综合行政执法大队；在玉溪市江川区市场监督管理局市场监督管理行政执法机构基础上组建玉溪市江川区市场监管综合行政执法大队。文化旅游市场、交通运输、生态环境保护3支执法队伍由市级负责组建。

【做好党政机构改革“后半篇文章”】 实现新机构职能职责的深度融合。7月30日，区委组成两个督查组随机抽取8家单位，对机构挂牌、职责转接、印章刻制、资产移交等情况进行核查，梳理出抽查单位在机构改革中存在的问题，并要求限期整改。推动机构改革工作“后半篇文章”向纵深发展。于9月5日召开全区深化党政机构改革总结会议，聚人心、压责任、抓创新、严纪律，切实做好机构改革“后半篇文章”，巩固党政机构改革成果。组织全区各有关部门对权责清单进行梳理，涉及32个区级部门行政职权共6402项，责任事项52774项，追责情形46059项；6个乡镇（街道）行政职权共342项，责任事项1566项，追责情形1806项，待合法性审查通过后按程序公布。

【严控编制总量】 区委编办按编委决议，严格执行编制总量、编制种类、领导职数等管理规定，在区级编制总量内，依据部门职能职责，结合实际工作需要核定各部门的行政编制，对新增职能较多、综合协调任务较重的部门，适当调增行政编制。截至年底，市级核定江川区编制总量6550名，其中行政编制791名，工勤编制100名，政法专项编制269名，事业编制5390名（含群团使用事业编制35名）。实有5605人，其中行政编制人员779人，工勤编制人员93人，政法专项编制人员266人，事业编制人员4467人（含群团使用事业编制24人）。同时，根据机构、编制、领导等变化情况，及时对实名制系统进行更新，增强机构编制统计数据的及时性、准确性、真实性和权威性。

【规范机构编制】 为促进全区机构编制工作制度化、规范化和科学化，经11月18日区委编委第二次会议研究，出台《中共玉溪市江川区委机构编制委员会工作规则》《中共玉溪市江川区委机构编制委员会办公室工作细则》《玉溪市江川区周转编制管理实施意见》《玉溪市江川区医共体机构编制管理意见》。

【统筹使用编制资源】 2019年市级下达江川区补充工作人员编制使用计划293名（其中：行政编制计划32名，政法专项编制计划14名，事业编制计划212名，预留政策性安置计划35名）。本着“编制资源向区委、区政府重点工作倾斜”的原则，重点充实乡镇（街道）工作力量，加强综合经济部门，突出教育、医疗卫生等民生事业，提升编制资源使用效益，实际使用编制231名，其中行政编制21名、政法专项编制8名、事业编制202名。

【事业单位登记管理】 全区166个事业单位在4月15日前全部完成网上年审和年度报告网上公示工作，完成率、公示率均达100%。积极开展事业单位法人登记工作，2019年新登记15家、变更15家，注销0家。共办理统一社会信用代码证书78本。

【机构编制宣传】 加强信息工作，及时宣传报道机构编制工作中的特色、亮点，总结机构编制工作成绩，全年报送机构编制信息16篇。9月12日，区委组织部、区委编办共同举办由党政机关及部分事业单位的分管领导、业务人员参加的机构编制专题业务培训。在全区各部门宣传政策，统一思想，化解矛盾。

（储　晶）

民　政

【社会组织“多证合一”换证】 大力推动江川区社会组织“多证合一”换证工作，2019年换证1家。年内依法新登记社会团体2家，民非单位1家。上半年开展了社会组织清理规范工作、扫黑除恶推进“五个三工作”、清理规范社会团体收费工作和四个部门联合检查行业协会商会收费工作，认真组织了辖区非法社会组织摸底排查，注销社会组织2个，民非单位3个。

【社会组织年检】 区民政局在册登记社会组织95个，其中社会团体69个，民非单位26个。2019年3月至5月，依法对95家社团和民办非企业单位的运转资质进行年度检查，年检合格率100%。

【婚姻登记管理】 全年结婚登记2195对，离婚登记794对，补发结婚登记705本；补发离婚登记96本；登记合格率100%。完成全省婚姻登记历史数据补录，江川区找到婚姻历史档案的已全部补录完成，结婚登记历史数据补录41526条，离婚登记历史数据补录3460条。按照《民政部办公厅〈婚姻登记个人信用风险告知书〉的通知》（民办函〔2019〕107号）要求，自9月10日起，开始启用《婚姻登记个人信用风险告知书》。

【儿童社会福利】 认真做好孤残儿童、事实无人抚养儿童数据采集更新和电子化管理工作，2019年江川区依法办理收养登记6起。孤残儿童基本生活补助共发放24名，其中20名散居孤儿，3名事实无人抚养儿童，1名集中供养孤儿，按照散居孤儿1274元/月/人，集中供养孤儿1974元/月/人标准发放，全年共发放孤儿基本生活补助金31.3696万。同时向上争取资金30万元投建15个儿童之家。

【残疾人补贴发放】 完善困难残疾人生活补贴和重度残疾人护理补贴制度。调整标准为：困难残疾人生活补贴每人每月50元；重度残疾人护理补贴一级每人每月70元、二级每人每月40元。按照“应补尽补”原则，推进残疾人两项补贴制度覆盖所有符合条件的残疾人。2019年涉及的6个乡镇（街道）符合条件的3716人，其中，享受一级重度护理补贴737人；享受二级重度护理补贴1080人；享受困难生活补贴1899人。全年共发放残疾人两项补贴43631人次，共发放金额222.984万元。其中，发放一级重度护理补贴8621人次，发放金额60.347万元；发放二级重度护理补贴12413人次，发放金额49.652万元；发放困难生活补贴22597人次，发放金额112.985万元。

【发展社会慈善事业】 2019年内投入10万元，由社会组织承接2个政府购买服务项目，即未成年人关爱服务项目、社区养老服务项目。动员组织社会工作志愿者、社区、社会组织三社联动，积极开展慈善活动，先后为部分建档立卡贫困户、留守儿童、边缘化失能孤寡老人捐款捐物4次，累计支出资金8万余元。

【社会组织党建】 按照区委相关部署，完成江川区社会组织党建工作。截至2019年，中国共产党江川区社会组织委员会已批准成立28个社会组织党支部，覆盖37个社会组织，社会组织党支部覆盖率达90%。

【城乡社区治理】 结合实际和群众所需，出台《中共玉溪市江川区委、玉溪市江川区人民政府关于加强和完善城乡社区治理的实施意见》（玉江发〔2019〕7号）、玉溪市江川区社区建设领导小组办公室印发《关于深入推进农村社区建设试点工作的实施方案》（玉江民发〔2019〕32号）等规章制度，指导健全完善全区城乡社区治理体系建设。年内分别开展村（社区）“牌子多”等问题整治抽查、村干部任职资格联审、村组干部补选等工作。

【开展村规民约（居民公约）回头看】 按照民政部、中组部等7部门联合出台了《关于做好村规民约和居民公约工作的指导意见》要求，2019年3月，进行一次村规民约（居民公约）回头看工作，组织全区64个村（社区）进行了村规民约（居民公约）修订，截至12月31日，修订工作全面完成。

【基层群众性自治组织特别法人统一社会信用代码证书换证】 按照云南省民政厅《关于明确延迟全省村民委员会和居民委员会换届时间有关事项的通知》中“村民委员会和居民委员会每届任期由3年修改为5年；本届村民委员会、居民委员会换届工作延迟2年；全省第七届村民委员会和第六届社区居民委员会换届选举从2021年1月份开始、2021年7月份结束”的工作要求，对全区村（居）民委会成员信息进行核实，2019年内完成全区64个村（居）民委员会特别法人统一社会信用代码证书更换。

【扎实有序推进区划地名管理工作】 2019年继续认真实施区划地名公共服务工程，不断更新完善地名设标，做好区划服务数据支撑保障。经2016年抚仙湖径流区统一托管后，目前江川区共有1个街道、3个镇、1个乡、1个少数民族乡，64个村委会（社区）（其中，有18个社区、46个行政村）；287个自然村；401个村（居）民小组（其中，有居民小组148个，村民小组253个）。路居镇的行政区划仍在江川区，但行政权、财政权、人事权暂时划入澄江县。

【第二次地名普查实现数据完整入库】　截至2019年10月10日，技术服务单位北京苍穹数码有限公司进行了第二次成果数据资料移交，地名普查成果涉及11大类61子类，共入库地名总条数1937条，其中，陆地水系63条，陆地地形222条，行政区域13条，群众自治组织73条，非行政区域32条，居民点422条，交通运输设施459条，水利电力通信设施261条，纪念地旅游景点29条，建筑物28条，具有地名意义的单位335条，已完成数据库入库建设，入库率100%。

【抚仙湖托管区地名标志设置】
位于江川抚仙湖片区的路居镇下10个村委会（社区）：中坝、下坝、隔河社区，上坝、红石岩、小凹、三百亩、明星、牛摩、孤山村委会，共54个自然村。由托管方澄江县民政局出资，对托管区的54个自然村进行了地名标志设置，用山石共设置了标准地名标志54块，并于2019年2月初全部设置完成。其余的江川地名标志因财政困难未设置。

【地名信息补采】为完善江川区地名信息，在原技术服务单位北京苍穹数码有限公司的地名普查技术工作结束后，针对缺失的各个地名（特别是自然村）来历、含义、姓氏、少数民族地名文化、历史变迁、民间传说等内容，从2019年4月11日起，区地名办组织普查人员深入到各乡镇（街道）、各村委会（社区）、各自然村，通过录音、录像、照相等方式，进行拉网式信息补采。截至7月19日，已完成了7个乡镇（街道）的信息补采工作，入村委会（社区）73个，入自然村345个，入村率100%。其中，江城入村109个，前卫入村52个，安化入村24个，九溪入村25个，雄关入村22个，路居43个，大街70个。此项工作将对“二普”地名数据库多媒体信息、编纂地名志、编写地名故事、挖掘保护地名文化（特别是少数民族地名文化）起到至关重要的作用。

【地名普查成果运用】组织完成《国家标准地名词典》关于江川词条的编纂，及时完善和修改了《玉溪市江川区地名词典》《玉溪市江川区地名志》《玉溪市江川区地名文化名录》《江川地名故事集》等地名成果资料，并积极推动出版发行。

【“江通线”界线联检】2019年3月29日，“江通线”召开第一次联席会议，成立了领导小组，通过了实施方案，拟定了室内、室外联检地段、内容、方法和时间。8月13日，江川、通海两县区开展外业联检，分别对马大山“江通华”三交点、雄关道班03号界桩、廖家大山02号界桩、麦地冲箐头01号界桩、瓦草山“红江通”三交点界桩一一进行了实地踏勘，逐点检查界桩及其方位物是否完好以及损坏情况，并对每棵界桩进行了拍照和清除杂草，用红漆对界桩文字进行涂色处理，逐段核对边界线走向、线状地物及其界线两侧地貌等的变化情况。11月22日，“江通线”第四轮边界线第二次联席会议召开，两县区分管副县区长在《联检报告》上进行了签字。11月29日，牵头方江川区民政局将第四轮“江通线”联检资料上报至市民政局区划地名科，圆满完成“江通线”联检工作。

【乡镇平安边界创建3年行动】
2019年3月，在十年一次的乡镇（街道）边界线联检工作空档期，经区民政局研究，提出了《乡镇平安边界创建3年行动方案》，将利用3年的时间开展乡镇（街道）平安边界创建工作。具体目标为2019年完成由大街街道牵头的“大九线”（大街—九溪）、江城镇牵头的“江前线”（江城—前卫）、路居镇牵头的“路雄线”（路居—雄关）、前卫镇牵头的“前安线”（前卫—安化）平安边界创建工作；2020年完成由雄关乡牵头的“大雄线”（大街—雄关）、路居镇牵头的“江路线”（江城—路居）、九溪镇牵头的“前九线”（前卫—九溪）平安边界创建工作；2021年完街街道牵头的“大路线”（大街—路居）、安化乡牵头的“江安线”（江城—安化）、前卫镇牵头的“前大线”（前卫—大街）平安边界创建工作。目前各项工作正在稳步推进中。

【地名更名命名管理】　2019年4月22日，下发《玉溪市江川区

人民政府关于“江川东收费站”等23个地名命名更名的批复》（玉江政复〔2019〕22号），对“江川东收费站”“江川西收费站”“土官田立交桥”“福德山隧道”“土官田1号桥”等19个交通运输类地名和“紫明苑”1个房地产项目共计20个地名命名更名进行了批复，对“江城收费站”“螺蛳铺收费站”“雄关收费站”3个地名进行了数据补充。原由交通部门命名的江川变电站的乡村道路“江变路”因主城区棚户区改造，多个单位迁到此地办公形成了城市次干道需要更名，8月3日下发《玉溪市江川区人民政府关于“江变路”更名为“景宁路”的批复》（玉江政复〔2019〕41号），同意将“江变路”更名为“景宁路”。11月1日下发《玉溪市江川区人民政府关于“金庙村”“东山村”地名命名的批复》（玉江政复〔2019〕66号），同意将前卫镇前卫社区新农村建设项目点、新的城镇居民点命名为“金庙村”；同意将路居镇石岩哨村委会新农村建设项目点、新的农村居民点命名为“东山村”。至此，江川区新增2个自然村。

【城乡低保】　从2019年7月1日起，全区城市居民最低生活保障标准从560元/月·人提高至610元/月·人；农村居民最低生活保障标准从3500元/年·人提高至4200元/年·人。为进一步做到精准施保，不同情况的低保对象采取不同的补助标准。其中，A类（重点保障户）低保对象补助水平不低于每月332元/人，B类（基本保障户）低保对象补助水平不低于每月215元/人，C类（一般保障户）低保对象补助水平不低于每月178元/人。

【城乡低保助力脱贫兜底】2019年农村低保资金支出823.27万元，全区累计发放农村低保对象为40140人次，人月均发放低保金205元，目前还有在册的农村低保对象1769户3397人；2019年农村低保对象共新增196户339人，退出92户216人，其中因死亡退出106人、因生活好转退出110人。2019年城镇低保资金支出390.1035万元，累计发放城市低保对象10707人次，人月均发放低保金364元，目前还有在册的城市低保对象640户903人；2019年城市低保对象共新增51户81人，退出37户59人，其中因死亡退出37人、因其他退出18人，因生活好转退出4人。根据今年12月份信息比对结果，全区建档立卡扶贫对象有低保对象1203人，2019年发放低保资金311.72万元，其中农村低保对象1059人、城市低保对象144人。

【特困人员供养】　按照关于对救助供养对象认定程序的规定和办法，在各乡镇人民政府（街道办事处）、村（居）民委员会协助下，对个别困难群众的生活情况进行调查了解和客观评估，符合条件的纳入特困人员救助供养名册。2019年1～12月，全区共有特困人员供养对象292户305人（含建档立卡贫困对象18户19人）。其中：一级残疾46人，二级残疾79人，集中供养88人，分散供养217人。特困人员供养标准为每人732元/月，照料护理标准为：集中供养特困人员照料护理补贴一档（完全丧失生活自理能力或一级重度残疾）为每人835元/月，二档（部分丧失生活自理能力或二级重度残疾）为每人418元/月，三档（其他集中供养特困人员）每人251元/月；分散供养特困人员照料护理补贴一档（完全丧失生活自理能力或一级重度残疾）为每人151元/月，二档（部分丧失生活自理能力或二级重度残疾）为每人88元/月，三档（其他分散供养特困人员）不予补助。2019年1月至12月累计发放特困人员救助和补贴295.16万元（特困人员供养经费291.7万、特困人员价格临时补贴3.4万），累计救助特困供养对象3713人次，月人均享受救助794元；全区共有运营中城市公办养老机构1所，农村敬老院4所，建成未投入使用农村敬老院1所，共有床位295张，其中雄关敬老院在原址上“拆除重建”，该项目招标投资588.7万元，主体工程于2019年9月份完工。2019年对全区农村敬老院下拨运营维护费用37万元，其中江城镇敬老院9万元、前卫镇敬老院7万元、雄关乡敬老院3万元、江川区中心敬老院9万元、九溪镇敬老院6万元、安化乡敬老院3万元。

【临时救助】　认真落实区民政局《玉溪市江川区临时救助实施方案》，对基本生活陷入困境、其他救助制度暂时无法发挥作用的严重困难家庭或个人提供临时救助。2019年1～12月，城乡临时救助困难人员733人，发放临时救助金141.5万元，人均发放临时救助1930元。其中：建档立卡扶贫对象94人，发放金额16.93万元；福彩助学贫困大学生50人，人均救助3000元，合计发放助学金15万元，其中建档立卡贫困对象4人，发放助学金1.2万元。

【老龄人口】 2019年江川区总人口26.638万人（不含托管区人口），其中60岁以上老年人口43406人，占总人口的16.29%；有80岁以上高龄老人5862人，占老年人口的13.50%；有百岁及以上寿星5人。

【高龄保健补助】 江川区年满80周岁以上高龄老人发放保健补助标准为：年满80周岁，不满90周岁的老人，每人每月补助50元；年满90周岁，不满100周岁的老人，每人每月补助100元；年满100周岁以上的老人，每人每月补助300元。2019年一季度受惠18807人次，二季度受惠18944人次，三季度受惠18891人次，四季度受惠19130人次，全年发放高龄保健补助金额417.24万元。其中，为无退休金老人发放高龄补贴63686人次，发放金额349.00万元；为有退休金老人发放高龄补贴12086人次，发放金额64.79万元。

【养老服务体系建设】 全区现有城市公办养老机构1个，福利中心1个，农村敬老院5个（4个正常运营，1个建设完成尚未投入使用），居家养老服务中心（农村互助养老站）27个，建设床位数719张。2019年江川区每千名老年人口中拥有养老床位数量为17.9张。

【居家养老服务示范点创建】 鼓励有条件的村委会以示范点建设工作，推动居家养老项目的运营，切实解决本村老年人的养老问题。2019年江川区居家养老服务中心实行社区、乡镇通过社会力量承包、租赁等方式自主运营，并由政府、集体经济、社会组织适当补贴或捐赠的管理模式。全年共有11个居家养老服务中心，配套26名专兼职服务人员，日均为居家的300余名老年人提供助餐、生活照料、医疗保健和精神慰藉等服务，促进老年人家庭和谐，提升老年人的生活质量。

【流浪乞讨救助】2019年内开展流浪乞讨人员街道巡查活动140余次，出动工作人员284人次，接待和劝导救助人员46人次，其中护送返乡13人次，共支出流浪乞讨人员救助资金8.5万元。救助过程中，对无法说出姓名、家庭住址，患有精神疾病的流浪乞讨人员，及时送其到定点联系医院进行治疗，并采取网站公布主要特征的方式帮助其寻找家人，无一例救助安全事故发生。

【火化补助兑付】 江川区按照"五个100%"的要求，2019年殡仪馆共火化遗体1809具，下拨惠民殡葬火化补助550万元。

【农村公益性公墓建设】 2013年至2015年，江川区累计审批45个农村公益性公墓项目，已全部整合在14个点进行建设。2019年分批拨付省级福彩公益金20万元和40万元，分别用于江川区安化乡青龙山、前卫镇玉天山农村公益性公墓扩建，助力实现"死有所化、化有所葬"的殡葬改革目标。

（普　芮）

政务服务管理

【窗口设置】 升级改造现有政务大厅，优化窗口设置，按照"应进必进、进必授权"的原则，有序推进事项进驻大厅集中办理。目前，事项应进驻政务大厅集中办理的部门33家，实际进驻29家（含2个分中心），基本实现企业和群众"只进一扇门""只到一个窗""办理所有事"。2019年，区政务服务大厅受理办理业务299247件，办结299187件，按时办结率100%。认真贯彻落实区委、区政府关于将政务服务管理局搬迁至城投的工作部署，启动新政务大厅建设工作，积极主动做好项目前期窗口优化设置、工程设计等相关工作，项目建设有序推进。

【"互联网+政务服务"】 以"一网通办"改革为目标，推动实体政务大厅向网上办事大厅延伸，构建全区线上线下融合服务的一体化政务服务体系。完成中国政务服务平台32个部门、6个乡镇（街道）和64个村社区区划设置和组织机构信息规范入库工作；组织33个部门完成"互联网+监管"系统793个监管事项认领，549个事项制定了检查实施清单；推进云南省政务服务网建设，对33个部门、6个乡镇指派1169个事项，已发布1048个事项。建成并投入使用"一站式"惠民服务平台，努力实现政务服务"一码管理、一号申办、一窗受理、一网通办、一站服务”，实行“前台综合受理、后台分类审批、统一窗口出件”审批服务模式。

【平台建设】　按照省、市相关工作的要求，汇总上报江川区“一网通办”事项和“一部手机办事通”上线事项；梳理录入本级区划和组织机构信息规范入库工作；组织各部门完成监管事项认领和检查实施清单完善、审核工作；完善区乡级网上大厅窗口事项、人员配置和政务动态等工作。

【惠民平台建设】　配合云南省永兴元科技有限公司完善“一站式”惠民服务平台建设工作，不断提升智能化服务水平，努力实现政务服务“一码管理、一号申办、一窗受理、一网通办、一站服务”。2019年“一站式”惠民服务平台已受理办理业务21027件，已办结20957件，统一窗口出件4318件，好评率100%，线上线下融合服务，提升了办事群众的满意度。

【“一部手机办事通”建设】　自今年1月10日云南省“一部手机办事通”上线试运行以来，坚持“我知、我用、我推广”的原则，利用政府门户网站和现代媒体进行宣传推广，采取张贴宣传海报、摆放易拉宝、发放识别下载二维码等形式广泛宣传和推广使用“一部手机办事通”，积极引导广大群众下载使用办事通App，宣传推广工作深入乡镇（街道）、村（社区）、学校和企业。2019年，江川区摆放易拉宝51个，发放宣传海报近万张，2019年实名注册人数5185人，事项“掌上办、指尖办”，让广大人民群众“不出门、把事办”，共享新时代“互联网+政务服务”发展成果。

【文明礼仪培训】　为进一步转变服务观念，提升窗口工作人员政务服务水平，优化政务服务环境，更好地展现政府形象。3月12日下午，江川区政务服务管理局与江川区妇联联合举办职场礼仪培训知识讲座，讲座特别邀请了玉溪师范学院王学慧老师进行文明礼仪知识培训。江川区政务服务管理局全体干部职工和窗口工作人员参加了本次培训。

培训分别从个人礼仪、交际礼仪、行业礼仪三个层次进行。主要以“窗口服务礼仪”为主题，深入浅出地讲解了服务规范、接待礼仪、服务用语等方面内容，并设计不同场景，与参训人员进行了现场模拟训练。

本次培训内容贴近岗位实际，有效提升了工作人员的职业素养，有助于树立个人和窗口整体的良好形象，全面提高窗口服务水平，提升服务质量。

【远程异地评标】　江川区公共资源交易中心在电子化交易的基础上，持续推进远程异地评标工作。在工程建设招投标及政府采购电子化交易的过程中，为解决本地评标专家资源不足的问题，交易中心按照省市相关文件要求和会议精神，积极采用远程异地评标的方式。通过远程异地评标的方式，使评标过程更加合理、专业。2019年全年，共顺利完成了31个远程异地评标项目的评标工作，成功实现了市本级与区、县级之间的远程异地评标连接。

【互联网+公共资源交易】　为实现公共资源交易服务全部工作流程的电子化，有效推动公共资源交易领域的高效、规范、阳光运行，促进市场配置资源作用的发挥，顺应“互联网+”发展趋势。玉溪市江川区公共资源交易中心2018年3月以建立公共资源交易电子化平台电子交易系统为契机，使“互联网+公共资源交易”深度融合，形成了综合监督、部门监管、行政监察、社会监督、现场见证的“五位一体”监督机制，不仅规范了交易行为、降低了交易成本，体现了公开公平公正，而且有效预防和遏制了围标、串标、暗箱操作、权力寻租等行为。2019年1月至12月24日，玉溪市江川区公共资源交易中心完成电子招投标项目共87个，切实做到“网上全公开、网下无交易”。

【土地出让交易】　为规范国有土地使用权出让交易活动，防止人为因素恶意扰乱交易正常进行以及暗箱操作等行为的发生，提高土地使用效率，降低行政成本，中心于2018年，正式启用云南省土地使用权网上交易系统，实现了土地出让全流程电子化交易。按照《云南省公共资源交易平台土地招标拍卖挂牌出让电子交易实施细则（实行）》的规定，交易中心规范操作，2019年全年，中心共发布国有建设用地使用权网上出让公告6次，完成土地电子化交易项目7个，总成交额21044万元，国有资产增值额3758万元，资产增值率21.74%。

（侯彦昆）

先　进

编辑　徐凡清

2019年获市以上表彰的先进单位

单位名称	授予称号	授予单位	授予时间
江川区司法局九溪司法所	全国先进司法所	司法部	2019.01
玉溪市公安局江川分局禁毒大队	全国“青少年维权岗”（2016至2018年）	共青团中央、公安部	2019.03
玉溪市公安局江川分局参与玉溪市公安局“侦破”2017年“7·12”虚开增值税专用发票案专案组	集体一等功	公安部	2019.08
玉溪市公安局江川分局参与玉溪市公安局侦破“2·24”非法生产制毒物品案专案组	集体一等功	公安部	2019.09
玉溪市公安局江川分局大街派出所	一级公安派出所	公安部	2019.10
江川区	2018年教育工作先进县	云南省人民政府办公厅	2019.03
江川区妇女联合会	云南省巾帼建功先进集体	云南省妇女联合会	2019.03
江川区人民政府	2018年度县、市、区政府（管委会）消防工作先进单位	云南省消防安全委员会	2019.04
江川区防震减灾局	云南省2018年度地震监测质量评比获地下流体学科水位第二名	云南省地震局	2019.04

续表

单位名称	授予称号	授予单位	授予时间
江川区防震减灾局	云南省2018年度地震监测质量评比获地下流体学科水温第三名	云南省地震局	2019.04
江川区九溪镇六十亩村民小组党支部	2018年度省级“规范化建设示范党支部”	中共云南省委组织部	2019.08
江川区大街街道大街小学党支部	2018年度省级“规范化建设示范党支部”	中共云南省委组织部	2019.08
玉溪市公安局江川分局	玉溪市公安局2018年“4・27”涉黑组织案专案组集体二等功	云南省公安厅	2019.08
玉溪市公安局江川分局（玉溪市公安局2018年“4・27”涉黑组织案专案组）	集体二等功	云南省公安厅	2019.08
玉溪市公安局江川分局参与玉溪市“1・21”非法制售烟丝窝点系列案专案组	集体二等功	云南省公安厅	2019.08
江川区	2019年残疾人教育先进县区	云南省残疾人联合会	2019.12
江川区动物卫生监督所	“关于史海兵将人用药品用于动物案”被评为2019年全省优秀执法案卷	云南省农业农村厅	2019.12
江川区农业农村局	“景元实业有限公司冒用无公害农产品标志案”被评为2019年全省优秀执法案卷	云南省农业农村厅	2019.12
江川区退役军人事务局	云南省退役军人工作模范单位	云南省人力资源和社会保障厅、省委退役军人事务工作领导小组办公室、省委组织部、省退役军人事务厅、省军区政治工作局	2019.12
玉溪市公安局江川分局国内安全保卫大队	集体三等功	玉溪市人民政府	2019.03

2019年获市以上表彰的先进个人

姓　名	工作单位	授予称号	授予单位	授予时间
吴绍良	江川区农业科学技术服务站	2017-2018年度蔬菜生产信息监测预警重点县及信息员	农业农村部	2019.02
张四春	江川区畜牧水产站	2019年度神内基金农技推广奖（推广人员）	中华农业科教基金会	2019.08
张玲玉	玉溪市公安局江川分局网安大队	论文《大数据时代电子数据勘查的完善与发展》荣获青年论文“优秀奖”	中国法学会警察法学研究会	2019.12
杨四代	江川区前卫镇	云南省“万人计划”首席技师专项	云南省人力资源和社会保障厅	2019.01
杨攀林	江川区前卫镇	云南省“万人计划”首席技师专项	云南省人力资源和社会保障厅	2019.01
李瑞芳	玉溪市江川区大街街道	云南省巾帼建功标兵	云南省妇女联合会	2019.03
平双娟	云南省玉溪市公安局江川分局刑事侦查大队	云南省巾帼建功标兵	云南省妇女联合会	2019.03
张四春	江川区畜牧水产站	2018年云南省“万人计划”产业技术领军人才	云南省发展和改革委员会	2019.03
张　伟	玉溪市公安局江川分局刑事侦查大队	个人二等功	云南省公安厅	2019.08
陶　文	玉溪市公安局江川分局刑事侦查大队	个人二等功	云南省公安厅	2019.08
张　平	玉溪市公安局江川分局	个人三等功	云南省公安厅	2019.08
岳利权	江川区前卫镇人民政府	云南省残联系统先进工作者	云南省残疾人联合会	2019.09
郭春仙	江川区民政局	全省民政系统先进个人	云南省人力资源和社会保障厅、云南省民政厅	2019.09
黄　花	江川区前卫镇后卫中心小学	省级优秀少先队辅导员	云南省少工委	2019.10

（徐凡清）

统计资料

2019年江川区土地、森林、气候主要指标

主要指标	单位	2018年	2019年	增减	
					%
一、土地					
土地面积	平方千米	850	850	—	—
二、森林					
森林覆盖率	%	44.07	45.65	—	—
三、气候					
全年平均气温	摄氏度	16.7	18.0	1.25	7.49
全年日照时数	小时	2071.8	2334.9	263.1	12.70
全年降雨量	毫米	909.1	600.4	-308.7	-33.96

2019年江川区卫生事业主要指标

	单位	2018年	2019年	增减	
				数量	%
区、乡（镇）医疗机构	个	177	171	–6	–3.4
诊治疗人数	人	1952060	1965688	13628	0.7
健康检查人数	人	39173	28038	–11135	–28.4
住入院人数	人	23736	24349	613	2.6
出院人数	人	23863	24265	402	1.7
死亡率	%	0.24	0.14	–0.1	–41.7
医疗机构数	个	96.93	97.29	0.36	0.4
其中：西医为主	个	73	73	0	0.0
中西医结合	个	10	10	0	0.0
乡村医生和卫生人员	人	63	63	0	0.0
其中：中专以上学历	人	273	281	8	2.9
在职培训合格	人	226	245	19	8.4
诊疗人次数	人	273	281	8	2.9
孕产妇检查人次数	人次	619118	682751	63633	10.3
儿童疫苗接种人次数	人次	28626	12335	–16291	–56.9
全年业务总收入	万元	73058	82951	9893	13.5
其中：医疗收入	万元	31214.3	32091.3	877	2.8
传染病病发率	1/10万	90.5	97.3	6.8	7.5
农村卫生厕所普及率	%	94.9	100.0	5.1	5.4
卫生防疫人员数	人	41	41	0	0.0
5岁以下儿童死亡率	%	0.6	0.7	0.14	23.5
婴儿死亡率	%	0.5	0.6	0.06	11.9
产妇住院分娩比例	%	100	100	0	0.0

2019年江川区社会消费品零售总额

主要指标	单位	2018年	2019年	增减	
				数量	%
社会消费品零售总额	万元	277040	310531	33491.0	12.1
按销售单位所在地分					
1.城镇	万元	240693.4	265703.4	25010.0	10.4
2.乡村	万元	36346.9	44827.6	8480.7	23.3
批发零售住宿餐饮业情况					
1.批发业销售额	万元	77602.7	95677.7	18075.0	23.3
限额以上	万元	22039.9	32576.6	10536.7	47.8
限额以下	万元	55562.8	63101.1	7538.3	13.6
2.零售业销售额	万元	275634.1	310249.4	34615.3	12.6
限额以上	万元	8250.5	11130.0	2879.5	34.9
限额以下	万元	267383.6	299119.4	31735.8	11.9
3.住宿业营业额	万元	25459.7	29795.7	4336.0	17.0
限额以上	万元	4677.7	6554.0	1876.3	40.1
限额以下	万元	20782.0	23241.7	2459.7	11.8
4.餐饮业营业额	万元	112903.5	132034.4	19130.9	16.9
限额以上	万元	4374.4	5330.4	956.0	21.9
限额以下	万元	108529.1	126704.0	18174.9	16.7

2019年江川区城镇居民家庭调查基本情况

指　标	计量单位	2018年	2019年	增减	
				数量	%
一、调查户数	户	60	60	—	—
二、期内住户常住成员数	人/户	3.4	3.2	−0.2	−6.7
三、人均期末拥有房屋面积（建筑面积）	平方米	65.5	68.30	2.8	4.3
四、全年人均可支配收入	元	36651.3	39766.3	3115.0	8.5
五、人均消费支出	元	23543.3	25101.3	1558.0	6.6
（一）食品烟酒	元	5502.6	7145.1	1642.4	29.8
（二）衣着	元	1944.2	1836.2	−108.0	−5.6
（三）居住	元	4732.5	5267.1	534.6	11.3
（四）生活用品及服务	元	1914.2	1533.7	−380.5	−19.9
（五）交通通信	元	3715.0	2616.8	−1098.2	−29.6
（六）教育文化娱乐	元	3442.6	3990.3	547.7	15.9
（七）医疗保健	元	1857.0	2214.3	357.3	19.2
（八）其他用品和服务	元	435.2	497.8	62.6	14.4

2019年江川区农民家庭生产调查基本情况

指　标	计量单位	2018年	2019年	增减	
				数量	%
一、调查户数	户	80	80		
二、期末拥有房屋面积	平方米	69.2	71.4	2.2	3.2
三、人均可支配收入	元/人	13280.1	14688.1	1408.0	10.6
（一）工资性收入	元/人	3199.8	3546.2	346.4	10.8
（二）经营净收入	元/人	9495.3	10492.7	997.4	10.5
（三）财产净收入	元/人	169.7	192.2	22.5	13.3
（四）转移净收入	元/人	415.3	457.0	41.7	10.0
四、全年人均总支出	元/人	49118.2	22375.7	−26742.5	−54.4
（一）消费支出	元/人	11079.9	12779.8	1699.9	15.3
（二）生产经营费用支出	元/人	34408.4	5494.4	−28914.0	−84.0
（三）财产性支出	元/人	8.1	91.0	82.9	1023.5
（四）转移性支出	元/人	289.8	385.0	95.2	32.9

2019年江川区邮电通信主要指标

指　标	计量单位	2018年	2019年	增减	
				数量	%
邮政业务总量	万元	1049	1901.0	852	81.2
函件合计	件	166567	29376	-137191	-82.4
包件合计	件	50439	91400	40961	81.2
报纸累计份数	万份	160.6	149.0	-11.6	-7.2
杂志累计份数	万份	7.1	6.7	-0.4	-5.7
邮路总长度	万份	47.0	299.0	252.0	536.2
电信业务总量	千米	99610.0	145321.0	45711.0	45.9
固定电话用户	万元	7034.0	6272.0	-762.0	-10.8
移动电话用户	万元	255523.0	260770.0	5247.0	2.1

2019年江川区招商引资主要指标

指　标	计量	2018年	2019年	增减	
				数量	%
一、实施国内项目数	个	67	72	5	7.46
其中：市外	个	67	72	5	7.46
省外	个	62	68	6	9.68
二、新签订项目数	个	31	21	-10	-32.26
三、实际利用县外国内资金	万元	903925	980328	76403	8.45
其中：实际利用市外国内资金	万元	902555	980328	77773	8.62
实际利用省外国内资金	万元	809006	874529	65523	8.10
四、实施国外项目数	个	0	1	1	
五、实际利用国外资金	万美元	0	54.57	54.57	

2019年江川区各乡镇（街道）主要指标人均比较

项　目		全区	大街	江城	前卫	九溪	路居	安化	雄关
耕地面积（平方米）	按总人口	298.08	148.90	335.27	293.42	376.66	369.94	631.55	502.35
	按乡村人口	508.60	1113.86	424.73	452.35	511.89	455.88	632.86	507.55
粮食（千克）	按总人口	157.96	92.41	194.99	154.71	206.50	75.90	575.08	158.37
	按乡村人口	269.52	691.28	247.01	238.52	280.63	93.53	576.27	160.01
人均生产烤烟（千克）		45.10	14.94	19.84	51.12	58.69	36.08	244.05	222.12
人均生产油料（千克）		31.71	17.12	25.61	13.67	58.38	34.16	183.28	57.01
人均生产猪肉（千克）		42.03	41.20	45.10	41.79	57.31	16.00	29.07	71.88

2019年江川区普通中学基本情况（一）

	学校数（所）	班数（个）			在校学生数（人）			招生数（人）			毕业班学生数（人）			毕业生数（人）
		合计	高中	初中	合计	高中	初中	合计	高中	初中	合计	高中	初中	合计
合　计	14	291	91	200	12725	4528	8197	3747	1414	2333	4902	1550	3352	4788
大街街道	4	118	54	64	5159	2633	2526	1574	823	751	1928	935	993	2144
江城镇	4	82	37	45	3762	1895	1867	1076	591	485	1369	615	754	1292
前卫镇	2	40		40	1785		1785	495		495	719		719	667
九溪镇	1	20		20	889		889	225		225	454		454	296
路居镇	2	19		19	745		745	254		254	294		294	208
安化乡		0			0			0			0			0
雄关乡	1	12		12	385		385	123		123	138		138	181

2019年江川区普通中学基本情况（二）

	毕业生数（人）		专任教师	学校占地面积（平方米）		计算机（台）	校舍建筑面积（平方米）		教学及辅助房面积（平方米）		校舍危房面积（平方米）		图书藏量（册）		
	高中	初中		高中	初中		高中	初中	高中	初中	高中	初中	合计	图书	电子图书
合计	1478	3310	1163	234039	232094	2677	109395	137364	35468	58063	0	0	472954	472954	
大街街道	923	1221	491	177283	57886	1165	74882	38369	25008	19763			190925	190925	
江城镇	555	737	318	56756	57029	847	34513	34790	10460	15085			115043	115043	
前卫镇		667	157		51724	321		26865		9169			72163	72163	
九溪镇		296	70		14173	148		13397		4873			38099	38099	
路居镇		208	83		40512	136		16878		7181			39724	39724	
安化乡													0		
雄关乡		181	44		10770	60		7065		1992			17000	17000	

2019年江川区小学基本情况（一）

	学校数（所）	专任教师（人）	班数（个）	招生数（人）	在校学生（人）	毕业生数（人）	毕业班学生数（人）
合计	55	1035	502	2716	15267	2432	2484
大街街道	10	308	153	1083	5743	794	867
江城镇	16	233	115	572	3255	505	578
前卫镇	9	150	72	377	2288	421	400
九溪镇	7	115	57	256	1458	232	217
路居镇	7	116	52	239	1358	265	221
安化乡	3	47	23	81	449	90	79
雄关乡	3	66	30	108	716	125	122

2019年江川区小学基本情况（二）

	计算机（台）	图书藏量（册）	学校占地面积（平方米）	校舍建筑面积（平方米）	教学及辅助房面积（平方米）
合计	2173	416334	322740	172756.3	80995.3
大街街道	658	146955	68559	42469	21717.5
江城镇	463	97768	84545	49240.3	19606.9
前卫镇	347	64318	49288	28568	15231
九溪镇	267	37189	41254	18229	8812.9
路居镇	237	33537	35071	16543	8307
安化乡	87	17691	31070	9799	3756
雄关乡	114	18876	12953	7908	3564

2019年江川区主要指标完成情况（一）

	单位	2018年	2019年	增减	
				数量	%
一、人口					
1. 年末户籍总人口	人	284809	286300	1491	0.5
年平均人口	人	283866	285555	1689	0.6
出生人口	人	3868	3579	-289	-7.5
出生率	‰	13.63	12.53	-1.1	-8.1
死亡人口	人	1847	1736	-111	-6.0
死亡率	‰	6.51	6.08	-0.43	-6.6
自然增加人数	人	2021	1491		0.0
自然增长率	‰	7.12	6.45	-0.67	-9.4
总人口中：乡村人口	人	174548	167795	-6753	-3.9
城镇人口	人	110261	118505	8244	7.5
少数民族人口	人	21966	22468	502	2.3
2. 年末常住总人口	万人	28.82	28.84	0.02	0.1
年平均人口	万人	28.80	28.83	0.03	0.1
城镇人口	万人	12.73	13.06	0.33	2.6
城镇化率	%	44.2	45.3	1.1	2.5
二、综合					
1. 地方生产总值	万元	1181796	1339362	157566	10.3
第一产业	万元	176226	216189	39963	5.9
第二产业	万元	376656	429749	53093	13.2
其中：工业	万元	226207	259917	33710	14.9
建筑业	万元	150520	169921	19401	9.8
第三产业	万元	628914	693424	64510	9.7

2019年江川区主要指标完成情况（二）

	单位	2018年	2019年	增减	
				数量	%
2. 按常住人口计算人均GDP	元	34733	46457	11724	10.2
3. 第一产业经济结构比重	%	14.9	16.1	1.2	8.1
第二产业经济结构比重	%	31.9	32.1	0.2	0.6
第三产业经济结构比重	%	53.2	51.8	-1.4	-2.6
4. 现价工业农业总产值	万元	1399065	1668272	269207	19.2
工业总产值	万元	1116121	1328186	212065	19.0
农业总产值	万元	282944	340086	57142	20.2
其中：农业	万元	193540	232449	38909	20.1
林业	万元	4766	5349	583	12.2
牧业	万元	65524	81592	16068	24.5
渔业	万元	11428	12782	1354	11.9
农林牧渔业服务业	万元	7686	7914	228	3.0
三、固定资产投资完成额	万元	—	—	—	6.7
四、年末常用耕地面积	亩	128245	127947	-298	-0.2
全年粮食产量	万千克	4480	4522	42.0	0.9
大春粮食产量	万千克	3586	3644	57.7	1.6
小春粮食产量	万千克	894	879	-15.7	-1.8
烤烟产量	万千克	1300.8	1291.29	-9.5	-0.7
油料产量	万千克	779.35	907.79	128.4	16.5
水果产量	万千克	1131	1121	-10	-0.9

2019年江川区主要指标完成情况（三）

	单位	2018年	2019年	增减	
				数量	%
水产品产量	吨	4355	4376	21	0.5
全年肥猪出栏数	头	148026	147660	-366	-0.3
年末生猪存栏数	头	114014	111360	-2654	-2.3
生产经营仔猪	头	277040	310531	33491	12.1
五、社会消费品零售总额	万元	36651	39766	3115	8.5
六、城镇居民人均可支配收入	元	13280	14688	1408	10.6
七、农村居民人均可支配收入	元	—	8850		
八、在岗职工人数	人	—	3965		
其中：事业单位	人	—	1923		
机关单位	人	—	98182		
在岗职工平均工资	元	—	113486		
其中：事业单位	元	—	122434		
机关单位	元				
九、财政		78359	53681	-24678	-31.5
一般公共预算收入	万元	205342	207226	1884	0.9
一般公共预算支出	万元	1349089	1396974	47885	3.5
十、金融机构存款余额	万元	1020789	1212281	191492	18.8
金融机构贷款余额	万元				

注：本表中在岗职工人数为制度改革后新口径，与上年同期数不具有可比性。

（区统计局　供稿）

附　录

玉溪市江川区人民政府
关于2019年玉溪市江川区法治政府建设情况的报告

玉江政发〔2020〕3号

玉溪市人民政府：

2019年，江川区坚持以习近平新时代中国特色社会主义思想为指导，深入学习贯彻党的十九大和十九届二中、三中、四中全会精神及习近平总书记在中央全面依法治国委员会第一次、第二次会议上的重要讲话精神，紧扣全面建成小康社会的总目标，围绕《玉溪市江川区法治政府建设实施方案（2016～2020年）》《玉溪市江川区2019年法治政府建设工作计划》，推进法治政府建设各项工作。现将有关情况报告如下：

一、主要做法和工作成效

（一）坚持党的领导，推进依法治区工作

1．及时成立区委全面依法治区委员会。委员会下设立法、执法、司法、守法普法四个协调小组和办公室，形成委员会牵头抓总、统揽全局，协调小组协调推动委员会决定事项、工作部署和要求的贯彻落实，办公室负责全面依法治区工作的指导督促和考核评价工作的新格局。

2．开展“深入贯彻落实习近平总书记全面依法治国新理念新思想新战略”大学习大调研大落实活动，组织召开江川区委全面依法治区委员会第一次会议，印发《中国共产党玉溪市江川区委员会全面依法治区委员会工作规则》《中国共产党玉溪市江川区委员会全面依法治区委员会协调小组工作规则》《中国共产党玉溪市江川区委员会全面依法治区委员会办公室工作细则》等文件，围绕法治国家、法治政府、法治社会一体建设，全面推进我区依法治区工作。

（二）坚持制度建设，确保工作落到实处

1．严格落实党政主要负责人履行推进法治建设第一责任人职责。全面贯彻落实好《玉溪市江川区法治政府建设实施方案（2016～2020年）》，制定《玉溪市江川区2019年法治政府建设工作计划》，进一步明确责任单位、责任人及时间表，着力推进江川区法治政府建设的有序开展。认真落实领导干部学法制度。2019年，区政府常务会议专题学习法律法规6次，全区开展法治专题讲座2次，组织全区机关事业单位公务员和事业人员共3882人参

加在线学法用法和无纸化考试，确保领导干部学法制度化、规范化、经常化。

2．重视重大行政决策工作，严格执行重大行政决策程序规定。2019年，在严格执行《云南省重大行政决策程序规定》和《玉溪市江川区重大行政决策责任追究暂行办法》的同时，认真组织学习国务院颁布的《重大行政决策程序暂行条例》，进一步规范行政决策行为；继续聘用5个律师事务所为法律顾问，为各级各部门提供法律服务；全区共完成重大风险评估6项，对重大行政决策、重要事项、重要项目合同进行法制审查47次；组织开展行政规范性文件及其制定主体清理工作，对机构改革后的29个区人民政府工作部门和7个区级有关单位行政规范性文件制定主体资格进行了审核确认；对原有的27件行政规范性文件进行清理，决定废止行政规范性文件8件，保留行政规范性文件19件。

3．强化行政执法监督，积极推动严格规范公正文明执法。2019年，完成机构改革后第一批区级27家单位行政执法主体资格的审查确认；强化行政执法人员资格管理，开展行政执法业务网上培训，组织行政执法业务现场培训2次，组织完成行政执法人员网上培训考试1期，实现行政执法主体、行政执法人员管理、培训、监督信息化；对我区行政执法单位涉及民营企业的100卷行政执法案卷进行评查；全面推行行政执法“三项制度”，印发《玉溪市江川区全面推行行政执法公示制度执法全过程记录制度重大行政执法决定法制审核制度实施方案》，组织行政执法“三项制度”业务培训1次；继续落实好行政执法和刑事司法衔接工作机制。

4．创新社会矛盾纠纷化解机制，依法有效化解社会矛盾纠纷。2019年，继续贯彻落实《玉溪市人民政府关于开展行政复议委员会试点工作的指导意见》（玉政发〔2012〕101号）精神，严格执行相对集中行政复议权，全区办理行政复议案件13件；认真贯彻执行《玉溪市行政机关负责人行政诉讼出庭应诉规定》，强化对行政机关负责人出庭应诉的刚性要求，全区各部门共出庭应诉7件次，行政机关负责人行政诉讼案件出庭应诉率达100%；继续深化“枫桥经验”实践创新，充分发挥人民调解工作社会“稳定器”和“减压阀”的作用，全区各调委会共调解矛盾纠纷875件，调解成功871件，成功率为99%，纠纷涉及当事人1770人，协议涉及金额91.99万元；开展矛盾纠纷排查84次，预防纠纷24件。

5．强化“放管服”改革，切实转变政府职能。2019年，继续贯彻落实中央、省、市“放管服”改革的各项部署和要求，着力提高政府效能，全区共承接行政许可事项3项，取消行政许可事项6项，调整行政许可事项6项；持续推进商事制度改革，进一步放宽市场准入条件、降低市场准入门槛，为激发市场主体活力释放出更大的制度红利，全区新增市场主体3223户，增长18.49%；按照事中事后监管环节全链接、责任全落实的要求，扎实推进“双随机、一公开”工作，完成公共交易项目105个，交易总额10.85亿元，节约资金约3277.62万元，溢出资金3758万元；围绕“决策公开、执行公开、管理公开、服务公开、结果公开”，大力推进政务公开工作，公开政府信息8192条。

（三）坚持多措并举，努力实现新发展

1．按照“谁主管，谁普法，谁执法，谁普法”的要求，建立健全普法主体责任制，着力构建大普法工作格局。2019年，围绕“七五”普法规划，以“法律十进”为载体，认真落实《玉溪市江川区落实“谁主管谁普法，谁执法谁普法”责任制》《玉溪市江川区普法责任清单制》，全区共开展法治宣讲30次6530人次，广播宣传582次，听众494000人次，培训骨干15期840人次，专业法宣传42天1186人次，帮教青少年31次72人，开展法律咨询1469次2040人次，展出图片46期734幅，黑板宣传64块810期，印发材料130期114213份，张贴悬挂普法标语2262条，通过“江川法宣在线”普法微信公众号发表推文宣传192篇，编排演出普法文艺节目32场66个。

2．以民主法治示范村创建为契机，深入推进基层民主法治建设。2019年，三街社区通过全国民主法治示范村复核，另有3个云南省民主法治示范村和3个玉溪市民主法治示范村顺利通过复核。农村干部群众学法用法的积极性逐渐增强，尊法学法守法用法的良好氛围不断形成，自治、法治、德治相结合的乡村治理体系逐步显现，乡村治理能力和治理水平不断向更高层次发展。

3．巩固公共法律服务实体平台建设成果，进一步优化公共服务水平。2019年，在完成区级、6个乡镇（街道）和65个村（社区）三级综合性公共法律服务实体平台建设的基础上，进一步统筹整合法治宣传、人民调解、社区矫正安置帮教、法律援助、公证服务、律师服务、基层法律服务等司法行政资源，通过开展律师助推脱贫攻坚，逐步推进公共法律服务向边远地区、少数民族地区、乡村及社区延伸，确保形成全区覆盖城乡、群众满意的公共法律服务体系，努力实现公共法律服务的标准化、精准化、便捷化，努力为人民群众提供普惠性、公益性、可选择的公共法律服务。

二、存在的问题

1. 依法行政、建设法治政府工作还没有真正成为各级各部门工作的“硬指标、硬实绩和硬约束”，还没有真正把法治政府建设同“四个全面”战略布局的政治意义和政治责任结合起来，部分单位对依法行政、建设法治政府工作的重视还不够。

2. 部分单位在作出重大行政决策时，对公众参与、专家论证、风险评估、合法性审查、集体讨论决定的5大法定程序把握不准确，决策程序不规范。

3. 部分单位在法律顾问工作中还存在不邀请法律顾问参与重大行政决策、处理涉法事务等现象；有的单位又过分依靠法律顾问进行行政决策，而忽视行政决策应有的独立性。

4. 基层行政执法队伍法律专业人才匮乏，行政执法人员法律素质良莠不齐，部分行政执法人员对依法执法、严格规范文明执法认识不足，法律素养不高、业务能力不强。尤其是机构改革后，部分单位职能整合，但人员整合不到位，存在行政执法岗位人员无相应行政执法资格等问题。

5. 行政综合执法改革进展缓慢，部分单位行政执法权限尚未完全理顺，行政权力的监督和制约机制不够健全，仍然存在行政执法不规范不文明等问题。

6. 行业性、专业性人民调解委员会建设还存在滞后，人民调解员的积极性不高，“横向到边、纵向到底”的人民调解组织网络体系还不够健全。

7. 公共法律服务供给总量不足，资源配置不平衡，公共法律服务优质资源主要集中在中心城区的大街，城乡差距明显，基层基础工作还比较薄弱，服务水平不高，公共法律服务体系建设还不能满足人民群众对公共法律服务的需求。

三、下一步打算

党的十九大报告提出，必须把党的领导贯彻落实到依法治国全过程和各方面，坚定不移走中国特色社会主义法治道路，完善以宪法为核心的中国特色社会主义法律体系，建设中国特色社会主义法治体系，建设社会主义法治国家，发展中国特色社会主义法治理论，坚持依法治国、依法执政、依法行政共同推进，坚持法治国家、法治政府、法治社会一体建设，坚持依法治国和以德治国相结合，依法治国和依规治党有机统一，深化司法体制改革，提高全民族法治素养和道德素质。党的十九届四中全会提出坚持和完善中国特色社会主义法治体系，提高党依法治国、依法执政能力的明确要求。这为进一步推进全面依法治国、建设法治中国，在法治轨道上坚持和完善中国特色社会主义制度、推进国家治理体系和治理能力现代化指明了方向和路径。下一步，我区将以习近平新时代中国特色社会主义思想为指导，贯彻落实党的十九大和十九届二中、三中、四中全会精神，着重从以下几方面抓好工作。

1. 重视全面推进依法治区工作，统筹推进法治国家、法治政府、法治社会一体建设。认真贯彻落实《党政主要负责人履行推进法治建设第一责任人职责规定》和《党政主要负责人履行推进法治建设第一责任人职责实施办法》，紧紧抓住领导干部这一“关键少数”，特别是“一把手”法治思维和法治能力提升的关键，不断提高依法治国、依法执政、依法行政的能力和水平。

2. 加强对法治建设工作的督促、检查和考核，推动法治建设工作各项措施落到实处。重视法治建设工作的日常巡查，加大法治建设考核在综合考评中的权重和分值，促使各级各部门提高对法治建设重要性的认识，切实重视和加强法治建设工作。

3. 强化对重大行政决策的责任追究，确保《重大行政决策程序暂行条例》执行到位。重视《重大行政决策程序暂行条例》的学习和落实，建立重大行政决策目录清单制度，规范重大行政决策行为。严格执行重大行政决策责任追究办法，对未按照法定权限、程序、时限决策，或者决策失误造成重大损失、恶劣影响的，严肃责任追究和责任倒查。

4．重视和加强法律顾问工作，切实发挥法律顾问在法治政府建设中的作用。通过建立公职律师制度，完善法律顾问工作机制，创新法律顾问服务方式，提升法律顾问服务质量，拓展法律顾问服务领域，推动法律顾问全方位介入政府依法决策、依法行政全过程，确保政府重大行政决策始终在法治轨道上运行。

5．以行政执法“三项制度”为突破口，积极推动严格规范公正文明执法。认真贯彻落实行政执法“三项制度”，严格执行重大行政执法决定法制审核办法，积极推行行政执法公示制度、执法全过程记录制度，建立行政执法案卷评查常态化机制，提高行政执法水平和案件质量，确保严格规范公正文明执法。加强行政执法人员资格和行政执法证件管理，严格实行持证上岗、亮证执法。

6．结合综合行政执法改革，培养一批符合综合行政执法改革要求的执法人员队伍。以综合行政执法改革为突破口，加大行政执法人员培训力度，切实提高行政执法人员能力和水平，稳步推进综合行政执法改革，进一步理顺政府及政府部门职能。

7．创新法治人才队伍的培养机制，培养造就符合法治建设需要的法治人才队伍。畅通法治人才选拔、任用、提升渠道，以行政执法队伍建设为突破口，通过引进优秀法治人才与培养优秀法治人才相结合，提升法治建设队伍的法律素养。

8．健全和完善矛盾纠纷预防、排查和调处机制。在现有的行业性、专业性人民调解委员会基础上，推进劳动纠纷、消费者权益保障等行业性、专业性人民调解委员会的建立，进一步完善人民调解组织网络建设和人民调解工作机制，充分调动人民调解员积极性。

9．进一步巩固和完善公共法律服务实体平台建设成果，整合司法行政各项业务数据，向社会提供业务机构信息查询、业务网上预约办理、在线咨询和投诉三大服务。认真抓好“12348云南法网”“云南掌上12348”“云岭法务通”的普及率和关注率，创新公共法律服务机制体制，通过建立公职律师、引入职业律师，扩大法律顾问覆盖范围等形式，为全区群众提供便捷的法律咨询服务。

玉溪市江川区人民政府

2020年1月15日

玉溪市江川区人民政府关于机构设置的通知

玉江政发〔2019〕6号

各乡、镇人民政府，大街街道办事处，区属各单位：

根据市委、市政府批准的《玉溪市江川区机构改革方案》和玉溪市江川区深化党政机构改革领导小组印发的《玉溪市江川区深化机构改革实施方案》等文件精神，以及区人民政府依法报请区人大常委会备案的区人民政府机构设置情况，现将玉溪市江川区人民政府机构设置通知如下：

一、玉溪市江川区人民政府工作部门

玉溪市江川区政府办公室
玉溪市江川区发展和改革局
玉溪市江川区工业商贸和信息化局
玉溪市江川区教育体育局
玉溪市江川区科学技术局
玉溪市江川区民族宗教事务局
玉溪市公安局江川分局
玉溪市江川区民政局
玉溪市江川区司法局
玉溪市江川区财政局
玉溪市江川区人力资源和社会保障局
玉溪市江川区自然资源局
玉溪市生态环境局江川分局
玉溪市江川区住房和城乡建设局
玉溪市江川区城市管理局
玉溪市江川区交通运输局
玉溪市江川区农业农村局
玉溪市江川区水利局
玉溪市江川区文化和旅游局
玉溪市江川区卫生健康局
玉溪市江川区退役军人事务局
玉溪市江川区应急管理局
玉溪市江川区审计局
玉溪市江川区市场监督管理局
玉溪市江川区林业和草原局
玉溪市江川区统计局
玉溪市江川区信访局
玉溪市江川区医疗保障局
玉溪市江川区政务服务管理局

二、玉溪市江川区人民政府工作部门加挂牌子机构名称

玉溪市江川区发展和改革局加挂玉溪市江川区政府扶贫开发办公室、玉溪市江川区粮食和物资储备局牌子。

玉溪市江川区工业商贸和信息化局加挂玉溪市江川区中小企业局牌子。

玉溪市江川区财政局加挂玉溪市江川区政府金融办公室、玉溪市江川区政府国有资产监督管理委员会牌子。

玉溪市江川区住房和城乡建设局加挂玉溪市江川区人民防空办公室牌子。

玉溪市江川区农业农村局加挂玉溪市江川区畜牧兽医局牌子。

玉溪市江川区文化和旅游局加挂玉溪市江川区文物局牌子。

玉溪市江川区卫生健康局加挂玉溪市江川区中医药管理局、玉溪市江川区防治艾滋病局牌子。

玉溪市江川区市场监督管理局加挂玉溪市江川区政府食品安全委员会办公室牌子。

玉溪市江川区政务服务管理局加挂玉溪市江川区行政审批局、玉溪市江川区公共资源交易管理局牌子。

三、玉溪市江川区人民政府直属事业单位

玉溪市江川区投资促进局
玉溪市江川区防震减灾局
玉溪市江川区烟草产业服务中心
玉溪市江川区机关事务服务中心

玉溪市江川区人民政府关于印发玉溪市江川区贯彻落实省政府保持经济平稳健康发展22条措施的实施方案的通知

玉江政发〔2019〕12号

各乡、镇人民政府，大街街道办事处，区属各单位：

现将《玉溪市江川区贯彻落实省政府保持经济平稳健康发展22条措施的实施方案》印发你们，请认真贯彻执行。

玉溪市江川区人民政府

2019年4月29日

玉溪市江川区贯彻落实省政府保持经济平稳健康发展22条措施的实施方案

为贯彻落实《云南省人民政府关于保持经济平稳健康发展22条措施的意见》，按照《玉溪市贯彻落实省政府保持经济平稳健康发展22条措施的实施方案》的部署安排和工作要求,结合我区实际，制定本实施方案。

一、抓实项目增投资

（一）加强重大项目谋划储备。建立项目储备和滚动接续机制，加强项目储备工作，围绕高原特色现代农业、文化旅游及健康养老、现代物流等重点产业和打造“三张牌”，从基础设施、产业发展、房地产、环境建设、社会民生等重点领域，积极包装谋划储备一批重大项目，重点谋划包装储备江川区大铁线改扩建工程、年产35万吨Φ180mm合金无缝钢管连轧管机组及50万吨大口径钢管建设项目、江川区新能源与现代农业循环经济产业园区日产4万方生物天然气产业化应用示范项目、云湖山怡养项目、瀛景国际康养项目等重大项目，充实完善投资项目库，确保储备的年度投资项目总投资不得低于2018年度实际完成投资的150%，力争年末谋划包装储备项目40项，总投资不低于200亿元；纳入国家、省、市长期规划的项目，尽快启动前期工作，力争“十三五”期间开工；谋划一批“补短板、增动力”的国家级、省级、市级重点项目，启动“十四五”重点项目谋划。（主责单位：区发展改革局；责任单位：区属相关单位，各乡镇〈街道〉）。

（二）加大项目前期经费投入力度。积极争取省市预算内前期经费支持，加大区级前期经费投入力度，力争前期经费投入1000万元，重点抓好美丽县城建设、大铁线改扩建工程等储备项目的前期工作。（主责单位：区发展改革局、区财政局；责任单位：区属相关单位，各乡镇〈街道〉）

（三）加大重点项目建设推进力度。继续推行“五个一”项目推进工作机制，加大推动2019年确定的61个重点项目，确保年度投资达77亿元以上。

1．基础设施建设项目完成投资18.47亿元。其中：澄江至江川高速公路完成13亿元；国道213（江川段）完成0.3亿元；龙泉园区标准化厂房完成1.1亿元；龙泉片区供水工程建设项目完成0.88亿元；龙泉大道（南段）道路工程完成0.55亿元；浪广路北延工程完成0.14亿元；滇中引水工程（江川段）完成2亿元；抚仙湖应急补水工程——隔河试点项目完成0.2亿元；江川区天然气管网工程完成0.3亿元。（主责单位：区交通运输局、区住房城乡建设局、区水利局、工业园区管委会、九溪镇；责任单位：大街街道、江城镇、前卫镇）

2. 产业发展项目完成投资33.2亿元。其中：粤辉智能通讯电子产业项目完成7亿元；北京升华电梯西南生产运营中心项目完成1.6亿元；云南宏程物流完成1.1亿元；江川龙泉彩印包装生产线项目完成0.1亿元；信卓誉锂电池负极材料生产项目完成4亿元；正能实业新能源电池生产线完成3亿元；华电达锂离子动力电池生产线建设项目完成2.2亿元；高恩德智能终端电池生产线项目完成2亿元；北方嘉科完成2亿元；振华新能源电池新材料生产项目完成1亿元；江磷集团新建110千伏开关站工程完成0.6亿元；云菜集团滇中智慧农业产业园项目完成3.2亿元；云南九溪润特物流完成0.4亿元；云南宝象国际农产品交易中心完成3亿元；滇中特色农副产品冷链储运中心项目完成0.6亿元；江川莱果包装材料厂建设项目完成0.5亿元；江川区雄关加油站完成0.3亿元；翠峰鸿湖有色塑料彩印包装生产线项目完成0.6亿元。（主责单位：工业园区管委会、区工业商贸和信息化局、雄关乡、江城镇；责任单位：大街街道、前卫镇）

3. 房地产项目完成投资17.6亿元。其中：江川绿竹小区建设项目完成2亿元；江川紫明苑完成0.5亿元；云福山居完成0.8亿元；星云首府完成4亿元；古滇国城三期建设完成1.6亿元；滇御俊园完成1.5亿元；万湖花园完成1亿元；星空旅游小镇完成5亿元；大街棚户区改造教育局片区房源点建设完成0.6亿元；大街棚户区改造影剧院房源点建设完成0.6亿元。（主责单位：区住房城乡建设局、大街街道、江城镇、路居镇；责任单位：区统计局）

4. 环境建设项目完成投资5.4亿元。其中：星云湖湿地湖滨带提质改造工程完成2.5亿元；星云湖污染底泥疏挖及处置工程完成1亿元；星云湖主要入湖河流环境综合治理工程完成0.4亿元；星云湖一级保护区生态修复及生态屏障构建项目完成1亿元；星云湖径流区矿山生态修复综合治理工程完成0.5亿元。（主责单位：区水利局、区星云湖管理局、区自然资源局；责任单位：大街街道、区发展改革局）

5. 社会民生项目完成投资2.6亿元。其中：城市全民健身运动场馆建设项目完成1亿元；江川区星云湖南岸“乡村振兴”示范区建设项目完成0.8亿元；党校搬迁完成0.6亿元；江川区第二幼儿园建设项目完成0.2亿元。（主责单位：区住房城乡建设局、区文化和旅游局、区委党校、区教育体育局；配合单位：区财政局）

（四）着力优化投资结构。加大产业投资工作力度，力争全年规模以上工业固定资产投资增长15%以上，达25亿元以上。加快推进粤辉智能通讯电子产业项目、北京升华电梯、华电达锂离子动力电池生产线建设项目、信卓誉锂电池负极材料生产项目、正能实业新能源电池生产线、北方嘉科、振华新能源电池新材料生产项目等重点项目建设，力争园区固定资产投资增长50%以上，达27亿元。加快云菜集团滇中智慧农业产业园项目、世吉滇中特色农副产品冷链储运中心项目、江川莱果包装材料厂建设项目、云南宝象农产品物流中心项目等重点项目建设，力争雄关物流园区全年完成产业投资7亿元。加快翠峰鸿湖有色塑料包装有限公司6000吨/年塑料彩印包装生产线项目、卓一食品厂年产1000吨新型复合调味料生产线建设项目、云南九溪润特物流中心建设项目、九溪荟项目、爱必达现代花卉产业园、3000吨/年高效磷系阻燃剂（赤磷型）项目、江磷集团新建110千伏开关站工程等产业项目建设，力争全年完成投资2亿元。（主责单位：区工业商贸和信息化局、工业园区管委会、各乡镇〈街道〉；责任单位：区投资促进局、区交通运输局、区教育体育局、区卫生健康局、区住房城乡建设局）

（五）千方百计筹集项目建设资金。加大向上争取省级、市级转贷债券资金支持力度，积极争取中央和省、市预算内资金，盘活财政存量资金，重点支持在建基础设施项目。加强银企政合作，动态管理全区重点建设项目融资需求清单，梳理并向银行等金融机构提供重大项目清单、投资项目“审核备”清单、融贷项目清单，供商业银行参考。(主责

单位：区发展改革局、区财政局；责任单位：区自然资源局、人行江川支行、区属相关单位，各乡镇〈街道〉）

（六）强化土地要素保障。加强建设项目用地、市政配套、环评审批、资金落实等要素保障，对新上重大项目能耗指标实行单列，确保重大项目按时落地实施。盘活现有存量国有建设用地和低效利用土地。全面清理批而未供、供而未用的土地，在不违反基本农田保护和现状地类未发生变化的前提下，报经区人民政府批准，按程序妥善处理有关征地补偿事项，经原批准机关批准并报自然资源部备案后，可进行调整利用。力争年内处置批而未供土地50%以上，6月底前完成闲置土地处置工作。涉及占用永久基本农田的项目，按照《自然资源部关于做好占用永久基本农田重大建设项目用地预审的通知》（自然资规〔2018〕3号）规定办理。城乡建设用地增减挂钩指标优先支持区重点项目；积极争取市级预留用地指标对重大基础设施项目给予保障。优化建设用地审批流程，开通重点项目用地审批“绿色通道”，加快用地预审、征转报批工作，采取临时用地、先行用地、分段报批等方式保障重点项目用地。（主责单位：区自然资源局）

二、加快发展壮大新动能

（七）全力打造“三张牌”。在打造“绿色食品牌”方面，聚焦“粮烟菜花畜渔”6大产业，以绿色食品全产业链和开放型农业为引领，聚焦产业体系、品牌培育、交易形式、组织模式、质量管控五大环节，深入推进江川高原特色农业的优质化、特色化、差异化、品牌化、智慧化，努力把江川建成玉溪特色农业全产业链创新示范区、重要农产品生产加工出口基地和农产品综合交易平台。新增2户市级以上农业龙头企业，新增“三品一标”农产品6个，实现农业增加值增长6.2%、农产品加工业产值增长10%、农产品自营出口增长10%，力争农产品加工业产值与农业总产值之比达到1.46∶1左右。在打造“健康生活目的地牌”方面，紧紧围绕建设“休闲旅游度假区”目标，加快江城、九溪特色小镇建设步伐，有力推进瀛景国际康养项目前期工作，积极争创云南省“美丽县城”。在打造“绿色能源牌”方面，进一步加大新能源汽车推广力度，加强充电桩等基础设施建设，计划2019年投放新能源出租车30辆，新增充电桩38个，积极推进生活垃圾焚烧发电项目前期工作。（主责单位：区农业农村局、区文化和旅游局、区卫生健康局、区自然资源局、区交通运输局、区发展改革局；责任单位：区住房城乡建设局、区工业商贸和信息化局）

（八）增强制造业竞争力。一是加快推进工业转型升级，支持企业实施技改升级。积极申报2019年省级“三个一百”工业转型升级重点项目、市级100个新一轮技术改造重点项目；实施新一轮重大技术改造升级，用活用好中央、省、市技改政策，积极争取上级技改扶持资金，鼓励支持企业加快技术改造、设备更新、业态升级，切实提高企业装备水平、信息化和智能化水平、新品研发应用能力、节能减排水平，加大对园区企业技改的政策扶持力度，着力做好云南联塑、特固电气、新天力、江磷集团等企业技术改造和创新项目建设工作。二是围绕高端制造业开发包装招商引资项目，积极开展招商引资工作，重点引进技术含量高、研发创新能力强、有竞争力的优质企业和大企业。确保正能实业新能源电池、高恩德智能终端电池、振华新能源电池新材料等项目开工建设，力促粤辉电子、华电达、升华电梯等项目竣工投产，高端装备制造产业增加值增长15%以上。（主责单位：区工业商贸和信息化局、工业园区管委会、区投资促进局、区发展改革局）

（九）加快现代服务业发展。

1．继续做好限额以上服务业企业培育工作，指导符合条件的限上服务业企业争取省、市级奖励。（主责单位：区工业商贸和信息化局）

2．鼓励发展物流产业。以九溪、雄关、龙泉工业园区为重点，打造江川九溪润特、宏程物流、雄关农产品物流产业园建设，推进现代物流产业发展。（主责单位：区工业商贸和信息化局、区财政局）

3．培育扶持总部经济。对在江川注册且统一纳税的总部企业，按区人民政府关于总部经济产业扶持的相关规定执行。（主责单位：区工业商贸和信息化局、区财政局、区税务局）

4．落实国家发改委等十部门《进一步优化供给推动消费平稳增长促进形成强大国内市场的实施方案（2019年）》，进一步放宽服务消费领域市场准入，引进现代服务业企业，支持社会力量增加医疗、养老、教育、文化、体育等服务供给。（主责单位：区工业商贸和信息化局；责任单位：区财政局、区发展改革局、区税务局、区投资促进局、人行江川支行、区卫生健康局、区民政局、区教育体育局、区文化和旅游局）

（十）推动数字经济加快发展。推动宽带网络升级，配合市级部门加强互联网骨干直联点、国际光缆、国际通信枢纽建设，完善4G网络建设，扩充适应全区数字经济发展的互联网出口宽度，加快开展5G网络建设和应用。以数字化助推“三张牌”融合发展，依托兴边富民三年行动计划电子商务服务站、江川区电子商务服务中心、江川信息进村入户整区推进示范工程，推进“互联网+现代农业”，加快发展农业农村互联网、农业物联网、农业信息化服务。加强与市级部门对接，争取工业互联网平台等相关项目落户江川，推进纸制品、磷化工等传统行业数字化改造，推动重点制造领域装备数字化、智能化。（主责单位：区工业商贸和信息化局、区农业农村局）

（十一）切实增强创新驱动。深入推进国家创新型城市建设，加快推进省级可持续发展实验区项目建设，加大创新创业和科技企业的培育孵化力度。完善政产学研用协同创新体系，促进创新资源向企业集聚，新建院士（专家）工作站1个，培育认定高新技术企业2户、科技型中小企业3户。落实省市区“实现2020年R&D经费投入占GDP2.5%实施方案”支持政策，力争全社会研发经费投入占生产总值比重达1.05%。年内组织申报省级企业技术中心1个、市级企业技术中心1个、市级工程技术研究中心1个，指导新认定的企业技术中心、质量控制和技术评价实验室按照标准申报省级一次性奖补。获得国家级、省级、市级企业技术中心认定的，分别一次性给予20万元、10万元、5万元奖励。（主责单位：区科技局、区工业商贸和信息化局、区财政局；责任单位：区人力资源社会保障局、区统计局）

三、着力激发市场主体活力

（十二）做大做强民营企业。实施成长型中小企业和“小巨人”培育工程，力争全年新增省级成长型中小企业1户，集中政策资源培育2户民营小巨人企业。

加强规模以上工业企业、限额以上商贸企业动态管理，对现有企业进行跟踪管理，按照相关规定，认真组织开展入库和退库申报工作，对当年新增纳规、纳限的企业，每户奖励5万元。

对年度工业总产值累计增幅30%以上的规模以上工业企业，每户给予5万元的奖励。

省、市安排的餐饮业等发展项目和资金，优先支持限上企业发展。以企业每月上报统计数据库作为主要考核依据，每年累计增速不低于30%的，每户奖励2万元；累计增速不低于25%的，每户奖励1万元；累计增速不低于20%的，每户奖励0.5万元。

根据财力适当安排电子商务发展专项资金，对玉溪市江川区辖区内自建或依托第三方平台开展网上销售，且年度网络销售额及增幅达到一定标准（视当年情况而定）的独立核算工业、农业和商业企业，分行业按年度统计电商销售额给予补助。（主责单位：区工业商贸和信息化局、区财政局；责任单位：各乡镇〈街道〉，区文化和旅游局、区市场监管局）

（十三）持续降低实体经济企业成本。着力激发市场主体活力、持续降低实体经济企业成本全面落实减税降费政策。按照省级统一部署，落实养老保险降费政策、工伤保险阶段性降低费率政策，确保降低企业增值税税率、个税专项附加扣除、“六税两附加”减半征收等系列政策及时落到实处。对从事经营的市场主体一律免收注册登记费、变更登记费和证照类等有关行政事业性收费、实现注册登记“零收费”。

积极调整运输结构，用好铁路大宗出省工业制成品等重点领域重点产品运费补助政策。支持一般工商企业、冷链物流企业和高新技术、互联网、大数据、高端制造业企业参与电力市场化交易。（主责单位：区税务局，区工业商贸和信息化局、区人力资源社会保障局、区交通运输局、区市场监管局；责任单位：区发展改革局、市公安局江川分局、市生态环境局江川分局、江川供电局）

（十四）着力破解融资难题。认真落实好《财政部税务总局关于金融机构小微企业贷款利息收入免征增值税政策的通知》（财税〔2018〕91号）文件，针对金融机构采取入户面对面辅导的方式，保证政策全覆盖，确保金融机构应享尽享。对金融机构日常申报进行监控，若发现有应享未享情况，及时进行更正，确保该政策取得实效，促进金融机构对小微企业贷款的投放力度，切实降低小微企业融资成本。执行好《玉溪市江川区财政资金存放商业银行评价激励暂行办法》等配套文件，做好财政资金存放商业银行评价工作；加强对小额贷款公司、担保公司的监管力度，着力解决民营经济融资困难问题；继续做好对辖区内民营经济贷款置换工作；继续做好创业担保贷款财政贴息工作；积极为辖区内金融机构申报“县域金融机构涉农贷款增量奖励”和“地方金融机构定向费用补助”，加大对小微企业贷款发放量。（主责单位：区财政局、人行江川支行，责任单位：区工业商贸和信息化局、区税务局）

（十五）强化招商引资助推开放型经济。强化招商引资，落实省政府“营商环境提升年”的要求，以“三张牌”为重点开发包装项目，突出装备制造、绿色食品、新兴服务业等重点领域，主动对接国内外知名企业，预计引进市外国内资金同比增长10%，达95亿元，其中引进亿元以上项目5个；开发项目50个，其中深度开发项目2个；组织外出招商活动12次；做好2018年6个签约重点项目服务工作，确保项目落地开工推进；加大外资企业项目的引进，实现外资“零”的突破。全方位扩大对外开放，支持有条件的企业引进战略投资者，鼓励外来资本参与区内企业改组改造。一是健全和完善招商引资考核奖励、督查督导工作机制。对照招商引资绩效考核办法，按照“细实严”的要求，突出重点，调整完善考核内容，根据2019年的情况认真修改完善江川区招商引资绩效考核实施细则，增强考核的科学性和有效性，同时把招商引资考核与综合考核、年度考核、日常考核相结合，增强考核的权威性和约束力。定期开展督导调研，按月通报工作进度，督促各责任单位按时间进度上报到位资金。二是创新招商引资工作模式。坚持科学规划，招商选资，确保招商项目的针对性和可操作性。积极运用中介招商、委托招商、“互联网+招商引资”有机结合的工作模式，充分利用和发挥省市政府主导的“相约春天”“收获金秋”“南博会”等大型招商平台，进一步提高各类专题招商活动实际效果；积极依托省市驻外招商办事处、商会组织、客户资源库、商务情报所等载体，加强区域之间的招商合作，多方位向外界推介江川的区位优势、资源优势和发展优势，积极探索市场化、专业化招商的新路径，全面提升招商引资的质量和水平。三是加大投入，精心策划项目，做好项目的开发包装工作。围绕全产业链、集约化、集群式导向，积极谋划重点产业招商项目，以产业为导向，做好项目前期策划包装；科学论证项目可行性，依托专业机构，大力推进项目开发包装的市场化进程；全面提高项目储备的成熟度和专业化水平，力争包装一批能吸引人、可投资性强的大项目、好项目。及时更新招商引资宣传资料和编制产业招商手册。落实《玉溪市江川区招商引资投资指南》的编印。四是优化投资软环境、促进项目落地推进工作。进一步优化投资软硬环境，努力提高公共服务功能，严格依法行政，加强信息沟通，加大督导力度，做好已落户外来企业的服务工作。进一步挖掘招商资源，实施跟踪招商，促进在谈项目早签约，签约项目早建设，建设项目早投产。深入各乡镇（街道）、各部门帮助指导开展招商引资工作，营造全区互联互动的大招商格局，充分发挥部门的主观能动性，利用部门资源优势，发挥行业主导招商的作用，促成项目有效推进，按目标任务时间和进度完成资金到位和储备项目开发。（主责单位：区投资促进局、区工业商贸和信息化局、工业园区管委会，责任单位：各乡镇〈街道〉、区农业农村局）

四、拓展城乡区域协调发展新空间

（十六）推动新型城镇化高质量发展。围绕“建美一座城”工作要求，着眼新型城镇化，推动“三湖”生态城市群建设，高起点规划，高标准建设，精细化管理，打造独具特色的高原滨湖城、创业创新城、生态宜居城，力争城镇化率达45%，争创全省“美丽县城”。一是突出规划引领。严格执行玉溪市城乡总体规划，完成中心城区控制性详细规划编制报批工作。配合做好玉溪市城市综合交通体系规划编制。推进“海绵城市”“城市设计”“城市双修”3项国家级试点城市建设，完成大街棚改重点区域城市设计，精心布设一批广场绿地、园林景观和特色街区。加大规划执法力度，实施村镇规划建设管理三年行动，充分发挥村镇土地

规划专管员作用，依法对规划范围内的建设用地与建设活动实行统一严格的规划管控，严肃查处各类违法违规行为，切实强化规划的刚性约束；二是加快城市建设。完成全民健身运动场馆主体建设，打通宝凤路东延线，确保龙泉大道南段、浪广路竣工通车，争取启动明珠路南段、宁海路中段建设。完成大街棚改范围内机关事业单位搬迁，提速棚改被征收房屋拆除工作，启动教育局片区、影剧院片区房源点建设，推进党校迁建。加快星云首府、滇御俊园等7个房地产项目建设。继续实施城市管网完善工程，新建雨污分流管网3千米，铺设燃气管道10千米。加强城市园林绿化和生态景观建设，打造大街河城区段高品质生态景观长廊。三是实施“城乡环境提升年”，统筹推进“六城同创”。加快推进“厕所革命”，全面消除城市和乡镇镇区旱厕，提标改造城镇污水处理设施，建设老旧城区污水配套管网；加快推进江城、九溪特色小镇建设步伐。四是提升基本公共服务。积极构建“互联网+人社”智慧民生人才服务体系，加强基层人社经办服务能力建设。从就业、社保、技能培训、劳动保障等方面做好农业转移人口市民化工作。深化全区户籍制度改革，进一步理顺各乡镇（街道）户口登记管理。使农业转移人口在城镇稳定就业和生活，进一步加快和推进农业转移人口和其他常住人口落户城镇的进程。（主责单位：区住房城乡建设局、区自然资源局、区发展改革局，责任单位：区人力资源社会保障局、市公安局江川分局、区交通运输局、区农业农村局）

（十七）深入实施乡村振兴战略。按照“产业兴旺、生态宜居、乡风文明、治理有效、生活富裕”的总要求，科学编制完成《玉溪市江川区乡村振兴战略规划（2018～2022年）》并全面启动实施，研究出台细化方案，细化实化工作重点和政策措施，积极争取项目资金，确保规划落实落地，重点抓好星云湖生态保护治理、农村人居环境整治三年行动等工作。推进“一县一业”示范区建设，出台破解农业企业融资难、土地流转慢、物流成本高等问题的政策措施。实施农村一二三产业融合发展示范工程。抓好农村集体产权制度改革试点，建立规范完善的现代农村集体产权制度，盘活农村集体资产，保护农村集体经济组织及农民合法权益。建立农村土地流转交易中心，推动集体经营性建设用地入市，探索农村宅基地自愿有偿退出机制。以特色小镇建设为契机，鼓励村民以出租、合作等方式盘活利用宅基地，在现有宅基地基础上进行集中统一规划建设。（主责单位：区农业农村局、区自然资源局、区发展改革局、各乡镇〈街道〉）

（十八）扎实推进精准脱贫攻坚。全面落实产业扶贫等政策，加大资产性收益项目和扶贫车间项目扶持，产业扶贫资金占财政整合扶贫资金总额的30%，启动1个特色旅游扶贫示范村建设，切实促进农民增收。全力推进农村危房改造，完成2019年农村分散供养贫困人员、贫困残疾人家庭、建档立卡贫困户、低保户4类重点对象364户农村危房改造，实施2个贫困自然村环境整治示范工程。继续做好分散易地扶贫搬迁点的巩固提升工作。借助“万企帮万村”、社会扶贫等机制，推动贫困乡、贫困村特色农产品进入挂钩帮扶党政机关、企事业单位和学校食堂。贫困乡、贫困村农村居民人均可支配收入增幅高于全区农村居民人均可支配收入2个百分点以上。［主责单位：区发展改革局〈区扶贫办〉；责任单位：各乡镇（街道）］

五、稳就业促消费，推动第三产业稳步发展

（十九）多措并举稳就业。开展“春风行动”“百日行动”“民营企业招聘周”“金秋招聘月”“就业扶贫行动日”等就业专项活动，确保城镇新增就业2700人、700名就业困难人员实现就业。落实社保补贴、援企稳岗等扶持政策。提高稳岗返还标准，对不裁员或当年参加失业保险人数不超过5%的失业保险参保企业，按其上年度企业和职工实际缴纳失业保险费的50%给予一次性返还。落实就业见习补贴范围扩展至16～24周岁失业青年政策。加大职业技术培训力度，年内完成1.71万人次农村劳动力培训。配合推广“一部手机找工作”应用。着力发挥“双创”对就业的带动作用。落实“贷免扶补”创业担保贷款政策，扶持750人自主创业，带动（吸纳）就业2100人以上；落实大学生创业扶持政策，对毕业3年内（含毕业学年）在市内创业的大学生给予最高不超过3万元的一次性创业补贴。积极支持省级创业平台争创省级示范基地建设。加大就业帮扶安置力度，区财政安排一定的就业补助资金，积极开发一批公共服务、生态护

林、扶贫工作、农村保洁、基层社会管理、公路养护、环境保护、治安巡逻等公益性岗位，促进就业困难人员就业，确保零就业家庭动态清零。（主责单位：区人力资源社会保障局；责任单位：区财政局）

（二十）增加高品质供给促进居民消费。进一步落实促消费各项政策，支持信息、绿色旅游等领域新消费发展。推进“明厨亮灶”工程，实施餐饮业提档升级行动，加快特色餐饮街区、特色商业区建设。全面落实住宿、餐饮商家明码标价，诚信经营。抓好以元旦、春节、中秋、国庆、开渔节等为重点的促消费系列活动，通过一批辐射带动能力强、发展潜力大的展会促销活动，积极培育地方特色性展会，开展节庆促销活动。引导商贸流通企业开展形式多样、内容丰富的优质服务、让利促销等活动，繁荣活跃城乡消费品市场，促进全区消费稳定增长。促进房地产市场平稳健康发展，坚持房子是用来住的、不是用来炒的定位，落实稳地价稳房价稳预期责任，实现商品房销售面积增长25%。［主责单位：区市场监管局、区文化和旅游局、区工业商贸和信息化局、区住房城乡建设局；责任单位：各乡镇（街道）］

（二十一）深入挖掘新兴消费潜力。积极争取资金和扶持政策，进一步加大新能源汽车推广力度，加快充电桩基础设施建设。探索合规措施，允许符合条件的闲置房产、待售商品房通过改造进入房屋租赁市场。深入挖掘农村市场消费潜力，健全城乡流通市场体系，推动消费升级，加快发展农村电子商务。大力发展文化旅游及健康养老产业，鼓励社会力量进入养老服务等新兴产业。以特色节庆、休闲旅游、文体活动等为载体，深度挖掘市民的消费潜力，培育新的消费点，丰富市民生活方式，不断提升消费的层次与水平。［主责单位：区交通运输局、区住房城乡建设局、区工业商贸和信息化局、区文化和旅游局、区教育体育局；责任单位：各乡镇（街道）］

六、深化改革开放激发释放动力活力

（二十二）进一步深化“放管服”改革。认真贯彻落实中央、省、市深化“放管服”改革的部署要求，全面组织实施《玉溪市江川区深化“放管服”改革优化营商环境实施方案》，全力推进“放管服”改革“六个一”行动，不折不扣实现改革“123456”目标，狠抓《玉溪市江川区企业投资项目审批时间再砍一半以上行动方案》等六个行动方案的落细落实；区发展改革局、区自然资源局、区住房城乡建设局等服务项目审批部门严格落实《玉溪市江川区深化投资项目审批制度改革的实施意见》的工作要求，建立“政府统筹协调、业主出资组件、部门服务审批”的项目审批服务机制，打造“一窗、一网、一门、一次”服务模式，让群众和企业“最多跑一次”，优化投资发展环境，加快项目前期工作，促使前期项目早日开工建设。全面深化商事制度改革，放宽市场准入，推行负面清单制度，优化简化行政审批事项及服务流程。推进“证照分离”改革，加快推动“照后减证”。进一步压缩企业开办时间，深入实施企业登记全程电子化和电子营业执照改革。开办企业登记时间缩短至3个工作日，即办理营业执照1个工作日、刻制公章0.5个工作日、申领发票0.5个工作日、开立银行账1个工作日，并在市场监管领域全面推行“双随机、一公开”监管，进一步完善企业信用信息公示制度，增强企业信息透明度，建成全区公共信用信息共享协同监管平台，加大对守信联合激励和失信联合惩戒力度。［主责单位：区政务服务局、区发展改革局、区市场监管局］

（二十三）扩大开放稳外贸稳外资。积极融入和服务“一带一路”国家发展战略，认真贯彻落实省稳外贸政策，积极开展面向东亚、南亚、东南亚的商贸、种植、加工制造建筑等投资合作，实现江川区引进外资项目企业资金零的突破。鼓励企业进出口，对在江川生产和注册结汇的外贸企业，当年进出口总额达到100万美元以上的，可享受总量奖和增量奖（每进出口100万美元奖励5000元人民币；与上年度相比，每新增出口100万美元奖励1万元人民币）。加强外贸企业目标管理，对进出口额1000万美元以上的企业，纳入重点企业进行跟踪管理，相关部门要切实做好服务。根据年度市政府下达的目标任务，及时与重点企业签订目标责任，对完成年度目标任务的企业，据实进行奖励（具体奖励标准以所签订的目标责任书为准）。放宽市场准入，支持外资企业发展，全面落实外商投资负面清单，保护外商合法权益。推广自贸区可复制经验。对符合进口国际先进技术、关键装备及零部件的市内企业，指导帮助申报省、市级资金补助。（主责单位：区工业商贸和信息化局；责任单位：区发展改革局、区财政局、区投资促进局、区交通运输局、区农业农村局、区文化和旅游局、人行江川支行）

（二十四）狠抓落实稳预期。一是加强领导，压实责任。按照“谁分管、谁负责，谁主抓、谁落实”的原则，健全和完善重大项目“五个一”的推进机制和重点工作“七个一”抓落实机制，以扎实有效的工作实现既定目标任务，切实稳定经济发展预期、稳定投资者预期、稳定社会民众预期。各乡镇（街道）、工业园区管委会要落实本区域稳增长主体责任，确保完成本地区目标任务；区属主责单位要做好组织协调和责任细化，强化监管，加快工作推进；各责任部门要按照职责分工抓好落实；区属相关部门要加强政策宣传，提高政策透明度和知晓度，加强作风建设，协调推进，形成合力，切实将省政府保持经济平稳健康发展 22 条措施落到实处。二是目标倒逼，搞好监测。做好经济运行数据的统计监测，加强重大项目、重点行业、重点工作的统计监测与运行调度；由行业主管部门牵头，区统计局配合加强对电子商务、数字经济等新业态、新经济的统计监测。三是强化督查，跟踪问效。将贯彻落实《省政府保持经济平稳健康发展 22 条措施实施方案》各项既定目标任务完成情况作为各乡镇（街道）、各部门年终考核的重要依据。区政府督查室：要加大对措施落实情况的督查力度，对开工不动工、动工就喊停或进展缓慢的项目进行专项督办；对未完成主要经济指标的乡镇（街道）进行通报批评；对不作为、慢作为和乱作为的问题移交纪委监察部门依规依纪处理。各乡镇（街道）、各部门分别于5月14日、7月3日、10月10日、2020年1月20日前将贯彻落实推进情况报送至区发展和改革局（联系人:徐文波，联系电话:15096783023,邮箱:jcfgjzhg@163.com），由区发展和改革局整理汇总形成全区贯彻落实推进情况报告报区人民政府。

（二十五）本《方案》自下发之日起执行，之前区级制定的相关奖励扶持政策与本《方案》不一致的，以本《方案》为准。